並木　茂

要件事実原理

学術選書
205
民訴法

信山社

は し が き

　私は，これまでに，要件事実(論)に関し，数冊の著書とかなりの数の論文を発表してきましたし，講演をしたこともございましたが，その度ごとといってよいほど自分の未熟な思考に失望し，もう要件事実にかかわることはやめようと思いました。それにもかかわらず，またこの本を書いてしまいました。が，それは，何人かの先輩や知友から手紙をいただいて，私の考えている要件事実論を完結しなければならないという気持ちになるからです。

　たとえば，元最高裁判所長官の故町田　顯さん（私の東京高裁勤務中の部総括裁判長で，私は，そのご指導のもとに代理裁判長をしていました）から頂戴したお手紙の一節を，ご遺族のご了解をいただかないままですが，書き写させていただきます。

「この度はご労著「要件事実論　Ⅱ」を頂戴し，有り難うございました。

　民法起草者の論考を類書がみられないほど考察された上でのご論述で，その姿勢に大変敬意を覚えます。まだ全部を読了しておりませんが，とても興味深く拝読しております。怠惰な毎日を送っている私としては，鋭い考察に接し，身が引き締まる思いがします。司法研修所的な要件事実論にあきたらなさを感じていましたので，前著に続く本著の出現を心から歓迎します。」

町田さんからはほかにも二，三度読後感を含む同様なお手紙を頂戴しておりますが，私は，そのたびに，要件事実論の完成を怠っていることを叱咤されているような気持になりました。

　私が要件事実なる法律用語があることを知ったのは，司法修習生になってからです。そして，司法研修所の民事裁判の授業で，要件事実に絡んで，民事実体法の法規が裁判官に対して制定されたとの趣旨の指導を受け，衝撃を受けました。私は，法学部の学生になって，民・商法などの民事実体法の勉強を始めたころから，漫然とですが，民事実体法上の個々の法規範——これを個別的法規範といいます——は，市民に対して制定されたものであると思っていたのです。そこで，遅ればせながら民事実体法上の個別的法規範の法的性質の考究をはじめました。ですが，裁判官の仕事に追われ，考究は，遅々として進みませんでした。ところが，民法成立過程研究会・明治民法の制定と穂積文書を読んでいて，それまでの漫然としていた思いが間違っていないという確信に変わってきました。そのころ司法研修所教官の話が来たのですが，私は，民法の個別的法規範が行為規範であ

るとしても，それがどうして要件事実になるかまだ分かりませんでしたので，教官の話はお断りしました。ですが，説得されて，民事裁判担当の教官になってしまいました。教官1年目は，同担当の教官諸兄の要件事実に関する考えが各別といっていいほど分かれていることに驚くとともにそれを吸収するのが精いっぱいという状況でした。ところがです，3年目に入ったころから，私の民法の法規を行為規範であることを前提として導き出したつもりの要件事実が他の多くの教官諸兄からほとんど無視されるような状態になりました。私は，自分の能力に絶望してしまい，当時民事裁判教官室の上席教官をしておられた武藤春光さんに一身上の都合を理由として裁判所に戻してくれるようにお願いしたのですが，教官は4年勤務が原則だといわれ，結局，4年間教官をしてしまいました。

　ところが，私が裁判所に戻ったころに司法研修所・民事訴訟における要件事実1巻が刊行されました。私は，その執筆からはずされたばかりでなく，同書が私を除く民事裁判担当教官によって執筆されていることすら知らされていませんでした。私は，同書を閲読して愕然としました。なぜかといいますと，①明文としては記載されていないものの民法の規定を裁判規範としていることが窺がわれること，②わが民法典の条文をまったく無視する解釈をすること，③要件事実を主要事実と同義であるとしていること，④主張責任の分配を証明責任の分配に後置しているようであること，⑤その規準の基礎についてドイツの民法および民事訴訟法学者ローゼンベルクの提唱する文構造説を基本的に承認していると思われることなど，多くの点で問題があるとみられることからですが，特に①は，現行民法典前3編の起草者（法典調査会）および制定者（第9回帝国議会）が民法典前3編を行為規範として立法したことを無視していること，取り分け起草委員であった穂積陳重，富井政章および梅謙次郎の3博士が，わが国の近世（西洋史における近代）化を目指して，民・商法などの「法律ヲ以テ人民権義ノ利器トナス」ことであるとし，国民を含む市民に対し，現実の社会に生起した事象が法規の法律要件を充足すれば，裁判を俟たずに，法律効果（権利の発生，変更または消滅）が生じることを見極めて原案を起草していたことを顧みようとせず，私には，司法研修所が立法者の意図に反し市民に背を向けて要件事実(論)を論じていると思わざるをえませんでした。

　私は，市民の権利を確保するために，なんとしてでも同書の考えを改めなければならないと考えました。が，裁判所に戻ってからは，仕事の処理に追い回されたこともありまして，民事実体法の法規の性質や要件事実の考究はさっぱり進みませんでした。私は，妻が病臥しておりましたので，その看病のため裁判官を依願退職しましたが，退職直後は弁護士をしながら民法上の要件事実の意義や構造

などについての理論を体系化して，いうなれば要件事実論を完成させたいと思っておりました。しかし，司法研修所の同書で暗黙に「弁護士は法規を適用することができない」といわれながら，安閑としている弁護士諸兄や弁護士会の態度をみて失望し，それも一因となって，弁護士登録をしないで，大学などで教鞭をとっていましたが，要件事実論の考究については思考が空回りするばかりでした。ある論点について一応解決したと思っても，後から考えると自分自身納得できるものでなかったり，不十分だと感じたりしてただ四苦八苦するだけの状態でございました。特に，要件事実を類別した場合の一つである権利発生障害効果および同事由ともう一つである権利消滅障害効果および同事由は，裁判規範の効果および要件としては絶対に必要なものですが，この両効果および要件が行為規範の定める法律効果および法律要件と理論的に整合することができる理由をどう考えるべきかについては，自分でこれでよいと思える考えになかなか到達できず，本書を書く直前になってようやく結論を得るに至ったというなさけない有様でした。

　以前は，書いたものを平井一雄先生にみていただいて数々の助言を頂きましたが，今回は，畏友・元最高裁判所裁判官今井功さんと元裁判官の知友の一人に本書の原稿をみてもらい，貴重なアドバイスを受けました。また，信山社の袖山貴さんと稲葉文子さんには出版に関していろいろご面倒をおかけしたうえ大変お世話になりました。お助けをいただいた方々に対し記して深甚の感謝の意を表させていただきます。

　なお，平成 29 年 6 月 2 日に公布された民法の一部を改正する法律（同年法律第 44 号）により，民法のとくに債権法の分野で大幅な改正がありました。しかし，この改正法の施行は，一部の例外を除き，公布の日から起算して 3 年を超えない範囲内において政令で定める日（具体的には，2020 年 4 月 1 日）からですから，本書で掲示した条項は，現行法のそれです。ただ，当該の条項で改正のあるものについては，そのことを指摘するとともに，その多くについて私見による要件事実を注記しておきました。

　　2019 年 11 月

　　　　　　　　　　　　　　　　　　　　　　　　　　　並　木　　茂

目　　次

はしがき　(iii)

はじめに …………………………………………………………………… 1

I　要件事実の前提となる事項 ………………………………………13

　1　民事法の種別とわが民事法の属する法の系譜…………………13

　　1‐1　民事実体法と民事手続法 ………………………………13

　　1‐2　実質的意義の民法と形式的意義の民法との関係 …………16

　2　実質的意義の民法を組織する個別的法規範および民法典の各規定の

　　法的性質 ……………………………………………………………18

　　2‐1　行為規範の意義 …………………………………………18

　　2‐2　裁判規範の意義 …………………………………………19

　　2‐3　民法上の規定の法的性質の理解と要件事実(論)の意義および

　　　　　構造についての考えの関連性……………………………20

　3　民法上の規定を裁判規範とみるか行為規範とみるかの争い …………21

　　3‐1　民法典の各規定をもっぱら裁判規範と解する考え──兼子説,

　　　　　坂本説および内田説とそれぞれの説に対する疑問点 ………21

　　　⑴　兼子説とそれに対する疑問点　(21)

　　　⑵　坂本説とそれに対する疑問点　(23)

　　　⑶　内田説とそれに対する疑問点　(29)

　　3‐2　実質的意義の民法を組織する個別的法規範を構成する行為規範

　　　　　を認めながら民法典の各規定を裁判規範と解する考え──川島説と

　　　　　それに対する疑問点 ……………………………………37

　　3‐3　実質的意義の民法を組織する個別的法規範が行為規範および

　　　　　裁判規範の重畳的構造であることを認めながら民法典の各規定

　　　　　を裁判規範と解する考え──田中(成)説とそれに対する疑問点 ………38

　　3‐4　司法研修所の考えとそれに対する疑問点 …………………39

　　3‐5　民法典起草者および制定者の考え ………………………46

　　3‐6　実質的意義の民法を組織する個別的法規範は行為規範と裁判規範

vii

目　次

の重畳的構造であるが，民法上の規定は原則として行為規範であると解する考え──私見 ……………………………………………52

4　行為規範の構造 …………………………………………………………55

　1‐1　民法典の各規定の形態と実質的意義の民法を組織する個別的法規範を構成する行為規範の形態との関係 ……………………55

　　1‐1‐1　実質的意義の民法を組織する個別的法規範を構成する行為規範の内容 ……………………………………………………55

　　1‐1‐2　民法典の条項を作成する趣旨 ………………………………64

　　1‐1‐3　契約規範を行為規範として理解することの可否 …………65

　　1‐1‐4　履行期の約定を契約における申込みおよび承諾または交叉する申込みの各意思表示の一部であると理解することの当否 …………79

　1‐2　民法上の規定を行為規範と解するか裁判規範と解するかによる効果および要件の異同について二，三の例 …………84

　　1‐2‐1　その例 1──停止条件付き契約 ……………………………85

　　1‐2‐2　その例 2──解除条件付き契約 …………………………100

　　1‐2‐3　その例 3──催告期間内に延滞賃料を支払わないときは賃貸借契約を解除する旨の意思表示 ……………………103

　1‐3　権利の社会における実存性の有無 ……………………………108

　　1‐3‐1　民法上の規定の法的性質に関する見解と権利の社会における実存性の有無に関する見解との関係 ……………108

　　1‐3‐2　権利は，裁判を待たずに実際の社会に現存するとする考え ……108

　　1‐3‐3　すべての権利が裁判によって形成されるとする考え …………113

　　　A　兼子説とそれに対する疑問点　(113)

　　　B　司法研修所の見解　(115)

　1‐4　裁判上の形成権は裁判によって形成されとする考え ……………116

　　(1)　形成の訴えにおける審判の対象　(116)

　　(2)　形成原因説とそれに対する疑問点　(117)

　　　A　鈴木(正)説　(117)

　　　B　伊藤(眞)説　(117)

　　　C　形成原因説一般の理論的根拠　(117)

　　　D　形成原因説に対する疑問点　(118)

II　要件事実(論)において事前に理解していなければならない事項 ……121

　1　民事上の訴えの提起および民事訴訟における審判の対象 ………………121

目　　次

1-1　民事紛争の解決と民事訴訟 ……………………………… 121

1-2　民事上の訴えの提起とその類型 ………………………… 122

　　1-2-1　訴えの提起 ……………………………………… 122

　　1-2-2　訴えの類型とその関係 ……………………………… 122

　　(1)　確認訴訟原型説　(123)

　　(2)　紛争類型対応説　(124)

　　(3)　作用により分類した私権の類型の性質由来説　(124)

1-3　民事訴訟における審判の対象についての学説上の争いとそれを

　　　請求とする考え …………………………………………… 125

　　1-3-1　審判の対象についての学説の争い ………………… 125

　　(1)　新訴訟物論とそれに対する疑問点　(125)

　　(2)　旧訴訟物論　(126)

　　1-3-2　審判の対象を請求とする考え ……………………… 130

2　行為規範の定める法律効果と請求の内容となる権利の存否等との関連

　　の仕方 ………………………………………………………… 132

3　民事訴訟における主張と証明 ………………………………… 133

3-1　主張の意義 ………………………………………………… 133

3-2　証明の意義 ………………………………………………… 134

3-3　証明度の意義 ……………………………………………… 136

3-4　主張と立証の理論的前後関係 …………………………… 139

Ⅲ　要件事実(論) ………………………………………………… 141

1　要件事実(論)緒言 …………………………………………… 141

1-1　行為規範の裁判規範への転化 …………………………… 141

　　1-1-1　行為規範の裁判規範からの独立 …………………… 141

　　1-1-2　行為規範と裁判規範が重層関係にある複合体であることの意味　141

　　1-1-3　主張責任の分配および証明責任の分配の所属法域としての民法　144

1-2　主張責任の分配および証明責任の分配の必要 ………… 150

1-3　わが国における主張責任の分配等に関する立法の経緯および

　　　旧民法第 5 編証拠編 1, 2 条の法理が慣習法化した状況 ……… 158

　　1-3-1　わが国における主張責任の分配および証明責任の分配に関する

　　　　　立法の経緯 …………………………………………… 158

　　1-3-2　旧民法廃止後同法証拠編 1, 2 条の法理が慣習法化した状況 … 164

ix

目　次

1-4　主張責任の分配および証明責任の分配において，法律要件
　　　または法律事実の法的性質を考慮しなければならない事項………… 176

　1-4-1　民法第 3 編第 2 章第 2 〜第 14 の各節の冒頭にある規定の
　　　　　法的性質 ……………………………………………………………… 177

　1-4-2　契約中に任意法規の内容と同じ約定がある場合における任意法規の
　　　　　適用の有無 ……………………………………………………………… 178

　　⑴　契約中に解釈規定の内容と同じ約定がある場合における解釈規定の
　　　　適用排除　（179）

　　⑵　契約中に補充規定の内容と同じ約定がある場合における補充規定の
　　　　適用排除　（184）

　1-4-3　権利主張および権利自白が主張責任の分配の規準となることの可否
　　　　　210

　1-4-4　消極的事実が主張責任の分配ないし証明責任の分配の規準にな
　　　　　ることの可否 …………………………………………………………… 224

　1-4-5　民事訴訟における主張責任の分配ないし証明責任の分配の仕様　229

2　要件事実の意義および機能 …………………………………………………… 240

　2-1　要件事実の意義についての諸説 ……………………………………… 240

　2-2　分配効果を取り上げる実益………………………………………………… 245

　2-3　要件事実および分配効果の確定 ……………………………………… 250

　2-4　要件事実の機能 ………………………………………………………… 253

3　分配効果および要件事実の分別 …………………………………………… 259

　3-1　法律効果の一つである権利の変更について主張責任の分配ない
　　　　し証明責任の分配をすることの可否 ………………………………… 260

　3-2　権利発生効果および権利発生事由 …………………………………… 261

　　⑴　その例 1　賃貸人の賃借人に対する支分権としての賃料請求　（262）

　　⑵　その例 2　動産の無主物先占　（266）

　3-3　権利根拠効果および権利根拠事由ならびに権利発生障害効果
　　　　および権利発生障害事由 ……………………………………………… 267

　　⑴　その例 1　不動産物権変動の対抗要件　（273）

　　⑵　その例 2　時効取得　（279）

　　⑶　その例 3　消費貸借に基づく目的物返還請求権発生の要件事実（付・準
　　　　消費貸借における旧債務の存在）　（283）

　　　1 ）　消費貸借に基づく目的物返還請求権の発生時期とその要件事実　（283）

目　次

　　　２）　準消費貸借における旧債務の存在　（287）

　　(4)　その例４――一般の不法行為に基づく損害賠償請求における過失相殺

　　（289）

　3-4　権利行使効果および権利行使事由 ……………………………… 296

　　【その例――履行期の到来と請求権の行使】（299）

　3-5　権利消滅効果および権利消滅事由 ……………………………… 312

　　【その例――除斥期間の経過】（314）

　3-6　権利滅却効果および権利滅却事由ならびに権利消滅障害効果

　　および権利消滅障害事由 …………………………………………… 315

　　(1)　その例１――消滅時効　（316）

　　(2)　その例２――請求権の放棄　（319）

　　(3)　その例３――無断賃借権の譲渡・転貸に基づく賃貸借契約の解除に

　　　おける背信行為と認めるに足りない特段の事情　（320）

　3-7　権利行使阻止効果および権利行使阻止事由 ………………………… 331

　　(1)　その例１――同時履行の抗弁権　（331）

　　(2)　その例２――期限の猶予の合意　（335）

　3-8　権利行使阻止上の権利の消滅効果および権利行使阻止上の権利

　　の消滅事由 …………………………………………………………… 335

　3-9　免責事由の主張責任の分配ないし証明責任の分配 ……………… 336

Ⅳ　民事訴訟における主張責任と証明責任 …………………………… 339

　1　主張責任と証明責任との関係 ……………………………………… 339

　2　主張責任の意義 ……………………………………………………… 340

　3　証明責任の意義 ……………………………………………………… 349

Ⅴ　要件事実論についての司法研修所の見解と私見の違いのまとめ…… 381

　　(1)　要件事実論の構造について　（381）

　　(2)　民事訴訟の結果（判決の主文）について　（384）

　　(3)　実質的意義の民法を認めるか否かおよび権利の根拠について　（385）

　　　ア　実質的意義の民法を認めるか否かについて　（385）

　　　イ　権利の根拠について　（386）

　　(4)　契約の種類，意義等について　（387）

　　　ア　契約上の権利の淵源について　（387）

　　　イ　契約の種類および意義について　（387）

xi

目　次

(5)　権利主張および権利自白ならびに規範的要件について　（388）

　　ア　権利主張および権利自白について　（388）

　　イ　規範的要件について　（389）

(6)　民事訴訟における審判の対象について　（389）

(7)　主張責任の分配ないし証明責任の分配について　（390）

　　ア　主張責任の分配ないし証明責任の分配が必要となる根拠について　（390）

　　イ　行為規範の定める法律効果を主張責任の分配ないし証明責任の分配の対象とするか否かについて　（391）

　　ウ　主張責任の分配ないし証明責任の分配の規準について　（392）

　　エ　主張責任の分配と証明責任の分配との関係について　（394）

(8)　弁論主義の根拠等について　（396）

(9)　主張責任および証明責任について　（397）

(10)　主張責任の分配と主張責任との関係および証明責任の分配と証明責任との関係について　（398）

(11)　裁判官の心証と要証事実の認定について　（400）

(12)　要件事実（論）について　（401）

　　ア　要件事実の意義について　（401）

　　イ　要件事実論の範囲について　（403）

　　ウ　要件事実論が他の訴訟に及ぶ範囲について　（404）

事項索引（405）

人名索引（414）

判例索引（418）

条文索引（420）

細 目 次

はしがき （iii）

はじめに……………………………………………………………………… 1
　　〔要件事実は，なぜ必要か〕
　　〔要件事実(論)の現況は，どうなっているのか〕
　　〔要件事実論には，どのような見解があるか〕
　　〔要件事実(論)についての私見は，これを略述すると，どのようなものか〕
　　　【現行民法典前3編の起草者であった法典調査会は，同編の規定を行為規
　　　　範として起草しようとしたのではないか】
　　　【第9回帝国議会は，法典調査会の上述した起草方針を承認して前3編
　　　　を制定したのではないか】
　　　【前3編を中心とする民事財産法中のかなりの数の条項を実質的意義の民
　　　　法を組織する個別的法規範を構成する行為規範の定める律効果および法
　　　　律要件とするためには，法解釈などをして整理したり加除修正したりし
　　　　なければならないのではないか】
　　　【民事訴訟において審理および裁判の対象である請求の内容となる権利の
　　　　存否等と行為規範の定める法律効果との関係は，どのように理解すべき
　　　　か】
　　　【原告が複合する行為規範の定める法律要件を充足する社会事象をすべて
　　　　主張ないし証明することはできるであろうか】
　　　【訴訟当事者に権利の保障を可能にする法理は，なにか】
　　　【主張責任の分配ないし証明責任の分配をする規準は，どうすればよい
　　　　か】
　　　【要件事実および分配効果は，どのように理解すべきだろうか】

Ⅰ　要件事実の前提となる事項 ……………………………………………13

　1　民事法の種別とわが民事法の属する法の系譜 ………………………13
　1-1　民事実体法と民事手続法 ……………………………………………13
　　〔規範とは，どういうものをいうのか〕
　　〔法とは，なにか〕
　　〔私法と公法とは，どのような観点から分けられるのか〕
　　〔民事実体法と民事手続法とは，なにか〕
　　〔わが民事法は，基本的にはローマ法の系譜に属するのではないか〕
　1-2　実質的意義の民法と形式的意義の民法との関係 …………………16
　　〔民法には，実質的意義の民法と形式的意義の民法があるのではないか〕

xiii

細 目 次

　　〔実質的意義の民法とは，なにか〕
　　〔形式的意義の民法とは，なにか〕

2　実質的意義の民法を組織する個別的法規範および民法典の各規定の法的性質　18
　　〔実質的意義の民法を組織する個別的法規範は，行為規範と裁判規範とで構
　　　成されているのではないか〕

2‐1　行為規範の意義 ……………………………………………………………18
　　〔行為規範は，私人を名宛人とし，私人が一定の社会事象について従うべき
　　　規準とともに権利の変動およびその原因である要件を定める法規範ではな
　　　いか〕

2‐2　裁判規範の意義 ……………………………………………………………19
　　〔裁判規範は，訴訟関係人および裁判官を名宛人とし，民事訴訟において訴
　　　訟当事者および裁判官が民事実体法上の権利の存否，変動の有無等やそれ
　　　に直接に関連する事項について訴訟行為をするにあたって準則となる法規
　　　範ではないか〕

2‐3　民法上の規定の法的性質の理解と要件事実(論)の意義および構造につい
　　　ての考えの関連性 …………………………………………………………20
　　〔実質的意義の民法を組織する個別的法規範および民法典の各規定の法的性
　　　質に関する議論は，要件事実(論)の意義および構造に根本的に関連するの
　　　ではないか〕

3　民法上の規定を裁判規範とみるか行為規範とみるかの争い ……………………21
　　〔民法上の規定の法的性質に関する争いは，多角的な様相を呈しているので
　　　はないか〕

3‐1　民法典の各規定をもっぱら裁判規範と解する考え ── 兼子説，坂本説およ
　　　び内田説とそれぞれの説に対する疑問点 ……………………………………21
　⑴　兼子説とそれに対する疑問点　(21)
　　〔兼子博士は，実質的意義の民法においても民法典においても行為規範の存
　　　在を否定され，民法典の各規定をもっぱら裁判規範であるとされるのでは
　　　ないか〕
　　〔兼子博士の民法典の各規定をもっぱら裁判規範と解されることに対する基
　　　本的な疑問点は，なにか〕
　⑵　坂本説とそれに対する疑問点　(23)
　　〔坂本氏は，わが民法がドイツ民法第一草案を母法としていることなどを論
　　　拠として，わが民法典の各規定を裁判規範であるとされるのではないか〕
　　〔わが民法がドイツ民法第一草案を母法としていると解することは，正当か〕
　⑶　内田説とそれに対する疑問点　(29)
　　〔内田教授は，いくつかの論拠から，わが民法典の名宛人から一般国民が完
　　　全に抜け落ちてしまったいわれるから，わが民法典の各規定の行為規範性
　　　を否定しておられるのではないか〕

xiv

〔内田教授がわが民法典の各規定の行為規範性を否定しておられると思われ
る論拠には，反論することができるのではないか〕

3-2　実質的意義の民法を組織する個別的法規範を構成する行為規範を認めな
がら民法典の各規定を裁判規範と解する考え――川島説とそれに対する疑
問点 ……………………………………………………………………………37

3-3　実質的意義の民法を組織する個別的法規範が行為規範および裁判規範の
重畳的構造であることを認めながら民法典の各規定を裁判規範と解する考
え――田中(成)説とそれに対する疑問点 …………………………………38

3-4　司法研修所の考えとそれに対する疑問点 …………………………………39
〔司研は，民法典の各規定を裁判規範であると考えているのではないか〕
〔司法研修所の考えに対する疑問点は，どのようなものか〕
〔ローゼンベルクは，ドイツ民法典の各規定を行為規範としているのではな
いか〕

3-5　民法典起草者および制定者の考え …………………………………………46
〔民事法典の法的性質が行為規範であるか裁判規範であるかは，原則として
起草者・立法者の意思で決まるのではないか〕
〔現行民法典の起草者は，その各規定を，だれに対していつどのような場合
にどのような法的効果を付与しようとして起草したのであろうか〕

3-6　実質的意義の民法を組織する個別的法規範は行為規範と裁判規範の重畳
的構造であるが，民法上の規定は原則として行為規範であると解する考え
――私見 ………………………………………………………………………52

4　行為規範の構造 …………………………………………………………………55

1-1　民法典の各規定の形態と実質的意義の民法を組織する個別的法規範を構
成する行為規範の形態との関係 ……………………………………………55

1-1-1　実質的意義の民法を組織する個別的法規範を構成する行為規範
の内容 …………………………………………………………………55
〔実質的意義の民法を組織する個別的法規範を構成する行為規範は，規範上
の法律効果とその原因である規範上の法律要件とで構築されているのでは
ないか〕
〔現実の社会に生起した事象が実質的意義の民法中のある行為規範の定める
法律要件を充足すると，その行為規範の定める法律効果から推論されるそ
の主要事実に対応する具体的な権利の変動が生ずるのではないか〕
〔民法典の各規定は，行為規範の定める法律効果および法律要件としては不
完全なものがあるから，それらを完全なものにするのは，母体である実質
的意義の民法上の行為規範を復元する作業ではないか〕
〔法律事実は，法律要件を組成する素因ではないか〕
〔権利の障害も法律効果か〕

1-1-2　民法典の条項を作成する趣旨 …………………………………………64

細　目　次

〔民法典の起草者は，個別的法規範を構成する行為規範であると判断した多
　数の規範を，特定の事項に関する規範ごとにまたはいくつかの規範の共通
　部分を縦断したりなどして体系的に編別に組織したうえ，市民が内容を分
　かりやすくかつ見付けやすくすることなどを目的としてそれを細分化して
　各条項を作成するのではないか〕

1‑1‑3　契約規範を行為規範として理解することの可否 ……………………65

〔権利には，制定法が規定することによってはじめて認められるものと，契
　約規範のように法の理念として一般的抽象的に認められるものとがあるの
　ではないか〕
〔契約の拘束力の根拠は，契約当事者の意思にあるのではないか〕
〔意思表示とは，効果意思を外部に表示する行為ではないか〕
〔わが民法は，表示行為から推測される効果意思と内心の効果意思とが一致
　しない場合における意思表示の効力については，折衷主義を採っているの
　ではないか〕
〔契約上の権利は，基本的には当事者の合致した外部に表示された効果意思
　を根拠として変動するのではないか〕
〔契約が締結されると，その合意が当事者および裁判所を拘束する規範にな
　るのではないか〕
〔契約自由の原則は，いうなれば契約規範作出自由の原則ではないか〕
〔法律行為を法規説で理解すると，その拘束力はどうなるのであろうか〕
〔無名契約については，法規説では，民法91条または同条が前提となる不
　文の法（慣習法，判例法等）を契約の拘束力の根拠としているというが，
　それは，妥当な考えといえるだろうか〕

1‑1‑4　履行期の約定を契約における申込みおよび承諾または交叉する
　　　　申込みの各意思表示の一部であると理解することの当否 …………79

〔履行期とは，どのようなものか〕
〔履行期の約定は，契約の内容となる約定ではないか〕
〔履行期未到来の請求権と履行期の到来した請求権とでは，どのように違う
　のだろうか〕

1‑2　民法上の規定を行為規範と解するか裁判規範と解するかによる効果およ
　　　び要件の異同について二，三の例 ………………………………………84

1‑2‑1　その例1　停止条件付き契約 ……………………………………………85

〔停止条件付き契約当事者各自のする・契約に停止条件を付する旨の意思表
　示は，契約の意思表示と不可分一体のものではないか〕
〔条件付き契約と無条件の契約とは，別の契約ではないか〕
〔停止条件付き契約の停止条件の成就により発生する権利と無条件の契約に
　より生ずる権利とは，別の権利ではないか〕
〔民法513条2項は，条件付き債務と無条件債務が別の債務であることを定

xvi

めているのでないか〕

〔否認説によると，停止条件付き契約の停止条件の成就により発生する権利
についての要件事実は，どうなるか〕

〔抗弁説には，どのような問題があるか〕

〔停止条件の約定と契約の成立を可分であるとすることは，できないのでは
ないか〕

〔契約の効力は，契約が成立すればただちに発生するといえないのではない
か〕

〔民法 513 条 2 項による更改には，更改意思が存在し，かつ，債務内容の変
更などの客観的事情があることが必要であるとはいえないのではないか〕

〔抗弁説における再抗弁の・停止条件が成就したことは，抗弁の・停止条件
の効果を消滅させることだということができるか〕

〔停止条件が付されていたことが真偽不明のときは，抗弁説によると，どの
ような判決になるのか〕

〔売買一方の予約の法的性質の理解は，停止条件付き売買契約の法的性質の
理解によって異なることになるのか〕

1-2-2　その例 2 ── 解除条件付き契約 ……………………………………… 100

〔解除条件付き契約当事者各自の・契約に解除条件を付することは，契約の
不可分一体となる意思表示ではないか〕

〔解除条件付き契約と無条件の契約とは，別の契約ではないか〕

〔有効に成立した解除条件付き契約から発生する権利と有効に成立した無条
件の契約から発生する権利とは，異なる権利ではないか〕

〔否認説によると，解除条件付き契約の成立の要件事実は，どうなるのか〕

〔抗弁説によると，解除条件の付された契約の成立の要件事実は，どうなる
のか〕

1-2-3　その例 3 ── 催告期間内に延滞賃料を支払わないときは賃貸借契約
を解除する旨の意思表示 ………………………………… 103

〔催告期間内における延滞賃料不払いによる賃貸借契約解除の意思表示は，
停止条件付き解除の意思表示ではないか〕

〔催告期間内における延滞賃料不払いによる賃貸借契約解除の意思表示を停
止期限付き解除の意思表示とする理由付けには，無理があるのではないか〕

〔債務の履行遅滞による損害賠償請求権の根拠事由のうちの一つである履行
期に債務の履行のないことについても，前段と同様のことがいえるのではな
いか〕

1-3　権利の社会における実存性の有無 ………………………………………… 108

1-3-1　民法上の規定の法的性質に関する見解と権利の社会における実
存性の有無に関する見解との関係 ……………………………… 108

〔個別的法規範を構成する行為規範を認めるか否かによって権利の社会にお

細　目　次

ける実存性の有無が異なることになるのではないか〕

1-3-2　権利は，裁判を待たずに実際の社会に現存するとする考え …… 108
〔実質的意義の民法を組織する個別的法規範を構成する行為規範を認める以
　上は，権利は，裁判を待たずに実際の社会に現存すると考えることになる
　のではないか〕
〔現実の社会に生起した事象がある行為規範の定める法律要件を充足して主
　要事実が認定されると，それに対応する法律効果のその主要事実に相応し
　た効果に該当する具体的な権利が変動するのではないか〕

1-3-3　すべての権利が裁判によって形成されるとする考え ………… 113
　　　A　兼子説とそれに対する疑問点　（113）
〔兼子博士は，民事訴訟において紛争解決規範としての実体法と訴訟法に
　従って，判決により具体的な生活関係の規律として権利関係の存否が確定
　するといわれるのではないか〕
〔兼子説ではあたかもアクティオに先祖返りしているようになり，また，消
　滅時効の進行開始時等の民法の規定を解することができないなどの疑問が
　あるのではないか〕
　　　B　司法研修所の見解　（115）
〔司法研修所の権利形成についての見解は，兼子説と同じではないか〕
〔裁判規範としての民法が権利の発生要件を規定するとする考えは，民事訴
　訟における当事者の役割を消極的に解することになるのではないか〕

1-4　裁判上の形成権は裁判によって形成されとする考え ……………… 116
　(1)　形成の訴えにおける審判の対象　（116）
　(2)　形成原因説とそれに対する疑問点　（117）
　　　A　鈴木(正)説　（117）
　　　B　伊藤(眞)説　（117）
　　　C　形成原因説一般の理論的根拠　（117）
　　　D　形成原因説に対する疑問点　（118）

Ⅱ　要件事実(論)において事前に理解
していなければならない事項 ……………………………………………… 121

1　民事上の訴えの提起および民事訴訟における審判の対象 ……………… 121
1-1　民事紛争の解決と民事訴訟 ………………………………………… 121
〔民事紛争は，紛争当事者双方の自由な意思で解決することができるのでは
　ないか〕
〔民事紛争の当事者がその終止を目指す場合には，原則として民事訴訟を提
　起せざるをえないのではないか〕
1-2　民事上の訴えの提起とその類型 ……………………………………… 122
1-2-1　訴えの提起 ……………………………………………………… 122

xviii

細　目　次

〔地方裁判所以上の裁判所に対する民事上の訴えの提起には，二つの意義が
　あるのではないか〕

1-2-2　訴えの類型とその関係 ……………………………………………… 122

〔民事上の訴えには，確認，給付および形成の各訴えがあるが，この3類型
　の関係は，どのように考えればよいか〕

(1)　確認訴訟原型説　（123）

(2)　紛争類型対応説　（124）

(3)　作用により分類した私権の類型の性質由来説　（124）

1-3　民事訴訟における審判の対象についての学説上の争いとそれを請求とす
　る考え ……………………………………………………………………… 125

1-3-1　審判の対象についての学説の争い ………………………………… 125

〔民事訴訟における審判の対象についての学説上の争いとしては，大別して，
　新訴訟物論と旧訴訟物論があるのではないか〕

(1)　新訴訟物論とそれに対する疑問点　（125）

(2)　旧訴訟物論　（126）

〔旧訴訟物論には，二つの異なる考えがあるのではないか〕

〔審判の対象を権利（の存否）とする考えとはなにか，それに対してはどの
　ような疑問があるか〕

〔審判の対象を請求とする考えは，どのようなものか〕

1-3-2　審判の対象を請求とする考え ……………………………………… 130

〔請求は，訴えという申立てを基礎づける法律上の主張ではないか〕

〔確認の訴えにおける請求は，一定の具体的な権利の存否についての既判力
　を希求する主張ではないか〕

〔給付の訴えにおける請求は，一定の具体的な給付請求権の行使による執行
　力および確定判決による既判力を希求する主張ではないか〕

〔形成の訴えにおける請求は，一定の具体的な裁判上の形成権の存在につい
　ての確定判決による既判力とその形成権の行使による形成力を希求する主
　張ではないか〕

2　行為規範の定める法律効果と請求の内容となる権利の存否等との関連の仕方 132

〔請求の内容となる権利の存否等は，行為規範の定める法律効果以外に考え
　ることはできないのではないか〕

〔行為規範の定める法律効果を民事訴訟における請求の内容となる権利の存
　否等と実質的に同一にしなければならないのは，なぜか〕

3　民事訴訟における主張と証明 …………………………………………… 133

3-1　主張の意義 …………………………………………………………… 133

〔訴訟行為とは，どのような行為か〕

〔当事者その他の利害関係人の訴訟行為は，どのように分類されるか〕

〔主張は，どのように分けることができるか〕

xix

細　目　次

　　3-2　証明の意義 ……………………………………………………………… 134
　　　〔挙証と立証と証明は，同じ意味の言葉か〕
　　　〔裁判官の要証事実の存在についての確信とは，どのような心理状態をいう
　　　　のか〕
　　　〔厳格な証明と自由な証明とは，なにか〕
　　3-3　証明度の意義 …………………………………………………………… 136
　　　〔民事訴訟における要証事実の認定は，裁判官の心証が証明度に達しさえす
　　　　ればよいのではないか〕
　　　〔損害額の認定においては，証明度は，どうなるか〕
　　3-4　主張と立証の理論的前後関係 ………………………………………… 139
　　　〔主張は，理論的にも証明の手段である立証に先立つ手続きではないか〕

Ⅲ　要件事実（論） ………………………………………………………………… 141

　1　要件事実（論）緒言 ………………………………………………………… 141
　1-1　行為規範の裁判規範への転化 ………………………………………… 141
　1-1-1　行為規範の裁判規範からの独立 ………………………………… 141
　　　〔行為規範が裁判規範から分離・独立したのはどうしてか〕
　1-1-2　行為規範と裁判規範が重層関係にある複合体であることの意味 141
　　　〔行為規範と裁判規範は重層関係にある複合体であるといわれるが，それは，
　　　　どのような意味をもつものと理解すればよいだろうか〕
　1-1-3　主張責任の分配および証明責任の分配の所属法域としての民法 144
　　　〔主張責任の分配および証明責任の分配の所属法域については，どのような
　　　　見解があるか〕
　　　〔わが民訴法の下では，同法の解釈等から私権の変動を定めることはできな
　　　　いのではないか〕
　1-2　主張責任の分配および証明責任の分配の必要 …………………… 150
　　　〔具体的な民事訴訟において，原告が請求の内容である具体的な権利の存否
　　　　等を基礎づけるためにはどうすればよいか〕
　　　〔具体的な請求の内容である権利の存否等と等価値の法律効果の原因である
　　　　法律要件を充足する社会事象は，どのようなものか〕
　　　〔具体的な民事訴訟において原告が前段のＡまたはＢの法律要件を充足する
　　　　社会事象の有無をすべて主張することは，不可能であるかまたはいちじる
　　　　しく困難であるかではないだろうか〕
　　　〔権利には，訴訟手続きによる保障があるのではないか〕
　　　〔司研は，証明責任の分配および主張責任の分配をどのように考えているの
　　　　か〕
　　　〔民法典の各規定が行為規範の性質を有するのであれば，これに直接的に主
　　　　張責任の分配ないし証明責任の分配をして裁判規範を見出すべきあるとす

細　目　次

　　る見解があるようだが，この見解に妥当性はあるのか〕

1-3　わが国における主張責任の分配等に関する立法の経緯および旧民法第 5
　　編証拠編 1，2 条の法理が慣習法化した状況 ……………………………… 158

1-3-1　わが国における主張責任の分配および証明責任の分配に関する
　　　立法の経緯 ……………………………………………………………… 158

　　〔テッヒョー訴訟法案の証明責任の分配に関する条項は，どのようなもので
　　　あったか〕
　　〔ボアソナードが起草した旧民法第 5 編証拠編の主張責任の分配および証明
　　　責任の分配に関する条項は，どのようなものであったか〕

1-3-2　旧民法廃止後同法証拠編 1，2 条の法理が慣習法化した状況　164

　　〔旧民法証拠編 1，2 条の法理は，同法の廃止後はどうなったか〕
　　〔主張責任の分配，証明責任の分配等に関しては，旧民法証拠編 1，2 条を
　　　踏まえて慣習法化したのではないか〕
　　〔旧民法証拠編 1，2 条の法理の慣習法化は，昭和の初めごろには完成した
　　　のではないか〕
　　〔わが民事訴訟での主張責任の分配等を慣習法の理論で体系化することは，
　　　行為規範の定める法律効果と請求の内容である具体的な権利の存否等との
　　　差異を解消する法理が主張責任の分配ないし証明責任の分配であるとする
　　　ことと理論的に矛盾するか〕
　　〔旧民法証拠編 1，2 条の法理は，決して古臭いものではないのではないか〕
　　〔われわれは，旧民法証拠編 1，2 条の法理を全面的に受け入れなければな
　　　らないか〕

1-4　主張責任の分配および証明責任の分配において，法律要件または法律事
　　実の法的性質を考慮しなければならない事項 …………………………… 176

1-4-1　民法第 3 編第 2 章第 2 〜第 14 の各節の冒頭にある規定の法
　　　的性質 …………………………………………………………………… 177

1-4-2　契約中に任意法規の内容と同じ約定がある場合における任意法
　　　規の適用の有無 ………………………………………………………… 178

　⑴　契約中に解釈規定の内容と同じ約定がある場合における解釈規定
　　の適用排除　(179)
　　〔解釈規定とは，どのような規定か〕
　　〔その例として手付けを取り上げると，民法 557 条は，わが国古来の慣習を
　　　立法したものではないか〕
　　〔民法 557 条 1 項の規定を適用するには，手付契約で解除権留保の取決めを
　　　したかどうか不明確であることを要するのではないか〕
　　〔民法 557 条 1 項を解釈規定としながら，手付けの解除権留保という法律効
　　　果を主張しようとする当事者は，同条項の規定を主張立証すれば足りると
　　　する解釈は妥当か〕

xxi

細　目　次

　　〔民法 557 条 2 項は，解約手付けにより契約を解除されたときは，この解除
　　　によって損害を被ったとしても，その損害の賠償を求めることができない
　　　としたものではないか〕
　(2)　契約中に補充規定の内容と同じ約定がある場合における補充規定の適用
　　　排除　（184）
　　〔補充規定とは，どのような規定か〕
　(a)　瑕疵担保責任　（186）
　　〔その例として瑕疵担保責任を取り上げると，その法的性質は，債務不履行
　　　責任であると解すべきではないか〕
　　〔瑕疵担保による買主の売買契約の解除権発生の法律要件は，なにか〕
　　〔瑕疵担保による買主の売買契約解除権の根拠効果および根拠事由は，なに
　　　か〕
　(b)　法律行為の無効事由　（197）
　　〔法律行為の無効事由を定める規定は補充規定ではないか〕
　　〔法律行為の無効事由の前提として，契約規範にも契約上の権利の発生およ
　　　び消滅の法律効果およびその原因となる法律要件があるのではないか〕
　　〔契約の有効性は，主張責任の分配ないし証明責任の分配にあたってどのよ
　　　うに理解すればよいだろうか〕
1‒4‒3　権利主張および権利自白が主張責任の分配の規準となることの
　　　　可否 ……………………………………………………………………… 210
　　〔権利主張および権利自白が主張責任の分配において考慮されなければなら
　　　ないのは，なぜか〕
　　〔権利主張および権利自白を否定する見解には，妥当性があるか〕
　　〔規範的要件（事実）は，どのように考えるべきか〕
　　〔規範的要件（事実）を基礎づけるものは，どのように考えるべきか〕
　　〔権利主張および権利自白の許否は，民事訴訟の本質に対する理解とも関連
　　　するのではないだろうか〕
1‒4‒4　消極的事実が主張責任の分配ないし証明責任の分配の規準にな
　　　　ることの可否 ……………………………………………………………… 224
　　〔消極的事実が主張責任の分配ないし証明責任の分配の規準になるとする見
　　　解には，妥当性があるか〕
　　〔消極的事実の例として民法 703 条の定める法律上の原因のないことを取り
　　　上げると，その主張責任は，不当利得返還請求権の存在を主張する者にあ
　　　るのではないか〕
1‒4‒5　民事訴訟における主張責任の分配ないし証明責任の分配の仕様　229
　　〔具体的な民事訴訟において請求の内容である権利の存否等をまず主張の，
　　　次いで証明の各段階で可能にするためには，前述した A，B‒1 または B
　　　‒2 の各社会事象の存在または不存在を一定の規準の下に権利の存在を主

xxii

張する者とそれを争う者に適切に分配すればよいのではないか〕

〔基本的には，法律効果の態様ごとにその原因である法律要件について主張
の負担を権利の存在を主張する者とそれを争う者に分ければよいのではな
いか〕

〔しかし，法律要件を組成する素因である法律事実が不存在でなければよい
場合には，その法律事実についての主張責任を反対の事実に転換して，相
手方に分配することがあるのではないか〕

〔不存在でなければよい法律事実は，どのようにして見分けることができる
か〕

〔訴訟において請求の内容である権利の存否等を証明の段階で可能にするた
めには，前述した事実上の主張責任の分配にしたがって権利の存在を主張
する者とそれを争う者に分配すればよいのではないか〕

〔裁判規範は，どのような機能を有するか〕

〔主張責任の分配ないし証明責任の分配を基本的には法律効果の態様ごとに
それとその原因である法律要件についてすべきであるとする手法は，法律
要件分類説に属するのではないか〕

2　要件事実の意義および機能　……………………………………………… 240

2-1　要件事実の意義についての諸説 ………………………………………… 240

〔要件事実の意義については，どのような見解があるか〕

2-2　分配効果を取り上げる実益 ……………………………………………… 245

〔裁判規範の効果を分配効果として取り上げる実益がないとはいえないので
はないか〕

〔要件事実および分配効果における法的三段論法とは，なにか〕

〔要件事実と主要事実は，法的三段論法の作用上どのような関係にあるのか〕

2-3　要件事実および分配効果の確定 ………………………………………… 250

〔要件事実および分配効果を確定するにあたっては，法律効果・法律要件等
について主張責任の分配を行なう前に，権利の同一性の有無を見極めるこ
とが肝要ではないか〕

(a)　土地返還請求権であるとする説　（251）

(b)　土地の所有権に基づく建物収去土地明渡請求権であるとする説　（251）

(c)　土地所有権に基づく妨害排除請求権であるとする説（中田(淳)・民事
訴訟判例研究 355 頁，三井・同論文 1699 頁）（251）

(d)　建物の収去については土地所有権に基づく妨害排除請求権であり，土
地の返還については土地所有権に基づく返還請求権であるとする説
（251）

2-4　要件事実の機能 …………………………………………………………… 253

〔要件事実および分配機能は，具体的な訴訟においてどのような役割を担う
のか〕

〔当事者は，相手方の主張が認められないかぎり，その主張を排斥する主張

細　目　次

　　　をする必要がないのではないか〕
　　　〔当事者は，自己の主張が争われたうえ要証事実でないかぎり立証をする必
　　　　要がないのではないか〕
　　　〔要件事実および分配効果は，裁判外紛争解決（処理）においても活用され
　　　　るか〕

3　分配効果および要件事実の分別 ……………………………………………… 259
　　　〔分配効果および要件事実をもっとも簡明で適正に法則化しようとすると，
　　　　どのように分別すればよいだろうか〕
3-1　法律効果の一つである権利の変更について主張責任の分配ないし証明責任の
　　　分配をすることの可否 …………………………………………………………… 260
　　　〔権利の変更は，権利の発生と消滅に解消すべきではないか〕
3-2　権利発生効果および権利発生事由 …………………………………………… 261
　　　〔権利発生効果および権利発生事由とは，なにか〕
　⑴　その例1——賃貸人の賃借人に対する支分権としての賃料請求　（262）
　　　〔賃貸人の賃借人に対する支分権としての賃料請求権は，権利発生効果およ
　　　　び権利発生事由ではないか〕
　　　〔民法614条によって支払時期の到来の主張をするには，支分権としての賃
　　　　料の支払期日が基本権としての賃料債権中の定めとして欠けていることが
　　　　必要ではないか〕
　⑵　その例2——動産の無主物先占　（266）
　　　〔無主の動産の所有権取得の分配効果および要件事実は，どのようなものか〕
3-3　権利根拠効果および権利根拠事由ならびに権利発生障害効果および権利
　　　発生障害事由 ……………………………………………………………………… 267
　　　〔権利根拠効果および権利根拠事由ならびに権利発生障害効果および権利発
　　　　生障害事由とは，なにか〕
　⑴　その例1——不動産物権変動の対抗要件　（273）
　　　〔不動産物権変動の対抗要件についての主張責任の分配ないし証明責任の分
　　　　配には，どのような見解があるか〕
　　　〔民法176条および177条の立法趣旨から不動産物権変動の対抗要件につい
　　　　ての主張責任の分配ないし証明責任の分配を検討すると，どうなるか〕
　⑵　その例2——時効取得　（279）
　　　〔民法186条1項が暫定真実を定めているとする見解には，妥当性がないと
　　　　いうべきではないか〕
　　　〔不動産所有権の時効による取得の分配効果および要件事実は，どのように
　　　　解すべきか〕
　⑶　その例3——消費貸借に基づく目的物返還請求権発生の要件事実（付・準
　　　消費貸借における旧債務の存在）　（283）
　　　　1）　消費貸借に基づく目的物返還請求権の発生時期とその要件事実
　　　　（283）

細　目　次

〔要物契約としての消費貸借に基づく目的物返還請求権の発生の時期はいつ
　と考えるべきか〕

〔消費貸借に基づく目的物返還請求権発生とその請求権行使の要件事実は，
　どのように考えるべきか〕

　　2）　準消費貸借における旧債務の存在　（287）

〔準消費貸借における旧債務の存在の分配効果および要件事実については諸
　説があるが，債権者説が妥当ではないか〕

(4)　その例 4 ── 一般の不法行為に基づく損害賠償請求における過失相殺

（289）

〔民法 722 条 2 項は，一種の権利発生障害事由を定める裁判規範と解すべき
　ではないか〕

〔判例・通説の理解する一般の不法行為に基づく損害賠償請求における過失
　相殺の法的性質は，どのようなものか〕

〔判例・通説の理解する一般の不法行為に基づく損害賠償請求における過失
　相殺の法的性質は，妥当といえるか〕

〔一般の不法行為に基づく損害賠償請求における過失相殺の法的性質は，ど
　のように理解すべきか〕

〔交通事故と医療事故とが順次競合し運転行為と医療行為とが共同不法行為
　に当たる場合における被害者の過失相殺の方法は，どのようにすべきか〕

3-4　権利行使効果および権利行使事由 ……………………………………… 296

〔請求権および形成権における権利行使効果および権利行使事由は，どのよ
　うなものか〕

〔期限の主張責任の分配および証明責任の分配における否認説とは，どのよ
　うなものか〕

〔期限の主張責任の分配および証明責任の分配における抗弁説とは，どのよ
　うなものか〕

〔抗弁説に対しては，どのような疑問があるか〕

3-5　権利消滅効果および権利消滅事由 ……………………………………… 312

〔権利消滅効果および権利消滅事由とは，なにか〕

〔除斥期間の経過を便宜的に権利消滅効果・同事由で検討すると，除斥期間
　を権利の存続期間であると解して，その経過を権利の滅却効果・同事由と
　すべきではなかろうか〕

3-6　権利滅却効果および権利滅却事由ならびに権利消滅障害効果および権利
　　　消滅障害事由 …………………………………………………………… 315

〔権利滅却効果および権利滅却事由ならびに権利消滅障害効果および権利消
　滅障害事由とは，なにか〕

(1)　その例 1 ── 消滅時効　（316）

〔消滅時効の法律要件は，なにか〕

〔権利の継続的な不行使の反対事象が消滅時効の中断ではないか〕

xxv

細　目　次

(2)　その例2──請求権の放棄　（319）

〔請求権の放棄については，民法典には規定がないが，民事実体法としても
これを観念することができるから，その分配効果・要件事実は，権利滅却
効果・同事由であるといってよいのではないか〕

(3)　その例3──無断賃借権の譲渡・転貸に基づく賃貸借契約の解除における
背信行為と認めるに足りない特段の事情　（320）

〔賃借権の譲渡・転貸について賃貸人の承諾を必要としたのは，なぜか〕

〔賃借権の譲渡および賃借物の転貸とは，どういうことか〕

〔賃借権の譲渡・転貸についての賃貸人の承諾とは，どういうことか〕

〔無断賃借権の譲渡・転貸に基づく賃貸借契約の解除権発生の法律要件は，
なにか〕

〔無断賃借権の譲渡・転貸をしても賃貸借契約の解除権が発生しないとされ
る背信行為と認めるに足りない特段の事情とは，どういうものか〕

〔背信行為と認めるに足りない特段の事情の主張責任の分配ないし証明責任
の分配は，どのように解すべきか〕

〔無断賃借権の譲渡・転貸であっても，背信行為と認めるに足りない特段の
事情がある場合には，その法律関係は，どうなるか〕

3-7　権利行使阻止効果および権利行使阻止事由 ……………………………… 331

〔権利行使阻止効果および権利行使阻止事由とは，なにか〕

(1)　その例1──同時履行の抗弁権　（331）

〔同時履行が認められる趣旨は，なにか〕

〔訴訟で同時履行の抗弁権の行使が認められる場合における判決の主文は，
どのようになるか〕

〔同時履行の抗弁権は，履行遅滞による損害賠償請求権の発生等でも問題と
なるのではないか〕

(2)　その例2──期限の猶予の合意　（335）

〔請求権の期限の猶予の合意は，相手方がその合意前の履行期の到来を理由
に請求してきたときにかぎり，この合意が成立したことを抗弁権の行使と
して主張・証明することができるのではないか〕

3-8　権利行使阻止上の権利の消滅効果および権利行使阻止上の権利の消滅事
由 ……………………………………………………………………………… 335

〔債権者から主たる債務の履行の請求を受けた保証人が催告の抗弁権を行使
する前に債権者が主たる債務者に対して催告したことや，主たる債務者に
破産手続開始決定またはその行方不明であったことは，権利行使阻止上の
権利の消滅効果・同権利の消滅事由と考えるべきではないか〕

3-9　免責事由の主張責任の分配ないし証明責任の分配 ……………………… 336

〔免責事由の主張責任の分配ないし証明責任の分配は，どのように理解した
らばよいか〕

Ⅳ　民事訴訟における主張責任と証明責任 ………………………………… 339

細　目　次

1　主張責任と証明責任との関係　……………………………………………… 339
　　〔主張責任と証明責任の関係については，主張責任の分配と主張責任の関係
　　　および証明責任の分配と証明責任の関係もからんで，議論があるのではな
　　　いか〕

2　主張責任の意義　……………………………………………………………… 340
　　〔主張責任とは，なにか〕
　　〔行為責任としての主張責任とは，どのようなものか〕
　　〔結果責任としての主張責任とは，どのようなものか〕
　　〔弁論主義は，訴訟資料の収集の権能かつ責任が裁判所と当事者との間では
　　　当事者側にあるとともに，当事者の間ではそれについて利益を有する当事
　　　者側にあるとする原則ではないか〕
　　〔当事者間および共同訴訟人間における主張共通の原則を認めることは，で
　　　きないのではないか〕
　　〔司法研修所は，主張責任を客観的証明責任の弁論主義による投影として理
　　　解しているのではないか〕
　　〔証明責任は，その枠組み，内容等を主張責任に拘束され，しかも，証明に
　　　しろ証明責任にしろ主張について当事者間に争いがなければ問題となるこ
　　　とがないのではないか〕

3　証明責任の意義　……………………………………………………………… 349
　　〔証明責任という用語は，どのように使われるのか〕
　　〔行為責任としての証明責任は，どのように理解されるべきか〕
　　〔行為責任としての証明責任と当事者の立証活動とは，異なるのではないか〕
　　〔結果責任としての証明責任は，どのように理解されるべきか〕
　　〔司法研修所は，客観的証明責任を出発点として要件事実ないし要件事実論
　　　を論じているが，それにはさまざまな疑問があるのではないか〕
　　〔客観的証明責任とは，なにか〕
　　〔ZPO の 1933 年の大改正後，ローゼンベルクがなお客観的証明責任の所見
　　　を維持したのは，どのような理由からであったか〕
　　〔ローゼンベルクのいう証明責任規範（規定）とは，どのようなものか〕
　　〔ローゼンベルクは，客観的証明責任を要証の主要事実の真偽不明の心証に
　　　不真実の心証を加えて真実の心証以外のすべての心証に対する法規不適用
　　　に拡大するのではないか〕
　　〔わが国に客観的証明責任の理論が導入され，ほとんど定説といってもよい
　　　ほどになったのは，なぜか〕
　　〔昭和 10 年代からの客観的証明責任の学説継受は，慣習法となっていたわ
　　　が国の主張責任の分配および証明責任の分配ないし主張責任および証明責
　　　任にどのような影響を与えたか〕
　　〔客観的証明責任においては，証明責任規範（規定）が必要ではないか〕

xxvii

細　目　次

　　〔証明責任を真偽不明を解決する法理とする考えは，わが民事訴訟に妥当す
　　　るか〕

Ⅴ　要件事実論についての司法研修所の見解と私見の違いのまとめ…… 381
　⑴　要件事実論の構造について　（381）
　⑵　民事訴訟の結果（判決の主文）について　（384）
　⑶　実質的意義の民法を認めるか否かおよび権利の根拠について　（385）
　　　ア　実質的意義の民法を認めるか否かについて　（385）
　　　イ　権利の根拠について　（386）
　⑷　契約の種類，意義等について　（387）
　　　ア　契約上の権利の淵源について　（387）
　　　イ　契約の種類および意義について　（387）
　⑸　権利主張および権利自白ならびに規範的要件について　（388）
　　　ア　権利主張および権利自白について　（388）
　　　イ　規範的要件について　（389）
　⑹　民事訴訟における審判の対象について　（389）
　⑺　主張責任の分配ないし証明責任の分配について　（390）
　　　ア　主張責任の分配ないし証明責任の分配が必要となる根拠について
　　　　（390）
　　　イ　行為規範の定める法律効果を主張責任の分配ないし証明責任の分配
　　　　の対象とするか否かについて　（391）
　　　ウ　主張責任の分配ないし証明責任の分配の規準について　（392）
　　　エ　主張責任の分配と証明責任の分配との関係について　（394）
　⑻　弁論主義の根拠等について　（396）
　⑼　主張責任および証明責任について　（397）
　⑽　主張責任の分配と主張責任との関係および証明責任の分配と証明責任と
　　　の関係について　（398）
　⑾　裁判官の心証と要証事実の認定について　（400）
　⑿　要件事実(論)について　（401）
　　　ア　要件事実の意義について　（401）
　　　イ　要件事実論の範囲について　（403）
　　　ウ　要件事実論が他の訴訟に及ぶ範囲について　（404）

　事項索引（405）
　人名索引（414）
　判例索引（418）
　条文索引（420）

要件事実原理

はじめに

はじめに

〔要件事実は，なぜ必要か〕

　要件事実は，民事訴訟において訴訟当事者および裁判官が私法上の権利または法律関係の存否等やその変動の有無等ないしそれらを生ずる要件について訴訟行為をする場合の準則となる裁判規範[1]の効果および要件（広義）または効果を除く要件（狭義）のことである。こうして，要件事実は，民事実体法に基づく民事訴訟を目的とする技法となる。したがって，要件事実は，民事訴訟において必須のファクターであるから，要件事実について正確な理解がなければ，民事訴訟に関与することができないことになる。このことをおおまかに説明すると，次のとおりである。

　私法上の権利（私権）・義務あるいは法律関係（以下では，これらをひっくるめて，単に「権利」ということが多い）は，実社会で現実に生起した出来事（以下「社会事象」という）が民法だとか会社法だとかといった民事実体法を組織する個々の法規範（以下「個別的法規範」という）を構成する行為規範[2]の定める要件（法律要件）を充足することによって発生し，変更または消滅する（法律効果が生ずる）（権利，法律関係，行為規範，裁判規範，法律効果，法律要件などの法律用語については，後に詳述する）。

　そして，権利をめぐって関係者間に紛争が生じ，その当事者の一方が，それを終結させるべく，原告となり，相手方を被告として地方裁判所以上の裁判所に対して訴えを提起する場合には，裁判所に訴状という書類を提出しなければならない（民事訴訟法〔以下「民訴法」と略称することが多い。なお，括弧内では，「民訴」という〕133条1項）[3]。訴状には，請求の趣旨および原因をかならず記載しなければならない（同条2項2号〔以下，括弧内では，項数は，ローマ数字の大文字で表記し，号数は，括弧内に算用数字で表記することとする〕）。請求の趣旨とは，請求という権利が存在する（原告が権利を有している）とか存在しない（原告には義務がない）とかといった権利の存否と権利が請求権または裁判上の形成権の存在であ

---

(1)　裁判規範は，実質的意義の民法を組織する個別的法規範を，行為規範とともに構成する法規範である。

(2)　行為規範も，裁判規範とともに個別的法規範を構成する法規範であるが，権利の変動は，原則として社会事象が行為規範の定める法律要件を充足することによって生じる。

(3)　簡易裁判所には，口頭によって訴えを提起することができる（民訴271条。以下，法令の条数は，算用数字で表記する）が，訴状を提出して提起してもよい。

れば，その行使といった言い分を述べる（言い分を述べることを法律用語では「主張」という）場合における結論にあたるところの・要求する効果の種類や内容や範囲などの端的な表示（たとえば，「被告は，原告との間において，平成○年○月○日の消費貸借に基づく金200万円の債務の存在しないことを確認する」とか「被告は，原告に対し，別紙物件目録１記載の建物(4)を収去して同目録２記載の土地の明渡しをせよ」とかの表示）のことであり，ここにいう請求の原因とは，請求を特定するのに必要な事実（たとえば，建物収去土地明渡しの請求の内容となる権利の存在等が所有権に基づく単一または複数の明渡請求権〔これについては，Ⅲ，2-3で詳述する〕の存在とその行使であれば「原告は，請求の趣旨記載の土地を所有している」と記載して，権利が土地所有権に基づくこと〔権利が土地賃貸借の終了による建物収去土地明渡請求権，土地の占有回収の訴えにおける建物収去土地明渡請求権，地上建物を収去して更地としたうえでの土地売買におけるその引渡請求権などでないこと〕）である（民事訴訟規則〔以下「民訴規」と略称することが多い〕53 Ⅰ）。つまり，訴状で，請求の趣旨ないし請求を特定するのに必要な請求の原因をもって，原告が訴えによってどのような内容の判決を求めるのか，それはどのような権利の存在または不存在等に基づくのかという主張を摘記するのである。

　訴状は，当事者が裁判所に提出するところの・口頭弁論において陳述しようとする事項を予告するために記載した書面すなわち準備書面を兼ねることができるので（同条 Ⅲ），訴状に請求を理由づける事実（これも一種の請求の原因。たとえば，いま述べた建物収去土地明渡しの請求の内容となる権利の存在等が所有権に基づく明渡請求権の存在とその行使であれば，「被告は，上記土地（以下「本件土地」という）上に請求の趣旨記載の建物（以下「本件建物」という）を所有して本件土地を占有している」）を，請求を特定するのに必要な事実に加えて記載し，請求の内容である所有権に基づく明渡請求権の存在の前提であるその発生の根拠事由（要件事実）を充足する社会事象を具体的に記載すること（要件事実〔権利根拠事由〕については，Ⅲ，3-3に詳述する）が奨励されている（同条Ⅰ）。

　被告が最初に提出するところの・口頭弁論において陳述しようとする訴えまたは請求を排斥すべき事項などを予告するために記載した書面を答弁書（その法的性質は準備書面）というが，答弁書には，請求の趣旨に対する答弁のほかに，訴状に記載された事実に対する認否および抗弁事実（上述した建物収去土地明渡請求の例でいうと，たとえば，「原告は，○年○月，何某に対し，本件土地を売り渡した」といった原告の所有権の滅却事由〔要件事実〕を充足する社会事象）を具体的に記載

---

　(4)　訴状の別紙として物件目録の表題のもとに１として建物の所在地，登記の表示，建物の種類・構造および床面積などを記載する（同目録２記載の土地については省略）。

はじめに

するように（要件事実〔権利滅却事由〕については，Ⅲ，3-6 に詳述する）奨励され
ており，やむをえない事由でこれらを記載することができない場合には，答弁書
提出後速やかに提出することを要する準備書面にこれらを記載しなければならな
い（民訴規 80Ⅰ）。

　被告の答弁に対して反論を要することとなった場合には，原告が提出する準備
書面に，答弁書に記載された事実に対する認否および再抗弁事実（上例でいうと，
たとえば，「原告は，何某が約定の日までに売買代金を支払わなかったので，〇年×月，
同人との本件土地の売買を解除した」といった事実〔原告と何某との間の本件土地の売
買の滅却事由〔要件事実〕を充足する社会事象〕）を具体的に記載しなければならな
い（同規 81）。

　以上のうち，請求の趣旨および請求を特定するのに必要な請求の原因（事実），
請求を理由づける請求の原因（事実），抗弁事実および再抗弁事実がいずれも要
件事実を充足する具体的な社会事象等である。その他の，答弁書またはやむをえ
ない事由で答弁書提出後速やかに提出することを要する準備書面に記載される請
求の趣旨に対する答弁ならびに訴状，答弁書またはやむをえない事由で答弁書提
出後速やかに提出することを要する準備書面および原告が提出する準備書面に記
載される各事実に対する認否も，要件事実そのものではないが，それに密接に関
連する事柄である。

　さらに，請求を直接に基礎づけまたは排斥する関係でなくても，訴訟の必要上
主張する訴訟行為，たとえば土地の境界確定訴訟において原告なり被告なりが自
己や相手方あるいは近隣の土地所有権の取得の経緯として前主の土地所有とその
土地所有権移転をもたらす契約の成立を主張する（その効力要件については主張し
ない）など，裁判規範の効果および要件を根拠とする訴訟行為の主張をした場合
には，その効果および要件の両者または要件を要件事実といってよいであろう。

　こうして，要件事実は，民事訴訟をするにあたって絶対的に必要となるテクニ
カル タームなのである。

〔要件事実（論）の現況は，どうなっているのか〕

　司法研修所（以下「司研」と略称することがある）は，裁判官の研究および修養
ならびに司法修習生の修習に関する事務を取り扱うべく，最高裁判所に付置され
ている国家機関である（裁 14）。そこで，上述したように，民事訴訟をするのに
あたって必須の法理である要件事実（論）の研究，指導，普及等は，同所民事教官
室の重要な事務となり，司研の要件事実（論）に関して刊行する著書および発表す
る論文は，国定教科書的な存在となる。

　そのためであろうか，近頃，要件事実（論）を記述した著書や論文はおびただし

い数にのぼるが，その大部分は，司研が刊行した増補民事訴訟における要件事実
第1巻（以下「司研・要件事実1巻」という）（昭和61年3月，元版・昭和60年3月。
法曹会）および民事訴訟における要件事実第2巻（以下「司研・要件事実2巻」と
いう）（平成3年8月，法曹会）の見解をおおむね踏襲したうえ，これらに触れら
れていない箇所を補充しようとするものか，これらを図解するなどしてやさしく
解説しようとしたようなものかである。

〔要件事実論には，どのような見解があるか〕

　要件事実論は，要件事実の意義や構造などについての理論を体系化したもので
あるが，学理のみならずそれを民法の財産編，商法の商行為編あるいは会社法の
訴訟編などの法規範に適用してその結果を求める技術を含む学問分野をも要件事
実論というとすると，それらの論理や内容等については，要件事実が法令上の用
語でないためであろうか，さまざまな見解がある。

　主要な見解を紹介すると，次のとおりである。

①　民法典の各法規を裁判規範としてみているもののごとくであって，そのう
え，客観的証明責任を首肯し，かつ，要件事実を主要事実と同義であるとし，そ
れを前提として要件事実論を展開する司法研修所[5]や大江忠氏の見解，

②　客観的証明責任およびわが国では規範説といわれている文構造説 Satzbau-
theorie に従って要件事実論を展開する村上博巳氏などの見解，

③　要件事実を，裁判規範としての民法の中である（或る）法律要件？を生じ

---

(5)　もっとも，民事教官室「民事訴訟における要件事実について　第一部　民法総則」司
　　研所報26号（1961年3月）165頁は，「各個の規定についていえば，原則としては，ある
　　規定が，一定の事実のあるとき，当該法律効果の発生又は不発生が生ずると定めている場
　　合，その一定の事実が，当該法律効果発生又は不発生のための要件事実となっていると解
　　される。そして，もしその規定に但書が付されているときは，そこに定められた除外事由
　　の不存在は本文に定めた法律効果の発生又は不発生の要件ではなく，逆に相手方が，本文
　　に規定された効果の発生又は不発生を障害する効果を主張すべく，これについて，但書
　　により定められた事由が要件事実になる，と考えるのである。〔改行〕しかし，単に法条の
　　定め方のみで，要件事実が決せられるものではない。事は法律の解釈の問題であるから，
　　他の同様な趣旨の規定との釣合とか，法律の実質的目的を合理的に達成させるという見地
　　をも考慮すべきである」といって，その例を掲げるのである。したがって，司法研修所は，
　　要件事実の意義を変更したのであろう。
　　　そして，司研の旧説は，私見のいう実質的意義の民法の規定上の事実を要件事実とする
　　から，その点では私見と同じであるが，規定上の但書を法律効果の発生または不発生を
　　障害する効果であるとすることや，参考文献に兼子一博士の著書および論文を挙げている
　　ことからみると，規定の法的性質を裁判規範と解しているのではないかと思われるので，
　　規定の法的性質を原則として行為規範であると考え，その効果（法律効果）および要件
　　（法律要件）などについて主張責任の分配ないし証明責任の分配をして見出した裁判規範
　　の要件および効果を広義の要件事実とし，そのうちに権利発生（消滅）障害事由および同
　　効果があるとする私見と異なっているのではないだろうか。

させるものとして抽象的類型的に定められている法律要件を当事者のいずれが主張・立証すべきかという観点から法律要件分類説に基づいて分類したものであるとして，それに基づいて要件事実論を展望する故坂本慶一判事の見解（新要件事実論〔以下「坂本・要件事実論」という〕〔2011年2月，悠々社〕35頁），

④　事実を請求の原因，抗弁または再抗弁の内容となる具体的な権利等法的判断をする事項をも含む社会事象とする民事実務家において一般的に理解されていると思われる見解（藤原弘道「所有権の取得時効の要件事実——一八六条一項の性格をめぐって——」司研論集1977-Ⅰ〔創立三十周年記念特集号〕2頁，15頁などを参照），

⑤　旧民法証拠編1条に基礎をおいて慣習法となっている主張責任の分配ないし証明責任の分配を理論的に体系化することを目指す考えである（それを端的に示すと，実質的意義の民法の前3編を組織する個別的法規範は，原則として行為規範であり，私権は，社会事象がその要件（法律要件）を充足すると裁判を待たずに変動するが，民事訴訟において審判の対象となる請求の内容が具体的な権利の存否等であるから，その前提となる権利の変動（法律効果）を権利の存否等を基礎づけあるいは排斥するためにそれと等価値なものにすると，主張および証明が不可能などになるので，それを可能にするべく法律効果および法律要件（しばしばそれを組成する素因である法律事実であることもある）について主張責任の分配ないし証明責任の分配をして見出された裁判規範？の要件が要件事実であり効果が分配効果であるとし，それを基本として要件事実論を構築する見解〔私見〕）などがある。

これらの見解の違い，とくに①（ないし③）と⑤の見解の違いは，要件事実の体系的な理論を構築するにあたって要件事実を単に法的三段論法の小前提とするか大前提とするかの争いにとどまるものではない。さまざまな問題についての考えの違いが顕在または潜在しているのである。そして，終局的には，要件事実（論）を，民事訴訟の主催者を裁判官であるとし裁判官が法的判断をするための法理と把握するか，主催者を訴訟当事者および裁判所であるとし同訴訟において原告が請求を定立し当事者がそれを基礎づけあるいは排斥するべく主張しないしは立証し，裁判所が請求の当否を判断するための準則となる法規範の効果および要件と把握するかの違いになるのである。そのようなことから，以下では，⑤の私見を，①の見解とわが国の民事証拠法とくに証明責任およびその分配ならびに主張責任およびその分配の考えに対して圧倒的な影響を与えたローゼンベルクRosenberg, Leo（1879～1963）の見解（ローゼンベルクの見解については，後に何回かに分けて詳しく紹介する。なお，②の見解は，おおむねこのローゼンベルクの見解を踏襲するものであるといってよい）との対比において詳述することとしたい。

〔要件事実（論）についての私見は，これを略述すると，どのようなものか〕

私見すなわち⑤の見解は，細目次を通覧してくだされば大方のことはご賢察いただけると思うが，一括した文章でもって大筋を示しておくこともそれなりの意味があろうかと考えるので，略述しておきたい（なお，要件事実論についての司法研修所の見解と私見の大枠での違いを手っ取り早くお知りになりたい方は，本書本文末尾のⅤをご覧いただきたい）。

【現行民法典前3編の起草者であった法典調査会は，同編の規定を行為規範として起草しようとしたのではないか】

旧民法および旧商法は，公布された正規の法律であったが，いわゆる法典論争の結果，旧商法の一部の規定が施行されただけで，明治29年12月31日までその施行が延期された（本書では，現行民法典の前3編（総則，物権および債権）のみの検討をするので，以下では，旧民法は，それに関連する事項を触れるにとどめる）。ボアソナード Boissonade, Émile Gustave（1825～1910）が起草した旧民法財産編，財産取得編，債権担保編および証拠編もそれにより施行が延期されたのである。

そこで，政府は，その修正条項を起草するべく，法典調査会を内閣に設置することとした。明治26年3月25日，法典調査会規則（勅令11号）が発令され，同規則に基づき，内閣総理大臣は，同年4月27日，法典調査会の組織等に関する事項に限定した規定を内容とする法典調査規程（内閣送3号）を発した。同規則および同規程に基づいて任命された正副総裁，主査委員および査定委員により構成された（この構成は，その後，同規程の改正によって変更されている）法典調査会の総会は，『法典調査ノ方針』を制定した。

そして，同規程および同方針により，法典調査会は，現行民法典前3編（以下では，単に「前3編」ということがある）の規定において市民に対して権利を付与し喪失変更することを定める法規範つまり行為規範を起草しようとした。ただ，一部とはいえ，裁判官および弁護士に対して訴訟において則るべき法規範つまり法曹法規範を起草しようとして作成されたドイツ民法第一草案の規定を参照して起草したため，裁判規範（市民の権利の得喪変更を裁判によって生ずるとする法規範）的色彩を帯びた規定があるようだが，法典調査会としては，それに気づかずに行為規範を起草していると思っていたのではないだろうか。

【第9回帝国議会は，法典調査会の上述した起草方針を承認して前3編を制定したのではないか】

法典調査会の前3編の確定案は，政府から，明治29年2月26日に，第9回帝国議会を開催していた衆議院に提出された。そして，同院は，民法中修正案委員会および第1～第3読会で審議したうえ，同院は，政府原案に若干の加除修正をして可決して貴族院に回付し，同院の民法中修正案特別委員会および第1～第

はじめに

3読会で審議し，同院は，衆議院で加除修正された案をそのまま可決している。こうして，第9回帝国議会における前3編は，大枠において上述した法典調査会の考えが採用されて可決されたのである。したがって，前3編の各規定の法的性質についても起草者の考えが制定者の考えになったといってよい。

【前3編を中心とする民事財産法中のかなりの数の条項を実質的意義の民法を組織する個別的法規範を構成する行為規範の定める律効果および法律要件とするためには，法解釈などをして整理したり加除修正したりしなければならないのではないか】

しかし，民法典が実定法として個々の・私人または対等な私人間の生活関係および取引関係のうちで，その適用領域が限定されていない法規範をすべて網羅しているわけではない。そればかりでなく，当面の検討対象である民法典前3編を中心とする成文の民事財産法の条項は，完備した行為規範であるものもないわけではないが，それはごく一部であって，多くは立法技術の制約や立法の便宜等により，各条項が複数の法規範の一部を包摂したり，一定の法規範を構成しなければならない事項が一部脱落してしまっていたり，一定の法規範を構成する事項としては不要なものがあったりしている。そうなると，民法典の定める条項や民法典以外の成文の民事実体法典上のかなりの数の条項，あるいは，慣習法などの規定は，それを手がかりとしなければならないとはいえ，法解釈により，権利の発生，変更または消滅である法律効果およびそれを生ずるために必要とされているいわゆる事実の総体である法律要件が整った行為規範を見出す作業をしなければならない。こうして見出されたものをも含めて，実定法として個々の・私人または対等な私人間の法的な生活関係および経済的取引関係のうち適用領域が限定されていない法規範を集積し，それを理論的に体系化して民法前3編等に相当する実質的意義の民法を構築することになる。そして，実質的意義の民法を組織する個別的法規範を構成する法規範のうち，かなりの数の法規範は，このように行為規範の全部または一部を入り乱れて定める前3編などの規定を整理し，加除修正して見出したものであるから，その法的性質も，行為規範であるといわなければならない。

なお，わが民法は，近世の自由主義的思想の影響を受け，特定の私人に権利を与え，他の者に対してこれを尊重すべきことを命ずることによって，私法秩序を維持しようとして，権利本位にすなわち権利の体系として構築されており（民法の条文の中には義務のほうから規定されているものもあるが，その場合には，権利のほうから理解し直しておかなければならない），しかも，効果を権利の発生，変更および消滅つまり変動という積極的なというか肯定的なというかの意味に用いており，

通常は，これを法律効果と呼んでいるのである。

したがって，法律効果およびその原因である法律要件は，広い意味での法定権利を別とすれば（広い意味での法定権利を定める法律効果および法律要件は，民法典等の条項中に存在する），実質的意義の民法を組織するところの個別的法規範を構成する行為規範において存在するのであり，民法典の各規定（のみ）に存在するとするのは不当であるが，民法典等の条項は実質的意義の民法の中核的な要素をそれなりの配慮をして成文化したものであるから，当然のことながら民法典等の各規定を無視するわけではない。

【民事訴訟において審理および裁判の対象である請求の内容となる権利の存否等と行為規範の定める法律効果との関係は，どのように理解すべきか】

地方裁判所以上の裁判所に対して民事の訴えを提起するには，〔要件事実は，なぜ必要か〕で述べたように，訴状を提出しなければならないが，訴状には請求を特定して記載しなければならない。この請求が民事訴訟の審理および裁判（以下，両者を併せて「審判」という）の対象になるのであるが，請求の内容は，具体的な権利または法律関係の存否（権利の存在が請求権の存在である場合には，さらにその行使可能性およびその行使，裁判上の形成権の存在である場合には，さらに行使。〔以下では，この趣旨を含めて「権利の存否等」という〕）である。この権利の存否等は，行為規範の定める法律効果が具体的に転化したもの以外に考えることはできない。

民事訴訟において被告が請求を認諾しないときは，論理的にいうならば，原告は，自己の定立した請求の内容である権利の存否等を基礎づけ（理由づけ）なければならないが，それにはその権利の存否等に転化する元となった法律効果とその原因である法律要件を充足する社会事象をもってする必要がある。

しかし，法律効果は，権利の存否等ではないから，具体的に転化した法律効果をもって具体的な権利の存否等があるというためには，法律効果を権利の存否等と等価値となるものにしなければならない。観念的にいえば，権利の存否等と等価値となるものは，単一の法律効果およびその原因である法律要件が定める規範的な社会事象がないか，複合した法律効果およびそれらの原因である法律要件が定める規範的な社会事象の組み合わせがあるかである。

たとえば，原告が具体的な権利を有していること（権利の存在）を請求の内容として訴えを提起した場合においては，論理的にいうならば，①　過去に請求の内容である具体的な権利の発生という法律効果の原因である法律要件を充足する社会事象があって，その権利が存在するにいたったことばかりでなく，②　原告は，その後口頭弁論終結時点までの間に，その権利の変更および消滅という各法

律効果の原因であるそれぞれの法律要件を充足する具体的な社会事象がないことを主張し，被告がそれを争うときは，立証して証明しなければならないのである。

【原告が複合する行為規範の定める法律要件を充足する社会事象をすべて主張ないし証明することはできるであろうか】

しかし，一般的ということでいえば，原告は，①の具体的な社会事象を主張し，証明することはできるだろうが，②の具体的な社会事象を主張することは不可能であるかいちじるしく困難であるかであろうし，ましてやそれを証明することは不可能ではないだろうか（①の具体的な社会事象のなかにも主張・証明が不可能またはいちじるしく困難なものがありうる）。

となると，民事訴訟においては，被告が請求を認諾しないかぎり，原告はほとんど敗訴することになる。しかし，後述するとおり（Ⅲ，1-1-2の〔権利には…〕などを参照），請求の内容となる権利の存在は，訴訟手続きによって保障されている。そのうえ，憲法32条は，民事訴訟においては訴権として発現するところの裁判を受ける権利を保障している。その憲法の下において国が民事訴訟の制度を設営するのは，基本的人権の一つである訴権を一定の法的権利とするためであるというべきであろう。しかも，法は，理念として，訴訟当事者に常態として不可能なことまたはいちじるしく困難なことをするよう強要することはない。そうだとすると，われわれは，この不可能またはいちじるしい困難を可能にする法理を見つけなければならないことになる。

【訴訟当事者に権利の保障を可能にする法理は，なにか】

この法理を見つけるとすれば，それは，訴訟当事者および裁判所が拘束される民事訴訟（法）上の効果の発生の原因となるものの中からではないだろうか。とすれば，それは裁判に必要な社会事象を資料とする主張および立証にあり，訴訟の勝敗を念頭におくとすれば，主張および証明ということになるであろう。そして，民事訴訟は，私人[6]が自己の権利の存在等を否定されたので，その存在等を確保するために，あるいは，義務等がないのにあるといわれたので，その義務がないことを確定するために，それらを争ったりあるといったりした私人を相手取って，裁判所に対し，訴えを提起するのであるから，訴えを提起する者とされる者とが対立する構造すなわち2当事者対立の構造になっている。2当事者が対立的に関与する以上は，一方の当事者の主張や立証だけを有利に取り扱うのでは，国家制度である民事訴訟においては公平さに欠け不適切であるとのそしりを免れないことになる。対立する当事者の地位は，実質的に対等でなければならないし，

---

(6)　基本的には広辞苑5版1169頁のいう「私的な立場からみた個人」の意であるが，組織化された団体や法人を含む趣旨で用いる。

攻撃防御をする機会も実質的に平等でなければならないであろう（口頭弁論の原則である双方審尋主義），とすれば，主張や証明の負担を権利の存在を主張する当事者とその主張を争う当事者とに分ければよいことになるであろう。両者に主張責任の分配をし，証明責任の分配をするわけである。

【主張責任の分配ないし証明責任の分配をする規準は，どうすればよいか】

　この主張の負担の分配—負担を責任というとすると主張責任の分配および証明の負担の分配—負担を責任というとすると証明責任の分配については，旧民法証拠編1条には規定があったが，それ以後の法令には，この種の規定が制定されることはなかった。しかし，民事裁判実務では主張責任の分配および証明責任の分配が常に絶対的に必要となる法理であるため，その実務では，同条の規定に基礎をおいた慣習法が成立した。

　こうして，わが国の民事訴訟における主張責任の分配および証明責任の分配については，この慣習法を検討して理論的に体系化するほかないのではないだろうか。そうすると，請求の内容である権利の存否等（ただし，以下この項では，請求権・裁判上の形成権の行使の関係については，省略する）が行為規範の定める権利の発生，変更および消滅という法律効果ならびにその原因である法律要件に根拠をおくものであるから，主張責任の分配ないし証明責任の分配は，基本的には，法律効果の態様ごとに[7]，それらとその原因である法律要件について，権利の存在を主張する者に対して権利の発生を，権利の存在の主張を争う者に対して権利の消滅を分配すべきであろう。しかし，行為規範の定める権利の発生および消滅の法律効果の原因である法律要件またはそれを組成する複数の法律事実のうちの一つの法律事実がその規範の構造あるいは解釈から不存在でなければその存在の可能性があると解され，しかも，その法律要件または法律事実の主張ないし証明が規範上定型的に不可能またはいちじるしく困難であり，当該ないし他の法律要件あるいは当該ないし他の法律事実との規定または解釈から理論的ないし形態的整合性に欠けるなどの障害がない場合には，その法律要件または法律事実の反対の事象およびそれに対応する効果に転換したうえ，その主張の負担（主張責任）ないし証明の負担（証明責任）を相手方に分配すべきであろう。

　ここで注意しなければならないのは，実質的意義の民法前3編の規定の定める法律要件または法律事実が権利，法律関係，一般条項，不特定概念といった法的

---

(7)　ただし，権利の変更は，それについての主張責任の分配ないし証明責任の分配にあたっては，後に詳しく理由を述べるが〔Ⅲ，3-2の〔権利の変更は，…〕などを参照〕，権利の主体間または客体上もしくは作用上の発生または消滅に解消して扱えばよいであろう。

はじめに

判断を要する事項である場合である。民事訴訟においては，私的自治の原則，その訴訟法的表現である処分権主義および弁論主義が支配するから，訴訟当事者も法的判断をして権利主張（法律上の主張）および権利自白をすることができる(8)ところ，この法的判断を要する事項は，分割することができないから，主張責任の分配においては，その事項が一体となり，その法律要件または法律事実の態様に応じて主張の負担が分配されることになる。

【要件事実および分配効果は，どのように理解すべきだろうか】

こうして，実質的意義の民法前3編上の行為規範の定める法律要件および法律効果または法律事実およびその結果である法的効果について主張責任の分配ないし証明責任の分配が行われ，民事訴訟において訴訟当事者および裁判所が民事実体法上の権利の存否等についての訴訟行為取り分け請求にかかわる訴訟行為をするにあたって準則となる法規範すなわち裁判規範？が見出されることになる。そして，この裁判規範の要件が「要件事実」であり，効果が「分配効果」である（ただし，証明責任の分配および証明責任においては，それに先立つ〔事実上の〕主張責任の分配および主張責任を援用することができるだけで，独自に分配効果を生ずるわけではない)(9)。権利発生効果および権利発生事由，権利根拠効果および権利根拠事由，権利消滅障害効果および権利消滅障害事由ならびに権利行使効果および権利行使事由は，権利の存在を主張する者に主張責任ないし証明責任が分配される分配効果および要件事実の類型であり，権利消滅効果および権利消滅事由，権利滅却効果および権利滅却事由，権利発生障害効果および権利発生障害事由，権利行使阻止効果および権利行使阻止事由は，権利の存在の主張を争う者に主張責任ないし証明責任が分配される分配効果および要件事実の類型である。これらの類型は，権利の存在を主張する者と争う者にそれぞれ相応する分配効果の態様を規準としてそれとその原因である要件事実ごとに分類したものであり，つまりは，実質的意義の民法前3編を組織する個別的法規範を構成する行為規範の定める効果および要件について主張責任の分配ないし証明責任の分配をして見出された裁判規範の効果および要件をこの規準に基づいてした分別にほかならない。

---

(8) 地方裁判所以上の裁判所に民事上の訴えを提起するには原告が請求として権利の存否等を特定して主張しなければならない（民訴 133 Ⅱ⑵，民訴規 53 Ⅰ前段）ことや，中間確認の訴え（民訴 145 Ⅰ）が法律関係の成立または不成立に係るときに提起できることを考えてほしい。

(9) もっとも，法律効果または法律事実の結果である法的効果は，法律要件または法律事実の分配に当然に随伴することになるから，法律効果または法律事実の結果である法的効果を主張責任の分配ないし証明責任の分配においてことさらに論じる必要はないのではないかという疑問が生ずるかもしれないが，それが必要であることは後に詳述する（Ⅲ，2-2 の〔裁判規範の効果を…〕を参照）。

11

I　要件事実の前提となる事項

1　民事法の種別とわが民事法の属する法の系譜

1-1　民事実体法と民事手続法

〔規範とは，どういうものをいうのか〕

　望ましい目的や価値を実現しようとして行為や判断などをするときに，従うべき基準となるものを規範という。規範には，宗教規範，社会規範，道徳規範，法規範などがあるが，ここで取り上げるのは，いうまでもなく法規範である。

〔法とは，なにか〕

　法の意義についてはいろいろな説があるが，取りあえず「こんにちでは実定法だけに着眼してこれを法と呼ぶのが普通である。この意味の法は，社会における利害または主張・要求の対立を地盤として生まれ，その間に一定の秩序をたてるために，社会における支配的な規範意識によってその遵守が強要される規範であって，その強要性が原則として一定の機構による組織的強制によって裏打ちされるものである。近代国家においては，強制力の行使が国家権力によって独占せられ，法と国家権力との結びつきは決定的となった」とする説に従っておこう。そして，「法は種々の個別的法規範を内含しつつ，なんらかの程度において体系性をそなえながら存立するものと考えられるのであり，その全法体系または部分的法体系（民法体系とか刑法体系とか）を法と呼ぶのが普通であるが，その構成要素である個別的法規範（法規）を法と呼ぶこともある」（「法」末川博編・新訂法学辞典〔昭和31年6月，日本評論新社〕〔以下「新訂法学辞典」という〕939頁）のである。

〔私法と公法とは，どのような観点から分けられるのか〕

　一国の法は，様々な観点から分別されるが，その一つとして公法と私法がある。この両者を区別する規準については，利益説，主体説，法律関係説（性質説）などがあるが，法律関係説によると，法の規律する関係が権力的な関係にあるのが公法であり，非権力的な関係であるのが私法である。六法でいえば，一般に憲法，刑法，民事訴訟法および刑事訴訟法が公法であり，民法および商法（会社法）が私法だとされる。

Ⅰ　要件事実の前提となる事項

〔民事実体法と民事手続法とは，なにか〕

　民事法は，民法，会社法を含む商法などの個々の・私人または対等な私人間の生活関係および社会関係を規律する実定法上の法規範の総体，端的な言い方をすると権利義務の内容を定める実体法と，民事訴訟法，非訟事件手続法，人事訴訟法などの実体法を確定ないし実現する手続きを定める手続法とに分けられる。

　前項で民事訴訟法を公法だといったが，私法に分類されることもある。これは，法を裁判と関連して民事法と刑事法に大別し，民事法を実体法と手続法とに分けて，後者に民事訴訟法をいれることからの分類であると思われる。

〔わが民事法は，基本的にはローマ法の系譜に属するのではないか〕

　わが民事法は，基本的にはローマ法の系譜に属するといってよい[1]。同法においては，実体的利益は，訴訟，訴訟行為，訴権などと訳されるアクティオ actio と結び付いてのみ保護されたようである[2]。

　ローマ法は，包括的法典としては前5世紀中葉の一二表法までさかのぼることができるであろう。前1世紀には政治的混迷に伴い法が混乱し，これらを克服しようとしてカエサル Caesar, Gaius Julius（前100〜44）などにより法の集成化が試みられたが，未完成に終わったといわれている。2世紀に入り，皇帝ハドリアヌス Hadrianus（76〜138。在位117〜138）の命により法務官の告示を編集した永久告示録が成立した。そして，そのころ，法学者ガイウス Gaius（生没年不詳。2世紀ごろの古代ローマの法学者）が法を体系的に説明しようとして『法学提要』4巻を著している。6世紀に，東ローマ皇帝ユスティニアヌス1世 Justinianus Ⅰ（483〜565。在位527〜565）により後に『ローマ法大全』と称されることになる法学提要，学説彙纂，勅法彙纂および新勅法が制定発布され，法律および法学説が集大成された。

　この法学提要は，ガイウスの『法学提要』をもとに，その後の法の変更を併せ考慮したものであるとされる（19世紀初頭に成立したオーストリア民法やフランス民法は，この法学提要の区分に従って編纂されているようである）。また，学説彙纂や勅法彙纂にはおびただしい量の永久告示録などハドリアヌス時代に集成された法令・告示が転載されているといわれる（19世紀末期に成立したドイツ民法は，法

（1）　わが現行民法がローマ法の系譜に属することについては，多くの文献があるが，とりあえず原田慶吉著＝石井良助編・日本民法典の史的素描（昭和29年6月，創文社），ロルフ・クニューテル（石川真人訳）「日本民法典とローマ法」西村重雄＝児玉寛編・日本民法典と西欧法伝統—日本民法典百年記念国際シンポジウム—（2000年2月，九州大学出版会）109〜167頁を見ていただきたい。

（2）　ただし，アクティオは，一般的な概念として存在したのではなく，それぞれに固有の名称をもった多数の個別的なアクティオとして存在したようである。

学提要とは異なる体系，キリスト教的自然法の幾何学的体系で編纂されたといわれる）。

ローマ法は，ローマ共和制後期ごろからのローマの拡大にしたがって他地域に広がってゆき，早くはガリアなどに，中世中ごろからはドイツなどに継受されていった。ドイツに継受されたローマ法は，教会法と一体となり（ローマ・カノン法），ドイツ普通法になっていったのである。ドイツ民法第一草案の起草をめぐってロマニステンとドイツの農村法をゲルマン法と称してその導入を要求するゲルマニステンとが抗争したことは，著名な出来事である（しかし，同草案は，ローマ法を中心に起草されたようである）。

上述のローマ法大全には法学提要を含めて法的効力が付されており，実体的利益は，アクティオと結び付いて保護されてきたが，それが，16世紀になってフランスの法学者ドノーDoneau, Hugues（ラテン名・ドネルスDonellus, Hugo。1527～91）によって，主観的な権利の体系と民事手続法に分割され，法によって各人に帰属すべきものの特定がそれを獲得する手段についての議論に先行するとされた。しかし，19世紀になって，ドイツの民法学者であるヴィントシャイトWindscheid, Bernhard（1817～92）によってドノーのローマ法の理解は否定され，同法は法務官が政策として法的救済を与えるべきだと考えた場合に訴権を付与したことが明らかにされた。ドノーの理論がよりオリエント的でキリスト教的に変わったといわれるユスティニアヌスの制定した『ローマ法大全』のうちの法学提要の体系を分析することによって得られたのに対し，ヴィントシャイトの理論が真正ローマ的であるローマ共和制後期ないし帝政初期のローマ法を対象として研究されたことによる成果であるとすると，このことは当然の帰結であるが，ヴィントシャイトも，アクティオが実体法的側面と訴訟法的側面に分離されるべきことは承認するのである。

いずれにしても，こうしてアクティオから解放された民事実体法体系が確立されるようになったといわれている（もっとも，ヴィントシャイトが『ローマ私法のアクティオ』を著したのは1856年であるが，フランスでは，1804年に民法Code civil〔français〕〔この民法の編別の指針となったのは，ドマ Domat, Jean〔1625～96〕の『自然の秩序における民事の法律』1689～94であるが，この著書は，ローマ法を脱却して真のフランス法の体系化と法典化の基礎を確立したものであるといわれている〕が，1806年に民事訴訟法 Droit de procedure civile〔française〕がそれぞれ制定されている。ヴィントシャイトの最大の業績は，アクティオから訴訟法的側面を洗い流してこれを実体法を民法化すると，請求権 Anspruch という一般的概念が定立しうることを論証し，この請求権概念の確立によってはじめてアクティオから解放された現代民事実体法体系の構築が可能になり，それとともに訴権を私権の呪縛から解き放つ結果となって訴訟法

I　要件事実の前提となる事項

の実体法からの独立を促すことになった点にあるようである）。

　わが国の近代化にまい進していた明治政府は，不平等条約の撤廃のこともあり，西欧の法制度とくに成文法国であるフランスやプロイセン（ドイツ）の法制度の導入にやっきになっていた。そして，1873年（明治6年）にフランスからグルノーブル大学教授のボアソナードを招き，司法省嘱託として，(旧)刑法案などの起草をさせた後，(旧)民法案の起草をさせた[3]。ボアソナードは，さらに，司法省法律学校などでフランス法の講義をしたりした。また，プロイセンから参事官のテッヒョーTechow,Hermannを招き，内閣御雇として，(旧々)民事訴訟法案の起草をさせている。こうして，わが民事法は，スランス民法やドイツ民事訴訟法などの影響を強く受け，これらの民事法を通して，ローマ法の系譜に属することになったのである。

1-2　実質的意義の民法と形式的意義の民法との関係

〔民法には，実質的意義の民法と形式的意義の民法があるのではないか〕

　以下では，説明の便宜上，民事実体法中の基本法である民法をもって民事実体法を説明する。

　民法には，後に述べるように，その法的性質について議論があり，裁判規範説を採ると実質的意義の民法を認める余地がないのではないかと思われなくもないのであるが，行為規範説を採ると実質的意義の民法と形式的意義の民法（民法典）があることになるだろう。

〔実質的意義の民法とは，なにか〕

　実質的意義の民法は，一般には，平等者の対等関係での親族生活ならびに経済取引生活を規律する法規範のうち適用領域が限定されていないものをいうなどとされているようである。だが，要件事実を検討するにあたっては，それに適った内包を探し出す必要がある。そうすると，実質的意義の民法は，実定法として個々の・私人（市民。自然人や私法人にかぎらず，私法取引における国，地方公共団体や公法人を含む）または私人間の親族としての生活関係，財産的な関係および経済的な取引関係のうちで，地域，人および事項について適用が制限されていない，一定の事項を規律する個別的法規範の体系的な集合体で，社会事象がある個別的法規範を構成する行為規範の定める要件（法律要件）を充足すると，その行

---

　(3)　ボアソナードの旧民法起草の背景やその方針，旧民法の施行が延期され現行民法の制定に伴い廃止された事情などについては，向井健＝利谷信義「明治前期における民法編纂の経過と問題点」法典編纂史の基本的諸問題　近代（法制史研究第14号別冊）（1963年，法制史学会？）229頁以下，大久保泰甫＝高橋良彰・ボワソナード民法典の編纂（1999年2月，雄松堂出版）20頁以下をみられたい。

為規範の定める効果（法律効果）を生ずる法律であると理解すべきである。

実質的意義の民法を形式的意義の民法以外の，実定法として個々の対等な私人間の生活関係および取引関係のうちで，その適用領域が限定されていない成文法の規定をいうと理解する向きもあるようであるが，それにかぎられず，形式的意義の民法中の規定も含めておよそ実定法として個々の・私人または対等な私人間の生活関係，財産的な関係および経済的な取引関係のうち適用領域の限定されていない個別的法規範すべてをいうと考えるべきである。

そして，「実質的意味の民法は私的自治の原則，人格の自由平等，過失責任主義，契約自由の原則，所有権絶対の原則を基本的原理とし，市民社会の法体系の基礎を形成するから，近代諸国はおう〔お〕むね法典の形式をとって整備に努める」（「民法」新訂法学辞典 1001 頁）などといわれていて，この基本原理のうちには修正を要するものがあるが，いずれにしても形式的意義の民法や成文の民事実体法のうちの民法分野（不動産登記法，借地借家法，利息制限法などの相当部分）の母体となる（このことは，広い意味での民事上の法定権利についても同様に考えるべきであろう）。

〔形式的意義の民法とは，なにか〕

形式的意義の民法は，成文の民法典のことである。後に説明する広い意味での法定権利を定める法規範のほか実質的意義の民法を組織する個別的法規範の要素的な事項を示す条項を収納する。

近・現代の民法典の編別は，インスティトゥティオーネン式とパンデクテン式に分かれるが，わが国おいて現在施行されている民法典は，パンデクテン式のうちのザクセン式にのっとって総則，物権，債権，親族および相続の 5 編で編成され，前 3 編は明治 29 年法律 87 号として，後 2 編は同 31 年法律 9 号として制定・公布された。現行民法典は，その後多数回にわたって改正されたが，とくに第 4 編親族と第 5 編相続は，新憲法（昭和 21 年 11 月 3 日に公布された日本国憲法）を踏まえ，昭和 22 年法律 222 号によって全面的に改正されている（平成 15 年法律 134 号までの改正および改正案の経緯および内容ないし解題については，前田達明編・史料民法典〔2004 年 1 月，成文堂〕1212〜1478 頁を見られたい）。

そして，第 193 回国会（常会）は，平成 29 年 5 月 26 日，債権関係で大規模な改正をした「民法の一部を改正する法律」を制定し（同年法律 44 号），同年 6 月 2 日，公布された（以下，この法律をなんらの限定を付けずに，単に「改正法」という）。しかし，その施行日は，原則として令和 2 年 4 月 1 日となっているから，それまでは現行民法が効力を有する。なお，改正法公布後に民法は，さらに平成 30 年法律 59 号および同年法律 72 号と 2 度にわたり改正されたが，前者は，4

I　要件事実の前提となる事項

条の「満 20 歳」を「満 18 歳」としたほかは親族編に関するもので，施行日は令和 4 年 4 月 1 日であり，後者は相続編に関するもので，施行日は多くが令和 2 年以降となるようである。

2　実質的意義の民法を組織する個別的法規範および民法典の各規定の法的性質

〔実質的意義の民法を組織する個別的法規範は，行為規範と裁判規範とで構成されているのではないか〕

　実質的意義の民法を組織するところの個別的法規範は，私人（市民）を名宛人とし，私法上の権利および法律関係を含む法によって保護される利益（以下では，この趣旨で単に「権利」ということがある）が裁判を待たずに現実の社会に存在すると解する行為規範説の立場では，行為規範，裁判規範および組織規範または行為規範および裁判規範で構成されていると解する。しかし，前者であるとしても，私人の権利・義務と直接に関係するものは，行為規範と裁判規範である。

2 - 1　行為規範の意義

〔行為規範は，私人を名宛人とし，私人が一定の社会事象について従うべき規準とともに権利の変動およびその原因である要件を定める法規範ではないか〕

　（民事実体法上の）行為規範の意義については，いろいろな見解があるが，社会事象がその定める要件を充足すると，その結果である効果として権利が発生，変更および消滅することを承認する法規範であるとする以上は，なべて行為規範というべきである。ただ，私は，後にわが（現行）民法典の起草委員になり，東京帝国大学法科大学教授で法理学講座の創設者であった穂積陳重博士が同法典の起草に先立って著した『法典論』183〜4 頁や，同博士，同じく同法典の起草委員となった富井政章博士および梅謙次郎博士が旧民法の修正として現行民法典を起草するための方針を述べた法典調査規程案の理由書 15 条および 16 条の解説を参考にして，行為規範（生活規範）を，名宛人である私人（市民）に対し，私人のまた対等な私人間の生活関係ないし社会関係にかかわる社会事象について従うべき規準としてその要件および効果を定めるとともに，社会事象がその要件を充足すると，その効果として具体的な権利が発生，変更または消滅することつまり権利が変動することになることを定める法規範である，と解したい。

　権利は裁判を待たずに社会に現存するが，権利に対する関係者の認識ないし判断の相違により，関係者間にその権利をめぐって対立が生じ，それが顕在化した

状態になったことを私的(法)紛争とか民事紛争とかというが，私的紛争は，対等な私人間における紛争であって，原則として，私的自治の原則を踏まえ，私人が自らの自由な意思で解決することができるものである。

そうすると，「権利とは，かれのものとしてであれかれに負われたものとしてであれ或る者に依属すると認められる善益を，主人として処理する特典」（ジャン・ダバン〔水波朗訳〕・権利論〔昭和52年9月，創文社〕〔以下「ダバン・権利論」という〕144頁）になる。そして，一般的にいえば，この権利の発生・変更および消滅を定め，それについて紛争が起こった場合の解決の規準となるものがこの行為規範なのである。私人は，通常，自己を名宛人とする行為規範の定める規定を意識的にか無意識的にかは別として自分がとるべき規則であると思って法的な生活関係ないし社会関係を営んでいると考えられる。

よく判決による権利の創造が議論になることがあるが，判決が権利を創造することはないといってよいであろう。社会においてたとえば環境権などについてその権利性の有無が論じられ，判決が特定の地域においてそれを認めると，判決が環境権を創造したように報道されることがあるが，それはその地域の居住者がその地域にはある種の環境的利益があってそれが法によって保護されるべきだとする共通の認識を有していることを判決が権利として認定しただけのことであって，判決が唐突に権利を創造したものではないというべきである。

2-2　裁判規範の意義

〔裁判規範は，訴訟関係人および裁判官を名宛人とし，民事訴訟において訴訟当事者および裁判官が民事実体法上の権利の存否，変動の有無等やそれに直接に関連する事項について訴訟行為をするにあたって準則となる法規範ではないか〕

（民事法上の）裁判規範の意義についても，さまざまな見解がある。一般的には，裁判規範（裁決規範）は，もっぱら裁判官を名宛人とし，裁判官に対して一定の裁判の内容を指示する規範であると解されていた。そして，民法典の各規定が裁判規範であると考える者はおおかた，権利は，裁判の確定によって生滅するとするようである。

だが，行為規範についての私見との整合性からいうならば，裁判規範は，訴訟当事者をはじめとする訴訟関係人および裁判官(所)を名宛人とし，民事訴訟における訴訟関係人および裁判官の権利の存否，変動の有無等（「等」は，請求権等の行使可能性ないし行使および裁判上の形成権の行使の有無をいう趣旨である）やそれに直接に関連する事項についての訴訟行為取り分け請求にかかわる訴訟行為の準

則となる法規範であると解すべきである。裁判官（所）を名宛人とし裁判官に対して一定の裁判の内容を指示する規範を裁判規範というのだとすると，訴訟当事者をも含めて名宛人とするのに対して裁判規範というのは相当ではない。そうだからといって，たとえばこれを裁判上の規範あるいは訴訟規範などというと裁判全体あるいは訴訟全般を規律する意味にとられかねない。裁判軌範とすることも考えたが，規範と軌範とは本来同じ意味であり，奇をてらっているようで嫌味を感じる。裁判規準というのも従来「行為規範と裁判規範の異同」として論じられてきたことを無視するようで適当ではないと思われる。他に的確な名称も思い付かないので，私見ではこの意味で裁判規範ということとする。

　なお，注意しなければならないことは，行為規範がそのまま裁判の規準としての規範となることはない，ということである。行為規範について主張責任の分配ないし証明責任の分配をして見出された規範が裁判規範であるから，行為規範が裁判規範の基にはなる。が，行為規範は名宛人が市民であり，また，社会事象がそれの定める要件（法律要件）を充足すると裁判を俟たずに権利が変動するところ，通説のいう裁判規範は名宛人が裁判官であり，また，権利は判決が確定することによって変動するのであって，規範の名宛人や権利の変動の根拠が全く異なる。したがって，私見によっても行為規範の定める効果および要件について主張責任の分配ないし証明責任の分配をしたところ，それによって見出された裁判規範の効果および要件が行為規範のそれらと同じ形態になるという例外がないわけではないが，一般的には一つの規範が行為規範であるとともに裁判規範であるということはないのである。

2-3　民法上の規定の法的性質の理解と要件事実（論）の意義および構造についての考えの関連性

〔実質的意義の民法を組織する個別的法規範および民法典の各規定の法的性質に関する議論は，要件事実（論）の意義および構造に根本的に関連するのではないか〕

　司研・要件事実 1，2 巻を含め，いままでに刊行・発表された要件事実に関する著書・論文で，実質的意義の民法を組織する個別的法規範ないし民法典の各規定（両者を併せ，以下「民法上の規定」という）を，行為規範を定めたものと理解するか裁判規範を定めたものと理解するかについての議論は，ほとんど見当たらないように思われる。しかし，坂本・要件事実論 2 頁は，「民法は裁判規範か行為規範かということは，要件事実の考え方（要件事実論）を二分する最も基本的な問題」だとし，その主たる理由として「そのいずれの説を採るかによって国民

の権利というものがどこから，何によって発生するかという根本的な問題に対する解答の別れ道となる」と指摘する。

たしかに，民法上の規定の法的性質に関する議論は，権利のいわゆる既存性の有無に関する議論と連動するもののように思われ，そのどちらを採るかによって，要件事実(論)の構造がまったく異なるものになることは，そのとおりであろう。

3　民法上の規定を裁判規範とみるか行為規範とみるかの争い

〔民法上の規定の法的性質に関する争いは，多角的な様相を呈しているのではないか〕

民法上の規定を裁判規範とみるか行為規範とみるかについては，多角的な争いがある。実質的意義の民法を組織する個別的法規範を構成する規範の存在を否定し，形式的意義の民法（民法典）の各規定を裁判規範であるとする考えや，実質的意義の民法を組織する個別的法規範を行為規範であるとしながら，民法典の各規定を裁判規範とする考えや，さらに，実質的意義の民法を組織する個別的法規範を行為規範と裁判規範の複合体であり，両規範は重畳的に存在するとしたうえ，民法典の各規定を裁判規範とするとか行為規範とするとかする考えなど，さまざまな考えがある。

以下において，本款の－1～－5でそうした考え方を示したうえで，－6で私見を述べる。

3-1　民法典の各規定をもっぱら裁判規範と解する考え──兼子説，
坂本説および内田説とそれぞれの説に対する疑問点

⑴　兼子説とそれに対する疑問点

〔兼子博士は，実質的意義の民法においても民法典においても行為規範の存在を否定され，民法典の各規定をもっぱら裁判規範であるとされるのではないか〕

兼子博士は，ドイツの多数の学説を参酌したうえ，

「法律は一般に人民に対する国家の命令であるとか，個人の社会生活における行為の準則であるとかを，当然に私法法規にあてはめて，私人を名宛人としてその生活関係上の行動に関する国家の要求を，権利義務の形で示す規範であると見るのが多数説であろう。……〔改行〕しかし，規定の遵守不遵守とその効果とは別問題であるから，何故その効果が判断されるかは，単に行動規範といっただけでは当然には引出せないのではあるまいか。少なくともその効果を規定する部分

I　要件事実の前提となる事項

は裁判規範だといわなければなるまい」（実体法と訴訟法—民事訴訟の基礎理論—〔昭和32年10月，有斐閣〕46～7頁）。「私法の規定がその適用次元によって，弁証法的体系を形成していることは，裁判規範，紛争解決規範としての特質を示すものである。そしてそれは，正に，訴訟上の紛争当事者の攻撃防御としての弁論の弁証法に対応するものに外ならない」（同書52～3頁）「一旦裁判規範としての法規が制定されれば，私人も自分の紛争を国家の法廷へ持ち出せば，これを規準として裁判を受けることが判るから，他人との紛争の予想される場合は，なるべく法規に適合するように行動し，取引に際して細目を取極めたり，証拠を保存しておくのが得策であることを意識するであろう。又紛争が起きかけても，法規が明瞭であれば，当事者も納得し或は諦めて訴訟に持込まないで片付くことにもなる。このようにして，私法の規定内容が社会の取引関係，生活関係に影響を及ぼすことも否定できない。しかし，これは私法にとっては，裁判規範として存在することの反射的な機能であって，本来の規範的な効力ではない」（同書58～9頁）といわれ，実質的意義の民法には言及されないうえ，制定私法の法規は裁判規範であって，行為規範ではないとされるのである。

　柏木邦良教授（論文発表当時は，まだ助教授）の，「西ドイツ民事訴訟法学の現況(1)——ローゼンベルク＝シュヴァーブ「民事訴訟法」10訂版を通して——」ジュリ470号〔1971年1月〕121頁に，「最近ではわが国の実体法学者の中にもこういう理解（「わが国の，法規は裁判規範としてつくられたものであ」るという理解）をする者が多い」という一文がある。兼子博士が後に紹介するハインリッヒ・ミッタイス Mitteis, Heinrich のいう・ドイツでは法は市民のものとは考えられず，実定法学は官僚的専門家の手中に握られた秘密学になっており，市民と法・市民と法律家との間に不信の深淵が開かれていたドイツの文献を多数参照されたうえ，わが民法典の規定が裁判規範であると言い切った『実体法と訴訟法』を刊行されるや，民訴法の学者や裁判官には多大なインパクトを与え，民法典の規定を裁判規範であるとする傾向が強くなったようであるし，この本が「謹んで……我妻榮先生に捧げ」られたこともあり，民事実体法の学者にもこれに応えようとする動きをする者もあったであろうから，柏木教授の一文も納得せざるをえないのではないだろうか。

　なお，柏木教授は，先の一文に続けて，

　「訴訟は権利ある個人の救済を目的とするものではなくて，むしろさような個人は訴訟前には存在せず，法的要素を全く抜きにした生の紛争を解決するという社会の本能がまず先行し，権利はその紛争を解決した判決によってはじめて与えられ……，したがって正しくない・不当な判決は存在しないという紛争解決説

（引用者注・この説の提唱者は，兼子博士である）の立場は，……」と述べられて，その立場に対して根本的に検討がされることをうながしておられる。

　ちなみに，私は，理論上のこととはいえ，民法典の各規定および実質的意義の民法を組織する個別的法規範を構成する法規範には行為規範と裁判規範があると思うが，兼子博士がそのうち行為規範があることを否定しておられることは明らかであるものの，実質的意義の民法を組織する個別的法規範を構成する裁判規範をも否定されるのかはかならずしも明らかではない。

〔兼子博士の民法典の各規定をもっぱら裁判規範と解されることに対する基本的な疑問点は，なにか〕

　この民法の各規定をもっぱら裁判規範と解する見解に対する基本的な疑問点は，裁判規範をもっぱら裁判官を名宛人とし裁判官に対し一定の裁判の内容を指示する規範であるとしながら，その要件について訴訟当事者に主張・証明責任の分配をすることである。裁判規範が裁判官に対して一定の裁判の内容を指示する規範であるというのであれば，（弁論主義との関係を一先ず措くとすると，）裁判規範の名宛人ではない訴訟当事者を裁判規範の適用に関係させる必要はないのではないだろうか。仮に訴訟当事者も裁判規範の適用に主張・証明責任の分配において関係しなければならないとするならば，条文が裁判の内容を指示しているという以上，条文の規定の仕方が即主張・証明責任の分配を示していると考えるべきではないだろうか。そうすると，法律行為の無効事由などを別とすれば権利障害規定を認めることはできないのではないだろうか。

　が，もっと率直な言い方をすれば，実質的意義の民法を組織する個別的法規範中の行為規範性を否定したうえ民法典の各規定を裁判規範であるとすると，それは Narra mihi factum, narro tibi ius.（汝は余に事実を語れ，しからば余は汝に権利を語るべし）に結び付く考えとなるのではないだろうか。そうだとすると，民事訴訟において，当事者は事件の具体的事実関係を陳述すればよく，そうすると，裁判所が職責として，これに法規を適用して権利の存否を判断することになり（新訂法学辞典外国語法諺11頁参照），民訴法133条2項2号，246条，民訴規53条1項に違反するのではないだろうか。

⑵　坂本説とそれに対する疑問点

〔坂本氏は，わが民法がドイツ民法第一草案を母法としていることなどを論拠として，わが民法典の各規定を裁判規範であるとされるのではないか〕

　今日においても，兼子説に従ったのであろうが，わが現行民法典（以下「民法」ということが多い）の各規定を裁判規範を定めたものであるとする，いうな

れば時代錯誤的とも思われる考えをする向きがある。

坂本氏は，わが現行民法がドイツ民法第一草案を母法としているとし，数人の
わが国あるいはドイツの学者の説を主たる論拠として，わが現行民法の各規定を
裁判規範であるとされる（要件事実論vi，vii頁，4，21，40頁など）（ただし，坂本
氏および次に紹介する内田貴教授が実質的意義の民法を認めないのかどうかは，判然と
しない）。

〔わが民法がドイツ民法第一草案を母法としていると解することは，正当か〕

わが現行民法が草案を含めてドイツ民法の影響のもとに制定されたとする意見
は，戦後もしばらくはほとんど定説に近かったようである。たとえば，福島正夫
編・日本近代法体制の形成下巻（1982年12月，日本評論社）313頁以下の「第一
二章　民法典の編纂」を執筆された向井教授は，「むすびにかえて」として，旧
民法から現行民法への修正を「フランス法からドイツ法へ」の表題で，詳細にそ
の理由を示されるが，そのもっとも有力なものとして，明治憲法の制定に大きな
寄与をした外務省顧問，後に内閣顧問であったロェスレル Rösler, Karl Friedrich
Hermann〔1834～94〕が明治20年ごろ井上毅の諮問に応じて同人に提出したと
推定される「日本民法編纂方法ニ関スル意見」（伊東巳代治の訳）に記述した論考
に依拠するところがある。次にその一部を現代文様にして掲げておく。ロェスレ
ルは，まず民法がその人民の体格徳義に重大な影響をもつことから，必然的にそ
の政体と相関係すると論じ，民主々義に基づく民法はかならずその政体を生ずる
にいたるべきである。君主政治または貴族政治の主義に基づいた民法はかならず
君主政治または貴族政治を施すのに便であって，これを維持するためにあるいは
必須措くべからざるものでなければならない。日本民法はヨーロッパ，アメリカ
諸国の民法の原理に基づいてこれを編纂すべきであることは論を俟たないところ
であるが，そのいわゆるヨーロッパ，アメリカ諸国の民法なるものは，各国ひと
しく一徹に出でずして各々大いにその揆を異にするものであることを知らなけれ
ばならない。故に各種民法中いずれを採って日本に施すべきであるかは，すこぶ
る大問題である。ヨーロッパ，アメリカ諸国の民法は，これを大別して二種あり，
一に曰くフランス，ローマ民法，一に曰くドイツ民法[4]であるが，日本にはフ
ランス民法よりドイツ民法の方が適すると主張する。ロェスレルにしたがえば，
フランス民法は，個人の平等・親族関係の疎薄・財産の不安定・家督保存の欠如，

（4）　ドイツ民法典が成立したのが1896年（明治29年）であるから，ロェスレルのいうド
　　イツ民法がドイツ民法典であるはずはない。実質的意味で，ドイツ一般私法を指している
　　のだろうか（山田　晟「ドイツ民法」民事法学辞典下巻〔増補版〕〔昭和39年3月，有
　　斐閣。初版は，昭和35年12月〕1474頁参照）。

3 民法上の規定を裁判規範とみるか行為規範とみるかの争い

等々，純然たる民主主義的性格を帯びているために革命相つぎ政情の不安をもたらしたが，ドイツ民法は逆に保守的性格を帯びているから貴族政体・君主政体に適当し，一国の政治上の基礎を強固にする機能を有している，ということになる。ロェスレルは，「余の」時々見聞きするところによってこれを考えれば，日本民法は，フランス，ローマ民法よりはむしろドイツ民法の主義に類似する点多いが，それは日本民法は親族関係をもって大基礎とし，相続法の如きはまったくフランス民法と相反するもののようである。故に今もし日本においてフランス民法に模倣するときは財産上の関係において一大変乱をきたすの恐れがある。日本人民をしてこのような激変に遭遇させることは，これをどうして危険の極みであるといわざるをえないであろうか，というのである。そして，向井教授は，「民法典論争が惹起される以前から，フランス民法を模倣すれば財産上の大混乱を生ぜしめひいては社会的不安を招く，という反対意見の具申が，換言すればボアソナードの起草原理への端的な批判が，ロェスレルから発せられていることはまことに重要である。その基胎（「鬼胎」の誤植か）には，法典編纂事業の〈場〉におけるフランス法からドイツ法への移行・転換を明らかに看守することができよう」（392頁）といわれるのである。ロェスレルのいう通りであるとすると，わが国は戦前と戦後とでは政体はもちろんのこと社会情勢全体がこぞって大変革したのであるから，わが民法は，大改正さるべきことになるはずである。確かに，後2編の親族，相続両編は，全面的に改正されたが，前3編のいわゆる財産法については，1条（現行の3条と同文）を1条ノ3とし，第1編中第1章の前に1条（現行の1条と実質的に同じ条文）と1条ノ2（現行の2条と実質的に同じ条文）を加え，14条ないし18条（妻の行為能力の制限や夫の許可等に関する条項），120条2項（妻の法律行為の夫による取消）(5)が削除されたほかは，名称の変更等に伴うて若干の字句

---

(5) 改正法では，現行120条2項の「詐欺」の前に，「錯誤，」が加わり（錯誤が現行では無効事由である（民95）が，改正法では取消事由になった〔改正民95〕ことによるものである），現行96条2項の「知っていた」が「知り，又は知ることができた」に，また，現行同条3項の「善意の」が「善意でかつ過失がない」にそれぞれ改められた。契約の取消しの意義については，拙著・要件事実論概説　契約法291頁以下を参照していただくことにして，ここでは改正法での取消権者が主張責任を分配されないしは証明責任を分配される第二次的要件事実を掲げるにとどめる（第一次的要件事実については，後述する）。(1)まず，詐欺のよる意思表示の取消しの権利根拠事由および権利行使事由である。①詐欺により意思表示をさせられた者（この注では「本人」という）またはその代理人もしくは承継人（120Ⅱ）において，②相手方（欺罔者）が故意で違法に本人を欺いて錯誤に陥らせたことにより契約締結の意思表示をさせたので，③欺罔者に対し，その意思表示を取り消す旨の意思表示をし，それが到達したこと（97）であろう。次に，(2)強迫による意思表示の取消しの権利根拠事由および権利行使事由であるが，上述の②および③の「欺罔者」を「強迫者」に，②の「欺いて錯誤に陥らせた」を「強迫して畏怖させた」にそれぞれ改

I　要件事実の前提となる事項

の加除変更があっただけである（昭和 22 年法 222 号）。

　また，仮にわが現行民法がドイツ民法第一草案を母法としているとすれば，同草案は法曹法草案として作成されたから，わが現行民法の各規定を裁判規範であるとされることには理由があることになる。しかし，わが現行民法前 3 編がドイツ民法第一草案を母法としているといえないことは，わが現行民法前 3 編がボアソナードの起草した(6)旧民法の修正であることから窺うことができる。ボアソナードは，旧民法を，主としてフランス民法を，しばしばそれを母法としているイタリア民法などを参照して起草したのである。そして，このことは，明治 29 年 2 月 26 日の衆議院本会議において，政府委員末松謙澄が民法修正案（現行民法案）の政府立法趣旨の説明で，

　「扨此案（＝旧民法）ヲ修正致シマシタコトニ就キマシテハ，十分ニ既成民法ノ趣旨モ成ルベク採リ得ベキダケハ採ルコトニ力メ」（廣中俊雄編著・第九回帝国議会の民法審議〔昭和 61 年 7 月，有斐閣〕49 頁）ました

と述べておられることからも察知することができるばかりでなく，わが現行民法の起草委員であった梅博士が講義で，

　「梅先生は，『世上に，吾が新民法はドイツ民法に拠ると称する者あるも，そは浅見なり。形はドイツ法に酷似せるも，フランス民法は獨法と同一程度に参考したり。』と言はれる（同日〔明治 40 年 3 月 6 日〕に岩田新氏らに対してされた講義）」（岩田（新）・日本民法史―民法を通じて見たる明治大正思想史―〔昭和 3 年 9 月，同文館〕46〜7 頁）

と述べておられることから明らかであろう。なお，梅博士が形はドイツ法に酷似するといわれるのは，わが民法典の編別がパンデクテン式のザクセン式の編別を

めれば，その余は，詐欺による意思表示の取消しと同じであろう。(3)錯誤による意思表示の取消しの権利根拠事由および権利行使事由については，ⅰ　表示の錯誤（95 Ⅰ柱および(1)，Ⅲ）とⅱ　動機の錯誤（同条Ⅰ柱および(2)，Ⅱ，Ⅲ）に分けて述べることとする。ⅰの表示の錯誤の取消権者（表意者側）の権利根拠事由および権利行使事由は，①錯誤が意思表示に対応する意思を欠く場合であって，②その錯誤が契約の目的および取引上の社会通念に照らして重要なものであること，③相手方に対し，その意思表示を取り消す旨の意思表示をし，それが到達したことであろう。これに対し，権利発生障害事由は，錯誤が表意者の重大な過失によるものであって，相手方は，表意者に錯誤があることを知らず，知らないことに重大な過失がないうえ，相手方としては，表意者と同一の錯誤に陥っていないことであろう。ⅱの動機の錯誤の規定の定める取消権者（表意者側）の権利根拠事由および権利行使事由は，①錯誤が表意者において契約の基礎とした事情についてその認識が真実に反するものである場合であって，その事情が契約の基礎とされていることが表示されていること（最(二)判昭 29・11・26 民集 8 巻 11 号 2087 頁など参照）の他は，表示の錯誤の②および③と同じであろう。また，権利発生障害事由については，表示の錯誤における権利発生障害事由と同じである。

(6)　旧民法後 2 編は，実質的には磯部四郎氏などが起草したようである。

見習ったことをいわれているのであろう。

星野英一教授も、

「わが民法の前三編、いわゆる財産法の部分は、ドイツ民法第一草案を模範としてできたドイツ民法[7]的のものである、と通常思われているようである。そして、それ故に、わが民法の研究や解釈にさいしては、ドイツ民法ないしドイツ民法学の研究・参照が必要であり、少なくも望ましいと考えられていたようである。さらには、法学部に進もうとする学生は、第一外国語である英語の次にはドイツ語（フランス語でなく）を学ぶことが望ましいと一般に伝えられているらしい。〔改行〕。しかし、果たしてこの『伝承』は正しいのであろうか。筆者は、これに対して深い疑問を抱くものである。〔改行〕本稿は、日本民法典（前三編を指す。以下同じ）に対して系譜的に連なるものは、ドイツ民法（草案）よりはフランス民法であること、従って、民法の研究ないし解釈にとっては、フランス民法とのつながりを考慮する必要があり、少なくとも望ましいことを論じようとするものである」（「日本民法典に与えたフランス民法の影響──総論、総則（人──物）〔この論文は、日仏法学3・昭和40年に発表されたもののようである〕」民法論集1巻〔昭和45年8月〕71頁。なお、72頁）

といわれ、また、小柳春一郎教授は、

「……『法典調査ノ方針』は、第一に『既成ノ法典ニ就キ各条項ヲ査覈（さかく）（不明なこと、不確実なことなどを調べること）シ必要ノ修補删正（さんせい）（文章の字句をけずり正すこと）ヲ施ス』ことを規定し、旧民法が重要な役割を果たすことを明示している（方針一条）。民法典もフランス法の強い影響があるのも、多くはこの『法典調査ノ方針』に由来する。この点は比較的最近になるまで十分な認識がなかったことであり、改めて強調する必要がある。」（ルビおよび語釈は、引用者。広中＝星野〔英〕編・民法典の百年 I〔1998年10月、有斐閣〕17頁〔小柳〕）

といわれる。

さらに、前田(達)・原田剛両氏は、

「確かに、現行民法典は、主として形式、内容をドイツ民法第一草案に範を採り、同第二草案、フランス民法典をはじめヨーロッパ各国のほとんどすべての法典を参照して編纂されたものであり、その編別、形式、内容は、一見旧民法典の影響を受けていないかに見える。しかし、法典調査会がわずか三年で現行民法典

---

(7) ドイツ民法典が学者法＝法曹法の感じが比較的強いことについては、星野(英)「日本民法典(1)」月刊法学教室4号（1981年1月）21頁を参照されたい。ドイツ民法第1草案、第2委員会の審議等ドイツ民法典編纂作業の性格については、石部雅亮「ドイツ民法典編纂史概説」同編・ドイツ民法典の編纂と法（1999年2月、九州大学出版会）3頁以下、赤松秀岳「歴史法学派から法典編纂へ」同書63頁以下などをみられたい。

I 要件事実の前提となる事項

編纂に成功した陰には，調査員，殊に，梅，富井，穂積の三起草委員の不撓の努力のほかに，この旧民法典[8]が有力な編纂上の参考資料となっていたという事実は看過できず，現行民法典は多くのものが旧民法典中より伝承吸収されて成立していることが指摘されているのである」（前田（達）編・史料民法典945頁）といわれ，例を挙示される。

　さらに，坂本氏は数人のわが国およびドイツの学者の説を論拠とされるが，後に述べるように（本節3-5の〔民事法典の…〕などを参照）成文法典の法的性質は原則として起草者・制定者の考えによって決まるのであるから，それ以外の学者等が十分な論拠を示すことなく感覚的な意見を述べることは，いたずらに問題を引き起こそうとする意図によるものであるといわなければならないのではないだろうか。ただ，坂本氏が，梅博士が民法を裁判規範と解していたかのごとくに紹介しておられることについては，反論しておく必要があるであろう。坂本氏の引用される梅「法典実施意見」明法志叢3号（明治25年5月）は，「法典（＝旧民法典）ハ急ニ之ヲ実施スルノ需要アリ」で始まる旧民法を断行すべきであるとする論文であって，現行民法にかかわるものではないから，現行民法典の各規定の法的性質を裁判規範とする論拠としては適切でないばかりでなく，梅博士の論文の内容も旧民法の規定を裁判規範であるといっているものではないように思われる。

　やや傍論になるが，坂本氏には，「民法編纂と明治維新」（2004年9月，悠々社）という著書がある。そして，その序に「私は長年の裁判官生活のほとんどを民事裁判官として過ごしてきた。そのなかで私の念頭を離れなかったのは，毎日の裁判実務の中で，法律判断の基準として用いている民法が，西欧から明治維新後の日本にどのように紹介，導入され，これを当時の人々がどのように受容し，現行民法へと構成していったかということであった」という部分がある。そこで，坂本氏がその著書の中で，現行民法へと構成していったことが検討ないし考究されているかと思って読んだのであるが，そういうことはなく，その著書の叙述は，ほぼ江戸時代の裁判制度から明治初期の江藤新平による民法編纂作業までの検討ないし考究に終始しておられて，現行民法の起草や制定にはまったく触れておられないのである。したがって，先の序文とはかけはなれたものになっているといってよいように思われる。

　なお，加藤新太郎氏が「坂本慶一『新要件事実論──要件事実論の生成と発展』」を「A　地裁部総括（任官28年目）」と「B　高裁部総括（任官37年目）」

――――――――――――――――
(8)　前田（達）・原田（剛）の両氏は，旧民法典を「編別，体裁につきほとんどフランス民法に範をとり，細節の規定に若干フランス民法を母法とするイタリア民法，ベルギー民法，オランダ民法，ベルギー民法草案の規定を採り入れている」といわれる。

の対話の形で評論しておられるが（判タ 1345 号〔2011 年 6 月〕100〜104 頁），その中で（101 頁）で，Ａをして「民法の裁判規範性を肯定することは，異論がないように思うのですが」といわしめていることを付記しておきたい。

(3)　内田説とそれに対する疑問点
〔内田教授は，いくつかの論拠から，わが民法典の名宛人から一般国民が完全に抜け落ちてしまったいわれるから，わが民法典の各規定の行為規範性を否定しておられるのではないか〕

　さらに，内田・民法改正──契約のルールが百年ぶりに変わる（ちくま新書）（2011 年 10 月，筑摩書房）89〜92 頁は，わが民法の財産法の部分が法典調査会を設置してから国会で民法ができるまでにかけた期間がおよそ 2 年半であること，わが民法の条文数がフランス民法やドイツ民法のそれの半分以下であることなどから，わが現行民法の制定にあたって，旧民法の起草者であった

　「ボアソナードが，西洋式の法学になじみのなかった日本人のために，まさに教育的見地から多数用意していた定義的，説明的規定がことごとく落とされてしまいました。……しかし，同時に，法典の名宛人から，一般国民が完全に抜け落ちてしまったのも事実です」

といい，その後で条文の文章が簡潔にすぎてしかも難解であるかのような指摘をする。ということは，わが現行民法典の各規定の行為規範性を否定しておられる趣旨ではないだろうか。

〔内田教授がわが民法典の各規定の行為規範性を否定しておられると思われる論拠には，反論することができるのではないか〕

　内田教授がわが現行民法典の財産法の部分の名宛人を一般国民ではないといわれるのは，同法の行為規範性を否定される趣旨であろう。しかし，内田教授が掲げる現行民法典の名宛人から一般国民が完全に抜け落ちているとする論拠に対してはおおむね反駁することができるように思われる。

　公布され明治 26 年 1 月 1 日から施行されることになっていた旧民法は，いわゆる法典論争の結果，修正を行なうために明治 25 年法律 88 号をもって施行が延期されたが，延期の期限は明治 29 年 12 月 31 日までであったことや，わが現行民法は，建前としては旧民法の修正として制定され，起草・制定において一応旧民法というたたき台的なものがあったうえ，時の政府は，不平等条約改正のため西欧的原則に基づいた法典の編纂を急いでいた[9]。このように，法典の立法作

---

　(9)　たとえば，明治 27 年 4 月から再開された対英交渉では，諸法典の実施されるまで改正条約は発効しないことを宣言している。

I　要件事実の前提となる事項

業の適否よりも法典修正の期間が法律等によって限定されていたのであるから，わが民法の財産法の部分が法典調査会を設置してから国会で民法典を制定するまでにかけた期間がおよそ2年半であるとしても，そのことをもって，一般国民が現行民法典の名宛人でないとすることはできないのではないだろうか。行為規範を定めたと思われるフランス民法は，1800年8月に4名の起草委員にその制定の発令があったが，最初の法律が施行されたのは(10)2年7ヵ月後，全部で2281ヵ条から成る一個の法典にまとめられたのが3年7ヵ月後である。

　また，わが民法典起草当時の社会情勢，世相，経済状況等が現在に比べて（当時のフランスに比べても）はるかに単純で明快なものであったこと，明治30年前後の知識人はもとより通常人の文章の読解能力は決して低くはなく(11)，したがって，当時の市民（広辞苑5版1223頁の「市民」の見出しに「広く，公共性の形成に自律的・自発的に参加する人々」の語義が示されているが，それに近く「広く社会を構成する人々」といった意味である。以下，この意味で「市民」という）にとって現行民法典の財産法の部分の条文の文章がそれほど理解しづらいものであったとは思われないこともある(12)。

---

(10)　フランス民法草案は，はじめ36章に分離され，その1章が成立するごとに制定・施行されたが，それが後に一個の単行法律にまとめられたとのことである。

(11)　当時よりやや後になるがそのころの通常人の文章能力ということで，司馬遼太郎・坂の上の雲七（文春文庫新装版）58～9頁に載っていた村の小学校を出ただけの陸軍工兵二等卒21歳？の手製の小さな手帖にエンピツで克明に書かれた従軍日記の一節を紹介しておきたい（句読点は，著者が加えたものであろう。振りかなは省略）。明治38年2月27日「午前八時ヨリ我兵発砲セリ。敵砲兵モ早ヤ，我ニ向ヒテ射撃セリ。昼食ハ飯盒ノ飯ヲ食セントシ，出シテ見レバ，最早朝ノ厳寒ニ凍リテ小石ノ如クニテ食ひ難ク，併シ夫モ詮方ナク齧リテ終ルヤ否ヤ，野砲進入路ヲ掘開スルトノ事ニテ，器具ヲ携ヘテ目的地ニ着。此処ニハ砲兵連隊長殿ノ掩蔽（壕）アリ。壕中ヨリ畑地ニ通ズル隊路ヲ造リシニ，敵ノ目ニ認リシカ，直ニ敵ノ柳（榴）霰弾五六発，我々ノ頭上ニ於テ破裂シタレド，友軍ノ祐命力（意味不明），一名ダモ死傷者ナシ。兎ヤ角スル内ニ砲兵ノ射発時刻来タルト見ヘテ，我々ノ工事ハ停止サレタ」

(12)　江戸時代には，幕府が幕政上旗本・御家人の子弟に対する教育施設として設けた昌平坂学問所，諸藩が主として藩士の子弟に対する教育施設として建設，運営した藩校，藩校の延長としての藩士・陪臣のためと庶民の教化教育のための教育施設として設けられ，幕末期の村学校・市学校・教諭所を含むところの郷校，幕府・諸藩に仕官していた儒者がその幕藩の要請により幕臣・藩士の子弟教育を目途に設けられた藩校と至密な関連をもつ家塾や庶民教化のために幕藩に仕官しなかった民間の有識者が任意に開いた狭義の私塾，有識者などが主として庶民の子どもに対して初歩的学習を行なうために任意に開いた教育機関である寺子屋があり，さらに上等の部に属する御家人や旗本が無月謝で慾得づくではなく手習い学問を教えることもあったようである（岡本綺堂・三浦老人昔話〔中公文庫〕132頁）。そして，寺子屋は，幕末に至り全国的に3～4万校にも達したと推測されている（ちなみに，わが国の弘化3年〔1846年〕における人口は，3200万人ほどだったようである。明治になってからは統計資料があると思われるが，横着して手元にある文献をみると，イザベラ・バード＝時岡敬子訳・イザベラ・バードの日本紀行（上）〔講談社学術文

3 民法上の規定を裁判規範とみるか行為規範とみるかの争い

　加えて，民法典の条文は，後に述べる梅起草委員の発言から分かるように，当時としては多数人の了解することができる平易簡明な文章であったと思われること[13]，「法三章」という言葉は，史記に記載されているようで元々は刑事法の法諺とでもいうべきものであるが，江戸時代にはそれが一般化した用語になっており，人々には法は簡略であることをもってよしとする意識があったこと，しかも，後にも紹介するが，前三編議会提出理由説明草稿四中に「既成法典ハ其規定煩ル細密ニ渉リ往々我邦今日ノ民俗ニ適セサルノ嫌アルヲ以テ修正案ハ専ラ簡易ヲ旨トシ其条規ヲ概括ニシ其適用ヲシテ時勢ノ変遷ニ伴フコトヲ得セシメ以テ実際ニ支障ナカランコトヲ期セリ」（福島編・穂積陳重立法関係文書の研究〔日本立法資料全集別巻1〕〔平成元年12月，信山社。ただし，第一部に，同編・明治民法の制定と穂積文書──「法典調査会　穂積陳重関係文書」の解説・目録および資料──〔昭和31年7月，民法成立過程研究会〕を，第二部に，同編・穂積陳重博士と明治・大正期の立法事業〔昭和42年12月，同研究会〕をそれぞれ収録〕。〔以下「福島編・穂積陳重文書の研究」という〕第一部129頁）とあり，将来の時勢の変遷にも対応することができるように概括的な条規で立法しようとしたことなどを考慮すると，わが民法典の条項を簡潔にすぎしかも難解であるとはいえないのではないだろうか。

　なお，わが現行民法典の起草担当者が条文を分かりやすく書こうとしたことについては，次に述べることで明らかである。すなわち，伊藤博文内閣総理大臣は，明治26年3月21日，西園寺公望，箕作麟祥，穂積，富井，梅らの諸氏を首相官邸に招き，旧民法を修正した民法典の編纂について諮問した。その編纂の大綱等は，その席で決まり，法典調査会が組織されることになり，同月25日，法典調査会規則（勅令11号）が発令された。そして，後に起草委員になる穂積，富井および梅の各博士は連名で，同月31日，同内閣総理大臣に対し，同内閣総理大

庫〕〔2008年4月〕32頁には，1878年（明治11年）ごろかの「日本の人口は三四三五万八四〇四人」とある）ばかりでなく，二つある寺子屋成立の史的理由の一つは，「徳川吉宗・松平定信・水野忠邦らの将軍・幕閣そして諸藩の政権担当者が近世社会体制の諸矛盾を克服するため，庶民に対し御法度・御触書・御高札・五人組帳前書などの法規ないし法規に準ずるものの内容を理解し遵守する教化的効果を期待した事実に求められる」（石川松太郎「寺子屋」国史大辞典9巻918頁）〔傍点は，引用者〕ということである（「昌平坂学問所」については山本武夫・同辞典7巻610頁，「藩校」については石川（松）・同辞典11巻742頁，「郷校」については山本（武）・同辞典5巻335頁，「私塾」については石川（松）・同辞典6巻772頁，「人口」については鬼頭宏・同辞典7巻811頁）。さらに，明治5年には学制が定められ，同19年には小学校令および中学校令が発布されていることなどからみて。ちなみに，わが国ではこの学制に先立ち，各地に学校が開設されている。たとえば，明治2年5月には，町衆の基金・運営により，京都に上京第27番組小学校（柳池校）が開設され，同年内に各町組にほぼ1校ずつ64校が開設されたとのことである。
(13)　明治期の文章語は，同30年末期ごろになってようやく確立したものである。

31

I　要件事実の前提となる事項

臣からあらかじめ命ぜられていた法典調査の方法，法典調査会の会議に関する案を記した法典調査規程案上申書に同規程理由書を添付して提出した。同規程案15条に

「法典ノ文章ハ簡易ヲ主トシ用語ハ成ル可ク従来普通ニ行ハ丶モノヲ採ル可シ」（福島編・穂積陳重文書の研究第一部112頁，法務大臣官房司法法制調査部監修・法典調査会民法總會議事速記録〔日本近代立法資料叢書12，昭和63年6月，商事法務研究会〕3頁，27頁〔ただし，字句に若干の相違がある〕，広中俊雄編著・日本民法典資料集成1巻第1部民法典編纂の新方針〔日本立法資料全集201〕〔以下「広中編著・民法典資料集成①」という〕〔2005年〔平成17年〕2月，信山社〕607頁〔以下において，複数の該当頁があるときは，そのうちの代表的な該当頁のみを掲示する〕）

と定められることを求めており(14)，穂積博士が実質的執筆者と思われる（広中編著・民法典資料集成①581頁）法典調査規程理由書には同規程案15条を定めた理由を

「法律ハ人民一般ニ之ヲ遵奉スベキ義務アルヲ以テ其文章用語ハ成ル可ク簡易ニシテ何人モ其意義ヲ了解スルヲ得ルヲ要ス従テ又成ル可ク従来普通ニ行ハ丶モノヲ擇ブヲ可トス古代ニ於テハ民ヲシテ由ラシムベシ知ラシムベカラズノ主義ニヨリ其文章用語ハ独リ執法者ノミ之ヲ理会スルヲ以テ足レリトナセシモ近世ニ於テハ法律ヲ以テ人民権義ノ利器トナスヲ以テ民ヲシテ由ラシムヘシ知ラシムベシノ主義ヲ執リ其文章用語モ亦容易ク一般人民ノ了解シ得ベキモノヲ擇ブノ必要ヲ生セリ故ニ其文辞ハ成ルベク簡易明白ニシテ且従来普通ニ慣用セルモノヲ採ルベキナリ然レドモ又全ク通俗ノ文辞ヲ以テ法文ヲ起草スルトキハ或ハ之ガ為ニ法典ヲ浩瀚ナラシメ或ハ其意義ノ漠然タルガ為メニ疑惑ヲ生シ紛争ヲ醸スノ虞ナシトセス故ニ法律上慣用ノ術語ノ如ク特殊ノ意義ヲ有スルモノハ必シモ通俗ノ文字ニ拘泥スルコトナク専門ノ用語ヲ使用シ必要ナル場合ニ於テハ之ニ立法的解釈ヲ下スヲ以テ其当ヲ得タルモノトス」（福島編・穂積陳重文書の研究第一部116～7頁，広中編著・民法典資料集成①674～7頁）

と説明している。ただ，「法律ヲ以テ人民権義ノ利器トナスヲ以テ民ヲシテ因ラシムヘシ知ラシムベシ」の「法律」は，「起案者」の念頭にあったのは，法典調査会における審議の対象であった民・商法典およびそれらの付属法律であったであろう。また，「利器」は，辞書（岩淵悦太郎ほか・岩波国語辞典第六版1264頁）

---

(14)　法典調査規程は，この法典調査規程案を多少変更したうえ，伊藤博文内閣総理大臣が明治26年勅令1号法典調査会規則5条に基づく権限によって同年4月27日付けで発令（内閣送3号）された（福島編・穂積陳重文書の研究第一部118頁，広中編著・民法典資料集成①826頁。なお，法典調査会規則5条は，「法典調査会ノ議事及会務整理ニ関スル規則ハ内閣総理大臣之ヲ定ム」と規定されていた（広中編著・民法典資料集成①888頁））。

によると，①役に立つ，すぐれた器械，②よく切れる刃物，鋭い武器の意味であるとのことであるが，取りあえず②の意味に解しておく。さらに，同規程案16条に

「法典中ノ定義解説其他教科書類スル規定ハ総テ之ヲ削リ立法的解釈ヲ要スル文章用語ノミニ定解ヲ下ス可シ」（ルビは，引用者。福島編・穂積陳重文書の研究第一部112頁，広中編著・民法典資料集成①607頁。もっとも，法典調査会総会の逐条審議によって確定した『法典調査ノ方針』13条では，「法典中文章用語ニ関シ立法上特ニ定解ヲ要スルモノヲ除ク外定義種別引例等ニ渉ルモノハ之ヲ削徐ス」となった〔ルビは，引用者。福島編・穂積陳重文書の研究第一部121頁，広中編著・民法典資料集成①877頁，884頁〕）

と定められることを求めており，同理由書に同規程案16条を定めた理由を

「人民ニ対シ法律ヲ発布シ」（福島編・穂積陳重文書の研究第一部17頁，広中編著・民法典資料集成①678頁）すなわち，市民を名宛人として民商法を制定し公布するなどと説明している。とすれば，これらの部分を民法典についていえば，「民法典をもって私人（市民）の個々の・私人または対等な私人間の生活関係，財産的な関係および経済的な取引関係のうちで適用領域が限定されていないものについての権利義務の鋭い武器とするのであるから，私人をしてよらしむべし知らしめるべしといっているということになろう（ただし，理論的にいえば，人民の権利義務の根拠となるのは実質的意義の民法〔を組織する個別的法規範を構成する行為規範〕である）。なお，同条を定めた理由中では「行為規範」の呼称は用いられていない（当時，行動規範の用語はあったようであるが，行為規範の用語があったかどうかは，調査未了である）が，この理由でいわれていることは，行為規範の内容そのものである。したがって，以後ではこの内容を有する規範については，行為規範の呼称を用いることとする。

同内閣総理大臣は，同規程案上申書を修正し，同年4月27日，同規則に基づいて法典調査会の組織等に関する事項に限定した規定を内容とする法典調査規程（内閣送3号）を発した。法典調査の方針等の規定は，同規則に基づいて同月12日に任命された正副総裁ならびに同規則および同規程に基づいて同日などに任命された主査委員ならびに同月20日などに任命された査定委員により構成される同調査会総会の同月28日に開催された第1回総会に提出された。同総会の冒頭に，議長の伊藤(博)総裁が「尚一言シ置クヘキハ査定委員諸君ハ主査委員ノ手ニ在ル案ヲ一覧セラレタシ其中ニハ第一ニ法典調査ノ方針ヲ掲ケ……アリ此案ハ元ト主査委員中ニ於テ特ニ三名ニ命シテ起草セシメタルモノニシテ是レニハ方針ト規程トヲ合シテ起草シアルヲ其中ヨリ……今残ル所ノ調査方針ヲ本会ノ議ニ付セ

I　要件事実の前提となる事項

ント欲ス……」と挨拶し（広中編著・民法典資料集成①852頁）（この挨拶中の「三名」は，後に主査委員兼起草委員に任命された穂積，富井および梅の3博士のことである），まず法典調査規程が書記により朗読され，次いで，同議長の「次ハ即チ本会ノ議ニ付スル所ノ調査ノ方針ナリ而シテ此案ハ既ニ主査委員カ二回ノ会合ヲ以テ議定シタルモノナリ(15)ト雖モ頗ル重大ノ問題ナルヲ以テ尚ホ総会ニ於テ意見ヲ有セラルル諸君ハ十分ニ之ヲ吐露セラレタシ而シテ其ノ決議ヲ以テ法典調査ノ基礎ト為シ此基礎ニ依テ調査ノ事業ヲ進行セント欲ス」の発議により『法典調査ノ方針』の審議が始まったのであるが，はじめに提示された『調査ノ方針』の12条は，先に紹介した法典調査規程案15条の「ニ行ハルヽモノヲ採ル可シ」が「慣用ノモノヲ採ル」に代わっただけである。同条は，同年5月2日に開催された第2回総会において異議なく議決された（同書855頁，861頁，877頁，福島編・穂積陳重文書研究第一部121頁）。

　また，法典調査会の審議において起草委員の梅博士が委員の土方寧教授の414条修正案（＝現行415条後段）についての

　「履行ノ不能ノ場合ハ債権者ノ方デ言フヤウニ此文章デハ見ヘル夫レデハドウモ不都合デハナイカト思フ其点ハドウ云フ御考ヘデスカ伺ヒタイ」

との質問に対して

　「土方君ノヤウナ疑ヒガ若シ此条ニ付テ起サレルナラバ是レマデ議決ニナッタ箇条ノ中ニモ然ウ云フ差支ヘノアルベキト見ラレルコトハ幾ラモアリマスカラ夫レハ皆ナ書キ直サナケレバナラヌ挙証ノ責ノナイトキニハ必ズ消極ニ書カナケレバナラヌト云フ大原則ヲ諸君ガ極メテ下サラヌト困ル，今迄ハ只分リ易イ方ヲ主トシテ書イタノデアル」

と答弁し，評決の結果，この答弁が通った（傍点は，引用者。法務大臣官房司法法制調査部監修・法典調査会民法議事速記録三〔日本近代立法資料叢書3〕〔昭和59年4月，商事法務研究会〕〔以下「法典調査会民法議事速記録三」という〕641～3頁）ことからも窺うことができるのである。

　内田教授は，現行民法が定義的，説明的規定をことごとく落としたともいわれ

────────

(15)　星野（通）・明治民法編纂史研究〔日本立法資料全集別巻33。平成6年11月，信山社〕〔原本は，昭和18年9月，ダイヤモンド社〕181頁は，法典調査会の「議事速記録の現存せざる主査委員会が（第一回委員総会が行われた明治26年）四月二十八日以前に一二回召集されたことは〔註四十四〕に述べた如くであるが，その主査委員会において決議された事項について審議するため，この第一回委員総会が召集された」といい，注44は，「記録に残る第一回主査委員会の外に，二十六年四月二十八日以前速記録無き主査委員会が開かれたことは，『法典調査会民法総会議事速記録』第一巻の第一回委員総会議事速記録中における伊藤博文の演説によって明らかである」というが，同速記録中における議長伊藤（博）の挨拶にそのような発言を見出すことはできないようである。

34

る。確かに旧民法のように多数の定義的，説明的規定を設けていないが，前に掲げた法典調査規程案 16 条に

「法典中ノ定義解説其他教科書ニ類スル規定ハ総テ之ヲ削リ立法的解釈ヲ要スル文章用語ノミニ定解ヲ下ス可シ」（ルビは，引用者。福島編・穂積陳重文書の研究第一部 112 頁，広中編著・民法典資料集成[1] 607 頁。もっとも，法典調査会総会の逐条審議によって確定した『法典調査ノ方針』13 条では，「法典中文章用語ニ関シ立法上特ニ定解ヲ要スルモノヲ除ク外定義種別引例等ニ渉ルモノハ之ヲ削除ス」となった〔福島編・穂積陳重文書の研究第一部 121 頁，広中編著・民法典資料集成[1] 877 頁，884 頁〕）。

と定め，法典調査規程理由書で法典調査規程案 16 条を定めた理由を

「法典中ニ定義ヲ設クルノ要不要ニ関シテハ学者間其意見ヲ同フセズオースチン氏ノ如キハ大ニ其必要ヲ唱ヘ諸国ノ法典ノ大欠点ハ定義ヲ設ケザルニアリト断言セリ然レ共元来法典中其用語ニ付テ一々定義ヲ下シ教科書ノ如キ法文ヲ設ケテ学理ヲ解説セントスルハ特リ（マヽ）無要ノ贅文ヲ以テ典ヲ浩瀚ナラシムルノミナラズ却テ之ガ為メニ疑義ヲ惹起スルノ虞アリ故ニ法文ハ成ルベク教科書ノ如キ定義解説等ヲ避クルヲ可トス然レトモ法律生活ニ慣レサル人民ニ対シテ法律ヲ発布シ又ハ従来ノ法律ト全ク相異リタル新法ヲ制定スルトキハ法文中ノ用語ニ付其定義解説等ヲ下シ以テ世人ノ疑惑又ハ錯誤ニ陥ルコトヲ予防スルノ必要ヲ生スルコトアリ彼ノ印度法典カ各条ノ下一々説明及範例ヲ設ケ其意義ヲ解説セルガ如キ即チ是ナリ要スルニ教科書的解釈ハ一切之ヲ避ケザルベカラザルモ立法的解釈ハ之ヲ下スノ必要アリトス」（福島編・穂積陳重文書の研究第一部 117 頁，広中編著・民法典資料集成[1] 677〜8 頁，1051〜3 頁）

と解説するから，現行民法が定義的，説明的規定を設けなかったのは，十分に考慮したうえのことだったのである。

　そのうえ，現行民法が定義的，説明的規定をことごとく落としてはいない。契約法を見ただけでも，549 条[16]は贈与の，555 条は売買のといった具合に，契約類型の定義規定を置いているのである[17]。

---

(16)　改正法 549 条は，現行法の「自己の」を「ある」に改正した。

(17)　これらの定義規定は，「その効力を生ずる」などといかにも契約類型の効力を規定しているかのごとくであるが，契約の効力の発生は，97 条（改正法では，現行 1 項の「隔地者に対する」が削られ，「相手方が正当な理由なく意思表示の通知が到達することを妨げたときは，その通知は，通常到達すべきであった時に到達したものとみなす。」の 2 項を新設し，現行 2 項を 3 項としたうえ「隔地者に対する」を削り，現行の「又は行為能力を喪失した」を「意思能力を喪失し，又は行為能力の制限を受けた」に改められた。そして，同条 1 項の定めは，意思表示の発信と到達の間に時間的な隔たりのない者，これを仮に対話者というとすれば，対話者の場合にも適用され，主張責任および証明責任は，権利行使事由（要件事実）および権利行使効果（分配効果）であれば，事案により権利の存

I　要件事実の前提となる事項

　そればかりでなく，なによりも民法が条文の文言において市民に対し直接に行為をすることを許容したり禁止したりしていることである。民法のはじめの方の条文，たとえば5条3項が未成年者に対して法定代理人において目的を定めて処分を許した財産をその目的の範囲内で随意に処分することを許容し，13条1項が被保佐人に対して同条項1～9号に掲げた行為をするのには[18]その保佐人の同意を得ることを命じ，21条が制限行為能力者に対して能力者であることを信じさせるために詐術を用いたときにその行為を取り消すことを禁止していることをみるだけでも，民法の各規定が原則として市民を名宛人とする行為規範であることを示しているというべきである[19]。

在を主張する者かそれを争う者かに分配され，権利行使阻止事由および権利行使阻止効果であれば，抗弁権者に分配される。同条2項の定めは，遺留分減殺の意思表示の到達の事案についての最一判平成10・6・11民集52巻4号1034頁等を念頭に置いて制定されたものであって，同判例が判示する，諸般の事情から意思表示が「社会通念上，受取人の了知可能な状態に置かれたことを受取人が妨げた」ことがあれば，「相手方が正当な理由なく意思表示の通知が到達することを妨げたとき」に該当すると思われる。主張責任の分配ないし証明責任の分配は，同条1項と同じであるといってよい），127条，526条（改正法では，現行1項は削られたうえ，「申込者が申込みの通知を発した後に死亡し，意思能力を有しない常況にある者となり，又は行為能力の制限を受けた場合において，申込者がその事実が生じたとすればその申込みは効力を有しない旨の意思を表示していたとき，又はその相手方が承諾の通知を発するまでにその事実が生じたことを知ったときは，その申込みは，その効力を有しない。」との規定になり，現行2項は，527条になった。なお，改正法526条および527条の主張責任の分配および証明責任の分配は，後述する）などの規定から容易に判明するのであって，契約の定義規定から効力の発生をみるまでもないのである。
(18)　改正法では，1項に「前各号に掲げる行為を制限行為能力者（未成年者，成年被後見人，被保佐人及び第17条第1項の審判を受けた被補助人をいう。以下同じ。）の法定代理人としてすること。」の10号が加えられた。この取消権者（被保佐人〔他の制限行為能力者の法定代理人としてした行為にあっては，その他の制限行為能力者を含む〕またはその代理人，承継人もしくは保佐監督人）が取得する取消権の根拠事由は，「契約の（一方の）締結者は被保佐人であるところ，同人が保佐人の同意を得ないで13条1～9号に掲げる行為を制限行為能力者の法定代理人としてしたこと」である（取消権行使の要件事実については，省略する）。被保佐人は有効に契約上の意思表示をすることができるから，その有効性を除去するために，形成権である取消権の権利根拠効果および権利根拠事由が要件事実になるのである。
(19)　ローゼンベルクは，BGBの条項の文言のみで，その条項が行為規範であるとする（倉田卓次訳・証明責任論〔全訂版〕（昭和62年9月，判例タイムズ社〔初版は，昭和47年4月〕）（以下，全訂版を「ローゼンベルク・証明責任論」という）96頁）。

3 民法上の規定を裁判規範とみるか行為規範とみるかの争い

3‐2　実質的意義の民法を組織する個別的法規範を構成する行為規範を認めながら民法典の各規定を裁判規範と解する考え──川島説とそれに対する疑問点

　川島武宜教授は，

　「実質的意義における市民法は，近代の市民社会における内部法，資本制経済を構成する権利・義務（行為規範）の体系ないし総体，を意味する」（民法講義第1巻序説〔昭和26年5月，岩波書店〕16頁）

といわれる。そのうえ，実質的意義の民法と形式的意義の民法との関係について

　「ヨーロッパ大陸諸国では，右の実質的意義における民法の大部分をまとまった法典に編纂するのが普通であり（Code Civil, Bürgerliches Gesetzbuch für das deutsche Reich），日本の『民法』という法典もこれにならったのである……。これは，形式的意義における民法である」（民法総則12頁）

といわれる。そうであるとすると，実質的意義の民法が行為規範である以上，形式的意義の民法も行為規範であることになるのではないだろうか。ところが，同教授は，

　「『民法』ということばは，裁判所において適用されるところの・裁判の規準たるところの・裁判官に向けられた法規範（裁判規範）をも意味する。法典としての『民法』（民法典）は，このような裁判規範としての民法を文章の形態において表現したものである。民法典を明確に裁判規範として把握することは，民法の規定を正しく理解または解釈するために必要である」（民法講義第1巻序説16～7頁。なお，民法総則13頁，42頁）

といわれる。冒頭の「『民法』ということばは，」の民法が実質的意義の民法をいい，その「ことばは，」に続く「……（裁判規範）をも意味する」の「も」が前の文章における「実質的意義における市民法は，……（行為規範）の体系ないし総体，を意味する」を受けて「とも」の意である，すなわち「民法は行為規範であるとともに裁判規範でもある」というのであれば，次のⅠ，3－3の田中(成)説と同じ見解であるということになるであろう。しかし，

行為規範と裁判規範「の両者の概念は，その規定の対象とする社会関係，および義務づけられる人間（いわゆる法の名宛人 Adressat）を異にする」（民法総則13頁）

ことを指摘され，

　「民法，商法その他の裁判規範を主たる内容とする制定法は，裁判官の行為規範である」（同書17頁）

とされるところからみると，実質的意義の民法─行為規範，民法典─裁判規範と

37

I　要件事実の前提となる事項

いわれるのであろう。

　そうなると，一つの民法なる法律の法的性質が実質と形式で異なる理由と両者の関係が明らかにされるべきであろうが，それはおそらく不可能ではなかろうか。

3-3　実質的意義の民法を組織する個別的法規範が行為規範および裁判規範の重畳的構造であることを認めながら民法典の各規定を裁判規範と解する考え──田中(成)説とそれに対する疑問点

　田中成明博士は，（実質的意義の民法を組織する個別的法規範を構成する）行為規範および裁判規範の重畳的構造を認められたうえ，両規範の関係をいささか長文にわたるが，次のようにいわれる。

　「裁決規範（＝裁判規範）は，違法行為や法的紛争が生じた場合に，個別具体的に要件事実の存否を認定し法律効果を事後的に帰属させるための規準を，主として裁判関係者に向けて指図するものである。この種の規範は，一般私人に対して直接一定の行為を指図する行為規範が遵守されない場合にはじめて用いられるものであり，規範論理的に行為規範を前提としている。法の第一次的機能は，一般私人に対して直接一定の行為を一般的規準によって指図することであり，一般私人は，いちいち裁判所その他の公的機関の判断を仰がなくとも自主的に，このような規準に準拠して，本人の責任で自己の行為の法的当否を判断して適切な行為をとったり，法的権利義務関係の存否・内容を了解し，必要な場合には新たな法的関係を創設したり既存の関係を変更・廃止したりすることが期待されている。とくに強制規範の場合には，このような自己決定の機会を予め与えられることなく，いきなり公的機関によって一方的に強制的サンクションを加えられたり裁定されたりすることは，法の支配の根本原理に反する。裁決規範は，行為規範がこのような第一次的機能を十分に果たすことができず，紛争や違法行為が発生した場合に備えるものであり，法の規範的機能の最終実現の確保にとって必須のものではあるが，規範論理的にはあくまでも補助的・第二次的なものである」（法理学講義〔1994年12月，有斐閣〕53～54頁）

と。この記述には異論がないが，その直後に

　「もっとも，制定法の条文においては，行為規範は，裁決規範の背後にあって表面にあらわれず，明示的に規定されていないことが多」（同書54頁）い

といわれるのである。

　疑問点は，この箇所の記述であるが，田中(成)博士がこのようにいわれる理由はかならずしも明らかではない。このように行為規範と裁判規範との区別・連関を明確にすることの実務的な意義の一つとして，

「通常の法律・命令の名宛人を一般私人とみる見解の誤りを正して，これらの裁決規範の正当な名宛人を明らかにしたこと」（同書54頁）

を挙げられる。これが理由であるとすれば，この実務的な意義のアプローチには疑義がある。法規範を行為・裁判の両規範に分けるのは，法規範の機能を分析したところ，違いがあることが解析されたこと，この機能の違いが要件および効果の違いをもたらすことが明らかになったことからだと考えるべきではないだろうか。そうすると，民法典の各規定がア・プリオリにまたは論理的に裁判規範であるということにはならないであろう。いずれにしても，民法典になったとたんに実質的意義の民法の行為規範性が表面に現れなくなってしまう理由を明らかにされるべきではないだろうか。

3-4　司法研修所の考えとそれに対する疑問点

〔司研は，民法典の各規定を裁判規範であると考えているのではないか〕

司法研修所が民法典の各規定の法的性質をどのように理解しているのかは，要件事実1巻，2巻にはそれを明らかにする記述がないので，判然とはしえない。だが，同書1巻，2巻には，実質的意義の民法に触れるところがないようであるし，同書1巻30頁は，規範的要件（「法律効果の発生要件として，過失，重過失あるいは正当理由といった規範的評価に関する一般的，抽象的概念を取り込んだと解される実体法」あるいは「一般条項とも呼ばれる」〔同頁〕ことのようである）について基本的に主要事実説を採って，

「規範的評価を根拠づける……主要事実……に当たる具体的な事実……を根拠として過失，正当理由，背信性などがあると評価できるか否か，言い換えると，そのような規範的要件に該当するものと判断できるか否かは法律問題であり，法規を適用する裁判所の職権に属し，当事者が『過失あり』などと規範的評価の成立を主張する場合の，その主張の性質は法律上の意見の陳述である」（傍点は，引用者。同書32～3頁）

との見解を採る。この「当事者が…規範的評価の成立を主張する場合の，その主張の性質は法律上の意見の陳述」というのは，後に紹介するが，わが民法典の各規定の法的性質を裁判規範とされる兼子博士の「判決以前にはただ主観的な意見と勝手な行動があるだけなのである」との文言に示唆を受けた表現であろう。しかし，規範的要件は，一般条項の存否だけではない。民事実体法の定める法律要件中には，権利または法律関係の存否・変動あるいは不特定概念の存否などといった要件要素があり，これらも規範的要件というべき，その内容なり範囲なりは，規範的要件が権利・法律関係の存否・変動であれば，同一の権利・法律関係

39

I 要件事実の前提となる事項

の存否の規範を適用するか類似の権利・法律関係の存否・変動の規範を類推適用するかを，一般条項・不特定概念の存否であれば，それに予想されまたは包含されている規則といってよいか規範といってよいかとにかく規範的なものに該当するかどうかの評価・判断をまってはじめて定めることができるのである。が，それはそれとして，裁判所だけが法規を適用する権限をもっているとするようである。

　加えて，司研・要件事実1巻2頁は，

　「民事訴訟において，裁判所は，訴えが適法なものである限り，当該事実審の口頭弁論終結時を基準として，原告が訴訟物として主張する一定の権利（又は法律関係）の存否について判断しなければならないが，観念的な存在である権利の存否を右基準時点において直接認識する手段は，いわゆる権利の推定が許される場合を別とすれば，ほかにない。したがって，当該権利の存否の判断は，その権利の発生が肯定されるか，その後，その権利が消滅したか，さらに，その消滅の効果の発生が妨げられたかといった具合に，積極・消極のいくつかの法律効果の組合せによって導き出す以外に方法はない」（傍点は，引用者）

といって，裁判所が事実審の口頭弁論終結時点における原告の主張した訴訟物である一定の権利または法律関係の存否の判断をするとし，裁判規範の要素というか内容というかを首肯する。さらに，同書3頁は，

　「権利の発生，障害，消滅等の各法律効果が肯定されるかどうかは，……」（傍点は，引用者）

という（同旨，伊藤滋夫「要件事実と実体法」ジュリ869号〔1986年10月〕15頁）。だが，前に述べ後にも述べるとおり〔I，2-1および4-1-1の〔権利の障害も，…〕を参照〕，行為規範における法律効果には，権利の発生，変更および消滅つまり変動という積極的なというか肯定的なというかの意味に用いられ，権利の変動の障害たとえばその一つである法律行為の無効は権利の変動を否定してそれを生じさせないから，それを法律効果ということはない。それに対し，裁判規範の効果にはそのような権利の変動の障害があるのである。

　法律要件の要素である規範的要件に権利または法律関係があっっ，それに該当するかどうかについては今述べたような法的判断を必要とするならば，それについての法的判断は，法律効果についての判断と異なることはないから，「規範的要件に該当するものと判断できるか否かは法律問題であり，法規を適用する裁判所の職権に属し，当事者が……規範的評価の成立を主張する場合の，その主張の性質は法律上の意見の陳述である」とすると，代理人は本人に代わって事を処理するのであるから，本人である「当事者」に法規を適用する権限がないとすると，

40

訴訟代理人である弁護士や司法書士（司法書士法3条1項6，7号2項）も法規を適用する権限がないということになるであるのではないだろうか。地方裁判所以上の裁判所に訴えを提起するときに提出する訴状には，請求を特定して記載しなければならない（民訴133　Ⅱ(2)，民訴規53　Ⅰ）が，請求は具体的な権利・法律関係の存否等の主張であるから，弁護士・司法書士が法律上の意見しかできないとすると，訴状に請求を特定して記載することはできないことになろう。そればかりでなく，請求が法律上の意見の陳述であるとすると，裁判長は，請求の特定を求めて補正命令を出すこと（民訴137 Ⅰ）もできないし，仮に補正命令を出したとしても，当事者はそれに従うことができないし，当事者が補正しなくても，裁判長は訴状却下命令を出すこと（同条 Ⅱ）ができないことになるのではないだろうか。しかし，弁護士法1条や2条は，弁護士が職権として法規を適用することあるいはその前提となることを定めているのではないだろうか。

　それでは弁護士は法規を適用する職権を有しているとすると，民法の各規定の名宛人は，裁判官と弁護士ということになり，民法の法規の法的性質は，法曹法ということになるが，それであれば，根拠として弁護士法1条や2条では十分でないように思われる。ドイツ民法第一草案の法規の法的性質は，後に述べるように法曹法であるといわれているが，ドイツでは地方裁判所以上に対する民事訴訟では弁護士強制主義が採られているから，十分な根拠があるのである。

　そればかりでなく，当事者が弁護士に対して訴訟事件を依嘱したときは請求を特定することができるが，当事者が自ら訴訟を提起するときは，請求を特定することができないことになり，そうならないために，地方裁判所以上の裁判所に対して訴えを提起するには，弁護士に訴訟事件の処理を依嘱しなければならないとすると，民訴法は，その当否は別として，本人訴訟を原則としていることを否定することになるのではないだろうか。

　さらに，司法研修所（民事裁判教官室）・要件事実1巻が刊行されたのは，昭和60年4月である。民事裁判教官室は，その1〜65頁の基となる「民事訴訟における要件事実──総論──」を昭和59年3月発行の司研論集1983─Ⅱ（72号）180〜243頁に紹介したが，その当時司法研修所第二部民事裁判担当上席教官をしておられたのが伊藤(滋)氏である。そして，同氏は，それについて若干の説明を加えられた「『民事訴訟における要件事実──総論──』について(1)(2・完)」を同年10月に発行された判時1124号3頁以下，1125号3頁以下に発表され，さらに，翌々61年には「要件事実と実体法」をジュリ869号14頁以下に発表さ

れたが，それに，民法(20)を裁判規範として構成し直すことによって従来からの
要件事実論および立証責任論を基本的に維持できると述べられる(21)。このこと
も，司研・要件事実1巻2頁や3頁にいう法律効果の発生（・消滅）要件を規定
する実体法なるものが裁判規範であることの裏付けになるであろう。

　なお，附款の主張責任の分配ないし証明責任の分配について否認説を採れば民
法典の各規定が行為規範であり，抗弁説を採ればそれが裁判規範であるとする見
解がある（坂本・要件事実論14頁）。この見解には論理的にみて疑問がなくはな
いが，この見解によれば，司研・要件事実1巻は後述するように〔Ⅰ，4-2-1の
〔抗弁説には，…〕などを参照〕抗弁説を採るから，民法典の各規定の法的性質
を裁判規範であるとしていることになる。

〔司法研修所の考えに対する疑問点は，どのようなものか〕

　これらのことからみると，司法研修所は，民法典の各規定を裁判規範であると
考えているのではないか，前述した兼子博士と同様の考えを採っているのではな
いかと思われる。ところで，司法研修所が民法典の各規定を裁判規範であると考
えているとすると，要件事実1巻2頁で，

　「実体法の多くはこのような法律効果を規定したものであり，この発生要件を
講学上，法律要件……と呼んでいる」

ということはおかしなこととなる。法律効果が行為規範における効果であること
はいま述べたが，法律要件も行為規範における要件であるからである。現行民法
の起草者の一人になる穂積博士は，その著・法典論の「法典の本位」の章で，

　「凡そ法律の規定する所の者は，一として権利義務に関せざるものなきを以て。
法典の基礎を定むるにも，亦た其標準を権利義務の孰れにか求めざるべからず，

---

(20)　伊藤(滋)氏は，前掲論文「要件事実と実体法」21頁で，「本項でいう民法とは，『私
　法の一部として私法関係を規律する原則的な法（一般法）』（我妻・新訂民法総則1頁），
　すなわち，実質的意義における民法を指す」といわれるから，この民法も実質的意義の民
　法であろう。なお，同氏は，民法典の規定を不備である，民法典の規定を見ても，裁判規
　範としての民法の規定が明らかになるとはいえないといわれながら（同論文21～2頁），
　裁判規範としての民法の構成という作業が民法典にそもそも内蔵されていない新たな規定
　を作り出していく作業でないことは当然のことであるといわれる（同論文25頁）。そう
　だとすると，民法典の各規定の法的性質も裁判規範だということになるのではないだろう
　か。

(21)　しかし，従来からの要件事実論および立証責任論の当否を検討することなく，それを
　基本的に維持しようとして民法を裁判規範に構成し直そうとするのは，論理がねじれてい
　るように思われる。後に詳しく紹介するが，新堂幸司教授によれば，「判例は，既存の権
　利を確認するという裁判がなされるならば純然たる訴訟事件であ」（傍点，引用者。「訴訟
　と非訟」ジュリスト増刊民事訴訟法の争点〔新版〕〔1988年7月〕17頁）るとのことであ
　り，そうだとすれば，判例は，暗に民法を行為規範であるとしているからである。

3 民法上の規定を裁判規範とみるか行為規範とみるかの争い

而して法典を権利の区別によりて分類編纂し法典中の条規は，皆な権利を劃定するを以て其目的とし，義務は権利を全からしむる為めに存する者とするものとし，都て権利を主位に置き，義務を客位に置くものを権利本位の法典とす，……。〔改行〕近世の法典は権利本位を主とする者な」（174～5，177頁）りと，「法典の文体」の章で，

「法典の文章用語は，平易簡明にして，成るべく多数人の了解し得べきを専一とせざる可らず，古代に於ては，法律を以て治民の要具となせしを以て，文章用語は独り執法者のみ之を了解すれば，固より足れリと雖ども，近世に於ては，法律を以て権義の利器となすを以て，苟くも人民たる者は，尽く之を知らざる可らず，立法者たる者も亦た之を人民に知らしむるを以て其務となさざる可らず」（183～4頁）

とそれぞれ述べ，前にも紹介した同博士が実質的執筆者と思われる法典調査規程理由書には同規程案 15 条を定めた理由を

「法律ハ人民一般ニ之ヲ遵奉スベキ義務アルヲ以テ其文章用語ハ成ル可ク簡易ニシテ何人モ其意義ヲ了解スルヲ得ルヲ要ス従テ又成ル可ク従来普通ニ行ハルヽモノヲ擇ブヲ可トス古代ニ於テハ民ヲシテ由ラシムベシ知ラシムベカラズノ主義ニヨリ其文章用語ハ独リ執法者ノミ之ヲ理会スルヲ以テ足レリトナセシモ近世ニ於テハ法律ヲ以テ人民権義ノ利器トナスヲ以テ民ヲシテ由ラシムヘシ知ラシムベシノ主義ヲ執リ其文章用語モ亦容易ク一般人民ノ了解シ得ベキモノヲ擇ブノ必要ヲ生セリ故ニ其文辞ハ成ルベク簡易明白ニシテ且従来普通ニ慣用セルモノヲ採ルベキナリ」

とあることから分かるように，現行民法が原則として市民を名宛人として「人民権義ノ利器」の指標とすべく立法された行為規範であり，実質的意義の民法を組織する個別的法規範を構成する行為規範の定める法律効果は，権利（義務）の発生，変更および消滅のことであるから，行為規範の定める効果であり，法律要件は，法律効果の原因である要件であるから，行為規範の定める要件なのであり，その基準的な事項を定めるために現行民法は，制定されたのである。

伊藤（滋）氏は，前述したように実質的意義の民法を裁判規範であるとしながら，行為規範も認めるかのごとくである（「続・要件事実と実体法（上）」ジュリ 881 号〔1987 年 4 月〕92～7 頁など）。しかし，その意義，内容や裁判規範と規範としてどのような関係にあるのかなど，肝心ななことについては語っておられないようである。同氏が行為規範を認めるかのごとき言辞を弄される趣旨は，不明であるといわざるをえない。ただ，「裁判規範としての民法の観点から，行為規範としての民法を考えてみることの有用性」（同論文・95 頁）とか「場合によっては，

Ⅰ　要件事実の前提となる事項

裁判規範としての民法の要件を考えていくことを一つの契機として，行為規範の民法の要件の問題として，ある事項の要否自体……を考え直してみることも，ときに有益」（同論文96頁）とかいわれるが，行為規範を認めるからには，思考が逆転しているのではないだろうか。裁判規範は，一般的には，民法等の規定をして裁判官を名宛人とし，権利の変動を判決の確定によって生じる規範であると解されているが，行為規範は，一般的には，国民を含む市民を名宛人とし，権利の変動を―裁判を俟たずに―社会事象が個々の行為規範の定める要件（法律要件）を充足すれば生じる規範であると解されているからである（私は，前述したように――通常いわれている裁判規範の意味とは異なるが――それを「訴訟関係人および裁判官を名宛人とし，民事訴訟において訴訟当事者および裁判官が民事実体法上の権利の存否，変動の有無等やそれに直接に関連する事項について訴訟行為をするにあたって準則となる法規」で，権利の変動を生ずることとは直接的には関係のない規範であり，さらに，民事訴訟において審判の対象となる請求の内容としての権利の存否等は，この権利の変動の有無を基礎に構築されると考えている）。

　また，先ほど紹介したように，司研は，規範的要件を不特定概念および一般条項に限定しているようであるが，「法律効果の発生要件として，……規範的評価に関する一般的，抽象的概念を取り込んだと解される実体法」規の法律要件または法律事実の中には，権利や法律関係もあり，これらは，規範的評価に関する一般的，抽象的概念ということができるのではないだろうか。

　さらに，司研は，権利の障害も法律効果であるというが，前に述べたとおり〔Ⅰ，2-1を参照〕，行為規範における法律効果は，権利の発生，変更および消滅つまり変動という積極的なというか肯定的なというかの意味で用いられ，権利の変動の障害たとえばその一つである法律行為の無効は権利の変動を否定してそれを生じさせないから，それを法律効果ということはないのである。

　ところで，司研・要件事実1，2巻は，要件事実論の前提となる証明責任論について基本的にローゼンベルク・証明責任論を踏襲していると思われるので，次に，ローゼンベルクがドイツ民法典の各規定の法的性質をどのように解していたかを見ておきたい。

　〔ローゼンベルクは，ドイツ民法典の各規定を行為規範としているのではないか〕

　ローゼンベルクは，

「法は，規範を抽象的に定型化した仮定的構成要件を出発点とするのではあるが，それに包含されている命令の遂行が要求されるのは，当然のことながら，……その法規が法的命令の前提としている当の外的事象が実際に生起したとき，に限る

のである」（証明責任論 7 頁）

といい，

「一体，民法は裁判官に対して裁判内容を指示しているものだろうか？」

と問うたうえ，

「民法の規範は裁判官に向けられていると考える人は右の問いを自明のこととして肯定する。しかし，民法の条文中，例えば，意思表示を一方または他方の当事者に対して為すことを得るとか要するとか〔〔ドイツ〕民法一〇九条，一八二条，一八三条その他多数），その意思表示を取り消したり撤回したりできるとか（同法一一九条，一二三条，六七一条），債権者は何々を請求する権利があるとか，債務者は何々を為す義務があるとか（同法二四一条以下，二四九条），誰々に異議の権利が属するとか（同法三三四条），こういった規定の仕方をしたものは，契約当事者に行動の準則なり権利なり義務なりを教えているのであって，裁判官にではない」（同書 96〜7 頁）

といって，民法の条文を行為規範であるとするのである。

　そして，この行為規範が裁判規範となる根拠を

「裁判所構成法一条（司法権ハ法律ニノミ従ウ独立ノ裁判所ニヨリテ行使セラル〔訳者の 2 行割注〕）を通じて初めて，私法が裁判官への指示に化するのである」（同書 97 頁）

とする。

　しかし，大体において，ローゼンベルクは，

「（客観的）証明責任は既に各法律関係の法文自体の中に明定されている」（同書139 頁）

「ある規定が拠権的原則規定に対する障権的例外規定として性質を有することは，自明のことながら，法典の存する場合には，法律の条文によって知られるのでなければならない。従って民法典の編纂者たちがこの要請を心得て終始一貫これに従ったことには，ただただ敬意を表すべきである」（同書 147 頁）

といっていたのである。裁判官が真偽不明の心証を抱いた場合にそれを解決する法理である証明責任が各法律関係の法文自体の中に明定されているということは，各法律関係の法文の名宛人が裁判官であることを意味するのではないだろうか。そうだとすると，ローゼンベルクは，私法の実体法規は，行為規範であると同時に裁判規範でもあると一体的に解しているのであろうか。どうもこのあたりの論旨の展開には，そごがあるように思われないでもない。いずれにしても，ローゼンベルクの行為規範が裁判規範になる根拠は，わが民事法には妥当しないといわざるをえない。が，それはそれとして，ローゼンベルクが民法の条文を行為規範

Ⅰ　要件事実の前提となる事項

とするのは，これらの説明からいうと，権利の発生等の根拠とするためであるとともに，近代法としてのドイツ民法の制定においてドイツ国民を名宛人としない立法をしたということはできないと考えたからではないだろうか。

3‐5　民法典起草者および制定者の考え

〔民事法典の法的性質が行為規範であるか裁判規範であるかは，原則として起草者・立法者の意思で決まるのではないか〕

　私が前著等で繰り返しいってきたことであるが，民事上の成文法規の法的性質を行為規範とするか裁判規範とするかは，起草（担当）者，立法者（制定者）の意思によって定まるといわなければならない。実定法令の法規の法的性質は，一定の法令を制定しうる権力を有する人または機関が，一定の成果を挙げることを目的として，一定の社会を構成する人なり組織なりに対し，一定の経験的事項を基にして，一定の利益または不利益な法的効果を付与しようとして作成するのかを，事実として確認することができれば，その内容が不当であろうが不備であろうが，なんらの解釈を加える余地もなく明らかになるのではないだろうか。実定法としての民法典の法的性質は，行為規範か裁判規範か（組織規範を加える考えもあるが，この規範は，権利・義務に直接に関係する規範ではないので，この問題においては取り上げる必要はないであろう）のどちらかであるから，権力機関が民法典をいかなる人なり組織なりを対象としてどのような事項を基にして法的効果を与えようとして起草ないし制定したのかの事実が確認できれば，その法的性質も明らかになるといってよいであろう。そこで，次にわが民法典の起草者または立法者が民法典の各規定をだれに対してどのような事項を基にしてどのような法的効果を付与しようと考えていたかをみてみたい。

〔現行民法典の起草者は，その各規定を，だれに対していつどのような場合にどのような法的効果を付与しようとして起草したのであろうか〕

　民法典の条項が行為規範としても起草されるべきことは，旧民法の起草者であるボアソナードが指摘しているところである。高橋(良)「ボアソナード草案と旧民法典──日本民法形成の一道程(ト)」法時 62 巻（1990 年）12 号 113 頁は，ボアソナードが民法典で証拠を扱う理由について，「いわゆる挙証責任の問題については，純粋な権利の問題に属し，私権の土台を形づくっており，手続きに属さない問題である，とする」
といっているとし，

　「証拠の各当事者間における効力および裁判官に対する効力を定めることが，当事者の私権の基礎であり，これは，民法典において規定されるべきであるとす

46

3　民法上の規定を裁判規範とみるか行為規範とみるかの争い

るのである。〔改行〕このような，証拠の内容に応じた効力が法律に定められるという，法定証拠主義は，二つの点で旧民法典（草案）に特徴を与えている。ひとつは，法典は，裁判官を法典によって縛り，このことによって市場経済の自律性を保障している。……もうひとつは，法典が訴権（権利を主張する手段，裁判を通じての権利の行使）を基礎に組み立てられているという点である」
としたうえ，

「ボアソナードは，『もっとも，法律は，単にそれを適用すべきである司法官のためにだけ書かれるべきであるとは思われず，なお，市民の権利と同時に市民の義務をそこに見いだすべきである市民のために書かれるべきであると思われる。法律は，その教えにおいて明確であればあるほど，発展を阻害することが少なくなり，また，難解な契約とか人を欺く契約とかが存在するのも少なくなる。市民に宣告するか法律を知らないために却下する判決において市民が法律を学ぶことと同様に，市民が法律自身において法律を学ぶことは，より好ましいことではなかろうか』とも述べて，法典の市民に対する意義をも強調する」
とする。

そして，建前上は旧民法の修正として制定された現行民法の条項が原則として行為規範として起草されたことは，3名の原案起草者のうちのキャップ格であった穂積博士が，民法典起草に取り掛かる前の明治23年3月に上梓された『法典論』（復刻版。日本立法資料全集別巻3）（平成3年2月，信山社出版）の序において

「法典編纂の挙は，立法史上の一紀元をなすべき大事業にして，国家千載の利害，生民（「人民」の意）億兆の休戚（「幸不幸」の意），之に頼りて定まる。故に苟くも国民たる者は，沈思熟考して，其是非得失を攻究（広辞苑によると「学芸を修めきわめること」の意とある）せざるべからず，」[22]
と述べられ，183〜4頁において，

「法典の文章用語は，平易簡明にして，成るべく多数人の了解し得べきを専一とせざる可らず，古代に於ては，法律を以て治民の要具となせしを以て，文章用語は独り執法者のみ之を了解すれば，固より足れりと雖も，近世に於ては，法律を権義の利器となすを以て，苟くも人民たる者は，尽く之を知らざる可らず，立法者たる者も亦た之を人民に知らしむるを以て其務となさゞる可らず」
と述べておられていることで明らかである。

いわゆる法典論争の結果，旧民法（財産編，財産取得編〔財産編，債権担保編および証拠編とともに明治23年3月27日に法律28号として明治天皇の裁可を得て公布

（22）　なお，その後で，「学友法学博士富井政章……は，本書の立案に貴重なる材料を与へられ，」といわれる。

47

Ⅰ　要件事実の前提となる事項

された財産取得編は，第一章先占から第一二章雇用及仕事請負ノ契約までであり，第一三章相続から第十五章夫婦財産契約までの財産取得編は，人事編とともに同年10月6日に法律98号として同天皇の裁可を得て公布されたものである。以下では，両財産取得編を併せて，一つの「財産取得編」ということが多い〕，債権担保編，証拠編および人事編）は，明治25年11月，民商法施行延期法律によって明治29年12月31日までその施行が延期された。そこで，政府は，その修正をするべく法典調査会を内閣に設置することを内定しことや，穂積，富井および梅の3博士が伊藤（博）内閣総理大臣に対して法典調査規程案上申状に法典調査規程理由書を添付して提出したことなどは前述した。その法典調査規程案上申状15条および16条の定めやそれに添付された法典調査規程理由書のその15条および16条を定めた理由によれば，現行民法典は，市民に宛ててその行為の指標あるいは骨組みとなり，権利・義務の根拠となること，つまり行為規範として起草されるべきことが示されている（福島編・穂積陳重文書の研究第一部16〜20頁，111〜118頁，広中編著・民法典資料集成①607頁，674〜9頁，星野通・明治民法編纂史研究153〜4頁）。その一例として同理由書の15条の一部を再度示すと，先に紹介した穂積博士の『法典論』の一節と同じように

　「古代ニ於テハ民ヲシテ由ラシムベシ知ラシムベカラズノ主義ニヨリ其文章用語ハ独リ執筆者ノミ之ヲ理会スルヲ以テ足レリトナセシモ近世ニ於テハ法律ヲ以テ人民権義ノ利器トナスヲ以テ民ヲシテ由ラシムヘシ知ラシムベシノ主義ヲ執リ其文章用語モ亦容易ク一般人民ノ了解シ得ベキモノヲ擇ブノ必要を生セリ」
と記されている。

　同内閣総理大臣は，明治26年4月12日，法典調査会規則2条（「法典調査会ハ総裁副総裁各一人主査委員二十人以内査定委員三十人以内ヲ以テ之ヲ組織ス」）により同調査会正副総裁および主査委員が任命され（同調査会総裁には同内閣総理大臣が，副総裁には西園寺氏が就任した），同内閣総理大臣は，同月27日，同規則5条（条文は，前出）に基づいて，同上申書に修正を加えながらも基本的にはその趣旨を生かした法典調査規程（内閣送3号）を発令したが，その2条本文（「主査委員中ニ起草委員二名ヲ置キ専ラ修正案ノ起草ニ任センム」）に基づき，主査委員の中から上述の3博士が起草委員に任命された（福島編・穂積陳重文書の研究第一部118頁，広中編著・民法典資料集成①888頁，890頁，星野（通）・明治民法編纂史研究160〜162頁）。

　同規則および同規程に基づいて同月12日などに任命された主査委員ならびに同月20日などに任命された査定委員により構成される同調査会総会は，同年5月，「法典調査ノ方法」を審議のうえ確定したのであるが，名目上調査とはいえ，

3　民法上の規定を裁判規範とみるか行為規範とみるかの争い

その実は，新民法の起草であるといってよい。そして，法典調査規程案上申状
15条および16条の定めや同理由書15条および16条の定めた理由は，これも
『法典調査ノ方針』11条（「法典ノ条文ハ原則変則及疑義ヲ生スヘキ事項ニ関スル規
則ヲ掲クルニ止メ細密ノ規定ニ渉ラス」）および前に紹介した12条によって正規の
ものとなった（福島編・穂積陳重文書の研究第一部120〜1頁，広中編著・民法典資料
集成①884頁）。こうして，穂積，富井および梅の起草委員は，各条項の起草原
案を作成し，それを委員が起草趣旨を説明した後，主査委員会，委員総会におい
て審議したが，法典調査会規則は，明治27年3月27日に改正され（勅令37号），
主査委員および査定委員が廃止されて法典調査委員が任命され，起草委員も3博
士がそのまま任命されたので，それからは起草委員が起草原案を作成し，法典調
査委員が審議したうえ議決し，さらに整理委員がそれを整理して確定案としたの
である。このように，旧民法の修正の起草は，『法典調査ノ方針』に従って行な
われたのであるから，修正された民法の各規定の法的性質が行為規範であったわ
けである。しかし，そうはいっても，起草にあたっては，法曹法であるドイツ民
法第1草案の規定が参照され[23]，さらに相当の程度で採用された関係で裁判規範
的・要・素・が混入されたことは否定できない。

　同草案等ドイツ民法系統の導入に熱心だったのは，富井起草委員であったよう
である（「仁井田博士に民法編纂を聴く座談会」法律時報10巻7号24頁）が，同起
草委員や他の起草委員が同草案の法曹法案であったことを認識していたとは考え
られない。なぜならば，上述したように，富井博士が穂積博士および梅博士とと
もに明治26年3月31日付けで「某等　曩ニ閣下ヨリ取調ヲ命セラレタル法典調
査規程協議ノ上別紙ノ通立案仕候間其理由ノ概略ヲ附記シテ上進仕候……」の前
書きのもとに法典調査規程理由書を添付して伊藤（博）内閣総理大臣に上進した法
典調査規程案には，民法を行為規範として起草すべきであるとの趣旨が記載され
ており，その他起草の作業の方針からいって，また，ドイツ民法系統の導入に熱
心だった富井起草委員は，ドイツに行ったこともなければ，ドイツ語に堪能とい

---

(23)　1815年から48年のかけて存在したドイツ連邦は，オーストリア＝ハンガリーを含む
1帝国，5王国，1選帝候国，7大公国，10公国，11候国および4自由都市の39の邦か
ら成り立っていたが，それが統一されてドイツ帝国になったのは，1871年のことである。
そして，ドイツで第一草案を起草するために連邦参議院が立法委員会の委員を選任したの
はそれから4年後の1874年7月のことであり，草案が完成して帝国宰相に提出されたの
は，1887年12月のことである。ところが，ドイツで民事訴訟における弁護士強制を規定
した（74条1項は，「地方裁判所及ヒ上級審ノ各裁判所ニ於テハ当事者ハ受訴裁判所ノ所
属弁護士ヲ訴訟代理人トシテ代理セシムルコトヲ要ス〔弁護士訴訟〕」と規定していた）
獨逸帝国民事訴訟法が制定公布されたのは1876年のことである。したがって，ドイツで
は民事訴訟法が民法の構造等を規律することになることは当然のことであったといえよう。

I　要件事実の前提となる事項

うことでもなかったことなどからいって，裁判規範として起草する意思は毛頭なかったと思われるからである。とにかく基本的には行為規範の指標が修正案を起草する方針であったことは，上述したことで明らかであろう。

　法典調査会の民法典前3編の確定案は，政府から，明治29年2月26日に，第9回帝国議会を開催していた衆議院に提出されたが，その政府委員の説明用に作成されたものではないかと思われる「前三編議会提出理由説明草稿」の四の中に，

「既成法典ハ其規定頗る細密ニ渉リ往々我邦今日ノ民俗ニ適セサルノ嫌アルヲ以テ修正案ハ専ラ簡易ヲ旨トシ其条規ヲ概括的ニシ其適用ヲシテ時勢ノ変遷ニ伴フコトヲ得セシメ以テ実際ニ支障ナカランコトヲ期セリ且其用語ハ法律ノ性質ノ許ス限リハ普通慣用ノモノヲ採リ其文章モカメテ平易明瞭ナランコトヲ期セリ」（福島編・穂積陳重文書の研究第一部128〜9頁，星野（通）・明治民法編纂史研究191頁）というのがある。

　もっとも，同日の衆議院での政府委員末松氏の提案説明中では

「尚ホ又既成民法中ニ於テ其文章其他ニ於テ，ドウモ了解仕悪イコトハ成ルベ（ク）平易ノ文字ニ致シテ，錯誤ノ生ジナイヤウニスルト云フコトヲ趣意ニ致シテ修正ヲ行ッタ訳デゴザイマスルノデアリマスル，デ，勿論其一々ノ箇条ニ就キマシテハ，私ハ唯今諸君ノ御耳ヲ煩スコトハ致シマセヌガ，第一ニ是マデノ人事編ヲ除キ，外ノ数編ヲ混同シテ三編ニ取纏メマシタル訳デゴザイマス，是ハ今マデノ法典デアリマスルト，千三百余箇条……デアリマシタル所ガ，本法ハ七百余箇条ニナリマシタノデ，半分ト少シ上位ノ削減にナリマシタト云フヤウナ次第デゴザイマスル」（廣中編著・第九回帝国議会の民法審議49〜50頁）

となったようである。が，いずれにしても，衆議院の民法中修正案委員会および第1〜3読会で審議されたうえ同院は，政府原案に若干の加除修正をして可決して貴族院に回付し，同院の民法中修正案特別委員会および第1〜第3読会で審議され，同院は，衆議院で加除修正された案をそのまま可決しており（同書48〜86頁，257〜380頁）[24]，第9回帝国議会における民法典前3編の審議は，大枠において上述した起草者の考えが採用されたのである（星野（通）・明治民法編纂史研究191〜3頁を参照）から，民法の各規定の法的性質についても起草者の考えが立法者の考えになったといってよいのではないだろうか。

　ちなみに，制定された法令等を公表して，一般国民（市民）にその正文を知ら

（24）　なお，貴族院第一読会では，伊藤（博）内閣総理大臣が自ら民法修正案提出理由および衆議院における修正理由をかなり詳細に説明し，その懇遁をしている（廣中編著・第九回帝国議会の民法審議74〜5頁。なお，衆議院第一読会における52〜3頁もみられたい）。

3 民法上の規定を裁判規範とみるか行為規範とみるかの争い

せるようにすることを公布というが，その手続き等を定める公文式は，明治19年（1886年）2月に勅令1号として制定，公布され，明治22年には改正されていた。この法令等の公布の制度がその法的性質からいって法令等の規定をして市民を名宛人とする行為規範たらしめることと密接に関連するものであることは否定することができないのではないだろうか（ちなみに，法令等の規定が裁判規範であれば，一般的にいって，その一部を高札に掲げることはあっても，それを公布するということはないのではないだろうか。しかも，それは個々の執法者が自己の判断で内容を変更してしまうことがあるように思われる〔江戸時代の御定書100ヶ条（Ⅳ，1-1の〔司法研修所は，客観的証明責任を…〕をも参照）は，制定当初は判例や慣習を集成したものであったが，最終的に完成した宝暦4年（1754年）からは刑事規定は条文の形に，民事的規定も条文化された形に編纂されるようになった。そして，これらの規定の法的性質は裁判規範であった〔詳しくは奥野彦六・後掲定本御定書の研究を見られたい〕)。

　明治政府は，安政元年（1854年）から明治2年（1869年）にかけ8か国（後に米国など2か国出席）との間で開催された予備会において，外務郷井上馨が鋭意泰西の主義に基づく新法典を準備中であることなどを伝えている。明治22年（1889年）に大日本帝国憲法が公布され，翌年には議会開会が予定されていることもあり，西欧的原則に基づいた法典の編纂などの整備を急ぎ，翌年には民法（旧民法）などいくつかの主要法典が公布されたが，旧民法は，法典論争により施行することができない有様であった。そして，明治27年に再開された英国との改正交渉では，修正条約は諸法典の実施されるまで発効しないと宣言されている。このような状況の下で起草され制定された現行民法の各規定が裁判規範を定めた御定書百ヶ条の規定とは抜本的に異なり，原則的に行為規範であったことは火を見るよりも明らかである。

　こうして，わが現行民法の各規定は，原則として行為規範の性質を有するというべきであるが，前述したような事情から例外的ではあるが裁判規範的色彩を有する規定もあるわけである。法律行為の無効事由を定める規定などである。また，個々の条項を見ていくと，たとえば一般の不法行為について責任阻却または免責事由を定める民法712条，713条や違法性阻却事由を定める720条なども裁判規範的色彩を有する規定であるというべきであろう。そして，規定上からは裁判規範であると見ざるをえない場合であって行為規範が明示されていないときは，裁判規範の背後にあって表面に現れていない行為規範を裁判規範を通して確認しておく必要があるのである。たとえば，裁判規範である法律行為の無効事由を定める規定から，行為規範としての法律行為の有効要件がその法律要件を組成する素

51

Ⅰ　要件事実の前提となる事項

因である法律事実であることを見出すようにである。こういう操作をすることによって，この有効な法律行為の成立が権利の発生，変更あるいは消滅つまり行為規範の効果である法律効果をもたらすものであり，その原因であって法律行為の法律要件であることを知見することになるのである。

　そして，民法典の各規定が原則として私人（市民）を名宛人とする行為規範の性質を有するとすると，それを定める（単一または複数の合体した）条項の法律要件および法律効果は，一般市民が条項を読んで普通に理解し納得することができるものでなければならないのではないだろうか。これを超えて，条文を手がかりとしあるいはその理念などに基づいて法的解釈によって見出された法律要件または法律事実および法律効果または法律事実に対応する法的効果は，実質的意義の民法を組織する個別的法規範のうちの行為規範の内容となるのではないだろうか。

3-6　実質的意義の民法を組織する個別的法規範は行為規範と裁判規範の重畳的構造であるが，民法上の規定は原則として行為規範であると解する考え──私見

　民法上の規定の法的性質については上述したように様々な見解があるのであるが，前項の考察から分かるように実質的意義の民法を組織する個別的法規範は，行為規範を構成要素とするとともに，後に詳論する（Ⅲ，1-1-1 および -2 などを参照）が，それについて主張責任の分配ないし証明責任の分配を行った裁判規範をも構成要素としており，両規範は重畳的な複合体なのであるである。しかし，民法典の各規定の法的性質は，例外として裁判規範的な要素がないわけではないが，原則としては行為規範である。また，上述した民法典の各規定の法的性質に関する諸見解の検討から浮かび上がってきた，それを行為規範と解する結論にいたる過程を次に箇条的に列挙してみよう。

　　1）民法上の成文規範の法的性質を行為規範とするか裁判規範とするかは，起草（担当）者・制定者（立法者）の意思によって定まること

　　2）穂積博士は，富井博士などの協力を得て明治 23 年 2 月に上梓した『法典論』において，「法典の文章用語は，平易にして，成るべく多数人の了解を得べきを専一とせざる可らず，古代に於ては，法律を以て治民の要具となせしを以て，文章用語は独り執法者のみ之を了解すれば，固より足れりと雖も，近世に於ては，法律を以て権義の利器となすを以て，苟くも人民たる者は，尽く之を知らざる可らず，立法者たる者も亦た之を人民に知らしむるを以て其務となさべる可らず」（183〜4 頁）と述べ，裁判規範と行為規範を明確に対比したうえ，立法者は，法律を行為規範として制定すべき務めがあること

を強調されていること

3）明治26年2月25日に，旧民法修正案（現行民法典の起草段階における規定）を起草すべく勅令・法典調査会規則が発令されたこと

4）後に法典調査会における起草委員となった穂積，富井および梅の3博士は，同年3月31日に伊藤（博）内閣総理大臣に対して法典調査規程案上申状を提出されたが，それに添付された理由書と併せて考えれば，3博士は，旧民法の修正案を行為規範として起草すべきであるとしていること

5）同内閣総理大臣は，同年4月27日，3博士が提出した法典調査規程案に修正を加えて法典調査会の議事および会務整理に関する内閣送3号法典調査規程を発し，また，3博士が同委員会の主査委員に任命されるともに起草委員に選任されたこと

6）法典調査会総会は，『法典調査ノ方針』を定め，その民法についての11条に同規程案16条に通じる類似の規定を設けて，同理由書16条の「人民ニ対シ法律ヲ発布シ」などと，12条に同規程案15条とほぼ同文の規定を設けて，同理由書15条の「法律ヲ以テ人民権義ノ利器トナス」などとなることをを記して，旧民法修正案の規定を行為規範として起草することを明らかにしたこと

7）起草委員は，これらに定められたところに従って各条項の原案を作成して法典調査会に提出し同調査会においてもこの原案を基礎にして議事が行なわれたこと（しかし，起草委員は，例外とはいえ法曹法案であるドイツ民法第1草案などを参照して条項を起草したため，裁判規範的な要素が入ることになったこと）

8）旧民法修正案の確定案は，政府から，明治29年2月26日の衆議院本会議に提出され，民法中修正委員会において若干の修正が加えられたが，同院は，大枠では法典調査会（整理会を含む）が作成したいわゆる政府案が承認されたこと

9）同院から回付された貴族院は，審議のうえ，衆議院で修正された政府案をそのまま可決したこと

10）いったん民法典の各規定が定まると，今度はこれを基礎として解釈等により実質的意義の民法を組織する個別的法規範を構成する行為規範を見出すことになること

そして，実質的意義の民法を組織する個別的法規範が行為規範と裁判規範（作成の理由や経緯などについては後に詳述する）の重畳的構造であることは，上述した田中（成）博士のいわれるとおりである。

I　要件事実の前提となる事項

　こうして，私は，実質的意義の民法を組織する個別的法規範が行為規範と裁判規範との重畳的な複合体であるが，民法典の各規定は原則として行為規範の指標であると解すべきであると考える。

　立法者は，民法典の各規定を行為規範として制定することも裁判規範として制定することもできるわけであるが，そうだとすると，民法典の各規定が行為規範であるか裁判規範であるかは，民法典の起草（担当）者ないし立法者の考えによって決まるといわなければならない。民法典の各規定の法的性質について解釈が許されるのは，起草者および立法者の考えが分からないときまたはその考えに錯覚があるときであるというべきである。

　多数説は，「ローマ法のように私権が訴権による保護の形式を通して現われる訴権法体系においてはその裁判規範的性格は外形からも明確であるが，実体法と訴訟法が分化した近代法のもとでは，実体法が訴訟前の権利義務関係を規律するという形態をとっているので，これを行為規範として理解する傾向に導くのである」（磯村哲「裁判規範」編輯代表末川・民事法学辞典上巻〔増補版〕〔昭和39年3月，有斐閣。初版は，昭和35年6月〕685頁）と解するようである。私も，この多数説の見解に従う次第である。

　そして，わが民法典は，この近代法として起草され，制定されたのであるが，ただ，起草に当たって，法曹法草案であるドイツ民法第一草案を参照し，一部ではあるが同草案の条項またはその趣旨をほとんどそのまま取り込んだような規定もあるから，裁判規範的色彩を帯びた規定が混入することになったことを否定することはできない。

　北川善太郎博士は，「日本の契約と契約法──裁判規範と行為規範を統合する法解釈の枠組み──」京都大学法学部創立百周年記念論文集3巻（平成11年2月，有斐閣）48頁において「これまで取引過程と裁判過程のそれぞれにおいて契約が機能している場合とそうでない場合について述べてきた。二つの過程における契約の機能に関して評価基準が同一でない点やその相互関係を法解釈学はどう考えるべきか」と問題提起をされ，同書50頁において「……昨今の我が国の産業界と官界にまたがって発生している一連の憂慮すべき事態のどれもが，従来等閑視していた裁判規範と行為規範を統合して分析し考察する法解釈学を求めているといえないであろうか」といわれる。しかし，私にいわせれば，このような事態になったのは，私法の実体法学者が従来自己の守備領域であるはずの裁判規範の考察を等閑視し，その結果，裁判規範が一部の民事訴訟法学者や法律実務家によって行為規範を無視または軽視して取り扱われてきたからではないだろうか。裁判規範は，権利の変動を定める行為規範を前提として定立されるべきであって，今

後の法解釈学の大きな課題は，両規範の統合というよりは，このように恣意的に定立されてきた裁判規範の是正にあるのではないだろうか。

4 行為規範の構造

1-1 民法典の各規定の形態と実質的意義の民法を組織する個別的法規範を構成する行為規範の形態との関係

実質的意義の民法を組織する個別的法規範を行為規範と裁判規範の重畳的な複合体であるとすると，そのうちの行為規範と民法典の各規定における原則的存在である行為規範の法的性質を有するもの（一々「原則的存在」であるとか「法的性質を有するもの」であるとか付け加えるのはわずらわしいので，この付加のある趣旨で，以下，単に「行為規範」という）とは，形態的にはどのような関係になるのであろうか。

1-1-1 実質的意義の民法を組織する個別的法規範を構成する行為規範の内容

〔実質的意義の民法を組織する個別的法規範を構成する行為規範は，規範上の法律効果とその原因である規範上の法律要件とで構築されているのではないか〕

今まで，しばしば法律効果とかその原因である法律要件とかいってきたが，本項で，それらをもう少し正確に述べることとしたい。

わが国の実質的意義の民法を組織する個別的法規範（以下，単に「個別的法規範」ということがある）を構成するところの行為規範の内容は，つねに「なになにの事実があれば，なになにの効果を生ずる」というように，一定の条件命題を立てて，それを受けて一定の帰結命題を立てるという形で表現される。このことは，フランス民法などにおいても同じであろう。そして，わが民法ではこの行為規範の内容となる条件命題上の社会事象を法律要件といい，帰結命題上の効果を法律効果というのである(25)。

---

(25)　裁判規範上の効果を法律効果といい，その要件を法律要件という向きもある。しかし，民法典の規範が裁判規範であるとする説によれば，権利の存否は確定判決によって生ずるのであるから，この法律効果と確定判決の効力である既判力や形成力あるいは仮執行宣言付き判決をも含む効力である執行力との関係はどのように解するのであろうか。また，裁判規範上の効果は裁判官のした判決が確定したときに生ずるのであるから，請求の内容である権利の存否は名目的なものであり，それと確定判決による権利の存否との不一致ということ，すなわち，不当判決というものは，もともとないということになるのではないだ

55

I 要件事実の前提となる事項

そして，わが民法は，近世の自由主義的思想の影響を受け，特定の私人に権利を与え，他の者に対してこれを尊重すべきことを命ずることによって，私法秩序を維持しようとして，権利本位にすなわち権利の体系として構築されている（民法の条文の中には義務のほうから規定されているものもあるが，その場合には，権利のほうから理解し直しておかなければならない（たとえば，民法上損害を賠償する責任として規定されている〔709，712，713，720〕一般の不法行為による損害賠償は，行為規範としては，「責任能力を有する他人の故意または過失によって違法に自己の権利または法律上保護される利益を侵害された者は，それによって生じた損害の賠償を請求することができる」というようにである〕）から（我妻榮・新訂民法総則（民法講義Ⅰ）〔昭和 40 年 5 月，岩波書店〕31 頁），法律要件（民法の教科書，参考書などでは，発生要件とか成立要件などと表記されることが多い）は，規範上の一定の法律効果を生ずるために必要とされている規範上の社会事象（一般的には「事実」といわれているが，規範的要件事実をも含む概念として理解すべきである）の総体であり，法律効果は，こういった一定の法律要件を原因として生ずる結果としての規範上の権利の変動であるというべきである。もっとも，ここにいう権利は，私法上の権利つまり私権であって，一定の利益の享受の手段として，私法が一定の資格を有する者に与える力であるといってよい。この法律要件および法律効果の定義は，枠的な意味ではそのとおりであるが，法律要件中の「事実」は，人間の五感の作用によって認識可能な自然的・社会的事実（以下，単に「自然的・社会的事実」という）にかぎらず，法的判断を要する権利，法律関係，一般条項，不特定概念などを含むのであり，また，法律効果中の権利は，しばしば法律関係（法律上の効力を有する人と人との関係および人と物〔権利の客体すなわち物または権利〕との関係）を含んで用いられる。そもそも「法律要件という観念は，刑法学上における犯罪構成要件の観念が民法学に取り入れられたものであるといわれる」（幾代通・民法総則〔第 2 版〕（現代法律学全集）〔1984 年 1 月，青林書院〕178 頁）のである。

〔現実の社会に生起した事象が実質的意義の民法中のある行為規範の定める法律要件を充足すると，その行為規範の定める法律効果から推論されるその主要事実に対応する具体的な権利の変動が生ずるのではないか〕

そうすると，法律要件も法律効果も命題上の社会事象であり効果であるから，

ろうか。

なお，権利発生（消滅）障害を法律要件という向きもあるが，それが誤りであることは既に指摘した（「無効な法律行為は法律効果を発生しないのであるから，法律要件ではない」山中康雄「法律要件」民事法学辞典下巻 1871 頁）。

一般的，抽象的な観念である。これをもう少し敷衍して説明すると，実質的意義の民法中の行為規範という法規範は，法律要件を，法律効果の原因として必要にして十分な一団の社会事象として，自然的・社会的事実だけでなく，権利，法律関係，一般条項，不特定概念などといった法的判断を要素とする事項を含んだ形で定め，法律効果を，権利を存在あるいは不存在という形で定めずに，発生，変更および消滅つまり変動という形で定めているのである。

そして，個別的法規範を構成する行為規範の定める要件（法律要件）を，特定の私人についてあるいは特定の私人間において・ある社会事象が充足すると，その行為規範の定める効果（法律効果）から推論されるその法律要件を充足する社会事象（主要事実）に対応する具体的な権利の変動が生ずることになるのである。ここにいう「主要事実に対応する具体的な権利の変動が生ずる」とは，たとえば，一般の不法行為による損害賠償請求を例として説明すると，その法律要件中には「自己の権利または法律上保護される利益を侵害された（こと）によって生じた損害」とあるだけであるが，自己の権利が身体を傷害されたのであれば身体を健全に保持すべき権利が侵害されたことによる損害になるし，自己の所有する物が完全に毀損されたのであれば通常はその物の有していた物的価値が侵害されたことによる損害になるのであって，損害を生じた原因によって損害の内容が異なることになる。そうすると，損害は，民法722条1項(26)，417条によって原則として金銭をもってその額を定めることになっているから，その損害の賠償（を受けるべき請求権の発生）は，法律要条件中の自己の権利が侵害されたことによる損害を充足することを示すために，主要事実に対応する具体的な権利の変動といったのである。

〔民法典の各規定は，行為規範の定める法律効果および法律要件としては不完全なものがあるから，それらを完全なものにするのは，母体である実質的意義の民法上の行為規範を復元する作業ではないか〕

民法典の各規定は，原則的には行為規範であるが，立法作業の制約や便宜等のため，その内容となる法律効果ないし法律要件としてはかならずしも必要にして十分なものであるとはいえないものがある。そうなると，行為規範であっても，権利の変動の根拠にはなりえない。そこで，民法典の各規定を手がかりとして，権利の変動の根拠になりうる行為規範の法律効果および法律要件を見出し，母体である実質的意義の民法を組織する個別的法規範を構成する行為規範を復元する作業をしなければならない。

---

(26)　改正法では，現行722条1項の「第417条」の次に「及び第417条の2」を加える。

I 要件事実の前提となる事項

こうして，権利の発生，変更または消滅の根拠は，実質的意義の民法上の行為規範にあるのである。すなわち，実質的意義の民法上の行為規範の定める要件（法律要件）を社会事象すなわち現実の社会に生起した事象が充足すると，前述したように，その効果（法律効果）として——ということは，裁判を待たずに——権利が発生し，変更しまたは消滅するのである。したがって，民法典の各規定のうち，本来的に行為規範として起草，制定されなければならないにもかかわらず，裁判規範的要素のあるものとして起草，制定されているときは，そのような規定は，本来の行為規範に引き直して理解しておかなければならないわけである。前田（達）・民法Ⅵ（不法行為）〔現代法律学講座〕〔昭和55年，青林書院〕17～8頁は，

「七〇九条の一般的不法行為の成立要件は，

①自己の故意行為または過失行為があること（「故意又ハ過失ニ因リテ」）

②他人の権利（あるいは法益）を違法に侵害したこと（「他人ノ権利ヲ侵害シタル」）

③その権利（法益）によって損害が発生したこと（「之に因リテ生シタル損害」）

④加害者に責任能力のあること（七一二条・七一三条）

の四つであるとされている。そして①②③の三つの要件が，七〇九条の法律要件（七〇九条の「損害賠償請求権発生」という法律効果に対する要件）を構成する要素（法律要件構成要素）である。それに該当する社会的事実が要件事実＝主要事実（＝直接事実）と呼ばれ，通説たる法律要件分類説によれば，七〇九条の法律効果（損害賠償請求権発生）を求める者（原告）がその主張立証責任を負うのである。」と，同書18～9頁は，

「④については，七〇九条には規定がない。これは，民法七一二条・七一三条に，責任無能力者は，損害賠償責任を負わないと定めており，したがって，損害賠償責任が発生するには加害者に責任能力が必要であると反対解釈されるのである。そして，通説によれば，七〇九条は過失責任原則を採用しており，その「過失」は人間の一定の判断能力（これを責任能力と呼ぶ）を前提としているから，七一二条・七一三条は，七〇九条の論理必然の規定であると解している——なお，④の要件は，通説たる法律要件分類説によっても，原告が立証責任を負うのでなく，被告がその不存在の立証責任を負うとされている（権利障害規定）」

とする（ただし，「法律要件構成要素」や「要件事実」は，私見の意味と異なる）。なお，②の「違法に」は，民法709条の条文には直接的には規定されていない。権利侵害から論理必然的に導き出せる（「権利侵害」から「違法性」への標語。同書67～74頁を参照）というか暗黙に規定されているというか，とにかく，違法性は

709 条の定める当然の成立要件ということになるのであれば，720 条の規定する正当防衛および緊急避難は，適法行為であることを注意的に規定したことになるのではないだろうか。正当防衛および緊急避難を違法性阻却事由で 709 条の定める損害賠償請求権発生の障害事由であるとするのであれば，それは行為規範の定める法律要件を組成する素因である法律事実などでなければならないから，②のこの部分の表示は，他人の権利（法益）を「正当防衛および緊急避難ではなく違法に」侵害したこととなるのではないだろうか。

　そのうえ，民法典の各規定は，起草・制定の都合などにより，民法典など民事実体法の制定法に規定されることによってはじめて権利性を取得するいわゆる法定権利についてすら，かならずしもその変動の原因である要件すなわち法律要件として完全なものであるとはいえず，一つの法律要件が適当に分解されてばらばらに数個の条項に規定されたり，いくつかの権利の変動つまり法律効果の原因である法律要件の一部が一まとめにされたり，不用の文言が規定されたり，法律要件として必要な事項が規定されていなかったりする。したがって，これを実質的意義の民法上の一つの行為規範における法律効果とそれを生ずるのに必要にして十分な法律要件にする作業をしなければならない。この作業は，民法典その他の個々の・私人または対等な私人間の生活関係，財産的な関係および経済的な取引関係のうちで適用の範囲が制限されていない特定の事項を規律する個別的法規範を定める制定法に規定されている条項についてのみ行なわれるものではなく，今述べた個別的法規範を定める判例法や慣習法などの規定についても行なわれなければならない。

　さらに契約を含む法律行為自由の原則により法律行為当事者の意思によって生じる法律行為上の個別的法規範としての権利の変動についても，同様に法律要件を確定する作業が行われなければならない。もっとも，日常多用される法律行為については，その標準的な態様を示すために，定義規定や解釈規定，補充規定が規定されているから，それをも踏まえて解釈を施し，法律行為の不全部分を補完などするものとして扱うことになる。

　これらの作業は，法の解釈の一種である。したがって，解釈者によって法律要件ないし法律効果の内容等に多少の違いが生じることもある。が，それはそれとして，こうして，実質的意義の民法を組織する個別的法規範を構成する行為規範の要件を確定し，日常の生活や活動において民事上の権利が発生して存在するにいたり，その後に変更したり消滅したりして存在しなくなることがあることを明らかにするのである。そして，これらの作業は，裁判規範の効果および要件の方からみると，それを見出すための前提的なものになるが，この作業が完遂されて

Ⅰ　要件事実の前提となる事項

いないときは，それによって構築された裁判規範の効果および要件も，不備なものにならざるをえないのである。

　いささかくどくなるが，実質的意義の民法を組織する個別的法規範を構成する行為規範と形式的意義の民法（民法典）の各規定との異同を明確に理解しておいていただくために，以上のことをもう少し詳しく述べておきたい。

　こうして，民法典の各規定（個々の規定）が，即，個別的法規範を構成する行為規範または裁判規範であるというわけではなく，まず民法典の各規定のうちで行為規範の法的性質を有する規定についていうと，民法239条1項は，動産の無主物先占による所有権の取得という一つの命題を規定するから，民法典の各規定が個別的法規範を構成する行為規範と一致する。このような場合には，両者は，同一であるが，このような規定はそれほど多くはない。

　民法96条1項，120条2項[27]，121条本文[28]のように各条項が合わさってはじめて個別的法規範を構成する行為規範の内容である詐欺または強迫による取消しを規定している，ときには行為規範の性質を有する民法709条，710条，（711

---

(27)　改正法により，法律行為が初めから無効であったとみなされる（改正121）取消権発生の法律要件または法律事実について，ⓐ行為能力の制限による場合とⓑ錯誤，詐欺または強迫による場合とに分けて，主張責任の分配ないし証明責任の分配を行って，第一次的要件事実を示すと，ⓐの要件事実（取消権者の権利根拠事由）は，①行為能力者またはその代理人，承継人もしくは同意をすることができる者が（120Ⅰ），②未成年者，成年被後見人，被保佐人または被補助人が行為能力の制限によって取り消すことができる法律行為をした（5Ⅰ本文，Ⅱ，9本文，13Ⅰ本文，Ⅳ，17Ⅰ，Ⅳ）ので，③その相手方に対し，その法律行為を取り消す旨の意思表示をし，それが到達したこと（97）であり，ⓑの第一次的要件事実（取消権者の権利根拠事由）は，①瑕疵ある意思表示をした者（この注では「本人」という）またはその代理人もしくは承継人（120Ⅱ）において，②本人が錯誤，詐欺または強迫により瑕疵ある意思表示をした（95Ⅰ，96Ⅰ）ので，③その相手方に対し，その意思表示を取り消す旨の意思表示をし，それが到達したこと（97）である。第三者の詐欺の第一次的要件事実（権利根拠事由）は，②を，本人が第三者の詐欺により錯誤に陥り相手方に意思表示をし，相手方がその事実を知り，または知ることができた（96Ⅱ）ので，に改めるほかは，相手方が詐欺をしたときと同じである。

(28)　現行121条のただし書は，改正法では，削除され，それを詳細にした121条の2が新設された。現行121条ただし書の規定は不当利得の返還の問題であるとされていたが，改正法121条の規定は，原状回復の問題としている。そして，同条の2による原状回復の義務は，無効な行為に基づく債務の履行としての給付を受けた場合（1，2項）と，意思無能力および制限行為能力者の行為によって利益を受けた場合（3項）とがあるが，ここでは，後者のうち制限行為能力者の行為による利益享受に限定して述べることにする。現存利益の主張責任の分配ないし証明責任の分配については，現行121条ただし書においてであるが，利得の現存することについて不当利得返還請求権の存在を主張する者にあるとする見解と利益の減少についてそれを争う者にあるとする見解とがあるが，改正法121条の2の下では，原状回復義務を定めた「第一項の規定にかかわらず」の趣旨などからみて，制限行為能力者の行為による利益の減少が返還義務の一部または全部を減却する事由として原状回復請求篇の存在を争う側にあると解すべきであろう。

60

条，721条）および722条1項(29)と裁判規範の性質を有する民法712条，713条本文および720条1項本文，2項のように複数の行為規範の性質を有する規定と裁判規範の性質を有する規定とが混在してこれらの条項が合わさることによって，一般の不法行為上の損害賠償請求権発生の法律要件すなわち「責任能力のある者からその故意または過失により自己の権利または法律上保護される利益を違法に侵害され，それによって損害を被ること」（民法722条2項の過失相殺が同請求権発生〔の一部〕障害事由であるとすると，この法律要件の末尾を「自己の側に過失がなく」損害を被るを加えるという作業をしなければならない）である行為規範の内容を規定することがあったりする。他方，民法121条本文のように民法典の一個の条項が複数の個別的法規範の内容となる法律要件の一部を包摂することもあったり，一つの個別的法規範の内容となる法律要件が幾つかの条項に分けてばらばらに規定されたりする。これらを整理して個別的法規範の内容となる法律効果の原因として完全な法律要件としたとする。初めの民法典の起草者（法典調査会）は，おそらく各法規の法律効果および法律要件をこのように完全なものを起草したと考えたのではないだろうか。そして，各法規の法的性質を行為規範であると思っていたのではないだろうか。私が民法典の各法規の法的性質を原則として行為規範であるというのは，このような趣旨である。しかし，中には民法典の各規定の中からなんらかの規準でいくつかの必要とされる規定を集めても，それで法律要件が完全に整うとはいえないものもある。簡単な例を見てみると，弁済物取戻請求権発生の法律要件は，民法475条の条文からは，弁済者（債務者または第三者）が債権者に対して他人の物を引き渡したときと，弁済者がその物を取り戻す請求をすることである（弁済者の債権者に対する有効な弁済の提供は，この請求権発生の法律事実ではないと解される）が，それで完全に整っているとはいえない。同条の解釈上，弁済者と債権者間に不特定物の引渡しを目的とする等の契約が成立したことを法律事実として補わなければならない。また，対話者に対する意思表示の効力発生時期については民法典中に規定がない(30)。そのほか，契約の拘束力の根拠について意思説を採れば，民法555条など13の典型契約の冒頭の規定のように単に個別的法規範の補助的な意義しかもたないものもある。さらに，たとえば民法162条1項および2項には「他人の」と規定されており，同条項の条文からは認められないにもかかわらず，判例・通説は物の他人性を否定されるもの（他人性は不用の条文）もあり，また，抵当権に基づく抵当物件の占有者に対する

---

(29) 改正法における722条1項については，前出。
(30) 改正法では，現行97条1項の「隔地者に対する」が削られたので，改正法の下では対話者に対する意思表示の効力発生時期についても規定があることになる。

61

I　要件事実の前提となる事項

妨害排除請求権発生の法律要件は，民法の抵当権に関する規定の解釈から当然には認められない[31]にもかかわらず，最（一）判平成 17・3・10 民集 59 巻 2 号 356 頁および多数説は場合を限定してとはいえこれを認めるが，これも個別的法規範を構成する行為規範の解釈として許容されるのであろう。加えて，民法典の各規定の中には，97 条 1 項（隔地者に対する意思表示）などのように，事案によって主張ないし証明の負担が権利の存在を主張する者である場合であったり，その主張を争うものである場合であったりするものもあり，民法典の各規定だけからは主張責任の分配ないし証明責任の分配が確定できないものもある。

次に民法典の各規定のうちに存在する裁判規範についていうと，民法 186 条 1 項の推定の意義をめぐって暫定真実として理解する説と経験法則化したものであると理解する説があって，そのどちらと解するかによって，民法 162 条 2 項などの裁判規範の要件がまったく異なるものになる。

そうなると，行為規範に限定していうならば，要件事実上の諸問題を検討するにあたっては，法律効果および法律要件（権利の発生，変更または消滅およびそれらの原因）を定めるところの個別的法規範を構成する行為規範についてしなければならず，民法典の各規定（のみ）についてするのは不当であるが，民法典は実質的意義の民法の中核的な要素をそれなりの配慮をして成文化したものであるから，当然のことながら民法典の各規定を無視するわけではない。しかし，民法典の各規定の前述した意味での行為規範としての効力は，法定権利を別にすれば，個別的法規範を構成する行為規範から湧出するのである。また，実質的意義の民法がすべて民法典に収容されているわけではない。実質的意義の民法は，民法典以外の成文の民事実体法や慣習法などとしても存在するのである。

〔法律事実は，法律要件を組成する素因ではないか〕

こうして，法律要件と法律効果との間には，原因と結果という論理的な関係があることになる。そして，法律要件を組成する素因を法律事実という。たとえば，所有権に基づく返還請求権発生の法律要件が，その物を所有しているところ，相手方がその物を占有する正当な権原をもっていないにもかかわらず占有していることだとすると，①請求者がその物を所有していること，②相手方がその物を占有していること，および，③相手方が所有者に対して自分の占有を正当ならしめる権原を持たないことの三つの法律事実で組成されているというようにである。

---

(31)　最（二）判平成 3・3・22 民集 45 巻 3 号 268 頁は，平成 15 年法律 134 号の改正によって廃止された民法 395 条ただし書の規定により解除された短期賃貸借ないしこれを基礎とする転貸借に基づいて抵当不動産を占有する者に対し，抵当権に基づく妨害排除請求としてした抵当権設定者の所有物返還請求権の代位行使として，その明渡しを求めることはできないと判示した。

これに対し，司研・要件事実1巻2～3頁は，法律要件および法律効果を次のようにいう。

「裁判所は，……原告が訴訟物として主張する一定の権利（又は法律関係）の存否について判断しなければならないが，……当該権利の存否の判断は，その権利の発生が肯定されるか，その後，その権利が消滅したか，さらに，その消滅の効果の発生が妨げられたかといった具合に，積極・消極のいくつかの法律効果の組合せによって導き出す以外に方法はない。〔改行〕実体法の多くはこのような法律効果の発生要件を規定したものであり，この発生要件を講学上，法律要件（我妻・民法総則二三一）又は構成要件（新堂・民事訴訟法三四八，改訂民事訴訟第一審手続の解説一二，最判昭五二・五・二七裁判集民一二〇・六〇七等の用語例）と呼んでいる。」「権利の発生，障害，消滅等の各法律効果が肯定されるかどうかは，その発生要件に該当する具体的事実の有無にかかることになる。そこで，この事実を一般に要件事実と呼んでいるが，前記法律要件に対応させて法律事実と呼ぶ例もある（我妻・民法総則二三二）。」

この司研の法律要件および法律効果の概念付けは，民法典の各規定を裁判規範と解することによるものと思われる。したがって，民法を行為規範と解しておられると思われる我妻博士の法律要件および法律効果のご理解とは異なるのではないだろうか。我妻・新訂民法総則231頁が実体法規の規定する法律効果の発生要件を法律要件といっているのかは，かならずしも明らかでなく，実体法規の規定する法律効果の発生要件に該当する具体的事実を法律要件としているようにも読めなくもないのであるが，それは一先ず措くとしても，同書232頁を，法律事実を法律要件に該当する具体的事実であるとする文献として引用するのは，法律要件を実体法規の規定するものであるとすれば，法律事実を主要事実とすることに帳尻を合わせようとしたためであろうと思われるが，誤っている。同書232頁は，

「法律要件は，さらに，これを組成する素因に分析することができる（契約は申込と承諾に分析されるように）。この素因を法律事実という（ただし，一個の素因がそのまま法律要件を構成する場合もある。遺言のように）」

というのであって，法律事実は，法律要件を組成する素因（構成する要素）のことであるといっているのである。そこで，その一例として，後に項を改めて，契約およびその合致した意思表示の一つの要素である履行期の約定を取り上げて問題点を指摘することにする。

〔権利の障害も法律効果か〕

上述したように，司法研修所は権利の障害をも法律効果であるとする（同旨・伊藤（滋）「要件事実と実体法」ジュリ869号15頁）。そして，同所第2部民事裁判担

I　要件事実の前提となる事項

当の上席教官であった山本和敏氏も「損害賠償請求訴訟における要件事実」新・実務民事訴訟講座4巻（1982年12月，日本評論社）319頁で

「法律効果の発生障害事由に該当する事実の存在によって，所定の法律効果の発生がないこと（障害＝阻害されること）も法律効果の発生にほかならない」

といっておられる。法律効果の発生がないことも法律効果の発生であるとはいささかペダンチックな表現であるが，法律効果の発生障害事由に該当する事実の存在によって，所定の法律効果の発生がないこと（障害＝阻害されること）も法律効果の発生にほかならないということは，法律効果の発生が裁判規範によることを前提としてはじめて成り立つ議論であるということである。

　だが，権利の発生，変更または消滅を障害するようなものが法律効果といえるであろうか。民法上の法律効果の意味について，我妻・新訂民法総則231頁を見てみると，

「現代の民法は権利本位に構成されているから，民法上の法律効果は，悉く，権利の変動，すなわちその発生・変更・消滅という形で現れる」

とあって，その態様が図解されており，山中教授の「法律効果」編輯代表末川・民事法学辞典下巻〔増補版〕1864～5頁や幾代教授の民法総則〔第2版〕177～8頁や四宮和夫教授の民法総則（法律学講座双書）〔第4版〕〔昭和61年9月，弘文堂〕139頁などにも同じような説明がされているが，そこには「権利（発生または消滅）の障害」という用語は一言もでてこないのである。これは，法律効果という用語が行為規範の定める効果であることを表しているからであって，法律効果および法律要件を裁判規範の効果および要件として用いることは，誤用の類であるというべきであろう。

1-1-2　民法典の条項を作成する趣旨

〔民法典の起草者は，個別的法規範を構成する行為規範であると判断した多数の規範を，特定の事項に関する規範ごとにまたはいくつかの規範の共通部分を縦断したりなどして体系的に編別に組織したうえ，市民が内容を分かりやすくかつ見付けやすくすることなどを目的としてそれを細分化して各条項を作成するのではないか〕

　個別的法規範を構成する行為規範は，法律効果およびその法律要件という形で一つの命題すなわち一つの判断の内容を示すが，この法律効果およびその法律要件の大部分は，ローマ法以来営々として切磋琢磨されて形成されてきたものであって，民法典の起草委員，法典調査会や整理会の委員らは，そのことを十分に承知しておられたばかりでなく，「あらゆる近代的法理法制が汎く参照され」（星

野（通）・明治民法編纂史研究 171 頁）たうえ，その内容等についてもかなり丁寧な議論を重ねられているのである。したがって，個別的法規範を構成する行為規範（一部裁判規範的色彩を帯びた法規範）の要件や効果は，その多くが多様な様態の中から見出されると考え出されていたのである。

そして，民法典の各条項を起草するにあたっては，このような多数の行為規範（一部裁判規範的色彩を帯びた法規範）を，主として特定の事項に関する規範ごとにまたはいくつかの規範の共通部分を縦断したりなどして，体系的に編別に組織して成文としたが，特定の事項といっても，ものによっては相当に複雑，多岐になることがあるので，市民が内容を分かりやすくかつ見付けやすくすることなどの目的で，最小の一まとめの内容となるいくつかの文ごとに細分し，この細分したものを「条」とし，一つの条をさらに小分けしたものを「項」としたとみるべきである。

わが民法典の起草者ないし制定者としては，民法典の起草あるいは制定にあたっては完全な行為規範として各規定を策定したと考えていたかもしれない。しかし，わが民法典が実定法として個々の・私人または対等な私人間の生活関係，財産関係および経済的な取引関係のうちで，その適用領域が限定されていない成文法の規定をすべて網羅してはいない。また，行為規範の法律効果の原因である法律要件を過不足なく完璧に規定しているわけではない。私が，いままでに民法典の各規定を行為規範についていうときに，実質的意義の民法を組織する個別的法規範を構成する行為規範の指標を示したとか骨組みを示したといったのは，そのことを表そうとしたからである。とはいえ，行為規範の指標なり骨組みなりは示されているのであるから，一般的には個別的法規範を構成する行為規範を知るには，民法典の一個または数個の規定から窺知することができるわけである。

1-1-3 契約規範を行為規範として理解することの可否

〔**権利には，制定法が規定することによってはじめて認められるものと，契約規範のように法の理念として一般的抽象的に認められるものとがあるのではないか**〕

留置権（民 295），先取特権（民 303）等の法定担保物権，法定地上権（民 388，民執 81）のような法定用益物権，事務管理者の費用償還請求権（民 702），不当利得返還請求権（民 703，704），不法行為に基づく損害賠償請求権（民 709）等の法定債権などは，民法典等の規定を根拠として発生したり変更したり消滅したりする。すなわち，民法典等の定めるそれぞれの法律要件を充足する具体的な社会事象が生起すると，裁判をまたずに民法典等の定めるそれぞれの法律効果の内包す

I　要件事実の前提となる事項

るその法律要件を充足する社会事象に対応する具体的な法律効果が生ずるのである（したがって，この民法典等の規定は，行為規範である）。言い換えれば，法定権利ともいうべき権利は，制定法の規定をまたずに当然に権利として認められるものではなく，制定法が規定することによってはじめて権利性を獲得するのである。しかがって，その発生はいうまでもないが，変更または消滅も通常は法律に定められている。たとえば，留置権を取り上げると，留置権は民法301条の規定で相当の担保の提供により，あるいは，同法302条本文の規定で留置物の占有の喪失により消滅するのである。

　これに対し，権利には制定法の規定を超えた理念として法が一般的抽象的に認めるものがあり，契約を含む法律行為がそれである。ただ，ここでは契約のみを取り上げて契約規範の行為規範性を検討する。

　〔契約の拘束力の根拠は，契約当事者の意思にあるのではないか〕

　一般に，契約上の権利の淵源であり，民事訴訟の審判において訴訟当事者および裁判官がその規準として拘束されるものを契約の拘束力というようであるが，前者と後者をともに契約の拘束力と一括りするのはおおざっぱにすぎるのではないだろうか。前者すなわち契約上の権利の淵源は契約の拘束力の根拠であって，後者すなわち民事訴訟の審判において訴訟当事者および裁判官がその規準として拘束されるものを契約の拘束力とするほうが理解しやすいように思われる。

　まず契約の拘束力の根拠であるが，これについては，意思か，合意か，信頼か，関係かといった議論があるようであるが（星野（英）＝河上正二「契約の成否と同意の範囲についての序論的考察(1)」ＮＢＬ469号〔1991年3月〕15〜8頁），そのような高等な議論に深入りせずに法律実務家の間で通常論じられている契約の拘束力の根拠についてみてみると，成文の民事実体法規とする見解（ローゼンベルク・証明責任論319頁，賀集唱ほか「研究会・証明責任論とその周辺」判タ350号〔1977年10月〕39頁〈倉田発言〉，定塚孝司「主張立証責任論の構造に関する一試論」司研論集1984-Ⅱ31頁，29頁など），当事者の合意とする見解（三井哲夫・要件事実の再構成〔昭和51年1月，法曹会〕43頁以下）があるが，私は，当事者の契約類型に同化する合致した意思であると考える。三井氏のいわれる当事者の合意は，給付の合意だけが請求権の発生要件であるとするいわゆる返還約束であるが，私見は，当事者の契約類型に判別された合致した合意であることが請求権の発生要件であるとみる。

　これに対し，契約の拘束力は，当事者の定立した契約規範と解すべきであろう（石川義夫「条件・期限の主張と証明責任」司研論集1975-Ⅰ9頁，同「主要事実と間接事実」新・実務民事訴訟講座2(巻)〔1981年8月，日本評論社〕16頁）。西欧の近代

4 行為規範の構造

的な民法を継受したわが民法は，その原理の一つとして――当初は潜在的では
あったにもせよ――意思自治の原則を継受し，それに理論づけられた契約の拘束
力の根拠をも契約当事者の自由意思において継受したとみるべきであり，その後
意思自治の原則は様々な課題を抱えることになったが，それらはこの原則の制限
的枠付けの中で消化すれば足りると考えるからであるが，それの規範化について
は，以下において順次検証することにする。

〔意思表示とは，効果意思を外部に表示する行為ではないか〕

意思表示が，一定の法律効果の生ずることを欲する意思を言葉なり態度なりに
よって外部に表すことであり，この一定の法律効果を欲する意思を効果意思とい
い，効果意思を外部に表すことを表示行為ということについては，改めて説明す
るまでもないであろう（意思表示の構成要素に，表示意思を入れるべきか否かの問題
があるが，表示意思が欠ける場合には，いずれにしても無効であるから，ここでは取り
上げないこととする）。

〔わが民法は，表示行為から推測される効果意思と内心の効果意思とが一致し
ない場合における意思表示の効力については，折衷主義を採っているのでは
ないか〕

そして，表示行為から推測される効果意思と内心の効果意思（真意）とが一致
しない場合においてそのどちらに重点を置いて意思表示の効力を考えるかについ
て，意思主義，表示主義および折衷主義の対立があることもよく知られたことで
あるが，わが民法は，立法において，仏法系の法典が採り，ドイツのサヴィニー
Savigny,Friedrich Karl von（1779～1861）らが提唱する財産権を目的とする行為に
ついて大きな傾向を示す表示主義を排して，折衷主義を採用したのである。すな
わち，

「凡ソ意思表示ニ関シテ従来二学説ノ行ハルルアリ曰ク意思主義曰ク表示主義
是ナリ意思主義トハ表示ナキ意思ト雖モ苟モ其証明ヲ得レハ以テ足レリトシ表示
主義トハ意思ナキコト明確ナルモ偏ニ表示スル所ニ拠リ以テ其効力ヲ定メント欲
セリ本案ニ於テハ此両積極主義ノ一ニ偏セスシテ意思ト表示トノ両者相須チテ始
メテ法律上ノ効力ヲ生スヘキヲ原則トセリ唯実際ノ必要ニ因リ・二ノ例外ヲ設ク
ルニ過キス本条（＝民93）[32]ハ則チ此原則ト例外トヲ包含セルモノナリ」（廣中

――――――――――
(32)　改正法93条1項では，現行93条の「表意者の真意を」が「その意思表示が表意者
の真意でないことを」に改められ，改正法93条に2項「前項ただし書の規定による意思
表示の無効は，善意の第三者に対抗することができない。」が新設された。しかし，同条
1項は，現行93条と実質的には同じであるといってよいから，その要件事実については，
拙著・前掲契約法279～280頁を見られたい。改正法93条2項は，虚偽表示についての
現行94条2項と同傾向の規定であるから，同条項と同じく，表意者側が第三者の悪意を

67

I　要件事実の前提となる事項

編著・民法修正案（前三編）の理由書〔昭和 62 年 9 月，有斐閣〕142 頁，ただし，傍点は丸傍点。なお，梅・民法要義巻之一〔明治 29 年 6 月，有斐閣書房など〕206 頁）

　そして，この折衷説は，現在においても有効に機能していることを知るべきではないだろうか（曽田厚「現代契約理論における意思主義」現代契約法大系(2) 2 巻〔昭和 59 年 5 月，有斐閣〕10 頁などを参照）。

　〔契約上の権利は，基本的には当事者の合致した外部に表示された効果意思を根拠として変動するのではないか〕

　こうして，わが民法では，法定権利は基本的には法律の規定を直接の根拠として変動し，契約上の権利は基本的には当事者の合致した外部に表示された効果意思を根拠として変動するのである。

　行為規範を認める立場に立つと，契約の拘束力の根拠についてかならず意思説になるとはいえないが，私は，いわゆる意思説に立つべきであると考えている。もちろん，意思説といえども，当然のことであるとはいえ，法が許容する法理でなければならない。こうして，意思説は，私的自治の原則を存立の前提としているのである。

　このように，契約を含む法律行為は，私的自治の原則というイデオロギーを前提とするものである。近代自然法思想が自然権を保障する理性的秩序の形成によって権利義務関係を自ら決定できるという仮説に立つ法律行為制度を生み出したというのである（川島編・注釈民法（以下「注民」という）(3)〔1973 年 4 月，有斐閣〕33 頁〈平井宜雄〉）。そうだとすると，法律行為は，制定法の規定を超えた理念として法が一般的抽象的に是認したものであり（民 91 参照），それによる権利の変動は，基本的には行為者の意思に淵源するものであるといわなければならない。

　なお，法定権利においても，その行使などで当事者の意思が加わることがある（民執 59 V 等参照）。

　〔契約が締結されると，その合意が当事者および裁判所を拘束する規範になるのではないか〕

　こうして，意思表示　　正確には，効果意思　　を構成要素とする契約には，当事者を法的に拘束する効力があり，裁判は，その当事者間においてはこの効力を尊重してされなければならないから，契約は，その当事者かぎりとはいえその規範となる。これが契約規範である。そして，裁判においては，この契約規範が法的三段論法の大前提となる。近時の有力説（川島・民法総則 23 頁，幾代・民法

　　　　主張し証明すべきである（同書 281〜2 頁参照）。

総則〔第2版〕223頁，四宮・民法総則〔第4版〕9頁など）が，契約に制定法と同一の法源的価値を認めたり，契約規範に裁判基準の源泉という意味で法源的地位を認めたりするのも，この認識に出るものと思われる。これに関連して，潮見佳男教授が興味深い所見を述べておられるので，次にそれを紹介しておく。

「ある言明（論拠に関する言明をも含めて）が他の言明からの論理的推論，従って議論によって正当化されるとしても，そこでの正当性とは論理的推論過程の正当性つまり手続的正当性を示すにとどまる場合には，議論によって得られた内容（実質）の正当性までをも示すものではない。内容の正当性が議論を通じて明らかになることはあっても，議論がなされたから内容的正当性が確保されるということにはならない，ゆえに，議論によって得られた内容そのものの正当性は他に求められなければならず，しかも，それが『法的』正当性を獲得するためには，その背後にある法規範──契約の場合には，当事者間で形成され，法により当事者間に妥当する規範としての承認をうけた『契約規範』（lex contractus）もこれに含まれる──に関連づけられなければならない」（契約規範の構造と展開8頁）と。

ただ，当事者が契約規範を定立するといっても，当事者にそのような規範を作ろうとする特別な行為が要求されるわけではない。当事者が契約を締結し，それを法的にも守らなければならないとの顕在的または潜在的な意識を持ったことを当事者が契約規範を定立したとみるのである。したがって，法的または判決三段論法の大前提となる契約規範は，契約自由の原則という大前提を別とすると，所与のものではない。それは，民事訴訟の審理において法的または判決三段論法の小前提である契約の成立を確定する過程で浮かび上がってくることもある。しかし，そうであっても，この観念上でしか認識することができない契約規範の法律要件または法律事実は，理論的にはもとより裁判実務においても，具体的な規範的事実としての契約の成立とは明確に区別されなければならない。そして，当該の法律効果が発生するか否かは，原則的には具体的な規範的事実としての契約の成立が当該の当事者によって定立された契約規範にあてはまるか否かの判断で決まる。

不動産の引渡請求訴訟において原告が請求の原因として原・被告間における当該不動産の売買の成立を主張したところ，被告がそれを争い，原告がさらに被告の原告に対する当該不動産の売渡しの申込みの意思表示および原告のそれに対する承諾の意思表示を主張し，被告がそれをも争い，証拠調べをした結果その被告の申込みの意思表示が譲渡担保の設定であったとすると，原告は，自らの主張を基礎づける証明ができなかったにより敗訴するわけであるが，それは，終局的に

Ⅰ　要件事実の前提となる事項

原告の立証が法的三段論法の大前提とした原・被告間の売買規範の要件事実→法律要件を満足させることができなかったためなのである。しかし，原告がその証拠調べの結果に基づいて訴えの追加的予備的変更をして請求の原因として譲渡担保には被告が期日までに貸金債務の弁済をしないときは当該不動産の所有権を確定的に原告に帰する旨の約定があること，貸金債務の履行期が到来したことおよび当該不動産の時価が貸金債権額を下回ることを主張・証明し被告が貸金債務の弁済の提供の主張をしなかったならば，原告は予備的請求で勝訴するわけであるが，それは，終局的に原告の主張・証明が法的三段論法の大前提とした原・被告間の譲渡担保規範の要件事実→法律要件を満足させたからなのである。そして，このことは，契約規範についてのみ特有なものではなく，他の規範的要件事実で第二次的な抽象的要件事実の類型化が未熟または不十分なもの，さらには新しい社会事象の出現に促されて既存の法規範の法律要件ないし法律事実の内容が解釈上変更されるようなときに程度の差があるとはいえ起こることである。

　こうして，要するに，契約の拘束力の根拠について意思説によると，契約の当事者の意思による契約の拘束力がその契約に関しては当事者を規律し，裁判所の裁判規準となることになり，この規律をもって法規範を考えることになる。したがって，たとえば民法549条[33]，555条などの典型契約の内容を規定した条項は，具体的な契約についてその典型契約に関する任意規定を適用するための前提となる条件を指示する，いうなれば定義規定にすぎない。たとえば特定の売買代金請求権は，特定の売主と買主の売るという意思表示（中の表示された効果意思）と買うという意思表示（中の表示された効果意思）の合致を根拠として売主に発生し，この売主と買主を法的に拘束するものは両者が作出した契約規範であって，それが民法555条に該当することによって同条を根拠として売主に発生するものではないと考えるべきである。同条は，売買という契約の定義規定であって，契約の当事者が目的物の隠れた瑕疵について約定をしていないといった場合において，その契約が同条に該当するときは，その契約は売買ということになり，売主の瑕疵担保責任についての補充規定である同法570条[34]の適用を見ることになるという以上の意味はないのである。

　Consensus facit legem（合意は〔当事者間に〕法をつくる）。このローマ法諺のように，それによって拘束されることを同意した当事者間の合意は，法たる効力を

（33）　改正法では，前述したように現行549条の「自己の」が「ある」に改められている。しかし，要件事実としては変化はない（拙著・前掲契約法119頁参照）

（34）　改正法では，現行570条は，大幅に変更されている。後述において説明する。これを改正法でいうとすれば，562条1項本文，563条1，2項，564条などとなろうか。

有するのである。この法諺は，フランス民法 1134 条 1 項（「適法に形成された合意convention は，それを行った者には，法律に代わる。」〔訳文は，法務大臣官房司法法制調査部・フランス民法典 ── 物権・債権関係 ──〔法務資料 441 号〕〔昭和 57 年 7 月，同部司法法制課〕67 頁による〕）や，イタリア民法 1372 条 1 項前段（「契約は当事者間においては法律たるの力を有する。」〔訳文は，風間鶴寿訳・全訳イタリア民法典 ──民法・商法・労働法 ──〔1973 年，法律文化社〕216 頁による〕）にそのまま生きている。

　西欧において「契約の拘束力の根拠を，客観的規範でなく，契約当事者の自由意思に求めることは，すぐれて近代的な思考へのきわめて大きな転機であ」（星野（英）「現代における契約」〔昭和 41 年〕民法論集 3 巻〔昭和 47 年 4 月，有斐閣〕23頁）り，わが民法は，この近代的な思考を継受したのである。すなわち，旧民法財産編 327 条 1 項は，「適法ニ為シタル合意ハ当事者ノ間ニ於テ法律ニ同シキ効力ヲ有ス」と定めていた[35]。現行民法には，契約規範についての直接の規定がないが，それは現行民法の起草にあたり法曹法として制定しようとしたドイツ民法第一草案を相当程度に参照したためかもしれないし，同草案に倣って法律行為の概念を導入したことによるのかもしれない。しかし，現行民法が契約規範を否定するものでないことは，民法起草委員が校閲し同補助をしていた松波仁一郎＝仁保亀松＝仁井田益太郎が合著した帝国民法（明治 29 年）正解（以下「松波ほか・民法正解」という）2・総則〔日本立法資料全集別巻 96。平成 9 年 10 月，信山社出版〕544 頁において

　「之ヲ要スルニ法律行為ハ一ノ意思表示ナルカ故ニ吾人ノ意思ハ法律行為ノ本体ニシテ法律ハ吾人ノ意思ヲ認メ之ヲシテ一定ノ効果ヲ生スルコトヲ得セシムルモノニ外ナラサルナリ」

といっていることに徴し明らかである。

〔契約自由の原則は，いうなれば契約規範作出自由の原則ではないか〕

　司法は，法規を適用して具体的な争訟を終止する国家作用である。有名契約であると無名契約であるとを問わず，契約についてこの具体的な争訟を終止すべく適用される法規が契約規範である。私的自治の原則→契約を含む法律行為自由の原則は，取りも直さず契約規範を含む法律行為規範作出自由の原則なのである。

　契約規範にも当然のことながら行為規範と裁判規範がある。契約上の権利の変

（35）　同編 327 条 2 項および同編 345 条にも，契約規範に関する規定がある。なお，合意の意義については同編 296 条に規定がある。契約の意義については同条 2 項に「合意カ人権ノ創設ヲ主タル目的トスルトキハ之ヲ契約ト名ツク」と定めている。人権とは，債権のことである（同編 3 条，293 条 1 項）。

I　要件事実の前提となる事項

動は，通常は，当事者が有効に契約を締結すると同時に発生するから，それがすなわち行為規範になり行為規範を有効な契約の締結とは別に考えることはできないが，民事訴訟においてはこの行為規範の法律要件ないしそれを組成する素因である法律事実について主張責任の分配ないし証明責任の分配をして見出された裁判規範の要件すなわち要件事実として契約上の権利の存在を主張する者に契約の成立を，その主張を争う者にその契約の有効事由の反対事実である無効事由を分配し，裁判所は，その効果すなわち分配効果として契約が成立したという法律関係の発生の効果を前者に，その成立した契約が無効であるという権利不発生の効果を後者に付与してこれらを大前提とし，当事者の締結した契約内容やその後の当事者の行為等を小前提としてそのあてはめの有無を判断することになる。

〔法律行為を法規説で理解すると，その拘束力はどうなるのであろうか〕

　司研・要件事実1巻138頁は，民法555「条は，売買契約成立の要件が財産権移転及びその対価としての金銭支払の合意であることを規定する。この合意の効果として売主の売買代金支払請求権及び買主の財産権移転請求権が発生する」とするから，意思説を採っているようである（ただし，同条を売買契約成立の要件だとかこの合意の効果として売買代金支払請求権および財産権移転請求権が発生するというところからみると，売買契約の成立は有効な売買契約の締結という法律要件を組成する法律事実について主張責任の分配ないし証明責任の分配をして見出した裁判規範の要件であり，それから請求権が発生するというのであるから，法規説を採っていることを示しているともいえる）が，加藤（新）「講座　実践的要件事実論の基礎　第15回契約に基づく請求権と要件事実」月報司法書士386号〔2004年4月〕51頁によると，司法研修所における司法修習生に対する指導は，法規説によって行なわれているようである。しかも，民事裁判実務も法規説を採っているとする（なお，加藤（新）＝細野（敦）・要件事実の考え方と実務〔平成14年，民事法研究会〕21頁）。そして，法規説は，無名契約を，民法91条により法規の裏付けを伴ったものとして肯定することができ，請求権の発生根拠を法規であるという考え方と整合するという。そのうえ，それに続けて，

　「民法典が制定されている以上，法律行為について『法律の規定なしに法律効果を生ずるという自然法原理のようなものは認めることはできない』（我妻栄『新訂民法総則（民法講義Ⅰ）』242頁）と解するのが素直であろう」（同書21頁）

といって，あたかも我妻博士が法規説を支持しているかのように引用されている。

　しかし，我妻博士のいわれる「法律の規定」は，売主が売買代金請求権や買主の目的物引渡し等の請求権が民法555条の規定を根拠に発生するとする法規説のいう法規ではない。我妻博士は，加藤（新）＝細野（敦）・前掲書21頁の引用文に続

けて

「法律の規定なしに権利能力なるものがないのと同様である。この意味において，法律行為の効果の根拠は法律の規定である（直接には民法91条がこれを規定する）」
といわれるのである。そして，同条については，
「意思表示の内容が任意法規……と異なるときは，任意法規は排斥される（九一条）。しかし，そうでないときは，任意法規は，法律行為の解釈の標準となる。法律は，これによって，私法的自治の達成に助力するのである」（新訂民法総則253～4頁）
といわれる。また，債権各論上巻（民法講義V_1）〔昭和29年12月，岩波書店〕2～3頁では，
第三編第二章「第二節以下に，……十三種の契約について規定する。然し，これらの規定は，社会に多く行われる典型的な契約について解釈の標準を示したに過ぎない。当事者は，これらの契約についても，原則として，民法の規定と異なる内容を定めることができるだけでなく，十三種類のいずれにも属さないような内容の契約を締結することも，原則として，自由である」
と，そして，同書47～8頁の「典型契約（有名契約）・非典型契約（無名契約—混合契約）」
の説明の中で，
「具体的な契約の内容は，原則として，その契約を締結した当事者の合意によって定まる。然し，この合意は，多くの場合，不明瞭・不完全であるから，それを明瞭・完全にする規準（任意規定）を定める必要がある……。ところが，社会に行われる契約は，千差万別のようでも，そこにおのずから共通点もあり，幾種類かの型に分けられるようになる。だから，それぞれの型について，しかもそれに最も普通な内容に従って規定を設けておくことが，右の規準設定の趣旨に適することになる。民法に定める典型契約は，かようにして定められたものである」
ともいわれ，そこには，民法91条のことはまったく記述されていないのである。

　両書でいわれている趣旨を総合的に解すると，私法的自治が民法91条の規定を通して法律行為の法律効果の根拠となるということではないだろう。そもそも我妻博士は，意思説のうちで法律行為の拘束力の根拠を表示行為に求める見解（表示主義〔的法律行為論〕）を採られるのである。このことは，加藤（新）＝細野（敦）・前掲書21頁が引用する文言に先立ち，
「法律行為が現代の私法における法律要件として最も主要な地位を占めるのは，その法律効果が，その要素たる意思表示によって，当事者の意欲したところに従って発生するものだからである」（新訂民法総則238頁），

I 要件事実の前提となる事項

だが，

「個人の心理的意思が法律効果を生ずる主権者だという自然法的な意味における個人意思自治の観念を棄てて，意思表示は，個人間の生活関係を妥当に規律する規範を作るものだという理論をとれば，意思表示は，むしろ，表示主義を本体として，これを純粋に客観的に観察するのが正当だと考える」（同書239頁）

といわれていることから明らかである。我妻博士のこの表示主義は，一時期民法学界の支配的見解となったが，その後，表示主義の発展と評すべきか逸脱と評すべきかは別としてそのように解されうる学説を生み出すことになり，そのようなことも含めてであろうが，表示主義が人間疎外を引き起こす学説として批判されて衰退し，人間疎外の克服を唱える意思主義（的法律行為論）がいうなれば復権することになった。が，それはそれとして，いずれにしても我妻博士が法規説を支持しておられると解するようなことはできないのである。

〔無名契約については，法規説では，民法91条または同条が前提となる不文の法（慣習法，判例法等）を契約の拘束力の根拠としているというが，それは，妥当な考えといえるだろうか〕

また，民事裁判実務が法規説を採っているとすることには疑問がなくはない（法規説を採ると，法律行為の解釈などということはありえないはずである〔法規説によれば，意思表示の効果意思は契約上の権利関係の法的根拠にならないから，効果意思の内容による契約の目的の確定ということはないことになり，契約の目的の可能性とか適法性とか社会的妥当性とかかすべて法規の適用によって行なわれ，契約の解釈ということは，ありえないことになるのではないか〕が，裁判例などでときに法律行為の解釈が行なわれているのを見掛ける）が，法律実務家には，法規説に与する者が多いようである（賀集ほか・前掲研究会判タ350号39頁〈倉田発言〉，故定塚孝司判事遺稿論集・主張立証責任の構造に関する一試論〔1992年3月，判例タイムズ社〕4頁など）。仮にそうだとすると，それはローゼンベルク・証明責任論の影響によるのであろう。加藤(新)＝細野(敦)・前掲書20頁が法規説を採る理由も，ローゼンベルクのいう

「訴えの原因たる請求権を発生せしめるのは，契約ではなく，契約締結にこの効果を付与するところの法律（客観的法）なのである」（証明責任論319頁）

とするし，法律行為は法律要件について意思表示を基本的な要素とする法規範のことであるが，法律行為については，これを規律する法規範を裁判規範としてのみ認める立場では，法規説に親近感を抱くことになるだろう（坂本・要件事実論7頁参照）。しかし，そうだからといって，民事裁判実務が法規説であるとはいえないのではないだろうか。私は，無名契約が適用されている判決で，その適用法

条として民法91条が摘示されている例を知らない（なお，藤原「所有権の取得時効の要件事実—民法一八六条一項をめぐって—」司研論集1977—Ⅰ2頁，15頁など参照）。

法規説は，ローゼンベルク・証明責任論319頁によると，

「根本的には，訴えの原因たる請求権を発生せしめるのは，契約ではなく，契約締結にこの効果を付与するところの法律（客観的法〔引用者注・原文はobjective Recht〕）なのである。契約およびその各構成部分は，それが法規（引用者注・原文はRechtssätzen）の構成要件をなしている限りにおいて法律効果を有するに過ぎず，もし何らかの法規が味方して力を貸してくれるのでなければ，その限り無意味である」（下線は，引用者）

という学説である。したがって，その根源に「法律が法律行為に効果を認めるのは，行為者の意欲に従って効果を生じさせ，私法的自治を達成させることが妥当と考えている」としても，それを契約の拘束力の根拠とはしていないのである。

また，ローゼンベルクは，上掲の文に一文空けた後，

「ある契約から生じる請求権についての各訴訟において，契約内容というものは，適用されるべき法規の構成要件に過ぎないのであり，そのことは，法律上ある法律効果が結びつけられているところの各法律事実—行為ないし事件—におけると異ならない。裁判官は，原告によって求められた効果（Wirkung）を契約上の約定の効果（Folge）として定められている法規を適用せねばならず，また，主張および立証ないし自白された契約内容が別な法規の構成要件をなすのであれば，その別の法規もすべて適用しなければならない」（同書319〜20頁）

といっているのであって，単なる「法（Recht）」ではなく「法規（Rechtssätz）」すなわち市民の権利・義務に影響を及ぼす規定のことである。要するに，ローゼンベルクは，権利関係の変動する根拠が契約であることを否定する決め台詞として客観的法といっているのであり，その実意は，個々の法規であるというのである。

これが法規説の実体であるが，そうだとすると，無名契約の拘束力の根拠はなにかということになる。加藤(新)＝細野(敦)・前掲書21頁は，前出したように，民法91条により法規の裏付けを伴ったといい，坂本・要件事実論7頁は，

「非典型契約については，民法91条又は同条が前提となる不文の法（慣習法，判例法等）を契約の拘束力の根拠としてい」る

というのであるが，そうだとすると，同条の起草ないし制定当時予想もされていなかったようなたとえばライセンス契約やパック旅行契約などの拘束力も同条により法規の裏付けを伴っているというのだろうか。

I 要件事実の前提となる事項

　そもそも，同条は，法典調査会の民法の議事において提出され決議されたものではなく，同調査会の民法整理会の議事において提出され決議されたものである。すなわち，明治28年12月20日の第6回整理会において88条2項（黒字の90条2項＝現行87条2項）のただし書「但法令，慣習又は法律行為ニ別段ノ定アルトキハ此限ニ在ラス」に対し，富井起草委員から法令および慣習を削る趣旨の修正案が出て，梅起草委員および穂積起草委員との間で取り分け慣習を削ることについて激しい議論があり，一旦は富井起草委員の修正案が決議された（法務大臣官房法制調査部監修・法典調査会民法整理会議事速記録〔日本近代立法資料叢書14。昭和63年10月，商事法務研究会〕140～160頁）後，同月24日の第8回整理会において起草委員間の妥協として今述べた同条ただし書が91条と92条に分割されたうえ，法典調査会の民法の議事において提出され決議されていたところの多くの任意規定に置かれていた「但法令，慣習又ハ法律行為ニ別段ノ定アルトキハ此限に在ラス」などのただし書をまとめる趣旨で両条が原案として提出され，議事で若干の修正を受けて決議されたのである（同書206～6頁，福島編・穂積陳重文書の研究第4部19頁，33頁。なお，民法90～2条の制定の経緯については，最高裁判所判例解説民事篇平成十一年度(上)118～9頁〈矢尾渉解説〉を参照されたい）。したがって，民法91条と92条は，統一的に解釈されるべきであるが，92条によれば，法の適用順序は，①強行規定，②事実たる慣習，③任意規定となり，慣習法は，任意規定に遅れて適用されることになるが，法の適用に関する通則法3条（法例2条と同文。法例2条では「法令ノ規定ニ依リテ認メタルモノ及ヒ法令ニ規定ナキ事項」が法適用通則法3条では「法令の規定により認められたるもの又は法令に規定されていない事項」に字句が改められているだけである）によれば，法の適用順序は，①強行規定，②任意規定，③慣習法になる。これを巡っては，種々の意見があるが，加藤（新），細野（敦），坂本の諸氏は，この辺りをどのように解されるのであろうか。また，商行為は，なにを契約の拘束力の根拠とされるのであろうか。そして，商慣習法と商法1条2項の規定をどのように解されるのであろうか。

　このように，民法91条を無名契約の拘束力の根拠とするにはいろいろと疑問がある。同条は，要するに，

91「条ノ規定ハ始ト説明ヲ要セサルモノトス唯別段ノ意思ハ之ヲ表示（明示又ハ黙示ニテ）スヘキコトヲ原則ト為シタルト既成法典ニ於ケル如ク各種ノ場合ニ付キ此事ヲ復言スルノ煩ヲ省ク為メ茲ニハ一括シテ此規定ヲ設ケタルニ過キス而シテ本案ニ於テモ稍〃疑アリト認メタル場合ニハ殊ニ別段ノ意思表示ヲ容ルヽコトヲ明示シ以テ本条ノ趣旨ヲ一貫スルコトヲ計」（廣中編著・民法修正案（三編）の理由書140頁）った

のである。であるから，

同条「ハ法律行為ト任意法（引用者注・任意規定のことである）トノ関係ヲ規定シタルモノ」（松波ほか・民法正解 2 巻 557 頁）

であって，私的自治の原則を前提とする規定とはいえ，無名契約（坂本氏のいわれる「非典型契約」と同旨であろう）上の権利の変動やその原因である法律要件が規定されているわけではないのである。すなわち，法規説が「契約およびその各構成部分は，それが法規の構成要件をなしている限りにおいて法律効果を有する」とすると，契約およびその各構成部分が法規の構成要件をなしていないのである。したがって，同条は，無名契約の拘束力の根拠となる規定とはいえないのである。

　そのうえ，法規説は，文構造説につながる可能性がある。ローゼンベルクは，上述したように契約の拘束力について法規説を採り，証明責任の分配について，ということは主張責任の分配についてでもあるが，文構造説を提唱する。文構造説は，わが国では規範説といわれ，一口でいうと，主として本文とただし書，1 項と 2 項といった法条の表現・構造を規準として証明責任の分配を説くのであるが，この説は，後に詳述するように，現在ではドイツにおいてすらほとんど支持者のいない状態になっている。

　ここに法規説または文構造説によって主張責任の分配ないし証明責任の分配をしたのではないかと思われる 1 例を挙げておきたい。法規説をとることを明示される定塚氏は，「主張立証責任論の構造に関する一試論」司研論集 1984- II 43〜4 頁で，当事者は，権利（抗弁権，再抗弁権をも含む）を主張するについては，最小必要限度の事実を主張立証すれば足りるとされたうえ，「贈与契約に基づく履行請求に対し，取消を抗弁とする場合に取消の意思表示の到達さえ主張立証できれば，一般の取消原因（無能力，詐欺，強迫）事実や，贈与契約の当事者が夫婦であること（七五四条）を主張立証する必要がな」い

といわれ，そのうえで，49 頁で

　「夫婦間の書面でなされた贈与契約が取り消された場合に，贈与意思が詐欺または強迫に基づくことを再々抗弁とすると同様に贈与契約当事者が夫婦であったことを再々抗弁とするか……夫婦であることと取消の意思表示を予備的抗弁とするか……についても生ずる問題である」

といわれる。

　これを前の問題と考えて図式化すると，次のように主張・証明責任の分配をするということであろう。

　1）　請求の原因

Ⅰ　要件事実の前提となる事項

　　①　原告―被告　被告を贈与者とし原告を受贈者とする贈与契約の成立
　2）　抗弁
　　②　被告→原告　贈与契約の取消しの意思表示・到達
　3）　再抗弁
　　③　①の贈与契約が書面によるものであること
　4）　再々抗弁
　　　ⅰ）　その1
　　④　原告→被告　詐欺または強迫
　　　ⅱ）　その2
　　⑤　原告と被告　夫婦であったこと

　しかし，これは，この論文が発表された当時の民法550条が贈与を「取消す」と規定されていたところ，当時から通説によって同条の取消しは撤回であると解されていたことを無視された結果であろう。取消しと撤回とでは，要件が，前者では取消権者を措くとしても制限行為能力者の法律行為であるか瑕疵ある意思表示であるかである（民120(36)）のに対し，後者では取消し原因を必要としない違いがあり，効果も，前者では行為の不確定的であった有効がはじめから無効であったことになるのに対し，後者では効果が将来に向かって消滅する違いがあって，つまりは攻撃防御方法の内包関係にはないのである。上述の見解の採る法規説取り分け文構造説は，民法典の各規定の条文を金科玉条とすることから，上述のような誤解が生ずるに至るのではないだろうか。私見でこの例の主張責任の分配をすると，次のようになる。

　1）　請求の原因
　　①
　2）　抗弁
　　　ⅰ）　その1
　　⑥　被告――原告　①の贈与契約が書面によらないこと
　　⑦　被告―→原告　①の贈与契約の撤回の意思表示・到達

---

(36)　改正法120条2項については，前述したので，同条1項について示すと，現行120条1項の「制限能力者」の次に括弧書で，「他の制限行為能力者の法定代理人としてした行為にあっては，当該他の制限行為能力者を含む。」が加えられた。これは，改正法102条が「制限行為能力者が代理人としてした行為は，行為能力の制限によっては取り消すことができない。ただし，制限行為能力者が他の制限行為能力者の法定代理人としてした行為については，この限りではない。」と現行102条を改められたことと連動する規定であるが，主張責任の分配ないし証明責任の分配については取り立てて論じなければならないことはない。

ⅱ）　その２（予備的）

⑧　贈与契約が書面によるとしても，原告と被告　夫婦であったこと

1-1-4　履行期の約定を契約における申込みおよび承諾または交叉する申込みの各意思表示の一部であると理解することの当否

〔履行期とは，どのようなものか〕

　履行期とは，債務者が債務の履行をしなればならない時期のことである。債務の履行はすなわち債務の弁済であるから，弁済期ともいわれる。また，貸借契約では返済期といわれることがある。

　「法律行為の概念は，抽象的にすぎ，その中に種々の異なったものを含むのだから，法律行為一般という形での議論には，大きな危険がある」（星野（英）「現代における契約」民法論集 3 巻 12 頁）といわれている。そして，法律行為については，さまざまな問題がある（星野（英）「法律行為の過去・現在・将来」注民(3)のしおりである随想注釈民法など。それをかなり加除された論文が同・民法論集 4 巻 159 頁以下に収録されている）ので，以下では，そのうちの「契約」にかぎって論じることにする

　契約における履行期は，期限の一種で，民法 135 条 1 項にいうところの始期のことである。それは，契約中などの約定か慣習か法律の規定かによって定められている場合と，履行期について慣習も法律の規定もないか，債務を負担する契約で履行期を定めない約定（いつでも履行する約定）があるか，履行期の約定をうっかりしなかったかあえてしなかったかつまり履行期が定められていない場合とがある。特定の日時または一定の期間内に債務の履行がなければ契約をした目的を達することができない定期行為（民 542(37)，なお商 525 参照）には，契約の性質に

---

(37)　改正法では，現行 542 条および 543 条本文を合わせて 542 条とし，表題も「催告によらない解除」とし，現行 542 条末尾の「相手方は，……直ちに……できる。」が改正法 542 条 1 項冒頭の「次に掲げる場合には，債権者は，……直ちに……できる。」と，現行 542 条の冒頭から「その時期を経過したときは，」までの「当事者の一方」を「債権者」に代えたほかが改正法 542 条 1 項 4 号に（ただし，句点が読点に）なっている。そこで，改正法 542 条 1 項 1～3 号および 5 号ならびに 2 項の定める要件事実の説明は，省略し，同条項 4 号の規定する債務者が定期行為として履行すべき債務を遅滞したことより債権者が取得する契約の催告によらない解除権の根拠事由および解除権の行使に限定して次にその説明をしておく。①　基本債権の発生原因事実として契約が成立したこと（当事者の意思表示により，特定の日時または一定の期間内に履行しなければ契約をした目的をたっすることができないこと〔相対的定期行為〕はもちろんのこと，契約の性質により，特定の日時または一定の期間内に履行しなければ契約をした目的をたっすることができないこと〔絶対的定期行為〕も，この契約の内容となる），②　（履行遅滞によると解除に基づく原状回復請求権と履行不能による解除に基づく原状回復請求権を同一の訴訟物と解する立場

I 　要件事実の前提となる事項

よってそうなるもの（絶対的定期行為）と当事者の意思表示によってそうなるもの（相対的定期行為）とがある。こうして，給付を求める契約には，片務契約にせよ双務契約にせよ，債務の履行について，確定期限があるか不確定期限があるか期限を定めなかったかのいずれかがあるとともに，これ以外の期限というものはないのである（民412[(38)]参照）。なお，また，履行期を契約中で定めなくても後にそれについて合意することができることはいうまでもない。

　給付請求権は，特定の他人に対して一定の給付を要求することができる権利であり，これを債務者の側からいうと，給付の債務を履行すべき義務であるから，その義務を果たす時間的限界がなければならない。旧民法財産編403条3項は，「債務者ノ為シ得ヘキ時又ハ欲スル時ニ弁済ス可シトノ語辞アルトキ」云々と，債務の履行についてその時間的限界をなんらかの事項で確定する時期を定めない約定をしたときのことを定めていたが，現行民法は，その立法段階で，大激論の末これを定めなかった（法務大臣官房司法法制調査部監修・法典調査会民法議事速記録一〔日本近代立法資料叢書1〕〔昭和58年12月，商事法務研究会〕〔以下「法典調査会民法議事速記録一」という〕330～48頁）。こうして，民法の法規上は，債務の履行についてはそれを果たすべき時間的限界があることになった（民412参照）。そして，履行期を定めた契約上の債務は，履行期限が到来するまでは債務の履行をしなくてもよいが，履行期を定めなかった契約上の債務は，契約の有効な成立と同時に履行しなければならないこととなった。これを請求権者の側からいうと，履行期の定めの付いた契約上の請求権は，履行期が到来してはじめて行使が可能となり，履行期を定めなかった契約上の請求権は，契約の有効な成立と同時に履行期が到来して行使が可能となるということである。

〔履行期の約定は，契約の内容となる約定ではないか〕

　行為規範の定める法律効果を権利の発生，変更および消滅であるとすると，契約においては，その当事者が作出した契約規範が行為規範となる。そうすると，

　　と要件事実の解釈に民事訴訟の態様などを入れることを排斥し両請求権を別個の請求権とする立場で争いがあるが，後者の立場では，）履行が可能であること（訴訟では黙示的に主張されればよい），③　違法性があるいこと（同時履行の抗弁権の不存在については，いわゆる行使効果説を採る），④　債務者が定期行為の履行をしないで定期行為の時期を経過したこと，⑤　債権者が解除の意思表示をしそれが債務者に到達したこと（改正法510 I，97）。

(38)　改正法412条1および3項は，現行法同条1および3項に加除変更はないが，2項については，「債務者は，」の次に「その期限の到来した後に履行の請求を受けた時又は」が加えられた。したがって，契約で債務の履行期を不確定期限としたときは，その履行遅滞による解除権などの権利根拠事由中に，「債務の履行期を不確定期限としたときは，債務者が不確定期限の到来した後に履行の請求を受けた時またはその期限の到来したことを知った時のいずれか早い時が何時かを決定すること」を加えなければならない。

一般的にいえば，履行期はその到来によって給付請求権の給付すなわち給付請求権の求めるところの利益の享受が可能になる，つまり実質的な法律効果が生ずるから，履行期の約定の有無および履行期の到来つまり履行可能性の存在がなければならず，履行期の約定は，行為規範である契約規範の定める法律要件を組成する素因である法律事実であるということになる（履行期の到来は，後に述べる権利行使事由である）。履行期未到来の請求権も，確認の利益があるかぎり，確認の訴えの請求の内容になるし，仮差押えの被保全権利になりうるから，その請求権自体が法律効果を生ずるといってよい。しかし，これらの場合にも，履行期の約定の有無は，行為規範である契約規範の定める法律事実であることに変わりはない。

　私は，以前，末川博士の「私権の行使」法学論叢20巻1号（昭和3年7月）222〜4頁（この論文は，同・不法行為並に権利濫用の研究〔昭和8年4月，岩波書店〕221頁以下および同・権利侵害と権利濫用〔昭和45年7月，岩波書店〕79頁以下に収録されている）から示唆を受けて，請求権には履行期の未到来あるいは不行使の・ポテンシャルとしての請求権と履行期の到来して行使されまたは将来における履行期の到来とともに行使することを予告された・アクチュアルとしての請求権の二つがあるのではないかとする考えを述べたことがある。ポテンシャルとしての請求権は潜勢的な状態，つまり他人から利益を享受するまたは他人を意思支配する前の法的力であり，アクチュアルとしての請求権は他人に対して具体的な利益享受または意思支配となる行為をすることを求める現実化した法的力である。そうすると，ポテンシャルにしろアクチュアルにしろともに請求権としては発生しているのであって，ただ，アクチュアルとしての請求権においては，履行期の到来が必要であり（したがって，アクチュアルとしての請求権は，後述する石坂音四郎博士のいわれる「履行期到来セル請求権」と同じである），履行期の約定の有無を含む請求権の存在と履行期の到来が法律効果の原因である法律要件であるのに対し，ポテンシャルとしての請求権においては，履行期の約定の有無を含む請求権の存在が法律効果の原因である法律要件であるということである。そして，アクチュアルとしての請求権は，その請求権が目的とする利益享受または意思支配を実現するものであるから，権利を一定の利益の享受の手段として私法が一定の資格を有する者に与える力であると解する以上は，権利といってよく，権利であるとすれば，条件・期限は，請求権を構成する部分であるから，訴訟上の請求内容は，権利の存否といえばよく，期限とその到来を権利の存否とは別枠のものとして，それを含める趣旨で権利の存否「等」ということは不要のことになる。

　〔履行期未到来の請求権と履行期の到来した請求権とでは，どのように違うのだろうか〕

I 　要件事実の前提となる事項

　請求権は，債権としばしば混同して用いられるが，請求権と債権は本来的には別個の権利概念であるというべきであろう。このことは，債権には対語として債務があるが，請求権にはそれに相応する対語がないことによっても明らかであろう。

　まず，請求権であるが，請求権という概念は，フランス語にはなく（フランス法では，債権の請求可能性とするようである），ドイツ法に由来するものである。そして，ドイツにおける学説の影響もあって，かつては債権を請求権の一種として請求権を債権の上位概念とする説（勝本正晃・債権法総論概論〔昭和7年2月，巌松堂書店〕11頁）や，債権と請求権を同一視する説（川名兼四郎・債権法要論〔大正4年10月，金刺芳流堂〕1頁，3頁）があった。しかし，現在では，債権と請求権とは別個の権利であり（もっとも，民法167条の定める「債権」については，これを請求権として理解する見解があるなど，債権と請求権の異同について議論がある），しかも，債権が請求権を包摂する概念であると解されている。ところが，この請求権の内容についても争いがある。

　「請求権なるものは即時の行為要求権を意味するものであるが，債権にあってはこの給付請求権が発生するのは債権が弁済期に達してからのことである」（柚木馨－高木多喜男補訂・判例債権総論〔補訂版〕〔昭和46年12月，有斐閣〕6〜7頁）。すなわち，

　「履行期未到来の債権においては，債権は存在しても請求権はいまだ発生せず，請求権は債権の履行期到来によりはじめて発生すると解」（民事法学辞典〔増補版〕下巻1088頁〈奥田昌道〉）することができる

とするのである(39)。そういうことならば，履行期の約定の有無，その到来すなわち履行可能性の存在は，請求権とともに権利の発生という法律効果の原因である法律要件の一部または法律事実ということになる。しかし，請求権は，債権のみから発生するものではない。物権または身分権からも発生する。しかも，この解釈では，履行期到来前の請求権は，債権として譲渡ができるだけで，請求権としては譲渡することができず，また，確認の利益があっても請求権の存否の確認

---

(39)　来栖三郎・契約法（法律学全集）〔昭和49年9月，有斐閣〕249頁が，消費貸借についてであるが，民法（587条）は借主の返還義務のみ述べている。そこから一見消費貸借の効力として借主の返還義務が目立つ……として，ギールケ Gierke, Otto Friedrich von（1841〜1921）の「消費貸借の主たる内容が借主の返還義務にあるとみてはならない。それは契約関係の終了と共に初めて生ずる。目的物を受け取るや否や直ちに返還すべき消費貸借は無意味であろう。寧ろ期間の満了または告知（契約を将来に向かって終了せしめる一方的意思表示）によって契約の終了するまで使用を許容する貸主の義務が契約の主眼である」という言葉を引用し，消費貸借も一つの継続的債権契約であるというのも，この説と同様の考えになるであろう。

訴訟を提起することも，これを差し押さえたり仮差し押さえたりすることもできないことになろう。

「請求権ハ債権ノ本質ニ属シ請求権ナキ債権ハ之ヲ認ムルヲ得ト雖モ請求権ハ債権其モノニアラス両者ハ之ヲ区別シ請求権ヲ以テ債権ノ効力ト解スルヲ正当トス……債権ニ在リテハ其発生ト共ニ請求権ハ発生ス条件附債権ニアリテハ債権ハ未タ発生セサルカ故ニ請求権モ亦発生セス然レトモ既ニ債権発生セル以上ハ履行期カ未タ到来セサルモ請求権ノ発生ヲ妨クルコトナシ或ハ請求権ハ現実ニ義務者ヨリ履行ヲ請求スルコトヲ得ルニアラサレハ発生セストナス見解アリト雖モ通説ハ履行期前ニ請求権ノ発生ヲ認ム蓋履行期カ未タ到来セサル以前ニアリテハ債権者ハ現実ニ履行ヲ請求スルヲ得スト雖モ将来ニ於テ債務者カ履行ヲ為スヘキコトヲ請求スル権利ヲ有スルモノトナスコトヲ得サル理由ナシ履行期ハ権利其モノノ発生ヲ将来ニ延期スルニアラス唯即時ニ履行ヲ請求スルノ権利ヲ延期スルノ効力ヲ有スルノミ更ニ義務ノ方面ヨリ観察スレハ履行期到来ニ於テ債務者ハ既ニ義務ヲ負担ス履行期到来ニ依リテ始メテ義務ヲ生スルニアラス故ニ其義務ニ対シテ請求権カ存在スルコトヲ認メサルヘカラス此ノ如ク請求権ハ履行期前ニ既ニ存在スルカ故ニ債権ト同シク履行期到来前ノ請求権（nichtfälliger Anspruch）ト履行期到来セル請求権（fälliger Anspruch）トニ分ツコトヲ得」（石坂・日本民法第三編債権総論上巻〔訂正版合本〕〔大正5年9月，有斐閣書房〕30〜2頁）と解さざるを得ないのではないだろうか(40)。そうすると，債権は，債権者が債務者に対して一定の給付を請求し，債務者からの給付を受領し，それを保持することができる権利であるが，請求しえない債権も理論的には成り立つというべきであるから，給付を請求しうることは，債権の原則的な内容にすぎず，給付を受領し保有しうることが債権の本質的な内容とみるべきであろう（我妻・新訂債権総論（民法講義Ⅳ）〔昭和39年3月，岩波書店〕6頁参照）。そればかりでなく，請求権は物権からも身分権からも流出するから，請求権は，債権の一部というよりはそれと交錯する権利ではないだろうか。

　いずれにしても，前述したごとく，一般的にいえば，給付請求権の給付すなわち給付請求権の求めるところの利益の享受は，履行期の到来によって可能になる。つまり実質的な法律効果が生ずるから，履行期の約定の有無および履行期の到来つまり履行可能性の存在がなければならない。実定法上自然債務が認められるかどうかについては議論のあるところであるが，認められるとすれば，その反対形

---

(40)　ただ，この見解では，請求しえない債権を認めえないが，まれにではあるとしても，約定により，債務の履行を債務者のまったくの任意にまかせ，債権者としては請求することができない債権もあるのではなかろうか。

I　要件事実の前提となる事項

象である債権（請求権）も権利でありながら（たとえば，時効消滅した債権でも，相殺の自働債権とすることができる〔民 508〕から権利性はあるのである），一般的には行使することができない。また，履行期（の定め）があるときは，履行期が到来するまでは行使可能性がなく，行使することができない。こうして，請求権をもって給付を要求する権利とする以上は，給付を要求することができる状態であることが必要であるから，請求権は，現在または将来における履行期の到来等履行の可能性が存在しなければならないというべきである。履行期が観念される請求権においては履行期の定めは，それを行使するにあたって，もっとも一般的な法律上の障害であって，履行期が到来してはじめてその請求権を行使することができることになる。

　ところが，司研・要件事実 1 巻 119 頁は，

　「法律行為の効果として発生する債権（請求権）は，発生すれば直ちにこれを行使することができる。すなわち，履行の請求をすることができるのが原則である。法律行為に始期が付されると，期限が到来するまで履行の請求ができなくなる。この意味で，始期が付されていることは，その法律行為に基づく債権行使に対する阻止事由[41]であり，履行の請求を拒む当事者に主張立証責任がある。これに対し，期限の到来は，債権行使を阻止していた始期の法律要件としての効果を消滅させ，行使を可能にする事実であるから，右阻止事由の消滅事由であり，履行の請求をする当事者に主張立証責任がある」

といい，履行期を契約成立の法律要件の枠外に置き，履行期の有無およびその到来をその法律効果の埒外であるとする。すなわち，権利発生または権利根拠事由である請求権の存在と切り離して，権利発生障害事由，権利行使阻止事由または権利発生障害消滅事由であるとするのである。この見解は，ローゼンベルクがそういうから（証明責任論 187 頁など）であろう。しかし，この考えは，誤っている。そのことについては，後に詳しく述べる。

1-2　民法上の規定を行為規範と解するか裁判規範と解するかによる効果および要件の異同について二，三の例

　以下において，二，三の例についてまず民法上の規定を行為規範と解することによる効果および要件の，次いで同規程を裁判規範と解することによる効果および要件の当否を検討してみたい。ただ，裁判規範と解すると，裁判所は，民法典の各規定の効果および要件またはその解釈を自由に設定することができるという

---

(41)　司研・要件事実 1 巻 48 頁では，「停止期限（始期）は，その対象となった法律行為の効果の発生を障害する事由となり（民法……一三五条一項参照）」という。

84

4 行為規範の構造

考えがあるようである。そこで、裁判規範と解することによる効果および要件は、通説的見解に限定して取り上げることとする。

1-2-1 その例1──停止条件付き契約

はじめに、私見である民法上の規定を行為規範と解する立場に立って議論する。

〔停止条件付き契約当事者各自のする・契約に停止条件を付する旨の意思表示は、契約の意思表示と不可分一体のものではないか〕

無条件の契約の場合には、契約が有効に成立すれば権利がただちに発生するが、停止条件付き契約の場合には、契約が有効に成立しても、条件付き権利が発生するだけで、条件の成否が未定である間はその権利が存続するものの（民128、129）、契約が目的とした権利はただちに発生することはなく、ときに停止条件が不成就に確定して権利が発生しないこともあり、権利が発生するとしてもそれは停止条件が成就したときである。

また、民法528条は、「承諾者が、申込みに条件を付し……てこれを承諾したときは、その申込みの拒絶とともに新たな申込みをしたものとみなす」[42]と規定する（松本博之・証明責任の分配〔新版〕〔1996年〔平成8年〕7月、信山社出版〕108頁では、後に紹介する抗弁説でも民法528条は契約の成立の規定であろうといい、「抗弁説はむしろ、被告が契約の締結を認めつつ停止条件の合意が含まれていることを陳述する場合、すなわち被告も契約締結を前提として振舞う場合を問題としている。この場合には、被告は、契約に基づく法律効果が停止条件の成就まで発生しないことを主張するのであって、契約の成立それ自体を否認するものではない」というが、この考えは、主張責任の分配ないし証明責任の分配に具体的な訴訟における当事者の態度を勘案するものであって、賛成することができない）。

そのうえ、民法131条2項が、停止条件の成就しないことが法律行為の時に既に確定していたときは、停止条件以外の意思表示に無効事由がなくても停止条件付き法律行為を無効とする旨を定め、同法132条が、不法な停止条件を付した法律行為は停止条件以外の意思表示が適法であるか否かにかかわらず、停止条件付き法律行為を無効とする旨定めるのも、停止条件が契約本体と一体不可分の意思表示とした趣旨を示すものであるとみるのが素直な解釈であろう。

───────────

（42）みなす」は、周知のように、鷺を烏といいくるめるための法律用語である。林修三・法令用語の常識29頁には、「『みなす』は、いうまでもなく、Aということとは元来性質のちがうBということを、ある法律関係では、同一にみるということである。『みなす』とされた場合は、『推定する』とちがって反証を許さない。いくら当事者の間で、それは事実とちがうといっても認めない。いわば、法律の力で、白を黒といいくるめてしまうのである」とある。

85

I　要件事実の前提となる事項

「もし，条件をして，その附せられる法律行為とは別個独立のもので，それが法律行為に付加されているにすぎないものとみるならば，その条件事実のみが不法のときは，法律行為の一部無効の法理によってその条件だけを無効とし，その法律行為は無条件のものとして取り扱うことも，理論上不能ではない。しかし，条件をして，その法律行為とは別個独立のものではなく，その法律行為の一体的内容をなすものと解するときは，条件の不法性はその法律行為の全体に及ぶことになる」(於保不二雄編・注民(4)〔昭和42年9月，有斐閣〕375頁〈金山正信〉)からである。

〔条件付き契約と無条件の契約とは，別の契約ではないか〕

加えて，契約には，条件についていえば，条件付きの契約と無条件の契約（いわゆる単純債務の契約）とがある。このことは，ローゼンベルクも認めるし（証明責任論336頁），民法上も明らかであって，停止条件が契約締結時にすでに成就していたとき，解除条件が成就しないことが解除条件付き契約締結時にすでに確定していたとき，あるいは，不能の解除条件を付した契約は，いずれも無条件の契約となるのである（131 I 前段，同条 II 後段，133 II）。

そうすると，条件付き契約と無条件の契約とは別の契約ということになるのではないだろうか。

〔停止条件付き契約の停止条件の成就により発生する権利と無条件の契約により生ずる権利とは，別の権利ではないか〕

権利は，社会事象が個別的法規範を構成する行為規範の定める法律要件を充足すると変動し，停止条件付き契約と無条件の契約とが別の契約であるとすると，有効に成立した停止条件付き契約の停止条件の成就により発生する権利と有効に成立した無条件の契約（ただし，停止期限付きであることを措く）により契約成立時に発生した権利とは別の権利ということになる。

停止条件付き契約が有効に成立しても，ただちに生ずるのは，条件付き権利（民128，129参照）であって，停止条件が不成就に確定したときは，目的とした権利は生じない。目的とした権利が発生するのは，停止条件が成就した時である（民127 I）。発生した権利の効果を成就以前にさかのぼらせるには，当事者が停止条件付き契約中か後に取り結ぶ合意かによってその旨の意思表示をしなければならない（同条III）。

停止条件の成就によって発生した権利は，条件付き権利が停止条件の成就によって凝結したものか否かについては説が分かれているようであるが，条件付き権利は，条件の成否が未定の間において条件が成就したならば受けるであろう利益を権利として承認したもの――期待権の一種――であるから，それが条件成就

によって発生した権利に凝結すると解すべであろう（反対，於保・財産管理権論序
説 319 頁は，条件の成就により発生した権利が期待権に吸収されるとする）。

　こうして，有効に成立した停止条件付き契約の停止条件の成就によって発生し
た権利と有効に成立した無条件の契約によって発生した権利とは異なるものであ
る。このことは，次に述べる民法 513 条 [43] の規定によっても明らかである。

　〔民法 513 条 2 項は，条件付き債務と無条件債務が別の債務であることを定め
　ているのでないか〕

　このことは，次に引用する法典調査会における梅起草委員の同条の起草趣旨の
説明に照らしても明らかである（法典調査会民法議事速記録三 602〜3 頁）。

　「夫レカラ第二項ノ規定ハ是レハ既成法典ノ第四百九十条ヲ改メマシタモノデ
アリマス既成法典ノ第四百九十条ニハ『当事者カ期限条件又ハ担保ノ加減ニ因リ
又ハ履行ノ場所若クハ負担物ノ数量品質ノ変更ニ因リテ単ニ義務ノ体様ヲ変スル
トキハ之ヲ更改ト為サス』トアル成程此条件ト云フモノハ仏蘭西学者抔ノ一般ノ
観念デハもだりてゐー [44] ガアツテモナクテモ契約其他法律行為ノ成立ニ関係ノ
ナイ様ニ解キマスケレドモ併シ乍ラ此条件ト云フモノハ夫レガ到来シナケレバ丸
デ法律行為ハ効力ヲ生ゼヌ到来スレバ全ク効力ヲ生ズル或ハ停止条件（解除条件
の誤り）デアリマスレバ其条件ガ到来シナケレバ成立シテ居ルケレドモ若シ其条
件ガ到来スルト少ナクトモ其時カラ法律行為ガ効力ヲ失ナツテ仕舞ウ斯ウ云フモ
ノデアリマスカラ普通ノもだりてゐートハ違ウ丸デ債務ノ性質ニ反シテ居ル今迄
有ルノヲ無クスルトカ無イノヲ加ヘルト云フノノ更改ト見ナイト云フノハ頗ル穏
カデナイノデハアルマイカ債務ノ要素ト云フ中ニハ普通ノ用語カラ申シタナラバ
這入リマセヌケレドモ他ノ要素ヲ変ヘルノト同ジ位或ハモツト夫レヨリモ大イナ
ル変化ト見テ宜カラウト思ヒマス，御承知ノ通リ羅馬法ニハ斯ウ云フ条件ヲ加ヘ
ルトカ取ルトカ変更スルトカ云フ様ナ事柄ハ矢張リ更改ト見テ居ツタノデス，ケ

（43）　改正法では，現行 513 条 1 項の「債務の要素を変更する」を「従前の債務に代えて，
　　新たな債務であって次に掲げるものを発生させる」に，「その」を「従前の」に改正し，
　　改行のうえ 1〜3 号を「一　従前の給付の内容について重要な変更をするもの　二　従前
　　の債務者が第三者と交替するもの　三　従前の債権者が第三者と交替するもの」として加
　　え，現行 2 項を削除した。したがって，改正案の下では本項の問題は生じないが，現行法
　　513 条 2 項には，このような議論があったことを知っておく必要があるだろう。ちなみに，
　　ある契約が更改か債権譲渡か債務引き受けかなどを慎重に見極めなければならないが，更
　　改であるとすると，それは，その有効な成立という一つの法律要件が債権の消滅と債権の
　　発生という二つの法律効果を生ずるめずらしい行為規範であるから，これについて主張責
　　任の分配ないし証明責任の分配をすると，更改契約の成立が事案によって債権の存在の主
　　張する者の権利根拠事由および権利根拠効果になったり，その主張を争う者の権利滅却事
　　由および権利滅却効果になるというめずらしい裁判規範を見出すことになる。
（44）　「もだりてゐー」というのは，フランス法でいう限定条項といった意味であろう。

87

I　要件事実の前提となる事項

レドモ此仏蘭西民法其他仏蘭西民法ニ倣ヒマシタ国々デハ之ヲ更改ト見ナイト云フ主義ガ大分行ハレテ参リマシタケレドモ私共ノ考ヘマス所デハ理論ニ於テモ実際ニ於テモ少ナクモ条件丈ケニ付テハ羅馬法ノ主義ノ方ガ却テ佛蘭西民法既成法典抔ヨリモ宜イコトニ思ヒマシテ是丈ケヲ特ニ掲ゲルコトニシマシタ夫レカラ四百九十条ノ中デ矢張リもだりてゐ一ニシテ期限ノコトガアル成程羅馬法ニハ期限ヲ加ヘタリ有ルモノヲ無クシタリスルノハ矢張リ更改ニ見テアツテ或ハ理論上其方ガ正シイカモ知レマセヌ私一己ノ考ヘヲ以テスレバ其方ガ正シイト思ヒマスガ是レハ甚ダ不便デ仕方ガナイ無期限デ債務ヲ負フテ居ツタ者ガ都合ガ悪ルイノデ弁済ガ出来ヌドウゾ少シ猶予シテ呉レト云フノデ猶予期限ヲ与ヘルト夫レデ前ノ債務ガ丸デ消エテ仕舞フト云フコトデアレバ夫レニ関スル担保ヲ初メトシテ総テノ債務ガ皆消エテ仕舞ヒマスカラ夫レデ頗ル不便デアルト思ヒマス夫レデ此点ハ矢張リ既成法典ノ主義ヲ取リマシテ主義ハ取リマスケレドモ是レハ態々書ク必要ハナカラウ斯ウ云フモノガ更改ダト言ツテ置ケバ夫レヨリ外ノモノハ更改デナイ誰モ期限ガ債務ノ要素ダト考ヘルモノハアルマイト思フ夫レデ是レハ要ルマイト思ヒマス……」。

　梅博士は，民法要義巻之三債権編（明治30年7月〔ただし，私が参照したのは，明治32年6月発行の訂正増補8版〕，有斐閣書房など）354〜6頁では，同条項についてこの起草趣旨の説明とは若干異なった説明をしているので，次にそれを掲げておくこととする。

　「目的（Objet Gegenstand〔引用者注・「objet, Gegenstand」のミスか〕）ナル文字ハ……少クモニツノ意義ヲ有スルコトヲ得ヘシ即チ甲ハ債務ノ包含物全体ヲ云ヒ乙ハ単ニ債務ノ履行ヨリ生スヘキ利益ノミヲ云ヘルナリ……余ハ……甲ノ意義ヲ以テ正確ナルモノト信スレトモ（引用者注・ただし，梅博士は，民法要義巻之一〔38版。大正6年2月。初版は，明治29年6月のようである〕220頁では，「当事者カ法律行為ニ因リテ生セシメント欲スル主タル効力（余カ所謂目的）」といっておられる）世ノ学者ハ此説ヲ取ラス皆乙ノ意義ニ依レリ甚シキニ至リテハ其権利ノ目的物ヲ指シテ直チニ債務ノ目的ナリト曰ヘリ故ニ『条件附債務ヲ無条件債務トシ，無条件債務一条件ヲ附シ又ハ条件ヲ変更スル』カ如キハ敢テ之ヲ目的ノ変更ト視ス従テ此場合ニハ更改ナキモノト認ムル学説及ヒ立法例最モ多シ然リト雖モ条件附債務ハ畢竟成立スルニ至ルヘキヤ否ヤ未確定ノモノニシテ之ヲ直チニ確定ニ成立スヘキ無条件債務ト為シ又ハ其反対ノ契約ヲ結ヒ又ハ甲ノ事実発生スレハ成立ニ至ルヘキ債務ヲ乙ノ事実発生スルトキハ成立スヘキモノトスルカ如キハ単ニ債権者，債務者ヲ変更シ又ハ千円ノ債務ヲ千二百円ノ債務トシ若クハ金千円ノ債務ヲ同一ノ価アル不動産ト変更スルヨリハ一層激甚ナル変更ニシテ之ヲシモ更改ト謂ハスンハ

右ニ述ヘタル各種ノ変更ヲモ敢テ更改ト為スヘキニ非ス故ニ新民法ニ於テハ之ヲ更改トセリ而シテ目的ノ意義ニ付キ一般ノ学説ハ余カ説ヲ容レサルヲ以テ特ニ右ノ更改ノ場合ヲ明言スルニ非サレハ往々疑義ヲ招クヘク殊ニ旧民法其他多数ノ立法例ニ於テハ皆之ヲ更改ナキモノトセルカ故ニ特ニ本条（＝民513）第二項ノ規定ヲ設ケタルナリ[45]但羅馬法ニ於テハ之ヲ以テ更改トセリト雖モ是ト同時ニ期限ノ変更モ亦之ヲ更改トセリ然リト雖モ期限ノ同シカラサルハ単ニ履行ノ時期ノ異ナルノミニシテ敢テ債務ノ要素ニ変更ヲ来ササルカ故ニ之ヲ以テ更改ト為スハ聊カ当ラサルモノアルカ如シ故ニ新民法ニ於テハ之ヲ取ラサリキ」。

　ところが，司研・要件事実1巻50頁には，民法513条2項の定める債務の要素を変更したものと「みなす」を「通説は，更改というためには，当事者の旧債務を消滅させ新債務を発生させる効果意思が存在することなどいわゆる更改意思が存在し，かつ，債務内容の変更などの客観的事情によって債務の同一性が変更されることが必要であって，単に条件を変更し又は付加する行為があるだけで，常に更改を生じるとは解していない」とし，「したがって，」この考えで売買代金の支払い請求において抗弁・再抗弁の取扱いをすることになるなどとする記述がある。しかし，同条項が「みなす」としたことが明らかに立法上の過誤であれば，それを指摘するのが先にすべきことではないだろうか（私は，立法上の過誤はないと思っている）。だが，それにはまったく言及することなく，ただ通説がそういっているからそれに従うといっているのである。

　起草委員梅博士が同条項の起草原案の趣旨の説明中においていわれるところのローマ法は古典期のそれにおける更改（novatio）の・当事者の交替のない更改すなわち単純な更改（novatio simplex）のうちの条件・期限の付加または撤廃のことであって，当事者が更改の意思で問答契約を締結したことが明らかなものでなければならないことになったのは，後古典期およびユースティニアヌス帝期になってからである（ゲオルク・クリンゲンベルク Georg Klingerberg= 瀧澤栄治訳・ローマ債権法講義〔2001年9月，大学教育出版〕121頁）。こうして，単純な更改すなわち「同一の当事者の間に行われる更改は，古典時代には当事者の意思によって債務関係を消滅させる原因ではなく，更改が行われるときは，法の規定によって債務関係が消滅するものとして取扱われた」（船田享二・ローマ法3巻〔改版〕〔1970年7月，岩波書店〕582頁）のである。このように，民法513条2項の規定は，同条

---

　(45)　「みなす」の意義については，注50をみられたい。したがって，同条項によると，条件付き債務を無条件の債務としたり，無条件の債務を条件付き債務としたり，条件を変更する契約は，当事者に更改意思があろうとなかろうとはたまた更改意思がないことが明らかであっても債務の要素を変更したものとみなして更改とすると定めているのである。そこには契約自由の原則を排除する趣旨が含まれているわけである。

1項の規定とあいまって，法の規定によって更改となるとしたのである。

　同条項が「みなす」とした趣旨は，昭和の初めごろまでは素直に理解されていたようである。鳩山秀夫・増訂改版日本債権法（総論）〔大正14年9月，岩波書店〕をみると，条件付き債務は債務ではないとして解釈上議論の存する条文であるとしながらも「民法ハ之ヲ更改ト看做シタルモノト解ス」（466頁）とあって，「看做シ」のところにわざわざ傍点が振られている。ところが，昭和11年に刊行された近藤英吉ほか・註釈日本民法（債権編総論）下巻（昭和11年5月，巌松堂書店）376頁〈田島順〉をみると，条件の変更による更改について更改意思を必要とするや否やは，きわめて疑問であるとしながら，当事者はこの規定かかわらず，契約自由の原則から「更改たるがためには一般の場合と同じく更改意思を必要とするものと解すべきである」となっている。どうしてこのような解釈が生まれるようになったかつまびらかにしないが，おそらくドイツ民法の解釈をそのまま継受したのではないかと思われる。ドイツ民法は，特別の制度として更改を規定していない。したがって，ドイツ民法では更改の要件は解釈にゆだねられており，ドイツ民法の更改に関する解釈論は，わが民法の513条2項の条件の変更による更改の解釈にはまったく役に立たないはずなのである。が，いずれにしても，学理解釈（無権解釈）の結論と有権解釈の一種である司法解釈の結論とはかならずしも一致するとはかぎらない。司法解釈においては立法権を侵害するような解釈をすることは絶対に許されないのである。民事訴訟に携わる裁判官が条文の文言を差し置いて学者の説に無条件に従うのは，市民の権利を保護しなければならない民事司法のレーゾンデートルにかかわる重大な問題ではないだろうか。司法研修所の意見は，裁判ではないから，司法権が立法権を直接に侵害するわけではないが，司法研修所は，裁判官の研究および修養ならびに司法修習生の修習に関する事務を取り扱うべく，最高裁判所に付置されている国家機関であるから，その意見は，裁判につながるおそれがないとはいえないのではないだろうか。

〔否認説によると，停止条件付き契約の停止条件の成就により発生する権利についての要件事実は，どうなるか〕

　条件は制限される法律行為自体の意思表示の一部を構成するものであって，別個の意思表示ではない（山本進一「法律行為の附款」民事法学辞典下巻〔増補版〕1863頁）。そうすると，停止条件付き契約における停止条件は，その契約の一部を構成するものであるから，停止条件付きであることは要件事実においては契約の不可分一体のものとして取り扱われるべきある。したがって，停止条件付き契約が成立したと思っている者は，相手方の（無条件の）契約が成立したとする主張に対しては，認めないすなわち否認することになるので，この考えを否認説と

いう。否認説によれば，停止条件付き契約を締結し，その停止条件が成就して権利が発生した場合において，権利が存在するとの請求のもとに訴訟を提起するときは，停止条件付き契約の停止条件が成就して権利が発生して存在する蓋然性のあることの要件事実（Ⅲ，1-3-3で述べる権利根拠事由）は，

① 停止条件付き契約が成立したこと

② その停止条件が成就したこと

であるから，原告は，請求を理由付ける請求の原因として①および②に該当する具体的な事実を主張しなければならない。

ところが，否認説を採ったとしても，争点になった停止条件付き契約の成立要件中の意思表示のうちの停止条件に関する部分だけが真偽不明であり，合致したその他の部分は真実であると認めるべきであると判断することができるときは，他の合致した意思表示の効果すなわち無条件の契約の成立の効果を肯定してよいとの見解を述べる向きがあるとのことであるが，否認説は，停止条件付き契約における意思表示中の停止条件部分とその他の部分とは不可分一体の関係にあると解するものであるから，裁判所が停止条件に関する部分について真偽不明の心証になったときは，停止条件付き意思表示全体を真実と認めるべきでないと判断することになるのである。とにかく，一つの意思表示中の停止条件に関する部分とその他の部分との判断等を別々にすることはできないのである。

たとえば，甥が伯父に対して贈与による建物の引渡しを求める訴訟を提起して，請求の原因として被告（伯父）が原告(甥)に対して建物を贈与した旨主張したところ，被告が東京地域で直下型地震が発生して原告の家が倒壊したときはこの家（上述の建物）をやろうといったのだと請求の原因を否認した。裁判所は，請求の原因における成立した贈与契約が無条件であったことを原告は黙示に主張していると解して証拠調べをしたが，贈与契約が無条件であったかどうか真偽不明の心証であったので，原告の請求を棄却した。無条件であったかどうか真偽が不明だということは，無条件であったあったかもしれないが，停止条件付きであったかもしれないという心証であり，原告としては無条件の贈与の成立という請求原因事実を証明することができなかったのだから，敗訴を免れないのである。

〔抗弁説には，どのような問題があるか〕

附款と契約の成立を分離して要件事実を考える抗弁説「は民法を裁判規範として捉え……ていることから来るのだと考えられます」（坂本・要件事実論 14 頁）といわれているが，果たしてそう言い切ってよいかは疑問がなくはない。が，それはそれとして，停止条件付き契約について抗弁説をとると，様々な疑問点が浮かび上がってくるのであるが，ここでは，そのうちの民法の法規の定める二つの

I　要件事実の前提となる事項

別の権利が要件事実上は一つの権利としてしまう点にしぼって，検討するにとどめる。

司研・要件事実 1 巻 49 頁は，

「抗弁説は，附款をその対象となる法律行為の成立要件とは区別される可分なものである」るとし，同書 111 頁は，

「法律行為の効力は，法律行為が成立すれば直ちに発生するのが原則である。したがって，法律行為の効果として生ずる権利の発生原因としては，その法律行為の成立だけで足りる。〔改行〕……法律行為に停止条件が付されると，本来成立とともに発生すべきであった法律行為の効力の発生が条件成就の時まで停止されることになる。この意味で，停止条件が付されていることは，権利の発生を争う当事者に主張立証責任がある。……〔改行〕停止条件の成就は，法律行為の効力発生を停止させていた停止条件の効果を消滅させ，法律行為の効力の発生を現実化する事実であるから，権利の発生を主張する当事者に主張立証責任がある」とする。

しかし，停止条件付き法律行為が有効に成立すると，条件付き権利が発生して条件の成否が未定の間はその権利が存続し，一般の規定に従って処分をしたり，担保に供することさえできるうえ，条件が成就することによって不利益を受ける当事者が故意にその条件の成就を妨げたときは，その条件が成就してものとみなすことすらできるのではないか（民 128〜130[46]）。

〔停止条件の約定と契約の成立を可分であるとすることは，できないのではないか〕

司研は，停止条件と契約の成立を可分であるとするが，これは明らかに誤っている。停止条件付き契約の成立は，申込みと承諾による契約についていえば，停止条件を付して契約の申込みをする意思表示とそれに対して承諾をする意思表示の合致であって，停止条件と契約は，不可分一体のものである。このことをもっとも的確に教示するのは，民法の起草委員であった富井博士である。富井博士は，民法原論 1 巻・総論（訂正 8 版合冊）（明治 42 年 11 月，有斐閣書房。1 巻上冊が発行されたのは，明治 36 年 2 月のようである）484〜5 頁で，

---

(46)　改正法 130 条では，2 項が新設され，「条件が成就することによって利益を受ける当事者が不正にその条件を成就させたときは，相手方は，その条件が成就しなかったものとみなすことができる。」と定められた。この新設条項は，和解調書の条項中の停止条件の不成就に関する最三判平成 6・5・31 民集 48 巻 4 号 1029 頁を立法化したものであるといわれている。そして，この新設条項は，条件付き契約の効力の消滅事由を定めたものであるから，要件事実としては，権利の存在の主張を争う者の権利滅却事由および権利滅却効果となる。

「条件ハ或不確実ナル事実ニ法律行為ノ効力ヲ繋カラシムルコトヲ定メタル条項ナリ故ニ其実質ハ一ノ意思表示ト見ルヘキモノトス然リト雖モ条件ナル語ニハ本来二ノ意義アリテ其用例一定セス屢法律行為ノ効力ヲ不確定ナラシムル事実其モノヲ指スコトアリ仏国学者ノ如キハ一般ニ条件ヲ解スルニ此第二ノ意義ヲ以テセリ我民法第一編第四章第五節ノ表題ニ『条件及ヒ期限』ト言ヒ又第百二十七条以下ニ『条件附法律行為』トアル如キハ畢竟法律行為ノ一条款即チ不確実ナル事実ニ其効力ヲ繋カラシムル意思表示ト解スルコト妥当ナルヘシ……条件ハ附款ナリトハ唯当事者カ法律行為ニ附加シタル条款ナルコトヲ謂フニ過キス其行為ニ附従ノ関係アルコトヲ意義スルニ非サルナリ従来仏法系ヲ始メトシ多数学者ノ説ニ依レハ条件附法律行為トハ条件ノ付随セル法律行為ニシテ其行為ト条件トノ間ニ分離スヘカラサル関係アルコトヲ認メサル如シ（デルンブルヒ一一六節）然ルニ此見解ハ誤レルモノト謂フヘシ蓋条件ハ法律行為ノ効力即チ権利義務ノ存立ニ繋カルモノナルコトハ近世立法例及ヒ学説ノ殆ト一致スル所ナリ果シテ然ラハ条件附法律行為トハ条件ノ付随セル行為ト見ルヘキニ非スシテ一種ノ内容ヲ有スル特殊ノ行為ト見ルコト正当ナルヘシ即チ条件ハ其行為ノ内容ヲ成スモノト解スヘキナリ」

といわれるのである（同様な論説については、拙稿「条件および期限の要件事実について」関東学園大学・法学紀要21巻1号〔2012年3月〕96～8頁に3点ほど挙げておいたので、見られたい）。この叙述から分かるように、わが民法典の起草委員は、フランス法系を始めとする多数の学者が可分説と思われる考えを採っていることを知りながら、それを誤っているとして、わが民法では条件付き法律行為について不可分説を採って起草することとしたのである。そして、この説は、わが国では通説であるといってよい（鳩山・法律行為乃至時効〔註釈民法全書2巻〕〔大正5年7月？巌松堂書店〕458頁、我妻・新訂民法総則405～6頁など）。

　〔契約の効力は，契約が成立すればただちに発生するといえないのではないか〕

　抗弁説は、法律行為の効力は法律行為が成立すればただちに発生するのが原則であるとし、停止条件の成就により生ずる権利を認めない。

　この考えは、契約の拘束力の根拠を法規であるとする説つまり法規説によるものであろう。すなわち、たとえば典型契約である贈与は、民法549条の規定から発生し、同法127条1項の定める停止条件の効果は、契約を含む法律行為の効力を制限するために付加されたものであるから、契約の効力は、契約が成立すればただちに発生することになる、とするのであろう。しかし、契約の拘束力の根拠を意思に求める意思説によれば、無条件の贈与契約の目的とする権利は、無条件の贈与契約の締結により──無条件の贈与契約が有効に成立したことにより

Ⅰ　要件事実の前提となる事項

──ただちに発生するとするのがその契約当事者の合致した意思であり，停止条件付き贈与契約の目的とする権利は，停止条件付き贈与契約が締結しただけではただちに発生せず，その停止条件の成就により発生し，成就しないことに確定すればただちに発生しないとするのがその契約当事者の合致した意思であると解する。したがって，無条件の贈与契約を原則とし停止条件付き契約を例外として考えることはできない，とするのである。

　また，契約が有効に成立すればただちに発生する権利のみがあるとし，有効に成立した停止条件付き契約の停止条件の成就により発生する権利を認めないとすると，民法127条1項の規定中の「停止条件が成就した時からその効力を生ずる」を無視することになるばかりでなく，提起した給付の訴えにおける停止条件付き契約の停止条件が口頭弁論終結時までに成就しないおそれがある場合に，あらかじめ将来の請求をする必要があるときでも（民訴135），将来の給付の訴えの請求の内容となる権利の存在，いわれるところの訴訟物は契約の成立によってただちに発生した請求権の存在で，訴訟物が同じであるから，停止条件の成就により発生する可能性のある権利について将来の給付を求める訴えに変更することができない（民訴143Ⅳ）のではないだろうか。

　さらに，停止条件の成就により生じる権利を認めないとすると，司研・要件事実1巻112頁の「条件成就の効果は，条件成就の時から発生し遡及しないものと定められているが，当事者の特約により，これを遡及させることができる。この特約の成立は，効果の遡及をいう当事者が主張立証しなければならない。」の記述と矛盾するのではないだろうか。そのうえ，停止条件の成就により生じる権利と停止条件付き契約が有効に成立したときに発生する条件付き権利との関係については，同書は民法128条から130条まで（111〜115頁）を含めても触れるところがないようであるが，この関係はどうなるのであろうか。

〔民法513条2項による更改には，更改意思が存在し，かつ，債務内容の変更などの客観的事情があることが必要であるとはいえないのではないか〕

　この問題については既述したことで更改意思の存在などを必要であるといえないことは明らかであるが，司研が私見を取り上げて批判するので，敷衍して反論しておく。

　司研・要件事実1巻50頁は，

「否認説は，附款を不可分としてみる根拠として民法五一三条二項を挙げる。しかし，同条について，通説は，更改というためには，当事者に旧債務を消滅させ新債務を発生させる効果意思が存在するなどいわゆる更改意思が存在し，かつ，債務内容の変更などの客観的事情によって債務の同一性が変更されたことが必要

であって，単に条件を変更し又は付加する行為があるだけで，常に更改を生じるとは解していない（注民⑿四八五，我妻・債権総論三六三，於保・債権総論〔新版〕四二七等）」

という。ここにいう否認説は，私見のことである。私見が同条項を挙げるのは，無条件の契約の有効な成立によって発生する債権・債務と停止条件付き契約の有効な成立によって発生する債権・債務とが別種の権利であることの根拠としてであって，附款を不可分としてみる根拠としてではないから，司研の私見に対する批判は誤解に基づくものといわざるをえないが，それは一先ず措くとして，司研がいう「いわゆる更改意思が存在し，かつ，債務内容の変更などの客観的事情によって債務の同一性が変更されたことが必要であ」るとすることは，同条項の解釈としては誤りである。

　同条項の立法趣旨および昭和の初めころまでの学説については，既述したとおりである。ところが，司研のいうとおり近時の学説は押しなべて同条項の場合を更改とするためには今述べたような要件を必要とするようである。そのうえ，否認説に立たれる松本博士も，

「条件付権利と無条件の権利を性質上別個のものと推論することができるかどうかは，疑問である。無条件の債務が発生したのちに，これに条件を付加することは，いずれにせよ債務に変更を加える債務変更契約である。しかし，これがつねに更改になるのではない」（証明責任の研究〔新版〕109 頁）

といわれるのである。

　しかし，従前の契約の内容を変更するだけの債務変更契約と既存の債権債務を消滅させるとともにそれに代わる債権債務を発生させる更改とは別種の契約であって，民法 513 条 2 項は，条件付き債務を無条件の債務としこれを条件付き債務とするのは一律に債務の要素の変更をするものであるとし，同条 1 項によって更改になると規定したのである。したがって，条件付き債務と無条件の債務は，別個のものであるといわなければならない。

　司研が論拠として挙げる参考書の著者など通説の論者は，同条 2 項の立法趣旨を読まないか読んでも趣旨，とくにローマ法の検討をしなかったか，フランス民法 1273 条（「更改は，なんら推定されない。更改を行なう意思は，その行為から明白に引き出されるものでなければならない」。訳文は，法務大臣官房司法法制調査部・フランス民法典——物権・債権関係——102〜3 頁による）やドイツにおける更改についての解釈論（BGB は，債務変更契約については規定した〔305，364 Ⅱ〕が，「特別なる制度としては更改を規定しなかった。併し乍ら，之を許し得べきことに付いては疑を容れざる処である。当事者は契約自由の原則に基いて一債務関係を消

滅せしめて新債務関係を設定し得るのであるから，此の両者を結合せしめて新債務関係の設定が旧債務関係を消滅せしむるものと為し得ざるの理由は存しないのである」（柚木＝補遺－上村明廣・獨逸民法Ⅱ〔現代外国法典叢書(2)〕〔復刻版。昭和63年8月，有斐閣〕227頁）などを参照したものであろう。この司研などの見解であると，民法513条2項の規定は不要なはずである。ところが，現行民法は，同条項後段を削除しながら，前段は現代文に改めただけで，債務の要素を変更したものと「みなす」ことまでそのまま存置しているのである。ということは，既述の同条項の起草の趣旨を承認したことを意味し，したがって，司研などの見解は，つまりは立法論であって，同条項の解釈論としては採ることができないといわなければならない。

　もっとも，平成27年3月31日に第189回国会に提出された民法の一部を改正する法律案つまり改正案によると，前述したように同条項は削られることになっている。同条項が，当事者が条件の加減により単に義務の体様を変ずるときはこれを更改としない旨定めた旧民法財産編490条1項を修正して，近代においてはわが国独自の立法となったことや，ローマ法の継授の仕方なども含めて同条項の立法の経緯などが十分に検討されたうえで削除されたのであろうか。おそらく513条2項の誤った解釈である現時の通説を尊重して，条件の内容が多種多様であることなどを理由に削除されたのではないだろうか。ただ，同条項の規定の内容のようなことは改正法同条1号に該当することが少なくないのではないかと思われる。

〔抗弁説における再抗弁の・停止条件が成就したことは，抗弁の・停止条件の効果を消滅させることだということができるか〕

　さて，抗弁説によれば，契約上の権利の存在を請求の内容とする訴えを提起したとすると，その請求の原因は，

契約の成立

であり，抗弁は，

その契約には停止条件が付いていること

であり，再抗弁は，

停止条件が成就したこと

である。なぜならば，抗弁説は，前に紹介したように，契約に停止条件が付されていることを，本来成立とともに発生すべきであった契約の効力の発生が条件成就の時まで停止されるということであり，停止条件の成就したことを，契約の効力発生を停止させていた停止条件の効果を消滅させ，契約の効力の発生を現実化する事実であるとする。そうすると，停止条件付契約においては停止条件の成

就によって権利が発生するのではなく，停止されていた本来契約の成立とともに
発生すべきであった契約の効力として権利が発生するのであって，「原告がその
条件成就を再抗弁として主張立証し，これによって右請求（引用者注・売買契約
に基づく売買代金の支払い請求）が認容されたとしても，訴訟物と異なる権利を認
容したことにはならない」（司研・要件事実 1 巻 50 頁）ことになる。

　以上をまとめると，停止条件が成就さえすれば，停止条件付き契約は，無条件
の契約と同じであることになる。こうして，抗弁説は，わが民法上では無条件の
契約により発生する権利と停止条件付き契約における停止条件の成就により発生
する権利とは，別の二つの権利と解すべきでなく，一つの権利と解すべきである
ということになるのである。

　それでは，停止条件の不成就が確定した場合には，停止条件の効力はどうなる
のであろうか。大体において，停止条件付き契約は，契約の効力の発生（それは，
通常，権利の発生である）の有無を停止条件の成否にかからしめるものであると
同時に，その有効な成立によって条件付き権利を発生させるものであって，本来
成立とともに発生すべきであった契約の効力の発生を停止条件成就の時まで停止
するものではないのである(47)。このように見てくると，抗弁説は，もともと成
り立ちえない見解ではないだろうか。

　なお，松本博士は，

　「……停止条件の成就を再抗弁とすることは，訴訟物たる権利が再抗弁によっ
てはじめて根拠つけられることになって不当であろうか。停止条件の存在が権利
障害事実だとすれば，停止条件の成就は停止条件により停止された法律行為の効
果を保持する事実（権利保持事実）であり，請求権発生の障害を除去するのであ
るから，請求原因が再抗弁を俟って完成するのでは決してないであろう」（証明
責任の分配〔新版〕109 頁）

といわれる。しかし，停止条件付き契約は，停止条件の成就により契約の目的と
した権利が発生するのである（民 127 Ⅰ。なお，Ⅲ）から，仮に権利障害事由た
る停止条件が停止条件の成就により障害が除去されるとしても，停止条件の成就
が再抗弁である以上，訴訟物たる権利が再抗弁によってはじめて根拠付けられる
ことになるのではないだろうか。そればかりか，停止条件付き契約のうち停止条
件付きであることは主張ないし証明が不可能またはいちじるしく困難であるとは
いえないし，停止条件付きを契約の不可分一体の意思表示であるとすると，その

---

　(47)　停止条件の「辞」が妥当かについては，法典調査会の民法 127 条 1 項（条文は「停止
　　　条件附法律行為ハ条件成就ノ時ヨリ其効力ヲ生ス」である）の議事において問題となって
　　　いた（法典調査会民法議事速記一 254〜5 頁）

I　要件事実の前提となる事項

解釈からいって，停止条件付きを権利障害事由としなければならない理由がないのではないだろうか。

〔停止条件が付されていたことが真偽不明のときは，抗弁説によると，どのような判決になるのか〕

抗弁説によると，上述した建物の贈与の例では，被告の・「東京地域で直下型地震が発生して原告の家が倒壊したときは」との主張は抗弁になるが，この抗弁事実について証拠調べをしたところ，裁判所の心証が真偽不明のときは，裁判所は，原告の請求を認容し，被告に対して建物の引渡しを命ずる判決をすることになる。しかし，この判決は，常識的にみてもおかしいのではないか。なぜならば，この抗弁事実が真偽不明であるということは，この抗弁事実があったかもしれないし，なかったかもしれないとの心証だからである。抗弁事実があったかもしれないのに，どうしてただちに建物を引き渡さなければならないのだろうか。

〔売買一方の予約の法的性質の理解は，停止条件付き売買契約の法的性質の理解によって異なることになるのか〕

売買一方の予約の法的性質については，停止条件付き売買契約説と純然たる一個の予約説とがある。

司研・要件事実1巻144頁は，売買一方の予約を判例（大判大正8・6・10民録25輯1007頁，大判大正12・4・9民集2巻221頁）と同じく純然たる一個の予約であるとして，

「売買一方の予約を停止条件付売買契約であるとする見解がある（我妻・債権各論中（一）二五七。注民(14)九五頁参照）。しかし，予約に関する申込及び承諾の意思表示は，売買契約の申込及び承諾の意思表示に附款を付したものと解すべきではないから，右の見解は正当ではない」

と停止条件付き売買説を一蹴している。この契約の申込みおよび承諾の意思表示に附款を付したという表現は，停止条件と売買契約を別個の意思表示とすることであろう。そして，司研・要件事実1巻の立場でいえば，契約が停止条件付きであることは抗弁であり，その成就は再抗弁であることになるが（それの誤りであることは，先に述べたところである），同書は，「本条（＝民556）一項が規定する売買一方の予約とは，予約上の権利者が予約上の義務者に対して予約完結の意思表示をすれば，義務者の意思表示をまたずに，売買契約が成立するところの形成権授与契約である。〔改行〕訴訟において予約の成立が主張された場合，その予約が本来の予約であるか一方の予約であるかは，当事者間に成立した合意の内容によって決まる問題であるから，予約の成立を主張する者は，いずれの予約であるかを明確に区別して主張しなければならない」（143～4頁）とするから，この

ことからしても，売買一方の予約を停止条件付き売買契約とすることはできない
わけである。が，いずれにしても，この要件事実1巻の停止条件付き売買説を否
定する理由は，問いに対して問いをもって答えるたぐいのものであって，理由自
体失当といってよいものである。

　しかし，他方，停止条件付き売買説の理由付けも，純然たる一個の予約説が契
約法理に反するというだけのようである。柚木編・注民(14)〔昭和41年6月，有
斐閣〕95頁〈柚木〉は，

　「この種の一方の予約は，相手方の意思表示のみによって売買の効力を生ぜし
めるものであるから，真の意味での予約であるはずはなく，予約権利者の意思表
示をもって停止条件とする売買たる性質を有するものと解せざるを得ないからで
ある。契約成立に関する原則に反して当事者一方の意思表示のみによって契約が
成立するとするには，それ相当の実質的根拠を必要とするであろうが，判例およ
びそれを支持する学説はついにかような積極的論拠を示すことをしないのであ
る」

というだけである。要するに，両説とも自説の積極的根拠を示さずに相手の説の
欠点をあげつらっているだけのようにみえる。

　予約とは，本契約に対する観念で，当事者間に将来本契約を締結する拘束（債
務）を生じさせる契約をいう。したがって，予約に基づいて本契約を締結する権
利を有する当事者が本契約の申込みをしたにもかかわらず相手方が承諾しないと
きは，申込みをした当事者は，相手方を被告として承諾を求める訴えを提起する
必要がある。このような予約は，要物契約や要式契約においてならばいざ知らず
（最(三)判昭和35・5・24民集14巻7号1154頁参照），売買のような諾成契約にお
いては片務契約にしろ双務契約にしろ迂遠な契約形態である。諾成契約において
もこの予約を締結することは当事者の自由であろうが，実用性に乏しいと思われ
る。予約の意味をこのように理解するときは，民法556条の定める売買一方の
予約は，本来の意味での予約とは似て非なるものだということになる。しかも，
同条のような規定は，フランス，ドイツ，スイスには存しないようで（同書94
頁），わが国独自の規定のようである。

　そこで，同条の立法の経過を調べてみると，同条は，真正な予約を定めた旧民
法財産取得編26〜28条，試験（試味）売買を定めた同編31，32条，純粋随意条
件を定めた同法財産編415条の系譜に連なる規定であることが分かる（廣中編
著・民法修正案〔前三編〕の理由書537頁）。そして，同法財産取得編31条は「①
　試験ニテ為ス売買ハ事情ニ随ヒ買主ノ適意ノ停止条件又ハ解除条件ヲ帯ヒテ之
ヲ為シタルモノト看做ス」と，同法財産編415条は，停止条件および解除条件の

I 要件事実の前提となる事項

意義を規定する同編 408 条を承けて,「条件カ全ク当事者ノ一方ノ随意ナルトキ
ハ他ノ一方ハ其成否ヲ決ス可キ或ル期限ヲ定メント裁判所ニ請求スルコトヲ得」
とそれぞれ規定されていた。つまり,民法 556 条は,規定の沿革からいうと,真
正な予約と条件付き契約(売買)とを合体したものであるといってよい。

さらに,売買一方の予約を停止条件付き売買と解するほうが同条 1 項の文言に
吻合する。同条項の文言は,「売買の効力を生ずる」となっていて,売買の本契
約が「成立する」とはなっていない。そして,同条の定める売買一方の予約を停
止条件付き売買と解しても,同条の存在意義がなくなることはない。すなわち,
一つは,停止条件が純粋随意条件であるときは,その停止条件付き契約は無効で
ある(民 134)が,それが売買一方の予約である場合は有効であるとすること,
もう一つは,民法 556 条は,世上行なわれている売買一方の予約において「予
約」の文言が使用されていたとしても,それは原則として停止条件付き売買であ
ることを明示したものであることということである。

以上の検討の結果によれば,同条の定める売買一方の予約は,いわゆる予約完
結権を有する当事者の一方が意思表示をすることを条件事実(純粋随意条件)と
する停止条件付き売買であると解すべきである。

1-2-2 その例 2 ―― 解除条件付き契約

解除条件付き契約も無条件の契約と異なる。

**〔解除条件付き契約当事者各自の・契約に解除条件を付することは,契約の不
可分一体となる意思表示ではないか〕**

解除条件付き契約における解除条件が契約の一部であって,停止条件付き契約
における停止条件が契約の一部であることと同じである。このことは,民法 131
条 1 項後段が,解除条件が法律行為の時にすでに成就していたときは,解除条件
以外の意思表示に無効事由がなくても解除条件付き法律行為を無効とすることを
定め,民法 132 条が,不法な解除条件を付した法律行為は,解除条件以外の意思
表示に無効事由がない場合でも,解除条件付き法律行為を無効とし,不法な行為
をしないことを解除条件とするものも,解除条件以外の意思表示が適法であるか
否かにかかわらず同様とすることを定め,解除条件と契約本体を一体不可分の意
思表示とした趣旨であることを示していることによって明らかであるというべき
であろう。

〔解除条件付き契約と無条件の契約とは,別の契約ではないか〕

民法 131 条 2 項後段は,解除条件が成就しないことが法律行為の時にすでに確
定していたときは,その法律行為は無条件となる旨定め,133 条 2 項も不能の解

除条件を付した法律行為は無条件となる旨定めている。解除条件付き法律行為が無条件の法律行為と同一のものだとすれば，このような規定を設ける必要はないはずである。

そうだとすれば，解除条件付き契約と無条件の契約とが別の契約であることになるのではないか。

司研・要件事実1巻112頁は，

「解除条件は，法律行為の附款として，その法律行為の効力の消滅を将来生起することの不確実な事実の成就にかからせる法律要件であるから，法律行為に解除条件が付されている場合，条件が成就すると，その法律行為の効力は消滅し，その法律行為に基づいて発生していた権利は消滅する。〔改行〕したがって，例えば，甲がある法律行為に基づく債務の履行を乙に請求した場合，当該法律行為にある解除条件が付されていること及び右の解除条件が成就したことは，権利消滅の抗弁事由として，乙が主張立証すべきことになる」

といい，抗弁説を採る。

抗弁説は，総じて，解除条件付き契約がその有効な成立と同時に効力を生じるから，その点で無条件の契約と変わらないと考えているのであろう。しかし，そうでないことは，上述した。だが，解除条件付き法律行為の要件事実については停止条件付き法律行為のそれと異なり，過去においても抗弁説が優勢だった。中には停止条件付き法律行為については否認説を採りながら，解除条件付き法律行為については抗弁説を採る見解もあったのである（鳩山・法律行為乃至時効507頁，松本・証明責任の分配〔新版〕109〜112頁など）。たとえば，松本博士は，停止条件は法律行為の不可分の構成部分であるが，解除条件は，不能の解除条件を付した法律行為は無条件とされ（民133Ⅱ），また不法または公序良俗に反する解除条件の定めのみが無効とされる場合があるように，それは法律行為の不可分の構成部分ではないことを理由とする。しかし，前述したように解除条件も契約の不可分の構成部分なのである。そのことは，甲が乙に対して解除条件付きで土地の売り渡しの申込みの意思表示をしたところ，乙が無条件であれば買うと承諾の意思表示をしたときは，乙が申込みに変更を加えてこれを承諾をしたわけであるから，その申込みを拒絶したことになり，甲乙間に解除条件付き土地の売買契約が成立しないことになる一事をみても明らかであろう。そればかりでなく，停止条件について否認説を採りながら解除条件について抗弁説を採るのは，雉本朗造「挙証責任の分配」土方教授在職二十五年記念・私法論集〔大正6年10月，有斐閣書房〕598頁がいうように「条件付ナル旨ノ被告ノ陳述ニシテ果シテ他ノ内容ヲ有スル旨ノ陳述タリ，従テ原告ノ陳述ヲ争フモノタラハ，停止条件付ナリトス

I 要件事実の前提となる事項

ルト解除条件ナリトスルニ依リテ，差異ヲ生スヘキ理由ナキカ故ニ非ナリト云フ
ヘ」きである。

　解除条件付き契約が有効に成立すると，無条件の契約が有効に成立したときと
同様に，契約上の権利が発生し，一見すると，条件付き権利は発生しないかのご
とくである。しかし，次に紹介する梅博士のいわれるように，「解除カ条件ニ繋
ルカ故ニ其解除ニ因リテ債権ヲ得ヘキ者ハ即チ停止条件附債権者ト謂フヘク解除
ニ因リテ債務ヲ負フヘキ者ハ停止条件附債務者ト謂フヘキ」（民法要義巻之一 336
頁）であり，条件付き権利が停止条件付き契約の有効な成立の場合のみに発生す
るとする条文上の制約はない（民 129，130 参照）から，解除条件付き契約が有効
に成立すると，条件付き権利も発生するが，同時に発生した契約上の権利に吸収
されて表面的には発生を観念することができないかのごとくになるにすぎないの
ではないだろうか。そうだとすれば，この点からも，解除条件付き契約と無条件
の契約とは別の契約であるといわなければならないだろう。

〔有効に成立した解除条件付き契約から発生する権利と有効に成立した無条件
　の契約から発生する権利とは，異なる権利ではないか〕

　無条件の契約がその有効な成立と同時に生じる効力は，単純な権利の変動であ
るが，解除条件付き契約がその有効な成立と同時に生じる効力は，それが双務契
約であるとしても対価的な債務とはいいがたい解除条件付き債務を不可分に帯有
する権利の発生である。そして，無条件債務を解除条件付き債務とし，解除条件
付き債務を無条件債務とすることは，債務の要素の変更とみなされて，更改とな
るのである（民 513[(48)]）。そのうえ，上述したように

　「解除条件附法律行為ハ直チニ其効力ヲ生スルト雖モ其解除カ条件ニ繋ルカ故
ニ其解除ニ因リテ債権ヲ得ヘキ者ハ即チ停止条件附債権者ト謂フヘク解除ニ因リ
テ債務ヲ負フヘキ者ハ停止条件附債務者ト謂フヘキ」（梅・民法要義巻之一 336 頁）
なのである。

〔否認説によると，解除条件付き契約の成立の要件事実は，どうなるのか〕

　解除条件付き契約の成立という一種の法律関係の発生についての要件事実（後
述する権利根拠事由。Ⅲ，3-3 を参照）も，解除条件を付する旨の意思表示が契約
の申込みおよび承諾の各意思表示の一部を構成するものと解すべきであるから，
否認説が妥当する。したがって，その要件事実（第一次的）は，

　「解除条件付き契約が成立したこと」

である。しかし，解除条件の成就は，解除条件付き契約の有効な成立によって発

（48）　改正案 513 条については，前述した。

102

生し存在するにいたった権利を滅却させる効果をもつから，その原因となる要件事実（後述する権利消滅事由。Ⅲ，3-5 を参照）は，

「その解除条件が成就したこと」

である。

〔抗弁説によると，解除条件の付された契約の成立の要件事実は，どうなるのか〕

解除条件の付された契約上の権利の存在を請求の内容とする訴えでは，請求の原因は，客観的証明責任を証明責任論あるいは要件事実論の基本とする以上は，権利主張を認めないから，

「当事者の一方が契約の申込みの意思表示をし相手方がそれに対して承諾の意思表示をしたこと」

であり，抗弁は，

「①　当事者の一方がしたその申込みの意思表示には解除条件が付されており，相手方は，それに対して承諾の意思表示をしたこと，

②　解除条件が成就したこと」

になる。

1-2-3　その例 3 ——催告期間内に延滞賃料を支払わないときは賃貸借契約を解除する旨の意思表示

次いで，司研は，裁判所は民法典の各規定またはその解釈と直接的な関係がなく，権利を変動する原因である要件を自由に設定することができるという考えによったのではないかと思われる例があるので，私見を述べた後で司研の見解の不当性を指摘しておく。

〔催告期間内における延滞賃料不払いによる賃貸借契約解除の意思表示は，停止条件付き解除の意思表示ではないか〕

不動産の賃貸人が賃借人に対して，相当期間を定めて延滞賃料の催告をするのと同時に，賃借人がその期間内に延滞賃料を支払わないときは賃貸借契約を解除する旨の意思表示をする場合における契約解除権の根拠効果および根拠事由と解除権の行使効果および行使事由は，一般には，賃貸人の賃借人に対する延滞賃料（支分権としての賃料）の支払いの催告とその期間内での延滞賃料の不払いを停止条件とする賃貸借契約における賃料支払債務の履行遅滞による解除権つまり停止条件付き解除権の行使（によるその停止条件の成就に基づく契約の解除すなわち終了）であると解されている。民法の教科書などでは，このような解除の意思表示は，条件付き解除（我妻・新訂民法総則 410 頁など）とか，条件付き解除の意思表

103

示（於保編・注民⑷ 311 頁〈金山〉など）とか，停止条件付き解除の意思表示（幾代・民法総則〔第 2 版〕455 頁，四宮 = 能見善久・民法総則〔法律学講座双書〕〔5 版〕〔平成 11 年，弘文堂〕315 頁など）とかいわれているのである。

〔催告期間内における延滞賃料不払いによる賃貸借契約解除の意思表示を停止期限付き解除の意思表示とする理由付けには，無理があるのではないか〕

ところが，司研は，

「『催告期間が経過した時に賃貸借契約を解除する。』旨の一種の停止期限……付解除の意思表示である」（要件事実 1 巻 260 頁）

とする。その理由は，

「賃貸人に賃料債務の『不履行』について主張立証責任を負わせようとするのは，通常の催告解除の場合と対比して権衡を失することになるであろうし……，当事者間の立証の負担の公平という立場からも妥当ではない。したがって，……催告期間内に催告金額の支払がなかったことが解除権の発生事由ではなく，催告期間内に催告金額の支払があったことが解除権の発生障害事由であると考えるべきである」（同書 259～60 頁）

から，この意思表示の内容を合理的に解釈すると，停止期限付き解除の意思表示であるとみるのが相当であるというのである。

ちなみに，民事執行法 174 条 3 項の規定があることをもって司研説に賛同する向きもあるようである。同条項の「債務者の証明すべき事実のないことにかかる場合」とは，「1　債務者は債権者に対して，平成○年○月○日かぎり金○円を支払う。2　債務者が前項の支払いを怠ったときは，同日をもって，1 項の支払いに代えて，別紙物件目録記載の土地について同日付け代物弁済を原因とする所有権移転登記手続きをする。」というような和解条項がある場合をいう。すなわち，債務者のすべき登記の移転についての意思表示の擬制が，債務者が証明すべき金銭の支払いをしない（債務の履行をしない）という事実にかかっているのである。債務の履行をしたことは本来であれば債権者が証明すべきか債務者が証明するとしても請求異議事由となるものである。しかし，意思表示を命ずる債務名義の場合には，強制執行が予定されていないから，債務者が期口までに支払いを忘れば債権者が証明するまでもなく当然に意思表示が擬制されてしまい，また，意思表示を擬制された後に請求異議により救済を図ることもできない。そこで，意思表示を命ずる債務名義にかぎって，その意思表示が債務者の証明すべき事実の不存在にかかっているときは，執行文の付与の申立てがあると，裁判所書記官が債務者に対して一定の期間を定めてその事実を証明する文書を提出すべき旨の催告をし，債務者がその期間内にその文書を提出すると，執行文の付与をすることがで

きないこととしたのである。したがって，民執法 174 条 3 項の規定は，司研説を補強するものではないといわざるをえない。

　そこで，次に司研説の当否について検討する。現行民法典の起草者および制定者がその各規定の法的性質を行為規範として起草し制定したことは，前述したとおりである。そして，起草委員であった梅博士は，法律をその内容から区別すると，実体法（原則法）と形式法（手続法）とがあるとされ，実体法を「権利義務ノ主体，客体及ビ其発生，消滅ヲ規定スル法律」であると，形式法を「権利行使，義務履行ノ手続ヲ規定スル法律」であるとされたうえ，民法を実体法と，民事訴訟法を形式法といわれるが（梅講術・民法総則自第一章至第三章〔復刻叢書法学篇3〕〔初版の発行年月日は不明，法政大学。復刻版は平成 2 年 7 月，信山社出版〕190 頁），そうすると，以上にみてきたことから分かっていただけたと思うが，私法上の権利の変動およびその要件を定める法理である主張責任の分配および証明責任の分配は，民事訴訟の手続きを定める民訴法（民訴 1 参照）の問題ではなく，民法を含む民事実体法（以下では，民法のみに言及する）の問題であるといわなければならない。したがって，民法の法理で定まっている権利の変動やその要件を民訴法の理屈で変更することはできない道理である。

　しかも，この賃借人の催告期間内における延滞賃料債務の不履行は，賃貸人の契約解除権発生の要件の一部で，しかも解除権発生の基本的な原因であるが，通常の債務の履行は，債務（債権）の消滅事由である。したがって，両者を同一に扱わなければ「当事者の立証の負担の公平という立場からも妥当ではない」とはいえない。

　否認説によれば，通常の催告解除の場合にも，次段に述べるように，債権者は，債務者が催告期間内に債務の履行をしなかったことを要件事実とするのである。なぜならば，催告期間内における債務の履行のないことが裁判規範における解除権発生の根拠となる事由だからである。

　抗弁説には，その根拠として明示はされていないが，あるいは債務の履行がないとの消極的事実の主張・証明が困難であるとの認識があるのかもしれない。しかし，債務の履行がないことの主張・証明はそれほど困難であるとはいえないし，消極的事実は主張責任の分配ないし証明責任の分配の規準にならないことは後に説明するとおりである〔Ⅲ，14 の⑷を参照〕。また，個別的法規範を構成する裁判規範の要件事実の内容を，権利の発生と債務の消滅との対比で権衡を失するとしたうえ，当事者間の立証の公平上妥当でないことを理由として変えることができる，停止条件（民 127 Ⅰ）を停止期限（民 135 Ⅰ参照）に変えることができるとすることは，主張責任の分配および証明責任の分配の所属する法領域を民事実体

I　要件事実の前提となる事項

法だけではないとすることと（主張責任の分配ないし証明責任の分配が民法など民事実体法に所属する法理であることは，後に詳述する〔III，1-1-3 を参照〕），法規の適用を裁判所だけの職権であるとする思い上がった意識とから可能になるのであって，権利はある社会事象が行為規範の定める法律効果すなわち権利の発生，変更または消滅の原因である法律要件を充足すると発生，変更または消滅すると解するときは，当事者も法規を適用することができるから，その主張する停止条件を裁判所が職権等で停止期限に変えるようなことはできない筋合いである。

　こうして，法律効果を生ずる社会事象が同じであるにもかかわらず法律要件の要素を証明の難易という要証の事由で異別に解することは不当であるといわなければならない。

〔債務の履行遅滞による損害賠償請求権の根拠事由のうちの一つである履行期に債務の履行のないことにつても，前段と同様のことがいえるのではないか〕

　司研が債務の不履行の主張・立証責任を債務者の債務の履行とするのは，催告期間内に延滞賃料を支払わないときに賃貸借契約を解除する旨の意思表示の場合にかぎらない。たとえば，履行遅滞による損害賠償請求権の発生原因事実における履行期に履行がないことについて，司研・要件事実1巻21〜2頁は，次のようにいう。

　「履行期（確定期限であるものとする。）の経過による履行遅滞に基づく損害賠償請求権の発生要件のうち履行遅滞の要件は，当該債務について，⑦履行が可能なこと，⑦履行期の定めがあること，⑦履行期が経過したこと，⑤履行期に履行がないこと，⑦履行しないことが債務者の責めに帰すべき事由によること及び⑦履行しないことが違法であることの六つであるようにみえる。しかし，同条（＝民415）の解釈として，以下に述べる理由から，履行遅滞の発生要件は，⑦及び⑦の二つであると解されている……。すなわち，……⑤も，本来，履行すなわち弁済が債務消滅原因であることからみて，履行遅滞の発生要件とすべきでなく，⑤の反対事実（ただし，弁済でなく，弁済の提供で足りる。民法四九二条参照）を抗弁とみるべきであるとする」。

　この司研説に対しては，つとに前田（達）「主張責任と立証責任」判タ596号（1986年7月）2頁によって次のように批判されていた[49]。

　「われわれ民法学者は，履行遅滞とは『履行期が過ぎても，なお，履行しない』……ことと理解し，そのように教えてきている……。とくに私のように，民

---

〔49〕　これに対して，伊藤（滋）氏が反論され（「続・要件事実と実体法（下）」ジュリ882号〔1987年4月〕）58頁以下），これに対して，前田（達）教授が再反論をされている（「続・主張責任と立証責任」判タ640号〔1987年9月〕65頁以下）。

法四一五条の債務不履行に基づく損害賠償請求権は，本来的債務の消滅の有無とは無関係であり，債務者自身による債権侵害であって，民法七〇九条の特別法に基づく法定債権であるとする者（実は，立法者もその立場であった。法典調査会議事速記録四〇巻一五七丁表）からいえば，弁済（の提供）が債務の消滅原因であっても，そのことが，前掲㊄を履行遅滞の要件でないとする理由とはならない。すなわち，本来的債務の履行請求権……とは別の，民法四一五条の定める『債務ノ本旨ニ従ヒタル履行ヲ為ササル』という要件に該当する要件事実の存在によって発生する法定損害賠償請求権なのである。それは措くとしても，民法四一五条においては，――民法七〇九条と同じく――，損害の発生が要件の一つであることはあきらかであるが……，㊄を主張せずして，どのような損害を主張し得るであろうか……」

　中野貞一郎「主張責任と証明責任」判タ 668 号（1988 年 8 月）5 頁（この論文は，大幅に加除訂正されて，同・民事手続の現在問題〔平成元年，判例タイムズ社〕213 頁以下に収録されている）も，履行遅滞に基づく損害賠償請求について，原告が履行遅滞の事実を主張しなくてよい，否，主張があっても判決事実摘示には書かないのを相当とすると司研・要件事実 1 巻の記述（21 頁以下，255 頁）を，

　　「一般――法律家を含めて――の常識に反する」

としたうえ，訴えの有理性の観点から疑問を呈する。

　こうして，履行遅滞による損害賠償請求権の存在を主張する者は，債務者が債務の弁済期にその弁済の提供をしないことを主張し争われれば証明しなければならない。司研・要件事実 1 巻の論法でいえば，借地借家法 13 条 1 項の建物買取請求求権の発生要件と考えられている「契約の更新がない」こと（更新請求権の不行使または更新請求に対する拒絶権の存在・行使）は，本来借地権の消滅原因であることからみて建物買取りの発生要件にならず，更新がないことの反対事実である更新があることが抗弁になるということになるであろう。しかし，そのようなばかげた議論が一般に通用するとは思われない。そもそも法律要件の内容となっている事実または法律事実の内容となっている事実の・事実そのものに法律効果の発生あるいは消滅あるいは阻止という法律的性質が本来的に内在していると考えることはできないのではないだろうか。法律要件の内容となっている事実または法律事実の内容となっている事実の・事実そのものは，法律効果の発生，消滅，阻止という観点からみると無色であって，それがその観点からみて権利の発生原因事実，消滅原因事実，行使阻止事実と観念されるのは，当該の法律要件または当該の法律事実を素因とする法律要件に対応する法律効果との関係を念頭に置くからではないだろうか。そうだとすると，司研・要件事実 1 巻の論法がそもそも

I　要件事実の前提となる事項

成立しないことになる。

1‑3　権利の社会における実存性の有無

1‑3‑1　民法上の規定の法的性質に関する見解と権利の社会における実存性の有無に関する見解との関係

〔個別的法規範を構成する行為規範を認めるか否かによって権利の社会における実存性の有無が異なることになるのではないか〕

　私権の意味を一義的に説明することは難しい。そこで，取りあえず，権利法力説を私権についてなぞって，私権とは，一定の利益の享受の手段として，私法が一定の資格を有する者に与える力であると解しておこう。また，私法上の法律関係は，しばしば私権と混同して用いられるが，松岡義正博士に従って，「法律関係トハ法律上ノ効力ヲ有スル人ト人トノ関係及人ト物（権利ノ客体即物又ハ権利）トノ関係」（新民事訴訟法註釈6巻〔昭和14年4月，清水書店〕14006頁）であるということにする。したがって，私法上の法律関係のほうが一般的には私権より広いことになる。たとえば，私法上の契約の成立は私法上の法律関係であるが，私権は私法上の契約の有効な成立からも変動するのである。もっとも，前にも述べたと思うが〔はじめに〔要件事実は，…〕を参照〕，これからも私法上の法律関係と私権を併せて単に「権利」ということがある。

　さて，①　実質的意義の民法を組織する個別的法規範を構成する行為規範を認めるとすると，民法典の各規定を裁判規範であると解するか否かにかかわらず，権利は裁判を待たずに実際の社会に現存するとする考えになり，②　実質的意義の民法を組織する個別的法規範を構成する行為規範を否定し民法典の各規定を裁判規範であるとすると，権利は，裁判によってその実在性が形成され，裁判前においては権利の仮象があるにすぎないとする考えになると思われる，そこで，それを確認する趣旨で両者の考え方を検証しておきたい。

1‑3‑2　権利は，裁判を待たずに実際の社会に現存するとする考え

〔実質的意義の民法を組織する個別的法規範を構成する行為規範を認める以上は，権利は，裁判を待たずに実際の社会に現存すると考えることになるのではないか〕

　民法典の各規定を裁判規範であると解するとしても，実質的意義の民法を組織する個別的法規範を構成する行為規範を認める以上は，権利は，裁判を待たずに実際の社会に現存すると考えることになる。このことは，前に紹介した川島教授

が「実質的意義における市民法は，近代の市民社会における内部法，資本制経済を構成する権利・義務（行為規範）の体系ないし総体，を意味する」（民法講義1巻序説16頁）と述べておられる〔Ⅰ，1-3-2を参照〕ことや，田中（成）博士が「法の第一次的機能は，一般私人に対して直接一定の行為を一般的規準によって指図することであり，一般私人は，いちいち裁判所その他の公的機関の判断を仰がなくとも，自主的にこのような規準に準拠して，本人の責任で自己の行為の法的当否を判断して適切な行為をとったり，法的権利義務関係の存否・内容を了解し，必要な場合には新たな法的関係を創設したり既存の関係を変更・廃止したりすることが期待されている」（法理学講義53〜54頁。なお，同・現代法理論59〜60頁）と述べておられる〔Ⅰ，1-3-3を参照〕ことによって明らかである。

　もっとも，山木戸克己教授は，やや異なった観点から権利既存の観念を認められる。すなわち，

　「権利既存の観念は制度としての訴訟について存在する。法が成文法，ことに法律要件と法律効果とを裁判官の裁量の余地のないほど精密に規定した法規の形態で表現せられているときには，このことによって，法規に定められた法律要件に該当する事実が存在すれば当然に一定の具体的な権利が成立する，というように観念せられる。しかも実定法秩序が一般にかような厳密な法規の体系として存在しており，また独立した裁判所の法による裁判・証拠裁判の原理による訴訟制度が確立しているところでは，裁判は抽象的法規の客観的事実への適用・形式論理的推論そのものであり，またその結論の宣言である，という観念が成立する。権利既存の観念はこのようなものであると考えられる」（民事訴訟法講義〔三和書房1956年7月？〕302〜3頁。なお，「訴訟法学における権利既存の観念」民事訴訟理論の基礎的研究〔昭和36年1月，有斐閣〕1頁以下も参照されたい）

と。山木戸教授は，成文法，民法でいえば民法典の各法規のみを念頭におかれて権利既存の観念を立論されているようにみえ，実質的意義の民法あるいはその法規の存在を否定されるかのごときであるが，それでも権利が裁判を待たずに社会に実在することは認められるのである。

　実質的意義の民法を組織する個別的法規範を構成する規範のうちに行為規範があるとし，民法典の各規定は行為規範の法的性質を有するものであると解するならば，権利は，裁判を待たずに，実際の社会に現存すると考えるのは当然のことである。

　前述したように〔Ⅰ，1-1〔わが民事法は，…〕を参照〕，ドノーやヴィントシャイトが実体的利益の保護と不可分一体に結び付けていたアクティオをあえて実体法と訴訟法に分化したのは，イギリスに初期産業革命が起こったのは1540

Ⅰ　要件事実の前提となる事項

年ごろからであり，それがフランスやドイツなどに拡散し，それらの国に急激な生活変革を付随する経済成長がみられることを考えると，社会の複雑化，多様化に伴い，私権の存否を裁判にのみ依存することが社会の発展にとって桎梏になったからであって，私権の存否等の裁判からの解放こそがその本体的テーゼであったのではないだろうか。

　したがって，このアクティオから解放された実体法体系の重要な一面が，権利は裁判を待たずに社会事象が民事実体法を組織する個別的法規範のうちの行為規範の定める権利発生の法律要件を充足していさえすれば瞬時に発生し社会に実在するにいたるというものであり，こうして社会に実在するにいたった権利は，同規範の定める権利変更の法律要件を充足していさえすれば瞬時に変更し，あるいは，同規範の定める権利消滅の法律要件を充足していさえすれば瞬時に消滅するというものであったことは明らかであろう。

　そして，このことは，法の規定自体からも明らかではないだろうか。社会事象が民法162条（および145条），163条（および145条）により他人性を除いて窺知される実質的意義の民法上の〔所有権の時効取得を定める〕行為規範を充足すれば，取得時効によって所有権およびその他の財産権を取得するのであるし（両条のほうからみて，所有権およびその他の財産権が個別的法規範を構成する行為規範の所有権またはその他の財産権発生のおのおのの法律要件を成文化したところの両規定を社会事象が充足するとただちに発生するといってもよいであろう），民法166条1項[50]によりそのまま窺知される実質的意義の民法上の権利の存在を前提として〔時効による権利の消滅は，権利の行使が可能な時から進行することを定める〕行為規範を充足すれば，消滅時効によって権利が消滅するのである（同条のほうからみて，権利が個別的法規範を構成する行為規範の権利消滅の法律要件を成文化したところの同規定を社会事象が充足するとただちに発生するといってもよいであろう）が，消滅時効を権利の行使が可能な時から進行する，というのも権利が存在することを前提としてそれが消滅するということであり，これらの権利の発生および消滅は，確定判決や裁判上の和解その他確定判決と同一の効力を有するものによって生じた

（50）　消滅時効の進行等については，改正法166条1，2項および167条が現行166条1項および167条を大きく改正している。改正案166条1項は，「債権は，次に掲げる場合には，時効によって消滅する。1　債権者が権利を行使することができることを知った時から5年間行使しないとき。2　権利を行使することができる時から10年間行使しないとき。」と改められ，2項には「債権又は所有権以外の財産権は，権利を行使することができる時から二十年間行使しないときは，時効によって消滅する。」が新設され，167条は，「人の生命又は身体の侵害による損害賠償請求権の消滅時効についての前条第一項第二号の規定の適用については，同号中「十年間」とあるのは，「二十年間」とする。」と改められた。なお，消滅時効の要件事実については，Ⅲ，3-6(1)をご覧いただきたい。

110

既判力のある権利以外についていえることなのである（民 174 の 2^(51) 参照）。

　また，このことは，判例も認めるところではないだろうか。新堂教授によれば，最(大)決昭和 35・7・6 民集 14 巻 9 号 1657 頁，最(大)決昭和 40・6・30 民集 19 巻 4 号 1089 頁および最(大)決昭和 40・6・30 民集 19 巻 4 号 1114 頁すなわち判例は，要するに，「既存の権利を確認するという裁判がなされるならば純然たる訴訟事件であり，裁判所が裁量によって一定の法律関係を形成する場合には非訟事件であると考え，前者には訴訟の道を用意しなければいけないとする」（「訴訟と非訟」民事訴訟法の争点〔新版〕〔1988 年 7 月，有斐閣〕17 頁。1979 年 3 月に刊行された旧版では 13 頁）ということである。

　〔現実の社会に生起した事象がある行為規範の定める法律要件を充足して主要事実が認定されると，それに対応する法律効果のその主要事実に相応した効果に該当する具体的な権利が変動するのではないか〕

　そうすると，法律要件も法律効果も命題上の社会事象であり効果であるから，一般的，抽象的な概念である。これをもう少し敷衍して説明すると，行為規範という規範は，法律要件を法律効果の原因として必要にして十分な一団の社会事象，すなわち，自然的・社会的事実だけでなく，権利，法律関係，一般条項および不特定概念といった法的判断を要素とする事項を含んだ形で定め，法律効果を，権利を存在あるいは不存在という形で定めずに，権利の発生，変更および消滅つまり権利の変動という形で定めているのである。

　そして，行為規範の定める要件（法律要件）を，特定の私人についてあるいは特定の私人間においてある社会事象が充足すると，その行為規範の定める効果（法律効果）から推論される具体的な権利・法律関係が変動することになる。ということは，権利・法律関係は，裁判を待たずに社会において変動することになるのである。

　このように，権利の変動は，その原因となる法律要件を充足する社会事象が存在する場合にのみ生ずるのであるが，ドイツの民訴法学者ライポルト Leipold, Dieter によると，ドイツの実体法は，行為規範であるが，裁判の段階では裁判規範として機能し，実体法は，要件事実の存否を規定しており，存否不明のときは証明責任規範で解決すると解するようである（「松本司会・研究会証明責任論の現状と課題」判タ 679 号〔昭和 63 年 12 月〕38 頁〈ライポルト発言〉）。言い換えれば，ライポルトは，BGB など実体法の各規定はⒶ主要事実が存在すれば法律効果が

---

(51)　現行 174 条の 2 は，改正法 169 条になり，1 項は，現行 174 条の 2 第 1 項の「確定判決」の次に「又は確定判決と同一の効力を有するもの」を加え，同項 2 文を削除して内容には実質的な変更はないものと思われる。

111

I 要件事実の前提となる事項

発生し，Ⓑ主要事実が存在しなければ法律効果が発生しないことのみを規律しており，Ⓒ主要事実が存否不明を規律するところではないので，この場合には証明責任規範で解決する，というのである。この見解は，ドイツ民事訴訟法（ZPO）286条1項が自由心証の適用範囲を「事実の主張を真実と評価すべきか真実でないと評価すべきかを判断しなければならない」（傍点は，引用者）と規定していることに対応するものと思われる。このように，民事訴訟法から民事実体法の構造を規律する見解が出てくるのは，ZPOではアクティオが訴訟法的側面と実体法的側面とに分離されたことを経験しており，また，BGBの制定・公布よりはるか以前に制定・公布されたZPOが要証事実の存否不明を自由心証主義の妥当領域から除外していたことに由来するように思われる。その結果，ドイツでは民事訴訟法の立場から民事実体法の構造を規律しようとすることが可能になる素地がないとはいえないのであるが，わが民事法においては，民事実体法と民事訴訟法がすでにそれぞれ独立の法体系として確立してからこれらを継受し，わが民事法における自由心証主義は，「事実についての主張を真実と認めるべきか否かを判断する」（民訴247。傍点は，引用者）と規定し，要証事実の存否不明をその妥当領域とするから，そのような考えを可能にする素地はなく，民事訴訟を念頭に置きながらも民事実体法自身の論理でその構造を解明することができるのである。われわれは，証明責任論の基礎となるべき法制度がドイツとわが国とでは違うことを知っておくべきではないだろうか。それとともに，ミッタイスは，ドイツ私法概説（世良晃志郎＝廣中共訳）〔1961年2月，創文社〕で次のようにいうことも心に留めておくべきであろう。

「ドイツの諸皇帝はみずからをローマ皇帝の後継者と考え，彼らの帝国はローマ帝国の継続とみなされていた。この雄大な――とはいえ非歴史的な――構想によって，ローマ法は外国法だとは考えられず，皇帝の属人法 Personalrecht とみなされた。したがってそれは，ドイツの諸事情に適用可能かどうかを吟味することなく，全体として *in complexu*〔包括的〕に継受されざるをえなかったのである。しかし正にこのことによって，ローマ法は実質的には外来法になってしまった。」（18頁）

「十七世紀には，学問においても上級裁判所の実務においても，ローマ法が無制約的に支配したが，これはおそらく失敗ではなかったであろう。けだし，このことは，ドイツ法に厳密な思考訓練を受けさせるという利益をもたらし，そしてここで達成された精神的事業は，その後不滅のものとして残ったからである。……しかしながら，外国法のドイツ化ということは，もはや絶対に成功しえなかった。けだし，ドイツ法精神は継受によってその創造力を奪われてしまってい

たからである。法はもはや民衆のものと考えられず，実定法の定立は国家の仕事になった。そして実定法〔学〕は官僚的専門家の手中に握られた秘密学になったのである。このようにして，民衆と法・民衆と法律家の間に不信の深淵が開かれた。この深淵は今日に至るまでまだ埋められておらず，ドイツ民衆の法に対する冷淡さは，継受時代の不幸な遺産として残っている」(24〜5頁)[52]。

それとともに，東京帝国大学文科大学の宗教学講座の初代教授を勤められた姉崎嘲風博士がドイツ留学中スイスのチューリッヒに遊んだ明治34年8月に親友の作家・高山樗牛に送った長文の書簡の中の

「君よ余がドイツの事を慨して其文明の欠陥に寒心するは決してドイツの為にあらず，之を模倣せんとする日本の為にいふなり，余は日本のドイツ模倣熱を憂へ又国人に西洋の文明につきて，其根底をも大勢をも考へずして之を羨望して之に模倣せんとする者多きを慨する……」(瀬沼茂樹編・高山樗牛　齋藤野の人　姉崎嘲風　戸張竹風集〔明治文学全集40〕〔昭和45年7月，筑摩書房〕216頁)

などといわれていることを無視することができないだろう（ドイツ思想史を研究しておられる三島憲一教授は，姉崎博士のこれらの言辞などを踏まえて，同博士がいかに正確にドイツを見ていたかはまことに敬服するほかはないといわれている）。

1-3-3　すべての権利が裁判によって形成されるとする考え

A　兼子説とそれに対する疑問点

〔兼子博士は，民事訴訟において紛争解決規範としての実体法と訴訟法に従って，判決により具体的な生活関係の規律として権利関係の存否が確定するといわれるのではないか〕

Ⅰ，3-1(1)の考えによれば，すべての権利が裁判によって形成されるとする見解になるはずである。事実，民法上の規定を裁判規範であると解される兼子博士は，

「私権は抽象的な私法の妥当によって，存在するものである。これは，法規に抽象的一般的に表現された，国家権力による保障が，具体化され，主体化される結果認められるものである。……〔改行〕この様に，私権の実在性は裁判によって形成されるのである。訴訟における確定判決も既判力は，この権利関係の実在性を示すものである。裁判前に於て，権利の存在を云為するのは，裁判による実在性の形成の与診としてであって，権利の主張は勝訴判決への期待によって，裏

---

(52)　ローマ法がフランス法やドイツ法に与えた影響については，ピーター・スタイン（屋敷二郎監訳／関良徳・藤本幸二訳）・ローマ法とヨーロッパ（Minerva21世紀ライブラリー76）（2003年3月，ミネルヴァ書房）を見られたい。

付けられるものに過ぎない。……したがって裁判前に於ては，権利の仮象がある
に過ぎないが，関係人間に争いがなく，円満にいっている限りは，この仮象で事
が足りるので，敢えてその実相を確めるに及ばないのである」(「民事訴訟の出発
点に立返って」法協 65 巻 2 号〔昭和 22 年 8 月〕83 頁。この論文は，同・民事法研究
1 巻〔昭和 25 年 12 月〕475 頁以下に収録されている)

といわれ，

「私人間に生活関係上の紛争のある場合に，その法的解決のために，民事訴訟
において紛争解決規範としての実体法と訴訟法とにしたがって，判決により具体
的な生活関係の規律として権利関係の存否を確定するのである。したがって，権
利関係の実在性は，紛争を契機とし，訴訟を通じて始めて形成されるのである。
この訴訟の確定判決こそ，国家権力に基く公的の通用力ある判断であり，その判
断内容に基く既判力が公的な意味での権利関係の実在性を示すものというべきで
ある。……キールルッフのいうように，判決の彼方に真の実体権が対立するので
はなく，判決以前にはただ主観的な意見と勝手な行動があるだけなのである。マ
イヤーも『個人の権利というのは，裁判所において法規が適用されることによっ
て認められるであろうとの予想に過ぎない』といっている。ただ私人間に意見の
対立，利害の衝突なしに生活関係が円満順調にいっている限りは，公的な意味で
の権利関係の実在性を形成する必要がなしに済んで行くのである。いわば，権利
関係の仮象だけで事が足り，その真相は追求されない状態である」(実体法と訴訟
法 158〜160 頁)

といわれるのである。つまり，権利は，実際の社会には現存せずその仮象がある
だけであり，民事訴訟における権利の存在を認容する判決が確定してはじめて実
存するにいたるというのである。この仮象の権利の「仮象」には，日本国語大辞
典 4 巻 555 頁によると，ドイツ Schein の訳語で，二つの語義があり，一つは「仮
の姿。客観的実在性を欠いた幻」で，他の一つは「実在そのままではなく，その
似姿としてあると考えられた対象」である。後者は美的な意味で用いられるよう
であるから，兼子博士のいわれる「仮象」は，「裁判による実在性の形成の与
診」ということの如くであるから，前者の意味であろうか。

〔兼子説ではあたかもアクティオに先祖返りしているようになり，また，消滅
　時効の進行開始時等の民法の規定を解することができないなどの疑問がある
　のではないか〕

しかし，兼子説では，あたかもアクティオに先祖返りしているようになり，ド
ノーやヴィントシャイトの努力は無視されることになるであろう。また，民法
166 条 1 項は，「消滅時効は，権利を行使することができる時から進行する」と，

167 条 1 項[53]は,「債権は,十年間行使しないときは,消滅する」と,508 条は,「時効によって消滅した債権が……相殺をすることができる」とそれぞれ定めているが,兼子説ではこれらをどのように解するのであろうか[54]。さらに,兼子博士は,除斥期間を認めないのであろうか。

B 司法研修所の見解

〔司法研修所の権利形成についての見解は,兼子説と同じではないか〕

ところで,司法研修所が,規範的要件に該当するものと判断できるか否かという法律問題について,法規を適用する職権を有するのは裁判所であって,当事者が規範的評価の成立についてする主張は法律上の意見の陳述であるといっていることは前に紹介し,また後にも詳しく紹介するが,このような包括的で法的価値判断を要する要件は,一般条項や不特定概念のほかにもあり,権利(民 545 Ⅰ など)や法律関係(借地借家 26 Ⅰ,Ⅱ など)がそうである。そうすると,司法研修所は,権利および法律関係に該当するものと判断することができるかどうかは法律問題であり,法規を適用する裁判所の職権に属し,当事者は法律上の意見を述べることができるだけだといっていることになる。

とすれば,司法研修所の権利形成についての見解は,兼子説と同じであることになろうか。

〔裁判規範としての民法が権利の発生要件を規定するとする考えは,民事訴訟

---

(53) 改正法 166 条 1 項および 169 条については,前述した。

(54) 時効消滅の意義については諸説があるが,兼子博士は,現行民法 145「条が時効の効果に基き裁判するが為には時効利益を享ける者の援用を為す所以は,時効の効果を確定的ならしめることを援用権者の意思に任かしたもので,援用は単なる訴訟上の事実の主張ではなく,時効利益を享受せんとする実体上の意思表示に外ならない」(判民昭和 14 年度 25 事件評釈)と実体法説を採っておられたのではないか。なお,同条は,改正法 145 条では,「当事者」の次に括弧書きで「消滅時効にあっては,保証人,物上保証人,第三取得者その他権利の消滅について正当な利益を有する者を含む。」が加えられた。消滅時効の援用についてであるが,保証人につき大判昭和 8・10・13 民集 12 巻 2520 頁が,物上保証人につき最(一)判昭和 43・9・26 民集 22 巻 9 号 2002 頁が,第三取得者につき最(二)判昭和 48・2・14 民集 27 巻 11 号 1586 頁,売買予約に基づく所有権請求権保全の仮登記のされた不動産の第三取得者の予約完結権につき最(一)判平成 4・3・19 民集 46 巻 3 号 222 頁が既に認めているところである。最(三)判平成 2・6・5 民集 44 巻 4 号 599 頁が売買予約に基づく所有権移転請求権保全の仮登記の経由された不動産抵当権の設定登記を経由した抵当権者の予約完結権について,最(二)判平成 10・6・22 民集 52 巻 4 号 1195 頁が詐害行為の受益者の詐害行為取消権を行使する債権者の債権についてともに消滅時効の援用を認めているが,「その他権利の消滅について正当な利益を有する者」は,これらの判例を踏まえたものであろう。要件事実としては,消滅時効の援用をする場合には,援用権を有する者を特定して主張・証明しなければならない。特に権利の消滅について正当な利益を有する者であることについては,判例があればそれを引用するだけでよいであろうが,それ以外のときは,理由を付して主張・証明することになろう。

115

I 要件事実の前提となる事項

における当事者の役割を消極的に解することになるのではないか〕

柏木教授は,

「訴訟は権利ある個人の救済を目的とするものではなくて,むしろさような個人は訴訟前には存在せず,法的要素を全く抜きにした生の紛争を解決するという社会の本能がまず先行し,権利はその紛争を解決した判決によってはじめて与えられ」るとする「見解によれば民事訴訟では裁判所だけがひとり重要な課題を担っていて,当事者はたんなる客体にすぎないが,それが正しい訴訟の把握といえるだろうか」(前掲論文・西ドイツ民事訴訟法学の現況(1)121頁)と指摘しておられたが,新堂教授は,はっきりと,

「訴訟前に私人の権利の存在(権利既存の観念)を認める立場は,裁判所に対して当事者の立場を強調するように働きかける立場といえ,訴訟前に権利を認めない立場は,これを疎んじる方向に働くことになるであろう」(「民事訴訟の目的からなにを学ぶか(1)」月刊法学教室創刊号〔1980年10月〕41頁)

といわれるにいたった(なお,新堂教授は,民事訴訟法〔現代法学全集〕〔昭和49年10月,筑摩書房〕4頁で,民事訴訟の目的の相対的把握を提唱され,権利の訴訟外,訴訟前における存在を認めておられた)。

1-4　裁判上の形成権は裁判によって形成されとする考え

(1)　形成の訴えにおける審判の対象

裁判上の形成権については,社会におけるその実在を否定し,裁判によってはじめて存在するにいたるとする考えが有力のようである。しかし,この考えが裁判上の形成権のみ裁判によって形成され,その他の権利は裁判を待たずに実際の社会に現存するというのか,すべての権利を裁判によって形成されるとする考えの一環にすぎないというのかは,かならずしも判然としない。いずれにしても,この問題は,形成の訴えにおける審判の対象はなにかという形で現れる。

すべての権利を裁判によって形成されるとすれば,裁判上の形成権も裁判によって形成されるということになる(兼子・新修民事訴訟法体系〔増訂版〕〔1965年6月,酒井書店〕145頁)のは当然であろうが,権利一般には触れないで,裁判上の形成権についてそれを裁判によって形成されるとする考えもある。若干のタイムラグがあるものの,鈴木正裕教授は,この訴訟物についてはわが国では形成原因説が「今日では支配説の観を呈している」(「非訟事件と形成の裁判」新・実務民事訴訟講座8巻〔1981年12月,日本評論社〕14頁)といわれる。そこで,形成原因説をみてみることとするが,一口に形成原因説といっても,この説には種々の意見があるようなので,以下では,そのうちの代表的な意見をみることにとど

116

めたい。

⑵　形成原因説とそれに対する疑問点

A　鈴木(正)説

鈴木(正)教授は，

「権利が訴訟物に位置づけられたことによって，形成原因が原因事実・原因関係から抽離され，もし，形成原因のみをとりあげてこれを観念するとすれば，権利と事実の中間に位いする一種の法状態，とでも称するよりほかないものに転化してしまった，ということである」(「形成訴訟の訴訟物──学説の整理──」〔執筆は，昭和33年2月のようである〕民事訴訟雑誌5号132頁)

といわれる。

B　伊藤(眞)説

また，伊藤(眞)教授は，

「……実体法が，……法律関係の変動について一定の法律要件を規定した上で，その要件にもとづく変動が判決によって宣言されたときに，当該法律関係の変動が生ずる旨を規定することがある。この場合に原告としては，まず請求の内容として，法律関係とその変動の原因となる法律要件を主張し，その上で，訴えの内容として，法律関係の変動を宣言する本案判決を求める。……〔改行〕形成訴訟における訴訟物は，上の意味での法律要件すなわち形成原因であ」る

とされ，さらに

「訴訟物たる形成原因は，それにもとづいて原告が判決による形成を求められるという趣旨から形成権と呼ばれることもあるが，上の理由から実体法上の形成権とは区別される」(民事訴訟法〔補訂版〕〔2000年5月，初版は，1998年4月，有斐閣〕126頁)

とされる。

C　形成原因説一般の理論的根拠

それでは，形成要件説を含む形成原因説一般の理論的根拠はなにか，鈴木(正)教授によると，次のようなことである。

「形成原因説を合理づけるにたる理由は，現在のところ次の一事のみである。すなわち，かりにいま，この説をしりぞけたとき，つまり旧来の『権利』構成を維持しようとするときのわれわれを考えてみよう。この場合，利用し得る実体権概念としてわれわれに残されているのは，形成権のみである。ところがこの形成権には，それが私人の意思によって権利変動を招来し得る権利として規定されるものであるところから，利用範囲に大きな制限が課せられていた。消極的に表現

I　要件事実の前提となる事項

すれば，形成が第一次的には私人によって遂行される旨を表象することが不適切な場合，『私人による形成』を本来の建前としているが（私的自治），ただ法律関係の錯綜（判決の抵触）を回避するためやむをえず訴の形式を要求する，と説明づけるが不適切な場合には，形成権概念を利用することはできない。（この権利概念についての法理論上の従来からの約束がこれを許さない）。そして，先学の教えるところによれば，これに該当するのは，抗告訴訟，訴訟法上の形成訴訟などである。しかもこの種の場合においても，その訴訟事件性を肯定する限り，形成判決請求権概念を利用することが許されないのは勿論である。とすれば，もはやここにおいては，『形成原因』なる表現を使用するほかないのではないだろうか。なぜなら，さしものドイツ法学もこの種の場合にみあう他の権利範疇をわれわれのために用意しておいてくれなかったからである」（前掲論文「形成訴訟の訴訟物」155 頁）

D　形成原因説に対する疑問点

形成原因説は，ドイツにおける形成訴訟の訴訟物についての学説を元として考案されたもののようである。しかし，裁判上の形成権という権利の存在上の効果は，形成判決の確定によって発生するのではない。この効果は，民事実体法上の個別的法規範を構成する行為規範の定める・裁判上の形成権の発生という法律効果の原因となる法律要件を充足する社会事象が生起すると，裁判上の形成権の発生に伴って，その内容的効力として生じるのである。したがって，裁判上の形成権も，その性質は裁判外の形成権と異ならないのであって，仮に「実体法上の権利として」の形成権が「一定の法律関係の形成（発生・変更・消滅）を私人の意思表示にかゝらしめる故にそうよばれるのであるが，その私人の意思表示は終極において，一定の利益としての支配権・請求権の観念的発生・変更・消滅のための前提条件にすぎず，実施的な目的としての支配権・請求権に対し手段たる性質を有するにすぎない」（川島・民法講義 1 巻　序説〔1951 年，岩波書店〕49 頁）とするならば，裁判上の形成権のその一類型として手段的性質を有するものなのである。

ただ，この効果は，形成力が現実に権利関係を変動することだとすると，形成力そのものではない。それは，行使により権利関係を変動することができる効力，形成可能力である。この点でも裁判上の形成権は，裁判外の形成権と同じであって，裁判外の形成権も，発生し存在するだけでは原則として既存の権利関係を変動する効果を生じる余地がなく（例外，民 20 Ⅲ，Ⅳ），形成権者が裁判外の形成権を行使することによって生じるのである（末川・前掲論文「私権の行使」222 頁参照）。そして，このことは，裁判上の形成権についてもいえるはずである。し

たがって，裁判上の形成権も，その行使によってはじめて現実化される。つまり，現実の権利になり，形成力を有するにいたるのである。

　わが民事実体法では，裁判上の形成権である詐欺または強迫による婚姻の取消しを定める民法747条2項は，「取消権」が訴訟外で発生し，詐欺を発見し強迫を免れた後3か月を経過しまたは追認すると訴訟外で消滅することを規定しており，裁判上の形成権である夫の嫡出否認を定める民法775条は，「否認権」が訴訟外で発生し，子の出生後にその嫡出であることを承認したときは，夫は，その「否認権」を訴訟外で失うことを規定している。また，裁判上の形成権であるとされる株主総会決議取消しの権利性についてみると，株主は，自らの意思でそれを放棄することができると解されている（上柳克郎＝鴻常夫＝竹内昭夫編・新版会社法(5)332頁〈岩原紳作〉など通説）。権利が訴訟外で発生し存在していないのであれば，それを放棄することができるはずがないから，株主総会決議取消権も，訴訟外で発生し存在していることになる。

　形成原因説の基本的発想は，形成訴訟の勝訴判決の確定によって形成力が生じるから，裁判上で形成力を有する権利すなわち裁判上の形成権の存在をそれ以前に観念することができないというのであろう。だが，上述したように，民事実体法では，裁判上の形成権も，訴訟を俟たずに発生し，除斥期間の経過等により消滅するのであるから，その法律要件を充足する事実が生起すると，判決の確定を待たずに変動する権利が生ずることは明らかである。その点では，他の私権と変わることがないのである。そして，裁判上の形成権も，その行使によってはじめて現実化される。つまり現実の権利になり，形成力を有するにいたるのである。ただ，裁判上の形成権は，立法者において権利関係の変動が当事者間であるいは当事者以外の第三者との関係でとくに明確になっている必要があると考えたため（梅・民法要義巻之四〔明治32年4月，和仏法律学校ほか〕118頁，72〜3頁など参照），一定の権利関係を生ずる形成権の行使は，訴えによらなければならないとされたのである。こうして，形成の訴えの提起は，裁判上の形成権の行使にほかならない。そうだからこそ，原告は，形成の訴えの請求の趣旨において，権利関係の形成を主張するのであり，請求に理由があるときに裁判所が形成判決の主文において権利関係の形成を宣言することができるのは，原告の請求の趣旨におけるこのような主張と平仄を合わせることによるのである。

　そのうえ，形成権の行使は，本来であれば，その行使によって形成力を生じ，目的を達して消滅してしまうはずであるが，裁判上の形成権にあっては，形成の訴えの提起後もその係属中はその行使の効果が持続されるとともに，形成力の完結が認容判決の確定によって明確性が付与されるまで留保されることになるので

ある。この点で，他の私権との違いがあるにすぎない。なお，形成判決の効力が第三者に及ぶことがあるのは，法律の規定による効果であって，裁判上の形成権に固有の効果ではないというべきである。そうすると，形成の訴えにおいては，裁判上の形成権の存在とその行使の主張が審判の対象となるのではないだろうか（その内容が私見と同じであるかどうかはかならずしも定かでないが，形成の訴えにおける請求の内容を形成権であるとする説としては，岩田一郎・民事訴訟法原論〔訂正16 版〕〔大正 8 年 3 月，初版は，明治 40 年 5 月，明治大学出版部〕371 頁，仁井田・民事訴訟法要論中巻〔改訂 5 版〕〔大正 4 年 9 月，初版は，明治 41 年 8 月，有斐閣書房〕505 頁〔もっとも，権利変更の訴え〔形成の訴え〕の性質は，非訟事件とするもののようである〕，細野長良・民事訴訟法要義 2 巻〔全訂 11 版〕〔昭和 8 年 1 月，初版は，大正 9 年 6 月のようである，巌松堂書店〕69 頁，前野順一・民事訴訟法論第二編乃至第五編〔昭和 12 年 12 月，松華堂書店〕817 頁，菊井維大・民事訴訟法下〔法律学講座叢書〕〔昭和 33 年 6 月，弘文堂〕226 頁），中野 = 松浦馨 = 鈴木(正)編・民事訴訟法講義〔3 版〕〔1995 年，初版は，1976 年，有斐閣〕150 頁〈上村〉，吉村徳重 = 竹下守夫 = 谷口安平編・講義民事訴訟訴法〔2001 年，青林書院〕52 頁〈本間義信〉などがある）。

II 要件事実(論)において事前に理解していなければならない事項

1 民事上の訴えの提起および民事訴訟における審判の対象

1-1 民事紛争の解決と民事訴訟

〔民事紛争は，紛争当事者双方の自由な意思で解決することができるのではないか〕

民事上の権利または損害賠償請求権における法的利益に対する関係者の認識ないし判断の相違により，関係者間にその権利または利益をめぐる対立が生じ，それが顕在化すると，民事紛争ということになる。民事紛争は，私的自治の原則を踏まえた，私人間の・双方の自由な意思で処理することができる。したがって，民事紛争を当事者間の契約によって処理することができる（民696，695）ことはいうまでもないが，そのほかに裁判外紛争解決（処理）（Alternative Dispute Resolution。略称ＡＤＲ）および民事訴訟による紛争解決がある。ＡＤＲには，裁判外紛争解決手続の利用の促進に関する法律（平成16年法律151号。略称・裁判外紛争解決促進法，裁判外紛争解決）上のＡＤＲと裁判所の民事調停，公害等調整委員会，建設工事紛争審査会等の行政機関，弁護士会の仲裁センター，一般社団法人日本商事仲裁協会等の民間団体などによるＡＤＲがある。ＡＤＲの方式には，仲裁，調停，あっせんなどがある。

〔民事紛争の当事者がその終止を目指す場合には，原則として民事訴訟を提起せざるをえないのではないか〕

とはいえ，民事紛争の当事者が民事訴訟以外の —— 仲裁合意を除く —— 方式でそれを終止させることができない場合において，当事者があくまでもその終止を目指すときは，仲裁合意を締結することができない以上は，民事訴訟によらざるをえない。それはなぜかというと，民事訴訟は，審判の対象を（これについては，後に述べるように〔II，1-3を参照〕学説上争いがあるが，私見によれば）原告になった紛争当事者の権利の存否等の主張すなわち請求であるとして，裁判所がその当否等を強制的公権的に判断するために審判を遂行する（請求の放棄・認諾や裁判上の和解をしたときも，調書に記載されると，確定判決と同一の効力が生ずる〔民訴

121

Ⅱ　要件事実（論）において事前に理解していなければならない事項

267〕）ことにあるからではないだろうか。つまり，民事訴訟は，原告が提示した権利の存否等の主張を強行的・公権的に紛争処理する方式であって，民事紛争の最終的な処理方式なのである。前に紹介したように，権利は，ある者に依属すると認められた善益を主人として処理する特典であるが，「客観法により特定の者には付与され，訴訟手続により保障されているものである」（ダバン・権利論144頁）といわれるのは，このことを言い表しているのである（ただし，「客観法」を「法」とする必要がある）。

1-2　民事上の訴えの提起とその類型

1-2-1　訴えの提起

〔地方裁判所以上の裁判所に対する民事上の訴えの提起には，二つの意義があるのではないか〕

　地方裁判所以上の裁判所に対する民事上の訴えの提起には，訴訟行為としての意味と実質的な意味の二つがあるというべきである。訴訟行為としての意味では，訴えは，私人が私人を相手方として，1審裁判所に対し，審判を求める申立てであり，実質的な意味では，訴えは，特定の私人が，直接または間接に一定の権利関係の存否等を確定するために，法定の1審裁判所に対し，それを争う私人を相手方として，その権利関係の存否等の主張（＝請求。請求については，次に詳述する〔次節-3⑵〔審判の対象を請求とする…〕を参照〕）について裁判所の強制力をもってする審理および自己に有利な判断（勝訴判決）をするように求める申立てであるとともに，裁判所を通して，その相手方に対し，その主張をするものである。したがって，訴えには，相手方（被告）に対する請求が含まれる。訴えという裁判所に対する関係では申立てをするだけでよい段階で，それを請求を明らかにしなければならない（民訴133Ⅱ）のは，ただ裁判所に対して訴訟の客体を示し，裁判所にそれなりの準備をさせて訴訟を促進するというにとどまらず，訴えが被告に対する一定の権利関係の存否等の主張を含むからである。

1-2-2　訴えの類型とその関係

〔民事上の訴えには，確認，給付および形成の各訴えがあるが，この3類型の関係は，どのように考えればよいか〕

　民事上の訴えを請求の内容，性質によって分類すると，確認の訴え，給付の訴えおよび形成の訴えになり，この3類型が学説上一般に承認された順序からいえば，給付の訴え，確認の訴え，形成の訴えになるといわれている（吉村＝竹下＝

122

1　民事上の訴えの提起および民事訴訟における審判の対象

谷口（安）編・講義民事訴訟法 50 頁，51 頁，54 頁〈本間〉。もっとも，給付，形成，確認の順序だとする見解もあるようである）が，この 3 類型の理論的関係については，議論がある。

(1)　確認訴訟原型説

　まず，現在でも有力説である確認訴訟原型説であるが，兼子博士は，

給付の訴えについて「通説は，給付判決の執行力は，国家の被告に対する給付命令（又は執行機関に対する執行命令）に基くので（したがって，判決主文も，「金何円を支払え」という命令形が必要であり，「支払う義務がある」というのでは，確認判決にすぎず，執行力はないという），給付の訴はこの給付命令の発布を求める訴である点で，確認の訴と区別されるものとする。しかし，実体上給付義務のある以上被告が履行しなければならないのは当然で，重ねて給付命令を発することは無意義であり（何故に国家がかかる命令を発し得るかの根拠も疑問である），執行力は，当事者間に具体的な給付義務の確定されたことを執行機関として尊重して執行すべき職責を負うことに基くものと見ればよい。したがって，給付の訴は，請求内容が被告の原告に対する給付義務の存在の主張である点で，確認の訴の特殊な場合に過ぎない」（新修民事訴訟法体系〔増補版〕144〜5 頁。なお，条解民事訴訟法上〔昭和 30 年 6 月，弘文堂〕615 頁）

といわれ，

形成の訴えについて「形成判決の形成力を国家の意思表示的な処分行為に基くものとする説があるが，形成要件の確定に法律の結付けた効果と見ないと，判決が，法を適用する判断作用であることと矛盾するであろう」（同書 147 頁）

といわれて，訴えの類型を，理論上は確認の訴えが基本的な類型であり，給付の訴えや形成の訴えは，その特殊の場合であるとされるのである。

　確認訴訟原型説によれば，請求権存在確認の訴えにおける原告の勝訴判決によっても，強制執行ができなければならないが，給付義務の相手方の反対形象である給付請求権は，後に紹介するように〔次節（-1(2)）の〔審判の対象を権利（の存否）とする…〕を参照〕それが存在するというだけでは，いわば潜勢的（potential）の状態において力を有っているというにとどまるのであって，それらの存在が確認されたからといって，それは請求および給付判決の給付命令の前提ないし手段以上の意味をもつものではなく，執行力が発生することはない。したがって，確認判決に対しては仮執行の宣言を付することができないし，その判決が確定しても債務名義にはなりえないのである。また，現在の給付請求訴訟において，給付請求権の存在することが認められても，口頭弁論終結時までに履行期が到来していなければ，裁判所は，請求棄却の判決をしなければならない。そして，これらのことは，形成訴訟における請求および形成判決の権利関係変動宣言

123

Ⅱ　要件事実（論）において事前に理解していなければならない事項

についても同じであるといってよい。こうして，確認訴訟原型説は，成り立ち得ない説であろう。

⑵　紛争類型対応説

　次に紛争類型対応説とでもいうべき見解である。この説は，現在の通説であろうが，給付の訴え，確認の訴えおよび形成の訴えの別「は，紛争のタイプ，正確には，請求の主張内容・要求内容の類型的差異にもとづく分類である。」給付の訴え「での紛争の中心は，給付を受けられる地位をもつかどうかであり，その地位がどのような実体権にもとづくものであるかは，前提問題でしかない（給付の内容が同一であるかぎりどのような実体権にもとづいてもかまわない）。これに対して，確認の訴えでは，権利を確認することだけで当事者間の紛争を解決しようとするものであり，実体法上のどのような種類の権利をもつかが紛争解決をもたらすための重要な鍵になる（どのような実体法上の権利をもつかで当事者間の将来の規律内容が異なってくる）」（新堂・民事訴訟法 139 頁，142 頁）というものである。

　この見解は，新訴訟物論に由来するものであるが，給付判決に執行力が，形成判決に形成力があることを実体法上の権利の性質から説明することができないとして，本来的には実体法上の権利の性質から湧出するところの紛争類型を本質としてとらえているにすぎないところ，新訴訟物論が採りえないことは後述するとおりである。

⑶　作用により分類した私権の類型の性質由来説

　確認の訴え，給付の訴えおよび形成の訴えの 3 類型は，基本的には，私権を作用により分類した・支配権，請求権および裁判上の形成権（抗弁権は，請求の内容になりえないので，措く）の性質に由来するというべきである。

　支配権は，それ自体では利益享受または意思支配を法律的に正当づけることを内容とするものであって，請求権も前述したポテンシャルとしての権利である場合には，確認の訴えにおける請求の内容になることができる。

　請求権も，それ自体ではポテンシャルとしての権利であるから，確認の利益のあるかぎり，確認の訴えにおける請求の内容になりうるが（それは，処分権主義のしからしめるところであって，訴えの類型の本質にかかわることではないであろう），それが行使可能であり，行使されて利益享受が実現し，アクチュアルとしての権利となった以上は，これを確認の訴えにおける請求の内容とすることは迂遠であって，一般的には許容されず，給付の訴えにおける請求の内容となるのである。そればかりでなく，給付の訴えにおいては，履行期未到来または停止条件未成就の請求権もそれが将来において行使可能であり，かつ，行使されるならば，請求

の内容となることがありうる。たとえば，

「継続的不法行為に基づき将来発生すべき損害賠償請求権についても，……請求権の基礎となるべき事実関係及び法律関係が既に存在し，その継続が予測されるとともに，右請求権の成否及び内容につき債務者に有利な影響を生ずるような将来における事情の変更として……あらかじめ明確に予測しうる事由に限られ」るものの，「これについては請求異議の訴えによりその発生を証明してのみ執行を阻止しうるという負担を債務者に課しても格別不当とはいえない点において……期限付債権等と同視しうるような場合には，これにつき将来の給付の訴え」が許される（最(大)判昭和56・12・16民集35巻10号1369頁）が，これは，そのような請求権であればこそ認められるのである。

裁判上の形成権も，それ自体としてはポテンシャルとしての権利であるが，それが形成の訴えをもって行使され，アクチュアルとしての権利にならないかぎり，権利としての利益享受または意思支配を貫徹することができないし，もちろん確認の訴えにおける請求の内容にはなりえない。

これらの訴えの類型が権利関係の性質に由来することは，支配権それ自体は，給付の訴えや形成の訴えの請求の内容になることができず，請求権それ自体は，形成の訴えの請求の内容になることができないことからいっても明らかであろう。

1-3 民事訴訟における審判の対象についての学説上の争いとそれを請求とする考え

1-3-1 審判の対象についての学説の争い

〔民事訴訟における審判の対象についての学説上の争いとしては，大別して，新訴訟物論と旧訴訟物論があるのではないか〕

こうして，民事紛争を民事訴訟によって解決することになると，なにがその審判の対象となるのかを明確に理解しておく必要がある。これについては，大別すると，新訴訟物(理)論と旧訴訟物(理)論とがある[1]。

(1) 新訴訟物論とそれに対する疑問点

新訴訟物論は，紛争解決の1回性などを理由として，給付の訴えにおける訴訟物は，相手方から一定の給付を求めることができる法律上の地位（受給権）であ

---

(1) ちなみに，一般に民事訴訟における審判の対象を訴訟物というが，訴訟物はZPOの規定に由来する概念であって，これをわが民事訴訟に取り入れることには疑問がないでもない。

り，形成の訴えにおける訴訟物は，形成を求める法的地位であるとする理論である。実体法上の権利は，法律上の地位を基礎づける法的観点あるいは法的根拠とするのである。建物の返還を求める給付の訴えを例として説明すると，建物の返還を求めることができることが法律上の地位として1個の訴訟物であり，所有権に基づく返還請求権と賃貸借の終了に基づく返還請求権は，それを基礎づける法的観点となる。学説ではこの理論が多数説のようである（もっとも，一口に新訴訟物論といっても，様々な考えがある）。

新訴訟物論が民事訴訟における審判の対象と実体私法（上の私権）との直接性を切断する理論であることは明らかであろう。しかし，手続法である民事訴訟法の理論のほうから実体法の権利の性質ないし態様を否定することは，本末を転倒するものであるというべきであろう。そもそもドノーやヴィントシャイト がアクティオを実体法的側面と訴訟法的側面とに分離したことによって，民事実体法も民事手続法もそれぞれ独立の法体系として成立することになったのであるから，つまり，もともと一つのものを二つに割ったものであるから，両者が直接に相互に関連することは明らかであって，民事実体法上の権利が民事訴訟手続きによって保障されていることはむしろ当然の事理であるといわなければならないのではないだろうか。

そのうえ，新訴訟物論の原初的な発想は民事訴訟の制度目的を紛争解決とするものであるといってよいが，前項でもみたとおり，民事紛争解決の方式には調停，仲裁などもあり，民事訴訟はその一つにすぎない。したがって，民事訴訟制度の目的を紛争解決というのでは他の紛争解決の方式と区別がつかず，民事訴訟固有の制度目的とはいえないのではないだろうか。民事訴訟が，他の紛争解決方式と異なるのは，前述したとおり紛争当事者が権利の存否等をめぐる紛争の最終的な終止を目指すときは，仲裁合意を締結することができない以上は，これによらざるをえない点にあり，そうすると，民事訴訟制度の目的は，この点に求められるべきではないだろうか。

(2) 旧訴訟物論
〔旧訴訟物論には，二つの異なる考えがあるのではないか〕

旧訴訟物論は，訴訟物を通して民事訴訟と実体私法上の権利の直接性を確保しようとするものである（この趣旨で，請求を訴訟物といってもよいだろう）。権利は，法により特定の者に付与されたものであり，訴訟手続きにより保障されているものである。この訴訟手続きの保障は，私権の要素ないし属性なのである。旧訴訟物論の中にも民事訴訟の制度目的について紛争解決を採る説（兼子・新修民事訴

訟法体系〔増補版〕25頁，162頁）もないではないが，一般的には権利保護説，権利保障説などなんらかの形で権利にまつわる説を採っているといってよい。アクティオが実体法と訴訟法に分離された趣旨からいっても，また，民訴法自体が私権を訴訟の目的すなわち請求の内容として規定している（38，41 I，47　I）ことからみても，旧訴訟物論で審判の対象を理解することが民事法全体の中での位置付けとしてすわりがよく，素直であろう。

　ところで，旧訴訟物論による民事訴訟の審判の対象についての理解には二つの考えがあるようである。一つは権利または権利の存否とする考えであり，一つは請求とする考えである。

〔審判の対象を権利（の存否）とする考えとはなにか，それに対してはどのような疑問があるか〕

　まず前者であるが，兼子博士は，民事訴訟法概論（昭和13年6月，岩波書店）158頁では訴訟物を特定の権利の存否とされたが，新修民事訴訟法体系〔増補版〕162～3頁では

「訴訟の審判の対象となるところの権利関係を訴訟物とも称する」

とされる。もちろん，ここでいう権利または権利の存否は具体的なものであるが，この見解では給付訴訟の審判の対象から請求権の行使可能性の存在および行使が，形成訴訟の審判の対象から裁判上の形成権の行使が排除されることになる。事実，兼子博士は，前述したように，給付の訴えを，請求内容が被告の原告に対する給付義務の存在の主張である点で，確認の訴えの特殊の場合にすぎないといわれ，形成の訴えを，形成要件の確定に法律の結び付けた効果とみないと，判決が法を適用する判断作用であることと矛盾するであろうといわれて，いうなれば確認訴訟原型説を述べられるのである。

　司研も，要件事実1巻2頁で，

「民事訴訟において，裁判所は，訴えが適法なものである限り，当該事実審の口頭弁論終結時を基準として，原告が訴訟物として主張する一定の権利（又は法律関係）の存否について判断しなければならない」

などというところからみると，確認訴訟原型説を採るかどうかは別として，審判の対象を「権利の存否」と理解しているようである。

　しかし，

「権利は利益享受又は意思支配そのものを内容とするものではなくて，それらを法律的に可能ならしめること——即ち法律的に正当づけること——を内容とするものであるから，畢竟権利は本質的に手段たるの価値を主張し得るにとゞまってゐる。」「斯くの如く権利は現在若くは将来の利益享受又は意思支配を可能なら

Ⅱ　要件事実（論）において事前に理解していなければならない事項

しめる手段たるにすぎぬのだから，権利を有ってゐるといふことはいはゞ潜勢的（potential）の状態において力を有ってゐるといふことにとゞまって，それが目的とする利益享受又は意思支配を実現するには，今一段の過程即ち潜勢的な力を現実（actual）のものたらしめる過程を要する訳である。この過程を吾々は権利の行使と名付ける。だから権利を有ってゐるといふことと権利を行使するといふこととは明らかに区別して観念されねばならぬ。」「そして権利の行使はいはば潜勢的の状態において力と意識されるものを現実化する過程であって，それは手段を目的にまで止揚し若しくは止揚せんとし，静的なものを動態に置くことであるから，個別的には感性的に知覚され得る様態となって現はれる。従って権利自体及び権利を有ってゐるといふことが思惟の世界に属する構象であるのに反して，権利の行使は感性的な現象の世界に属する事実であるといへるであらう。この意味においては権利の行使は権利の現象形態であるともいひ得る」（末川「権利の行使」法学論叢 20 巻 1 号〔昭和 3 年 7 月〕222〜4 頁。この論文は，同・不法行為並に権利濫用の研究 221 頁以下に収録されている）。

　こうして，確認訴訟で訴訟物となる権利は，潜勢的な力としての権利であるが，給付訴訟で訴訟物となる権利は，現実のものとなった権利すなわち請求権の存在，その行使可能性の存在および行使であって，両者は区別されなければならないものである。だからこそ，事実審の口頭弁論終結時点までに行使が可能でなければ，あらかじめ将来の給付を請求する必要があるときは（民訴 135），訴えを変更して将来の給付の訴えにしなければならないし，その必要がないときは，審判の対象となっているところの行使可能性がないとして請求が棄却されるのである。

　また，前述したように，形成訴訟における訴訟物は，形成要件ではなく，裁判上の形成権およびその行使（形成の訴えの提起）である。

　審判の対象としての訴訟物を権利または権利の存否とする見解では，権利の行使可能性の存在または不存在を抗弁説で理解することになるが，履行期の到来およびその行使または履行期の未到来を抗弁説で解することが不当であることは後に詳しく述べる〔Ⅲ，3-4-3【その例――履行期…】〔抗弁説には，……〕〉を参照〕。

　大体において，訴訟物 Streitgegenstannd という概念は，ZPO に規定がある（2条など）が，わが民訴法には，規定がないのである。これを訴訟の目的と訳して，わが民訴法 8 条，9 条，38 条，41 条 1 項などと同一視することもできないだろう。ZPO では，訴訟の目的 Gegenstand des Streit は，別の意味に用いられているようだからである（6 条）。いずれにしても，ドイツがそうだからわが民事訴訟も同じでよいという発想は，そろそろやめるべきではないだろうか。

128

1　民事上の訴えの提起および民事訴訟における審判の対象

〔審判の対象を請求とする考えは，どのようなものか〕

　民事訴訟においては，その開始，内容ないし態様，範囲や訴訟資料の提出や審理の終了などについて当事者の意思が決定的または主導的な地位を占めるべきことになる。この原則を処分権主義または広義の弁論主義というのであるが，処分権主義を発動させる根拠となるのも私的自治の原則である。

　そうすると，民事訴訟の主催者は，裁判官（所）だけであるとする考えが声高に唱えられているが，訴訟当事者と裁判官であるといわなければならない。そして，上述した処分権主義の建前からしても，判決事項が申立事項に拘束される（民訴246）ことからいっても，民事訴訟においては，原告（反訴原告を含む）が独自に判断したところの権利の存否等についての表明すなわち主張をし，被告がこの主張を認めるときはそれで訴訟は完結してしまうのである。が，被告がこの主張を認めないと，裁判所は，この訴えが訴訟要件を具備しているかぎり（ただし，訴訟要件を財産上の実体的正義を観念的に実現する可能性のある条件であると解すると，訴えの利益など公益性の強くない一部の訴訟要件については，請求に理由がないことが明らかなときは，その具備の有無について審査しないでただちに請求棄却の判決をしてもよいだろう），この主張つまり請求の当否を判断しなければならないが，それにとどまると解すべきである。このことは，後に詳述する〔Ⅱ，3-3などを参照〕証明度の意味からも明らかである。権利の存否等の（法律上の）主張を基礎づける（積極的または消極的な）自然的・社会的事実の存在の（事実上の）主張が争われたときは，当事者は，その存在を証拠調べの結果および弁論の全趣旨によって証明しなければならない。しかし，証明は，裁判所によりその事実が絶対的な意味での真実として存在したことを認定されるのではなく，事実認定に必要な一定の心証の最下限（たとえば，八分の心証）に達すると，その事実が存在したと認定される。正確にいえば，事実上の主張を真実と認めると判断されるのである（民訴247）。そして，このことなどから権利の存否の主張の当否が判断されるのであるから，権利（の存否）が判断される（それでは一種の虚構になる）のではないといわなければならないのである。

　このようにみてくると，旧訴訟物論において審判の対象を権利の存否とするか請求とするかは，前者は民法上の規定を裁判規範とみるのに対し，後者はその個別的法規範を構成する規範のうちに行為規範があるとすることに由来するのではないだろうか。それとともに，前者は，民事訴訟を裁判所が権利の存否の真実性を探求するものだとするのに対し，後者は，民事訴訟を当事者が権利の存否を主張し裁判所がその当否を判断するものだとすることになるのではないだろうか。そうだとすると，民事訴訟の主催者を前者は裁判官（所）とみることになろうし，

129

II 要件事実（論）において事前に理解していなければならない事項

後者は訴訟当事者および裁判所とみることになるように思われる。この帰結は，単に民法上の規定をどうみるかの違いにとどまらず，民事訴訟の態様をどうみるかの違いに結び付くのではないだろうか。

1-3-2 審判の対象を請求とする考え

〔請求は，訴えという申立てを基礎づける法律上の主張ではないか〕

しかし，処分権主義および弁論主義の支配する民事訴訟において，権利の存否の真実を見付けることはほとんど不可能であるといってよいのではないだろうか。そうだとすると，民事訴訟における審判の対象は，請求であると解すべきことになる。それでは，請求と訴えとの関係はどうなっているのだろうか。訴えなければ裁判なしといわれるように，民事訴訟は，私的自治の原則から，私人が，私人を相手方として，一審裁判所に対し，強制力をもってする審理および自己に有利な判断すなわち勝訴判決をするように求める申立てをしてはじまるのであって，この申立てが訴えである。要件と効果が訴訟法によって規律される行為を訴訟行為というが，私人の訴訟行為のうち直接に一定内容の裁判を求めることを目的とする行為は，申立てと主張と立証があるが，この三者の関係は，申立てを基礎づける（理由づける）のが主張であり，主張を基礎づけるのが立証であって，したがって，基本となるのは申立てである。請求は，訴えという申立てを基礎づける法律上の主張である。民事訴訟法は，訴えという申立ての段階で，請求を明らかにすることを定めるが（133Ⅱ，民訴規53Ⅰ），それは，裁判所に対して訴訟の客体を示して裁判所にそれなりの準備をさせ，訴訟を促進する狙いがあるが，同時に，訴えがあると，裁判所は，相手方である私人つまり被告に対してそれを記載した書面を送達する（同法138，同規40，58）から，訴えは，裁判所を通して，被告に対し，権利の存否等の主張をすることになり，したがって，被告に対してその主張をする趣旨を含むといってよい。こうして，請求を正確にいえば，原告が訴えを基礎づけるためにする・それぞれの権利関係の性質に応じた審判形式を帯有するところの具体的な権利関係の存否等の法律上の主張であり，かつ，被告に対してする具体的な権利関係の存否等の主張である，ということになる。

ところで，審判の形式の定立は，訴えにおいてされるべきものであるとするのが多数説であり，請求の問題であるとしながら，これを権利主張としての狭義の請求ではなく，広義の請求の問題であるとするのが有力説であるが，訴えの意義を前述したように解し，訴えの3類型とそれらの関係を前に述べたように解することができるとすれば，審判の形式の定立は，基本的には，審判の対象となる請求の定立に同伴するものである。そこで，次に訴えの類型ごとに請求の内容をみ

1　民事上の訴えの提起および民事訴訟における審判の対象

ておきたい。

〔確認の訴えにおける請求は，一定の具体的な権利の存否についての既判力を
　希求する主張ではないか〕

　確認の訴え（ただし，証書真否確認の訴え〔民訴134〕を除く）における請求は，
原告の確認訴訟の予防的機能を期待して主張するところの効果が確定した終局判
決の既判力(2)であるから，一定の具体的な権利の存否についての確定判決によ
る既判力を希求する主張である。したがって，その特定は，基本的には存否の確
認という形式を帯有する一定の具体的な権利関係（通常は，支配権，一種の包括的
な地位である債権または法律関係）（場合によってはその範囲も）で必要にして十分
であるから，請求の趣旨だけですべてをまかなうことができる。

〔給付の訴えにおける請求は，一定の具体的な給付請求権の行使による執行力
　および確定判決による既判力を希求する主張ではないか〕

　これに対し，給付の訴えにおける請求は，原告の主張するところの効果が判決
の既判力と執行力（執行力は，給付判決が確定しなくても仮執行の宣言が付されるこ
とによって生ずる〔民訴259 I，II〕）であるから（給付の訴えの請求で主張するとこ
ろの効果である判決の既判力と執行力のうち，執行力はその訴訟物である給付請求権の
行使の本来的な効果であるが，既判力は，多分に（給付）判決という強制的な権利関係
の存否等についての判断に由来する，いうなれば民訴法や仲裁法という手続き上の効果
ではなかろうか。そうだとすると，原告が請求として給付請権の存在とその行使可能性
の存在とその行使を主張するということは，その執行力を求めることに狙いがあるので
あって，既判力は，終局判決の確定に随伴する副次的な効果であるということになるの
ではないだろうか。そして，このことは，形成の訴えの請求で主張するところの効果で
ある既判力と形成力との関係についても，同様に理解することになろう），一定の具体
的な給付請求権の存在，その行使可能性の存在およびその行使についての給付請
求権の行使による執行力と確定判決による既判力を希求する主張である。した
がって，その特定は給付命令という形式を帯有する一定の具体的な請求権（場合
によってはその範囲も）の存在，その行使可能性の存在およびその請求権の行使
によって行なうことになるが，給付の訴えの提起という請求権の行使としての請
求で主張するところの効果の直接的な狙いは執行力であるから，その請求の趣旨

---

(2)　確定した終局判決の内容がなぜ拘束力をもつか，その根拠づけに関してはさまざまな
　見解があるが，私は，既判力の拘束力を，権利関係の存否〔権利が給付請求権であるとき
　は，さらに行使可能性の有無〕の主張〔民事訴訟では，請求〕をめぐる争いにつき最終的
　に決着をつける権限を有する者のした判断に対しそれと実質的に同一と認められる権利関
　係の存否〔権利が給付請求権であるときは，さらに行使可能性の有無〕を主張することに
　よって争いを蒸し返すことを許さないとする効力であると考えている。

131

では，特定された請求のうちの給付命令という形式部分を表示すればよい。

〔形成の訴えにおける請求は，一定の具体的な裁判上の形成権の存在についての確定判決による既判力とその形成権の行使による形成力を希求する主張ではないか〕

また，形成の訴えにおける請求は，原告の主張するところの効果が判決の確定による既判力と形成力であるから，一定の具体的な裁判上の形成権の存在およびその行使についての判決確定による既判力とその形成権の行使による形成力を希求する主張である。したがって，その特定は，権利関係の変動の宣言という形式を帯有する一定の具体的な裁判上の形成権の存在およびその行使によって行なうことになるが，形成の訴えの提起という裁判上の形成権の行使となる請求で主張するところの効果の直接的な狙いは確定判決の形成力であるから，その請求の趣旨では，特定された請求のうちの権利関係の変動の宣言という形式部分を表示することに尽きる。

2　行為規範の定める法律効果と請求の内容となる権利の存否等との関連の仕方

〔請求の内容となる権利の存否等は，行為規範の定める法律効果以外に考えることはできないのではないか〕

行為規範を認める考えによれば，上述したように，具体的な権利が発生して存在するにいたり，その後ときにそれが変更したり消滅したりするのは，現実の社会において生起した事象が民法の行為規範の定める法律効果の原因となる法律要件を充足することによるのであるから，具体的な訴訟において請求の内容となる権利の存否等は，行為規範の定める法律効果から誘起される以外に考えることができない。

〔行為規範の定める法律効果を民事訴訟における請求の内容となる権利の存否等と実質的に同一にしなければならないのは，なぜか〕

しかし，このように，行為規範の定める法律効果は，権利が発生したか，変更したかあるいは消滅したかつまり権利が変動したかという態様であるが，民事訴訟の審判の対象となる請求の内容は，権利の存否（請求権の存在および裁判上の形成権の存在の場合は，さらにそれらの行使〔請求権の場合には，行使可能性の存在も〕。以下，本項では，これらを含む趣旨で，単に「権利の存否等」という）であって，そのうちの存否だけについてみても，権利が存在するか存在しないかという態様で

あるから，両者は異なるものである。

　権利は，常に社会に生起する事物と関係して観念される。これを命題化しよう
とすると，さまざまな命題を見出すことができるが，社会における法的な整序と
して相応しい命題は，原因としての「なになにの事物があれば，」とそれに対す
る結果としての「なになにの権利が変動する」という条件命題と帰結命題であろ
う。そして，この事物から人と財物を別枠で取り出して財産について秩序立てる
と，人に「なになにの社会事象があれば，」財産に「なになにの権利が発生し，
変更しまたは消滅する」ということになるだろう。そうすると，権利は，財産に
おいては，発生するか変更するか消滅するかのいずれかの様相で生じ，民事訴訟
における請求の内容である権利の存否等は，この権利の変動から導き出される以
上，両者を同一視することができる法理を考え出す以外に方策がないことになる。
つまり，この権利の変動を権利の存否等と等価値の効果に引き直し，その原因と
なる要件を充足する社会事象を――請求が主張であるからには――まず主張で理
由付けをし，相手方がそれを争うのであればその主張が正しいことを明らかにす
るべく証明しなければならないことになる。しかも，民事訴訟が，請求といいな
がら中身となるものは権利の存否等であっていうなれば結論に相当するかのごと
きものを示すことから出発するからには，相手方がそれを争うとすれば，その争
いに応じてその結論に相当するかのごときものやそれを補充するものについて順
次主張し，それが争われ要証事実であればそれを立証による理由づけをしていく
ことになる。

　そこで，権利の存否等と権利の変動とが同一になる法理を探究し，主張と立証
を検討しなければならないが，説明の便宜から，先に後者を，次いで前者を取り
上げることにする。

3　民事訴訟における主張と証明

3‑1　主張の意義

　後に詳しく述べるが，ローゼンベルクは，客観的証明責任を証明責任論の基本
であるとして証明責任から論理的に証明責任の分配を引き出し，主張責任および
主張責任の分配を弁論主義の投影であるとする。証明責任は，証明の負担である
から，この論法でいうと，主張は，論理的には証明の後で出てくる事柄というこ
とになりかねない。しかし，ドイツでは民事訴訟法の規定する自由心証を真実か
不真実に限定することから，ローゼンベルクのいうことが肯定的に捉えることが

Ⅱ　要件事実（論）において事前に理解していなければならない事項

できるかもしれないが，わが民事訴訟法では自由心証にそのような限定がないから，主張と証明あるいは主張責任と証明責任との関係は，処分権主義の論理的な帰結で考えればよいであろう。

〔訴訟行為とは，どのような行為か〕

ところで，被告が請求を認諾しない場合においては，原告が請求である具体的な権利の存在等または不存在等の主張を正当であるとの証を立てなければならないが，その証を立てる手段となるのは，民事訴訟(法)上の効果の発生の原因となるものでなければならない。そして，その原因となるもののうち，訴訟当事者その他の訴訟関係人や裁判所のする意思行為が訴訟行為である。

〔当事者その他の利害関係人の訴訟行為は，どのように分類されるか〕

当事者その他の利害関係人の訴訟行為を機能により分類すると，取効（的訴訟）行為と与効（的訴訟）行為とになる。裁判所に働きかけて自己に有利な訴訟上の効果を得るための訴訟行為が取効行為であり，裁判所の裁判の媒介を要しないで直接に訴訟上の効果を生じさせる訴訟行為が与効行為である。

取効行為には，申立て，主張および立証があるが，ここで取り上げるのは主張である。主張は，前にも述べたが，自己の申立てを基礎づけまたは相手方の申立てを排斥するべく，裁判所に働きかけて自己に有利な訴訟上の効果を得るためにする陳述である。

〔主張は，どのように分けることができるか〕

主張には，具体的な権利，法律関係，一般条項，不特定概念などの法的判断を要する事項（規範的要件ともいう）の存否に関する当事者の認識・判断の表明である法律上の主張（権利主張ともいう）と，人間の五官の作用により認識可能な具体的な自然的・社会的事実の存否に関する当事者の認識の表明である事実上の主張とがある。

請求もその法的性質は法律上の主張であるが，請求は原告（反訴原告を含む）のみが定立するものであるから，通常，法律上の主張というときは，訴訟当事者双方（利害関係人を含む）が提出する取効行為としてのそれである（当事者が取効行為としての法律上の主張または権利自白をすることができることは，後に詳述する〔Ⅲ，1-4-2⑶〕を参照）。法律上の主張が争われたときは，これを基礎づけるために，事実上の主張をするのである。

3-2　証明の意義

〔挙証と立証と証明は，同じ意味の言葉か〕

挙証はやや古い用語のように思われるが，挙証と立証は，よく証明と同義のよ

134

3　民事訴訟における主張と証明

うに考えられているかのごとくである。挙証も立証も証拠を提出して証明することの意味では証明と同義といってよいだろうが，挙証や立証は，かならずしも証明と結び付いて用いられなければならないわけではなく，挙証（立証）したのに裁判官に要証事実の存在について確信を抱かせることができなかったとか，挙証（立証）によって裁判官に要証事実の存在について疑念を生じさせ反証に成功したとかいった証拠を提出する意味でも用いることができる。挙証責任と立証責任とは，証拠提出責任を意味するのが一般であるという見解（倉田「一般条項と証明責任」法学教室〔第二期〕5号〔1974年6月，有斐閣〕69頁〔この論文は，同・民事実務と証明論〔昭和62年2月〕252頁以下に収録されている〕）もある。したがって，挙証や立証は，取効行為の一種に限定して理解されるべきであろう。

　これに対し，証明は，要証の主要事実の存在またはそれに連なる間接事実の存在について裁判官が確信を抱いた心理状態を指すことのほかに，当事者の証拠提出活動により裁判官がその心理状態になることの意味があり，とくにこれを動詞として「証明する」というときは，単に証拠を提出するということにとどまらず，裁判官に要証事実の存在について確信を抱かせるべく（要証事実を証明するべく）証拠を提出する，あるいは，証拠を提出して裁判官に要証事実の存在について確信を抱かせるという意味で用いられているように思われる。

〔裁判官の要証事実の存在についての確信とは，どのような心理状態をいうのか〕

　それでは，確信とは，どのような心理状態をいうのだろうか。最(二)判昭和50・10・24民集29巻9号1417頁は，医師の施術と患者のその後の発作およびそれに続く病変との因果関係についてであるが，

　「訴訟上の因果関係の立証は，一点の疑義も許されない自然科学的証明ではなく，経験則に照らして全証拠を総合検討し，特定の事実が特定の結果発生を招来した関係を是認しうる高度の蓋然性を証明することであり，その判定は，通常人が疑いを差し挟まない程度に真実性の確信を持ちうるものであることを必要とし，かつ，それで足りるものである」

と判示する。この判示は，因果関係にとどまらず要証の主要事実一般に拡人することができるように思われる。そうすると，裁判官の要証の主要事実の存在についての確信は，裁判官が経験則に照らして全証拠調べの結果および弁論の全趣旨を総合検討し，その存在を是認しうる高度の蓋然性によって裏付けられた，真実性について通常人が疑いを差し挟まない程度の心理状態をいうと解してよいだろう。

　高度の蓋然性の趣旨については後に証明度として検討することにして，ここで

II 要件事実（論）において事前に理解していなければならない事項

は裁判官が抱く真実性について疑いを差し挟まないかどうかを通常人の認識に置くことの意義についてみておきたい。そうすると，確信は当該の裁判官のまったくの主観的なものでよいということにはならない。間主観的という表現が適切であるかどうかはなお検討しなければならないが，裁判官が真実性についての心理状態を通常人と共有しうるものでなければならないという意味で間主観的という表現ができるとすれば，裁判官の確信は，間主観的なものであることを要するといわなければならない。

〔厳格な証明と自由な証明とは，なにか〕

ちなみに，証明には，その方式が法律上の規律に従うか否かにより，厳格な証明と自由な証明とに区別することができるといわれている。民訴法は180条以下に証拠調べの手続きに関する規定をおいているが，この法律に定められた証拠方法について法律に定められた手続きによって行なう証明が厳格な証明であり，これに対して，証拠方法・証拠手続きの規定から解放された証明が自由な証明であるとされる。しかし，権利の存否等の主張である請求を確定する審判において，事実についての主張を真実と認めるべきか否かを判断するにあたっての証明は，厳格な証明でなければならないだろう。

3-3 証明度の意義

〔民事訴訟における要証事実の認定は，裁判官の心証が証明度に達しさえすればよいのではないか〕

裁判官の要証事実の認定に必要な心証の最下限は，一般に証明度といわれる（倉田「裁判内容の形成と判決書」講座民事訴訟法⑥裁判〔昭和59年9月，弘文堂〕30頁。なお，証明度については，松本編訳＝データー・ライポルド・実効的権利保護—訴訟による訴訟における権利保護〔2009年1月，信山社〕155頁以下もみられたい）。要証の主要事実の存在が行為責任としての証明責任（この意義については，後述）を負う者の立証活動にかかわらず証明度に達しなければ，其の者に次に述べる証明不成功による結果責任としての証明責任（この意義についても，後述）が課されるが，証明度に達しさえすれば，悉無率[3]により要証の主要事実が認定される

---

(3) 倉田・民事交通訴訟の課題（昭和45年1月，日本評論社）131頁（注は，省略）は，悉無律を次のように説明する。「心証が連続的に変ってゆくとき，ある値を越えるとそのもたらす効果が変る場合，その値を『閾値』（Schwellenwert）と表現する。例えば，法規の構造は，要件事実が認められれば効果を生じ，認められねば全然効果を生じないという形をとるが，要件事実の心証が次第に（連続量として）高まってゆく場合を考えると，証明点を越えるまでは全然効果を生ぜず，越えた瞬間から全部の効果を生じるのであって，いわゆる悉無律（all-or-none law）に従う。この場合証明度が閾値になっている」。もっ

のである。

　前掲最(二)判昭和50・10・24は，医師の施術と患者のその後の発作およびそれに続く病変との因果関係についてであるが，証明とは経験則に照らして全証拠を総合検討し，特定の事実が特定の結果の発生を招来した関係を是認しうる高度の蓋然性をいうとするが，この高度の蓋然性とはどのような程度のことをいうのであろか。民訴法および民訴規則は，証明（民訴法165 Ⅰ，170 Ⅴ，177，179，民訴規99 など）と疎明（民訴法35 Ⅰ，44 Ⅰ，91 Ⅱ〜Ⅳ，92 Ⅰ，188，民訴規10 Ⅲ，52 の 5 Ⅵなど）とを区別しており，疎明は，一応確からしいとの心証で足りるが，証明は，それでは足りない。

　民事上の訴え提起時における請求の内容を仮象の権利（の存否）とし，審判の対象を真実の権利（の存否）であるあるいは判決の確定によって真実の権利[4]（の存否）が明らかになると解する立場になると，権利（の存否）があるかないかどちらかに決めなければならないから，証明度という観念を許容しないか，許容するとしてもせいぜい

　「法律もこの見地から，証明と一応確からしいとの心証で足りる疎明との区別を設けているのである。即ち九分九厘まで間違いないと認められて始めて真実と認定すべきであって，当事者の主張の真実性が七分三分であるからといって，七分の方へ認定すべきではない」（兼子「立証責任」民事訴訟法講座 2 巻〔昭和 29 年 9 月，有斐閣〕568 頁）

ということになろう。

　しかし，審判の対象を請求すなわち原告の権利関係の存否等の主張であるとすると，その主張に対する判断は，請求の当否すなわち請求が理に適っているか適っていないかでよいから，証明度を観念することができる。石井良三・民事法廷覚え書〔昭和 37 年 5 月，一粒社〕176 頁，178 頁が

　「民事訴訟法上の真実が当事者間における相対的な真実であって，民事裁判の理念からしても実体的真実発見主義が必ずしも妥当なものではないとすれば，真実性の証明の基礎となるものは『疑わしきは相手方の利益に』という不可疑の原則ではなく，証拠上いずれの側の証明度が優越しているかという証拠優越の原則でなければならないことになる。」「ところで，証拠の優越ないし蓋然性の優越と

とも，同・民事実務と証明論（昭和 62 年 2 月，日本評論社）136 頁では，悉無律に懐疑を示し，心証度に応じた裁判を提言する。

(4)　兼子博士のいわれる「仮象の権利」の「仮象」の意味は前述したが，仮象の反対語というほどのことではなく，それと対比すべきという程度の語に「実象」がある。そして，「実象」とは，日本国語大辞典 9 巻 643 頁によると，真実のすがた，本当のすがたの意味なので，その趣旨で審判の対象・判決の確定による権利を「真実の権利」とした。

いっても，その程度にはさまざまな段階がある。民事訴訟法の上では証明と疎明が区別されていて，証明は疎明よりもより高い心証であるとされている。或る事実の疎明があったとするためにも証拠の優越が認められなければならないのであって，真偽五分，五分の場合には疎明があったということはできない。六分，四分の心証が生じた場合に，はじめて疎明があったといえるのであるから，証拠優越の原則によって証明があったというためには，少なくとも，七分，三分の心証がなければならないことになる」
というのはこのことを表すといってよい。

　民事訴訟において裁判官が要証の主要事実の存在について証拠資料及び弁論の前趣旨により見出す真実性は，形式的真実で満足せざるをえないから，不可疑である必要はないが，そうだからといって，前掲最(二)判昭和50・10・24のいうように高度の蓋然性であって，真実性について通常人が疑いを差し挟まない程度の心理状態でなければならないとすると，七分程度では足りないというべく，強いて割合で示すとすれば，85％辺りということになろうか。

　〔損害額の認定においては，証明度は，どうなるか〕

　ただし，損害が生じたことが認められる場合において，損害の性質上その額を証明することがきわめて困難であるときは，裁判所は，弁論の全趣旨および証拠調べの結果に基づき，相当な損害額を認定することができる（民訴法248[5]）。損害額については，この要件の下で，証明の程度が軽減されるのである。

　かつては幼児・児童の逸失利益の算定を不能とする判例（最(二)判昭和37・5・4民集16巻5号1044頁）・学説（谷口知平＝植林弘・損害賠償法概説〔有斐閣双書〕〔昭和39年7月〕112頁）があったが，最(三)判昭和39・6・24民集18巻5号874頁が

「年少者死亡の場合における右消極的損害の賠償請求については，一般の場合に比し不正確さが伴うにしても，裁判所は，被害者側が提出するあらゆる証拠資料に基づき，経験則とその良識を十分に活用して，できうるかぎり蓋然性のある額を算出するように努め，ことに右蓋然性に疑がもたれるときは，被害者側に

---

(5)　証明度の軽減を民事訴訟法だけで規定することができるかどうかについては問題がないではないように思われる。証明度の軽減は，事物の実体にも関係するからである。イタリア民法は，1226条で債務関係の不履行について「損害が正確な額において立証され得ない場合には，正確な評価をもって裁判官によって決済される」と規定し，2056条で不法行為について「①　被害者に支払われる賠償は第一二二三条，第一二二六条および第一二二七条の諸規定に従って決定されなければならない。②　逸失利益は，その場合における四囲の事情の公正な判断をもって裁判官に評価される」（訳文は，風間訳・全訳イタリア民法典197頁，310頁による）と規定しているが，わが国では，今度の改正法にも，このような規定は設けられなかった。

とって控え目な算定方法（たとえば，収入額につき疑があるときはその額を少な目に，支出額につき疑があるときはその額を多めに計算し，また遠い将来の収支の額に懸念があるときは算出の基礎たる期間を短縮する等の方法）を採用することにすれば，慰藉料制度に依存する場合に比較してより客観性のある額を算出することができ，被害者側の救済に資する反面，不法行為者に過当な責任を負わせることともならず，損失の公平な分担を究極の目的とする損害賠償制度の理念にも副うのではないかと考えられる」

と判示して以来，その算定自体を否定する裁判例や学説は見受けられなくなったが，この判例は，「一般の場合に比し不正確さが伴う」ことを首肯し，「蓋然性に疑がもたれるときは，被害者側にとって控え目な算定方法……を採用すること」にして，煎じていえば証明度の軽減を認めており，問題がないわけではなかった。この問題を回避しようとして，証明を証拠の優越でよいとする見解すら唱えられていたのである。

3‐4 主張と立証の理論的前後関係

〔主張は，理論的にも証明の手段である立証に先立つ手続きではないか〕

民事訴訟での取効行為においては，（事実上の）主張（後にくわしく述べるが，法律上の主張が争われたときは，その内容となる法的判断を要する事項を基礎づける自然的・社会的事実の類型を充足するところの事実について事実上の主張をする）が立証に先行するが，これはまず自然的・社会的事実である主要事実を主張して（相手方がそれを争うのであれば，立証して証明すると予告し），相手方が争わなければその主張は真実であると認められ，相手方が争えば，予告どおりに要証事実について立証をして，これを証明するとその主張が真実と認められるという仕組みになっている。すなわち，主張が争われたならば，それを理由づけるために立証するのであるから，当然のことなのである。このことは，次に述べるように，立証による証明がなくでも主張があればよい場合があることによっても明らかであろう。地裁以上の裁判所に訴えを提起する場合には訴状を提出しなければならないが，訴状には請求を特定して記載しなければならない。この請求は，剣利関係の存否等の主張であるから，その法的性質は，法律上の主張であるところ，被告がこれを認諾すると，立証を問題とせずに，訴訟は完結する。また，当事者の一方が口頭弁論期日に欠席した場合には，出席した当事者の主張だけで立証がなくても弁論を終結して判決を言い渡すこともできる。これはつまりは私的自治の原則の支配する権利の存否等を審判の対象である請求の内容とするところの民事訴訟は，当事者間に権利の存否等について争いがある場合に，処分権主義の論理から

Ⅱ　要件事実（論）において事前に理解していなければならない事項

争いのある限度でそれに決着をつけようとするものであるから，主張が証明の手段である立証に論理的にも先立つ手続きであることは，いわずもがなのことなのである（ところが，司法研修所は，ローゼンベルクの証明責任論に倣い，証明責任を主張責任に先んじて論じるばかりでなく，主張責任の分配が証明責任の分配に規制されるとするのであるが，この考えについては，次項で詳細に反駁することにする）。

Ⅲ　要件事実(論)

1　要件事実(論)緒言

1-1　行為規範の裁判規範への転化

それでは，これからわが国における要件事実(論)を検討することとする。

1-1-1　行為規範の裁判規範からの独立

〔行為規範が裁判規範から分離・独立したのはどうしてか〕

前述したように，近世になってアクティオから実体法体系が解放されたが，それは，社会の複雑化，多様化に伴い私権の変動を裁判にのみ依存することが社会の発展にとって桎梏になったからであって，私権の変動の裁判からの解放こそがその本来のテーゼであったのだろう。

そして，アクティオが訴訟法と実体法に分離されるまでは，その実体的利益を含む法規範は，裁判規範であったろう。しかし，上述したアクティオの訴訟法と実体法の分離が複雑，多様化した社会構造に対応するためであり，私権の存否を裁判から解放することにあったとすれば，この裁判規範を模擬しあるいは改変するなどして行為規範を作出することになる。しかし，行為規範が作出されると，行為規範と裁判規範の適用順序等は逆転することになる。前に紹介したように，裁決（強制）「規範は，一般私人に対して直接一定の行為を指図する行為規範が遵守されない場合にはじめて用いられるものであり，論理必然的に行為規範を前提としている」（田中〔成〕・現代法理論〔有斐閣ブックス〕〔1984 年 10 月〕59 頁。なお，法理学講義 53 頁以下参照）ことになるからである。

1-1-2　行為規範と裁判規範が重層関係にある複合体であることの意味

〔行為規範と裁判規範は重層関係にある複合体であるといわれるが，それは，どのような意味をもつものと理解すればよいだろうか〕

行為規範と裁判規範とはその内容が異なるものではなく，行為規範の場合には，主張責任および証明責任のことを考える必要がないが，裁判規範の場合には，主要事実についてそれが主張されたか否か証明されたか否かが問題となり，主張責

Ⅲ　要件事実(論)

任ないし証明責任の所在が問題となるというにすぎないのではないかとする意見
があるようである。しかし，たとえば，契約上の権利の発生であれば，行為規範
では，その契約が有効に成立したことであるが，裁判規範では，その契約が成立
したことが一つの，その契約が要素の錯誤などによって無効であることが別のも
う一つの裁判規範になる。成立と効力が一つの裁判規範であるとすると，契約上
の権利の履行を求める訴訟において，原告がその契約が成立したことを主張した
ところ，被告が最初の口頭弁論期日に欠席し，準備書面を提出していないときで
も，弁論を終結して判決を言い渡すことができないのではないだろうか。契約の
成立と契約の無効が別個の独立した裁判規範であるからこそ，このような場合に
は，いわゆる欠席判決を言い渡すことができるのではないだろうか。

　しかし，民事実体法(典)の一つの規定が行為規範でありながら同時に裁判規範
であることはありえない。行為規範は，私人を名宛人とし私人が一定の社会事象
について従うべき規準を示すとともに，私人に権利義務の生ずる態様およびその
原因を定める規範であり，裁判規範は，通説によったとしても，裁判官を名宛人
とし裁判官に対して一定の裁判の内容を指示し，権利は判決の確定によって生じ
る規範であり，したがって，一つの法規範が，名宛人の異なる，そのうえ内容の
異なることを併せ持つ法規範であるはずがないからである。

　ところが，行為規範と裁判規範とは，重畳的な複合体であるといわれている
(小林直樹・法理学上巻〔1960年，岩波書店〕74頁，加藤新平・法哲学概論〔法律学
全集〕〔昭和51年2月，有斐閣〕375頁，田中(成)・法理学講義53頁など参照)。私見
のように，実質的意義の民法を組織する個別的法規範を構成する裁判規範は，実
質的意義の民法を組織する個別的法規範を構成する行為規範について主張責任の
分配ないし証明責任の分配をして見出されたものであると解すると，行為規範と
裁判規範の両規範は，形態的には異なることが多いとはいえ，内容的には実質的
には異なることはないのである。いまの例で説明すると，契約上の権利の発生と
いう法律効果およびその原因である契約の有効な成立という法律要件が行為規範
の定める効果および要件であるが，契約の成立という法律関係が契約上の権利の
存在を主張する者に主張責任ないし証明責任が分配される権利根拠効果（裁判規
範の効果であるところの分配効果）で，その原因である契約の成立または成立要件
の存在が契約上の権利の存在を主張する者に分配される権利根拠事由（裁判規範
の要件であるところの要件事実）であり，契約の有効でないことすなわち無効が契
約上の権利の存在の主張を争う者に主張責任の分配ないし証明責任の分配される
権利発生障害効果（裁判規範の効果であるところの分配効果）で，その原因である
無効事由の存在または無効を生じさせる事実の存在が契約上の権利の存在の主張

を争う者に分配される権利発生障害事由（裁判規範の要件であるところの要件事実）である。このように行為規範と裁判規範は，形態的には異なるが，内容的には，主張責任の分配ないし証明責任の分配を捨象したうえ，無効を効力要件の一つの形象としてとらえるならば，実質的には異なるところはないのである。

　権利が発生して存在するに至り，それが変更しまたは消滅する，つまり権利が変動するのは，裁判を待つまでもなく，社会事象が実質的意義の民法を組織する個別的法規範を構成する行為規範の定める法律要件を充足することにより生じるが，行為規範のこういった機能にさしさわりが生じて民事訴訟になったときは，その審判の対象となる権利の存否等は，単数または複数を組み合わせた権利の変動の有無によってもたらされる。しかし，民事訴訟において訴訟当事者の訴訟行為の準則が，市民のみを名宛人とする行為規範のままの形であるとすると，前述したように〔Ⅲ，1-2の〔具体的な民事訴訟において，原告が請求の内容である…〕～〔具体的な民事訴訟において原告が前段のAまたはBの…〕を参照〕，民事訴訟をする目的を貫徹することがほとんどできないことになってしまう。それでは，民事訴訟制度は無意味な存在にならざるをえない。そこで，権利の変動つまり法律効果とその原因である法律要件がその内容を実質的に変じることなく，しかも民事訴訟の方式においても適切に接合するように主張責任の分配ないし証明責任の分配をして，権利の存在を主張する者とそれを争う者に対して，また，両者の主張ないし立証の当否を判断する裁判官に対して従うべき準則を見出すことになる。このように訴訟当事者および裁判官をともに名宛人とするのが裁判規範であるが，権利の存否等の当否の証とするために権利の変動およびその要件について主張責任の分配ないし証明責任の分配をするからには，裁判規範の効果および要件の実質的なというか統合的というか，とにかくその内容と行為規範の法律効果および法律要件の内容とは，前者が後者を前提とする意味以上のものではないことになる。これを称して，両規範が重層関係にある複合体であるというのである。

　それとともに，行為規範と裁判規範が重層関係にある複合体であるというのは，行為規範と裁判規範とが，形態的には異なっているとしても，内容としては実質的に同一である，同一でなければならないことを意味するというべきである。裁判規範の効果および要件は，権利の変動が行為規範の定める法律効果および法律要件で定まる以上は実質において同一でなければならないからである。両者が異なるのであれば，おそらく裁判規範の方の効果および要件の設定が間違っている可能性があるといってよいのではないだろうか。

　なお，法規範に行為規範と裁判規範があることを認めながら，裁判規範があっ

III　要件事実(論)

て，それから行為規範が生ずるとする考えがあるようだが，両規範が重層関係に
ある複合体であるとすると，そういうこと自体，両規範の発生機序からいっても，
両規範の規範論理的思考からいっても，その考えは成り立ちえないのではないだ
ろうか。

　様々な説のある行為規範と裁判規範との規範論理的な関係についてであるが，
田中(成)博士は，先に紹介したように〔I，3-3を参照〕「裁決（＝裁判）規範は，
行為規範がこのような第一次的機能を十分に果たすことができず，紛争や違法行
為が発生した場合に備えるものであり，法の規範的機能の最終実現の確保にとっ
て必須のものではあるが，規範論理的にはあくまでも補助的・第二次的なもので
ある」といわれる。そして，百科的事項を含むとはいえ一般人が用いる国語中辞
典である広辞苑の「行為規範」（5版880頁）の語釈中には「法的な行為規範は裁
判規範の前提となる」と，裁判規範（同版1042頁）の語釈中には同規範「の前提
には一定の行為規範があると考えられる」とある。権利の変動の根拠が行為規範
にあるとするならば，こうした理解になるであろう。

1-1-3　主張責任の分配および証明責任の分配の所属法域としての民法

〔主張責任の分配および証明責任の分配の所属法域については，どのような見解があるか〕

　前述した法典調査規程（3起草委員作成案）8条が旧民法の「証拠ニ関スル規定
ハ之ヲ民事訴訟法ニ編入ス」となっていたなどのことからみて，証明責任の分配
等の所属法域を民事訴訟法と解している現民法典の起草委員がいたようであるが，
さらに，松室到口述＝本校校友筆記・民法証拠編（証拠）講義第一部〔明治28
年？〕4頁は，ボアソナードが後述する旧民法草案第五編註釈1～5頁でした民
法において証明責任の分配の原則および証明責任の効果を規定する趣旨の説明に
対して，次のように批判する。

　「此等ノ規則ハ……基本ノ権利ニアラサルナリ之ヲ民法中ニ規定スルハ編纂ノ
順序ヲ得タリト云フヘカラス」

その趣旨はかならずしも明らかであるとはいえないが，証明責任の分配は，民事
訴訟法の範囲に属するといわれているように思われる。

　また，菅原眷二「挙証責任論」法曹記事22巻11号（大正元年）1130頁は，

　「惟フニ従来ノ訴訟法学者カ挙証責任問題ノ焦点骨子（Kernpvnkt――引用者注・
Kernpukt の誤植であろう）ヲ誤解シタルハ此問題ヲ以テ全然実体法ニ属スルモノ
ト為シタルニ基因スルモノナル可シ。……現ニ独逸民法第一草按（同草按一九三

1 要件事実(論)緒言

条乃至一九八条）及ヒ我旧民法（旧民証，一条）ニハ此見地ヨリシテ挙証責任ニ関スル一般的規定ヲ設ケラレタリ。然レトモ挙証責任ニ関スル一般的規定ヲ実体法中ニ規定スルハ当ヲ得タルモノニ非ス。蓋シ挙証責任ノ問題ハ訴訟法ニ於テノミ起キ得ヘキ問題ニシテ而カモ弁論主義ノ行ハルル民事訴訟ニ於テノミ当事者ノ挙証責任ヲ云為スルコトヲ得ヘケレハナリ」

といい，それに次いで，証明責任の分配の規準について文構造説に近い考えを披露している（同誌同巻 12 号 1241～2 頁）。

しかしながら，前述したように，権利は，社会に現実に生起した事象が民事実体法の定める法律要件を充足したときにそれに対応する法律効果の態様に応じて変動し，民事訴訟の審判の対象である請求の内容となる権利の存否等は，その権利の変動等の一個または数個の組み合わさったものか法律要件を充足する社会事象の生起したかしなかったかによって決まるものであって，それを証明責任の分配によって実質的に変更してしまうことはできないのである。民事訴訟法は，あくまでも民事訴訟に関する手続きについて定める法律であって，権利の変動にかかわる法規は存しないのである（民訴 1）。

〈ヴィントシャイトは，立証責任論を実体法として理解していたのではないか〉

このことは，アクティオを実体法的側面と訴訟法的側面とに分離したヴィントシャイトも認めるところである。ヴィントシャイトは，

「証拠論については，それは証拠が判決内容の重要な要素である点で判決理論と関連すること当然にある。他方，たとい証拠論が純粋に訴訟理論であることが承認されるべきであるにせよ，さらに，実体法の体系において，少なくとも，立証責任論が簡潔に語られることは合目的的であり，また，不可欠である。なぜなら，証拠論について樹てられているところの一般的諸原則は，決して十分でなく，それ故に，必然的に個別的法律関係の個別的内容を参酌せざるをえないからである。しかし，この個別的内容の顧慮によって個別的法律関係から明らかとなる事情は，訴訟法の体系においてでなく，まさに，実体法の体系において個別的な当該の法律関係を提示するさいに生じるのである」（栗田陸雄訳「ローマ私法のアクチオ――ヴィントシャイト」伊東乾・原典による法学〔昭和 49 年 11 月，講談社〕103～4 頁）

という。そして，ヴィントシャイトが編纂委員会の委員であったドイツ民法第 1草案の第 1 編総則第 10 章証拠（193～8 条）には，証明責任の分配の通則が規定されていたのである。

このようにいうと，ドイツでは，自由心証主義の適用範囲は，裁判官の心証が真実か不真実かである場合であり，真偽不明の場合には証明責任規定，操作規定などの処理を通して民法の適用の有無が確定されるのであるから，主張責任の分

145

Ⅲ　要件事実(論)

配および証明責任の分配を一概に民法に所属する法理とはいえないのではないか
との疑問が生ずるかもしれない。しかし，ドイツで裁判官の心証が真偽不明の場
合を証明責任規定で処理するのは，1933年までは要証事実に対する裁判官の心
証を自由心証と裁判宣誓で対処していたのを同年の民事訴訟法の大改正の際に裁
判宣誓の制度を廃止したにもかかわらず，自由心証主義の規定をそのままにした
ことにあるのであって，ドイツ民事訴訟法固有の問題なのである。

〈ボアソナードは，証拠の事項は民法中に存すべき基本の原則があると理解し
ていたのではないか〉

旧民法の起草者であるボアソナードもヴィントシャイトと同じようなことを述
べている。ボアソナードは，前に紹介ように〔Ⅲ，1-1-3〔ボアソナードは，
…〕を参照〕，旧民法証拠編第1部証拠に結実する修正民法草案に証拠編を置き，
その1814条（旧民法証拠編では，1条）および1815条（同編では，2条）に行為責
任としての証明責任（その前提として主張責任），証明責任の分配（その前提として
主張責任の分配）および結果責任としての証明責任を規定したが，前にも一部は
紹介した〔Ⅲ，1-3-1の〔ボナードが起草した…〕を参照〕ところの修正民法草
案証拠編前置条例の冒頭の注釈において，

「(三)　立法上之ヲ観レハ証拠ノ事項ハ法律ノ基本ト手続トニ関スルモノナリ
是ヲ以テ佛蘭西，伊太利，日耳曼，白耳義，和蘭ニ於テハ民法及ヒ訴訟法並ニ之
ヲ掲ク日本法案ニ於ケルモ亦然リ蓋此事項ニ於テハ純然タル法理ニ属シ民法中ニ
存ス可キ基本ノ原則アリ此原則タルニ依リ何レノ当事者ニ挙証ノ任アルカヲ定メ
争論ノ目的ニ従ヒ許容シ又ハ必要トスル証拠ノ諸種ノ方法ヲ定メ各証拠ノ当事者
相互ノ間ニ生スル効力又ハ裁判官ニ対スル効力ノ程度ヲ定ムルモノナリ是レ証拠
ノ事項ニ於テ民法ノ基本ニ係ル一般ノ理論ニシテ毫モ訴訟法ニ属セサルナリ
之ニ反シ裁判所ニ於ケル各証拠ノ作用ニ至テハ訴訟法ニ譲ル可キナリ本案ノ若キ
モ亦之ヲ訴訟法ニ譲リタリ

(四)および(五)は，省略

(六)　是ヲ立法者ハ決シテ証拠ノ事ヲ単リ訴訟法中ニノミ記載スルコト能ハサ
ルナリ何トナレハ或ル証拠ハ毫モ訴訟法中ニ存ス可カラス又自余ノ証拠ノ基本上
ノ原則モ同法中ニ方式及ヒ期限ニ係ル附従ノ事項ト駢記スルトキハ復タ重要ナラ
サルニ至ル可シ若シ証拠ノ事ヲ唯一ノ法典中ニ網羅セント欲セハ寧ロ民法ニハ之
ヲ列置スルニ若カサルナリ何トナレハ主タルモノニ次テ従タルモノヲ置クハ決シ
テ事理ニ反セサレハナリ且既ニ民法中或ル権利ノ行用ヲ規定スルニ方リ同時ニ之
ヲ行フ可キ方式及ヒ期限ノ如何ヲ指示シタル場合アリタリ……然レトモ証拠ノ事
ニ関シテハ斯ノ如キ方法ヲ用フルコト能ハス若シ之ヲ用フルトキハ民法ヲシテ細

1 要件事実（論）緒言

則ヲ有シ慣例ニ反シテ高尚ナラサル事項ヲ包有セシムルニ至ラン

唯独リ困難トスル所ハ各法典ニ記載ス可キ所ヲ能ク分別スルニ在リ此点ニ付テハ

亦宜シク佛国法典ヲ以テ模範ト為スヘキナリ（ボアソナード修正民法草と案註釈第

五編1〜5頁）

というのである(1)。

　前述したように〔III，1－2を参照〕行為規範と裁判規範とは重層関係にある

複合体であるから，行為規範が実質的意義の民法を組織する個別的法規範を構成

する法規範である以上，裁判規範もこの個別的法規範を構成する法規範であると

いわなければならない。そうだとすれば，行為規範より裁判規範を導き出す法理

である主張責任の分配および証明責任の分配の所属する法域が民法であることは，

当然の事理であるといわざるをえない。これに対し，行為責任および結果責任と

しての主張責任および証明責任は，「裁判所ニ於ケル各（弁論および）証拠ノ作

用」であるから，民事訴訟法に属するというべきである。

　〈ローゼンベルクは，証明責任の属する法領域を要件事実を含む法規が属する

のと同じ法領域であると理解したのではないか〉

　ローゼンベルクは，民法の法領域にも民事訴訟法の法領域にも所属することが

あるといういささか特異な見解を述べる。

　「『証明責任の属する法領域は，係争事実をもって理由づけようとしている要件

事実を含む法規が属するのと同じ法領域である』と。けだし，この法領域が，こ

れに属する法規の要件事実の存在する場合の裁判の内容を定めているものならば，

一要件事実の存在が証明されなかった場合に裁判官はいかにすべきかとの問いに

対しても，答えるに違いないからである。つまり，証明責任規範は，訴訟上の問

題の判断をどうするかという場合には訴訟法に属するし，その他の公法法規が適

用される場合にはその種の公法に属するが，しかし主としては民法に──民事訴

訟の絶対多数は私権の行使に基礎づけられているのだから──に属するわけなの

---

(1)　ドイツ民法第1草案は，第一篇　總則　第十章に「証拠」の表題のもとに193条から
198条まで証明責任の分配の原則についての規定を設けていた。その理由書の記載によれ
ば，「挙証義務ノ配分ニ関スル原則ハ民法ニ属スヘキヤ将タ訴訟法ニ属スヘキヤニ関スル
意見ノ差異ハ爰ニ之ヲ評論スルヲ要セス……而シテ第百九十三条乃至第百九十七条ニ掲ケ
タル例規ハ法学ヲシテ解釈セシムルコトヲ得ヘキ疑問ヲ決定スルモノナリトノ攻撃ニ対シ
普通原則ノ設定ハ画一ノ裁判及ヒ権利安余ヲ達スル為メ有益ナリト主張スルコトヲ得今本
草案ハ普通例規ノ外諸規ニ就キ証拠ニ関スル各別成規ヲ設ケタリ其他尚ホ本草案ノ成規ヲ
編纂スルニ方リ各箇ノ権利発生ノ事体ニ関シ申述義務ノ範囲，随テ又挙証義務ノ範囲ヲモ
可及的明晰ナラシムルコトヲ一般ニ務メタリ」（澤井要一訳独逸民法草案理由書　一八八
八年第一草案第一編〔日本立法資料全集別巻 148〕〔平成 11 年 12 月，信山社〕668〜9
頁）ということである。

147

III　要件事実(論)

である」（証明責任論96頁）

というのである。ローゼンベルクは，証明責任に関する諸原則を

　「構成要件の存否不明の場合にどのように裁判するかを裁判官に指示することによって，そういう不明あるにもかかわらず請求認容なり請求棄却なりの判決をなすに至るよう裁判官を助けるもの」

であり，

　「事実主張の真偽が確定しにくい場合に，裁判官に対し，為されるべき判決の内容を指示すること，この点に証明責任規範の本質と価値が存するのであ」（証明責任論9頁）って，

しかも，

　「証明責任規定とは，およそ訴訟の裁判に使われる可能性のあるあらゆる法規・法条の補充として欠くことのできぬもので」（同書10頁）ある

というのであるから，証明責任の諸原則がそのときどきで異なる法領域に属することになるというのは，その理論上首肯できないわけではないかもしれない。

　〈明治20年代のわが国の民訴法学者は，証明責任の分配の所属法域を民法であると理解していたのではないか〉

　以上の証明責任の分配の所属法域が民法であることについては，明治20年代の民訴法学者によってもおおむね承認されていたもののごとくであって，もっとも早い時期の民訴法の体系書の一つと思われる深野達・訂正増補民事訴訟法講義〔明治24年6月，元版は，明治23年11月，八尾新助〕414頁は，

　「口頭弁論ニ於テ各当事者ノ主張スル事実互ニ相抵触スルトキハ其主張ニ於テ利益ヲ得ントスル一方ハ民法ノ規定ニ従ヒ（民証一＝旧民法証拠編1条）其主張スル事実ヲ証明セサル可カラス」

といい，法典論争の真っ只中の明治24年12月に出版された宮城浩蔵・民事訴訟法正義上（新法註釈会〔この第6版が民事訴訟法〔明治二三年〕正義上――Ⅰ，Ⅱ〔日本立法資料全集別巻65，66〕〔平成8年，信山社〕として復刻されている。引用は，この復刻版による）Ⅱ853～4頁は，次のようにいう。

　「……何レノ当事者ニ挙証ノ任アルカフ定……ムルカノ如キハ民法ニ於テ規定スヘキモノナリ……仏蘭西伊太利日耳曼白耳義和蘭ノ如キハ矢張リ我日本ノ民法訴訟法ノ如ク証拠ノ効力ハ民法ニ規定シ其作用ハ訴訟法ニ譲リタリ蓋シ此規定タル法理上ノ原則ナルヘシ〔改行〕当事者ノ内原被何レニ挙証ノ義務アルヤハ民法ニ属スル問題ナレ共裁判官ハ証拠調ヲ為スニ当リテ何レノ当事者ニ其証拠ノ提出ヲ命スヘキヤヲ定メサル可カラス茲ニ其原理ヲ一言セン古昔ノ羅馬法理ニ於テハ証拠ハ原告人ノ責ニ帰スト云ヘリ此法理タル未タ其理ヲ尽シタルモノニ非ラス何

故トナルニ証拠ハ必シモ原告ノ責ニ帰スヘキモノニ非ラス被告ニ於テモ又証拠ヲ
提出セサル可ラサルノ義務アリ……之ヲ一言ニシテ云ヘハ攻撃ノ方法ニ至リテハ
原告ニ挙証ノ責アリ防御ノ方法ニ至リテハ被告ニ挙証ノ責アルモノトス又古昔ノ
法理ニ有的ノ事実ヲ主張スルモノハ之ヲ証明シ無的ノ事実ヲ主張スルモノハ之ヲ
証明スルヲ要セスト云ヘリ此事タル未タ其理ヲ尽サス無的ノ事実ト雖モ必シモ証
明シ得サルモノニアラス……以上二個ノ法理ハ民法ニ属スルヲ以テ其詳細ナル事
ハ今茲ニ論セス」

　なによりも，当時の法律家は，係争の主要事実の証明にかかわる処理の仕方に
関して，わが民訴法がZPOと制度的に異なることを知っていたのである。その
例証として，法典調査会主査委員であった高木豊三判事が翻訳編纂され明治25
年11月に出版された「日独民事訴訟法対比」（時習社）を挙げることができるで
あろう。同書は，「日，独，両国ノ訴訟法ヲ上下二段ニ対照シ且ツ施線ノ方法ヲ
以テ一目彼此ノ異同ヲ瞭然タラシ」（例言1～2頁）めたものであるが，

　「訳文ニシテ我訴訟法ニ対比ス可キモノナキ節目即チ宣誓ノ証……ノ条目ハ一
括シテ之ヲ巻末ニ編入」（例言7頁）
しており，しかも

　「彼此ノ間其立法ノ主義ヲ異ニスルガ為メニシテ往々其条項ノ有無異同ヲ致セ
ルモノナキニ非ス是レ其読者ニ於テ細思注意ヲ要スル所トス」（例言2～3頁）
と警告しているのである。

　司研・要件事実1巻は，証明責任の分配が民事法のどの領域に属するかを明確
に示していないようであるが，停止条件付き契約の停止条件の成就により発生す
る権利を無条件の契約により発生する権利と同じにしたり，催告期間内に延滞賃
料を支払わないときは賃貸借契約を解除する旨の意思表示を証明責任の分配を理
由にして停止期限付き解除の意思表示であるとしたりしているから，主張責任の
分配および証明責任の分配の所属する法領域を民事実体法（だけ）ではないと考
えているのであろう。

〔わが民訴法の下では，同法の解釈等から私権の変動を定めることはできない
　のではないか〕

　主張責任の分配および証明責任の分配は，私法上の権利の変動およびその要件
を民事訴訟に適合するようにするための法理であるから，私法上の権利の変動お
よびその要件を実質的に変更してしまうようなことはできないのである。このよ
うに，主張責任の分配および証明責任の分配は，私法上の権利の変動およびその
要件にかかわる法理であるから，その所属法域は，民法であるといわなければな
らない。すなわち，アクティオが実体法と訴訟法に分離されたときに民法に編入

III 要件事実（論）

された法理なのである。

いずれにしても，ドイツにおいては前述したように訴訟，訴訟行為，訴権などと訳されるアクティオが実体法的側面と訴訟法的側面に分離されたことを実体験しており，民事訴訟法が民法に先立って制定されているので，訴訟法の立場から実体法の要件なりその解釈なりに介入する余地があるかもしれないが，わが国では，実体法と訴訟法とが分化した後に別個の法分野として継受され，旧民法と旧々民訴法は同時期に制定されたのであるから，民事訴訟が実体法と訴訟法との協働の場であることはいうまでもないことであるとはいえ，訴訟法が，実体法の要件なりその解釈なりに助言することがありうるとしても，それに介入することは，私人の権利・義務に手を突っ込むことになりかねないし，民訴法1条の規定に反することになるので，慎まなければならないのではないだろうか。まして，証拠法についてはZPOとわが民訴法とでは法制度的に大きく異なっているのであるから，ZPOの解釈論をそのままの形で要件事実論に持ち込むことは，控えなければならないというべきである。

1-2　主張責任の分配および証明責任の分配の必要

〔具体的な民事訴訟において，原告が請求の内容である具体的な権利の存否等を基礎づけるためにはどうすればよいか〕

地方裁判所以上の裁判所に対して訴えを提起するにあたり提出する訴状には，請求を特定して記載しなければならないが（民訴133Ⅱ(2)，民訴規53Ⅰ），通常は，被告が請求を認諾することはないので，請求を理由づける請求の原因をも記載する（同規条項参照）（なお，取りあえず中間確認の訴え〔民訴145〕を除く）。請求の内容である具体的な権利の存否等を理由（基礎）づけるためには，具体的な権利の発生，変更または消滅の有無は，前述のとおり，現実の社会で生起した事象の有無がある行為規範の定める法律要件にあてはまったかあてはまらなかったかのときに判明すのであるから，本来であれば，その権利の存否等と等価値の行為規範の定める法律効果である権利の発生，変更および消滅（本項では，請求権，形成権および抗弁権についてはそれらの行使の有無を含む趣旨でいうことがある）の原因である法律要件を充足する現実の社会に生起した法律上および事実上の事象つまり社会事象の有無をすべて記載し，口頭弁論においてそれを主張しなければならないはずである。

すなわち，

〔具体的な請求の内容である権利の存否等と等価値の法律効果の原因である法律要件を充足する社会事象は，どのようなものか〕

具体的な請求の内容となる権利の存否等は，上述したことで明らかになったように，社会事象が行為規範の定める法律要件を充足して法律効果の生じた場合における具体的な効果の単一または複合したものであるかそれを充足しなかったことによって法律効果の生じなかった場合におけるものであるかであるから，

A　具体的な請求の内容が権利の存在等である場合（ただし，権利の行使の関係は，省略）に，それと等価値のそれを基礎づける法律要件を充足する社会事象は，

(a-1)　その権利の発生という法律効果の原因である法律要件を充足する社会事象が過去に存在したことにより，その権利が具体的に発生したと推論することができ，

(a-2)　以後事実審の口頭弁論終結時点にいたるまでの間に，(a-2-1)その権利の変更という法律効果の原因である法律要件を充足するところの・いかなる社会事象も生起しなかったばかりでなく，(a-2-2)その権利の消滅という法律効果の原因である法律要件を充足するところの・いかなる社会事象も生起しなかったことにより，その権利が具体的に変更または消滅したと推論することができないこと

であり，

B　具体的な請求の内容が権利の不存在等である場合（ただし，権利の行使の関係は，省略）に，それと等価値のそれを基礎づける法律要件を充足する社会事象は，

(B-1)　その権利の発生という法律効果の原因である法律要件を充足する社会事象が過去になかったことにより，その権利が発生したと推論することができないことか，

(B-2)　その権利の発生という法律効果の原因である法律要件を充足するところの社会事象が過去に存在したことにより，その権利が具体的に発生したと推論することができるが，

(b-1)　以後事実審の口頭弁論終結時点にいたるまでの間にその権利の変更という法律効果の原因である法律要件を充足するところの社会事象が生起したことにより，その権利が具体的に変更したと推論することができるか，

(b-2)以後事実審の口頭弁論終結時点にいたるまでの間にその権利の消滅という法律効果の原因である法律要件を充足するところの社会事象が生起したことにより，その権利が具体的に消滅したと推論することができるか

である。

〔具体的な民事訴訟において原告が前段のＡまたはＢの法律要件を充足する社

Ⅲ　要件事実(論)

会事象の有無をすべて主張することは，不可能であるかまたはいちじるしく困難であるかではないだろうか〕

　しかし，具体的な民事訴訟において，被告が請求を認諾しない場合には，前段で明らかにしたように，原告は，具体的な請求の内容である権利の存否等と等価値であるところの・行為規範の定める法律効果の原因である法律要件を充足する社会事象の有無を主張し，被告がそれをも争えば，証拠を立てて証明しなければならないはずである。だが，それは，取り分け前段（a-2-1），（a-2-2）または（B－1），（b-2-1）および（b-2-2）の各法律要件を充足する社会事象の不存在をすべて主張することは，不可能であるかまたはいちじるしく困難であるか，ではないだろうか。

　このことを一つの簡易な事例でみてみよう。

　「Aは，平成29年10月31日，知人のBから，『200万円貸してほしい。年末には返すから』と泣き付かれ，やむなく，同日，Bに対し，200万円を，年末にはかならず返してくれと念を押したうえ，渡した。ところが，Bは，年末を過ぎても，また，Aの再三の請求にも言を左右にして返そうとしない。そこで，Aは，Bに対し，訴えを提起して決着をつけようと決めた」。

　この事例では，原告Aの被告Bに対する訴えを基礎づける請求の内容は，200万円の貸金返還請求権の存在（その履行可能性の存在およびその行使は，省略する）である。被告が請求を認諾しない場合には，本来であれば，この貸金返還請求権の存在する証を立てなければならないはずである。権利の発生，変更および消滅という法律効果およびその原因である法律要件を定める規範は，行為規範であるから，原告は，行為規範の定める権利の発生という法律効果の原因である法律要件を充足する社会事象として「原告は，平成29年10月31日，被告に対し，200万円を貸し渡した」を主張し，被告がそれをも争うときは立証して証明しなければならない。そのうえでさらに，平成29年10月31日に200万円を貸し渡した後この訴訟の事実審の口頭弁論終結の時点までの間のいかなる時においても，被告とこの貸金返還債務を消費貸借の目的とする準消費貸借契約を締結したことも，この貸金返還請求権を他の者に譲渡したことも，被告または第三者から弁済はもちろん代物弁済を受けたことも，この貸金返還請求権を放棄したことも，被告の原告に対する債権と相殺したことも，被告とこの貸金返還債務を他の債務に変更する更改契約を締結したことも……ないとおよそ考えられるあらゆるこの貸金返還請求権の変更および消滅の原因となる社会事象が現実に生起しなかったことを主張し証明しなければならないとすると，それは不可能であろう。

〔権利には，訴訟手続きによる保障があるのではないか〕

1 要件事実（論）緒言

前段で述べたようなことであるとすると，原告は，民事上の訴えを提起して，請求として権利の存否等を主張しても，被告が請求を認諾しないかぎり，権利の存否を維持することができないことになる。しかし，権利は，訴訟手続きによる保障という属性を持っている[2]。前述したように，アクティオは，16世紀から19世紀にかけて，権利の変動を定める民事実体法と争いのある具体的な権利の存否等を確定するための手続きを定める民事手続法とに分化したが，もともとは一体のものであったのであるから，権利が──終局的には──訴訟手続きによって保障されているという属性を有していることは，当然のことである。こうして，権利は，民事訴訟の制度と直接的ないし必然的な関連性を有しているのである。憲法32条は，裁判を受ける権利を規定しているが，民事訴訟においては，訴権として発現するところの裁判をうける権利を保障しているのである。そのような憲法下において国が民事訴訟の制度を設営するのは，基本的人権の一つである訴権を一定の法的権利とするためであるといってよい。もっとも，民事訴訟の制度的目的については，一元説と多元説とがあり，一元説には，権利保護説，私法維持説，紛争解決説，手続保障説，権利保障説などがあるが，民事訴訟の制度的目的は，これをただ理論的，観念的に捉えるのではなく，現行法体系の中における現実の制度目的として捉えるべきであろう。民事訴訟は，アクティオが実体法と訴訟法に分離された趣旨からいっても，また，憲法32条が裁判を受ける権利を基本的人権として保障している趣旨からいっても，市民に権利を保障するために設けられた制度であると考えるべきであろう。

したがって，民事実体法の定める具体的な権利を保有していると認識する私人が第三者からその権利について法的な争いを起こされ，その争いに決着をつけたいと思ったときには，消極的に裁判所に権利の保護を求めるというよりも，積極的に訴訟手続きを利用して自らの権利を確保するために，民事訴訟を提起し，訴訟においても主体的ないし主導的な役割を果たすように努めるべきではないだろうか[3]。

---

(2)　ダバンは，訴訟手続きにより保障されていることが実定法上の権利の内在的な属性であるという（権利論134頁，142頁）

(3)　佐藤幸治・現代国家と司法権57～8頁は，兼子博士の裁判の定義に依拠する点で問題がないではないが，司法権を，具体的紛争の当事者がそれぞれ自己の権利義務をめぐって真剣に争うことを前提にして，公平な第三者である裁判所がそれに依拠して行なう法原理的な決定に当事者が拘束される構造であるとし，このような司法権の担当部門を「政治部門」と対比する趣旨で「法原理部門」と呼んだうえ，『「司法権」がこのような構造をもつことによって，モンテスキューのいう『しかく恐るべき裁判権』が，今度はむしろ，個別的人間の置かれた具体的立場を公正に配慮し，対政府との関係であれ，あるいは対社会的実力者との関係であれ，対等な参加の場を提供するという意義を担うことになる。図式的

153

Ⅲ　要件事実（論）

〔司研は，証明責任の分配および主張責任の分配をどのように考えているのか〕

　私は，主張責任の分配および証明責任の分配を上述したように行為規範を裁判規範とする法理であると考えるのであるが，司研は，証明責任の分配と主張責任の分配の理論的関係を後述するところに譲るとして，その基本的な理論をみると，次のとおりである。

　「ある要件事実を証明することができないで終わったために当該法律効果の発生が訴訟上で認められないという不利益または危険を立証責任と定義する以上，立証責任は当該効果の発生によって利益を受ける側の訴訟当事者に帰属することになるが，効果の発生要件は，すべて客観的に実体法の各法条が規定するところであり，これら実体法の規定は，その法律効果が他の法律効果に対してどのように働くかという観点から，権利（法律関係）の発生要件を定めた権利根拠規定（拠権規定），その権利発生の障害要件を定めた権利障害規定（障害規定），その権利行使を一時的に阻止する要件を定めた権利阻止規定（阻止規定），及びその権利の消滅要件を定めた権利滅却規定（消滅規定）の四つに分類すると考え，これらの法律効果の働き方によって論理的に定まる組合せに従い，訴訟の当事者は，それぞれ自己に有利な法律効果の発生要件事実について立証責任を負うとするもので，この通説的見解を一般的に法律要件分類説と呼んでいる。」（要件事実１巻5〜6頁）

という。この箇所は，ローゼンベルク・証明責任論115〜9頁の模倣であるが，効果の発生要件はすべて客観的に実体法の各法条が規定する，というところをみると，司研は，民法典の各規定を裁判規範であるとみているのであろう。が，それはそれとして，司研は，証明責任の分配を証明責任の定義から論理必然的に導き出すのである。

　ところで，司研は，上にローゼンベルクの記述の模倣として紹介した記述に対する批判を回避しようとして，次のような分配の規準を示す。

　「法律要件分類説の基本的思想は，法律効果の発生要件は実体法の各法条が定めており，当該法条が」これらの「規定のいずれであるかも，本文・ただし書あるいは・項・二項等の条文の形式及び文言自体から明らかにされていると考えるところにあり，初期の法律要件分類説では，この考え方が強調されていた。しかし，法律効果の発生要件を実体法の条文の形式だけで定めようとするときは，条文相互間の抵触によって不調和を生じ，あるいは，立証責任の負担の上で妥当性

にいえば，近代立憲主義的統治構造の下にあっては，国民がその代表者たる『政治部門』を通じて一般的法形成に参与するとともに，『法原理部門』を通じてそれぞれの個別的権利義務関係の形成に参与する機会をもつということになる」という。

1 要件事実（論）緒言

を欠き，公平を保てないなどの不都合を避けることができず，法解釈の合理性，妥当性又は合目的性を重視する立場からの批判を免れなかった。」（同書8頁）

「ある法律効果の発生原因が法文にある一定の要件を権利（又は法律関係）の発生要件又は障害要件のいずれと理解すべきかというような要件の確定の問題は，いずれも実体法規の解釈によって決められるべき事柄である。そして，この解釈は，立証責任の分配という視点に立ったものでなければならない。この意味での実体法規の解釈に当たっては，各実体法規の文言，形式を基礎として考えると同時に，立証責任の負担の面での公平・妥当性の確保を常に考慮すべきである。具体的には，法の目的，類似または関連する法規との体系的整合性，当該要件の一般性・特別性又は原則性・例外性及びその要件によって要証事実となるべきものの事実的態様……とその立証の難易などが総合的に考慮されなければならないであろう……。

一般に，法律要件分類説が現在の通説的見解であるといわれているが，初期のいわば古典的な法律要件分類説のように，法規の文言及び形式を重視して，概念法学的な手法で立証責任の分配を図ろうとする考え方は，今日の通説的見解の採るところではない。実務の大勢もまた同様であるといえよう。

通説的見解といわれる今日の法律要件分類説を以上のように理解するならば，この見解は今後なお維持されるべきものであろう。」（同書10〜11頁）

と。しかし，実体法規の解釈は立証責任の負担の公平・妥当性の確保を常に考慮すべきであるとか，要証事実の立証の難易などを考慮しなければならないとかいうところからみると，司研は，民事訴訟における実態的様相を実体法の解釈に取り込み，それを証明責任の分配の規準にしようとしているように思われる。しかし，そのような証明責任の分配を「今日の」と限定しようとしまいと，法律要件分類説ということはできないのではないか。そして，

「ある要件事実（＝主要事実）について立証責任を負うということは，その事実が立証できなかった場合に，これを要件事実とする法律効果の発生が認められないという不利益を受けることを意味し，他方，ある要件事実について主張責任を負うということは，その事実が弁論に現れなかった場合に，裁判所がその要件事実を判断の基礎とすることができず，結局，これを要件事実とする法律効果の発生が認められないという不利益を受けることを意味するから，右の立証責任と主張責任とは，同一当事者に帰属するはずのものである。

すなわち，ある法条の法律効果の発生によって利益を受ける当事者が一定している以上，この当事者に右法律効果発生の要件事実についての立証責任はもちろん主張責任もまた帰属することになるのは，前述の立証責任及び主張責任の概念

155

III 要件事実(論)

から導き出される当然の帰結である。」(同書20〜21頁)
とする。司研は，このように立証責任の分配の規準のみを示し，主張責任の分配
の規準を示さない。このことを「主張責任の分配は立証責任の分配に従うとか，
あるいは，主張責任は立証責任が弁論主義というフィルターを通して主張の場に
投影されたものと説明されることもあるが，右分配の基礎となるものは，当該法
律効果の発生要件を定めた実体法の規定にほかならない。」と弁解する。しかし
ながら，実体法の規定中には，繰り返しいうことであるが，権利，義務，一般条
項あるいは不特定概念の存否そのものが要件となっているものもあり，その発生
要件が立証可能な自然的・社会的事実だけで構成されているわけではないのであ
る。しかも，これらの法的判断を要する事項の主張責任を分配された訴訟当事者
は，この事項を主張する権原と責任を負っているのである。主張責任の分配が証
明責任の分配に後置されるということ自体，処分権主義からみると両者の理論的
順序に悖るということになりはしないか。

いずれにしても，司研は，証明責任の分配を，つまりは民法典の各規定の法的
性質を裁判規範としながら，それをさらに裁判規範とするために細分化するある
いは細分化し直す法理と解しているのではないだろうか。

〔民法典の各規定が行為規範の性質を有するのであれば，これに直接的に主張
　責任の分配ないし証明責任の分配をして裁判規範を見出すべきあるとする見
　解があるようだが，この見解に妥当性はあるのか〕

形式的意義の民法すなわち民法典の各規定が原則的に行為規範の性質を有する
ものであるならば，これ(民法典の各規定)に直接的に主張責任の分配ないし証
明責任の分配をして裁判規範を見出せばよいではないのかという見解が出るかも
しれないし，現にこのような見解をめぐって議論があるようである。しかし，こ
こに民法典の各規定が行為規範の法的性質を有するというのは，基本的には私人
を名宛人として私人が一定の社会事象について従うべき手近な規準であるという
ことであり，私人が自己の法律的な行為をする場合における指針をすばやく提供
したり，対等な私人間において権利をめぐる紛争が生じた局面においては，手っ
取り早くその解決の方向性を見極めるモチーフを提供するがができるということで
あって，法定権利を定める規定を除けば，民法典の各規定が直接に権利の変動が
生ずる法規範となる意味をもつものではない。権利の変動である法律効果および
その原因である法律要件を定める法規範は，実質的意義の民法を組織する個別的
法規範を構成する行為規範である。

Ⅰ，1-4-1-1の〔民法典の…〕に既述したように，民法典が実定法として個々
の私人または対等な私人間の生活関係，財産関係および取引関係のうちで，その

1 要件事実（論）緒言

適用領域が限定されていない成文法の規定をすべて網羅しているわけではないばかりか，民法典のいくつかの規定を通して実質的意義の民法中の個々の個別的法規範を構成する行為規範における法律要件のすべてを示しているわけでもなく，その一部を表見的に示しているにすぎない場合がきわめて多い。民法典は，各規定で組み立てられており，構造的にも存在としてもそれ以上のものでもそれ以下のものでもないが，こうして行為規範の性質を有する各規定の多くが当該行為規範の全部を示すことはなく，その一部いうなれば断片を示しているにすぎない。したがって，民法典の個々の多くの規定が仮に法律事実(4)に相当する内容となりうる抽象的な社会事象であったとしても，それだけでは前に述べた〔Ⅰ，4-1-3〔権利には，…〕を参照〕法定権利を別とすれば，それの結果として権利が発生，変更あるいは消滅という法律効果が内在していると考えることはできないのである。したがって，民法典の各規定から特定の行為規範の法律効果とその原因になりうる法律要件を探し出し，それについて主張責任の分配ないし証明責任の分配をしてみても，裁判規範の要件および効果を見出すこともできないことがあるのである。つまり，民法典の各規定の中から何らかの規準でいくつかの必要とされる規定を寄せ集めても，それで法律効果あるいは法律要件が完全に整うとはいえない場合もあるからである。

　そればかりではない，民法典の各規定の中には，97条（隔地者に対する意思表示）などのように，行為規範の法的性質を有するものでありながら，事案によって主張の負担および証明の負担が権利の存在を主張する者である場合があったりその主張を争う者である場合があったりするものもあり，民法典の規定だけからは主張責任の分配ないし証明責任の分配が確定できないものもある。

　とにかく，行為規範は，私人あるいは市民を名宛人とし権利義務の利器となる法規範である。すなわち，市民が健全で安泰，快適に生活関係ないし社会関係を営むうえで，その目的を達するあるいはそれを担保ないし保障するために権利・義務を付与する規準を示す法規範である。他方，裁判規範は，執法者を名宛人とし少なくとも原義では治民の用具とする法規範である。すなわち，法をして人民を支配する道具とする法規範である。このように，二つの法規範の目的・内容はまったく異なる，というより二律背反するものであって，民法典中の一つの規定がこの二つの法規範を内包するあるいは排中律を併有することはありえないと断

---

(4)　司研・要件事実1巻3頁は，「権利の発生，障害，消滅等の各法律効果が肯定されるかどうかは，その発生要件に該当する具体的事実の有無にかかることになる。そこで，この事実を一般に要件事実と呼んでいるが，前記法律要件に対応させて法律事実と呼ぶ例もある（我妻・民法総則二三二）」というが，これは前に詳述したように誤りである。

157

Ⅲ　要件事実（論）

言することができるのではないか（実質的意義の民法を組織する個別的法規範が行
為規範と裁判規範とが重畳的な複合体であることの意味については，前述した）。

1-3　わが国における主張責任の分配等に関する立法の経緯および　旧民法第 5 編証拠編 1，2 条の法理が慣習法化した状況

1-3-1　わが国における主張責任の分配および証明責任の分配に関する立法の経緯

〔テッヒョー訴訟法案の証明責任の分配に関する条項は，どのようなもので
あったか〕

　テッヒョーの訴訟規則，委員修正民事訴訟規則およびテッヒョー訴訟法案につ
いては，既に記述したところであるが，テッヒョーが明治 18 年 7 月に作成した
テッヒョー訴訟規則修正原按第 4 編第 1 章第 4 節 1，2 条は，

「第一条　原被告事実ニ付テ攻撃又ハ弁護ノ方法ヲ申出ル時ハ之ニ付キ挙証ヲ為
スノ義務アリ

原告ハ請求権ヲ起スニ必要ト認メタル事実ヲ証明ス可シ被告ハ請求権ノ創起ヲ妨
ケ此請求権ヲ創起シタル時ハ之ヲ限制シ又ハ之ヲ撲滅シ又ハ之ヲ亡失ス可キ事実
ヲ証明ス可シ又原被告ハ攻撃又ハ弁護ノ方法ヲ用ルノ原因トナル可キ事実ヲ証明
ス可シ

第二条　原被告其請求又ハ抗弁ノ理由ニ属ス可キ主張ハ是認又ハ否認ノ方法ヲ以
テスト雖モ立証ノ義務ハ之カ為メニ変更スルコトナキモノトス

原被告対手人ノ証明ス可キ事実ニ付キ反対証拠ノ用意ヲナシタルトモ立証義務之
カ為メニ変更セサルモノトス」

となっていたようである（前掲委員修正民事訴訟規則 112〜3 頁）[5]。委員修正民事
訴訟規則では各本条が通し番号になって，この 1 条が 280 条に，2 条が 281 条に
なり，それぞれ多少の字句が修正されている（同書 112〜3 ページ）。この委員修
正民事訴訟規則がテッヒョー訴訟法案になったとされる（兼子・民事法研究 2 巻 6
頁）が，委員修正民事訴訟規則とテッヒョー訴訟法草案とでは独文の翻訳の違い
では説明できない相当に大きな異同がある。テッヒョー訴訟法草案では委員修正
民事訴訟規則 281 条は削除され，280 条は，258 条になって，字句にも相違があ

---

(5)　本文掲記の委員修正民事訴訟規則には，修正すべき原案が掲載されているが，その原
　　案をもってテッヒョー訴訟規則修正原按を邦訳した訴訟規則と理解した。この訴訟規則修
　　正原按は，確定案を得るために民事訴訟法取調委員会に付議され，同委員会で審議が重ね
　　られ，明治 19 年 6 月ごろ成案を得て委員修正民事訴訟規則になったといわれている。

158

1　要件事実（論）緒言

るのである。次にテッヒョー訴訟法案 258 条を掲げておく（司法省蔵版・テッ
ヒョー訴訟法草案 133〜4 頁）。

「第二百五十八条　原告若クハ被告攻撃若クハ弁護ノ方法トシテ提出シタル事
実ニ付テハ挙証義務アリトス

原告ハ請求権ノ起因タル事実ヲ証明ス可シ被告ハ請求権ノ起因ヲ妨ケ若シ其請
求権成立シタル時ハ之ヲ制限シ若クハ之ヲ廃棄シ若クハ其消尽ス可キ事実ヲ証明
ス可シ又原被告ハ其他ノ攻撃若クハ弁護ノ方法ニ必要ナル事実ヲ証明ス可シ」

そして、この条項は、民事訴訟法新草案の段階までは、若干の字句の修正を受
けながらも残っていた（法務大臣官房司法法制調査部監修・民事訴訟法議案〔日本近
代立法資料叢書 24〕41 頁）。しかし、テッヒョーが民事訴訟法に証明責任の分配
について規定を設けたのは、わが民事訴訟法の起草の段階でもドイツ民事訴訟法
における自由心証主義や裁判宣誓の意識が抜けていなかったためであって、わが
民事訴訟法における自由心証主義の規定の下では、主張責任の分配および証明責
任の分配は、民法で規定すべきことであった。このことはボアソナードがテッ
ヒョーの上述した民事訴訟法の起草態度を知りながらも、修正民法草案第 5 編
（証拠および時効）第 1 部（証拠）前置条例中の 1814 条、1815 条で主張責任の分
配および証明責任の分配と証明責任の意義および効果の規定を設けたことによっ
て明らかである。

ボアソナードが起草中の旧民法にこれらの規定を設けるに及び、テッヒョー訴
訟草案を審査していた法律取調委員会は、激論の後、同草案 258 条を削除した
（同司法法制調査部民事訴訟法案 184 頁、同部監修・法律取調委員会民事訴訟法草按議
事筆記〔同叢書 22〕〔昭和 60 年 12 月、商事法務研究会〕311 頁）。すなわち、明治 21
年 5 月 26 日に開かれた第 21 回議事には、報告委員から同条等を削除する民事
訴訟法草案議案第 19 号が提出された（同部監修・民事訴訟法草案 184 頁）後審議
が行なわれたようであるが、その一場面を取り上げると次のようである（前掲法
律取調委員会民事訴訟法草按議事筆記 311 頁）。

（三好）　ケレドモ民法ニアル以上ハ訴訟法草案ハ屓ケナケレバナラン
（南部）　ソレヲ原則ニ定ムレバ民法ヲ見ル必要ハナイ
（三好）　民法ヲ削ルナレバ別段デアリマス訴訟法報告委員ハ決シテソレヲヤル
　　　事ハ出来マセンカラ仕方ガナイ
（松岡）　訴訟法起案者ハ独立権ヲ以テシテハドウカ
（三好）　民法ニ抵触シテモ宜シイカ
（松岡）　果タシテ訴訟法ノ原則ガ良ケレバ民法ノ方ヲ削ル
（小松）　ソレナレバ有難イ

159

Ⅲ　要件事実(論)

　　(三好)　ソレデハ民法ノ抵触ヲ見ンデ良シイ

　　(南部)　ソウハ往カン

　　(三好)　民法ト抵触シテ構ハント云フナレバ誠ニ好シイ

　　(南部)　抵触デハ往カン

　　(三好)　此ハ即チ抵触シテ居ル

　　(松岡)　公平ニ論ズルト訴訟法ニ属スルガ適当ト云ハナケレバナラン

以下，略(6)

　このような議論の末，同委員会では，同条は未定になったが，民事訴訟法草案確定の段階で削除が決まり，証明責任の分配の原則および証明責任の効果は，ボアソナード起草の旧民法草案第五編第一部前置条例中の 1814 条および 1815 条に統一されることになったのである。この削除が行なわれた経緯は分からないので，その理由も不明であるが，わが民法の規定が，一定の社会事象において規定の法律要件を充足すると，その結果としてそれに対応する法律効果が生ずると定めるので，それに自由心証主義を定める規定の文言を平仄を合わせるだけですませればよく，証明責任の分配の原則や証明責任の効果について規定を設ける必要はないということだったのではないだろうか。ちなみに，自由心証主義については，テッヒョー訴訟法案 260 条の「裁判所ハ民法若クハ此法律ニ抵触セサル限リハ審理ノ顛末及ヒ立証ノ結果ヲ斟酌シテ事実ニ関スル主張ノ真否ヲ定ム可キモノトス」(傍点は，引用者) が，217 条「裁判所ハ民法又ハ此法律ノ規定ニ反セサル限リハ弁論ノ全旨趣及ヒ或ル証拠調ノ結果ヲ斟酌シ事実上ノ主張ヲ真実ナリト認ム可キヤ否ヤヲ自由ナル心証ヲ以テ判断ス可シ」(傍点は，引用者) として確定した。

〔ボアソナードが起草した旧民法第 5 編証拠編の主張責任の分配および証明責任の分配に関する条項は，どのようなものであったか〕

　旧民法草案第五編　証拠及ヒ時効 (以下では，「第五編」またはそれに相当する編番号は省略する)，第一部　証拠，前置条例中の 1814 条と参考までに証明責任に関する 1815 条は，次のとおりである (前田(達)編・史料民法典 918 頁。なお，前田(達)博士および姫野学郎氏の解題 (同書 612 頁) によると，民法草案獲得編ができたのは明治 21 年 10 月 6 日の少し前で，両条の起草者は，司法省の法律取調報告委員の磯部氏のようである。そして，同年 7 月 9 日から？証拠編の審議が法律取調委員会で行なわれ，証拠編が債権担保編などとともに，同年 12 月 28 日，山田顕義委員長から黒田清隆内閣総理大臣に上程され，翌 22 年 1 月から元老院の議定に附され，同年 7 月に上奏さ

---

(6)　ここに掲記した発言者のフルネームと当時のポストは，三好退藏・司法次官，南部甕男・大審院民事第一局長，松岡康毅・大審院刑事第二局長および小松濟治・民事局次長である。

1　要件事実（論）緒言

れたとのことである）。

「第千八百十四条　有為又ハ無為ノ事実ヨリ利益ヲ得ンカ為メ裁判上ニテ之ヲ
申述スル者ハ右ノ事実ヲ証シ即チ判事ニ対シテ其真正ナルヲ表明スルコトヲ要ス

対手人ハ己レノ方ニ在テハ自己ニ対シテ証セラレタル事実ニ対抗スル反対ノ事
項ヲ証明シ或ハ右事実ノ効力ヲ滅却スルモノトシテ申述スル事実ヲ証スルコトヲ
要ス

第千八百十五条　自己ノ申述ノ全部又ハ一分ヲ法律ニ従ヒテ証明スルコトヲ為
サス又ハ判事ヲシテ其申述ノ心証ヲ起コサシメサリシ原告若クハ被告ハ判事ノ証
拠ヲ査定スルノ権力自由ナル場合ニ於テハ其証明セサリシ点ニ付キ請求又ハ抗弁
ニ於テ敗訴ス可シ」

　この両条は，その後 1314 条および 1315 条になり，字句についてもある程度の
修正をみた（ボアソナード口述＝森順正口訳＝佐々木茂三郎筆記・民刑証拠法講義
（和仏法律学校第 1 期講義録）（以下「ボアソナード口述・民刑証拠法講義」という）
〔明治 27 年和仏法律学校講義録出版部〕13 頁，21 頁参照）後，民法草案再調査案で
は旧民法草案第五編第一部前置条例中の 1814 条および 1815 条と対比すると，次
のように修正されていた（法務大臣官房司法法制調査部監修・法律取調委員会民法草
案再調査案議事筆記〔日本近代立法資料叢書 15〕〔昭和 63 年，商事法務研究会〕276 頁）。
「第五編　証拠及ヒ時効」が「第五編　証拠時効編」に，「前置条例」が「総則」
に，「第千八百十四条」（以下，本項において「旧前条」という）が「第千三百十四
条」（以下，本項において「新前条」という）に，「第千八百十五条」（以下，本項に
おいて「旧後条」という）が「第千三百十五条」（以下，本項において「新後条」とい
う）にそれぞれ改められ，旧前条 1 項の「有為又ハ無為」，「申述スル」および
「即チ判事ニ対シテ」が新前条一項では「有的又ハ無的」，「主張スル」および
「即チ」に，旧前条 2 項の「対手人ハ己レノ方ニ在テハ」，「反対ノ事項ヲ証明シ」，
「右事実」および「滅却スルモノトシテ申述スル事実」が新前条二項では「相手
方ハ亦」，「反言ヲ疎明シ」，「此事実」および「滅却セシムル事実トシテ主張スル
モノ」に，旧後条の「申述」，「証明スルコトヲ為サス又ハ判事ヲシテ其申述ノ心
証ヲ起サシメサリシ原告若クハ被告ハ判事ノ証拠ヲ査定スルノ権力自由ナル場合
ニ於テハ其証明セサリシ」および「敗訴ス可シ」が「主張」，「疎明セス又判事カ
証拠ヲ査定スルノ権力自由ナル場合ニ於テ判事ハ此主張ノ心証ヲ起サシメサリシ
原告若クハ被告ハ其疎明セサリシ」および「敗訴ス」にそれぞれ改められた。こ
の再調査案の両条は，明治 21 年 12 月 12 日に開かれた第 35 回法律取調委員会
（法務大臣官房司法法制調査部監修・法律取調委員会民法担保編再調査案議事筆記〔日
本近代立法資料叢書 11〕〔昭和 63 年 4 月，商事法務研究会〕197 頁，前田（達）編・史料

161

Ⅲ　要件事実〔論〕

民法典 942 頁，1067 頁）などでの審議の結果，さらに，「証拠時効編」が「証拠編」に，「第千三百十四条」が「第一条」に，「第千三百十五条」が「第二条」にそれぞれ変わり，次いでその条文が

「第一条　有的又ハ無的ノ事実ヨリ利益ヲ得ンカ為メ裁判上ニテ之ヲ主張スル者ハ其事実ヲ証スル責アリ

相手方ハ亦自己ニ対シテ証セラレタル事実ノ反対ヲ証シ或ハ其事実ノ効力ヲ滅却セシムル事実トシテ主張スルモノヲ証スル責アリ

第二条　自己ノ主張ノ全部又ハ一分ヲ法律ニ従ヒテ証セス又ハ判事カ証拠ヲ査定スル権ノ自由ナル場合ニ於テ判事ニ此主張ノ心証ヲ起サシメサリシ原告若クハ被告ハ其証セサリシ点ニ付キ請求又ハ抗弁ニ於テ敗訴ス」

に修正された。そして，この証拠編は，財産編，財産取得編第一ないし第一二章および債権担保編とともに，明治 23 年 4 月 21 日，法律 28 号として公布され，（旧々）民事訴訟法も，同日法律 29 号として公布されたのである。

そして，ボアソナードは，民法において証明責任の分配等を規定する趣旨を詳細に説明する（司法省・ボアソナード氏起稿再閲修正民法草案註釈第五編〔復刻版〕〔以下「ボアソナード修正民法草案註釈第五編」という〕[7]2〜5 頁）が，その要点を抜き出すと，次のとおりである。

「（三）　立法上之ヲ観レハ証拠ノ事項ハ法律ノ基本ト手続トニ関スルモノナリ是ヲ以テ佛蘭西，伊太利，日耳曼，白耳義，和蘭ニ於テハ民法及ヒ訴訟法並ニ之ヲ掲ク日本法案ニ於ケルモ亦然リ蓋此事項ニ於テハ純然タル法理ニ属シ民法中ニ存ス可キ基本ノ原則アリ此原則タル場合ニ依リ何レノ当事者ニ挙証ノ任アルカヲ定メ争論ノ目的ニ従ヒ許容シ又ハ必要トスル証拠ノ諸種ノ方法ヲ定メ各証拠ノ当事者相互ノ間ニ生スル効力又ハ裁判官ニ対スル効力ノ程度ヲ定ムルモノナリ是レ証拠ノ事項ニ於テ民法ノ基本ニ係ル一般ノ理論ニシテ毫モ訴訟法ニ属セサルナリ之ニ反シ裁判所ニ於ケル各証拠ノ作用ニ至テハ訴訟法ニ譲ル可キナリ本案ノ若キモ亦之ヲ訴訟法ニ譲リタリ

（六）　……

唯独リ困難トスル所ハ各法典ニ記載ス可キ所フ能ク分別スルニ在リ此点ニ付テハ亦宜シク佛国法典ヲ以テ模範ト為スヘキナリ」

そして，ボアソナードが模範とすべきであるとする仏国法典は，フランス民法についていえば，1315 条に証明責任の分配の規定を，1316 条から 1369 条までに

（7）　大久保・ボワスナアド（岩波新書）152 頁によると，ボアソナードが第五編の注釈に着手されたのは明治 21 年 9 月 20 日で，完成されたのは翌 22 年 3 月 2 日であるが，再閲されたのがいつかははっきりしない。

書証，証人尋問，推定，当事者の自白および宣誓の規定を置き，その節に「債務ノ証拠及弁済ノ証拠」の表題を付し，さらに46条，47条，323条2項，341条3項，（1415条，1442条，1499条，1504条〔この括弧内の規定は，その後の特別法等の制定等により削除されたようである〕）1678条，1747条などにも証拠に関する規定を置いていることを指しているように思われる。

　以上のことから分かるように，旧民法証拠編と旧々民訴法とは証拠法上密接な関連を持っていた。もう少し端的な言い方をすれば，証拠法のうちの基本原則に関する立法は旧民法証拠編が受け持ち，旧々民訴法は，証拠法のうちの証拠調べの手続きに関する立法を受け持つこととして，いわば証拠法に関しては，立法上民法と民事訴訟法の分業体制が採られたのである。そして，証明責任の分配（その前示の主張責任の分配を含む）および証明責任（行為責任としての主張責任を含む）に関する規定は，証拠法の基本原則に属するものとして，旧民法証拠編に置かれることになったのである。

　ところで，主張責任の分配および主張責任であるが，高木（豊）・民事訴訟法論綱下巻（5版。明治31年11月，講法会，初版は，明治29年3月に発行されたようである）658〜9頁は，旧民法証拠編1条を掲げ，これを挙証責任の分担（＝証明責任の分配）の原則を規定したものであるとし，「挙証ノ責任ニ分担ノ原則アルコ・ト・ハ・猶・ホ・夫・ノ・当・事・者・ノ・主・張・ニ・付・テ・分・担・ノ・原・則・ア・ル・カ・如・シ・蓋シ民事訴訟ノ性質即チ原被対審ノ結果トシテ然ラサルヲ得サルナリ」として，同条には主張責任の分配については規定されていないとするもののごとくである。しかし，同条1項は「裁判上ニテ之ヲ主張スル者ハ」と，同条2項は「其事実ノ効力ヲ滅却セシムル事実トシテ主張スルモノヲ」とそれぞれ定めているから，事実上の主張についての主張責任の分配は，証明責任の分配に先行するとともにそれと一致するものであることを示していると解すべきであろう。

　そうすると，法律上の主張についての主張責任の分配を認めないということになるのだろうか。しかし，旧民法に次いで公布された旧々民訴法には，中間確認ノ訴（211条。ただし，条文は，「訴訟ノ進行中ニ争ト為リタル権利関係ノ成立又ハ不成立カ訴訟ノ裁判ノ全部又ハ一分ニ影響ヲ及ホストキハ判決ニ接着スル口頭弁論ノ終結ニ至ルマテ原告ハ訴ノ申立ノ拡張ニ依リ又被告ハ反訴ノ提起ニ依リ判決ヲ以テ其権利関係ヲ確定センコトヲ申立ツルコトヲ得」である）や請求の放棄および認諾（229条。ただし，条文は，「口頭弁論ノ際原告其訴ヘタル請求ヲ抛棄又ハ被告之ヲ認諾スルトキハ裁判所ハ申立ニ因リ其抛棄又ハ認諾ニ基キ判決ヲ以テ却下又ハ敗訴ノ言渡ヲ為ス可シ」である）が規定されているから，権利関係の存否の主張ひいては一般条項または不特定概念の存否を含む権利主張やそれに対する権利自白が認められていた

Ⅲ　要件事実（論）

というべきである。そうなると，法律上の主張についても主張責任の分配が必要になる。ただ，それについては明文の法的根拠が見当たらないので，事実上の主張についての主張責任の分配が類推適用されることになると解すべきである。

旧民法証拠編の定める証明責任の分配（その前提としての主張責任の分配），行為責任としての証明責任（その前提としての主張責任）および結果責任としての証明責任の編成方法は，基本的には証明責任の分配は民法で，証明責任は民訴法でそれぞれ規定するというフランス法のそれによったものであるが，同法よりさらに徹底して，結果責任としての証明責任をも民法で規定したのである。旧民法が証拠を民法で規定したことや法定証拠主義を採ったり時効を法律上の推定としたりしたことなどに対しては，かなり厳しい批判があった（たとえば，証拠を民法で規定したことについて，松室口述＝本校校友筆記・民法証拠編（証拠）講義第一部〔和仏法律学校第二期講義録〕4頁）が，この編成方法のうち主張責任の分配および証明責任の分配（ならびに行為責任としての主張責任および証明責任）については，理論的にも首肯することができる。旧民法証拠編1条の定める主張責任の分配おおよび証明責任の分配は，私法上の権利関係の発生（，変更）および消滅の原則的な根拠である行為規範の定める法律効果および法律要件を民事訴訟においても適正に適用されるように裁判規範の分配効果および要件事実を見出すための解釈の基準になるものであって，その所属法域が民法（民事実体法）であるからである。

1-3-2　旧民法廃止後同法証拠編1，2条の法理が慣習法化した状況

〔旧民法証拠編1，2条の法理は，同法の廃止後はどうなったか〕

旧民法証拠編は，単なる草案ではなく，既述のとおり，現実に公布された厳然たる法律である。同編は，明治23年4月21日法律28号として公布されたのである。したがって，証明責任の分配，（その前示の主張責任の分配を含む），行為責任としての証明責任（行為責任としての主張責任を含む）および証明失敗の場合の制裁である結果責任としての証明責任は，同1条および2条に基づいて行なわれるはずであった。旧民法は，明治26年1月1日から施行されることになっていたが，いわゆる法典論争により，明治25年11月23日の民法及商法施行延期法律の定めでその修正を行なうため明治29年12月31日まで延期され，旧民法の修正として作成された現行民法によって明治23年の公布の措置に対応するその廃止の措置がとられた（広中編著・民法典資料集成1298～302頁，322～6頁など，広中「日本民法典編纂史とその資料――旧民法公布以後についての概観――」民法研究1巻〔1996年10月〕138～9頁）。

そして，現行民法の起草にあたっては，旧民法証拠編の各条項は，時効のそれ

164

1 要件事実(論)緒言

を除いて，当初から「査覈（不明なことを調べる）シ……修補刪正（文章の字句を
けずり正すこと）ヲ施ス」対象外とされ，民訴法に改正を加えてこれを編入する
ことになったようである（法典調査規程〔3起草委員作成案〕1条，8条，法典調査
規程理由書〔同前〕1条，8条，法典調査ノ方針〔福島編・穂積陳重文書の研究第1部
111頁，115頁，120頁，123頁，広中編著・民法典資料集成1602頁，622頁，950頁，
1022〜3頁など〕）。すなわち，穂積，富井および梅の3博士がおそらく明治26年
3月21日の官邸における会合の席において伊藤(博)首相に命じられて協議のう
え起草し，同年4月28日に開かれる第1回委員総会の前に行なわれた2回にわ
たる主査委員のみによる会合に出されたものとされる法典調査規程（3起草委員
作成案）8条は，「証拠ニ関スル規定ハ之ヲ民事訴訟法ニ編入ス」となっており
（もっとも，穂積博士自筆の鉛筆書きの書き込みにより削除されているとのことである），
法典調査規程理由書（3起草委員作成）8条は，「民法証拠編ニ掲クル規定ハ時効
ニ関スルモノヲ除クノ外ハ其法規ノ性質上訴訟法ニ属スヘキモノ多シ故ニ民事訴
訟法ニ改正ヲ加ヘテ之ニ編入スルヲ可トス（但起草委員中証拠ニ関スル法規ヲ総則
及各編ニ分配スヘシトナス者アリ）」となっている。そして，穂積博士自筆の前三
編議会提出理由説明草稿の「修正ノ結果」の「条数ノ減シタル理由」の項の
「(二)」には，「手続法ニ関スル規定ヲ省キ之ヲ民事訴訟法其他ノ特別法ニ譲リタ
ルコト（例ヘハ証拠編第一部ヲ訴訟法ニ譲リタルカ如シ）」とある（福島編・穂積陳
重文書の研究第1部129頁）。その結果であろうか，その相当数の条項が大正15年
の旧々民訴法の大改正で旧民訴法の条項となった。しかし，主張責任および証明
責任に関しては，その後立法化されることはなかったのである。

　すなわち，旧々民訴法は施行後時を経ずして改正問題が生じ[8]，明治28年に
は司法省に民事訴訟法調査会が設立された。そして，同調査会は明治32年ごろ
民事訴訟法修正案を作成したが，同修正案第二編第一章第三節「証拠及ヒ証拠調
ノ総則」のへき頭の条文である237条の本文に「当事者ノ主張スル事項ハ之ヲ証
スルコトヲ要ス」の規定が設けられている。明治32年3月9日の法典調査規則
の改正により民事訴訟法調査会は解消され，旧々民訴法の改正も法典調査会の第
2部が審議を担当することになったが，この規定は，成立年月日不明の同部起草
の民事訴訟法案第二編第一章第五節「証拠及ヒ証拠調ノ総則」の冒頭の条文であ
る305条に「当事者ハ自己ニ利益ナル事実ヲ証スルコトヲ要ス」と修正されて

---

(8)　旧々民訴法改正の経過等の関係については，全面的に松本「民事訴訟法（明治三六年
　　法典調査会案）の成立」松本ほか編著・民事訴訟法（明治三六年草案）(1)〔日本立法資料
　　全集43．平成6年，信山社〕3頁以下および松本「民事訴訟法（大正一五年）改正の経
　　過」松本ほか編著・民事訴訟法（大正改正編）(1)4頁以下によっている。

165

III 要件事実（論）

引き継がれ，次いで，この規定は，明治36年に公表された法典調査会の民事訴
訟法改正案，いわゆる法典調査会案の311条にも「事実ヲ証スルコトヲ要ス」が
「事実上ノ主張ヲ証スヘシ」と修正されただけで引き継がれたのである。ところ
が，法典調査会が同年4月1日に廃止されたことに伴い，同案は宙に浮いた形に
なった。ただ，ここにおいて注目すべきことは，この法典調査会案311条も関係
する各地の裁判所，弁護士会，検事局等の意見であるが，これについては後に述
べることにする〔次項を参照〕。

〔主張責任の分配，証明責任の分配等に関しては，旧民法証拠編1，2条を踏
　まえて慣習法化したのではないか〕

　旧民法証拠編の公布後はもちろん旧民法の廃止後も，同編1，2条が法律家に
は民事訴訟における証明責任の分配（主張責任の分配を含む）および証明責任を
定める条理として認識されていたが，それは公布後廃止前でいえば，たとえば，
梅博士は，明治23年1月から開始した和仏法律学校の通信教育による校外生に
対して旧民法証拠編の講義録を配布し（それをまとめたものとして，梅講・和仏法
律学校第一期講義録　民法証拠編〔明治29年，和仏法律学校〕がある。その復刻版と
して，梅・日本民法証拠編講義〔2002年2月，新青出版〕），磯部氏などがそのころ
に同編の詳しい注釈書を執筆されて上梓され（磯部・民法釈義証拠編第一編〔明治
26年，長嶋書房。第一編と第二編の合本の復刻版が民法〔明治23年〕釈義証拠編之部
〔日本立法資料全集別巻88〕として平成9年，信山社から刊行されている〕，岸本辰雄
著述・民法正義証拠編〔明治24年ころ，新方注釈会出版から刊行されたものか。この
復刻版が民法〔明治23年〕正義証拠編〔日本立法資料全集別巻62〕として平成7年，
信山社から刊行されている〕），廃止後でいえば，証明責任の分配および証明責任に
ついてはこれらによる以外にすべがなかったこともあって，旧々民訴法の教科書
の証明責任の解説において旧民法証拠編1条が援用されることがあったり（たと
えば，現行民法施行直後の明治31年11月に発行された高木（豊）・民事訴訟法論綱下巻
〔5版〕659頁），同編第1部全般にわたる法理が法則として扱われることがあった
りした（たとえば，明治40年5月に上巻の初版が発行され，下巻と合本された後大正
8年3月に発行された岩田（一）・民事訴訟法原論〔16版〕〔明治大学出版部〕516頁）。

　また，仁井田博士は，明治35年2月に「挙証ノ責任」法学志林28号8頁以
下を，明治38年12月に「挙証ノ責任ヲ論ス」内外論争4巻6号1009頁以下を
それぞれ発表されるかたわら，明治40年3月に民事訴訟法要論上巻（有斐閣書
房）を上梓され，挙証の責任について旧民法証拠編1，2条にはまったく言及さ
れることなく，かなり詳細な議論を展開されたが，ドイツにおける当時の証明責
任論の影響を受けられながら，かえってボアソナードの証明責任すなわち行為責

166

任であることを一層明確にして実質においてそれを承継，発展させておられるのである。仁井田博士によれば，挙証の責任とは「証明ヲ為スヘキ法律上ノ必要」（前掲論文「挙証ノ責任」9頁）あるいは「当事者カ自己ニ利益ナル裁判ヲ受クルニ欠クヘカラサル事実ノ訴訟上確定セサル場合ニ於テ裁判所ニ証拠ヲ提供シ之ヲシテ其事実ニ付キ心証ヲ得セシムヘキノ必要」（前掲論文「挙証ノ責任ヲ論ス」1010頁。なお，前掲書245頁）である。

　このように，旧民法が廃止された後も，同法証拠編1条および2条は，法律実務家には民事訴訟における証明責任の分配，証明責任を定める条理として認識されていたのである。このことを如実に示すものとして，杉山直治郎博士の執筆された「洋才和魂ノ法学者ボアソナード尽瘁半生ノ生涯」帝国大学新聞649号〔昭和11年11月〕3頁の次の一文（振り仮名は，すべて省略）がある。

　「殊に注目すべきは，明治十三年より新民法公布に至るまで約廿年の間は，民事事件の解決に方って，我裁判官は，従来適用せる仏国民法の代りに，ボアソナード法典を適用したことである。一体，単なる草案であっても，それが一度発表される以上は，必ず或程度の公的権威を有つものである。殊にボアソナード法典に至っては，明治廿三年勅令を以て公布されたものである。加之，当時非常な働きをした所の『裁判官の権限に関する我明治八年布告第百三号第三条』は成文法並に慣習が不備である場合には，裁判官は条理に依て裁判すべき旨を明定して居る。所が当時の裁判官も法学者も，恰もボアソナード草案こそは『書れたる条理』なりと信奉して居った。従って当時の法曹は此の草案の一部分宛の発表を待ち焦がれて，競って法文同様に之を研究し，之を適用したのである。かような実情の下にボアソナード草案は，決して単なる草案ではなかった。現実に適用された真の法源であったのである。当時国家試験の主要科目はボアソナード法典であったのもこの為である。

　此の意味に於て，私は敢えて言ひたい。我国明治維新後最初の民法は，正式に実施された新民法典ではない。実はボアソナード法典であったと。加之，ボアソナード法典は，今日尚現行民法の解釈上，恰も仏国民法に対する佛蘭西古法に比すべき役割を演じて居る。又立法的に考察すれば，新民法に取て代はられた当時只管時代後れの様に考へられた旧民法の実質は，案外現代の要請に適合する滋味を含むで居ることを私は屢々感ずることがあるのである」。

　そして，星野（通）・明治民法編纂史研究114頁は，この杉山博士の一文を援用して次のようにいう。

　「明治三十一年現行民法典が実施されるまでは旧民法の草案，また公布後は旧法典それ自体は所謂『書かれたる条理』として永年に亘り一般民事裁判の有力な

167

Ⅲ　要件事実(論)

準拠となってゐたのであって，当時草案は一部づつ発表されるとともに制定法と
同様に競って法曹家によって研究せられ，具体的裁判の準拠とされたのであった。
かくて旧法典並びにその草案はいづれも単なる草案若くは実施せられざる法典た
るにとどまらないで，現実に適用される真の法源，生きた法となったのであり，
この点旧法典並びにその草案のわが国民法律生活に及ぼした著大なる影響として
特筆されねばならないのである。這般の法則は当時のわが国家試験の主要課目の
一として旧民法解釈学が存在してゐたことになって（引用者注・「ゐたことから」
脱か）もよく窺ひ知らるる所であり，準拠とすべき法典のなかった当時としては，
やがて法典たるべき草案，またはやがて実施さるべき旧法典が『書かれたる権威
ある条理』として恰も現行法の如く裁判の準拠となるのは自然の勢であった」。

　こうして，旧民法証拠編1，2条の法理に依拠した証明責任の観念および証明
責任の分配が明治30年代からの大審院の判例となっていった。たとえば，大判
明治35・12・15民録8輯11巻79丁は「立証スル責任」と，大判明治36・1・
16民録9輯8頁は「証明ヲ為スヘキ責任」と，大判明治36・8・25民録9輯
944頁は「証明スルノ責任」とそれぞれ判示し，同判決は，明確に「転付命令ノ
効力アルコトヲ主張シ従テ其請求ノ正当ナルコトヲ主張スル被上告人ハ上告人カ
証拠ニヨリ該命令ノ前駆タル証券ノ占有ニ因レル差押ナカリシコトヲ争フトキハ
其差押ノ事実ヲ証明スルノ責任アルコト立証責任上ノ法則ニ照ラシテ明白ナリト
ス」と判示している。

　このように，同編1，2条の法理に準拠した証明責任の観念および証明責任の
分配が，学説の趨勢や大審院等の裁判所の慣行となり，遂には慣習法になったの
である。

　前述した〔前項を参照〕法典調査会が明治36年に公表した民事訴訟法改正案
のその前後の時期に聴取されたと推測される，同改正案311条に関する各地の裁
判所，弁護士会，検事局等の意見のうちに，横浜区？裁判所長の「第三百十一条
ヲ削除スルコト」と，東京控訴？院長の「第三百十二条ノ後ニ慣習法証明ノ規定
ヲ設クルコト」というのがある（松本ほか編著・民事訴訟法〔大正改正編〕(1)〔日
本立法資料全集10〕〔1993年2月，信山社〕211頁）。横浜区？裁判所長（原典では，
「横浜所長」）の意見は趣旨不明であるが，東京控訴？院長（原典では，「東京院
長」）の意見と対比してみると，証明責任に関しては慣習法があるのだから，311
条のような立法をするまでもないということのように思われる。また，東京控
訴？院長の意見もいま一つ判然としないところがあるのであるが，証明責任に関
しては慣習法があるのであるから，それを立法化すべきであるということである
ように思われる。そうだとすると，そのことから，裁判官に証明責任に関して慣

1 要件事実(論)緒言

習法が存在しているとの認識があったことを窺うことができるし，その慣習法は，旧民法証拠編1条1項を簡潔にして規定しようとしたと解される同改正案311条の総則的規定と矛盾するものではなく，しかも法規とすることができる程度に内容のあるものであったことを推測することができる。なお，司法省が明治44年にしたと推定される意見照会に対する意見具申には，「本節中ニ改正案第三百十一条乃至第三百十五条ノ如キ規定ヲ設クルコト」（東京控訴），「改正案第三百十一条及ヒ第三百十四条ヲ削除スルコト」（小松区）（大聖寺区）（京都弁），「立証者ノ立証責任分配ニ関スル規定ヲ設クルコト」（釧路区）（同検事局），「挙証責任分配ニ関スル原則ニ付キ独逸民法第一草案第百九十三条乃至第百九十七条ノ如キ規定ヲ設クルこと」（京都商）がある（松本ほか編著・民事訴訟法〔明治36年草案〕(3)〔日本立法資料全集45〕〔平成7年，信山社〕206頁）。これらの意見照会がどのような形で行なわれたのかは不明であるが，同法典調査会案を前提とするものであるから，人にしても組織にしても肯定的意見に傾きやすいということはいえるであろう。そのような中で否定的意見があることは興味深いことである。ただ，否定的意見の理由がなへんにあるのかは残念ながら分からない。

　このように，旧民法廃止後，同編1，2条に代わる主張責任の分配，証明責任の分配等に関する規定を立法すべく審議がされ，条項案も作成されたのであるが，その間に慣習法が成立していたためか，結局成文になることはなかったのである

　このことは，大正10年12月から同12年5月にかけての民事訴訟法改正委員会による旧々民訴法改正案の審議において証明責任およびその分配に関してはほとんど議論されていないことによっても窺うことができるが，同年1月23日に開かれた第34回民事訴訟法改正調査委員会における原嘉道委員と松岡(義)起草委員との次の問答からも窺い知ることができる。

「○原嘉道君　之は三百七条（＝現行247条）と云ふものは斯う云ふことがなくてはいかぬものですか。

　○松岡義正君　之は現行法（＝旧々民訴法）の此二百十七条にもあります。之がありませぬと先づ立証責任の原則とか何とか不文法があったり致しまして，さう云ふことに縛られるやうな虞がありますから，之は心証と云ふことは裁判所の裁判のやり方であると云ふことを明らかにした方が実際上有益と思ふ，それで斯うしたのであります。

　○原嘉道君　一寸御尋ね致します。さうすると今の現行法の二百十七条には民法又は此法律の規定に反せざる限りはと書いてある，今の御話であると立証責任と云ふものは証拠法にさう云ふ法則があっても，そんなことに頓着せずに自由心証で宜いと云ふ訳になるのですか。

169

Ⅲ　要件事実（論）

〇松岡義正君　それは斯う云ふことになる，どうも立証責任の問題とそれから
　　して自由心証の問題とは一体どこ迄及ぶのであらうかと云ふことは実は我々
　　共は其区域が能く分かりませぬけれども今日のやり方通り，此現行法で申し
　　上げますが，二百十七条の通りでありますると，或る程度迄は立証責任の原
　　則に依るやうに此規定は解釈されて居るやうに思ふ，当事者が証拠を出した，
　　それが現はれた以上其趣旨に反しても判断の資に供せられることも出来る，
　　斯う云ふやうになって居りますから，此二百十七条の規定で相当である，斯
　　うなりますと矢張り斯う云ふやうな規定がありませぬと，そんなことが出来
　　ないやうな虞がありはしないか。さう云ふ問題がありますからして寧ろ之は
　　此現行法として矢張り相当其威力を備えて居る規定でありますから之は削除
　　する必要はないのであります，全く裁判に関する原則として茲へ置いたので
　　あります。決して立証責任の原則を排除してしまふと云ふ趣旨ではない，実
　　際上で或る程度迄さう云ふことが極まっておりますから，さう云ふことは矢
　　張り重きを置いて，それを維持することが実際として適当であらう。
〇原嘉道君　立案の趣旨は現在と変わりない。
〇松岡義正君　さうです。言葉が足りなかったか知りませぬが，現行法では訴
　　の部に規定してあります，之は訴えに関する規定でなくして寧ろ判決に関す
　　る規定であるから此所に移した丈けのことであります，何も此三百七条の規
　　定を設けて立証責任を悉く止めてしまふと云ふやうな趣旨ではないのであり
　　ます，若し斯う云ふ規定がないと立証責任が余り威張り出して大審院の判例
　　位の所よりももっと以上に進んで来るか知れませんが，それが此規定で相当
　　に限界が付く利益がある」（民事訴訟法改正調査委員会速記録〔昭和4年6月，
　　法曹会〕688～90頁）。

　松岡（義）起草委員のいわれる証明責任の原則に関する不文法は，前に紹介した
東京控訴？院長の意見のいう慣習法以外に考えることができない。そうすると，
大正15年に大改正された民訴法は，証明責任の原則に関しては不文法すなわち
慣習法があることを前提として制定されたといわなければならない。

　ちなみに，同起草委員のいわれる「どうも立証責任の問題とそれからして自由
心証の問題とは一体どこ迄及ぶのであらうかと云ふことは実は我々共は其区域が
能く分かりませぬ」についてであるが，ローゼンベルクは，ドイツ民事法につい
ては，次のようになるとする。

　「自由心証（証拠評価。引用者注・訳注）の支配領域と証明責任の支配領域とは，緊密
に隣接してはいるが，明白な境界で相互に分かたれている。前者が裁判官に教え
るのは，訴訟における争いある事実主張の真偽に関する心証を弁論の全趣旨に基

1　要件事実(論)緒言

づき世態人情に関する知識を傾けて自由に形成すべきことであり，後者が裁判官
に教えるのは，自由心証で成果があがらなかったときに判決する方法である。自
由心証の領土の尽きたところから証明責任の支配が始まる。前者の全領土を踏査
しても判決を見出しえなかった裁判官に対し，後者は前者の拒んだものを与える
のである」（証明責任論75頁）。

　そして，わが国の客観的証明責任論においても，自由心証主義と証明責任との
関係について，自由心証が手を挙げたところから証明責任の機能が始まるといわ
れている（兼子・前掲論文「立証責任」569頁）。この見解は，ローゼンベルクの
「自由心証の領土の尽きたところから証明責任の支配が始まる」を踏襲したもの
と思われるのであって，ドイツ民訴法286条が自由心証の対象を要証事実の真
実か不真実に限定し，真偽不明の解決を客観的証明責任に負わせた解釈としては
妥当するであろうが，自由心証の対象を要証事実の全部にわたるわが民訴法247
条の下では要証事実の真偽不明という心証も自由心証によって生じるのであるか
ら，自由心証と証明責任との境界は，別に考えなければならないだろう。

　両者の関係は，証明責任の分配および証明責任の法理に先行する法理である主
張責任の分配および主張責任を一先ず措いてみてみると，次のようになるのでは
ないだろうか。すなわち，証明責任の分配は，具体的な訴訟とは関係なくそれ以
前にあらかじめ慣習法によってもたらされた定めおよびその解釈である。また，
証明責任は，具体的な訴訟において係争の主要事実について証明責任を分配され
た当事者が行為責任となる負担であるが，証明責任の分配に内包されるというか
論理必然的に湧出するというか，とにかくそういった法理でもある。これに対し，
自由心証は，具体的な訴訟において，係争の主要事実についてその証明責任を分
配された当事者が行為責任として行う証明に向けての活動および相手方の行なう
それを弾劾する反証活動に対してした証拠調べの結果ないし弁論の全趣旨を斟酌
して，言い換えると，要証事実の認定にあたって証明責任の分配を受けた当事者
の提出した証拠（本証）であろうと，相手方の提出した証拠（反証）であろうと，
自由な心証によってその実質的証拠力の有無・程度を評価しないし弁論の全趣
旨を斟酌して，係争の主要事実の存在について確信を抱いたか否かの判断をする
ための特別の法的規制によって拘束されない裁判官の心証である。そして，結果
責任としての証明責任は，その具体的な訴訟において，証明責任を分配された当
事者が行為責任として行なう証明に向けての活動の有無にかかわらず，係争の主
要事実の存在について裁判官に確信を抱かせることができなかったとの判断を受
けたことつまり無証明または証明不成功の結果として負う不利益であるというこ
とである。こうして，わが民訴法の下では，証明責任と自由心証とは次元の異な

171

Ⅲ　要件事実（論）

る法理ないし原理であり，証明責任と自由心証とは，要証事実の証明の有無をめ
ぐる次元では，ほぼ全面的にオーバーラップすることとなる観念であると理解あ
うることになるのではないだろうか。

〔旧民法証拠編1，2条の法理の慣習法化は，昭和の初めごろには完成したの
　ではないか〕

　さて，大正15年の民訴法の大改正後も，学説は，証明責任をわが国伝来の行
為責任として理解していたように思われる。たとえば，昭和6年3月に刊行さ
れた菊井・民事訴訟法（四・完）（現代法学全集38）〔日本評論社〕340頁は，弁論
主義「に於ては訴訟資料の提出の責任は原則として当事者に存するから，不明な
る事実を除く開鍵は当事者に握られて居り之に関して自ら直接策動する必要が理
論上存する。斯る直接の必要が即ち立証責任であ」るとする。もっとも，石田
穣・証拠法の再構成38頁は，「……菊井博士においては，立証責任の概念をど
のように把握したいるのか必ずしも明確でないものの，立証責任の配分の仕方に
おいて，そして，訴訟追行過程の考え方において，明確に規範説の立場がとられ
ている，と思われる」という。確かに，菊井博士は，証明責任が必要となる理由
を，「訴訟に於ては，裁判所は，法律の許容する一切の方法を用ひて，事実の真
否を闡明しようと努める。……弁論主義の行はるる手続に於ては当事者の提出す
る証拠方法を取調ぶる外弁論の全趣旨をも斟酌し又釈明権を行使して事実関係の
明白並に立証方法の充実を計り，その他例外として許さるるときは，職権証拠調
をも行ひ得るのである。斯る努力に不拘或事実の真否は屢〃不明のまま残され勝
ちである。この真否不明のままの事実は，裁判所をして法律の適用を不能ならし
めるから，裁判所は斯る場合に於ては裁判を為し得ない。けれども総ての事件に
付，裁判を必要とするに不拘裁判を為さずして放置することは許されないから，
勢ひ不明なる事実は不真実として斟酌せざることとするにより，裁判の内容を決
定し得るに至ったのである」（前掲民事訴訟法〔四・完〕339頁）といわれ，あた
かもローゼンベルクの客観的証明責任が必要となる理由を祖述されるかのようで
ある。しかし，証明責任の概念そのものについては，先に紹介したように当事者
の行為責任であることを明確に述べられるとともに，証明責任の原則が弁論主義
の下でのみ成立することを指摘されるのである。したがって，菊井博士の証明責
任についての考えは，どちらかといえば仁井田博士の系譜に属するものではない
だろうか。また，石田（穣）教授は，菊井博士は証明責任の分配については規範説
の立場に立たれるといわれる。確かに菊井博士の権利の発生を妨げる事実の一つ
として「法律に於て例外と見らるる事実」（同書340頁）を挙げられる。しかし，
同時に「権利の発生を妨げる事実にして結論に依れば通常の状況及び進行に反す

172

るもの」（同書 340 頁）という実質的な分配規準も挙げられるばかりでなく，法条の措辞ないし構造を分類するとか，その適用順序に応じて権利根拠規定，権利障害規定および権利行使阻止規定に区分するとかといった言辞は全く見られないから，ローゼンベルクの影響があることは否定できないとしても，「明確に規範説の立場ととられている」とは到底いえないのではないだろうか。これに対し，菊井博士は，訴訟進行過程についてはローゼンベルクの考えを採用されるようである。

　また，細野(長)・民事訴訟法 3 巻（4 版。昭和 8 年 1 月，巌松堂書店，初版は，昭和 6 年 4 月に発行されたようである）350 頁は，「当事者ハ其事実（引用者注・争い得べき事実であってかつ当事者間に争いのある事実）ノ認定ニ付キテ危険ヲ負担スト云フヘシ此危険ノ負担ヲ称シテ立証責任ト云フ換言スレハ或ル事実カ裁判ノ資料ニ供セラレルニ付キ立証スルノ必要ヲ云フモノニ外ナラス」とするのである。

　ちなみに，大正 15 年に改正された旧民訴法には，261 条に「裁判所ハ当事者ノ申出テタル証拠ニ依リテ心証ヲ得ルコト能ハサルトキ其ノ他必要アリト認ムルトキハ職権ヲ以テ証拠調ヲ為スコトヲ得」との規定が置かれていた。この規定は，一見すると，ZPO448 条の規定と酷似しているようにみえるが，ZPO では職権で文書提出命令，記録の提出命令，検証および鑑定をすることもできるうえ，職権による当事者尋問も「証明すべき事実が真実であること又は不真実であることについての心証を得るのに十分でない場合」でなければならないのであって，いうなれば裁判宣誓の残滓の規定である。しかし，わが旧民訴法 261 条は，「其ノ趣旨判断ノ適正ヲ期セムトスルニ在リテ民事訴訟ノ取調ニ付職権主義を加味シタル場合ノ一ニ属ス」（民事訴訟法中改正法律案理由書〔松本ほか編著・民事訴訟法〔大正改正編〕⑷〔日本立法資料全集 13〕〔1993（平成 5）年 9 月，信山社〕204 頁）るにすぎない。なお，帝国議会貴衆両院における民事訴訟法改正法律案委員会において池田寅二郎政府委員が「現行法に於きましても鑑定並びに検証，此二つのことは職権を以てやれることになって居るのでございまして，此案に於きましては必しも此二つの種類のものに限らず，他にも亦其証拠方法の必要があると思ひましたときには，補充的の意味に於きまして証拠調をすることが出来ると云ふやうにして置きます方が真偽発見の点に於て蓋し適当であらうと云ふので，此条文を置かれたのであります」（第五十一回帝国議会民事訴訟法改正法律案委員会速記録〔昭和 4 年 6 月，法曹会〕437 頁）と説明しているが，松岡(義)起草委員は，民事訴訟法改正調査委員会総会において，「それから二百二十六条〔＝旧民訴法 261 条〕は之は本案に於て新設した所でありまして之はたしか委員会〔引用者注・起草委員会〕で証拠調に職権主義を加味した方が宜からうと云ふことになって居ったと

Ⅲ　要件事実（論）

思ひます。さう云ふ次第でありますから其趣旨を酌んで本案に必要ありと認めたときは職権を以て証拠調をするやうな規定を置いたのであります」（前掲民事訴訟法改正調査委員会速記録 529 頁）と説明しており「心証ヲ得ルコト能ハサルトキ」に主眼があるということ，いわんや，真偽不明を解決するために新設されたということではなく，職権証拠調べの範囲を限定する「必要アリト認ムルトキハ」の例示として付加されたものであるというべきである。この規定は，弁論主義に徹し，民事訴訟の本質に合致するように昭和 23 年法律 149 号により削除された。

　が，それはそれとして，旧民訴法の下においても，証明責任の分配および証明責任に関しては，旧民法証拠編 1，2 条の法理が慣習法としてわが民事訴訟の法的根拠であったといわなければならないし，現行民訴法もその基本的な法理論的体系を旧民訴法と異にしたということはないから，同様に，証明責任の分配および証明責任に関しては，旧民法証拠編 1，2 条の法理がわが民事訴訟の法的根拠であるといわなければならない。もっとも，この慣習法の法理ないし具体的な内容がどのようなものであったかは，かならずしも明らかではない。したがって，わが民事訴訟における主張責任の分配，証明責任の分配，主張責任および証明責任に関する法理論は，この慣習法を体系的に理論づけることによって構築すべきであろう。

〔わが民事訴訟での主張責任の分配等を慣習法の理論で体系化することは，行為規範の定める法律効果と請求の内容である具体的な権利の存否等との差異を解消する法理が主張責任の分配ないし証明責任の分配であるとすることと理論的に矛盾するか〕

　このようにいうと，以前に，請求の内容が具体的な権利の存否等であり，それは行為規範の定める法律効果の有無を前提とするものであるから，原告は，被告が請求を認諾しない場合には，その主張した具体的な権利の存否等と等価値の行為規範の定める法律要件を充足する現実の社会に生起した事象つまり社会事象をすべて主張し証明しなければならないはずであるが，それは不可能であるかいちじるしく困難であるかである。そうだとすると，権利の属性である訴訟手続きによる保障がないことになるから，それを実現し，憲法の保障する訴権を実のあるものとし，民事訴訟の制度的目的を達成することができるようにするための法理を見出さなければならないところ，その法理として主張責任の分配ないし証明責任の分配がある，と述べたことと矛盾するのではないか，との疑問が出るかもしれない。

　しかし，それは，主張責任の分配ないし証明責任の分配の法理が必要となる理由を述べたのであって，端的な言い方になるが，行為規範から裁判規範を見出す

法理が主張責任の分配ないし証明責任の分配であることを了解（し，それやそれから派生する行為責任としての主張責任および行為責任としての証明責任をどのような法的根拠に基づいてどのように構築）するかということとは，次元の異なる議論ではあるものの，理論的に整合しており，両議論が矛盾していることではないのである。

〔旧民法証拠編1，2条の法理は，決して古臭いものではないのではないか〕

また，主張責任の分配ないし証明責任の分配を旧民法証拠編1，2条の法理を踏まえた慣習法理に求めるとすると，ずいぶん古い法理を持ち出すように思う向きがあるかもしれない。しかし，シュヴァーブによれば，ローゼンベルクの証明責任論の矛盾を指摘したライポルトは，ドイツ民法第1草案の193〜7条に規定され，あるいは無用であるとしあるいは法的な規制に熟していないなどのことから第2読会で削除された証明責任規定が今日なお黙示の実定法として妥当するとするようであるし，ライネッケは，それらの規定は不文的な慣習法になったとするようである（石川明訳「K・H・シュヴァーブ・最近の立証責任論が規範説から乖離した点について」ドイツ手続法の諸問題〔翻訳叢書〕〔1979年12月，成文堂〕47〜8頁，50頁）。

そもそも証明責任の分配は，ローマ法以来の「歴史的通用性」（シュヴァーブの言葉）のある法理なのである。そして，ボアソナードは，旧民法証拠編1条と2条の前身である修正民法草案1814条はローマ法諺の「証拠は原告人の責に帰す」と「被告は抗弁法を以て対抗しつつ原告となる」を写すものであるといっている（ボアソナード修正民法草案註釈第五編6〜7頁）。そして，シュヴァーブも，ローマ法諺をもって証明責任の分配を構築しようとしているのである（石川（明）訳・前掲書58頁）。したがって，旧民法証拠編1，2条の法理を踏まえて慣習法理によって主張責任の分配，証明責任の分配（，行為責任としての主張責任および行為責任としての証明責任）に関する法理論を構築しても，決して古色蒼然たるものにはならないのである。

〔われわれは，旧民法証拠編1，2条の法理を全面的に受け入れなければならないか〕

そうだからといって，われわれは，慣習法となった両条の法理をすべて承認しなければならないというわけではない。その中には，われわれとして首肯しかねるものもないわけではないからである。それは次の2点である。

第1点は，同編1条2項前段の定める「相手方ハ亦自己ニ対シテ証セラレタル事実ノ反対ヲ……スル責アリ」が証明責任の分配とは直接に関係のない証拠の提出の必要を権利発生（消滅）障害事由の証明責任とともに相手方にあるとした

III　要件事実(論)

点である。同条項の前身である修正民法草案1814条2項前段（ただし，条文は
「対手人ハ己レノ方ニ在テハ自己ニ対シテ証セラレタル事実ニ対抗スル反対ノ事項ヲ証
明……スルコトヲ要ス」となっていた）について，ボアソナードは，原告が被告に
対して契約上の債務の履行を求めた場合において，この契約の締結が証明され
または争いがないとすると，契約締結時において意思能力または行為能力がなかっ
たこと，原告の提出した書証（あるいは権原）が暴行，詐欺または錯誤によって
なされたことなどは，被告が証するをえなくなるのであるという（修正民法草案
註釈第五編6〜15頁）。また，次のような事例を示して説明している（ボアソナー
ド口述・民刑証拠法講義17頁）。原告において被告の署名捺印した証書を提出して
債権があることを証明したときは，被告は，その事実の反対の事柄すなわちその
署名捺印を自分がしたものではない，偽造であると申し立てる場合である。また，
動産の取り戻しの訴えにおいて，原告がその権原の書証を提出したときに，被告
がその証書を偽造であると称する場合である。こうして，ボアソナードは，旧民
法証拠編1条2項前段で，証明責任の分配とは直接には関係のない証拠の提出の
必要をも権利発生（消滅）障害事由としての証明責任とひっくるめてそれらが相
手方にあることを規定しようとしたのである。

　第2点は，主張責任の分配および行為責任としての主張責任をどのように考え
ていたがやや判然としないことである。このことは，先に高木(豊)判事の著書と
からめて指摘したところである。証明責任の分配は，ローマ法においてすでに成
立していた法理であり，ボアソナードがそれを明確に理解していたかどうかは確
かに検討しなければならないことではある（もっとも，ボアソナードは，「人カ証
拠立ツルコトヲ為シ得サルトキハ其主張スル所ニ付キ失敗」することになるとか〔修正
民法草案註釈第五編6頁〕，「自己ノ主張ヲ証明セサル当事者ハ一ハ其請求ニ於テ他ハ
其抗弁ニ於テ敗訴ス」とか〔同書16頁〕いう）が，前述したように同条1，2項の
定め方から，事実上の主張についての主張責任の分配およびそれに必然的に伴う
ことになる行為責任としての主張責任は，証明責任の分配および行為責任として
の証明責任に先立つ法理でありかつそれと一致するものであることを示している
と解することができるように思われる。そして，それが請求を除く法律上の主張
についての主張責任の分配およびそれに必然的に伴う行為責任としての主張責任
に類推適用されることになると解すべきであろう。

1-4　主張責任の分配および証明責任の分配において，法律要件または
法律事実の法的性質を考慮しなければならない事項

　主張責任の分配および証明責任の分配において，その前提となる行為規範の定

1　要件事実(論)緒言

める法律要件またはそれを組成する素因である法律事実の内容あるいは法的性質
を考慮しなければならない事項がある。

1‐4‐1　民法第 3 編第 2 章第 2〜第 14 の各節の冒頭にある規定の法的性質

　民法第 3 編第 2 章第 2 節から第 14 節までには日常頻繁に利用される可能性の
ある 13 の契約類型が規定されており，各節冒頭には基本的にある契約類型が主
要な内容として有する本質的属性を明らかにし他の契約類型と区別する規定が置
かれている。

　そして，前述した契約の拘束力の根拠を法規説により「契約およびその各構成
部分は，それが法規の構成要件をなしている限りにおいて法律効果を有する」と
すると，この各節冒頭の規定によってそれぞれの契約の拘束力が生ずることにな
る。たとえば，贈与契約の拘束力となる受贈者の贈与者に対する贈与物件の引渡
請求権の発生の根拠は，同編同章第 2 節冒頭の 549 条ということになり，売買
契約の拘束力となる売主の買主に対する売買代金支払請求権の発生あるいは買主
の売主に対する売買物件の引渡請求権等の発生の根拠は，同編同章第 3 節（第 1
款）冒頭の 555 条ということになるであろう

　しかし，契約の拘束力の根拠を意思説によるときは，各節冒頭にある規定は，
ある契約類型が主要な内容として有する本質的属性を明らかにし他の契約類型と
区別するための定義規定にすぎないことになる。このことは，起草委員も心得て
おり，たとえば，梅・民法要義巻之三 463 頁は，
549 条(9)について「本条ハ贈与ノ定義ヲ掲ケタルモノナリ」
と，同書 473 頁は，
555 条について「本条ハ売買ノ定義ヲ掲ケ併セテ其成立ノ時期ヲ定メタルモノナ
リ」
といい，667 条を除いて(10)，上述した契約類型の各冒頭の規定が基本的には定義
規定であると説明しているのである。

　こうして，民法第 3 編第 2 章第 2〜第 14 の各節の冒頭に定義規定が置かれた
のは，具体的なある契約規範の解釈により特定の契約類型にあてはまると判断さ
れたが，その条項の意味がはっきりしなかったり約定が欠けていたりした場合に，

---

(9)　改正法では，前述したように，現行 549 条の「自己の」を「ある」に改めている。

(10)　もっとも，同書は，「第十二節　組合」を，「一　組合ノ定義」（782 頁），「二　組合
　　ノ効力」（785 頁）および「三　組合ノ終了」（807 頁）に分け，「一　組合ノ定義」にお
　　いては，民法 667 条のみの解説をしている。

177

Ⅲ　要件事実（論）

その契約類型について定められている解釈規定なり補充規定なりによってその意味を明確にしたり約定を補充したりすることを引き出すためである。

1‒4‒2　契約中に任意法規の内容と同じ約定がある場合における任意法規の適用の有無

「法令中の公の秩序に関しない規定」（民 91）とは，結論的にいうと，当事者の意思によって適用を排除することができる成文法規のことである。これを任意法規（規定）といい，当事者の意思のいかんにかかわらず適用される成文法規である強行法規に対して用いられる。任意法規の適用を当事者がその意思によって排除することができるというのは，つまりは任意法規が私的自治を原則とする契約法上において当事者の意思が明確でない場合におけるその合理的意思を解釈するために，または，契約規範のいわゆる付随的事項について当事者間に約定がないときにその約定の欠落部分を補充するために定められているわけであるから，契約法に適用されることが多い規定である。任意法規を作用によって分類すると，解釈規定と補充規定になるが，解釈規定が適用されるところの当事者の意思が明確でない場合には，その部分については当事者の意思が欠けているともいえるとして，両規定の区別は程度の問題であるといわれているが，果たしてそう言い切ってしまってよいものかなお検討が必要であるように思われる。

　契約の当事者が任意規定と異なるまたは同一の約定をしたときは，契約規範中のその約定が任意規定を排除して適用されなければならない。同条の起草担当者であったと思われる富井博士（福島編・穂積陳重文書の研究第 1 部 53 頁，星野(通)・明治民法編纂史研究 177 頁）によれば，

任意規定とは「当事者ノ意思ヲ以テ適用ヲ生セシメサルコトヲ得ルモノヲ謂フ」（民法原論 1 巻 35 頁）のであって，したがって，

　「当事者カ別段ノ意思ヲ表示セス又ハ之ヲ有セサリシト認ムヘキ場合ニ適用スヘキモノ」（同書 332 頁）

である。その結果，

　「裁判官カ個々ノ事案ニ付テ法律ヲ適用スルニ付テハ第　ニ強行法規ヲ，第二ニ当事者ノ特約其他意思表示ヲ，而シテ第三ニ非強行法規（＝任意法規）ヲ適用スベキモノトス」（鳩山・日本民法総論〔改訂合巻〕〔昭和 2 年 4 月，岩波書店〕18 頁）る

のである。契約の当事者に法的拘束力を生じさせるのは当事者が作出した契約規範であり，しかもこの契約規範が裁判の基準になるうえ，法が任意規定を設けたのは，当事者の意思を推測したことによるのであるから，このような法規の適用

1　要件事実(論)緒言

順序になるのは，当然のことである。

　ところが，ローゼンベルクは，当事者が任意規定の内容と異なる約定をすることができるのは，任意規定がその権限を授与しているからだという（証明責任論363頁）が，契約自由の原則は，契約規範作出自由の原則を内包しており，われわれは，公序良俗および強行規定に反しないかぎり，自己の意思に従って契約規範を作出することができるのである。したがって，任意規定の内容と異なるあるいは同一の約定をすることができるのは，契約自由の原則──契約規範作出自由の原則によるのであって，任意規定の授権によるのではない。

(1)　契約中に解釈規定の内容と同じ約定がある場合における解釈規定の適用排除

　そこで，まず解釈規定の内容と同じ当事者の約定がある場合における当事者の約定と解釈規定の適用の関係について検討することとする。

　〔解釈規定とは，どのような規定か〕

　民法557条[11]は，136条1項，420条3項，449条，530条3項[12]，569条，573条などとともに解釈規定であると解されている。

　解釈規定は，契約規範と対立して，法的三段論法の大前提となるものではない。解釈規定は，法的三段論法の大前提となる契約規範の全部または一部の意味が不明確である場合に，その意味を確定するものにすぎない（川島・民法総論204頁，幾代・民法総則〔第2版〕233頁など）。言い換えれば，解釈規定は，契約規範の全部または一部の意味が不明確である場合に，いわばその一部となってその内容を確定するものである。したがって，解釈規定が契約規範の全部または一部の意味の確定に参画することを解釈規定の適用というとすれば，解釈規定が適用されるための法律要件は，契約規範の全部または一部の意味が不確定であることであり，契約規範の意味が明確である場合には，解釈規定の助けを借りるまでもなく

---

(11)　改正法では，現行557条1項の「買主はその手付を放棄し，売主はその倍額を償還して，」を「買主はその手付を放棄し，売主はその倍額を現実に提供して，」に改めたうえ，「当事者の一方が契約の履行に着手するまでは，」を「ただし，その相手方が契約の履行に着手した後は，この限りでない。」とただし書にし，現行2項の第「3」項を第「4」項に改めた。改正法557条1項本文についての要件事実は，現行法と変わることはない。また，改正法同条項ただし書についての要件事実も，現行557条の定める「当事者の一方が契約の履行の着手するまで」と実質的に異なるところはなく（最大判昭和40・11・24民集19巻8号2019頁参照），「(契約手付に基づき売買契約の解除を主張する）相手方が履行に着手したこと（当事者の一方は，自ら履行に着手していてもよい）」が解除権の存在の主張を争う者の権利消滅事由および権利消滅効果となる。

(12)　現行530条3項は，改正法では削除されたとみてよいであろう。

179

III　要件事実(論)

内容は確定しているのである。兼子「推定の本質及び効果について」法協 55 巻 12 号（昭和 12 年）2212～3 頁（この論文は，同・民事法研究 1 巻 295 頁以下に収録されている）は，

解釈「規定は意思表示の不明確な場合にも合理的に考へたとすれば表示すべかりし効果を之に基づいて認めることを要求するもので，之と異なる明確な表示の存在が証明されれば（厳格にいへばただしく規定と同一趣旨の表示の存在が証明された場合も）其の適用の余地を失ふ」

といっている。

〔その例として手付けを取り上げると，民法 557 条は，わが国古来の慣習を立法したものではないか〕

廣中編著・民法修正案（前三編）理由書 539 頁は，民法 556 条（現行 557 条）について，

「売買契約ノ場合ニハ当事者双方トモ解除権ヲ有スルコト尚既成法典（＝旧民法財産取得編）第二十九条（引用者注・同条は，売買の予約がある場合において，予約の担保として手付けを授受したときは，民法 557 条 1 項と同じように予約者のいずれもが解除権を有する旨を規定していた）ニ於ケルカ如クス此レ我国ニ於テ古来ヨリ一般ニ行ハレタル慣習ニ拠リシモノナリ」

という。

中田薫・徳川時代の文学に見える私法（岩波文庫版）〔1984 年 3 月〕51～2 頁は，錦文流作・当世乙女織巻 4 の「手附の百両は生ながらの損金」等を引いて，

「これらの諸文に依れば手附交付者が契約に違反したる場合には，単に交付したる手附金を損失するに止まり，その他の法律上の責任に至りては一切免除さること，古今の通例たりしを知るべし」

といっている。

〔民法 557 条 1 項の規定を適用するには，手付契約で解除権留保の取決めをしたかどうか不明確であることを要するのではないか〕

同条項の規定が解釈規定であるとすると，売買契約に付随する手付契約に基づく解除権発生の法律要件は，売買契約締結の際などにそれに付随して手付けが授受されて手付契約が締結されたが，その手付契約において解除権を留保する旨の取決めをしたかどうか不明確であることである。手付契約は，売買契約に付随するものとして規定されているが，請負契約などに付随することもある（民 559）。

この法律要件について主張責任の分配ないし証明責任の分配をすると，手付契約に基づく売買契約の解除権の存在を主張する者が権利根拠事由およびその行使事由となる──それは売買契約の権利滅却事由およびその行使事由ともなる──のは，

①　売買契約が成立しその締結の際などに付随して買主が手付けを交付して手付契約が成立すること

②　手付契約において解除権を留保する旨の取決めをしたかどうか不明確であること

③ -a　買主が解除権を行使する場合には，

　　　売主に対し，①の売買契約等を解除する旨の意思表示をすること

　 -b　売主が解除権を行使する場合には，

　　　買主に対し，①の売買契約等を解除する旨の意思表示をするとともに，手付けの倍額を現実に提供すること

である。

　具体的な事案において手付契約で売買契約等の解除権を留保することが明確に取り決められていたにもかかわらず，訴訟において②を充足する具体的な社会事象が主張されたときは，相手方は，否認によって民法 557 条 1 項等の適用を排除することができる。

〔民法 557 条 1 項を解釈規定としながら，手付けの解除権留保という法律効果を主張しようとする当事者は，同条項の規定を主張立証すれば足りるとする解釈は妥当か〕

　司研・要件事実 1 巻 148〜150 頁は，

民法 557「条は，『買主カ売主ニ手附ヲ交付シタ』という要件事実に解除権留保という法律効果を付与した解釈規定にほかならない。したがって，この法律効果を主張しようとする当事者は，右の要件事実のみを主張立証すれば足りる」

としてその提示をし，さらに

　「手付が授受されているのにかかわらず解除権が留保されていないことを主張する者は，解除権の留保はしない旨の特約の存在について主張立証責任を負うから（最判昭二九・一・二一民集八・一・六四），この特約の存在は，右(二)の抗弁に対する再抗弁となる……」

という。

　この見解は，法規説によったものであり，以下も，結論において，ローゼンベルクの見解に従ったものであろう。すなわち，ローゼンベルクは，

　「ある意思表示の表示価値なるものは，証拠法の意味における事実ではなく，具体的法律判断を通じて獲得された・裁判官の思考活動の成果なのである。従って，ある意思表示を一定の意味において理解すべしという規定は，法律効果を規定したものということになる」（証明責任論 255 頁）

といい，

III　要件事実（論）

　「法律上の解釈原則は，裁判官が，疑いある場合に，判決の基礎としてどんな解釈をとるべきかをあらかじめ確定しているのである。従ってその解釈を有利とする当事者は，解釈されるべき規定の要件事実以外には何も証明する必要はないのであって，他の解釈なり別の明示の約定なりを主張する相手方がその証明責任を負う。けだし正に，『疑イアル場合』にも法律上の解釈はなされるべきものだからである」（同書366〜7頁）

というのである。法規説によると，証明責任の分配が裁判官の認識，判断を前提として定まるとするかのごとき論旨がそもそも問題であるが（その前に「解釈規定は独逸民法等では『当事者の意思明瞭ならざるとき』 im Zweifel〟の語で表現される」〔兼子・前掲「推定の本質及び効果について」2213頁〕のであるとすれば，これを裁判官が疑いある場合といえるのかの疑問があるのであるが），その点はひとまず措くとしても，「法律上の解釈原則は，裁判官の疑いある場合に，判決の基礎としてどんな解釈をとるべきかをあらかじめ確定しているのである」ということから，疑いがある場合であろうと他の解釈なり別の明示の約定なりがあろうとおかまいなしに「その解釈を有利とする当事者は，解釈されるべき規定の要件事実以外には何も証明する必要がない」ことになるのだろうか。いずれにしても，疑いある場合と明示の約定がある場合とは両立しえないから，両者の証明責任を異別に分配することはできないのではないだろうか。

　解約手付けは，解除権を留保する旨の約定の下に授受される手付けであるが，司法研修所は，ローゼンベルクに倣って，法規説により手付けである以上民法557条の定める解釈規定から手付契約に基づく解除権が発生し，当事者は，解除権の留保はしない旨の特約をしたことによって同条の適用を排除することができるだけだとするのであろう。

〔民法557条2項は，解約手付けにより契約を解除されたときは，この解除によって損害を被ったとしても，その損害の賠償を求めることができないとしたものではないか〕

　司研・要件事実1巻151〜2頁は，民法557条2項[13]について

「相手方（又は，稀には賠償請求者）が手付契約によって留保された解除権を行使していたときは，本条二項によって五四五条三項の適用が排除される結果，債務不履行による損害賠償請求に対し，相手方は，右の留保解除権行使の事実を抗弁として主張立証することができる。本項は，そのことを規定したものである

---

(13)　改正法では，現行557条2項の規定は545条4項になり，その3項に「第1項本文の場合において，金銭以外の物を返還するときは，その受領の時以後に生じた果実をも返還しなければならない。」が新設された。

1　要件事実(論)緒言

（梅・民法要義（三）〔初版〕四七四，前掲大判大七・八・九参照）。右の場合，損害賠償請求者は，〔改行〕留保解除権の行使に先立って債務不履行を理由に契約を解除したこと〔改行〕を再抗弁として主張立証することができる」

という。しかし，そこで参照すべきとして掲示されている文献がそのようなことをいっているかどうかであるが，梅・民法要義巻之三では（ただし，私が見たのは，35版482〜3頁），

「本条モ亦契約ノ解除ノ場合ナリ故ニ第五百四十五条(14)ノ通則ニ依レハ当事者ノ一方カ解除ニ因リテ損害ヲ受クルトキハ其賠償ヲ求ムルコトヲ得ルカ如シ然リト雖モ此ノ如クンハ殆ト手附ヲ以テ解約ノ方法ト為シタル精神ヲ水泡ニ属セシムヘク当事者ハ寧ロ手附ヲ自己ノモノトシ又ハ手附ノ倍額ノ返還ヲ受クルトキハ復損害ヲ受クルコトナキモノト認メタリト謂フヘシ是レ本条第二項ニ於テ特ニ第五百四十五条第三項ノ適用ナキモノトシタル所以ナリ」

となっており，また，大判大正7・8・9民録24輯1576頁では

「……手附ノ交付ニ因リ解除権ヲ留保シタルトキハ契約ヲ以テ解除ニ因リ生スヘキ損害ヲ予定シタルモノナレハ解除ニ因リ相手方カ一層多大ナル損害ヲ被リタルトキト雖モ予定セラレタル手附金又ハ其二倍ノ金額ヨリ以上ノ損害ヲ賠償スルコトヲ要セサルモノトス是レ民法第五百五十七条第一項ニ定ムル契約ノ解除カ債務不履行ニ因ル契約ノ解除ト異ナル所ニシテ債務不履行ニ因ル契約ノ解除ニ関スル民法第五百四十五条第三項ハ之ヲ適用スルコトヲ得ス民法第五百五十七条第二

---

(14)　改正法では，現行545条3項は4項になり，3項に「第1項本文の場合において，金銭以外の物を返還するときは，その受領の時以後に生じた果実をも返還しなければならない。」が新設された。

　　契約が解除されると，契約が締結されなかったのと同一の効果を生じる。もっとも，具体的にどのような効果を生じるのかについては直接効果説，間接効果説，折衷説などと考えが分かれるが，判例（大判大正7・12・23民録24輯2396頁など）通説の採る直接効果説によると，契約に基づくすべての債権関係が遡及的に消滅することになる。原状回復請求権の発生であるが，最（三）判昭和34・9・22民集13巻11号1451頁は，「売買契約解除の結果買主が負うべき目的物使用収益による利益返還義務は，いわゆる原状回復義務に基づく一種の不当利得返還義務と解すべきある」（判決要旨二）と判示する。そうなると，契約により物が給付されていた場合において，金銭を返還するときであれば，その受領の時から利息を付けなければならないし，金銭以外の物を返還するときであれば，その受領の時以降に生じた果実を返還しなければならないことになる。そして，前者については現行法で既に条項になっていた（民545Ⅱ），後者については，今回の改正法によって新設されたのである。

　　金銭以外の物から生じた果実の返還請求権発生の要件事実としては，契約の当事者の一方がその解除権を行使したことなどについては省略し，民法545条3項に限定して述べると，「その契約に基づいて金銭以外の物を給付したこと」および「その物の受領時以後その物に果実が生じ現存している（果実が消失しているときは，その収取当時の価格になる）こと」が果実の返還請求権の存在を主張する者に分配される。

III 要件事実(論)

項ハ此趣旨ヲ明カニシタルモノトス」
となっていて，この両記述から同条項が債務不履行による損害賠償請求に対して
相手方が手付けによる留保解除権行使の事実を抗弁として主張立証することを規
定したものであると読み取ることはできないのではないだろうか。

同条項の規定の立法趣旨は，解約手付けにより契約が解除されたときは，解除
をした者あるいはされた者がその解除によって手付金またはその倍額以上の損害
を被ったとしても，原則としてその損害の賠償を求めることができないこととし
たものである。したがって，債務不履行の基づく契約解除による損害賠償請求に
対して，その解除の意思表示到達前に解約手付けにより契約が解除されている
ときは，その留保解除権の行使を抗弁とすることができることは当然のことである。

ただ，解約手付契約の当事者がたとえば留保解除権の行使によって損害を生じ
それが手付額を超えたときは実損害を賠償するというような約定をした場合には，
解約手付けによる解除の場合でも，損害賠償を請求することができる。このこと
は，法典調査会民法議事速記録三 888～9 頁の梅起草委員の次の答弁によっても
明らかである。すなわち，

「栃木県抔ノ答ヘデハ……解約ハ出来ルガ併シ夫レヨリ尚ホ多クノ損害ヲ受ケ
タトキハ損害賠償ヲ請求シテ宜シイト云フコトニ言ツテ来テ居リマスガ其方ガ或
ハ宜イカモ知レマセヌガ本条デハ原則トシテハ出来ヌトシマシタ是迄日本ノ慣習
デ損害賠償ヲ請求スルト云フヤウナコトハ極メテ少ナイノデス手附抔ハ夫レヲ取
ツテ仕舞ヘバ夫レデ損害賠償ハ償フコトガ出来ルト見タモノト先ヅ一般ニ推定シ
テ置イタ方ガ最モ多クノ場合ニ適スルダラウト思ツテ夫レデ此二項ヲ加ヘ置イタ
ノデ当事者ノ意思ノ反対ノ場合ハ五百五十九条デ無論損害賠償モ取レマス其方宜
シイト思ツテ此二項ヲ加ヘマシタ」（この 559 条は，「前二条ノ規定ハ（契約又ハ慣
習ニ）別段ノ定アル場合ニハ之ヲ適用セス」というものであったが，民法整理会？で削
除された〔法典調査会民法整理会議事速記録 283 頁参照〕）。

そして，先に述べた約定によって損害賠償を請求するときは，その約定も損害
賠償請求権の存在を主張する者に主張責任および証明責任があることになる

⑵ 契約中に補充規定の内容と同じ約定がある場合における補充規定
の適用排除

次に，補充規定の内容と同じ当事者の約定がある場合においても，補充規定の
適用があるか否かについて検討することとする。

〔補充規定とは，どのような規定か〕

1　要件事実(論)緒言

　民法では，契約法の多くの規定のほか，272条，370条[15]なども補充規定で
あるとされている。

　補充規定の場合も，理屈は解釈規定の場合とほぼ同じである。ただ，解釈規定
の場合は不十分ながらも契約規範があるので，解釈規定はそれに取り込まれてし
まうのに対し，補充規定の場合には契約規範のいわゆる付随的事項について当事
者間に約定がないときにはじめて適用をみるのである。そのように，補充規定は，
契約規範に取り込まれるわけではないが，契約規範の約定の欠落部分を補充して
契約規範と一体となるものである。したがって，当該契約の付随的事項について
当事者の意思の欠落があることが補充規定の法律事実になる，こうして，補充規
定の適用を求める当事者は，その意思表示の欠けていることを明示または黙示に
主張し，証明しなければならないのである。

　契約規範に補充規定の内容に相当するような約定があるときは，補充規定の適
用をみることはない。そういう意味で契約規範の全部または一部は，補充規定に
優先するのである。補充規定は，任意規定の一種として当事者の意思表示によっ
てその適用を排除することができることのほかに，法律行為において当事者の意
思表示の欠けている場合にはじめて適用をみるから，当事者が補充規定の内容と
同一の意思表示をした場合には，補充規定の適用を問題とする余地ないというべ
きである。

　ところが，ローゼンベルクは，

　「法律は，当事者がその生活関係をこの任意規範（その直前に引用したシュタム
　ラーのいう「補充的法」のことであろう）とは異なる風に形成することを許してい
　るのであり，そしてこの権能の根拠たる特別の法規は，変更可能のものとして与
　えられている法規制との関係においては反対規定になっているのである……いわ
　ゆる任意法は二つの構成部分を──つまり適用を排除しうる〔こ〕とを法律上定
　められている法律効果と，この法律関係を当事者が別様に規制しうるという権限
　授与との二部分を──含むことが明示的に示されている。従って，法律上の効果
　の発生を主張する当事者は，発生のための唯一の要件として当該契約の締結だけ
　を証明すべきであり，他方条文中の授権的規定の適用を求めて法律上の効果と異

---

(15)　改正法では，現行370条ただし書の「第424条の規定により債権者が債務者の行為を
　　取り消す」を「債務者の行為について第424条第3項に規定する詐害行為取消請求を
　　する」に改められた。参考までに新設された同条項を示すと，次のとおりである。「債権者
　　は，その債権が第1項に規定する行為の前の原因に基づいて生じたものである場合に限り，
　　同項の規定による請求（以下『詐害行為取消請求』という。）をすることができる」であ
　　り，詐害行為取消権発生の要件のうち，取消権者の債権の発生時期を被保全債権の原因が
　　生じた前であればよいとしたのである。

185

Ⅲ　要件事実(論)

なる合意ないし私的約定の存を主張する相手方は，それについての証明責任を負う，とすることこそ本書の証明責任分配原理にマッチするわけである」（証明責任論 362～3 頁）
というのである。

　そして，司研・要件事実 1 巻 58 頁は，「当事者が法律の規定と同一内容の合意をする例は多い……。例えば，……建物の賃貸借契約において賃料の支払時期を毎月末日と合意するのは，法律上当然のことあるいは明文（民法六一四条）と同一内容の合意に当たる。〔改行〕右のような合意は，その成立が主張立証されない場合でも，この合意に基づく法律効果と同じ法律効果が法律の規定によって発生する以上，その成立を主張立証させる意味がない。したがって，右合意の成立の主張は，右の効果の発生を主張するための攻撃防御方法とならない」（傍点は引用者）というのである。

　こうして，補充規定と同じ当事者の合意は無意味であるとする見解が唱えられるにいたる（伊藤〔滋〕「要件事実と実体法」ジュリ 869 号〔1986 年 10 月〕28 頁，「続・要件事実と実体法（上）」ジュリ 881 号 87 頁など）。この見解は，その論拠として，法定条件について当事者が合意した場合における法規と当事者の合意の関係を補充規定と当事者の合意の関係にも推し及ぼすことができるとするもののごとくである。しかし，法定条件は，ある法律行為の効力の発生・消滅に当然に必要なものとして法律が定めた条件であって，法定条件を定める法規は，当事者の意思のいかんにかかわらず適用されるという意味では強行規定であり，しかも，法定条件は，一種の法定債権関係であってまさに権利の発生・消滅が法規またはその要件となっている事実を根拠としている例である。したがって，法定条件と同じ合意をしても無意味であることをもって，補充規定と同じ当事者の合意を無意味であるとする論拠にはなりえないであろう。

　それでは，補充規定の内容と同じ当事者の約定がある場合においても補充規定が適用される余地があるのか否かを瑕疵担保を例として検討しておきたい。

　(a)　瑕疵担保責任

〔その例として瑕疵担保責任を取り上げると，その法的性質は，債務不履行責任であると解すべきではないか〕

　民法 570 条[16]は，補充規定であるから，売買契約中にその目的物に隠れた瑕

_____

(16)　現行 570 条は，改正法 562 条「1　引き渡された目的物が種類，品質又は数量に関して契約の内容に適合しないものであるときは，買主は，売主に対し，目的物の修補，代替物の引渡し又は不足分の引渡しによる履行の追完を請求することができる。ただし，売主は，買主に不相当な負担を課するものでないときは，買主が請求した方法と異なる方法による履行の追完をすることができる。2　前項の不適合が買主の責めに帰すべき事由によ

疵があったときにどのような処理をすべきかについての約定が欠けている場合にはじめて適用される。

　この売主の瑕疵担保責任は、同条、566条1，3項に定められており、さらに

るものでであるときは、買主は、同項の規定による履行の追完の請求をすることができない。」および563条の「1　前条第1項本文に規定する場合において、買主が相当の期間を定めて履行の追完の催告をし、その期間内に履行の追完がないときは、買主は、その不適合の程度に応じて代金の減額を請求することができる。2　前項の規定にかかわらず、次に掲げる場合には、買主は、同項の催告をすることなく、直ちに代金の減額を請求することができる。(1)　履行の追完が不能であるとき。(2)　売主が履行の追完を拒絶する意思を明確に表示したとき。(3)　契約の性質又は当事者の意思表示により、特定の日時又は一定の期間内に履行をしなければ契約をした目的を達することができない場合において、売主が履行の追完をしないでその時期を経過したとき。(4)前3号に掲げる場合のほか、買主が前項の催告をしても履行の追完を受ける見込みがないことが明らかであるとき。3　第1項の不適合が買主の責めに帰すべき事由によるものであるときは、買主は、前二項の規定による代金の減額の請求をすることができない。」と改正されて規定されている。そして、条文中に「隠れた瑕疵」といった用語は見出すことができないから、改正法施行以後の売主の目的物についての担保責任とでもいうことになるだろう。

　改正法562条の請求権の種別についてであるが、同条ただし書の「請求した方法」を請求権の行使の方法の趣旨であると解すると、修繕請求権、代替物の引渡請求権および不足分の引渡請求権であるとする見解になろうが、少なくとも修繕請求権と代替物の引渡請求権とは、1個の追完請求権の態様にすぎないと解することもできるのではないだろうか（同条ただし書の「請求した方法」を広く権利の主張を包含する裁判上および裁判外のいっさいの行為を総称すると解するのである〔147 Ⅰ(1)などを参照〕）。売買の目的物に同種の物があるうえ、不適合の箇所や状態などからいって代替物の引渡しを請求することも修繕を請求することもできる場合には、次にみるように、要件事実を充足する社会事象は、買主がどちらを選択したかだけの違いで、他は同じであろう。そのような場合にも両者の請求権は別だとすべきなのであろうか。このような場合に、売主が同条ただし書を充足する社会事象を主張し（この主張は、理由づけ否認と考えればよいだろう）、裁判所がその主張を妥当であると判断したときは、買主に対して釈明権を行使し請求の趣旨および原因をその主張に平仄のあったものに追加させればよいのではないだろうか（筒井健夫＝村松秀樹・一問一答　民法（債権関係）改正277頁〔2018年3月、商事法務〕は、この見解か）。さて、同条1項本文に定める買主の追完請求権の権利根拠事由を見てみると、「①　特定の物（特定物であると、代替物であるとを問わない）の売買契約が成立したこと、②　その契約中に売主の目的物についての担保責任に関する約定がないこと、③　買主が売主から目的物の引渡しを受けたこと、④　その物が種類や特定の事項についての品質あるいは数量に関してその契約の内容に適合しない点があること、⑤　買主は、売主に対し、相当の期間を定めて目的物の修繕か代替物の引渡しかまたは不足分の引渡しによる履行の追完をするように催告したこと、⑥　⑤の催告に応じた請求をすることであろう。これに対し、引き渡された目的物の種類、品質または数量に関しての契約の内容についての不適合は、買主の責めに帰すべき事由によるものであることは、追完請求権の存在の主張を争う者に主張責任の分配ないし証明責任の分配がされるべき権利発生障害効果および権利発生障害事由である。

　売主の担保責任のうち、改正法563条の定める代金減額請求権の権利根拠事由については、条文に加えるべき事由が見当たらないように思われるので、省略する。

III　要件事実（論）

同時履行（民571[17]）および担保責任を負わない旨の特約（民572[18]）について規定がある。この責任の法的性質については，売主の権利の瑕疵に対する担保責任と同様に，というよりはそれ以上に法定・債務不履行両責任説間に激烈な争いがある。法定責任説が判例・通説であるいってよいようであるが，近時は債務不履行責任説が有力である[19]。もっとも，法定責任説といい，債務不履行責任説といっても，それぞれの説の中で要件ないし効果について各人各様といってよいほど考え方に違いがあり，法定責任か債務不履行責任かの論争自体に意義を認めない見解もあるといった有様である。

　民法570条は，フランス法系の旧民法財産取得編94〜101，103条を整理したものであり（法務大臣官房司法法制調査部監修・法典調査会民法議事速記録四〔日本近代立法資料叢書4〕〔昭和59年6月，商事法務研究会〕75〜80頁，廣中編著・民法修正案〔前三編〕の理由書552〜4頁），民法570条の起草担当者であったと思われる梅起草委員（福島編・穂積陳重文書の研究第1部55頁，星野（通）・明治民法編纂史研究179頁）は，法典調査会における土方委員の質問に対する答弁で

「既成法典（＝旧民法）ヲ改メルニハ充分其改メル理由ガナケレバナラヌノデ夫レ丈ノ理由ガアリマセヌデアリマシタカラ然ウ云フコトニシテ置イタノデアリマス精神ハ矢張リ既成法典ト同ジイ積リデアリマス」（法典調査会民法議事速記録四82頁）

と述べておられる。そのうえ，たとえば売買契約における代金と対価的意味のある目的物の状況は，契約締結時のそれであって，引渡時のそれではなく，補充規

---

(17)　改正法では，現行571条は，削除されている。

(18)　改正法では，現行法572条の「第五百六十条から前条までの規定による」が「第562第1項本文又は第565条に規定する場合における」に改められた。562条1項本文については，前々注で略述したが，その場合における担保責任を負わない旨の約定があることは，売主の免責効果（権利減却効果）および免責事由（権利減却事由）であろう。これに対し，買主は，売主が知りながら告げなかった事実があることを免責の約定（契約中の合意の効果）の発生障害効果および発生障害事由として主張し証明することができる。565条は，「前三条の規定は，売主が買主に移転した権利が契約の内容に適合しないものである場合（権利の一部が他人に属する場合においてその権利の一部を移転しないときを含む。）について準用する。」であり，前三条のうち，563条は買主の代金減額請求権についての規定，564条は買主の損害賠償請求および解除権の行使についての規定であるが，565条は，売主の権利の瑕疵を理由とする担保責任に関する規定であるから，要件事実は，省略する。

(19)　改正法が，瑕疵担保責任の法的性質を債務不履行責任として規定していることは明らかである。買主の解除権発生の法律効果についてその法律要件に限定していることを見てみると，それは，同法564条に「前二条の規定は，第415条規定による損害賠償の請求並びに第541条及び第542条の規定による解除権の行使を妨げない。」と規定されている。つまり，売主の担保責任としての売買契約の解除は，債務不履行による解除にほかならないということである。したがって，現行570条，566条の定める「契約をした目的を達することができない」は要件でなく，また，催告による解除をすることもできるのである。

定である民法 483 条[20]は，引渡義務のみを定めていると解すべきであるから，債務不履行責任説をもって正当というべきである。そして，梅博士は，さらに，民法 570 条の立法趣旨を次のようにいわれるのである。

「売買ノ目的物ニ隠レタル瑕疵アルトキハ買主カ取得シタル権利ハ其期望シタル価値ヲ有セサルカ故ニ之ニ因リテ買主カ損害ヲ受クヘキハ固ヨリ言フヲ竢タサル所ナリ然ルニ通常売主ハ買主ヨリモ善ク其売ラント欲スル物ヲ知レルカ故ニ之ニ隠レタル瑕疵アルトキハ之ヲ買主ニ告ケ而モ之ヲ買フヘキヤ否ヤヲ確メサルヘカラス然ラスンハ売主ハ其物ニ瑕疵ナキコトヲ保証シタルモノト看做スモ敢テ過酷ト為スヘカラス」（民法要義巻之三 525 頁）。

もっとも，一口に債務不履行責任説といっても，起草者は，その内容をくわしく説明しないし（同書 525～7 頁），現時の債務不履行責任説は，いまも述べたように，議論そのものが錯綜している状況である。大枠は，國井和郎教授のまとめによれば（倉田監修・要件事実の証明責任〔契約法上巻〕〔1993 年 12 月，西神田編集室〕362～3 頁），次のとおりである。

「瑕疵担保責任は一種又は特別の不完全履行に対する責任であって……，瑕疵担保規定は債務不履行のうち売買目的物に『隠レタル瑕疵』ある場合の特則として，不特定物売買にも適用され，他方，特定物売買にも債務不履行の規定が適用さるべきで，両者が抵触する場合には，前者が適用され，それに規定のない事項に関して，債務不履行すなわち不完全履行に関する規定ないし考え方が適用される……，その結果，瑕疵担保責任は無過失責任であり，解除も催告を要せず，権利行使の期間は一年に制限されるが，損害賠償の範囲は履行利益に及び，瑕疵担保責任として，買主の代物請求や修補請求も可能になる……。具体的には，次のように処理する。
①買主は，売主にとってそれが可能である限り，完全履行請求権を有する。すなわち，代替物においては，追完・修補を請求しえ，不代替物についても，可能な限り修補請求権を有する。買主は目的物の受領を拒絶して完全履行を請求できるが，受領後に発見した場合も同様である。②買主は，目的物に瑕疵があるため『契約ヲ為シタル目的ヲ達スルコト能ハサル場合ニ限リ』契約を解除しうる。この場合，売主の帰責事由は不要で，催告も要しないが，解除しうるのは，(1)瑕疵

---

(20) 改正法では，現行 483 条の「引渡しである」の次に「場合において，契約その他の債権の発生原因及び取引上の社会通念に照らしてその引渡しをすべき時の品質を定めることができない」を加えている。その結果，特定物引渡し債権についても契約でその引渡しをすべき時の品質を定めることができ，特定物の引渡しにおいてその時の品質の定めに反した場合には，債務不履行となろう。もっとも，売買については改正法の同条の適用の余地はないと思われる（民 562 参照）。

Ⅲ　要件事実(論)

の追完ないし修補が事実上不可能の場合か，⑵売主が追完・修補をする意思がないと認められる場合か，⑶追完・修補は事実上可能でもそれによりやはり契約をした目的を達成することができない場合である。③解除の有無を問わず，売主は，『瑕疵ある目的物を給付したために買主がこうむった損害』を賠償する責任を負う。賠償さるべき損害の発生原因は，『瑕疵ある目的物の給付』であり，賠償さるべき損害の範囲は，四一六条によって定まる。④買主の有する完全履行請求権，解除権，損害賠償請求権は，買主が『事実』すなわち瑕疵の存在を知った時から一年内に行使しなければならない。目的物の受領後信義則上相当の期間を経過した場合も同様である」。

ただ，「瑕疵担保責任は無過失責任であ」るとされるが，梅起草委員の法典調査会における原案起草の趣旨の説明では，

「売主ガ自己ノ権利ニ瑕疵ガアルト云フコトヲ知ラナイデ売ツタ場合ニハ是ハ何処迄モ皆損害賠償ノ責ヲ負ハセル然ルニ物ニ瑕疵ノアルト云フコトヲ知ラナカッタト云フ理由デ損害賠償ノ責ヲ負ハセヌト云フコトハ甚ダ権衡ヲ得ナイヤウニ見エマスカラ夫レデ権利ノ瑕疵ニ付テハ善意ノ売主ト雖モ損害賠償ノ責ガアルトスル以上ハ何ウモ物ノ瑕疵ニ付テモ矢張リ然ウシナケレバナルマイ売主ト買主ト其位置ヲ較ベテ見ルトどちらガ可哀想デアルカト云フト買主ノ方ハ丸デ知ラナイ物ヲ買フ売主ノ方ハ自己ノ所有物デアッテ見レバ元来ハ知ツテ居ルベキデアルカラ多クノ場合ニ於テハ即チ知ラザル過失ガアル夫レデアリマスルカラシテ何ウモ此場合ニ損害賠償ノ責ガナイ斯ウ致シタノハ穏カデナカラウト考ヘマス」（法典調査会民法議事速記録四 76 頁）

と述べておられるから，売主に無過失責任を課しているのではなく，過失があることを擬制というか当然であるというかしてしまっているということになろう。もっとも，そのいずれとしても，売主の無過失が損害賠償請求権の要件でないことには変わりがない。

次に瑕疵担保責任としての善意の買主による契約解除権の根拠効果とその要件事実である根拠事由を取り上げてみたい[21]。

---

[21]　改正法では，現行 564 条を全面的に改正し「前二条の規定は，第 415 条の規定による損害賠償の請求並びに第 541 条及び第 542 条の規定による解除権の行使を妨げない。」となっている。そして，現行 415 条，541 条および 542 条も改められている。改正法 542 条 1 項については，前述した（注Ⅰ 37。もっとも，同条項 4 号が中心であるが）ので，ここでは，同法 415 条および 541 条についてみておく。

　　まず，415 条 1 項である（同条 2 項は，債務の履行に代わる損害賠償の請求であるが，煩雑になるので，省略する）。同条 1 項は，現行法 415 条冒頭の「債務者がその債務の本旨に従った履行をしないとき」の次に「又は債務の履行が不能であるときは，」を加え，現行法同条の「債権者は，……請求することができる。」の次に「ただし，その債務の不

履行が契約その他の債務の発生原因及び取引上の社会通念に照らして債務者の責めに帰することができない事由によるものであるときは，この限りでない。」を加える。そして，この法律要件について主張責任の分配ないし証明責任の分配をして賠償請求権の存在を主張する者に分配される権利根拠事由は，「①　基本債権が存在していることまたはそれを基礎づける類型的な自然的・社会的事実である基本債権の発生原因事実，②　債権が履行期にあること（期限の定めのない場合にも，このことは変わらないから，期限の定めのないことと債権者が催告したことが主張ないし証明されなければならない），③　履行が可能であること，④　債務者が履行の提供をしないこと（もっとも，この法律事実の主張責任の分配ないし証明責任の分配については，いくつかの説がある），⑤　債権者に損害が発生したこと，履行遅滞と損害との間に因果関係があることおよび損害の額（この要件事実については，改正法 404，405，416，417，419，420，民訴 248 などの関連法条がある）」であろう。これに対し，「債務者において履行の提供をしないことが違法でない（違法性を阻却する事由〔留置権，同時履行の抗弁権など〕がある）こと」と「その債務の不履行が，金銭債務の場合を除き，契約その他の債務の発生原因及び取引上の社会通念に照らして債務者の責めに帰することができない事由によるものであること」は，ともに，それぞれの規定上積極的な存在が可能でさえあればよく，そのうえ，その主張ないし証明が定型的に不可能かいちじるしく困難であり，他の規定との抵触や論理的な矛盾などがないであろうから，損害賠償請求権の存在の主張を争う者に分配される権利発生障害事由である（筒井＝村松（秀）・一問一答　民法（債権関係）改正 75 頁は，「同項〔改正法 415 Ⅰ〕ただし書において……と定めることにより，帰責事由については，債務者がその不存在を主張立証すべき旨を明らかにしている」というが，この立法の仕方は，ドイツ民法第二草案に倣ったものか，ローゼンベルクが主張・証明責任の分配の基準として提唱した文構造説を採用したものであろうが，ドイツ民法第二草案の定める各規定の法的性質は，法書法であり，また，文構造説は，ドイツでも現在ではほとんど顧みられなくなっているようであるから，立法の指針においてこの考えを採用したとするならば，わが民法の各規定の法的性質を行為規範とし，文構造説を批判する私には到底納得することができないものである）。

　次に，改正法 541 条である。同条は，現行法 541 条を本文とし，それに「ただし，その期間を経過した時における債務の不履行がその契約及び取引上の社会通念に照らして軽微であるときは，この限りでない。」とただし書が加えられた。ところで，改正法 541 条本文の定める契約の解除権発生の法律要件を見出すためには，履行不能による解除権発生の法律要件のうちに債務者の帰責事由の存在を要求する現行法 543 条を，債務不履行における債権者の帰責事由の不存在を要求する改正法 543 条に変えたことをどのように解するかが問題になる。改正法 541，542 両条の下では，現行法 543 条を改正法 543 に改めたことを，債務者の帰責事由の存在は不要とし，かえって債権者に債務不履行全般において帰責事由のないことを解除権の発生の要件として定めたことであると解しておく。そうすると，解除権の存在を主張する者に主張責任ないし証明責任が分配される権利根拠事由は，①　基本債権が存在すること，または，その発生原因事実である契約が成立したこと，②　債務の履行が同法 412 条の定める付遅滞に当たる状態であること，③　履行が可能であること，④　債権者が債務者に対して相当の期間を定めて債務の履行の催告をし，その意思通知が債務者に到達したこと，⑤　債務者がその期間内に債務の履行の提供をしないこと，⑥　債権者が債務者に対して契約を解除する旨の意思表示をし（同法 540），その意思表示が債務者に到達したこと，であろう。これに対し，解除権の存在の主張を争う者に主張責任ないし証明責任が分配される権利発生障害事由は，「債務者が留置権を有するか同時履行の抗弁権を行使すること」，「債務不履行が債権者の責めに帰すべき事由によるものであること」または「催告期間を経過したときに債務の不履行がその契約および取引上の社

Ⅲ　要件事実(論)

〔瑕疵担保による買主の売買契約の解除権発生の法律要件は，なにか〕

補充規定である民法570条および同条により準用される566条1項によれば，買主の売買契約解除権発生およびその行使の法律要件は，①売買の目的物であること，②その目的物に隠れた瑕疵があること，③売買が強制競売でないこと[22]，④買主が売買の目的物に隠れた瑕疵があることを知らないこと（ただし，後に述べるように，解釈上②と一体化して理解すべきである），⑤売買の目的物に瑕疵があるために契約をした目的を達することができないこと，⑥買主が売主に対して契約の解除の意思表示をすること（その意思表示が売主に到達したことを含む），⑦その売買契約中に瑕疵担保があるため契約をした目的を達することができない場合には売買契約を解除することができる旨の約定がないことであるが，近時の債務不履行説によれば，さらに⑧ⓐ瑕疵の追完ないし修補が事実上不可能である場合か，ⓑ売主が追完・修補をする意思がないと認められる場合かが加わる（追完・修補は事実上可能でもそれによりやはり契約をした目的を達成することができない場合であることは，⑤の法律事実に解消されるであろう。それに対し，⑧ⓐおよびⓑは，両者を一体とした反対事象とすることができるとすれば，⑤とは両立しうる文言である）[23]。

〔瑕疵担保による買主の売買契約解除権の根拠効果および根拠事由は，なにか〕

この法律要件について主張責任の分配ないし証明責任の分配をすると，①，②，⑤～⑦の法律事実が次段の裁判規範の①，②～⑤の権利根拠事由および権利行使事由として買主が主張の負担ないし証明の負担を負い，③は，不存在でなければよい事実である（強制執行における売却の法的性質については，後述するように争いがあり，最高裁判例は，両性説で理解されている）[24]ので，また，⑧は，解除権の発生を制限する趣旨で解釈上加えられた要件であるから，その反対事象が裁判規範の権利発生障害事由として売主が主張の負担ないし証明の負担を負うと解すべきであろう。もっとも，①については，目的物は，特定物であると不特定物であ

会通念に照らして軽微であること」であろう。

(22)　改正法568条2，3項には，改正がないが，同条1項では，現行568条1項の「強制競売」を「民事執行法その他の法律の規定に基づく競売（以下この条において単に「競売」という。）」に，現行568条1項の「第561条から前条まで」を「第541条及び542条の規定並びに第543条（第565条において準用する場合を含む。）」にそれぞれ改正されている。改正法によれば，競売の買受人は，債務者に対し，541条または542条により契約を解除し，563条により代金の減額を請求することができることになる。

(23)　改正法では，前述したことからもお分かりいただけたかと思うが，売買における売主の担保責任についてかなり詳細な規定を設けており，それにともない現行570条，566条1，3項の定める法律効果および法律要件とは異なることになる。

(24)　強制競売を両性説で解するならば，通常の売買とは別種の売買であるとみて両立しうる社会事象であるといってよいであろう。

1 要件事実(論)緒言

るとを問わない（最（二）判昭和36・12・15民集15巻11号2852頁）。判例は，法定責任説に立ちながら，不特定物売買にも瑕疵担保責任を認める。そして，判例は，この場合には，買主が売主の提供する目的物を瑕疵の存在を認識したうえでこれを履行として認容し受領したことをも要するとしているのだといわれている（なお，前掲最（二）判昭和36・12・15）。そうすると，判例によれば，不特定物を給付の目的物とする売買において，給付された物に隠れた瑕疵があるときは，「買主が目的物を受領し，瑕疵の存在を認識したうえでこれを履行として認容したこと」も，買主は，主張責任および証明責任を負うことになろうか。また，③の瑕疵の存在時期については，①の契約の成立の時までとする説と危険移転の時までとする説がある。

こうして，買主が瑕疵担保責任として契約解除について主張の負担ないし証明の負担を負うべき社会事象は，次のようになるだろう。

①　売買契約が成立したこと，

②　その売買契約中に瑕疵担保のため契約をした目的を達することができない場合には契約を解除することができる旨の約定がないこと，

③　その目的物に隠れた瑕疵があること，

④　その瑕疵のために契約をした目的を達することができないこと，

⑤　買主が売主に対して①の契約を解除する旨の意思表示をすること（その意思表示が売主に到達したことを含む）。

これらのうち，主張責任の分配ないし証明責任の分配との関連で説明を要すると思わるものは，①〜④である。

①の売買契約の成立は，売主の売買契約に基づく代金支払請求訴訟においては，請求の原因において主張されているから，買主のその契約の解除は，請求の原因を受けて抗弁として主張され証明されることになる。

②は，具体的な訴訟において，①，③〜⑤が主張されているときは，黙示に主張されていると解してよい。売買契約中に瑕疵担保責任を負わない旨の約定があるときは，売主は，その約定があるとの理由を述べたうえ（民訴規79Ⅲ）②の主張を否認すれば足りる。

③の売買目的物の隠れた瑕疵の意義についてもいくつかの見解があるが，判例および今日の通説は，目的物が通常人の注意をもってしても容易に発見することができない一般の取引上保有すると認められる性質または当事者がとくに保有すべきものと定めた性質を欠如することをいうとするようである。ところで，このうち瑕疵が隠れた状態で存在することの主張責任の分配ないし証明責任の分配については，大判昭和5・4・16民集9巻376頁は，

193

III 要件事実（論）

「隠レタル瑕疵トハ表見セサル瑕疵ヲ云フ而モ开ハ一般普通ノ人ノ観察ヲ標準トシテ之ヲ定ムルヲ要ス而シテ此種ノ瑕疵アルトキハ売主ハ担保責任ヲ負ハサル可ラサルハ言ヲ俟タサルト共ニ縦令表見セサル瑕疵ト雖買主ニ於テ現ニ之ヲ知リ若クハ或程度ノ注意ヲ用フルトキハ之ヲ知リ得タリシ場合ハ売主ニ於テ右ノ責任ヲ免ルヽコト是亦言ヲ俟タス然レトモ右ノ場合ニ該当スルコトハ売主ニ於テ其主張及立証ノ責任アリ蓋法律ハ瑕疵自体ニシテ表見セサル以上買主ハ之ヲ知ラス又知ラサリシコトニ付キテモ過失ナシト推定スル趣旨ニ外ナラス」

と判示し，学説もおおむねこの判例と同旨である。

しかし，瑕疵が隠れて存在することすなわち買主の瑕疵についての善意・無失は解除権，損害賠償請求権等の発生の法律事実であり（ドイツ民法 460 条が買主の悪意を売主の免責要件とするのとは異なる），わが民法 570 条本文の解釈として，この主張責任の分配ないし証明責任の分配を異別に扱わなければならない事由が見当たらない以上，主張責任の分配および証明責任の分配の基本原理に従うべきである。倉田博士もこの考えに同調され（倉田監修・要件事実の証明責任〔契約法上巻〕400 頁），さらに，國井教授は，判例・通説に対して詳細な反論を加えられたうえ，隠れたに買主の善意と表見しないとを含ましめ，後者を「所要の注意をもって観察・検査しても瑕疵を発見し得なかったこと」として，できれば「無過失」という判例・通説の用語法を避けたいとされながらも，瑕疵が隠れたものであることの主張・証明責任を法文の示すところに従って買主負担とし，さらに隠れたの意義を判例・通説的見解の一般的説明と同様に捉え，かつ，買主の善意といわゆる無過失もそれに含まれると解される（同書 400〜7 頁）。なお，売買の目的物に法律上の制限があることが権利の瑕疵か物の瑕疵かについては，学説には争いがあるが，判例（売買の目的土地の大部分が都市計画街路の境域内にある場合につき，最(一)判昭和 41・4・14 民集 20 巻 4 号 649 頁，売買の目的土地の一部に道路位置指定がある場合につき，最(三)判平成 13・11・27 民集 55 巻 6 号 1311 頁）は，物の瑕疵であるとする。

次に，④についてであるが，大判大正 4・12・21 民録 21 輯 2144 頁は，

「売買ノ目的物ニ隠レタル瑕疵アルカ為メ契約ヲ為シタル目的ヲ達スルコト能ハサル場合ニ於テ買主カ契約ノ解除ヲ為スニハ売主ニ於テ其目的ヲ知了シタルコトヲ要セサルハ瑕疵担保ニ準用スヘキ民法第五百六十六条第一項ノ法文上明白ナル所ナリ」

と判示する。そのとおりであるが，契約をした目的は，売買契約の性質その他の事情をも併せて客観的に判断されなければならない。そして，契約をした目的を達することができないことは，解除権発生の法律要件を組成する素因である法律

1　要件事実(論)緒言

事実であり，これについて主張責任の分配ないし証明責任の分配をすると，解除権の根拠事由として，解除権の存在を主張する者に主張責任ないし証明責任があるというべきである（同旨，同書410頁〈倉田，國井，西野喜一および三村量一の各発言〉）。

　ところが，司研・要件事実1巻213〜4頁は，

「例えば，売主甲の売買代金の支払請求に対し，買主乙は，本条（＝民法570条）に基づき，契約解除の抗弁として，

1　売買契約締結時，目的物に通常の人がその買主となった場合に普通の注意を用いても発見することができない瑕疵があったことを基礎づける具体的事実

2　乙が甲に対し右売買契約解除の意思表示をしたこと

を主張立証することができる。」

といい，215〜6頁で，

「本条が準用する五六六条一項は，『之カ為メ契約ヲ為シタル目的ヲ達スルコト能ハサル場合ニ限リ』（目的達成不能）としているが，解除の抗弁を提出するに当たって，これを積極要件と考えるべきか否かについては問題がある……。二つの見解が考えられる。まず，第一の見解は，右1の事実が主張立証されれば，所有権の内容として重要な使用収益に障害のあることが明らかとなるので，この点に着目すれば，右主張立証で解除原因としては十分であり，したがって，条文の右文言にかかわらず，解除の積極要件ではなく，かえって，……契約目的達成可能……が売主の再抗弁になるにとどまると解する。右に掲げた要件事実は，この第一の見解によったものである。第二の見解は，所有権の内容の一部である使用収益に障害があるにすぎないにもかかわらず契約の全部を解除することができることに着目して，契約目的不達成をやはり解除の抗弁の積極要件と解するものである」

といいながら，217頁で，

「買主乙の右……の抗弁に対し，売主甲は，再抗弁として，〔改行〕〔B〕右……の1の事実があるにもかかわらず乙の売買契約の目的が達せられること〔改行〕を主張立証することができる」

という。

　司研のこの考えは，前に紹介したローゼンベルクの考えを踏襲したものであろう。また，後段の第一の見解は，「右1の事実が主張立証されれば，所有権の内容として重要な使用収益に障害のあることが明らかとなるので，この点に着目すれば，右主張立証で解除原因としては十分であ」る（傍点は，引用者）というが，

195

Ⅲ　要件事実(論)

右1の「売買契約締結時，目的物に通常の人がその買主となった場合に普通の注
意を用いても発見することができない瑕疵があったことを基礎づける具体的事
実」からかならず「所有権の内容として重要な使用収益の障害があること」が明
らかになるとは思われないばかりでなく，「所有権の内容として使用収益の重要
な使用収益に障害のあること」が売買契約の性質その他の事情をも併せて客観的
に判断されなければならない契約をした目的を達することができない「解除原因
としては十分である」とは思われない。さらに問題なのは，「条文の右文言にか
かわらず，」(傍点は，引用者)ということである。これを字句のとおりに解する
と，被告は，瑕疵担保に基づく契約解除権発生の要件事実を解明するにあたって
はその法律要件を検討する必要がない，あるいは，裁判官が法律要件を策定する
ことができることを示したものであるといっているように思われないでもないか
らである。そうだとすると，条文を無視するかのような法解釈が特段の理由もな
く許容されることはないのではないだろうか。

　売買が強制競売である場合には，売主は，瑕疵担保責任を負わない。強制執行
における売却の法的性質については，民事訴訟法時代から私法説，公法説，両性
説の見解の対立がある。私法説は，私法上の売買の一種とし，売却は，申込みと
承諾の合致（もっとも，なにをもって申込みおよび承諾とするか，売主をだれとする
かについて争いがある）により成立するとする。公法説は，公法上の処分とし，
公用徴収に類似した公法上の処分とする説，公法上の売買とする説，裁判上の和
解等の一種で裁判上の形成行為であるとする説がある。両性説は，公法上の処分
と私法上の売買の両性質を並有するものとする（民訴法時代の通説）が，論者に
より多少異なる。最高裁は，競売申出は訴訟行為に準ずるものと判示したことも
ある（最(二)判昭和43・2・9民集22巻2号108頁）が，競落物件の善意取得を認
める（最(二)判昭和39・5・29民集18巻4号716頁）などのことから両性説である
と解されている。公法説であれば売買が強制競売であることについて売主側に解
除権発生障害事由として主張責任および証明責任があることは当然であるが，私
法説によっても，法の規定によって（民570ただし）瑕疵担保責任は生じない。
したがって，売買が強制競売であることについて主張責任の分配ないし証明責任
の分配をすると，解除権の発生障害事由として売主側に主張責任ないし証明責任
があることになろうか。しかし，私法説では，強制競売を通常の売買と同一の類
だとして，解除権の発生を法の規定を理由として否認することができるだけだと
する考えもありえなくもないが…(25)。

---

(25)　改正法568条1項の規定によると，同法は，競売を私法説で理解しているのではな
　　いだろうか。

1 要件事実（論）緒言

　もっとも，梅博士は，強制競売の場合には瑕疵担保にならない理由を
「強制競売ノ後ニ至リ担保権ヲ行フカ如キハ極メテ煩雑ナル結果を惹起スヘキ
ノミナラス競売ニ於テ物ヲ買ヒタル者ハ其物ニ多少ノ瑕疵アルコトヲ予期シテ幾
分カ廉価ニ之ヲ買取ルヲ常トスルカ故ニ仮令之ニ瑕疵担保ノ権ヲ認メサルモ不公
平ナル結果ヲ生スルコトナカリヘシ」（民法要義巻之三526〜7頁）
だからであるといわれる。
　また，解釈上の要件である8について主張責任の分配ないし証明責任の分配
をすると，ⓐおよびⓑは一体となって，前述した理由により「瑕疵の追完ないし
修補が事実上可能であり，売主に追完・修補する意思があると認められること」
が解除権の発生障害事由として売主側の主張責任ないし証明責任であるというべ
きであろう。

　⒝　法律行為の無効事由

〔法律行為の無効事由を定める規定は補充規定ではないか〕

　司研・要件事実1巻111頁は，契約を含む「法律行為の効果として生ずる権利
の発生原因としては，その法律行為の成立だけで足りる」というが，前にも触れ
たことではあるが，これは正確ではない。契約は，有効に成立しなければ，その
契約上の権利が変動することはないのである。契約は，民法典の規定を根拠とし
て生ずるものではなく，その拘束力の根拠は，契約規範であり，契約規範は，契
約当事者双方の合致した意思表示によって生ずる。そして，通常の契約ではその
無効事由まで約定することは少ないが，普通契約約款(26)には，しばしば無効事
由が定められている。これらの無効事由は，強行法規（消費者契約法の定める規制
規定を含む）や公序良俗に反しないかぎり通用性がある。このように，無効事由
を定める民法93〜95条などの各規定は，補充規定にすぎない。したがって，契
約中でたとえば民法95条本文の規定と同旨の約定をした場合には，同条本文の
適用によってその契約が無効になるのではなく，契約規範中のその約定の適用に
よってその契約が無効になるのである。

　そこで，次に契約の無効事由の要件事実性について検討を加えることになるが，
無効事由を検討する前に，それの前提となる契約の成立および成立要件の要件事
実性について検討しておきたい。

〔法律行為の無効事由の前提として，契約規範にも契約上の権利の発生および
　消滅の法律効果およびその原因となる法律要件があるのではないか〕

（26）　改正法には，定型約款（定型取引において，契約の内容とすることを目的としてそ
　　の特定の者により規律された条項の総体〔民548の2Ⅰ〕）について，規定を新設してい
　　る（同条の2〜4）。

197

Ⅲ　要件事実〔論〕

　契約は，いまさらいうまでもないことであるが，広義では合意の成立であると
考えられるところの法的形象のことであり，狭義では契約上の権利の発生（およ
びしばしば消滅）の原因となる法律要件のことである。そして，契約の拘束力の
根拠が，意思説により，契約自由の原則の下，契約上の権利が二人以上の行為者
の相対する有効な意思表示の合致によって定立された契約規範にあるとすると，
契約規範にも行為規範としての法律効果および法律要件を観念することができる。
そうすると，契約規範にも契約上の権利の発生および消滅という法律効果とそれ
ぞれに法律要件があることになる。そして，契約規範の契約上の権利の発生およ
び消滅という法律効果とそのそれぞれの原因である法律要件は，いずれも契約が
有効に成立したことにより観念される。この契約上の権利の発生は契約が有効に
成立しさえすればよいのに対し，契約上の権利の消滅はかならずしも契約の有効
な成立にかぎられるものではない（法定解除権の行使や消滅時効の完成とその援用
などによっても消滅する）。そこで，以下では契約上の権利の発生にしぼってその
裁判規範をみていくことにする。

　契約規範のうち契約上の権利の発生という法律効果および法律要件について主
張責任の分配ないし証明責任の分配をすると，契約上の権利の存在を主張する者
に契約の成立したことの主張の負担および証明の負担を負わせ，契約上の権利の
存在の主張を争う者に契約の効力（無効であること）の主張の負担および証明の
負担を負わせると解される。したがって，裁判規範の要件である要件事実には契
約上の権利の発生事由はありえず，契約上の権利の根拠事由があるだけになる。
契約の無効という契約上の権利の発生障害事由については後に述べることとし，
本項では，契約の成立とその成立要件について検討することにしたい。

　契約の成立は，外形的に契約と呼ばれるに値するものがまとまったことである
が，意思実現（民526Ⅱ[(27)]）については法律行為ではないとする見解が有力であ
るし，懸賞広告（民529〜532[(28)]）にいたっては単独行為であるとする見解が有力
であるから，この両者は除外することとする。そうはいっても，契約の成立には

---

　(27)　改正法では，現行526条2項は，527条に規定されている。同条は，意思実現（同条
　　は，「承諾の通知を必要としない場合における契約」と表現する）による契約の成立時期
　　についての規定である。その権利発生の法律要件は，効力要件を別にして，「申込者の申
　　込みの意思表示およびその到達」と「その意思表示または取引上の慣習により承諾の通知
　　を必要としないこと」であるが，これに主張責任の分配ないし証明責任の分配をすると，
　　権利の存在を主張する者に権利根拠効果および権利根拠事由を見出すことになる。
　(28)　改正法では，現行529〜532条のうち531条および532条がそのまま改正案531条お
　　よび532条になっているが，現行529条および530条にあっては一部が改正されている
　　ほか529条の2および同条の3が新設されて複雑になったうえ，本段での検討の本筋で
　　はないので，それらの掲示を省略することとする。

198

申込みと承諾によるものと交叉申込みがあることになるから，契約の成立は，この両者を総称するものであるというべきである。

　さて，契約の成立要件については，旧民法財産編の規定からみておく必要があるように思われる。旧民法において契約とは人権の創設を主たる目的とする合意であること，人権とは債権のことであることは，前述した〔Ⅰ，4-1-3 の〔契約が締結されると，…〕を参照〕。そして，同編 304 条は，

「①　凡ソ合意ノ成立スル為メニハ左ノ三箇ノ条件ヲ具備スルヲ必要トス
　　第一　当事者又ハ代人ノ承諾
　　第二　確定ニシテ各人カ処分権ヲ有スル目的
　　第三　真実且合法ノ原因
　②　右ノ外尚ホ要式ノ合意ハ必要ノ方式ヲ遵守シ要物ノ合意ハ返還セラル可キ物ノ引渡ヲ為シタルニ非サレハ成立セス」

と，同編 305 条は，

「　合意ノ成立ニ必要ナル条件ノ外尚ホ其有効ナル為メニハ左ニ掲クル二箇ノ条件ヲ具備スルヲ必要トス
　　第一　承諾ノ瑕疵ヲ成ス可キ錯誤又ハ強暴ノ無キコト
　　第二　当事者ノ能力アルコト又ハ有効ニ代理セラレタルコト」

とそれぞれ規定する。同編 304 条はフランス民法 1108 条（「次ノ四条件ハ合意ノ有効性ニ対スル本質的ナルモノナリ：義務ヲ負フ当事者ノ承諾；其ノ契約締結ノ能力；拘束ノ内容ヲ構成スルモノノ確定セル対象；債務関係ニ於ケル適法ナル原因」訳文は，田中周有ほか・佛蘭西民法〔Ⅲ〕財産取得法(2)（現代外国法典叢書(16)）（復刻版）（昭和31 年 9 月，有斐閣）15 頁〈田中〔周〕〉による）を，同編 305 条は同法 1109 条（「承諾ガ錯誤ニ因リテ与ヘラレタルニ過ギザルトキ，又ハソレガ強迫ニ因リテ強要セラレ若ハ詐欺ニ因リテ篭絡セラレタルモンナルトキハ，何等有効ナル承諾無キモノトス」訳文は，同書 19 頁〈田中(周)〉による）をそれぞれ参考にして作成されたものであるが，ボアソナードは，修正民法草案 825 条（ただし，は，「結約者ノ所置権ヲ有スル確定ノ目的物」と，3 号は，「真実ニシテ適法ナル原由」となっていた）の注釈において，

「佛蘭西法ハ合意成立ノ条件ト其有効ノ条件トノ区別ニ就キ正確ナラザルノミナラス又完全ナラサルナリ即其第千百八条ニ於テハ合意ノ成立ノ条件ナルヘキ承諾，確定ノ目的及ヒ原由ヲ単純ナル有効ノ条件ノ如ク指示シ而シテ承諾，目的及ヒ原由ノ有セサルヘカラサル総テノ性質ヲ指示セス只後条ニ至リ之ヲ見ルノミ（第千百九条以下，第千百二十六条以下，第千百三十条以下）⁽²⁹⁾法律成立ハ合意ノ成

―――――――――――――――――――――――――――――――――――――

(29)　田中周有ほか・佛蘭西民法〔Ⅲ〕15 頁〈田中〔周〕〉も，フランス民法 1108 条「は
　　　合意成立の要件乃至存在要件と，合意の有効要件とを区別せず，一律に合意の有効性の要

III 要件事実（論）

立及ヒ有効ノ諸条件ヲ順次ニ指示スヘシト雖トモ此等ノ条件ハ互ニ関係ヲ有シ〔修正民法草案〕第八百二十五条及ヒ第八百二十六条ニ指示シタル順序ニ従ヒ其大意を簡単ニ明スルヲ必要ナリトス」（ボアソナード氏起稿再閲修正民法草案註釈第二編人権之部〔復刻版〕〔発行年月および発行所不明〕上57〜8頁）

という。そして，合意の成立の要件についてかなり詳しい解説をしているが，その結論的な部分を紹介すると，次のとおりである。

同編304条1号の承諾は，要するに申込みと承諾とその両者の一致のことだとする。そのうえ，「合意ノ定義ヲ以テ完全ナラシムル為ニハ承諾ノ外尚ホ原由及目的物ヲ定義中ニ加ヘサル可ラス然レトモ是其定義ヲ錯雑ニ失セシムルモノナリ」（同書58頁）といって，同条2号の「目的」を合意ノ成立ニ必要なる第二ノ元素ハ目的物ナリ」（同書58頁）

とし，同条3号の「原由」を

「合意ノ原由ハ結約者ヲシテ其合意ヲ承諾スルニ決意セシムル理由ナリ」（同書62頁）

とする。

そのうえで，同編318条1項で，

「錯誤，強暴，詐欺及ヒ無能力ハ之ヲ推定セス其申立人ヨリ之ヲ証スルコトヲ要ス」

と証明責任の所在を示していた。

もっとも，この同編304，305条は，現行民法には承継されなかった。その理由は，広中編著・民法理由書（前三編）の理由書500頁によれば，

「財産編……第三百四条ニ於テハ合法ノ原因ヲ以テ其成立条件ノ一ト為シタリト雖モ所謂合意ノ原因ハ要スルニ契約ノ意思，目的物又ハ縁由ノ外ニ出テス或学者ハ説ヲ為シテ曰ク売買ノ場合ニ於ケル原因ハ代価及ヒ物ナリト果シテ然ラハ売買ノ原因ト目的物ト毫モ擇フ所ナキナリ又多数ノ学者ノ唱フル所ヲ聞クニ贈与ノ原因ハ利益ヲ得ントスルコト及ヒ善ヲ施サントスルコトニ在リト云ヘリ然レトモ所謂利益ヲ得又ハ善ヲ施スハ一ノ縁由ニ外ナラス又曰ク売買ノ原因ハ所有権ヲ得ントスルコト及ヒ代金ヲ得ントスルコト一外ノラスト若シ果シテ此ノ如クンハ売買ノ原因ハ売買ノ意思ニ外ナラサル可シ之ヲ要スルニ原因ヲ以テ契約ノ特別ナル一ノ成立条件ト為スハ其当ヲ得サル者ト謂ハサル可カラス最近ノ法典ニ於テハ契約ノ成立ニ原因ノ存在ヲ必要トスルコトヲ規定セス採テ以テ模範ト為スヘキ者ト

件として上記の四条件を掲げているのであるが，第一の要件の如きは学者の注意を俟つ迄もなく，それは合意の有効性に対する要件には非ずして其の有効無効の以前に前提せらるべき合意成立の要件乃至存在の要件である」と指摘する。

謂フ可シ以上述フル所ニ依リテ見ルトキハ一般ノ契約ニ必要ナル要件ハ契約ノ目的物及ヒ当事者双方ノ意思ノ一致ニ外ナラスト謂ハサル可カラス然レトモ此事タルヤ法文ヲ以テ之ヲ規定スルノ必要ナカル可シ故ニ財産編第三百四条乃至第三百六条ハ之ヲ削除シタリ」

ということである（なお，法典調査会民法議事速記録三 646 頁の同会における起草趣旨に関する説明参照）。契約の原因は，ローマ法においても契約を有効に成立させる要件であったようである（船田・ローマ法 3 巻 83 頁。なお，合意の原因については，平井一雄「旧民法における合意の原因」平井〔一〕＝清水元編・日民法学史・続編〔2015 年 10 月，信山社出版〕381 頁以下をもみられたい），そのほかに「当事者に特定の行為を為すに至らせる動機または縁由」や「或る行為を規定する原因，その行為の目的」を意味したとのことである。しかし，この二つの意味では，せいぜい契約の内容になっているくらいのことのように思われ，いずれにしても契約の成立要件にはなりえないであろう。ただ，契約上の権利の発生，変更または消滅（ただし，その変更および消滅は，かならずしも契約によってのみ生ずるわけではない）においては，その法律要件として契約の成立要件のほか有効要件がなければならない。その意味では，ボアソナードの指摘は正当であり，現行民法のように無効事由として規定することは，法曹法としての起草であるドイツ民法第 1 草案等の不用心な踏襲であるといわなければならないのではないだろうか。

　さて，契約の成立要件は，二人以上の相対する複数の意思表示があるということと，これらの意思表示が合致しているという法的判断ができる事実があることである。もっとも，後者については，議論がある。曽田「現代契約理論における意思主義」現代契約法体系(2) 2 巻 1 頁は，

　「法律行為一般における契約の特殊性は，それが対抗する意思表示の合致によって成立する点にある。ところが意思表示の合致の有無そのものは各意思表示の内容の確定によっておのずから判断される。従って合致は単に意思表示の解釈帰結にすぎずその対象ではない」

という。しかし，通常は各意思表示の内容の確定によっておのずから判断されるであろうが，ときに各意思表示の内容の確定だけでは判断できないこともある。申込みと承諾による契約についていえば，承諾の意思表示が申込みの意思表示と表見的には主観的または客観的に一致しない場合でも，不一致が申込みないし承諾をする際の事情をも考慮に入れて，申込みの意思表示と承諾の意思表示が合致していると法的判断されることがある（谷口〔知〕編・注民(13)〔昭和 41 年 9 月，有斐閣〕173 頁〈遠田新一〉，主観的合致について我妻・債権各論上巻 55 頁など参照）。たとえば，承諾者が履行期の定めのある物品の売却の申込みに対してただちに履行

Ⅲ　要件事実（論）

を求める旨を付加して意思表示をした場合には，申込者がその物品を履行期までには調達できないときは，申込みの意思表示と承諾の意思表示が合致しないと判断されるが，申込者が履行期を定めたのが漫然と普段のやり方にしたがったにすぎないようなときは，表見的には不一致でも実質的には一致していると判断すべきである。承諾の意思表示が申込みの意思表示を拡張したものであるときは，特段の事情のないかぎり，申込みに対する承諾（大判昭和7・9・28法学12巻4号56頁）と拡張部分について新たな申込みと解すべきであるし（石田（穣）・民法Ⅴ（契約法）（現代法律学講座）〔昭和57年3月，青林書院新社〕35頁），承諾の意思表示が申込みの意思表示を縮小したものであるときは，特段の事情のないかぎり，申込みの一部に対する承諾と縮小部分についての申込みの拒絶と解すべきである。このように，申込みの意思表示と承諾の意思表示が合致するとの法的判断は，契約の欠くべからざる成立要件である（我妻・債権各論上巻54頁）が，この要件は単なる事実ではなく，事実を踏まえた法的判断を必要とするものである。川島教授は，民法総則153頁で，

　「契約は，一般にはその両当事者の双方の権利関係欲求伝達行為の合致がある場合に，また特定の契約（たとえば消費貸借や使用貸借）にあってはそのほかに契約客体の引渡という行為がおこなわれた場合に，法はこれに法的保護を承認するのであって，そのような法的保護の前提として法によって承認される要件を備える伝達行為が，法律行為と呼ばれるのである。したがって，『法律行為』は，一定の法的価値判断を含むところの法律要件 Tatbestand を指すことば＝概念である」

といっておられる[(30)]。

　こうして，契約の成立には，相対する複数の意思表示が合致したという法的判断が必要であるから，単なる事実ではなく，一種の法律関係というべきである。ところが，判例（最（一）判昭和31・10・4民集10巻10号1229頁）は，遺言無効確認の訴えを不適法であるとするにあたり，「法律行為はその法律効果として発生する法律関係に対しては法律要件を構成する前提事実に外ならないのであって法律関係そのものではない」

と判示し，その判例解説によると，

　「法律行為は単にこれより生ずる特定の法律効果発生の要件たる事実にすぎ」

（最高裁判所判例解説民事篇昭和31年度175頁〈長谷部茂吉〉）ない

という。通説もこれに同調するようである（岩松三郎＝兼子編・法律実務講座・民事訴訟篇〔旧版〕2巻―第1審手続(1)〔昭和33年5月，有斐閣〕17頁，倉田監修・要

---

　(30)　川島教授のいわれる「権利変動（関係？）欲求伝達行為」の事実的過程が意思表示である（民法総則154頁）。

件事実の証明責任〔契約法上巻〕57 頁〈倉田，岡久幸治，西野，三村(量)各発言〉)。また，「『売買契約を結んだ。』とか，『保証を約した。』の語のように，法律語であるとともに，日常の用語としても熟した言葉による主張は，具体的な事実関係の表現を含むと考えられるから，そのままの表現を妨げない」(岩松＝兼子編・法律実務講座民事訴訟篇〔旧版〕5 巻〔昭和 37 年 8 月，有斐閣〕72 頁)とか，契約の成立は，申込みの意思表示と承諾の意思表示との合致という法定評価を除く成立要件を簡略化した表現である(大江・要件事実民法〔中〕債権〔平成 7 年 7 月，第一法規出版〕198 頁)という見解もある。

これに対し，契約の成立が法律関係であることは，民訴法の学者の認識でもあった。大正 15 年の旧(々)民訴法改正の際の起草委員であった松岡(義)博士は，この改正された民訴法の注釈書である新民事訴訟法 6 巻において次のようにいわれる。

「法律関係確認ノ訴ハ之ヲ分テ法律関係成立ノ確認ノ訴（積極的確認ノ訴）及法律関係不成立ノ確認ノ訴（消極的確認訴訟）ト為ス例ヘハ原告カ被告ニ対スル地上権または地上権設定契約ノ確認ヲ求ムル訴ハ前者ニシテ又被告ニ対スル地上権不成立又ハ地上権設定契約ノ不成立ノ確認ヲ求ムル訴ハ後者ナルカ如シ」(1405 頁)，

「積極的確認ノ訴ハ前示ノ如ク権利又ハ法律関係成立ノ確認判決ヲ求ムル訴ナリ故ニ法律関係及権利カ積極的確認ノ目的物ナリトス〔改行〕(1)法律関係トハ法律上ノ効力ヲ有スル人ト人トノ関係及人ト物（権利ノ客体即物又ハ権利）トノ関係ナリ」(1406 頁)

「法律関係ハ現在及将来ノ為ニ法律上ノ効果ヲ生スルモノナル限リ過去ノ法律関係ニ属スルモノト雖モ確認ノ訴ノ目的ト為スコトヲ得……例ヘハ過去ノ保険契約ニ基キテ今尚年金権ヲ有スル者ハ斯ル契約ノ成立ニ付キ確認ノ訴ヲ提起スルコトヲ得ルカ如シ」(1407〜8 頁)

と。また，斎藤秀夫ほか編著・注解民事訴訟法(6)〔2 版〕〔平成 5 年 11 月，第一法規出版〕333 頁
〈斎藤(秀)＝加茂紀久男〉は，

「中間確認の訴えとは，本来の請求に対して先決関係にある法律関係の存否について，その訴訟手続内で確認を求める訴えをいう（本条＝旧〔々〕民訴法 234 条）。……たとえば，賃料請求に対する賃貸借契約の存否……の確認を求めるときが，これにあたる」
という。このように，契約の成立は，請求の内容となる法律関係であるばかりでなく，請求を基礎づけまたは排斥する要件事実となる法律関係でもある。

203

Ⅲ　要件事実(論)

　契約の成立は，一種の法律関係であるから，主張責任の分配の対象になるだけ
であり，具体的な訴訟において，契約規範の一部である契約の成立を充足する具
体的な契約の成立の主張は，法律上の主張（権利主張）である。したがって，相
手方がこれを分解して契約の申込みの意思表示や承諾の意思表示を争うことはで
きない。契約の成立の主張に対しては，相手方は，それを一括して認めるか争う
かすることができるだけである。相手方が契約の成立を自白（権利自白）したと
きは，それを基礎づける事実上の主張をする必要がなくなるが，相手方がその法
律上の主張を争うときあるいはその虞があるときなどは，契約の成立を基礎づけ
るその成立要件のうちの相対する複数の意思表示の存在と，複数の意思表示が表
見的に不一致のときは，これらの意思表示が合致したという法的判断ができる・
これらの意思表示の際の事情を主張し（相手方がそれをもあらそうときは，証明
し）なければならない（複数の意思表示が表見的に一致しているときは，複数の意思
表示が合致している事実を充足しているのであるから，あえてそのことを主張する必要
がない）。なお，隔地者間である場合には，申込みの到達や承諾の発信をも主張
し（証明し）なければならない。そうだとすると，後に述べる民法521～528条
の定める契約の申込みの意思表示あるいは承諾の意思表示に関する要件も，主張
責任の分配ないし証明責任の分配により第2次的要件事実となる。

　川島・民法総則155頁は，

「従来『法律行為』と『意思表示』ということばが正確に使いわけられておら
ず，むしろ混用されている場合が少なくないが，法律上の技術概念としては右の
二つは厳格に区別されるべきである，と考える」

というが，判例・通説は，この混用の誤りを侵しているのではないだろうか。判
例・通説といえども，裁判規範の要件事実としての契約の成立を充足する具体的
な契約の成立が主要事実であることは否定しないのではないだろうか。それとも，
民法522条とか527条とかに規定された事実を充足する具体的な事実は，主張
責任や証明責任のない間接事実であるということになるのであろうか。通説は，
権利主張を認めないようである。したがって，契約の成立を法律関係であるとす
ると，具体的な訴訟において，契約規範中の契約の成立を充足する具体的な契約
の成立を主張することができない。そうすると，訴訟においてそれを基礎づける
相対する複数の意思表示などをすべて主張し，証明しなければならないことにな
るが，それでは迅速な訴訟の進行などは望むべくもないことになる。そこで，契
約の成立を法律関係ではなく事実であると強弁することになるのではないだろう
か。

　それかあらぬか，司研・要件事実1巻44～8頁は，「要件事実の不可分性」の

一つとして「契約の成立の不可分性」を挙げ，

「ある法律効果の発生が一定類型の契約に基づくとき，この法律効果の発生を主張するには，右契約がその法的類型の契約に該当することを示す具体的事実，言い換えれば，一定類型の契約の成立要件に当たる具体的事実をすべて主張しなければならないかどうかについて争いがある」

といい，いわゆる返還約束説を批判するから結局，たとえば，契約に基づいてある物の引渡しを請求する場合に，その引渡請求権の発生要件として，同契約が売買契約であるか賃貸借契約であるかその法的性質を認識することができるように，売買契約としてのまたは賃貸借契約としての要件事実のすべてを主張立証する必要があるとする見解を採るもののごとくである。

「契約が売買契約であるか賃貸借契約であるかその法的性質を認識できるように，売買契約としての又は賃貸借契約としての要件事実のすべてを主張立証する必要があるとの見解」（同書 45 頁）

が通説であり，

「通説は，ある権利の発生は一定の法律効果として認められるものであるから，発生原因である契約の成立が肯定されることが前提として必要であり，そのためには当該契約の成立要件に当たる事実はすべて右権利の発生を主張する者に主張立証責任があると考える」（同書 45 頁）

とし(31)，この通説を支持するもののごとくである。そして，このくだりは，「法的性質を認識させる事実は不要であり，単にその物を引き渡す旨の合意の成立を主張立証すれば足りる」とする返還約束説との対比で論じられていることや，そこには複数の意思表示の指摘がないことからみると，契約の成立と契約の成立要件を同一視し，売買契約の成立または賃貸借契約の成立を要件事実としているということになるのではないだろうか。そうだとすると，契約の成立が法律関係であって，その主張は法律上の主張であることは一先ず措くとして，申込みの意思表示や承諾の意思表示は間接事実であるということになるのだろうか。

　繰り返して述べることになるが，契約の成立と契約の成立要件とは区別しておのおのの要件事実を論じるべきではないだろうか。契約の成立は，外形的に契約と呼ばれるに値するものがまとまったことであり(32)，契約の成立要件は，二人以上の相対する複数の意思表示があることとそれらの意思表示が合致したという

---

(31)　「ある権利の発生」が「一定の契約の法律効果」の「発生原因である契約の成立」ということは正確ではない。「発生原因である契約の有効な成立」でなければならない。契約の成立だけではその契約上の権利の発生または消滅の蓋然性があるにすぎない。

(32)　契約の成立を外形的に契約と呼ばれるに値するものがまとまったことであるというのは，要物契約や要式契約を含めて概念づけをしたためである。

205

Ⅲ 要件事実(論)

法的判断ができる事実があることであろう。この契約の申込みと承諾によるものであるときは，契約の成立要件は，① 申込みの意思表示があること，② 承諾の意思表示があること，および，③ ①と②が合致する旨の法的判断ができる事実のあること⁽³³⁾という三つの要件のことであり，これに対し，契約の成立は，この三つの要件がそろった状態のことで，③の要件が備わったことであるから，その性質は，一種の法律関係なのである。したがって，契約が成立したとの主張は，法律上の主張，権利主張であり，相手方がこの主張を認めることは権利自白である。司研は，権利主張や権利自白を否定しているのではないだろうか。それにもかかわらず契約の成立の要件事実性をみとめるのは，論旨が一貫していないのではないだろうか。

こうして，契約の成立は裁判規範の要件すなわち要件事実になるが，契約を基礎づけるその成立要件も要件事実になる。このことは，たとえば，所有物返還請求における請求者が所有権を有していること，端的にいうと所有権の存在が要件事実であるが，同時に，その所有権の存在を基礎づけるその発生原因事実も要件事実であることと同じであり，もっと顕著な例でいうと，所有権確認請求の訴えにおける請求は，原告が所有権を有していること，すなわち所有権の存在の主張という法律上の主張であるが，その請求の原因は，請求中のその所有権の存在を基礎づけるその発生原因事実であることと同じである。

〈契約の成立を基礎づけるその成立要件について，2，3例を挙げて説明すると，どのようになるか〉

まず，通常の隔地者間の申込みと承諾による契約の成立要件についてであるが，契約の成立を主張する者が主張責任を負う要件事実は，

⑺ 相手方に対して申込みの意思表示をし，それが相手方に到達したこと（民97）

⑻ その相手方が承諾の意思表示を申込者に対して発信したこと（民526Ⅰ。もっとも，同条Ⅱ)⁽³⁴⁾

⑼ 申込みの意思表示と承諾の意思表示が合致すると判断することが可能なものであること

である。要物契約にあっては，さらに

---

(33) この要件は，通常であれば①および②が主張され証明されればことさらに主張される必要がないが，①および②が表見的に一致しない場合には，契約時において両者が実質的には合致していると判断するのに必要な付随的な事情が主張され証明されなければならないことを示すために必要なのである。

(34) 改正法では，現行526条1項は廃止され，意思表示の効力発生時期は，97条1項に統一された。

(エ)　物の引渡しその他の物的要素の具備

が加わる。

中田淳一「所謂制限自白に就いて（二・完）法学論叢39巻6号926頁（なお，927頁）〔昭和13年12月。この論文は，同・訴訟及び仲裁の法理〔昭和28年11月，有信堂〕85頁以下に収録されている〕は，

「原告は申込と其の到達及び之に対し条件其の他変更を附加せざる承諾が申込の実質的効力持続期間内に為されたことを立証することを要する」

という。私も，かつて「申込みの意思表示およびそれの相手方に対する到達と相手方の承諾適格を有する間にする承諾の意思表示およびそれの申込者に対する発信」と考えたことがある（要件事実原論〔2003年3月，悠々社〕203頁)。しかし，申込者が相手方に対して申込みについて承諾期間を定めて通知する行為は，意思の通知（準法律行為）であって，申込みの意思表示の一部を構成するものではない（申込みに承諾期間の定めがあろうがなかろうが契約の効力には関係がない)。申込みと承諾による契約の成立するためには，申込みの意思表示と承諾の意思表示と両者の合致で足り，しかも両意思表示が合致しているか否かは法的判断であるから，「条件其の他変更を附加せざる」や「申込の実質的効力持続期間内に為されたこと」は，ここでの要件事実ではないのではないだろうか。

そこで，隔地者間の契約の申込みに承諾期間の定めがある場合において，承諾の意思表示がその期間内に到達しなかったときはどうなるかを検討することとする。わが民法は，隔地者に対する承諾の効力の発生について発信主義を採りながら（民526 Ⅰ)，承諾期間の定めのある申込みについては承諾の意思表示が到達することを要求する（民521 Ⅱ)。この関係をどのように解すべきかついては，停止条件説，不確定効力説，解除条件説，申込み失効説などがある。通説である解除条件説は，発信主義の立場に立ちながら，承諾期間内に承諾が到達しないことを解除条件とし，解除条件が成就すると，契約が遡及的に成立しなかったことになるとする説であるが，この説によると，契約の成立の主張を争う者に契約の成立の滅却事由として，

①　申込者が相手方に対して承諾期間の定めを通知したこと

②　承諾の意思表示がその承諾期間内に到達しなかったこと

について主張責任および証明責任があることになる。我妻・債権各論上巻67頁は，

「承諾者が不利益を負担するが，挙証責任は申込者にあるから，実際上は，その不利益は，それほど大きくはない」

とする。通常は承諾者が契約の成立を主張するであろうから，その場合には，そ

Ⅲ　要件事実(論)

のとおりであるが，申込者側が契約の成立を主張することがないとはいえないで
あろう。そうすると，申込者が証明責任を負うというのは，やや適切さに欠ける
のではないだろうか。

　もっとも，隔地者間の承諾期間の定めのある申込みに対する承諾の通知がその
期間の経過後に到達したときでも契約が成立することがあるが，その契約の成立
要件の要件事実をみてみたい。契約の成立の主張を争う者が，今述べた契約の成
立の減却事由を充足する具体的な社会事象として隔地者間の契約の申込みに承諾
期間の定めがあるのに承諾の意思表示がその期間内に到達しなかった旨を主張し
た場合には，契約の成立を主張する者は，契約の成立（その法的性質は，上述した
ように法律関係である）の消滅障害事由として，

①　承諾の意思表示が通常であれば承諾期間内に到達すべき時に発信されたこ
　と
②　申込者がそのことを知ることができること，または，それを基礎づける社
　会事象の類型があること
③　申込者が承諾者に対して遅滞なくその意思表示の延着およびその意思表示
　の到達前にそれの遅延を通知しなかったこと

を充足する具体的な社会事象を主張し証明する負担があるというべきであろう
（民522[35]，526Ⅰ[36]，521Ⅰ[37]）。

　中田(淳)・前掲論文927頁は，①および②を承諾者（申込受領者）が立証し，
③の反対事実である遅滞なくもしくはそれ以前に延着の通知をしたことを申込者
が立証することを要するとする。大江・要件事実民法(中)202頁も同旨と思われ
る（ただし，前述した学説の争いについて不確定効力説を採る）。論理的にはそのほ
うが筋が通っているように思われるが，その反対事実は契約の成立の消滅障害事
由の障害事由ということになるのだろうか。しかし，主張責任の分配ないし証明
責任の分配において法律要件分類説によるならば，発生にしろ消滅にしろ障害事

---

(35)　改正法では，現行522条を削除している。
(36)　現行526条1項は，前述した改正法97条1項により，実質的に削除されたことに
　なった。
(37)　改正法では，523条になり，現行521条1項の「契約の」が削られたうえ，本文の次
　に「ただし，申込者が撤回をする権利を留保したときは，この限りでない。」が加えられ
　た。この要件事実は，申込みに承諾の期間を定める通知をしていないときには，承諾の意
　思表示があるまではいつでも申込みの撤回をすることができると解することができるとす
　れば，「①　申込者は，〈申込みに承諾の期間を定める通知をしたが，申込者が撤回をする
　権利を留保していたところ，〉承諾の意思表示の到達〈発信？〉前に，相手方に対し，申
　込みの意思表示を撤回する意思表示をしたこと。②　その撤回の意思表示が相手方に到達
　したこと」で，申込みと承諾による契約の申込者側の・申込みの意思表示の効力の減却効
　果および減却事由になるであろう。

由の障害事由なる事由を認めることはできない，法律要件分類説は，権利発生の
法律要件および権利消滅の法律要件ごとに主張責任の分配ないし証明責任の分配
をすることを原則とするのである。ただ，法律要件を組成する複数の法律事実お
よびそれに対応する法的効果のうちのある法律事実およびそれに対応する法的効
果が一定のやむをえない理由によりその反対の事実およびそれに対応する法的効
果に主張責任の分配ないし証明責任の分配を転換せざるをえないことがあり，そ
の場合に，その反対の事実およびそれに対応する法的効果の主張責任ないし証明
責任を相手方に分配する例外を設定するのであって，法律事実およびそれに対応
する法的効果をそれ以上に細分化しなければならない理由がないばかりでなく，
細分化した事実の内容や法的効果の趣旨を論理的に説明することができないから，
そのようなことは許されないのである。そうすると，③が①および②とともに契
約の成立の消滅障害事由になると解さざるをえないのではないだろうか。

〔**契約の有効性は，主張責任の分配ないし証明責任の分配にあたってどのよう
に理解すればよいだろうか**〕

旧民法では財産編第二部第一章第二款中に合意の「有効ノ条件」が規定されて
いたが，現行民法には，契約の成立については第三編第二章第一節第一款に規定
が設けられているのに，契約の有効についてはなんらの規定も設けられていない。
これは，法律行為の概念を導入するとともに条文を証明責任の分配に応じて規定
しようとしたといわれるドイツ民法第二草案を参考にしたためであると思われる。

ところで，取り消すことのできる行為であってもその行為は有効であるが，取
消事由は，取消権発生の法律要件であるから，取消権者が取消権を行使してその
行為を取り消すと，取り消された行為は，初めから無効であったものとみなされ
る（民121本文）。これに対し，契約の無効であることは，その反対事象である有
効であることが法律要件を組成する法律事実であって，法律効果の原因となりえ
ないから，法律要件ではない（山中「法律要件」民事法学辞典下巻〔増補版〕1871
頁）。ただ，たとえば虚偽表示での善意の第三者に対する関係のように無効を主
張できない者に対する関係では有効であるからそのかぎりでは法律要件になる。

契約が有効に成立したことが契約規範の法律要件であるとすると，申込みと承
諾が合致したかあるいは二つの申込みが合致したかどうかの法的判断とこうして
成立した契約に効力があるかどうかという法的判断が二つ重なることになる。こ
のように法的判断が二重に必要になる行為規範は，契約以外にはないのである。
そして，契約が成立と効力とに区別される実益は，成立していなければ，効力の
有無を問題とする余地がないという論理的関係を明らかにすることと，契約が成
立したことを契約上の権利の存在を主張する者に，その契約が効力を有していな

III　要件事実（論）

い，無効であるであることを・その主張を争う者にそれぞれ主張責任ないし証明責任を分配することにあるとされている（注民⑶44頁〈平井(宜)〉。もっとも，平井(宜)教授は，法律行為の成立要件と効力要件「の区別は具体的にはつけ難いことが少なくなく，それほど実益のあるものではない」といわれる）。

　後者の点を実質的に理由づけるとすると，たとえ一時点のこととはいえ，契約上の権利の存在を主張する者が，契約が有効であること，すなわち，当事者が意思能力を有すること[38]，契約の内容が不確定でなく，不能でもなく，強行法規にも公序良俗にも反することなく，契約を組成する意思表示について意思の欠缺もないことなど，契約の複雑，多様な無効事由のすべての不存在をも主張，証明することは，実際問題としてはほとんど不可能である。また，契約の概念自体が，前述したように成立という法律関係の法的性質を有する，いうなれば要件・効果おいて完結体ともみえるかのような態様とそれについての効力のある（効力要件が存する），いうなれば要件・効果において完結体ともみえるかのような態様の・主張責任を分配しないしは証明責任を分配する趣旨をも含んだ法技術的概念であり，このことは，契約の有効性が契約規範の法律効果および法律要件の解釈から積極的に不存在でなければよいと解される法律事実であることを端的に示すものだからである。さらに，条文を無効事由とした起草者・立法者の意思も，尊重されるべきであろう。

1-4-3　権利主張および権利自白が主張責任の分配の規準となることの可否

〔権利主張および権利自白が主張責任の分配において考慮されなければならないのは，なぜか〕

　権利主張および権利自白についてはこれまでにも折に触れて述べてきたが，ここで改めて，それが主張責任の分配において考慮されなければならない事項であることを明らかにしておきたい。

　民法の条項中に権利，法律関係，一般条項，不特定概念といった法的判断を要する事項が法律要件またはそれを組成する素因である法律事実として規定されている例は少なくない。たとえば，民法545条1項本文は，原状回復請求権発生の

---

(38)　改正法は，第1編第2章第2節に「意思能力」の表題を掲げたうえ，第3条の2として「法律行為の当事者が意思表示をした時に意思能力を有しなかったときは，その法律行為は，無効とする。」と規定する。同条の定める意思能力の意義については説が分かれているようだが，いずれにしても意思能力の欠如および法律行為の無効についての主張責任の分配および証明責任の分配は，権利発生（消滅）障害事由（要件事実）および権利発生（消滅）障害効果（分配・効果）として，法律行為の無効を主張する者すなわち権利の発生（消滅）の存在の主張を争う者の側にあるというべきである。

210

1 要件事実（論）緒言

法律事実として解除権の行使を規定している。そして，この規定の内容はそのまま実質的意義の民法を組織する個別的法規範を構成する行為規範の要件の内容となると考えるが，この行為規範の要件の内容としては，当事者の一方が行使時に解除権を有していることが必要であって，解除権発生の・たとえば民法541条[39]の定める履行遅滞等の事実があることでは十分ではないのである。なぜならば，解除権発生の事実があっても，その後その消滅の事実があれば，解除権の行使は不当であるからである。そうすると，解除権の存在の主張が争われたときは，解除権発生の履行遅滞等の事実を主張しなければならないではないかとの反論があるかもしれない。しかし，この場合には，解除権の存在の主張を争う者が解除権の発生障害事由および消滅（変更を含む）事由をそれぞれ充足する事実の主張をしないか主張しても証明することができないかしたことがあって，はじめて解除権の存在を主張したことと等価値になるのである。解除権の発生原因事実と解除権の存在とは同じでないことを銘記しなければならない。したがって，この行為規範の定める法律事実である解除権の行使について主張責任の分配をすると，これがそのまま原状回復請求権の根拠事由になると解されるから，具体的な原状回復請求の訴訟においては，原状回復請求権の存在を請求とした原告は，請求の原因において原則として具体的な解除権の行使を主張することになる。

わが民訴法は，当事者に法律上の主張をすることを要求することがあって，法律上の主張をすることを認めている。たとえば，同法133条2項2号，民訴規53条1項は，原告に対して請求を特定して主張することを要求するとともに，民訴法266条，267条は，原告が請求を放棄し被告が請求を認諾することができる旨規定しているが，請求は，いうまでもなく権利または法律関係の存否等の主張であって，法律上の主張である。また，訴訟中に「法律関係の成立または不成立」[40]について争いになっているときには，中間確認の訴えを提起することができる旨規定している（民訴145）。さらに，中間確認の訴えにおいて被告が請求を認諾することを否定していないことからみると，権利自白を自白（民訴179）の一種として認めているといってよいであろう。これらのことからも分かるように，私人も民事実体法規を適用する権原を有しているというべきである。法律上の主張を否定する見解を採りえないことは明らかであろう。

ちなみに，権利主張に対して権利自白があると，権利主張をした者は，以後権利主張を基礎づける自然的・社会的事実の類型を充足する具体的な自然的・社会

---

(39) 改正法541条については，注Ⅲ21に前述した。
(40) 「法律関係の成立または不成立」とは，具体的な権利または法律関係の存在または不存在のことだと解されている。

211

III 要件事実(論)

的事実を主張することもその事実を証明する必要もなくなる。しかし，権利主張
が争われたときあるいは争われることを慮ったときは，権利主張をした者あるい
は権利主張をとりやめた者は，その権利主張を基礎づける（理由づける）類型を
充足するところの人が五感の作用で認識をすることが可能な自然的・社会的事実
の主張つまり事実上の主張をしなければならない（権利主張を基礎づける類型につ
いては，後述するところを参照されたい）。

　これは，たとえばある物についての所有権確認の訴えを基礎づける請求は，原
告がその物について所有権を有していること（原告におけるその物の所有権の存
在）の主張であるが，原告は，被告がその請求を認諾するときは，以後その請求
を理由づける請求の原因を主張することもその主張事実を証明することも必要と
しないが，被告が請求を認めないときは，原告は，請求を理由づける請求の原因
として具体的な原告がその物の所有権を取得した原因となる事実を主張しなけれ
ばならない（民訴規53 I）ことと同様な論理にすぎない。そして，この原告の請
求を理由づける請求の原因の主張は，前にも述べたように〔II，3-4などを参
照〕被告がこの主張を争うときはその主張事実を立証によって証明することを
「予告する」ものである。被告がこの主張を認めるとき（民訴179）または争うこ
とを明らかにしないとき（同159 I本文）は以後原告はその主張事実を証明する
必要がないが，被告がこの主張を争うときは，それが要証事実である以上はそれ
を証明しなければならない。いま原告といい，被告といったのは，請求を防御し
あるいは排斥するために主張責任を負う者とその相手方を端的に表現したもので
ある。

〔権利主張および権利自白を否定する見解には，妥当性があるか〕
　司研・要件事実1巻4～5頁は，
　「所有権に基づく物件の引渡請求訴訟の場合，その物上請求権の発生要件は，
①当該物件の所有権が原告にあること，②当該物件を被告が占有すること，の二
つであると一般に解されているが……，右①の要件事実（引用者注・主要事実の
ことである）が観念的な所有権の帰属自体であるのか，それとも原告の所有権取
得の原因となる具体的事実であるのかについては見解が分かれよう。しかし，①
の要件について，いわゆる権利自白が成立する場合は，原告の所有権取得原因事
実を問題にする余地はないが，①が争われる場合は，原告の所有権取得原因事実
となる具体的事実を主張立証しなければならないから，①の要件事実は右取得原
因事実であり，権利自白が成立する限りにおいて具体的事実の主張立証を省略で
きるにすぎないと解すべきである。右①の要件について，いわゆる事実上の権利
推定という方法で直接これを立証することができるか否かについては見解が分か

れるところであろうが，これを肯定する見解（例えば，不動産登記簿の所有名義人の記載について，その者に所有権が帰属するとの事実上の権利推定を認める見解がある。）に立てば，観念的な所有権の帰属自体が，例外的にではあるが，要件事実となることになる」
という。

　この解説を読むと，星野(英)教授が昭和 47 年だったかに行なわれた研究会「私法における法の解釈」で，

　「これに関連してもう一つの問題は，立証責任です。これが理論的にどの辺に位置づけられるかよくわからないのですが，たとえば……所有権は，事実概念ではなくて，法律概念であり，したがってどちらに所有権があるかは，事実問題ではなく法律問題だと思うのですが，裁判所は事実問題のように扱って，立証責任のところで処理してしまうことが通常なわけです。つまり一方に登記がある，だからその者のものであると推定がされる，それをくつがえすだけの反対の証拠が出てきたかどうかという形で処理してしまうことが多いのです。この辺の事実問題と法律問題との限界線のようなところがはっきりしない。〔改行〕もう一つの例は，不法行為における過失という概念です。過失というのはやはり法律概念です。したがって，ここではブレーキを踏んだとか踏まなかったかというのは事実問題ですが，ここではブレーキを踏まなかったことが過失にあたるかどうかは法律問題ではないか。したがって，事実としての過失の有無というのはおかしいので，確定された事実に対して，過失にあたると判断するか否かという，法律問題ではないかと思うのです。しかし，実際は，過失の有無を事実問題であるようないい方をしますから，学者も引っぱられて，挙証・立証責任の転換などといっている。しかし，挙証・立証責任は，事実認定のレベルの問題です。過失の有無は，法律判断のレベルの問題ではないかと思います。つまり，そもそもその辺のところで，事実認定と法律判断の問題がこんがらかっている感があります」（ジュリ増刊・法の解釈（基礎法学シリーズⅣ）〔1972 年 7 月〕83〜4 頁）

　そして，司研のこのわずかな解説の中にも，星野(英)教授のご指摘を裏書きするように，実に多くの疑問があるのである。たとえば，所有権に基づく物上請求権の発生要件をこの①と②の二つであると一般に解されているとする点であるが，現時の通説的見解は，①と②のほかに，③被告（相手方）が原告に対して②の占有を正当ならしめる権原を有していないことの三つであるとするのではないだろうか（我妻＝有泉・新訂物権法 259 頁など）。しかし，そのようなことを一々取り上げていたのでは話が先に進まないので割愛することにして，本題すなわち司研・要件事実 1 巻のいうところの①の要件事実が具体的な所有権の帰属自体であ

213

Ⅲ　要件事実(論)

るかその所有権の取得原因事実であるかの問題に入ることにする。

　要件事実1巻11頁は、「ある法律効果の発生要件に該当する事実が弁論に現れ
ないために、裁判所がその要件事実の存在を認定することが許されない結果、当
該法律効果の発生が認められないという訴訟上の一方の当事者の受ける不利益ま
たは危険を主張責任と呼んでいる」とし、同書3頁は、「権利の発生……の……
法律効果……の発生要件に該当する具体的事実……を一般に要件事実と呼んでい
る」とするところ、同書は、物上請求権の発生要件の①として「当該物件の所有
権が原告にあること」とするから、これが要件事実でなければならないのではな
いか。これを所有権の取得原因事実とするでは矛盾したことをいっているのでは
ないか(もっとも、権利主張は、一般的には認められないが、所有権についてはその
取得を証明することが困難であるから、所有権についてだけは権利主張が認められると
する見解がある。しかし、所有権といえども不動産の場合は時効取得で〔民162。同条
の「他人の」は要件でないといわれている〕、動産の場合は即時取得〔同192〕、無主物
先占〔同239Ⅰ〕などによって取得が認められる可能性があるのではないか)。私見に
よれば、裁判規範としての所有権に基づく返還請求権発生の要件事実は、請求権
の存在を主張する者に④請求者が物について所有権を有すること、®相手方がそ
の物を占有していることについて主張責任が分配されており、請求権の存在の主
張を争う者に©相手方が所有者に対して自分の占有を正当ならしめる権原を有し
ていることについて主張責任が分配されていることであって、④は、所有権の帰
属自体である。この要件事実は、請求者が占有を失った物件について現に所有権
を有していることであって、請求者が過去に所有権を取得したことでは、その後
に喪失したこともありうるので、足りないのである。このことは、所有権に基づ
く物上請求権を、ローマ法以来の歴史的発展の成果と民法197条以下の占有訴権
との対比における解釈上から、返還、妨害排除および妨害予防の三つの態様にお
いて掌握すべきであると考える(舟橋諄一編・注民(6)28頁〈好美清光〉など参照)
か、所有権の円満性が害されればその害された態様に応じて発生すると考える
(田尾桃二「買取請求権が行使された場合の判決主文の表示方法」民事実務ノート3巻
78頁参照)かによって異なるものではない。

　次に、司研・要件事実1巻は、①の「当該物件の所有権が原告にあること」の
要件事実は右取得原因事実であり、観念的な所有権の帰属自体を要件事実でない
としながら、①の要件についていわゆる権利自白が成立する場合には原告の所有
権取得原因事実を問題にする余地はないとするが、前述したように、司研は、証
明責任の範囲および帰属者と主張責任の範囲および帰属者とは同一であるとする。
そうとすると、主張責任がない事実──それは取りも直さず要件事実であるが、

214

1 要件事実(論)緒言

——について権利自白を認めることになる。

　以上の反論は要するに，司研の立場では要件事実ではない原告の所有権の帰属について主張することを認めているが，そのような主張は，主張自体失当なはずであり，また，要件事実でもないそのような権利主張に対して権利自白が成立するはずがないのではないかということである。しかし，前にも述べたことであるが，所有権確認の訴えの請求は，原告が所有権を有している（具体的な所有権の存在）との主張——これは一種の権利主張——であるが，被告は，請求を認めること——これは一種の権利自白——ができるが，被告が請求を争えば，原告は，請求を理由付ける請求の原因として，所有権の取得原因事実を主張しなければならない。上述の例は，これのアナロジーで考えれば，所有権の存在も要件事実（第一次的要件事実。この要件事実を充足する具体的な所有権の存在は，主要事実である）であるとともに，所有権の取得原因事実の類型も要件事実（第二次的要件事実。この要件事実を充足する具体的な所有権の取得原因事実は，主要事実である）ではないだろうか。

　司研のこの記述は，ローゼンベルクの次の記述にヒントを得たものであろう。すなわち，ローゼンベルクは，

　「当事者が，直接に法規の要件事実を複写した主張をし，それを立証すれば足りるような場合——たとえば，……当事者が『売買契約』なり『組合契約』なりを『締結した』とか……原告は『所有権者』であるとか，……等々の主張がなされた場合がそれであるが——は稀である。……どの場合にどの手続がとられるという決まった規制はなく，主張事実に対する相手方の態度が決定的な影響を持つ。相手方が自白するなり争わなかったりすれば，法規の要件事実どおりの主張だけで充分であるが，相手方が争うと，主張および証明の責任ある当事者は，法規の要件事実を含んでいる事実関係を主張し，更にこれを証明して，その事実関係に……売買契約ないし組合契約，……等々の存在が認められるか否かを裁判官が確定できるようにしなければならない」（証明責任論195〜6頁。傍点は，引用者）というのである。そのうえ，ローゼンベルクの証明責任の分配と主張責任の分配の関係についての考え（証明責任論61頁）は後述するとおりである〔IV，1-1の〔司法研修所は，主張責任を客観的証明責任の…〕を参照〕。そして，ローゼンベルクは，証明責任の意義を強調して，証明責任を民事訴訟のバックボーンに比喩するのである（証明責任論87頁。なお，73頁）。

　こう見てくると，司研・要件事実1巻の立証責任とその分配との関係（5頁）（さらに立証責任の分配と主張責任の分配との関係〔20〜1頁〕）の解説がローゼンベルクの証明責任論を下敷きにしていること，そして，要件事実を直接立証可能で

215

III 要件事実(論)

なければならないと断言することの意味が分かろうというものである。

こうして,証明(責任)の対象となりえないものは要件事実たりえないというドクマは,事実審の口頭弁論終結時点における裁判官の真偽不明という心証が民事訴訟のすべてを決するという壮大なドクマの当然のコロラリーなのであるが,それは裁判官による権利創造——権利の訴訟前,訴訟外における存在の否定——というドクマと実に相性のよいものであって,両々相まって「汝は余に事実を語れ,しからば余は汝に権利を語らん」という法諺を字句どおりに読み,それを現代の民事訴訟に出現させようとする試みの理論的支柱になっているように思われる。

〔規範的要件(事実)は,どのように考えるべきか〕

司研・要件事実 1 巻 30 頁は,

「法律効果の発生要件として,……規範的評価に関する一般的,抽象的概念を取り込んだと解される実体法は少なくない」

として,過失(民 112 ただし書[41],709),正当理由(民 110[42],正当事由(借地 4

---

(41) 改正法 112 条 1 項では,現行 112 条ただし書の文言は変わっていないが,改正法の同条本文は「他人に代理権を与えた者は,代理権の消滅後にその代理権の範囲内においてその他人が第三者との間でした行為について,代理権の消滅の事実を知らなかった第三者に対して責任を負う。」に変わり,同条には 2 項が加えられたが,その条文の掲示は省略する。

改正法 112 条 1 項の内容を要件事実として見てみると,条文の「他人」を甲と,「他人に代理権を与えた者」つまり本人を乙と,「第三者」を丙というとするならば,丙の乙に対する権利根拠事由は,「① 甲が丙に対して顕名をして〈乙のためにすることを示して〉意思表示をし,それに対して丙が意思表示をしたこと。② 乙が以前甲に対して代理権を与えたが,その代理権は消滅しており,①の甲の意思表示は,その代理権の消滅後にその代理権の範囲内においてされたこと。③ 丙が代理権の消滅の事実を知らなかったこと」であり,乙の丙に対する権利発生障害事由は,「丙に代理権の消滅の事実を知らないことについて過失があること」である。

(42) 改正法 110 条では,現行 110 条の「前条本文」が「前条第一項本文」に改正されている。なお,改正法では,代理権授与の表示による表見代理を定める現行 109 条に 2 項が新設された。同条項を示すと,「第三者に対して他人に代理権を与える旨を表示した者は,その代理権の範囲内においてその他人が第三者との間で行為をしたとすれば前項の規定によりその責任を負うべき場合において,その他人が第三者との間でその代理権の範囲外の行為をしたときは,第三者がその行為についてその他人の代理権があると信ずべき正当な理由があるときに限り,その行為についての責任を負う」である。従来現行 109 条と 110 条とを合わせた表見代理として認めていた判例〈最(三)判昭和 45・7・28 民集 24 巻 7 号 1203 頁など〉を立法したものであるが,「第三者」を丙と,「他人」を甲と,「丙に対して甲に代理権を与える旨を表示した者」を乙とするならば,丙の乙に対する契約上の権利発生の法律要件は,「① 乙が丙に対して甲に代理権を与えた旨を表示したこと,② 甲が丙との間で顕名をしてその代理権の範囲外の契約を締結したこと,③丙が甲のその行為について乙の代理権があると信ずべき正当な理由があることの三つの法律事実より組成されている。この代理権授与の表示による権限外の行為の表見代理は,改正法 112 条 2 項の表

1 要件事実(論)緒言

Iただし書), 知ルコトヲ得ヘカリシトキ (民100), 背信的悪意といわれる場合の背信性, 信義誠実 (民1Ⅱ), 権利ノ濫用 (同条Ⅲ), 公序良俗違反 (民90[43]) を掲示したうえ,

「これらは規範的要件と総称されるが, 法文上, その発生要件を前記のような一般的・抽象的概念を用いて表現するほかないところから, 一般条項とも呼ばれる」

と解説する。しかし, ここに例示されている条文がすべて一般条項ではないのではないだろうか。一般条項とは, 民法少なくとも前三編の多くの個別的法規範に外在的に妥当領域をもつ法的判断を要するものをいうのではないだろうか[44]。が, それはさて措き, 法的判断を要する法律要件または法律事実は, これを規範的要件 (事実) と呼ぶかどうかは別として, 一般条項のほか, 権利 (民544Ⅱなど), 義務 (民588[45]など), 法律関係 (民703など) あるいは不特定概念 (民709の過失など) 等々少なくないのである。

そして, 司研・要件事実1巻は, 規範的要件 (事実) について

「規範的評価を成立させるためには, その成立を根拠づける具体的事実が必要である」(30頁) と断定したうえ,

「そこで, このような事実を評価根拠事実と呼ぶことに」(30頁) して,

「規範的要件の要件事実すなわち主要事実を当該規範的評価自体とする説は, 前述の評価根拠事実を間接事実とみるから……, 間接事実説と呼ばれ, かつてはこの説が有力であったが……, 最近では, 評価根拠事実が主要事実であると理解する主要事実説が有力になっている」(31頁)

「主要事実説によれば, 規範的評価自体は, 具体的事実が当該規範的要件に当てはまるという法的判断であり, 主要事実ではないことになる」(31頁)

とした後, 司法研修所は, 規範的要件についてそれ自体を要件事実とする説を間接事実説といい (この説の命名は妥当性を欠く), 規範的要件に該当する事実 (評価根拠事実) を要件事実とする主要事実説といって, かなり詳細な議論を重ねた (同書30頁末行～33頁末行の1行前) うえ, 主要事実説に従うのが妥当と考えられ

見代理とともに, 第三者を保護すべき程度が薄いと思われるので, この法律要件について主張責任の分配ないし証明責任の分配をして丙の権利根拠事由になると考えるべきである。

(43) 改正法90条では, 現行90条の「事項を目的とする」が削られた。

(44) 特定の個別的法規範の法的判断を要する法律事実にすぎないものは, 不特定概念などといわれるが, 一般条項と法的性質が類似しているところから, 現在の通説は, 一般条項を不特定概念に同化しているといわれる (倉田「一般条項と証明責任」法学教室〔第二期〕5号69頁。この論文は, 同・民事実務と証明論に収録されている)。

(45) 改正法588条では, 現行588条の「消費貸借によらないで」が削除された。

Ⅲ　要件事実（論）

るとする。しかし，司法研修所は，「規範的要件に該当するものと判断できるか否かは法律問題であり，法規を適用する裁判所の職権に属し，当事者が『過失あり』などと規範的評価の成立を主張する場合の，その主張の性質は法律上の意見である」（同書32〜3頁）というのである（この見解が不当であることについては，前述した）から，それだけの理由で，主要事実説を支持すればよいのではないだろうか。

　「主要事実説も間接事実説もそれぞれ問題を抱えてはいるが，主要事実説の難点を救うための以上のような配慮がされることを前提として，主要事実説に従うのが妥当と考えられる」（33頁）
とする。

　同書がいうところの間接事実説を排斥する主たる理由は，

　「間接事実説が理解するように，規範的評価自体が主要事実であり，評価根拠事実はその間接事実にすぎないならば，主要事実とされる規範的評価を直接立証することが理論上可能でなければならないが，具体的事実から切り離された過失とか正当理由とか背信性などの評価自体を証拠によって直接立証する方法がないことは明白である」（31頁）
ことにあるのであろう。

　しかし，間接事実説の根拠は，同書31頁が推測するように「法規上，過失，正当の理由などが要件を示す用語として使用されていること」にあるのであり，そのような理解は，裁判が法律に基づいてされなければならない以上，当然のことだと考えているのである。そして，抽象的な規範的要件（事実）に該当する具体的な規範的事実は，証明の対象になりえないことはいうまでもないが，主張の対象にはなり得るのである。そして，訴訟当事者は，規範的要件（事実）が請求の内容である権利の存否を基礎づけまたは排斥するその発生なり消滅なりの法律要件またはそれを組成する素因である法律事実であるときは，その権利の存否を基礎づけまたは排斥するために，主体的にその規範的要件（事実）に該当する具体的な規範的事実を主張する訴訟上の権利を有し，かつ，負担を負うとするのである。権利自白も，そのような訴訟当事者の主体的な訴訟行為の一環において積極的に理解されるべきものである。

　いずれにしても，要件事実の本籍が行為規範の定める法律効果および法律要件であるとすると，それは，証明責任の分配とはもちろんのこと主張責任の分配とも直接の関係なく定まっているものである。したがって，規範的要件（事実）が法律要件またはそれを組成する素因である法律事実になっているときは，それについて主張責任の分配をしてそれが裁判規範の要件すなわち要件事実になるので

218

ある。

〔規範的要件（事実）を基礎づけるものは，どのように考えるべきか〕

司研・要件事実１巻32〜3頁は，その依拠する

「主要事実説に従えば，規範的評価を根拠づける事実のみが主要事実であるから，これに当たる具体的事実の全部について主張責任がある……〔改行〕主要事実説といえども実際面で問題がないわけではない。すなわち，評価根拠事実はすべて弁論に現れたものに限られ，主張のない事実はいかに当該評価を根拠づけるために有用であっても，裁判所がこれを判断・評価の根拠とすることは弁論主義に反し，許されないから，当事者の主張責任の負担はそれだけ厳しくなる。……〔改行〕主要事実説を維持した上で右の問題に対処するには，立証された事実と主張内容との食い違いを是正する機会を適切に設置する必要があり，主張の補充が予定されているときは，相手方の防御権を実質的に損なわない限り，現に主張がないことを理由とする立証活動の規制も，比較的緩やかに扱われるのを適当としよう。また，……主張の欠落に対しては釈明権の適切な行使が期待される」とする。しかし，当該評価を根拠づけるために有用である事実は，微細な事実までも主張することを要するとすると，当事者は当然のこととして，裁判所にとっても事実主張の整理に膨大な労力を注がなければならないことになり，現実の訴訟においてはその実施がかなり困難であろうし，それに応じていちじるしい訴訟の遅延を招来することになるのではないだろうか。が，なんといっても，一番に問題なのは，主張主題の不定性が法的不安定性をもたらすことであろう。

　ヘンケによれば，不特定概念は，どの裁判官も一定の判断に到達すべき確定部分と，裁判官によってはじめて確定される未確定部分から成り，裁判官が不特定概念を適用する際には（社会的）類型を一応の基準とするが，それは不特定概念の確定部分にのみ関わり未確定部分には関係しない。不特定概念における法的三段論法にあっては，裁判官が不特定概念をやや具体化して一般的な意味をもつ大前提を形成しなければならないが，それは確定部分についてのみ可能であり，個別的事案に関連する未確定部分に関する解釈の続行は小前提で行なわれるということのようである（柏木「不特定概念と判決二段論法　ヘンケ「事実問題　民事法における不特定概念その可能性」の紹介と検討をかねて──」北大法学論集22巻2号〔1971年9月〕202頁参照）。このヘンケの見解は，「どの裁判官も」を「どの当事者および裁判官も」とすべきであるとするほかは，肯定することができる。

　立法において，規範的要件を法律要件なり法律事実として規定せざるをえないということは，内容となる事実の態様などから，ヘンケのいう未確定部分までを立法化することができず，その確定を裁判官に任せざるをえなかったからではな

Ⅲ 要件事実(論)

いだろうか。そうだとすれば，私見として規範的要件（事実）についていえば，第一次的な要件事実は，規範的要件（事実）であって，具体的な訴訟において主張責任の対象となるものはそれを充足する具体的な規範的事実であり（それが主要事実），それが争われた場合に第二次的な要件事実となるものは，規範的要件（事実）を基礎づけるに足りる自然的・社会的事実の類型であり，主張責任および証明責任の対象となるものは，それを充足する具体的な自然的・社会的事実（それがヘンケのいう確定部分）であって，それで足りることになる。

　次に，規範的要件（事実）である民法709条の過失を取り上げて，この項で考察してきたことを具体的にみておきたい。この過失は，通常，自己の行為により一定の結果を発生すべきことを認識すべきであるのに，不注意のためその結果の発生を認識しないでその行為をする心理状態であると定義され（加藤一郎編・注民(19)〔昭和40年9月，有斐閣〕22頁〈加藤(一)〉），故意と選択的に同条による損害賠償請求権発生の法律要件を組成する法社会的律事実になるとされているが，同条の不法行為の成立において要求される過失は抽象的過失と考えられている（同書24頁〈加藤(一)〉）から，それは「単なる社会的事実ではなくて，その法的評価を経たものである」（加藤(一)・不法行為〔増補版〕〔法律学全集〕〔昭和49年10月。初版は，昭和32年7月，有斐閣〕70頁）る。このように，同条の不法行為による損害賠償請求権発生の選択的な法律事実であっても，故意と過失では法的性質は異なり，故意が特定概念でその主張は事実上の主張であるのに対し，過失は，不特定概念でその主張は法律上の主張（一種の権利主張）である（村上・証明責任の研究〔新版〕〔昭和61年2月，有斐閣。初版は，昭和50年8月である〕277頁は，故意も法律判断事項であって，事実問題ではないという。未必的な故意は，そういってよいかもしれない）。

　過失についても，例のごとく，過失自体が要件事実ないし主要事実か，過失を基礎づける具体的事実が要件事実かが争われている。それについては主張責任のみを視野に入れればよいのか証明責任をも視野にいれなければならないのかともつながる問題である。かつては過失自体を主要事実としそれを基礎づける自然的・社会的事実は間接事実にすぎないとするのが通説的見解（姙本・判例批評録3巻〔昭和4年8月，寶文館〕201頁，兼子・新修民事訴訟法体系199頁，改説前の三ヶ月章・民事訴訟法〔法律学全集〕〔昭和34年1月，有斐閣〕159頁，岩松＝兼子編・法律実務講座民事訴訟編2巻〔旧版〕116頁，120頁など）であった。しかし，この見解によりながら，主として訴訟政策的な理由から，過失を基礎づける具体的事実が主張されるべきであるとする考えが提唱され（倉田「一般条項と証明責任」法学教室〔第2期〕5号71頁，三ヶ月・民事訴訟法〔3版〕〔法律学講座叢書〕189頁。なお，

村松俊夫「間接事実の意義と価値」上智法学論集 13 巻 2・3 合併号〔昭和 45 年〕9 頁，33 頁），この考えにおいては，過失を理由づける具体的な事実を準主要事実であるとして，その主張があれば過失という抽象的表現は不要であるとされる。

　したがって，この考えは実質的には過失を基礎づける具体的事実を主要事実とするのもであるが，現在では，過失は法律事実ではあるがそれを基礎づける具体的事実が主要事実であるとする見解（小沢文雄「直接事実と間接事実」法学教室〔第 1 期〕3 号〔1962 年 3 月〕66 頁，山内敏彦「一般条項ないし抽象的概念と要件事実（主張立証責任）――権利の濫用，過失，正当の事由，背信行為と認めるに足りない特段の事情等の主張はどこまですればたりるか――」判タ 210 号 43 頁，44 頁。この論文は，民事実務ノート 3 巻 1 頁以下に収録されている，山木戸「自由心証と挙証責任」大阪学院大学法学研究 1 巻 1・2 号 106 頁，109 頁）が有力になってきている。さらに，「『過失』が主要事実であるという……見解が，『過失』が主要事実で『過失』に該当する具体的事実，例えば，よそ見運転，飲酒運転など（以下，便宜上，これらの事実を a1，a2…an とする）が間接事実である，という趣旨なら誤りである。『過失』とは，a1，a2…an の一部または全部を指示するための言葉である。a1，a2…an は，『過失』を推認させる事実ではなく，『過失』それ自体，あるいはその構成事実である。従って，『過失』を主要事実だとする意味は，次の点に尽きる。つまり，『過失』が主要事実だということは，a1，a2…an がそれぞれ主要事実だということとトートロジーであり，それゆえ，『過失』を主張すれば，論理的には a1，a2…an すべてを主張したことになる」とする見解（石田(穣)・民法と民事訴訟法の交錯〔1979 年 11 月，東京大学出版会〕24 頁）も唱えられている。

　しかしながら，「過失は，不法行為責任の帰責事由であって，加害者の単なる主観的事情における不注意がただちに法的な意味における過失とされるとは限らない。それは，社会的意味における過失に即しつつ（社会通念によりつつ），しかも法的な立場からの評価を加えて決定されるのである」（加藤(一)・不法行為〔増補版〕70 頁）。

　したがって，具体的な民法 709 条に基づく損害賠償請求権が発生するためには，過失の事案であるかぎり加害者，日時，場所，行為態様などで特定された過失（たとえば，原告はいつ普通乗用自動車を運転し，どこそこの信号機により交通整理の行なわれている交差点手前で前方の赤色の表示に従って停止したところ，被告の過失によりその運転する普通乗用自動車に追突された）が主張されるべきであり，相手方がそれを認める以上それで足りるというべきである。言い換えれば，行為規範である一般の不法行為に基づく損害賠償請求権発生の原因となる法律要件を組成する素因である法律事実が過失である以上，それについて主張責任の分配が行われ

Ⅲ　要件事実(論)

て，損害賠償請求権の存在を主張する者に属することになる裁判規範の要件事実
が見出され，それを充足するものが主要事実になるのである。これを過失を基礎
づける自然的・社会的事実で代替することはできないというべきである。

　そして，不特定概念である過失の主張を相手方である損害賠償請求権の存在の
主張を争う側が認めれば，自白（一種の権利自白）が成立し（岩松・民事裁判の研
究126頁），それを基礎づける具体的事実の主張および証明を要しないのである。

　こうして，規範的要件（事実）が民法709条の過失であるときは，損害賠償請
求権の存在を主張する者は，第一次的要件事実であるのは賠償義務者の過失であ
るから，賠償義務者が被告であるならば，被告に過失があることを主張すればよ
く，被告がその主張を争うならば，それが交通事故による物損であるならば，第
二次的要件事実は過失を基礎づける自然的・社会的事実を内容とする類型であっ
て，たとえば自動車運転中前方不注視なりハンドル操作の誤りなりなどであるか
ら，それを充足する主要事実として被告が自動車を運転中に居眠りをしていたと
か，左にハンドルを切りすぎたとかを主張し，被告がそれを争えば，その事実を
証明しなければならない。居眠りの原因が前夜来からの長時間にわたる運転の継
続であるか運転直前の飲酒であるかあるいはハンドル操作の誤りの原因が道路前
方の穴を避けようとしたかその自動車をはじめて運転してハンドルの遊びの程度
を知らなかったかは間接事実にすぎないから，そのような事実がいかに当該評価
を根拠づけるために有用であっても，そこまで主張責任が及ぶわけではないし，
裁判所がそのような事実を証拠上明らかになったとして認定しても弁論主義に反
する判決をしたことにはならない。

　〔権利主張および権利自白の許否は，民事訴訟の本質に対する理解とも関連す
　　るのではないだろうか〕

　司研・要件事実1巻32〜3頁は，

　「……規範的要件に該当するものと判断できるか否かは法律問題であり，法規
を適用する裁判所の職権に属し，当事者が『過失あり』などと規範的評価の成立
を主張する場合の，その主張の性質は法律上の意見の陳述である」

という。言い換えると，法的判断をすることができるのは裁判所だけであり，当
事者およびその訴訟代理人である弁護士や司法書士は法的判断をすることはでき
ない（法律問題については意見を述べることができるだけである），あるいは，法規
を適用することができるのは裁判所だけであり，当事者およびその訴訟代理人で
ある弁護士や司法書士は法規を適用することができない（法規を適用する権限が
なく，法規の適用について意見を述べることができるだけである）というのである。

　当事者が法律上の主張をすることができるかどうかは，民事訴訟における当事

222

者と裁判所の地位をどのように考えるかの根幹にかかわる問題である。なぜこのような当事者の法律上の主張を否定する見解が出てくるのかはかならずしも詳らかではない。それは，おそらく証明責任論が主張・証明責任に関して客観的証明責任をすべての基本であるとし，証明責任からその分配が論理必然的に析出され，主張責任およびその分配は，証明責任およびその分配の弁論主義による投影にすぎないとすることに由来するように思われる。裁判官の心証を前提とする法理である客観的証明責任は，その当然の事理として，人間の五感の作用によって認識可能な自然的・社会的事実のみを対象としうるのであって，人間の思惟の所産である権利などを対象とすることはないということであろう。しかし，それでは民事訴訟の主催者を裁判所だけであるといっているように思われる。

　権利主張および権利自白を認めるか否かは，それだけにとどまらず，民事訴訟の本質に対する理解とも関連してくるように思われる。

　裁判所が権利主張および権利自白を認めない立場では，たとえば，期間の定めのない借家契約の解約申入れによる借家契約の終了（借地借家28）に基づく建物明渡請求訴訟において，被告である借主が原告である貸主の解約申入れに正当の事由が備わっていて借家契約が終了していることを承知しており，ただ原告が被告の出えんした原告の負担に属する必要費の償還請求（民608Ⅰ）を認めないために留置権を行使した（民295Ⅰ）だけであるとすると，被告は，原告の解約申入れに正当の事由があるとの権利主張を権利自白しても，原告のこの権利主張を許さず，釈明権を行使して（民訴149Ⅰ）原告に借地借家法28条の規定に該当する具体的な事実を主張させ，被告にはそれについて認否をさせることになるはずである（岩松＝兼子編・法律実務講座民事訴訟編〔旧版〕5巻72頁参照）。

　また，瑕疵担保による損害賠償請求訴訟において，株式会社である被告が売買の目的物に隠れた瑕疵があることを承認し，原告が主張する損害額のみを争うべく，被告は，売買の成立とその目的物に隠れた瑕疵があることを認める陳述をしても，裁判所は，原告の「被告から特別仕様の電気製品を買った。それには隠れた瑕疵があった」というだけの主張を許してはならず，釈明権を行使して，原告に被告の原告に対する販売を担当した者（の氏名や）地位（商43など参照）と隠れた瑕疵の具体的な事実を主張させ，被告にはそれについて認否をさせるべきだということになるはずである。

　ということは，この立場は，原告のその権利主張と被告の権利自白を許容して争点である必要費の出えんの有無や損害の額の有無・範囲についての審理を進める，つまり，民事訴訟を当事者の争う限度で裁判すればよいことを否定することになるばかりでなく，訴訟が無用に遅延することをかえりみないことを是認して

223

Ⅲ　要件事実(論)

いるように思われるのである。

　これに対し，処分権主義や弁論主義を私的自治の原則の訴訟法的表現であると
考えると，民事訴訟においては，訴訟当事者は，法的判断を要する事項を主張す
ることができるばかりでなく，相手方の争う限度で主張をし立証をすればよいの
であって，したがって，被告の争い方が上述したようなものであるときは，原告
の権利主張と被告のそれに対する権利自白を許容して，争点である必要費の出え
んの有無や損害の額の有無・範囲について審理を進める，すなわち，民事訴訟を
当事者の争う限度で裁判をすればよいとし，訴訟の遅延を可及的に僅少にしよう
とするとともに，争点と離れたところでの釈明権の行使を回避しようとするので
ある。

1-4-4　消極的事実が主張責任の分配ないし証明責任の分配の規準になる
　　　　　ことの可否

**〔消極的事実が主張責任の分配ないし証明責任の分配の規準になるとする見解
には，妥当性があるか〕**

　一定の社会事象が存在しない，つまり「ない」という社会事象を消極的事実と
いう。消極的事実は，証明が困難であるから，主張責任の分配ないし証明責任の
分配の規準になりうるとする見解がある（定塚・主張立証責任論の構造に関する一
試論28頁など）。また，司法研修所・七訂民事判決起案の手引（昭和63年4月）
114頁の不当利得返還の項や9訂民事判決起案の手引（平成13年5月，法曹会）・
事実摘示記載例集8頁の不当利得に基づく利得金返還請求権では，法律上の原
因に基づかないことを請求原因記載例としながら，注において「請求原因として
は，ア（＝原告の損失），イ（＝被告の利得），ウ（＝アイ間の因果関係）のみで足り，
被告の利得が法律上の原因に基づくことを示す事実が被告の抗弁であるとの考え
方もある」としてこの考え方を積極的に排斥していないが，この考え方というの
は，いま述べた見解をいうのかもしれない。

　ローゼンベルクは，

　「どのような場合でも，証拠提出が困難だということは——いやそれが不可能
だということでさえ——本書の証明責任諸原則の変更を導くものではない……。
けだし，消極事実を証明すべきは，法律上それにある法律効果が結びつけられて
いる場合に限るからである。そうである以上，それにもかかわらず消極事実の証
明不要との説を持することは，とりもなおさず，実体法の変更を意味することに
なろう」（証明責任論405～6頁）

といいながら，他方で，

224

1　要件事実（論）緒言

「ある期間内にある一定の事件が起こらないこと，ないし，ある一定の行為が
なされないことが，ある権利の発生ないし消滅を左右するようになっている場合
は山ほどある。権利を主張する者，その消滅を主張する者は，その事件が起こら
なかったこと，その行為がなされなかったことを証明しなければならないわけで
なく，相手方のほうが，事件が起こったとか，行為がなされたとかいう積極的事
実の証明をしなくてはならないのである」（証明責任論 410 頁）
ともいう。上述の消極的事実は証明困難であるから主張責任の分配ないし証明責
任の分配の規準になりうるとする見解は，おそらくローゼンベルクのこの後の見
解を拡大して祖述するものであろう。

　しかし，わが国の主張責任の分配および証明責任の分配に関する慣習法にその
法理を提供した旧民法証拠編 1 条 1 項は，権利の発生事由の主張・証明責任が
「有的又ハ無的ノ事実ヨリ利益ヲ得ンカ為メ裁判上ニテ之ヲ主張スル者」に分配
されることを定めている。この「有的又ハ無的ノ事実」とは，積極的または消極
的（自然的・社会的）事実のことである。そして，ボアソナード口述・民刑証拠
法講義 14 頁は，

　「……本条ハ前回ニ述ヘタル――問題即チ挙証ノ任ハ申立テラレタル事実ノ有
的ナルト無的ナルトニ従ヒ其結果ヲ異ニスルヤ否ヤノ問題ヲ決定セリ即チ無的ト
有的トヲ問ハス凡テ――一ノ事実ヲ申立テ利益ヲ得ントスル者ハ証拠ヲ挙ク可シ
ト定メ以テ仏蘭西ニ於ケルカ如キ議論ヲシテ起ルコトナカラシメタリ……挙証ノ
困難ハ其人ノ不幸ニシテ復如何トモスヘカラス」
とするのである。そして，旧民法証拠編 1 条 1 項が積極的および消極的（自然
的・社会的）事実が証明責任の分配の規準になりえないとしたことは，法律要件
分類説を採用し，要証事実分類説に与しないことを闡明したものであるというべ
きである。

　このことは，たとえば善意と悪意とは多くの場合において反対事実であって，
善意であることすなわち悪意で「ない」ことであり，悪意であることすなわち善
意で「ない」ことである（このことは，たとえば，民法 466 条 2 項[46]ただし書は

（46）　改正法では，現行 466 条 2 項をほぼ全面的に改正している。すなわち，改正法 466
　　条 2 項は，「当事者が債権の譲渡を禁止し，又は制限する旨の意思表示（以下「譲渡制限
　　の意思表示」という。）をしたときであっても，債権の譲渡は，その効力を妨げられな
　　い。」こと，同条 3 項は，「前項に規定する場合には，譲渡制限の意思表示がされたことを
　　知り，又は重大な過失によって知らなかった譲受人その他の第三者に対しては，債務者は，
　　その債務の履行を拒むことができ，かつ，譲渡人に対する弁済その他の債務を消滅させる
　　事由をもってその第三者に対抗することができる。」こと，同条 4 項は，「前項の規定は，
　　債務者が債務を履行しない場合において，同項に規定する第三者が相当の期間を定めて譲
　　渡人への履行の催告をし，その期間内に履行がないときは，その債務者については，適用

225

Ⅲ　要件事実(論)

「善意」の第三者と規定するが，債権の譲渡禁止の特約が債権の譲渡性を物権的に奪う
ものであるとする説は，「悪意」の譲受人に対しては債権移転の効果を生じないと解し
ていることなどによっても明らかであろう）が，われわれはこれにはなんらの疑念
を抱かず善意の存在の証明責任の分配を論じ，悪意の存在の証明責任の分配を論
じていることからも明らかのことであろう。

しない。」をそれぞれ新設している。さらに，466条の2〜6が新設され，加えて，現行
469〜473条の定める指図債権や無記名債権に関しては，520条の2〜20に「有価証券」
の節の下で記名証券とともに証券として一括して改正ないし新設されている。したがって，
有価証券についての要件事実については，別途検討されなければならないことになった。
　さて，現行法の下では，譲渡制限の特約（現行法の下では，一般に「譲渡禁止の特約」
と称されたが，改正法の下では，466条2項の略称に基づいて，「譲渡制限の特約」とい
うべきであろうか）のある指名債権の譲渡の効力（改正法では預金債権または貯金債権に
かかる譲渡制限の特約の効力については466条の5で規定している。なお，現行法469
条〜473条が全面的に改正されたため，指図債権，記名式所持人払債権および無記名債権
のいわゆる証券的債権の用語がなくなったので，指名債権の用語も不要になり，単に「債
権」といえばよくなった）については，債権譲渡自体が無効であるとする物権的効力説と
債権譲渡は有効であるが，債務者は，悪意の譲受人に対して弁済を拒みうるいわゆる悪意
の抗弁を提出することができるとする債権的効力説との争いがあり，物権的効力説が通説
であり，判例（最(一)判昭和52・3・17民集31巻2号308頁，最(一)判平成9・6・5民
集51巻5号2053頁）も同説を前提として判示しているといわれている。しかし，改正
法466条2項の定めによるときは，改正法は，基本的には債権的効力説を採っていると
いってよいであろう。とはいえ，譲受人の悪意を抗弁とすると，債権譲渡契約に譲渡制限
の特約があることも抗弁中に主張することになるが，そうすると，たとえば譲渡人と債務
者との間で譲渡人が売る申込みをしたのに対して債務者が売買代金債権の譲渡をしないと
いうのであれば買うとする変更を加えた承諾をしたが譲渡人がそれを申込みと認めずに放
置していた場合（民528）には，契約は成立していないことになるが，そうすると，請求
の原因で認められた契約の成立は，どういうことになるのであろうか。譲受人（改正法
466条3項のいう「その他の第三者」である債権質権者については，検討を省略する）が
債務者に対して譲受債権の履行を求める訴訟を提起したとすると，譲渡人の債務者に対す
る債権の発生原因事実が契約の締結であるとすれば，譲受人は，請求の原因で，ほとんど
の場合にその契約の成立を主張することになるが，その主張の中で，多くの場合黙示とは
いえその契約には譲渡制限の特約はないことか，特約があるときは「譲渡人が譲受人に対
してその債権を譲渡する契約を締結した際，譲受人は，その債権について譲渡を禁止また
は制限する旨の約定があることを知らなかった」ことかの主張ないし証明をしなければな
らない，すなわち主張責任ないし証明責任が譲受債権の存在を主張する者に分配されると
みるべきであろう。これに対し，「譲受人に知らなかったことについて」重大な過失があ
ることまたは重大な過失を基礎づける類型的な自然的・社会的な事実があること」につい
ては，譲受債権の存在を争う者に主張責任の分配ないし証明責任の分配がある。同3項は，
法律効果として，「債務者は，その債務の履行を拒むことができ」ることと，「譲渡人に対
する弁済その他の債務を消滅させる事由をもってその第三者に対抗することができる」の
二つを定めているが，前者は，後に触れるように権利消滅の効果をも伴う権利行使阻止効
果および権利行使阻止事由としての抗弁権であろうから，その行使は，抗弁権者である債
務者により訴訟上でされなければならない。したがって，権利（抗弁権）を主張するに主
張責任の分配がされるのは当然のことである。

契約には条件についていえば条件の付された契約のほか「無」条件の契約があって，条件付き契約上の権利と無条件の契約上の権利が別個の権利であり，無条件の契約の成立は，その契約上の権利を主張する者に主張責任が分配されること，賃料債務を延滞することは債務を履行し「ない」場合であって，その場合に契約を解除するときは，催告期間内に賃料債務の履行しないことを賃貸人が主張し証明しなければならないことなどはすでに検討してきたところであるから〔I，4-2-1の〔条件付き契約と…〕および 4-2-3 を参照〕，次には不当利得における法律上の原因の欠如（民 703）の 1 例だけを取り上げて検討することにとどめたい。

〔消極的事実の例として民法 703 条の定める法律上の原因のないことを取り上げると，その主張責任は，不当利得返還請求権の存在を主張する者にあるのではないか〕

民法 703 条は，不当利得返還請求権発生の法律要件を組成する素因である法律事実の一つとして，法律上の原因「なく」を定めている。この法律事実についての主張責任の分配および証明責任の分配をめぐっては争いがある。

前に紹介した司研・七訂民事判決起案の手引 114 頁の不当利得返還の項の注には，次のような記述がある。

「不当利得返還請求については，実務は，要件事実として，㋐　原告の損失，㋑　被告の利得，㋒　㋐㋑間の因果関係，㋓　被告の利得が法律上の原因に基づかないことを示す各事実を必要とする考え方に立っている。この考え方によると，理論上，原告は，あらゆる法律上の原因のないこと…（引用者注・本文に掲げた設例による法律上の原因のないことについての記述があるが，省略する）…すべての取得原因のないことを主張立証しなければならないことになるであろう。しかし，実務上は，通常，……事実関係が主張立証されれば，右㋓の要件が主張立証されたものとして取り扱っている。

これに対し，原告の主張すべき請求原因事実としては，㋐，㋑及び㋒のみで足り，被告の利得が法律上の原因に基づくものであることは，被告の抗弁とする考え方がある（引用者注・以下に，本文に掲げた設例による請求原因，抗弁の記述があるが，省略する）」。

この注記によれば，司研は，被告の利得が法律上の原因のないことの主張責任の分配ないし証明責任の分配について，後者を前者と同列に扱っているが，その理由は，明らかでない。ただ，あらゆる法律上の原因の「ない」という消極的事実を主張立証することは困難ではないかという配慮があるように思われる。

もっと積極的に，法律上の原因のないことはその主張を争う者にあるとする説（三井「要件事実の再構成（一）」法曹時報 27 巻 10 号〔昭和 50 年 10 月〕1880 頁，同

Ⅲ　要件事実（論）

「要件事実の再構成（二）」同巻 11 号〔同年 11 月〕218 頁，2117 頁，2121 頁（もっとも，給付不当利益の場合は，債権が無効・取消し，解除などにより発生しなかったことあるいはその後消滅したことなどの再抗弁は，請求原因にせり上がるとする）〔この両論文は，要件事実の再構成〔昭和 51 年 1 月，法曹会〕に合冊されて刊行されている〕，帰属法的不当利得の場合につき同旨（高木(多)ほか・民法講義 6〔有斐閣大学双書〕〔昭和 52 年 6 月〕・56 頁，93 頁〔加藤雅信〕など）また，利得者の方が，一般に，外形的な法律上の原因の存在を立証するなどとする説（石田(穣)・証拠法の再構成 191 頁）も有力に唱えられている。この説の論拠は論者によって異なるが，その中心になるのは，不当利得時返還請求訴訟の原告が被告において利得を保持すべきなんらの法律上の原因がないという消極的事実を主張・証明しなければならないとすると，原告に「悪魔の証明」と課することになるということであろう（三井・前掲「要件事実の再構成（一）」1880 頁，同・前掲「要件事実の再構成（二）」2108 頁，高木(多)ほか・前掲民法 6・56 頁参照）。

　法律上の原因の欠如が「被告が原告に対して如何なる債権をも有していない事」（三井・前掲「要件事実の再構成（二）」2108 頁。2117 頁）であるとか，「財貨移転を基礎づける種々の法律関係が全く存在しないこと」（高木(多)ほか・前掲民法講義 6・56 頁）であるとかいうのであれば，その証明は確かに悪魔の証明（法律上の原因が権利または法律関係であるとすると，正確には，立証ということはないから，主張）であるといわざるをえないであろう。しかし，そのような事態になるのは，有力説が法律上の原因を債権説や法律関係説で理解しようとするからではないだろうか。

　法律上の原因ないしその欠如の意義については，統一説の中においても説がわかれているが（学説の分布については松坂佐一・不当利得論〔昭和 28 年 3 月，有斐閣〕271 頁，同・事務管理・不当利得〔新版〕〔法律学全集〕〔昭和 48 年 6 月，有斐閣〕111 頁，我妻・債権各論下巻一〔昭和 47 年 1 月，岩波書店〕938 頁など参照），わが国の通説（松坂・前掲事務管理・不当利得 111 頁，我妻・同書 938 頁など）である公平説によれば，法律上の原因の欠如は，一般に第三者に対する関係においては一応受益者に帰属した利得をそのまま損失者に対する関係においてもまた保有させることが公平の原則に反することである。そうだとすれば，法律上の原因の欠如という法律事実は，権利の欠如または法律関係の欠如ではなく，不特定概念にすぎないことになり，いわんや，あらゆる法律上の原因の「ない」という消極的事実を主張立証することにもならないことになる。

　この法律事実について主張責任の分配をして裁判規範の要件である要件事実を見出すと，それは不当利得返還請求権の存在を主張する者にあるというべきであ

1 要件事実(論)緒言

る（同旨，小室直人「不当利得返還請求権の主張・立証責任」谷口知平教授還暦記念・不当利得・事務管理の研究(2) 180 頁，村上・証明責任の研究〔新版〕270 頁など）(47)。不当利得返還請求権は，法定債権関係であるから，行為規範の定めるその発生を法律効果とする法律要件について主張責任の分配ないし証明責任の分配をするにあたっては，それを組成する法律事実を極力一体として行なうべきである。「法律上の原因がない」という法律事実がそれ自体としてあるいは他の法律事実との一体性との関係においてそれを損なう理由が見当たらないからである。「法律上の原因がない」ことを不特定概念であるとすると，それは主張責任の分配の対象になるだけである。その主張をすることは格別に困難であるということはない。そして，具体的な訴訟において不当利得返還請求の原告が請求の原因の一部としてした「法律上の原因がない」という主張は，権利主張となり，被告がこの主張を争うときは，原告は，それを基礎づける権利関係の根拠事由とその発生障害もしくは滅却事由または類型化された事実（この類型化の方向性の概要については，谷口(知)編・注民⒅平成 3 年 9 月，有斐閣〕400 頁〈谷口（知）〉をみられたい）を充足する具体的な社会事象，たとえば給付利得返還請求権の一種である狭義のconditio sine causa（松坂・前掲事務管理・不当利得 130 頁参照）の類型に属する錯誤によって無効な売買契約において交付された代金の返還を求める場合であれば，売買契約における買主の要素の錯誤（民 95 本文）を充足する具体的な社会事象を主張し，証明することになる。

　こうして，行為規範の定める不当利得返還請求権発生の法律要件を組成する法律事実の一つ「法律上の原因がない」ことの裁判規範上の要件事実は，単純な消極的事実の存在の証明であって，これを悪魔の証明ということは，誤りである。悪魔の証明は，権利関係の存否または長期間にわたる消極的ないし積極的（自然的・社会的）事実の存在の（主張および）証明をいうのである。

1-4-5　民事訴訟における主張責任の分配ないし証明責任の分配の仕様

〔具体的な民事訴訟において請求の内容である権利の存否等をまず主張の，次いで証明の各段階で可能にするためには，前述したＡ，Ｂ－１またはＢ－２の各社会事象の存在または不存在を一定の規準の下に権利の存在を主張する者とそれを争う者に適切に分配すればよいのではないか〕

　それでは，権利の訴訟手続きによる保障を実現するためには，どのようなこと

---

(47)　ただし，改正法が 121 条の 2 を新設したことなどから，不当利得について類型説を採ったと解さざるをえないとすれば，類型によって法律上の原因の欠如の主張責任の分配ないし証明責任の分配が異なることになるかもしれない。

229

Ⅲ　要件事実（論）

をすればよいのであろうか。民事訴訟における審判の対象である請求の内容となる具体的な権利が社会事象の有無に対する単一のまたは複合する行為規範の適用の有無により存在しあるいは存在しないと推論されるものである以上は，被告がその請求すなわち権利の存否等の主張を認めない場合において，請求を基礎づけるものは，この行為規範の定めの有無を根拠とするものでなければならない。そうとすれば，考えられることは，この行為規範の定めの有無を前提として，請求の内容である権利の存在等または不存在等を，まず主張の段階で，次いで証明の段階で可能にするため，2当事者が対立し，対立する当事者双方の地位が実質的に平等で，攻撃・防御をする機会も実質的に対等でなければならないという訴訟の構造に適合するように，本章1－2で述べたＡ，Ｂ－1またはＢ－2の各社会事象の存在等または不存在等を，一定の規準の下に，権利の存在を主張する者とそれを争う者とに分配することである。

　そこで，次に主張についてこれを検討することにする。

〔基本的には，法律効果の態様ごとにその原因である法律要件について主張の
　　負担を権利の存在を主張する者とそれを争う者に分ければよいのではないか〕

　主張責任の分配は，請求の内容である権利の存否等の基が，実質的意義の民法を組織する個別的法規範を構成する行為規範の定める規定の構造言い換えれば権利の発生，変更および消滅つまり法律効果とその原因である法律要件を充足する社会事象（以下では，単に「法律要件」とのみいう）であるからには，基本的にはその構造と平仄があったものであるべきであろう。そうだとすると，基本としてではあるが，権利の発生という法律効果およびその原因である法律要件については権利の存在を主張する者に，権利の変更または消滅という法律効果およびその原因である法律要件については権利の存在の主張を争う者に主張の負担を負わせるべきであろう。前々段の事例についていうと，基本的には請求を肯定すると推論させる（a-1）の権利の発生およびその原因となる法律要件についての主張の負担を権利の存在を主張する者である原告（Ａ）とすることで足り，その推論を排斥すると推論される（a-2-1）であればその権利を変更する，また（a-2-2）であればその権利を消滅するそれぞれの法律効果およびその原因となる法律要件についての主張の負担をともに権利の存在の主張を争う者である被告（Ｂ）とすればよいであろう。

　このように，法律効果の態様に応じ，それとその原因である法律要件について主張の負担すなわち主張責任を権利の存在を主張する者とそれを争う者とに分ける法理が基本的な主張責任の分配である。

〔しかし，法律要件を組成する素因である法律事実が不存在でなければよい場

1 要件事実(論)緒言

合には，その法律事実についての主張責任を反対の事実に転換して，相手方
に分配することがあるのではないか〕

こうして，主張責任の分配は，基本的には，実質的意義の民法を組織する個別
的法規範を構成する行為規範の定める法律効果の態様ごとにそれとその原因であ
る法律要件について行なわれるべきである。そして，法律要件を組成する素因で
ある法律事実および法律効果に包含されている法律事実の結果である法的効果は，
一般的には積極的に存在することとして定められている。だが，権利の発生およ
び消滅の法律効果の原因である法律要件を組成する法律事実およびその結果であ
る法的効果の中には，起草・制定上あるいは解釈上存在する可能性があればよい，
(積極的に) 不存在でなければよいとして定められているあるいは解されている
ものがある。裁判規範の要件および効果を見出すべく法律要件または法律事実お
よび法律効果または法律事実の結果である法的効果について主張責任の分配をし，
必要があれば，このような法律事実の反対の社会事象およびそれに対応する法的
効果を相手方に分配することができることがあるのである。

起草・制定上法律事実が不存在でなければよいとして定められている例には，
法律行為の無効がある。法律効果である法律行為上の権利の発生が生じるために
は，その権利の発生の原因である法律要件として，法律行為が有効に成立してい
なければならない。それなのに，有効であることについてその反対の無効である
こととして起草され，貴衆両議会もそれを承認して制定したのである。法律行為
の無効は，法曹法案であるドイツ民法第一草案第 1 篇第 4 章第 7 節などを模した
ものであるから，民事訴訟の方から民事実体法の法規を解釈することになるとの
批判を受けそうだが，穂積博士や梅博士は，法律事実が不存在でなければよいと
の理解で法律行為の無効を起草されたのではないだろうか。

ボアソナードが，次に述べるように，すでに，権利の発生および消滅の事由の
証明の負担を分配された者においてその一部に該当する事実について証明するこ
とがはなはだ難いときは(48)，権利発生 (消滅) 障害事由を充足する社会事象の主
張・証明が相手方に分配されるべきであるといっていたこと，穂積博士がドイツ
にも留学し帰国後はドイツ法の振興に力を尽くしたといわれながら，ドイツ留学
に先立ち判例法国であるイギリスの Inns of Court（法曹学院）のミドル - テンプ
ルで 3 年間にわたって勉学し，Barrister-at-Law（法廷弁護士）の資格を受けてお
り，学者としての本領はイギリス流の経験主義的学風にあったといわれているこ

---

(48)　法律行為の有効を主張ないし証明することは，法律行為のあらゆる無効事由がない
　　ことを主張ないし証明することであるから，定型的に不可能またはいちじるしく困難であ
　　る。

Ⅲ　要件事実(論)

と，梅博士がフランス民法を主たる母法として起草された旧民法証拠編の注釈書を著していることなどあれやこれやを考えると，そのようにみてもそれほど突飛な見方ではないように思われるのだが……。

　解釈上法律事実が積極的に不存在でなければよいと解されている例には，所有権に基づく返還請求権発生の法律事実である相手方が所有者に対して占有について正当な権原を有していないことがある。所有権に基づく返還請求権発生の法律要件を組成する素因である法律事実を，①請求者がその物を所有していること，②相手方がその物を占有していること，および，③相手方が所有者に対して自分の占有を正当ならしめる権原を持たないことであるとすると(49)，③の「自分の占有を正当ならしめるなんらの権原も持っていないこと」は，解釈上積極的に不存在でなければよい法律事実である。その理由を述べれば，次のとおりである。

　古くは所有権に基づく返還請求権発生の法律要件は，①請求者が物について占有を失った所有者であり，②相手方がその物に対する所有者の占有を妨げていることであった。つまり，所有権に基づく返還請求権は，所有と占有が分離すれば，その理由を問わずただちに発生し，相手方が所有者に対して自分の占有を正当ならしめる権原をもっていることは，この権利の行使を阻止する抗弁権にすぎないと解されていた（中島玉吉・民法釈義巻之二上物権編上〔訂正再版〕〔大正4年3月，金刺芳流堂〕16頁，283頁，289頁，末弘厳太郎・物権法上巻〔大正10年10月，有斐閣〕59頁，石田文次郎・物権法論〔昭和7年4月，有斐閣〕386頁，勝本・物権法〔訂正版〕〔昭和27年1月，創文社〕127頁など）。このことは，相手方が所有者に対して自己の占有を正当ならしめる権原をもっていることが私見でいう当該行為規範の解釈から積極的に不存在でなければよいと解される法律事実であることを示している。さらに所有権に基づく返還請求権発生の法律要件の変遷についてみてみると，所有権の絶対から社会的制限の承認までの，所有権把握の理念の変化に対応して，見解の変遷がみられることである。すなわち，古くは今述べたように，所有と占有とが分離すればただちに所有権に基づく返還請求権が発生するとされた。その後，占有権原の物権と債権の効力の違いに着目して，相手方の占有すべき権原が賃借権などの債権である場合には所有と占有が分離すればただちに発生するが，地上権などの物権である場合には被占有所有権そのものが物権的に制限されて所有権に基づく返還請求権そのものの発生を不可能にすると考えられた

───────────

(49)　近時，契約上の請求権との競合を認めないことを前提として，所有と占有が不法原因に基づいて分離すれば発生するとする見解も有力になっている（舟橋編・注民(6)〔昭和42年1月，有斐閣〕44頁〈好美〉，槇悌次・物権法Ⅰ〔昭和46年8月，有斐閣〕59頁など）。

（川島・所有権法の理論〔昭和24年2月，岩波書店〕125頁参照）。現在では，物権であると債権であるとにかかわらず相手方が占有を正当ならしめる権原を有するときは，所有権に基づく返還請求権は発生しないと解されている（我妻＝有泉亨補訂・新訂物権法〔民法講義Ⅱ〕〔1983年5月，岩波書店〕263頁，末川・物権法〔昭和31年10月，日本評論新社〕43頁，川島・民法Ⅰ〔昭和35年6月，有斐閣〕105頁，舟橋・物権法（法律学全集）〔昭和35年12月，有斐閣〕43頁，於保・物権法（上）〔昭和41年4月，有斐閣〕33頁，四宮・請求権競合論〔昭和53年5月，一粒社〕137頁など）。このような所有権の理念の変遷も，解釈上③の法律事実が積極的に不存在でなければよい理由となるであろう。

〔不存在でなければよい法律事実は，どのようにして見分けることができるか〕

（積極的に）不存在でなければよい法律事実といっても，それを適当に見出すことであってはならない。それを見出す規準となるものを次に検討しておきたい。

まず，一つ目は，法律要件を組成する素因である複数の法律事実およびそれに対応する法的効果（以下では，「部分効果」ということがある）のうち，その法律要件および法律効果にとって中心的な法律事実および部分効果以外の法律事実および部分効果でなければならないということである。

いま述べた所有権に基づく返還請求権についていえば，①の請求者が目的物の所有者であることは，この法律要件における中心的な法律事実である。この法律事実および部分効果は，他の返還請求権，たとえば旧訴訟物論を採る以上は賃貸借契約の終了に基づく返還請求権などと識別するのに絶対的に必要な法律事実であり，また，②の相手方が目的物を占有していることも，相手方に返還を求める以上は中心的な法律事実であるから，積極的に不存在であればよい法律事実とはいえない。

二つ目は，当の法律事実に該当する社会事象の存在を主張することが定型的に不可能であるかまたはいちじるしく困難であるかとしかいいようがないものでなければならない。

前述した所有権に基づく返還請求権発生の法律要件を組成する法律事実である「占有を正当ならしめるなんらの権原も持っていないこと」に該当する・具体的な権原の不存在を主張するということは，占有を正当ならしめるあらゆる権原を拾い出してその権原がないことを逐一具体的に主張しなければならないことであるが，それは定型的に不可能またはいちじるしく困難であるといわなければならない。そうすると，訴訟において，所有権に基づく返還請求権を有する者は，③を主張することができないために，所有権に基づく返還請求権がその属性として持っている訴訟手続きによる保障を受けることができないことになる。ところが，

III　要件事実(論)

前述したように，所有権に基づく返還請求権は，かつては所有と占有が分離すれ
ばただちに発生し，相手方が占有正権原を有することは，所有権に基づく返還請
求権の行使を阻止する抗弁であると考えられていた。ということは，③は，その
積極的な不存在および部分効果の不発生がなければよいということであろう。大
体において，権利（占有正権原は権利の集合的な用語である）を有していないこと
を主張することは，本来的に不可能であるといわれているから，論じるまでもな
いことなのである。したがって，所有権に基づく返還請求権の存在を主張する者
が③を充足する社会事象を主張することは，定型的に不可能であるかいちじるし
く困難であるかであり，そうだとすれば，それに対応する部分効果が生じないと
いってよい。

　旧民法証拠編1条2項前段は，「相手方ハ亦自己ニ対シテ証セラレタル事実ノ
反対ヲ証……スル責アリ」と規定している。この規定の一部には疑問があるので
あるが，法律要件を組成する素因である法律事実の反対事実について主張責任の
分配ないし証明責任の分配をすることがあること，つまり権利発生（消滅）障害
事由を定めたものであることは明らかである。とすれば，この法理を踏まえて形
成された慣習法として当然にそのことを引き継いでいるといってよい。ただ，ボ
アソナードは，権利発生（消滅）障害事由の主張・証明が相手方に分配されるべ
きことの理由を，権利の発生および消滅の事由の証明の負担を分配された者が，
その一部に該当する事実について証明することが消極的事実の存在を証明するど
ころでない「甚タ難キ場合」であるというのみである（ボアソナード修正民法草案
注釈第五編15頁）。しかし，法律要件を組成する素因である法律事実を充足すべ
き現実に生起しうると想定される社会事象の中に主張がいささか困難であるとい
うだけで，その反対の社会事象を相手方の主張責任としてしまうのは，権利の発
生なりその消滅なりという法律効果の生ずるのが，その原因である法律要件が具
備された場合でなければならないことを考えると，安直にすぎるといわなければ
ならない。そうすると，権利の発生または消滅の根拠法規である実質的意義の民
法における行為規範の定める法律要件を組成する素因である法律事実に該当する
と想定される社会事象の存在または不存在の主張が押しなべて定型的に不可能で
あるかまたはいちじるしく困難であるかという場合に，はじめてその反対の社会
事象の存在についての主張をその相手方に負担させればよいということになる。

　三つ目は，慎重に検討されないことであるとはいえ，ほとんど問題になること
はないといってよいことであるが，その法律事実の主張責任を転換したうえ相手
方に分配しても，他の行為規範および当の行為規範の定める法律要件および法律
効果や当の法律事実以外の法律事実および部分効果との理論的な整合性を失わせ

234

1 要件事実（論）緒言

る事柄が見当たらない場合でなければならない。言い換えると、その法律事実に該当する社会事象および部分効果を反対の社会事象および部分効果にすることが他の行為規範および当の行為規範の定める法律要件および法律効果や当の法律事実および部分効果以外の法律事実および部分効果との関係で解釈上許される場合であることを要するのではないか、ということである。たとえば、賃貸借契約の終了に基づく目的物の返還請求権の発生の権利根拠事由を賃貸借契約の成立と賃料不払いによる賃貸借契約の解除であるとして、法律事実である「賃貸人が賃借人に賃貸物を引き渡したこと」を引っくり返して「賃借人が賃貸人から目的物の引渡しを受けていないこと」を権利発生障害事由であるとすると、上述②の相手方が目的物を占有していることとの整合性を失わせることになる。

　権利の発生、変更または消滅つまり行為規範の定める法律効果は、ある社会事象が行為規範の定める法律効果の原因である法律要件を充足する場合に生ずるのであるから、主張責任の分配によって、行為規範の定める権利の発生なり変更なり消滅なりの法律効果とその原因である法律要件の内容を実質的に変えてしまうようなことは、権利の本体を変えてしまうことであるから、絶対に許されないのである。そのことからこの規準を考えると、その法律事実がそれを包含する法律要件についての法規上の解釈から積極的に不存在でなければよいと解されるときについてのみ、その法律事実の定める社会事象および部分効果の反対の社会事象および部分効果の主張責任をその法律要件および法律効果について主張責任を負う者の相手方に分配することができると解すべきである。このように、主張責任の分配の法理の適用においては、当該の行為規範の解釈上許容される範囲内で行われなければならない。この限度を超えて、その行為規範の内容を実質的に変更することは許されないのである。したがって、主張責任の分配によって法律要件中の法律事実を定める社会事象および部分効果をその反対の社会事象および部分効果として相手方の主張責任とする場合には、その行為規範の解釈としては、慎重に精密な検討の下に行わなければならないことになる。それらのことは、主張責任の分配の法理が請求である権利の存否の主張を的確に理由づけることに由来し、その権利の存否がこの行為規範を根拠法規としているのであるから、当然のことなのである。

　そうすると、上述の③の法律事実および部分効果は、所有権に基づく返還請求権の発生の所有権の絶対から社会的制限の承認までの、所有権把握の理念の変化に対応して設けられたものであるから、それを引っくり返してその権利の発生を障害するところの反対の法律事実およびそれに対応する部分効果である③相手方が所有者に対して自分の占有を正当ならしめる権原たとえば賃借権を有している

235

Ⅲ　要件事実（論）

とか使用借権を有しているとかすることの主張責任を所有権に基づく返還請求権の存在の主張を争う者に分配をすることが実質的意義の民法における当該の行為規範の解釈上許容される場合であるといってよいのである。

このように，例外としてではあるが，行為規範の定める権利発生の法律効果およびその原因である法律要件を組成する素因である法律事実が複数である場合のうちの中心的でない法律事実およびその部分効果であって，主張をすることが定型的に不可能またはいちじるしく困難であり，かつ，他の行為規範および当の行為規範の定める法律要件および法律効果や法律要件中の当の法律事実以外の法律事実および部分効果とも理論的な整合性を維持することができる場合には，積極的に不存在でなければよい法律事実および部分効果であるとして，法律事実の抽象的な社会事象および部分効果の内容である社会事象およびそれに対応する法的効果をその反対の社会事象およびそれに対応する法的効果に引き直して権利の発生を障害する事由として権利の存在の主張を争う者に主張を負わせる主張責任の分配をすることになる。

そして，以上のことは，行為規範の定める権利消滅の法律効果およびその原因である法律要件を組成する素因である法律事実が複数である場合のうちの中心的でない法律事実およびその部分効果であるときも同様であって，法律事実の抽象的な社会事象および部分効果の内容である社会事象およびそれに対応する法的効果をその反対の社会事象およびそれに対応する法的効果に引き直して権利の変更または消滅を障害する事由として，権利の存在の主張する者に主張を負わせる主張責任の分配をすることになるのではないだろうか。

〔訴訟において請求の内容である権利の存否等を証明の段階で可能にするためには，前述した事実上の主張責任の分配にしたがって権利の存在を主張する者とそれを争う者に分配すればよいのではないか〕

取効行為として主張が立証に先行すること，主張には法律上の主張と事実上の主張があること，主張責任の分配は，基本的には行為規範の定める法律効果の態様に応じてそれとその原因である法律要件となる規範上の社会的事象について主張責任を権利の存在を主張する者とそれを争う者に分配して負わせ，例外的にその法律要件を組成する素因である複数の法律事実中の中心的ではない法律事実であって不存在でさえなければよい規範上の社会事象の主張することが定型的に不可能であるかいちじるしく困難であるかする場合において，その社会事象の反対の社会事象に主張責任を転換することがその行為規範の解釈上許容されるときは，その反対の社会事象およびそれに対応する部分効果について転換前の法律事実を含む法律要件についての主張責任を負うべき者の相手方に主張責任を負わせるこ

1 要件事実（論）緒言

と，取効行為の一種である立証は，かならずしも証明にのみかかわるものではないが，証明という目的を達成するための手段であること，それらのことは，既に述べた。そこで次に，証明責任の分配についてであるが，それは，実質的意義の民法を組織する個別的法規範を構成する行為規範の定める法律要件の内容である自然的・社会的事実またはそれを組成する素因である法律事実の内容である自然的・社会的事実および法律効果またはその法律事実の結果である部分効果についての証明の負担すなわち証明責任を権利の存在を主張する者とそれを争う者のいずれかに負わせるための法理であるというべきである。つまり，証明責任の分配は，事実上の主張についての主張責任の分配と次に述べるように異にしなければならない理由は見当たらないから同じであるというべく，そうだとすると，これのみを取り上げて論じる実益に乏しいといわざるをえない。

　訴訟行為において主張が立証に先行するということは，当然の事理として主張が証明に先行することを意味する。そして，前述したように，主張では行為規範の定める法律要件またはそれを組成する素因である法律事実が法律上の主張であるときは，それが事実上の主張に先行する。したがって，事実上の主張は，法律上の主張である請求を直接に基礎づけまたは排斥する場合と請求を除く法律上の主張を基礎づけまたは排斥する場合とがあることになる。ということは，事実上の主張は，請求を含む法律上の主張が争われた場合に，それを基礎づける訴訟行為であるということである。そして，具体的な民事訴訟において，事実上の主張は，相手方が争うのであればそれを基礎づけるために立証することを予告する機能を有するところ，相手方が認めれば，その事実について自白が成立し，立証などによって証明することを要しないで（民訴 179）その事実を法的三段論法の小前提とし，大前提中の法規上の効果に内包される具体的な効果を生ずる。しかし，事実上の主張が争われたときは，いま述べた予告に従って，その事実が要証事実であるかぎりそれについて立証してこれを証明しなければならないのである。この証明は，このように事実上の主張責任の分配に従って主張された事実について認められるものであるうえ，証明責任の分配は，事実上の主張について争いが生じ，それが要証事実であるときに，その証明をどちらの当事者に負担させるかの法理であるから，原理的には上来述べてきた事実上の主張責任の分配と同じことになる。

　もっとも，主張責任の分配と証明責任の分配とは，起源を異にする。証明責任の分配は，民事訴訟における 2 当事者対立構造の下での証拠裁判主義により発現したものと思われるのに対し，現代的な意味での主張責任の分配は，2 当事者対立構造の下での弁論主義により発現したものと思われる。したがって，証明責任

237

Ⅲ　要件事実(論)

の分配は，ローマ法においてもみられるが，主張責任の分配は，ナポレオン民訴法以降にはじめて観念されることになる(50)。そうなると，主張責任の分配と証明責任の分配の範囲はかならずしも同じではなくなる。このように，主張責任の分配と証明責任の分配とは，起源も機能も異なっており，ただ，主張責任の分配も証明責任の分配も当事者が裁判所に働きかけて自己に有利な訴訟上の効果を得るための取効行為の前提となる法理である点で共通点がある。そのうえ，主張責任の分配のうち事実上の主張についての主張責任の分配と証明責任の分配とは，原理的に同じであるということである。

〔裁判規範は，どのような機能を有するか〕

それでは，行為規範を分離してしまった後の裁判規範は，どのような機能を有するのであろうか。大雑把にいうと，実質的意義の民法を組織する個別的法規範を組成する規範に行為規範を認めるか否かによって異なった考えになる。裁判規範は，行為規範を認める立場に立つと，名宛人である訴訟当事者および裁判官に対し，民事訴訟において民事実体法上の権利または法律関係に関する訴訟行為をするにあたっての準則であると考えるが，行為規範を否定する立場に立つと，名宛人である裁判官に対し，一定の裁判の内容を指示する法規範であり，権利または法律関係は，裁判が確定することによって変動すると考えるのである。

それでは次に，行為規範を認める立場に立って，裁判規範の機能をみてみることとする。被告が請求を認諾しない場合は，原告は請求を基礎(理由)づけ，被告はそれを排斥する法律上のまたは事実上の主張をし，さらにこれを相手方が争うときは，法律上の主張であれば，これを基礎づける事実上の主張をするが，それを含めて事実上の主張が争われたならば，それが要証事実である以上それを立証によって証明しなければならない。また，裁判所は，訴訟当事者の主張や証明の当否を判断しなければならないが，この主張ないし証明の対象となるべきものは，いうまでもなく，無色の単純な社会事象および効果ではなく，規範上の社会事象および効果に該当する具体的な社会事象および効果でなければならない。

こうして，民事訴訟において請求を含む私権の存否等を理由づけたり，排斥したりまたはそれらの当否を判断するために訴訟当事者および裁判所がする訴訟行為の準則となるのは，私人(市民)を名宛人とする行為規範の定める法律要件またはそれを組成する法律事実および法律効果またはその法律事実の結果である法

---

(50)　弁論主義(狭義)も処分権主義もともに私的自治の原則の訴訟法的表現であるというべきであるが，処分権主義は，1807 年に公布されたフランス訴訟法典(ナポレオン民訴法)によって実現されたといわれる(F・ヴィーアッカー著，鈴木禄弥訳・近世私法史〔昭和 36 年 5 月，創文社〕560 頁参照)。

1　要件事実(論)緒言

的効果について，権利の存在を主張する者かそれを争う者かに主張責任の分配ないし証明責任の分配をして見出された民事訴訟上の規範の要件および効果ということになる。この民事訴訟上の規範が訴訟当事者および裁判所を名宛人とする裁判規範であり，裁判規範上の規範的な社会事象である要件を「要件事実」と，規範的な効果である効果を「分配効果」というのである。このように，要件事実にしても分配効果にしても，抽象的な規範上の命題であって，司研・要件事実1巻3頁のいうような具体的な事実である主要事実ではない。

　もちろん，この要件事実と分配効果を併せて要件事実ということがあってもよいし，本書の題名である要件事実論のうちの要件事実はこの意味であるが，通例において要件事実というときは，分配効果を念頭に置くことなく用いられているようである。しかし，民事訴訟上の用語として正確にいうのであれば，要件事実は，分配効果の原因であり，分配効果とは別のことを表しているのである。

　〔**主張責任の分配ないし証明責任の分配を基本的には法律効果の態様ごとにそれとその原因である法律要件についてすべきであるとする手法は，法律要件分類説に属するのではないか**〕

　私見の・主張責任の分配ないし証明責任の分配を基本的には法律効果の態様ごとにそれとその原因である法律要件についてすべきであるとする考えは，法律要件分類説の一つであろう。法律要件分類説においても，制定上または解釈上不存在なければよい法律事実およびその結果である法的効果について相手方に主張の負担をさせることがあるから，社会事象などの主張の可否を分配の規準とすることがあるわけではあるが，それはあくまでも規範上の理念的に想定される社会事象についてであって，司研のように具体的な社会事象などを分配の規準とするわけではない。

　さて，法律要件分類「説は，要証事実自体の性質若は内容により立証責任を分配せんとする要証事実分類説の不当なることより更に其の事実が如何なる法律上の効果を生ずべき法律要件を構成する事実であるかに依りて立証責任を分配せんとするものである。……今日に於ける通説は法律要件分類説に一致してゐるけれども其の必要なる法律要件を構成する事実の全部に付之を主張する者に立証責任ありや，或は之を分類して其の或ものに付き立証責任あるも或ものに付いては相手方に於て立証責任あるものと為すか，更に後の如く分類するするとしても其の根拠を理論上当然の結果とし，民事訴訟法上の弁論主義の結果とし或は当事者の訴訟上の地位の公平を期する為なりとする」(前野・民事訴訟法第二編乃至第五編1198～9頁)とし，これに法律要件の構成要件たる事実を分類する説として因果関係説，通常の発生事実説，特別要件説，最少(小)限事実説や，法律要件を構成

239

する総ての事実を立証すべきものとする説があるとする。このうち立証責任云々の箇所は主張責任に代える必要があるものの，法律要件分類説の説明としては後の方の記述に問題がなくもないがおおむね当を得たものといえるであろう。なお，法律要件を構成する総ての事実を立証すべきものとする説は，レオンハルト Leonhard,Franz（1870～1950）の説で完全性説ともいわれるが，これが最狭義の法律要件分類説である。私は，これらの説のうち，不存在でなければよい法律事実でその主張または立証が不可能またはいちじるしく困難である場合において，それが実質的意義の民法を組織する個別的法規範を構成する当該の行為規範等の解釈上許されるときは，その法律事実の反対事象の主張責任（ないし証明責任）を相手方に分配すべきであると考える狭義の法律要件分類説，端的にいうとわが民事訴訟において慣習法となった旧民法証拠編1，2条の規定ヲ若干修正するところの法理をもって妥当性の高い理論であると思っている。

2　要件事実の意義および機能

2-1　要件事実の意義についての諸説

〔要件事実の意義については，どのような見解があるか〕

要件事実の意義については，(a)主要事実と同義とする見解，(b)法律事実とする見解，(c)私見すなわち裁判規範の要件とする見解などがある。

まず，(a)の見解であるが，司研・要件事実1巻3頁のほか，兼子・新修民事訴訟法体系〔増補版〕198頁，岩松＝兼子編・法律実務講座民事訴訟編〔旧版〕3巻〔昭和34年5月，有斐閣〕75頁，三ヶ月・民事訴訟法（法律学全集）382頁，小室「主要事実・間接事実・補助事実」民事法学辞典上巻〔増補版〕898頁，石川(義)「主要事実と間接事実」新・実務民事訴訟講座2巻3頁などがこれに属すると思われる。

司研・要件事実1巻3頁は，

「権利の発生，障害，消滅の各法律効果が肯定されるかどうかは，その発生要件に該当する具体的事実の有無にかかることになる。そこで，この事実を一般に要件事実と呼んでいるが，前記法律要件に対応させて法律事実と呼ぶ例もある（我妻・民法総則二三二）。〔改行〕要件事実の概念を右のとおりに理解すれば，それは主要事実・間接事実の区別にいう主要事実と同義に帰着し……，間接事実との関係が問題になる場合に，要件事実という言葉に代えて主要事実という言葉を用いる例が多いというにすぎない」といい，司研・要件事実1巻2頁には，「実

体法の多くはこのような法律効果の発生要件を規定したものであり，この発生要件を講学上，法律要件（我妻・民法総則二三一）……と呼んでいる」とするから，上述の「各法律効果……の発生要件」というのは，法律要件のことで，司研説は，要件事実を法律要件に該当する具体的事実であるとしたうえ，法律事実や主要事実と同義だとしているわけである。したがって，司研説は，(a)説に属する。

　既述（I，4-1-1の〔法律事実は，…〕を参照）のとおり，法律事実は法律要件を組成する素因であるから，法律事実を法律要件に該当する具体的事実ということはできない。また，上述で「発生要件に該当する具体的事実……を一般的に要件事実と呼んでいる」というが，当時ですら(b)の見解が有力になっていたのであるから，「一般に」は，いささか強弁であるといわざるをえない。いずれにしても，主要事実は，具体的な個々の私人または対等な私人間の生活関係，財産的な関係および経済的な取引関係ということになり，具体的な事実あるいは経験であるから，千差万別である。したがって，一つの事例の主要事実をもって裁判において則るべき規則または判断，評価もしくは行為などの拠るべき基準にはなりえないであろう。そうだからといって，ある種の事案におけるすべての事例の主要事実について共通する要素を抽出して一定の類型を見出すことは，つまりは法的な規範を見出すことになるであろう。事実，司研・要件事実1巻4頁は，「一般に，要件事実は，その性状に従って，人の精神作用を要素とする容態と人の精神作用を要素としない事件とに大別され，前者は，さらに，外部的容態（いわゆる行為）と内部的容態（いわゆる内心の状態）に分けられる」として，その例示をしているのであるが，この分類は，法律事実のそれであって（我妻・新訂民法総則232～3頁，幾代・民法総則〔第2版〕178～9頁，四宮・民法総則〔第4版〕140～1頁など），法律事実は，前述したように規範上の事実であり，事実や経験ではない。司研・要件事実1，2巻は，要件事実を主要事実と同義としながら，「第二部　民法の要件事実」の各項の冒頭に民法典の各条文を掲げ，本文ではその条項の全部または一部ごとに規範的な字句を要件事実として解説をしている，ということは法律要件を組成する素因である法律事実について主張・証明責任の分配の検討をしていて，それを要件事実の検討だと遁辞を弄しているのではないか。大体において，要件事実を主要事実だとすると，そのようなものがどうして民事裁判修習の伝統的な固有の指導方針になり得るのであろうか。こうして，(a)の見解では，要件事実は，民事訴訟の基本的な法理になりえないというべきである。

　(b)の見解が現時の多数説であると思われる。(b)の見解を提唱される山木戸「自由心証と挙証責任」大阪学院大学法学研究1巻1・2号〔1976年〕106頁（この論文は，同・民事訴訟法論集〔1990年6月，有斐閣〕49頁に収録されている）は，

Ⅲ　要件事実（論）

　「法規の前件命題で要求されている事実の全体が法律要件であり，それを構成する各個の事実が要件事実（法律事実）である。……要件事実は一般的生活関係に妥当する類型的事実であって，これを示す概念は法的概念である。これに対して，主要事実……は現実の生活関係における具体的事実であって，これを示す概念は事実的ないし経験的概念である。……この区別は明確に認められなければならない」

とする。また，青山善充「主要事実・間接事実の区別と主張責任」講座民事訴訟④審理（昭和 60 年 3 月，弘文堂）396 頁は，

　「実体法規によって，法律効果の発生要件とされる事実を要件事実（法律事実）という。要件事実は，その性状により，人の精神作用を要素とする『容態』——外部的容態（行為）と内部的容態（内心の状態）とがある——と人の精神作用を要素としない『事件』——人の生死・時の経過など——とに分けられるが，いずれにせよ，抽象化・類型化された法的概念をもって示される。〔改行〕これに対して，この要件事実に該当する具体的事実が主要事実（直接事実）であり，これは現実の生活関係において生起した生の事実であって，事実的経験的概念をもって示される。具体的事実が要件事実に該当するか否かの判断は法律判断であり，その過程が包摂（Subsumtion あてはめ）にほかならない」

とする。倉田「裁判内容の形成と判決書」講座民事訴訟⑥ 29〜30 頁（この論文は，同・民事実務と証明論 116 頁以下に収録されている）は，

　「要件事実という語を主要事実と同義に使う人もあるが，筆者は区別して使っている。例えば，民法四七八条には『債権ノ準占有者ニ為シタル弁済ハ弁済者ノ善意ナリシトキニ限リ』という法律要件と『其（弁済ノ）効力ヲ有ス』という法律効果とが規定されている。その法律要件の一つ一つ『債権ノ準占有者』とか『弁済』とか『弁済者ノ善意』とかの，構成要件徴表（Tatbesutandmerkumal）がいわゆる要件事実である。具体的事件では，それが主要事実に具体化されるが，その場合，あてはめによって要件事実の外延内にあるという判断が必要である」

という（倉田監修・要件事実の証明責任——契約法上巻 2 頁以下の倉田発言も，参照されたい）。ほかに，(b)の見解に属するものとして，奈良次郎「主要事実と間接事実の区別」民事訴訟法の争点〔新版〕224 頁など（小林秀之・民事裁判の審理 162 頁，同・証拠法〔平成元年 4 月，弘文堂。新証拠法は，平成 10 年 6 月〕22〜3 頁も，同旨か）がある（北川「債務不履行における有責性」法学論叢 18 巻 4・5・6 号〔1986 年 3 月〕100 頁以下，奥田編・注民⑩〔昭和 62 年 5 月，有斐閣〕370 頁以下〈北川〉は，要件要素なる概念を提唱し，この要件要素を法律事実であり，その意味では要件事実と性質上異なるものではないとしながら，要件事実は主張・証明責任の関係で用いられる

242

べきだとするものの如くであるし，田尾「主要事実と間接事実の区別の必要性とその基準」民事訴訟法の争点 218 頁は，法律要件のうち特別要件のみを要件事実とするものの如くである）。

　司研・要件事実 1 巻 3 頁は，⒝の見解に対して次のような批判を加えている。すなわち，

　「この説によると，例えば，民法五七〇条の「『隠レタル瑕疵』の存在」を要件事実と呼び，これに該当する具体的事実を主要事実と呼ぶことになる。しかし，法的概念と事実的・経験的概念とを常にこのように截然と区別して表現できるとは限らないことは，民法五五七条の「手附」という文言が，事実的・経験的概念として一般に通用していることを例にとってみても明らかである。民法五七〇条の「『隠レタル瑕疵』の存在」についても，これを当該法条が定める法律効果の発生要件（構成要件）と説明すれば十分である」

という。その趣旨はかならずしも明らかではない。しかし，法律事実は，一定の社会的生活的関係の類型的事実であるから，それが事実的・経験的概念と同一の言葉であると，その間に混同でも生じるというのであろうか。その場合でも，法的概念はその法律解釈によって内包ないし外延が明確にされており，事実的・経験的概念として一般に通用している文言とときに別な意味が与えられることがあっても，それによって何らかの問題が生じることはないわけである。どうも司研・要件事実 1 巻 3 頁の⒝の見解に対する批判は，的外れなものといわざるをえない。

　⒝の見解は，おそらく民法典の規定を裁判規範と考え，その要件（の一部）を法律事実と呼称しているのであろうが，法律事実は，行為規範の定める法律要件を組成する素因をいうと解すべきであるから，裁判規範の要件（の一部）を法律事実というのは正確な呼称とはいえないのではないだろうか。そのうえ，裁判規範の要件のみを取り上げて効果について触れていないことにも疑念がないわけではない。しかし，要件事実(論)を客観的証明責任を基本として構築しようとするかぎりは，要証事実の真偽不明の場合においては，それに対して直接には実体法規が適用されることがないはずである。したがって，この立場では，要件事実を法律事実とすることには無理があるように思われる。そもそも，法律事実は法律要件を組成する素因であるが，法律事実だけではかならずしも法律効果と結び付くわけではないのである。たとえば，所有権に基づく返還請求権発生の法律要件を組成する法律事実のうちこの権利の存在を主張する者に分配される①請求者が物について現に所有権を有していることと②相手方がその物を現に占有していることの二つの法律事実を取り上げて説明すると，①の法律事実は，ほかに所有権

243

Ⅲ　要件事実(論)

に基づく妨害排除請求権の発生あるいは所有権に基づく妨害予防請求権の発生の法律要件を組成する法律事実にもなるし，②の法律事実は，占有回収請求権の発生の法律要件を組成する法律事実にもなるのである。そのうえ，特定の法律事実がいかなる法的効果を生ずるかということも，明らかでないこともあるのである。さらに，法律事実は，行為規範における用語であるというべきであり，要件事実は，裁判における用語である以上は，裁判規範との関連性を要するのではないだろうか。

　(c)の見解すなわち私見は，要件事実とは裁判規範の要件のことであるという見解である。ときにその効果である分配効果を含めていうことがあるが，それは，いちいち分配効果を併記するのがわずらわしいからである。裁判規範の要件を要件事実という理由は，今までに述べたことからお分かりいただけたのではないかと思う。が，もう一度要約的に繰り返して述べると，次のとおりである。

　規範上のこととしてであるが，権利および法律関係が発生して存在することになり，その後にその権利が変更することがあり，あるいは，消滅することがある。この権利の発生，変更および消滅つまり権利の変動を行為規範の定める効果であるとして法律効果と呼ぶ。法律効果は，現実の社会において生起すると想定された事象つまり社会事象が行為規範の定める法律要件にあてはまると判断することができることによって生じる。そして，実際に社会で生起したある具体的な社会事象が行為規範の定める法律要件にあてはまるすなわち法律要件を充足していると，裁判を待つことなく，その法律要件の結果を定める法律効果からその社会事象に対応した具体的な権利の発生なり，変更なりあるいは消滅なりの効果が生ずる。実質的意義の民法を組織する個別的法規範を構成する行為規範は，このようなことを定めている。規範上のこととはいえ，法律要件と法律効果とはそのように原因と結果と関係がある。

　ところが，民事訴訟において審理および裁判つまり審判の対象となるものは，具体的な権利の存在または不存在（給付訴訟では，給付請求権および行使可能性の各存在ならびにその行使，形成訴訟では，裁判上の形成権の存在およびその行使）（以下では此の趣旨で「権利の存否等」という）の主張すなわち請求である。そこで，原告の示した請求を被告が認めない（認諾しない）ときは，その請求の内容となっている具体的な権利の存否等は，単一または複数の法律効果から社会事象に対応して生じたものである（場合によっては，生じてないものである）以上，原告は，その具体的な権利の存否等と等価値のその法律効果の原因である法律要件を充足した（場合によっては，充足しない）社会事象の主張をし，被告がそれを争うときは証明しなければならないのが道理ということになる。だが，そのようなこ

244

と，すなわち権利の存否等と等価値の法律要件を充足する社会事象のすべてを主張し，さらには証明することは不可能であるかいちじるしく困難であるかといってよい。しかし，権利は，訴訟手続きによってその実現を保障されているのである。したがって，これらの主張や証明が訴訟の構造からいってまた訴訟当事者に平等適切な態様でもって可能になる法理を見出さなければならないことになる。この法理が主張責任の分配ないし証明責任の分配である。

こうして，法律要件またはそれを組成する法律事実および法律効果または法律事実の結果である法的効果について主張責任の分配ないし証明責任の分配をして訴訟当事者および裁判官を名宛人とする裁判規範を見出すことになる。この裁判規範の要件が「要件事実」であり，その効果が「分配効果」である。したがって，要件事実にしても分配効果にしても，規範上の要件であり，効果であって，具体的な民事訴訟では，この要件事実および分配効果が法的三段論法の大前提となり，要件事実に該当する具体的な社会事象が主要事実として法的三段論法の小前提となる。一定の社会事象が主張され自白か証明かによって認定されたその社会事象がある要件事実に包摂されたと判断されると，その要件事実の結果である分配効果から推論される具体的な分配効果が生じ，この一つまたは幾つかを組み合わせた要件事実および分配効果が行為規範の定める法律要件および法律効果と同一になれば，具体的な法律効果として特定の権利が発生したり，変更したり，消滅したりするわけである。

なお，民法典において無効事由や法律上の推定等々，裁判規範として規定されているものがある。このうち，無効事由などは，本来的には行為規範の一部を構成するものであり，それについては裁判規範を行為規範に引き直したうえ，いま述べたことで要件事実と分配効果を考えていけばよい。これに対して，法律上の推定などは，本来的にも裁判規範であるから，これについては主張責任の分配ないし証明責任の分配をする必要はなく，規定のまま用いればよいというべきである。

2-2　分配効果を取り上げる実益

〔裁判規範の効果を分配効果として取り上げる実益がないとはいえないのではないか〕

私は，分配効果を実質的意義の民法を組織する個別的法規範を構成する行為規範の定める法律効果および法律要件または法律事実の結果である効果および法律事実について主張責任の分配ないし証明責任の分配をして見出された裁判規範の要件を要件事実と，効果を分配効果と呼んでいる。司研は，裁判規範の効果を法

245

III 要件事実(論)

律効果というようであるが，それは誤っている（もっとも，証明責任の分配および証明責任においては，それに先立つ〔事実上の〕主張責任の分配および主張責任の分配効果を援用することができるだけであって，独自に分配効果を有するわけではない）。法律効果は，「一定の法律要件が具備するとき，その結果として生ずる法律関係の変動」（山中「法律効果」民事法学辞典下巻〔増訂版〕1864 頁）をいい，「無効な法律行為は法律効果を発生しないから，法律要件ではない」（同「法律要件」同書1871 頁）のである。分配効果は，私の作った用語であるが，行為規範と裁判規範とが別の法規範であるとすると，裁判規範にはその効果について用語がないことから，行為規範について主張責任の分配ないし証明責任の分配を行ったうえの効果ということで分配効果としたわけである。これまで通説や裁判例が要件事実にのみ目を奪われて分配効果についてはこれを等閑視してきたように思われる。司研・要件事実 1 巻 12 頁は，

「主張責任は要件事実（＝主要事実）について存在するものであり，法律効果自体について存在するものではない。したがって，法律効果自体については当事者の主張がなくとも，その要件事実が弁論に現れているときは，裁判所は当該法律効果の発生について判断することができる……」

という。しかし，たとえば，人身損害賠償請求訴訟において慰謝料として 100 万円の支払いを求めるとかと具体的な分配効果を主張しなければならないことがある。人身損害賠償請求権発生の法律効果では具体的な人身に生じた損傷であるといわれることがあるようであるが，具体的には民法 722 条 1 項，417 条により金銭で見積もった額になるところ，その性質上その額を一義的に確定することは困難であるとともに，行為規範の定める効果としてはこの額を確定しなければならないことはしないが，訴訟においては人身の損傷という主要事実に対応する具体的な金銭としての損害額を分配効果として主張しなければならないし，裁判所も判決において認定しなければならない。

通常は私のいう裁判軌範の効果である分配効果あるいは行為規範の定める法律効果を主張する必要はないが，それは，私のいう裁判規範の要件である要件事実を充足する具体的な社会事象が「主張および法律的な効果は，法規範上当然に生ずるのであって，それが明らかであるから，それをことさらに主張するまでもない」ということである。特に行為規範の定める効果と裁判規範としての効果が同じであれば，分配効果などという用語は必要がないわけであるが，行為規範としての効果と裁判規範としての効果は，異なることがあるのである。したがって，主張責任の分配ないし証明責任の分配において，法律効果や法律事実の結果である効果も法律要件や法律事実とともにその対象とする必要があるといわなければ

ならない。

　前にも述べたように〔Ⅲ，1-5 の〔具体的な民事訴訟において…〕および〔しかし，法律要件を構成する…〕を参照〕，要件事実には権利発生事由と権利根拠事由および権利消滅事由と権利滅却事由があるのであるが，いままではなぜか権利発生事由と権利根拠事由，権利消滅事由と権利滅却事由とが同一視されてきたきらいがある。しかし，権利発生事由を充足する社会事象があればただちに分配効果である権利発生効果に内包されているその社会事象に対応する具体的な権利が生じ，それがストレートに行為規範の定める権利発生効果に内包されている具体的な権利が発生するが，権利根拠事由を充足する社会事象があってもただちに生じるのは分配効果である権利根拠効果に内包されているその社会事象に対応する具体的な権利発生の蓋然性であって，それだけでは行為規範の定める権利発生効果にならないから，権利が発生することはない。この権利発生の蓋然性という効果は，権利発生障害効果が生じると，消失し，権利発生障害効果が生じないと，権利発生効果と同等の効果（蓋然性が消失する効果が生じるといったほうがよいかもしれない）をもっている。また，権利消滅事由を充足する社会事象があればただちに分配効果である権利消滅効果に内包されているその社会事象に対応する具体的な権利の消滅が生じ，それがストレートに行為規範の定める権利消滅効果に内包されているその社会事象に対応する具体的な権利が消滅するが，権利滅却事由を充足する社会事象があってもただちに生じるのは分配効果である権利滅却効果に内包されているその社会事象に対応する具体的な権利消滅の蓋然性であって，それだけでは行為規範の定める権利消滅効果にならないから，権利が消滅することはないのである。

　ここでは，そのうちの権利発生効果と権利根拠効果を取り上げて両効果の違いを見てみることとする。まず，権利発生効果であるが，権利発生事由を充足する具体的な社会事象について自白があったり争いがあっても証明されたりすると，その社会事象は存在することとなり，権利発生事由の結果である権利発生効果のうちその社会事象に対応する具体的な権利が発生することになり，その当然の事理として，行為規範の定める法律効果のうちその社会事象に対応する具体的な権利が発生しており，存在していることを確認することができることになる。したがって，その後にその権利を変更または消滅する事由（とりあえずは，説明の便宜上権利行使阻止事由などには触れないこととする）が生じないかぎり，その権利は存続していることになる。

　次に，権利根拠効果であるが，権利根拠事由を充足する具体的な社会事象が自白・証明によって存在して，その結果である権利根拠効果に対応する具体的な効

247

Ⅲ　要件事実(論)

果が生じても，それだけでは行為規範の定める権利発生の法律効果は生じない，したがって，権利が発生することはない。そして，存在することになった権利根拠事由を充足する具体的な社会事象は，その権利の発生障害事由を充足する具体的な社会事象が主張され，それが自白・証明によって存在することになっても，不存在になることはないが，いったんは生じることになった権利根拠効果は，その権利の発生障害事由を充足する具体的な社会事象が存在して権利発生障害効果が生ずると，排斥されることとなり，結局権利が発生しないことになる。権利根拠効果は，権利発生障害事由を充足する具体的な社会事象が主張されないか，主張されたが争われ，それが無証明あるいは証明不成功であるかして権利発生障害効果が生じないと，権利発生障害事由になる前の法律要件を組成する法律事実の内容である社会事象の不存在でなければよいとの実体法規の解釈で反対の社会事象に転換して権利発生障害事由としたのであるから，その法律事実の内容である社会事象が存在することになり，それが他の法律事実を充足した社会事象と合体して行為規範の定める権利発生の法律効果が生じたことになるのである。もちろん，こうして権利が発生して存在するにいたっても，その後に権利を変更または消滅する事由が生ずれば，変更または消滅することになる。ともあれこのように，権利根拠効果は，それだけでは行為規範の定める権利発生の法律効果の蓋然性があるだけなのである。

　分配効果の用語が必要であることは，さらに請求の原因が抗弁で覆され，抗弁が再抗弁で覆され……は，請求原因事実が抗弁事実で覆されたり，抗弁事実が再抗弁事実で覆されたりするのではなく，請求原因による分配効果が抗弁による分配効果で覆され，抗弁による分配効果が再抗弁による分配効果で覆されるのである。いったん認められた事実は，自白・擬制自白によると証明によるとを問わず，事実がなくなることはないのである。しかし，いったん発生した分配効果は，効果がなくなることがある。たとえば，契約の成立という事実が認められると，その契約が要素の錯誤という無効事由に該当する事実があっても，契約が成立したという事実がなくなることはないが，契約の成立の分配効果である契約上の権利発生の蓋然性は，契約の要素の錯誤による無効という分配効果によって生じないことになる。したがって，訴訟当事者や裁判所は，常に分配効果を念頭において，時にはその具体的な主張をしあるいはそれを受けて，分配効果がどのような状態になっているかを認識しておかなければならないのである。

〔要件事実および分配効果における法的三段論法とは，なにか〕

　いままでにもなん回か法的三段論法ということに言及したが，ここでまとめてその意義を明らかにしておきたい。

248

2 要件事実の意義および機能

　法的三段論法は，伝統的論理学の三段論法「二つの前提命題から一つの結論命題を得る推論」のうちの典型的な定言三段論法を法律学に借用したものである。現代論理学において取り扱う推論は，三段論法をはるかに超えるものになっているようであるが，要件事実論においては定言三段論法を法的に変形した法的三段論法を用いることでまかなうことができるのではないだろうか。

　法的三段論法の適用を示すと，「権利の発生，変更または消滅という法律効果のうち実社会において現実に生ずる具体的な法律効果は，原則として実社会において現実に生起した具体的な社会事象が行為規範の定める法律要件を充足すると，その社会事象に対応して生じる」ということになる。このように，法的三段論法は，一定の行為規範の法律要件およびその結果を示す法律効果を大前提とし，その法律要件にあてはまる具体的な社会事象を小前提として，その結論である法律効果のその社会事象に対応する具体的な権利の変動を得る推論である。そして，民事訴訟においては，一定の裁判規範の要件事実およびその結果を示す分配効果を大前提とし，要件事実にあてはまる具体的な社会事象を小前提として，その結果である分配効果のその社会事象に対応する具体的な効果を得る推論と考えるべきことになり，それが行為規範の定める法律効果または法律事実の結果である効果を確認することができることになるのであるが，要件事実にあてはまる具体的な社会事象がもともと存在しなければ，大前提である要件事実にあてはめるべき小前提がないのであるから，分配効果が生じることがない。したがって，行為規範の法律効果または法律事実の結果である効果が生じたいう余地がないのである。また，いったんは権利は存在したが後に変更または消滅の要件事実を充足する社会事象が生じてその結果である変更または消滅の分配効果が生じたときは，その結果である分配効果のその社会事象に対応する具体的な効果が行為規範の定める法律効果または法律事実の結果である効果のうちのその社会事象に対応するその権利の変更または消滅を確認することができ，権利が存在することを推論するという余地がないことになる。

〔要件事実と主要事実は，法的三段論法の作用上どのような関係にあるのか〕

　この法的三段論法の小前提となる要件事実を充足する現実の社会で生起した事象すなわち社会事象を主要事実（「直接事実」ともいう）というのである。

　具体的な民事訴訟においては，訴訟当事者は主要事実の存否について主張をするのであるが，主要事実のうちに権利等の法的判断を要する事項があると，その主張は法律上の主張となり（もっとも，信義則違反〔民1Ⅱ〕，権利濫用〔同条Ⅲ〕および公序良俗〔民90〕については，これを職権調査事項であるとし，その判断に必要な事実上の主張を要しないとする見解〔村松（俊）「訴訟に現れた権利濫用」末川先生

Ⅲ　要件事実（論）

古稀記念・権利の濫用・中〔昭和37年10月〕296頁〕があり，また，不特定概念に該
当する事実は間接事実であるとする見解〔兼子・新修民事訴訟法体系〔増訂版〕199頁，
岩松＝兼子編・法律実務講座民事訴訟編〔旧版〕2巻117頁など〕がある），この主張
を相手方が自白（権利自白。もっとも，権利自白を絶対的に否定する見解もないでも
ない（菊井・民事訴訟法下290頁，菊井＝村松（俊）・全訂民事訴訟法Ⅰ〔全訂版〕〔昭
和53年10月，日本評論社〕665頁，同・民事訴訟法Ⅱ〔昭和39年4月，日本評論社〕
233頁など））すると，主要事実中のその他の自然的・社会的事実が自白・証明さ
れている以上それと併せて要件事実が充足し，その結果である分配効用のその主
要事実に対応する具体的な効果が生じ，その結果，権利根拠効果および事由なら
びに権利滅却効果および事由を別とすれば，行為規範の定める権利変動の原因で
ある法律要件の充足があったことになって，法律効果である権利が変動したこと
が確認される。この主張を相手方が争ったときは，この法的判断を要する事項を
基礎づける自然的・社会的事実の類型で構成される要件事実を充足する主要事実
を主張しなければならないが，自然的・社会的事実の類型で構成される要件事実
を充足する主要事実の主張すなわち事実上の主張を相手方が自白すると，要件事
実が充足してその結果である分配効果のその主要事実に対応する具体的な効果が
生じる。相手方がこの主張をも争うときは，その主要事実の存否について当事者
の双方は本証または反証を提出する立証をするのであるが，この主要事実の存在
が証明されて要件事実が充足されると，その結果である分配効果のその主要事実
に対応する具体的な効果が生じ，その後の論理的経過は今述べたことと同じにな
るのである。

　分配効果の主要事実に対応する具体的な効果は，主要事実が充足さえすれば，
法理上からいって当然に生ずると判断されることになる。

　このようにいうと，私見と司研説とは要件事実を法的三段論法の大前提とする
か小前提とするかの違いにすぎないといわれるかもしれない。しかし，両説では，
その発想からその後の論理構成にいたるまでまったく反対の考えになる

2‐3　要件事実および分配効果の確定

〔要件事実および分配効果を確定するにあたっては，法律効果・法律要件等に
　ついて主張責任の分配を行なう前に，権利の同一性の有無を見極めることが
　肝要ではないか〕

　こうして，行為規範の定める法律要件または法律事実および法律効果または部
分効果について主張責任の分配ないし証明責任の分配をして裁判規範の要件事実
および分配効果を見出し，それの確定をするわけであるが，この確定をするため

に，気をつけなければならないこととして，権利の同一性の有無を見極めなければ
ならないということがある。前述した〔Ⅰ，4-2-1 を参照〕有効に成立した停止
条件付き契約の停止条件の成就により発生した権利と有効に成立した無条件の契
約により発生した権利のように，もともと異なる権利であるにもかかわらず，同
一の権利であると解することがないようにしなければならないばかりでなく，同
一の権利であるにもかかわず異なる権利であると解することがないようにもしな
ければならないのである。

　もっとも，後者の場合では，多分に行為規範の定める法律要件ないし法律効果
についての学説上の争いを伴い，そのときには究極的にはどの説が正当であるか
を見極めることになるが，ときにはどの説が正当であると言い切れないことがあ
る。そのときにはどの説によれば裁判規範上の要件事実および分配効果がどうな
るのかを明確に認識しておく必要がある。その好例として，土地所有権に基づく
建物収去土地明渡請求を取り上げてみたい。

　この請求の内容で存否の対象となる請求権については，学説上次の 4 説がある。

(a)　土地返還請求権であるとする説

　　　建物収去は，執行法上の制限にすぎず，本体は土地の所有権に基づく返還
　　請求権であるとする（田尾「買取請求権が行使された場合の判決主文の表示方
　　法」判タ 215 号 46 頁。この論文は，本井巽ほか編・民事実務ノート 3 巻〔昭和 44
　　年 7 月，判例タイムズ社〕76 頁以下に収録されている。三井「法律要件分類説の
　　修正及び醇化に関する具体的事例に就て（一）」法律時報 30 巻 11 号 1688 頁参照）

(b)　土地の所有権に基づく建物収去土地明渡請求権であるとする説

　　　所有権に基づく物権的請求権は，所有権の円満性が害されるならば，その
　　害された態様に応じて発生するとし，土地所有権が土地上の建物所有による
　　土地の占有によって害されているならば，それに応じ 1 個の土地の所有権に
　　基づく建物収去土地明渡請求権であるとする（田尾・同論文 46 頁参照）

(c)　土地所有権に基づく妨害排除請求権であるとする説（中田（淳）・民事訴訟
　　判例研究 355 頁，三井・同論文 1699 頁）

(d)　建物の収去については土地所有権に基づく妨害排除請求権であり，土地の
　　返還については土地所有権に基づく返還請求権であるとする説

　　　土地占有者の土地上の建物を収去する義務はなす債務であって，それに対
　　抗する権利は建物の収去については土地所有権に基づく妨害排除請求権であ
　　り，土地占有者の土地を返還する義務は与える債務であって，それに対抗す
　　る権利は土地所有権に基づく返還請求権であるとする（田尾・同論文 47 頁，
　　三井・同論文 1688 頁）

Ⅲ　要件事実（論）

　所有権に基づく物権的請求権の態様については，わが民法上に明文の規定がなく，返還，妨害排除および妨害予防の三つの態様は，ローマ法以来の歴史的発展の成果と民法197条以下の占有訴権との対比において解釈上認められているものである（注民(6)28頁〈好美〉）から，これらの諸説のいずれを是とすべきかの判断は，ローマ法およびその現代法における継受についての学識を必要とし，私のごとき浅学の者のよくなしうるところではない。したがって，ここでは所有権に基づく建物収去土地明渡請求訴訟において請求の内容となる権利の種類・内容について学説の対立があり，いずれの学説を採るかによって要件事実が異なることを指摘するにとどめざるをえない。

　(a)説によれば，「請求者　土地所有」と「相手方　土地占有」が主張責任の分配により土地所有権に基づく建物収去土地明渡請求権の存在を主張する者の権利根拠事由としての裁判規範上の要件事実となり，(b)説および(c)説によれば，「請求者　土地所有」と「相手方　土地上に建物を所有して土地占有」が主張責任の分配により(b)説ならば土地所有権に基づく物上請求権の，(c)説ならば土地所有権に基づく妨害排除請求権のそれぞれ存在を主張する者の権利根拠事由としての裁判規範上の要件事実となる。(d)説によれば，①「請求者　土地所有」と「相手方　土地上に建物を所有して土地占有」が主張責任の分配により土地所有権に基づく妨害排除請求権の存在を主張する者の権利根拠事由としての裁判規範上の要件事実となり，②「請求者　土地所有」と「相手方　土地占有」が主張責任の分配により土地所有権に基づく返還請求権の存在を主張する者の権利根拠事由としての裁判規範上の要件事実となるが，②は，①の一部と重複するから，結局は①の要件事実となる。

　そのうえ，(a)説によれば，「相手方→請求者　土地につき賃借権」が主張責任の分配により土地所有権に基づく建物収去土地明渡請求権の存在の主張を争う者の権利発生障害事由としての裁判規範上の要件事実となり，(b)説および(c)説によれば，「相手方→請求者　土地につき建物所有を目的とする賃借権」が主張責任の分配により(b)説ならば土地所有権に基づく物上請求権の，(c)説ならば土地所有権に基づく妨害排除請求権のそれぞれ存在の主張を争う者の権利発生障害事由としての裁判規範上の要件事実となる。(d)説によれば，①「相手方→請求者　土地につき建物所有を目的とする賃借権」が主張責任の分配により土地所有権に基づく妨害排除請求権の存在の主張を争う者の権利発生障害事由としての裁判規範上の要件事実となり，②「相手方→請求者　土地につき賃借権」が主張責任の分配により土地所有権に基づく返還請求権の存在の主張を争う者の権利発生障害事由としての裁判規範上の要件事実となるが，②は，①の一部と重複するから結局は

①の要件事実となる。

いささか煩雑な思考を重ねることになるが，論理的にはこのような思考を経て最終的には自分が請求者の立場になるかそれとも相手方の立場になるかと，(a)～(d)のどの説を採るかによって，要件事実および分配効果が確定することになる。

2-4 要件事実の機能

表題では，要件事実だけの機能を掲げたが，法律要件と要件事実が違うことになれば法律効果と分配効果も違うことになる。したがって，本節では，要件事実の機能とともに分配効果の機能についても述べることとなる。

〔要件事実および分配機能は，具体的な訴訟においてどのような役割を担うのか〕

〈具体的な訴訟における請求を基礎づけあるいは排斥するには，要件事実および分配効果の種別の論理的な順序に従って，これらの要件事実を充足する社会事象および分配効果のこの社会事象に対応する具体的な効果を主張の対象ないし証明の対象として配列していけばよいのではないか〉

要件事実およびその結果である分配効果の法則については，次節において述べるが（もっとも，上述したように，行為規範の定める法律要件と法律効果について主張責任の分配ないし証明責任の分配をして見出されたところの裁判規範の要件である要件事実が法律要件と同じであれば，その効果である分配効果も法律効果と同じであるから，ことさらにそれについて要件事実および分配効果の機能を云為する必要もないわけであるが，一々両者を述べ分けるのもわずらわしいので，要件事実および分配効果の機能にひとまとめにして述べることとする），具体的な訴訟において請求を基礎づけあるいは排斥するには，要件事実および分配効果の種別の論理的な順序に従って，これらの要件事実を充足する社会事象すなわち主要事実および分配効果の主要事実に対応する具体的な効果を主張の対象ないし証明の対象（ただし，この具体的な効果は，通常は主要事実から自ずと明らかであるから，その場合には，ことさらに主張の対象ないし証明の対象とする必要はない。以下でも，同じであるから，その指摘を省略する）として配列していけばよい[51]。そして，主張責任の分配および証明責任の分配は，それを権利の存否等を主張する者とそれを争う者とに主張を負担させ証明を負担させることであり，この主張の負担および証明の負担は，取りも直さず行為責任としての主張責任および行為責任としての証明責任となる。これら

---

(51) しかし，債務を発生する原因となることがないのに債務があるといわれたとして，債務不存在確認訴訟を提起した場合には，原告は，請求の原因で，傍点部分を主張すればよい。この場合には，被告が抗弁で債権の発生原因事実を主張し証明することになる。

Ⅲ　要件事実(論)

を敷衍して説明すると，次に述べるようになる。

　原告の特定した請求の内容が権利の存在等であるときは，請求を理由づける請求の原因（民訴規53Ⅰ，79　Ⅱ参照）は，権利発生事由または権利根拠事由（給付の請求であれば，さらに権利行使事由。形成の請求については，省略する）(52)を充足する実社会で現実に生起したまたは生起すると予測される具体的な社会事象つまり主要事実の主張である(53)。被告がこの請求の原因を自白（民訴179）または擬制自白（同159Ⅰ，170Ⅴ）するか，被告がこれを争ったとしてもその主要事実が証明を要しないかそれが証明を要するにしても証明されたかしたときは，その主要事実があてはまる権利発生事由または権利根拠事由（給付請求であれば，さらに権利行使事由）の結果である権利発生効果または権利根拠効果（給付請求であれば，さらに権利行使効果）のいずれかに応ずる具体的な効果が生ずる(54)。すなわち，権利発生効果であるときは，被告が抗弁として権利消滅事由，権利滅却事由または権利変更事由を充足するいずれかの主要事実を主張し，証明しないかぎりは，行為規範の定める権利発生に対応する具体的な効果が発生して存在していることになる。また，権利根拠効果であるときは，権利発生の蓋然性が生じ，被告が抗弁として権利発生障害事由を充足する主要事実を主張し，証明しないときは，権利発生の蓋然性が具体的な効果の発生となる(55)。したがって，被告が別

---

(52)　たとえば，貸金返還請求訴訟における返還期限づき返還の合意および金員の交付つまり消費貸借契約の成立が権利根拠事由，その返還期限の到来および返還請求が権利行使事由である。

(53)　被告がこれを否認（民訴規79Ⅲ）または不知の陳述（民訴159Ⅱ）をしたつまり争った場合においてその主要事実の一部または全部が法的判断を要する事項〔たとえば，所有権に基づく建物返還請求訴訟における所有権の存在〕であるときは，原告は，第二次的に，請求の原因の一部または全部として法的判断を要する事項を基礎づける類型的な自然的・社会的事実で構成されている要件事実を充足する実社会で現実に生起したまたは生起すると予測される具体的な自然的・社会的事実つまり主要事実，所有権の存在を基礎づける類型的な自然的・社会であれば，「所有者からの承継取得」を充足する特定の土地の所有者からその土地を買い受けた事実を主張する。

(54)　権利根拠効果に応ずる具体的な効果，たとえば，貸金返還請求訴訟であれば，一定の金額の支払請求権発生の蓋然性〔存在の蓋然性〕が生ずる。

(55)　権利発生障害事由であれば，たとえば所有権に基づく建物返還請求訴訟における請求権の発生を障害する占有権原存在の蓋然性。なお，「具体的な効果が発生する蓋然性が，具体的な効果の発生となることになる」というのは，発生の法律要件を組成する法律事実をその不存在でなければよいことから主張責任の分配ないし証明責任の分配により権利発生障害効果および権利発生障害事由として相手方にその反対事実の主張責任ないし証明責任が負わされたところ，たとえばその主張はあったが証明を失敗した場合には，権利発生障害事由の存在が証明できなかったことにより権利発生障害効果が生じなかったため，その法律事実の不存在でなかったことになるから，権利発生事由つまり権利発生の法律要件が充足されたことが確認されたことになって，権利発生効果が生じたような結果になることである。

254

2　要件事実の意義および機能

に抗弁として権利消滅事由，権利滅却事由または権利変更事由を充足するいずれかの主要事実を主張し，証明しないかぎりは，権利発生の蓋然性が権利発生障害事由の元となった行為規範の定める法律事実の存在の可能性があることになるから，行為規範の定めるすべての法律事実すなわち法律要件を充足する社会事象があったことになる。こうして，行為規範の定める権利発生の法律効果に対応する具体的な効果が発生して権利が存在していることになり，原告の勝訴となる。

　原告の請求を理由づける請求の原因が認められる場合において，被告が請求の原因を争わないであるいは争ったうえ，それを排斥する上述した抗弁事由を充足する主要事実を主張し証明したにもかかわらず，原告が抗弁を争わないであるいは争ったうえそれを排斥する再抗弁事由（請求の原因が権利発生事由または権利根拠事由で，抗弁事由が権利消滅事由(56)〔たとえば解除権の存在かそれを基礎づける解除権発生事由〕であればそれの権利滅却事由または権利変更事由，請求の原因が権利根拠事由で，抗弁事由が権利発生障害事由〔たとえば賃借権の存在かそれを基礎づける賃貸借契約の成立〕であれば賃借権発生障害事由あるいは賃借権滅却事由）を充足する主要事実を主張しないか，主張しても立証して証明しようとしないか，立証をしても証明することができないときは，請求の原因として生じたはずの権利発生事由または権利根拠事由（給付請求であれば，さらに権利行使事由）を充足する要件事実の結果である権利発生効果または権利根拠効果（給付請求であれば，さらに権利行使効果）の主要事実に応ずる具体的な効果が排斥される（行為規範の定める法律効果については，今述べたことと同じなので，省略する。以下も同様とする）。したがって，判決では，原告の請求は理由がないとして棄却される。

　原告が抗弁を争わないであるいは争ったうえ，抗弁が権利行使阻止事由(57)であった場合においてその抗弁を排斥するべく再抗弁の権利行使阻止上の権利の消滅事由(58)を充足する主要事実を主張し証明したときは，権利行使阻止事由を充足する要件事実の結果である権利行使阻止効果の，上述したその他の抗弁として生じたはずの権利消滅事由，権利滅却事由，権利変更事由または権利消滅障害事由を排斥すべく再抗弁の権利滅却事由，権利変更事由，権利（賃借権または賃貸借契約の成立）発生障害事由または権利滅却事由を充足する主要事実を主張し証明したときは，その他の抗弁の要件事実の結果である権利消滅効果，権利滅却効果，権利変更効果または権利消滅障害効果のそれぞれ主要事実に応ずる具体的な

---

(56)　前頁注55の占有権原が賃借権であって，被告がその発生原因事実として賃貸借契約の成立を主張した場合であれば，その契約の解除権の存在とその行使である。

(57)　たとえば，貸金債権の保証人に対する請求訴訟において，保証人である被告のする催告の抗弁（民452本文）。

(58)　前注の催告の抗弁に対するたとえば主たる債務者の行方不明（同条ただし）。

255

Ⅲ　要件事実(論)

効果が排斥され，請求の原因として生じていた権利発生事由（給付請求であれば，さらに権利行使事由）の結果である権利発生効果により，行為規範の定める権利発生に対応する具体的な効果が発生して存在していることになり，または，権利根拠効果（給付請求であれば，さらに権利行使効果）の具体的な効果の蓋然性が具体的な効果の発生となることができることになって，行為規範の定める権利発生に対応する具体的な効果が発生して存在していることになる。それ故，判決では，被告の抗弁は理由がないとして，原告の請求が認容されることになる。

　以下，これらと同一の論理で被告の再々抗弁，原告の再々々抗弁と続くことになるが，具体的な訴訟においては再抗弁で終わるのが通常であって，再々抗弁以下が発現するのはごくわずかな例外的な事案である。したがって，再々抗弁以下の主張が現れたときは，要件事実の策定を誤っている可能性があるので，もう一度要件事実を検討してみる必要がある。

〔当事者は，相手方の主張が認められないかぎり，その主張を排斥する主張をする必要がないのではないか〕

　このように，抗弁は，請求の原因が認められたことによって生じた分配効果に対応する具体的効果を排斥するものであり，再抗弁は，抗弁が認められたことによって生じた分配効果に対応する具体的効果を排斥するものであるから，論理的にいえば，抗弁は，請求の原因が認められないかぎり提出する必要がなく，再抗弁は，抗弁が認められないかぎり提出する必要がないわけである。ただ，具体的な訴訟では，請求の原因が主張またはそれが争われた場合における立証において完全でないにもかかわらず，抗弁が提出されたり，抗弁が主張またはそれが争われた場合における立証において完全でないにもかかわらず再抗弁が提出されたりすることがある。このような先行主張や先行自白は，当事者が要件事実の所在を誤って理解しているときもあるし，訴訟前の折衝などから相手方がどのような主張や立証をするか分かっているためにそれに先立って行なうときもあるし，訴訟を迅速に進めようとしてするときもあるであろう。しかし，要件事実論における機能上の本則からは，いま述べたとおり，抗弁は請求の原因が，再抗弁は抗弁がそれぞれ認められる場合にされるのである。民訴規則53条1項，80条1，2項，81条も，この趣旨を否定するものではあるまい。私は，大部分の民事訴訟では主張・立証は再抗弁どまりであると思っているので，当事者の主張・立証は，答弁書および原告の最初の準備書面とそこに再抗弁が記載されている場合におけるそれに対する認否と証拠の提出予定ないし申請ぐらいで終わるはずだからである。もし上述した民訴規則の条項の趣旨がそうでなく，とにかく当事者は主張や立証をできるだけ早くせよと促すことをいっているのだとすれば，上述した要件事実

論における機能上の本則は，これらの条項と背馳することになるが，そうだとするならば，要件事実論の機能の実践的価値は，大きく減ずることになり，司法修習生に対する司研民事裁判担当教官や民事弁護担当教官の要件事実教育なるものは，一体なんだったのかということになりかねないのではないだろうか。しかし，司研・要件事実１巻が「はしがき」の冒頭で，

「要件事実（＝主要事実）は，ある法律効果の発生要件に該当する具体的事実であり，この事実が何であるかを理解しないで，当事者が民事訴訟において主張する各種の法律効果の発生の有無を判断することは不可能である。口頭弁論において主張の整理をし，争点を明確にするためにも，また，争点について適切な証拠調べをするためにも，要件事実を正確に理解することが不可欠である」
と述べることは，要件事実を法的三段論法の小前提に矮小化してしまっており，法律効果に誤用のきらいがあるとはいえ，適切な指摘である。

ローゼンベルクは，

「証明責任の規制は法規──その適用は上告審の審査を免れることができない──によらねばならず，個々の訴訟の偶然には左右されない不動の結論として，裁判官の道標であり，当事者が訴訟に関与する前にこれを予測しうるものでなければならぬ」（証明責任論 77 頁）
という。証明責任の規制が個々の訴訟の偶然に左右されない不動の結論というのはそのとおりであるが，それ以外の論述は，納得しうるものではない。証明責任の規制は要件事実でいえばその前提となるものであるが，それが裁判官の道しるべであって，当事者は，証明責任の規制すなわち要件事実の前提となるものが裁判官の道しるべであることを予測して訴訟に取り掛からなければならないものではないのである。処分権主義の訴訟の下では，要件事実を含む訴訟の主題を提供する者は当事者であって，裁判官はその提供された主題の当否を判断するのである。請求を理由づける請求の原因を要件事実の規制に従って組み立て，請求を排斥する抗弁を要件事実の規制に従って組み立てるのは，裁判官ではなく，当事者である。判決事項が申立事項に拘束される（民訴246）というのは，このことをその一端として示すものである。

〔当事者は，自己の主張が争われたうえ要証事実でないかぎり立証をする必要がないのではないか〕

ローゼンベルクは，さらに，

「原告が請求原因についての立証を何もしないでいるのに，被告のほうで抗弁につき証拠を出して来た，という場合にも，その証拠調を命ずべきものではない。抗弁は請求原因が証明せられて後に初めて問題になる──同様に再抗弁は抗弁の

Ⅲ　要件事実（論）

後に問題になる──のだからである」

（証明責任論 87 頁）

といっている（ローゼンベルクは，この説明を立証についてしているが，主張についても同じ論理があてはまるはずである）が，これは上述した私見と同じであり，正論といわなければならない。そうだとすると，判決の事実摘示における主張・証明責任分配の論理的適用順序と審理における主張・証明責任分配の論理的適用順序とは異なるとして，審理においては当事者に主張・証明責任分配の論理的適用順序を無視してできるだけ早い段階で多くの主張や証拠を出させる──たとえば，原告に，訴状に請求原因のみならず，予想される抗弁に対する認否，再抗弁，予想される再々抗弁に対する認否，再々々抗弁を主張させるとともに，訴え提起の段階で予想される争点について証拠を提出させる──ということは本来できない筋合いであるから，法律要件を細分化することは，それだけ審理を遅延させることになるわけである。

　なお，ローゼンベルクは，主張責任の分配（および主張責任）の独自性を否定するのであるが，

　「民事訴訟において証明責任の分配が実務上重大な意義を有することは，僅少の例外……を除き，通説である。詳しく調べて見ると，普通考えられている以上に，その重要性は大きい。もっとも，まず考え付くのは当事者の訴訟活動に及ぼす作用であるが，これは自由心証の原則によって多少とも弱められているかも知れない。だから，『証明責任の負担は半ば敗訴』（シュテルツェルその他）というのは言い過ぎであろうが，証明責任分配の理論を『民事訴訟のバックボーン』（ハムその他）と称するのは正しい。けだし，当事者や代理人・補佐人らが訴訟中常に証明責任を考え，そのなすべき証明の完遂に留意すべきであるのみならず，裁判官も，いや裁判官こそが『使命を遂行しようとするならば，訴訟のあらゆる段階において証明責任の分配を念頭に置かなければならない』（デュリンガー＝ハヘンブルク）のである」（証明責任論 73 頁）

という。しかし，ローゼンベルクが証明責任分配の理論を「民事訴訟のバックボーン」とするのを正しいと述べるのは，客観的証明責任論あるいはドイツ民事訴訟法の規定する自由心証主義の見地からの評価であって，私見からすれば，この評価は，法律効果または部分効果および法律要件または法律事実について主張責任の分配ないし証明責任の分配を行なって見出された分配効果および要件事実に対して与えられるべきものである。

　〔要件事実および分配効果は，裁判外紛争解決（処理）においても活用されるか〕

要件事実を主要事実と同義であるとし，証明責任をもっぱら裁判官の心証に委ねるとすると，要件事実は，訴訟でのみ用いられるものになるが，要件事実および分配効果を私見のように解すると，要件事実および分配効果は，訴訟にかぎらず民事調停，仲裁および裁判外紛争解決（処理）においても，それが権利の存否等をめぐる紛争であるかぎり，その各当事者が自己の言い分を述べ合い，裁判官，仲裁人，調停委員，手続実施者など紛争解決の仲立ちをする者がその言い分を踏まえて紛争を解決する糸口を見つけることができる意味合いをもつうえ，紛争を適正に解決するにあたってもっとも有用な道具になるであろう。

このように，要件事実および分配効果は，裁判外で法的紛争を解決する場合においても大いに活用されるべき法理になるといわなければならないのではないだろうか。

3　分配効果および要件事実の分別

〔分配効果および要件事実をもっとも簡明で適正に法則化しようとすると，どのように分別すればよいだろうか〕

以上においてるる述べたことからお分かりいただけたと思うが，民事訴訟で権利の存否等を主張する者とそれを争う者とがそれぞれ主張責任ないし証明責任を負うことになる裁判規範の分配効果および要件事実をもっとも簡明で適正に法則化しようとするならば，その前提となる主張責任の分配および証明責任の分配とからめて，請求の内容である権利の存否等およびそれを基礎づけまたは排斥する法的判断を要する事項ないし自然的・社会的事実の存否を法律効果（権利の行使を含む）ないしその一部についての障害効果の有無ごとに類型化すればよいのではないか。

行為規範の定める法律効果およびその原因である法律要件またはそれを組成する法律事実の結果である法的効果およびその原因である法律事実について，いま述べた制約の下に主張責任の分配ないし証明責任の分配をすると，

ア　訴訟上の請求の内容である権利の存在等ならびにそれを基礎づける効果および事由またはそれらを排斥しようとする効果および事由をさらに排斥する効果および事由を主張する者に

①　権利発生効果および権利発生事由または権利根拠効果および権利根拠事由

②　権利消滅障害効果および権利消滅障害事由

③　（権利が請求権，裁判外の形成権または抗弁権であるときは，）権利行使効果

259

Ⅲ　要件事実(論)

　　　および権利行使事由（請求権の場合には，権利行使可能性の存在および権利行

　　　使といったほうがよいだろう）

　　④　（権利が抗弁権であるときに）権利行使阻止上の権利消滅効果および権利

　　　行使阻止上の権利消滅事由

について主張責任（主張の負担）ないし証明責任（証明の負担）があり，

　イ　訴訟上の請求の内容である権利の不存在ならびにそれを基礎づける効果お

　　よび事由またはそれらを排斥しようとする効果および事由をさらに排斥する

　　効果および事由を主張する者に

　　①　権利消滅効果および権利消滅事由または権利滅却効果および権利滅却事

　　　由

　　②　権利発生障害効果および権利発生障害事由

　　③　（権利が抗弁権であるときに）権利行使阻止効果および権利行使阻止事由

について主張責任（主張の負担）ないし証明責任（証明の負担）があるということ

になろう。

そこで，以下では，私見における要件事実および分配効果の類型について若干の

説明をすることとする。

3‒1　法律効果の一つである権利の変更について主張責任の分配 ないし証明責任の分配をすることの可否

〔権利の変更は，権利の発生と消滅に解消すべきではないか〕

　行為規範の定める法律効果のうちには権利の変更があり，その原因である法律

要件があるが，ボアソナードは，権利の変更とその原因である事由の主張責任の

分配ないし証明責任の分配についてはまったく言及するところがない。それは，

次のような理由によるものと考えられる。

　権利の変更には，主体の変更と内容（客体）の変更と作用の変更があるといわ

れている（我妻・新訂民法総則232頁など）。

　主体の変更は，財産権等の保有者がそれを第三者に移転することであるから，

その保有者にとっては財産権等を喪失すること換言すれば保有者の手元から消滅

することであり，その第三者にとっては財産権等を取得すること換言すれば第三

者の手許において発生することである（いわゆる債権譲渡については，この点で若

干の違いがある）。

　内容の変更は，さらに数量的変更と性質的変更があるとされる。数量的変更は，

財産(権)の内容が増減することであり，その増加は増加分が保有者の手許におい

て発生することを，その減少は減少分が保有者の手元から消滅することを意味す

3　分配効果および要件事実の分別

るといってよい。性質的変更は，ある権利が他の権利に変ずることであるから，その保有者にとっては，有していた権利が消滅し他の権利が発生したことになる。

また，作用の変更は，不完全または未完成の権利が完全な権利にまたは完全な権利が不完全な権利になることであろうから，その同一権利内における完全性の有無が問題であって，不完全または未完成の権利は，その権利の発生が未了であるところ，作用の変更によりその権利が完全なものとして発生することであり，完全な権利は，その消滅が未了であるところ，作用の変更によりその権利が消滅することであろう。

そうだとすれば，行為規範上の法律効果としての権利の変更は，それについて主張責任の分配ないし証明責任の分配をするに当たっては権利の主体間のまたは客体上もしくは作用上の発生または消滅に解消して扱えばよいということになろう（結果同旨，伊藤(滋)「要件事実と実体法」869号15頁）。ボアソナードが主張責任の分配ないし証明責任の分配において権利の変更を取り上げなかったのは，おそらくそのひそみにならったのではないだろうか。

3 - 2　権利発生効果および権利発生事由

〔権利発生効果および権利発生事由とは，なにか〕

そこで，権利の変更を解消したところの権利の発生を含めた権利の発生について裁判規範の分配効果およびその原因である要件事実を見てみると，分配効果およびその原因である要件事実は，行為規範の定める法律効果およびその原因である法律要件について主張責任の分配ないし証明責任の分配を行って見出したものであるから，行為規範の定めに権利の発生という法律効果およびその原因である法律要件がある以上，裁判規範に権利発生効果およびその原因である権利発生事由があることは当然のことである。そして，権利の発生によって権利は存在することになるのであるから，この分配効果および要件事実が権利の存在を主張する者の主張責任ないし証明責任に分配されるのも当然のことといわなければならない。

権利発生事由（これが法的三段論法の大前提のうちの要件事実である）を充足する（これが同論法における「あてはめ」がされた状態である）社会事象（これが同論法の小前提となる主要事実である）が主張され，それが自白されたり，それが争われても要証の主要事実が証明されたりしたときは，権利発生効果（これが法的三段論法の大前提のうちの分配効果である）の社会事象（主要事実）に対応する（これが同論法における「あてはめ」がされる状態である。その意味については前述した〔Ⅲ，2-2の〔要件事実および分配効果における…〕などを参照〕）具体的な効果（これが同

261

Ⅲ　要件事実（論）

論法の小前提となる効果である）が発生し，それによって行為規範の定める権利の発生の法律要件（これが法的三段論法の大前提のうちの法律要件である）を充足する（これが同論法における「あてはめ」がされた状態である）社会事象（これが同論法の小前提となるいわゆる事実である）が確認されて，その結果である法律効果（これが法的三段論法の大前提のうちの法律効果である）の社会事象に対応した（これが同論法における「あてはめ」がされる状態である）具体的な権利の発生（これが同論法の小前提となる効果である）が確認されることとなる。この点で，後に述べる権利根拠事由および権利根拠効果と異なるのである。

　とはいえ，行為規範の定める権利発生の法律効果および法律要件について主張責任の分配ないし証明責任の分配をして，裁判規範の分配効果である権利発生効果および要件事実である権利発生事由を見出そうとすると，それは意外に少ないようである。

　たとえば，権利の発生はそれを享受する者にとっては権利の取得となるので，権利の取得の方からみてみると，承継取得の場合には設定取得も含めて後に述べる権利発生障害効果および権利発生障害事由があるし，原始取得には動産の無主物先占，遺失物の拾得，埋蔵物の発見，不動産または財産権の時効取得，動産の即時取得などがあるが，そのうち不動産または財産権の時効取得には占有期間について法律上の推定に伴う時効の中断（民162，163，186Ⅱ，164，165）があり，動産の即時取得は取引行為によって占有を始めなければならない（民192）から，承継取得と類似した問題がある。遺失物の拾得は3か月内に，埋蔵物の発見も6か月内にそれぞれ所有者が判明することがあるから，いずれも権利根拠効果および権利根拠事由になるものと思われる。そこで，ここで取り上げることができるのは，賃料支払い請求と動産の無主物先占にとどめることになる。

⑴　その例1──賃貸人の賃借人に対する支分権としての賃料請求
〔賃貸人の賃借人に対する支分権としての賃料請求権は，権利発生効果および権利発生事由ではないか〕

　賃貸人の賃借人に対する支分権としての賃料請求権の発生事由は，

　①　基本権としての賃料債権の存在

　②　その支払期日の到来

である。したがって，賃貸人が賃借人に対して支分権としての（以下，本項においては「支分権としての」を省略することがある）賃料の支払いを請求するには，この①および②を充足する社会事象のほか，権利行使事由を充足する社会事象を主張する負担ないし証明する負担がある。

262

3　分配効果および要件事実の分別

　賃貸人の賃借人に対する賃料請求権発生の法律要件は，①　基本（債）権として
の賃料債権の存在と②支分（債）権としての賃料請求権の発生すなわち基本権とし
ての賃料債権の支払期日の到来であると考えられる。基本権としての賃料債権は，
賃借物の抽象的な使用・収益の対価としての賃料の支払いを受けるべき債権であ
り，支分権としての賃料請求権は，賃借物の現実的な使用・収益の対価として毎
期に一定額の賃料の支払いを求めることができる請求権であるが，支分権として
の賃料請求権は，賃貸借（契約）規範上の直接の権利ではなく，賃貸借（契約）
規範上の直接の権利である基本権としての賃料債権の存在と支払期日の到来によ
り発生し，しかも，賃借人が賃借物を実際に使用・収益することができたか否か
とは関係がないというべきである。賃貸人・賃借人間に賃料の支払期日について
前払い約定があるときは，賃借人が賃借物を実際に使用・収益していないにもか
かわらずその約定に従って賃料を支払わなければならないし，賃借人がこの前払
い賃料の支払いを相当期間遅滞したときは，賃貸人は催告のうえ賃貸借契約を解
除することもできるのである（民541[(59)]）。

　そして，賃貸人が賃借人に対して賃貸物を引き渡していないにもかかわらず支
分権としての賃料の支払いを請求したときは，賃借人は，賃貸借の双務契約性か
ら同時履行または先履行の抗弁権を行使することができると解される。ところが，
判例（最（二）判昭和36・7・21民集15巻7号1952頁）は，「賃貸人が賃借人に対し
賃貸物件を使用させない期間は，賃借人は賃料支払義務を負わない」（ただし，
判決要旨）とする（「本件は，罹災都市借地借家臨時処理法による賃借申出によって借
地権が設定されたが，地主がその借地権の設定を争って，しばらくの間賃借人に土地を
使用させなかった。土地を使用させるようになって後，賃貸人が当初に遡った額の未払
賃料を催告したところ，賃借人は，使用開始以後の賃料のみを支払ったという事案であ
る」〔坂井芳雄最高裁調査官の同判例の解説による〕が，判決要旨は，賃貸人が賃借人
に対し賃貸物件を使用させなかった場合における一般論になっている）。しかし，そ
の理由は，かならずしも明らかではない。ただ，我妻・債権各論中巻一（民法講
義Ⅴ2）（昭和32年5月，岩波書店）470頁は，「思うに，賃貸人は使用収益させる
債務者であるから，その責に帰すべき事由による履行不能は，危険負担の問題で
はない。従って，一般原則によれば，賃貸人は填補賠償債務を負担し，賃借人は，
解除しない限り，賃料債務を免れないはずである……。然し，賃貸借のような継
続的関係においては，その対価は，──使用収益をしない限り賃料債務は生じ得

────────────────

（59）　前述したように，改正案では，ただし書として「ただし，その期間を経過した時に
　　おける債務の不履行がその契約及び取引上の社会通念に照らして軽微であるときは，この
　　限りでない」が付加されている。

Ⅲ　要件事実（論）

ないとはいえないとしても，少なくとも実際上は，──使用収益の継続すること
に対応して生ずるものであって，使用収益が全部的に不能な場合にも塡補賠償債
務と賃料債務を対立させておくことは，徒らに関係を複雑にするだけで，実際に
適さない。かような事情を考えるときは，判例の結論を支持すべきであろう」と
いう。

　しかし，民法609〜611条の定める場合は別にするとしても(60)，これを賃貸人
が賃借人に対し賃貸物件を使用させなかった場合における一般論としていうのは，
問題であろう。賃貸人が賃貸物件を使用させなかったのが賃借人において賃貸人
に無断で賃借権を譲渡・転貸し（ようとし）たなど賃借人の賃貸借上の義務違反
を阻止するためにした場合にも，賃料債務は生じないといってよいのだろうか。
賃貸人と賃借人との間で賃貸物件を使用させなかった期間に争いがあった場合に
は，本来一義的に決まらなければならないはずの賃借人の賃料支払義務の有無が
確定しないことになるであろうし，また，この論理は，賃貸人が賃借人に対して
賃貸物件の全部を使用させなかった場合とその一部を使用させなかった場合とで
異なることはないであろうから，賃貸物件の一部を使用させなかった場合にこの
論理が用いられるとすると，賃貸人と賃借人間に使用させなかった部分の範囲や
使用させなかった期間に争いがあったり，あるいはその場所，効用などに違いが
あって賃料が賃貸物件のすべてに等価でないときは賃料中に占める減額の割合を

（60）　ただし，改正法609条では，現行法同条の「収益を目的」が「耕作または牧畜を目
　　的」になり，現行法同条ただし書が削除されており，改正法611条1項では，現行同条項
　　が全面的に「賃借物の一部が滅失その他の事由により使用及び収益をすることができなく
　　なった場合において，それが賃借人の責めに帰することができない事由によるものである
　　ときは，賃料は，その使用及び収益をすることができなくなった部分の割合に応じて，減
　　額される。」に改められ，改正法同条2項では，現行法同条項の「前項」が「賃借物の一
　　部が滅失その他の事由により使用及び収益をすることができなくなった」になった。
　　　改正法609条の定める減収による賃料減額請求権発生の原因である法律要件について
　　主張責任の分配ないし証明責任の分配をして見出された権利（一部）減却事由（要件事
　　実）は，賃貸人に①　耕作または牧畜を目的とし，賃料をいくらとする約定のある土地の
　　賃貸借契約の成立，②　いつからいつまでその土地の耕作または牧畜からの収益が暴風，
　　地震，洪水や天候不順などの不可抗力によって（賃料額より少ない）いくらであったこと，
　　③　賃借人が賃貸人に対して（その収益の額に至るまでの）賃料の減額の意思表示をし，
　　それが賃貸人に到達したことである。
　　　また，改正法611条1項の定める賃借物の一部滅失等による賃料減額請求権発生の原因
　　である法律要件について主張責任の分配ないし証明責任の分配をして見出された賃料（一
　　部）減却事由は，賃借人に①　賃料をいくらとする約定のある賃貸借契約の成立，②　賃
　　借物の一部がいつ滅失その他の事由により使用および収益をすることができなくなったこ
　　と，③　それが賃借人の責めに帰することができない事由によるものであること，④　賃
　　借人が賃貸人に対して（その使用および収益をすることができなくなった部分の割合に応
　　じて）賃料の減額の意思表示をし，それが賃貸人に到達したことである。

3　分配効果および要件事実の分別

めぐって争いになったりして，賃料の支払義務の範囲や時期が不安定になることがあるのではないか。

　判例や我妻博士の見解は，我妻博士は，「使用収益が全部的に不能な場合に」限定されるもののごとくではあるが，いささか便宜論であるように思われる。やや割り切った言い方をすると，この問題は，事実上のこととしてではなく，法律上のこととして処理すべきではないだろうか[61]。

　こうして，①および②の各法律事実について主張責任の分配ないし証明責任の分配が行われ，それがそのまま支分権としての賃料請求権の存在等を主張する者の権利発生事由となる。なお，①の基本権としての賃料債権の発生を基礎づける要件事実は賃貸借契約の成立であるから，具体的な訴訟で①を充足する社会事象存在の主張が争われた場合または争われることを顧慮する場合には，具体的な賃貸借契約の成立を主張すればよい。ただし，この賃貸借契約の成立では，権利発生効果および権利発生事由ではなく，権利根拠効果および権利根拠事由となる。

　ところが，司研・要件事実2巻100〜1頁は，賃貸人の賃借人に対する賃料請求について，次のようにいう。

　「賃貸人甲が賃借人乙に対して一定期間分の賃料を請求するには，請求原因として，

　1　甲と乙とが賃貸借契約を締結したこと

　2　甲が乙に対し，1の契約に基づいて目的物を引き渡したこと

　3　右一定期間が経過したこと

を主張しなければならない。」

　また，「目的物に応じて本条（＝民614）が適用されることになり，1から3までに加えて，

　4　本条所定の支払時期が到来したこと

を主張しなければならないこととなる（支払時期の到来自体は顕著な事実であり，立証の対象とはならない。）。」

　「本条は任意規定であるから，特約で変更することができ，本条と異なる特約の存在を主張立証すれば，賃料の支払時期は右特約によることになる。しかし，本条によって支払時期の到来の主張をすれば足りる場合には，特約の存在を主張立証しても意味がない。」

　しかしながら，前述した理由から2および3が請求原因であることに疑問が

___

（61）　ただし，改正法611条1項の条文によれば，私の理由のうちの「賃借人の賃貸借上の義務違反を阻止しようとしたような場合」を別とすると，賃料債権が当然に消滅することになるのであろう。

Ⅲ　要件事実(論)

あり，1もいわば第二次的な要件事実である。そして，民法614条を任意規定（補充規定）であるとしながら，賃料の支払時期についての約定に優先して適用され，その約定は任意規定の適用を排斥することができるだけだとすることは，前に述べたとおり〔Ⅲ，1-4-2を参照〕誤りであるというべきである。

〔民法614条によって支払時期の到来の主張をするには，支分権としての賃料の支払期日が基本権としての賃料債権中の定めとして欠けていることが必要ではないか〕

支分権としての賃料の支払期日が基本権としての賃料債権中の定めとして欠けており，本項冒頭の②を充足するその期日を主張することができないときは，補充規定である民法614条を適用することになるが（補充規定については，前に詳述した〔Ⅲ，1-4-2⑵の〔補充規定とは，…〕を参照〕），その場合には，②を代えて
②′基本権としての賃料債権中に支分権としての賃料の支払期日の定めが欠如
②″民法614条に定める賃借物の種別に応じた支払期日の到来
について主張責任ないし証明責任が分配されることになる。具体的な訴訟において，具体的に支分権としての賃料の支払期日が基本権としての債権中に明確に定められているときは，それをもって②を充足する支払期日として主張し証明することになるのはもちろんである。

⑵　その例2── 動産の無主物先占

〔無主の動産の所有権取得の分配効果および要件事実は，どのようなものか〕

　無主の動産の所有権の取得（民239Ⅰ）の分配効果および要件事実を見てみよう。この行為規範の定める権利発生の法律効果は，動産の占有者のその所有権の取得すなわちその占有者のものとしてその動産の所有権が発生することである。そして，その法律要件は，所有者のない動産を所有の意思をもって占有することであり，この法律要件を組成する素因である法律事実は，ⓐ　無主の動産であることと，ⓑ　その動産を所有の意思で占有することである。しかし，主張責任の分配および証明責任の分配をするに当たってこのⓐおよびⓑを異別に扱わなければならない理由を見出すことはできないから，結局この法律要件について主張責任の分配および証明責任の分配をすればよい。そうすると，動産所有権の存在を主張する者に，その動産所有権発生効果とその原因である「所有者のない動産を所有の意思をもって占有したこと」
というこの動産所有権発生事由を充足する具体的な社会事象を主張する負担および証明する負担があることになる。

　もっとも，占有は自己のためにする意思をもってする所持で事実状態であるが，

現実的，物理的に物を支配していることではなく，多分に観念的な概念である。

ローゼンベルクは，証明責任論171〜2頁において

占有「は権利ではないが法律関係である……。いかにも，〔ドイツ〕民法八五四条は（直接）占有の発生を，八五六条はその消滅を規定している。しかし，占有に結びついているあらゆる法律効果……は，一定時点における，あるいは一定期間中の占有の存立を前提としているので，ある先行時点—もっと早い時期—における占有の取得が証明されただけでは不十分であり，問題になっている瞬間における，あるいは期間中の，占有の存在が証明されることを要するのである……」

という。

　しかし，占有を法律関係であるとすると，これを直接に証明することはできないはずである。そのうえ，このローゼンベルクの考えによれば，行為規範上の法律事実が権利または法律関係であることはしばしばみられるところであり，その法律要件の結果である法律効果は，一定時点における，あるいは一定期間中の権利または法律関係の存在を前提としているので，ある先行時点における権利または法律関係の取得が主張・証明されただけでは不十分であるということになろう。なお，岩松＝兼子編・法律実務講座民事訴訟編4巻105頁は，占有を権利関係とする。

　私は，自己占有でかつ直接占有であれば事実であって，法律関係あるいは権利関係ではないのではないかと考えている。

3-3　権利根拠効果および権利根拠事由ならびに権利発生障害効果および権利発生障害事由

〔権利根拠効果および権利根拠事由ならびに権利発生障害効果および権利発生障害事由とは，なにか〕

　(a)　前述したように，行為規範の定める法律効果は，権利の発生，変更および消滅，つまり権利の変動である。そして，行為規範の定める法律要件は，一定の法律効果（権利の変動）を生ずるのに必要な事実の総体のことである。したがって，現実に生起した社会事象がある法律要件を充足したときは，主要事実となり，その法律効果の主要事実に対応する具体的な効果が生ずる。ところが，法律要件は，一つまたは複数の法律事実によって組成されている。

　法律効果をRで，原因結果を←で，法律要件をTで，法律事実をtで，その法律事実を複数として表すと，$R \leftarrow T = t_1 + t_2 + t_3$ となる。

　この t_3 の事実は，存在の可能性がありさえすればよい，不存在でなければよ

Ⅲ　要件事実(論)

い場合であって，訴訟においてこれを充足すると想定される社会事象の主張ない
し証明が定型的に不可能またはいちじるしく困難であるうえ，R←Tの関連する
規定上のそれを充足すると想定される社会事象の存在を反対の事実－t₃として
も他の法律事実や法律効果またはその他の規定との間で理論的ないし事実的な不
整合を生じるなどの不都合が起こらないならば，t₃について主張責任の分配ない
し証明責任の分配をし，t₁およびt₂について主張責任ないし証明責任を分配され
る者の相手方にt₃の反対事実である－t₃の主張の負担ないし証明の負担をさせ
ることにする，すなわち，裁判規範の要件である権利発生障害事由（要件事実）
およびその結果でその裁判規範の効果である権利発生障害効果（分配効果）とし
てよいあろう。

　たとえば，権利の存在を請求の内容とする訴訟において，原告が権利根拠事由
を充足する具体的な社会事象を請求の原因として主張し，権利の存在の主張を争
う被告が請求の原因を認めたうえ，権利発生障害事由を充足する具体的な自然
的・社会的事実を抗弁として主張したところ，原告がその事実の有無を争ったの
で，被告が証拠の申出をし，証明すべきその事実を立証事実（証明主題，，証明問
題）とした（民訴180Ⅰ。なお，民訴規99Ⅰ）。裁判所は，証拠調べの結果，抗弁
事実を認めるに足りる証拠はないとして，被告の抗弁を理由がないとし，原告勝
訴の判決をしたとする。このように，具体的な訴訟において，抗弁事由であった
－t₃を充足する社会事象が主張すらされないときは，抗弁事実がないとみなし
てもよいであろうから，権利発生障害効果が生じないことはいうまでもない。ま
た，主張されたが証明されなかったときは，その権利発生障害効果が生じない。
そのため，請求の原因であったt₁およびt₂すなわち権利根拠事由を充足する社
会事象が主張・証明されているからには，その権利根拠効果が維持されることに
なる。ところが，行為規範の定めるRの原因であるTは，t₁，t₂およびt₃の三つ
の法律事実により組成されているから，この権利根拠事由だけでは権利発生の蓋
然性があるだけで，権利の発生（存在）は生じない。しかし，－t₃を充足する社
会事象が主張されないときはいわずもがな，主張されたが証明されなかったとき
は，抗弁事実の有無を争って，被告がそれについて無証明または証明失敗をした
のである。とすれば，その反射的効果として，積極的に不存在でなければよい法
律事実であるt₃を充足する社会事象があることが証明された状態になるのでは
ないだろうか（－t₃はt₃を転換したものであるから，t₃を充足する社会事象の主張は，
－t₃を充足する社会事象の主張中に黙示に含まれているとみることができるのではな
いだろうか）。つまり，この三つの法律事実があることになるといってよいので
はないだろうか。

3　分配効果および要件事実の分別

　そうだとすると，権利発生障害事由－t₃を充足する具体的な社会事象が主張されないか主張されたが証明されなかったときは，その結果としてt₃を充足する具体的な社会事象を認めることができると評価してよく，そうだとすれば，権利発生効果と同様の効果が生じることとなり，この権利根拠事由は行為規範の権利発生の法律効果の原因である法律要件を充たすことになるといえるから，その法律効果を生じていたことを確認することができ，それにより権利が存在することになって請求が正当となるということができるのではないだろうか。

　ところが，権利発生障害事由に該当する具体的な社会事象を事実認定論の見地からみると，権利発生の原因である法律要件について証明責任を分配される者の相手方が証明責任を負うところから，相手方が権利発生障害事由に該当する具体的な社会事象の証明をしようとしないか証明を失敗したかした場合には，権利発生障害事由に転換される前の権利発生の原因となる法律要件のうちの不存在でなければよい法律事実に該当する具体的な社会事象が存在すると判断してよいときと，存在の可能性があると判断しなければならないときとがあるのではないだろうか。

　⒝　行為規範の定める法律要件を組成する素因においては積極的な事実として表現される法律事実の内容が自然的・社会的事実の存在である場合において，その事実の存在の有無がただちに認識することができるものについてであるが，たとえば，行為規範の定める無権代理の相手方の取消権発生の法律要件は，相手方が契約時に代理行為をした者において代理権を有していないことを知らないで，本人が追認の意思表示をする前に本人または無権代理人に対して契約を取り消すことができることであり（民115），本人または無権代理人に対してその旨の意思表示をする（これは，権利行使事由を充足する社会事象である）ことにより取り消しの効果が生ずる。ところが，証明責任の分配をするにあたっては，相手方が契約時に代理行為をした者において代理権を有していないことを知らないという法律事実は，同条ただし書の趣旨などからいって，存在している可能性がありさえすればよいと考えられ，しかも，この趣旨に照らすと，それを主張および証明することの困難性の有無を検討することを捨象せざるをえないから，それを反対の事実にし，相手方が契約時に代理人の代理権の不存在を知っていたことの証明責任を本人または無権代理人に負わせるべきである。そうすると，この反対の事実である要件事実および分配効果は，取消権の存在を争う本人または無権代理人の権利発生障害事由および権利発生障害効果になる。そして，相手方が契約時に代理行為をした者において代理権を有していないことを知っていたことの存在の有無は，知っているか知らないかであるから，ただちに認識することができる。こ

269

のことは，訴訟における証拠調べの結果でも変わりはないはずである。訴訟において，この事実の存在の有無が真偽不明になることは絶無とはいえないにしても，それは無視してもよい程度のことであろう。そのほとんどの場合において，事実の存否について証明度に達するか達しないかして真偽のどちらかの心証を獲得できると思われる。

したがって，訴訟においてこの類の要件事実を充当するする具体的な自然的・社会的事実が抗弁事由であるとすると，権利発生障害事由を充当する具体的事実が主張され証明されるならば，その事実の存在が認定され，その分配効果すなわち権利発生障害効果により権利根拠事由である請求の原因の分配効果すなわち権利根拠効果が排斥されて権利発生の蓋然性が消失することになる。

(c) ところが，行為規範の定める法律要件を組成する素因ということでは積極的な事実として表現される法律事実の内容が自然的・社会的事実の存在である場合において，その事実の存在の有無がその事実のまわりの事情をも考慮して判断しなければ決めることができないものがある。

たとえば，行為規範の定める一般の不法行為に基づく損害賠償請求権発生の法律要件は，責任能力を有する他人の故意または過失によって違法に自己の権利または法律上保護される利益を侵害された者は，それによって生じた損害の賠償を請求することができることである（民 709，710，712，713 本文，720）。だが，証明責任の分配をするにあたっては，他人が責任能力を有するという法律事実と違法であるという法律事実は，それぞれそれを反対の事実にして，証明責任を加害者側に負わせるのが定説である。前者については，民法には，加害行為時に自己の行為の責任を弁識するに足りる知能を備えていない未成年者の責任能力と精神上の障害により自己の行為の責任を弁識する能力を欠く状態にある者の責任能力の規定があるが（712，713 本文），ここでは前者のうちの未成年者の責任能力を取り上げることとする。

未成年者の賠償責任について証明責任の分配をすると，民法 712 条を裁判規範とし，これを責任阻却事由として定めたと考えて，権利発生障害効果および権利発生障害事由であると解する。責任能力は，法律行為における意思能力と同じく私的自治の原則に基礎を置き，いわば不法行為における意思能力と考えてよいが，一般に法律行為における意思能力よりも高度の能力を意味するものといわれている（柚木・判例民法総論上 203 頁，加藤（一）不法行為〔増補版〕143 頁，我妻・事務管理・不当利得・不法行為 257 頁など）。責任能力の有無は問題となっている行為ごとに判断されることになるが，被害者の救済をはかるため具体的な場合において未成年者の責任能力の有無の判断に柔軟性をもたせたといわれる判例の態度が，

3　分配効果および要件事実の分別

カズイステックな解釈に陥っている（松坂「責任無能力者を監督する者の責任」我妻先生還暦記念・損害賠償責任の研究上162頁）あるいはご都合主義で恣意的でさえある（加藤（一）編・注民(19) 244頁〈山本（進)〉）などと非難されている。ということは，未成年者の加害行為時における自己の行為の責任を弁識するに足りる知能を備えているかどうかは，単純な事実の存在の認識ではなく，一つの判断であることを示している。すなわち，その事実の存在の有無をただちに認識することはできないのであって，その事実の存在の有無をその事実の周辺の事情をも考慮して判断をして決められるのである。したがって，その有無の判断には多分に幅がある。これを率直にいえば，事実の存在の可能性の存否があるということである。

　訴訟においてこの類の要件事実を充当するする具体的な事実が証明された（というよりも，認定されたであろうか）ときは，それが抗弁事由であるとすると，権利発生障害事由を充当する具体的事実が証明されたのであるから，その事実の存在の可能性がないことになり（その反射的効果により反対の事実の不存在が確定したことになり），その分配効果すなわち権利発生障害効果によりそれに先立ち証明された権利根拠事由の充足事実である請求原因事実より生ずる分配効果すなわち権利根拠効果が排斥され，権利発生の蓋然性が生じないことになる。このことは，上述した事実の存在の有無がただちに認識することができる場合と変わりがない。

　しかし，訴訟においてこの類の要件事実を充足する具体的な事実が主張されなければ，その事実がないものとみなせばよいであろうが，主張されたものの証明されなかったときは，不真実かもしれないし，真偽不明かもしれない（民訴法247条の規定から，そのどちらと認定したかを明らかにしなければならないことはない）とはいえ，抗弁の具体的な社会事象が充足されず，その充足による効果が生じない以上，請求の原因における分配効果が維持されて，損害賠償請求権発生の蓋然性が生じていることになる。だが，行為規範の定めるRが生じるためにはTがなければならず，Tがあるためにはこれを組成する法律事実としてt_3がなければならない。この抗弁－t_3に該当する具体的な事実が証明されない場合には，不真実であるのであれば，反射的効果としてはt_3が存在することになるであろう。真偽不明であれば，それは抗弁事実が存在するのか不存在であるのか分からないということである（この不存在であるのかという中には抗弁事実が不真実である可能性があるのではないだろうか）が，積極的に不存在ということはできないことに変わりがないのであるから，－t_3の中にはそれを充足する事実が証明されないことを条件としてt_3の存在の可能性のあることが潜在しているといえないわけではないといってよいのではないだろうか（t_3を充足する具体的社会事象の黙示の主

271

III 要件事実（論）

張があるとみるべきことについては，上述したことと同じである。というよりも，わが民法典は，たとえば法律行為上の権利発生の法律要件が法律行為の有効な成立であるであるにもかかわらず，この法律要件を組成する法律事実の一つである有効要件を完全にひっくり返して無効事由として規定し〔90，93 ただし，94 I，95 など〕，これを権利発生障害事由としている。このことからみると，起草者および立法者はこの無効事由を充足する社会事象が証明〔認定〕されれば，有効要件が不存在であるが，証明されないかぎりはそれが不真実の心証であるためか真偽不明の心証であるためかを問わず，有効要件の存在する可能性があると考えていたのではないだろうか。そうだとすると，権利発生障害事由を充足する社会事象が証明され同事由に転換された法律事実が不存在でないかぎり，権利発生事由の存在の可能性があるといってよいのではないだろう）。

なお，行為規範の定める法律事実 t_3 を裁判規範の $-t_3$ に転換した以上，主張・証明上 t_3 を充足する事実が認められたとしてもそれを表に出すことはできない。しかし，積極的に不存在でなければよい t_3 を充足する事実が実質的に認められたのであるから，要件事実 $-t_3$ の反対である t_3 が備わったことは明らかであり，そうすると，法律事実 t_3 が存在することになるといってよいであろう。結局，法律要件を構成する法律事実 t_1，t_2 および t_3 全部が存在ることになり，その結果である法律効果Rの発生が生ずるのである。

このように，$-t_3$ を充足する具体的な事実が主張されても証明されなかったときは，それらの反射的な効果として[62] t_3 を充足する具体的な事実が存在する可能性があるとすることができるということは，前にも述べたように民事実体法上の規定の解釈として，t_3 という法律事実がその内容となる社会事象においてそれが積極的に存在しなければならないことではなく，存在の可能性さえあればよい趣旨で規定されているものもある，つまり積極的に不存在でなければよいと解されることになろう。

(d) 以上での論述は，権利根拠効果および権利根拠事由ならびに権利発生障害効果および権利発生障害事由の一種の原理であって，このことを弁えて，権利発生の法律効果および法律要件またはそれを組成する法律事実の結果としての法的効果および法律事実について主張責任の分配ないし証明責任の分配をするときは，権利発生効果および権利発生事由になるものと，権利根拠効果および権利根拠事由ならびに権利発生障害効果および権利発生障害事由になるものとがあることを明確に理解しておく必要があるのである。

なお，障害効果および障害事由は，行為規範が権利の発生および事由ならびに

（62） 積極的な事実の存在の証明不成功によるその事実の不存在または不存在の可能性ではないので，反射的な効果といわざるをえないのではないだろうか。

権利の消滅の効果および事由の場合に生じることであって，その他のたとえば権利の行使の効果および事由の場合には生じないし，いわんや障害効果および障害事由について障害の障害効果および障害事由というものはありえないといわなければならない。

(1) その例1──不動産物権変動の対抗要件
〔不動産物権変動の対抗要件についての主張責任の分配ないし証明責任の分配には，どのような見解があるか〕

物権の設定および移転は，それを目的とする債権行為があると，（原則として）ただちに生ずる（民176）が，不動産に関する所有権，地上権（ただし，建物の所有を目的とする地上権〔借地権〕については，登記がなくても，土地の上に借地権者が登記されている建物を所有するときは，これをもって第三者に対抗することができる〔借地借家10 I〕），永小作権，地役権，不動産先取特権，質権，抵当権等の設定，保存，変更，処分の制限または消滅（不登3）は，不動産登記法の定めるところに従って登記をしなければ，これをもって第三者に対抗することができない（民177）。この登記の有無についての主張責任の分配ないし証明責任の分配には，説が分かれている。

A　否認説──物権変動の主張者は，物権変動を生ずる意思表示があったことだけではなく，登記を備えていることについても主張・証明の責任があるとする説（我妻旧説〔物権法〔改版〕〔昭和27年6月，岩波書店〕95頁参照〕，浅井清信・判例不動産法の研究〔昭和13年10月，立命館出版部〕93頁など。これに属すると一般にみられている判例として，大判大正5・12・25民録22輯2504頁，大決昭和7・7・19新聞3452号16頁など）

B　抗弁説(1)──物権変動の主張者は，物権変動を生ずる意思表示があったことだけを主張・証明すればよく，登記の欠缺については第三者のほうで主張・証明しなければならないとする説（中島〔玉〕・民法釈義巻之二上68頁，末川・物権法〔昭和31年10月，日本評論新社〕99頁，我妻・物権法〔改版〕95頁，石田（文）・物権法論111頁，柚木・判例物権法総論〔昭和30年2月，有斐閣〕183頁など。これに属すると一般にみられている判例として，大判明治45・6・28民録18輯670頁）

C　抗弁説(2)──物権変動の主張者乙は，物権変動を生ずる意思表示があったことだけを主張・証明すればよく，第三者丙は，乙の主張する物権変動について登記が欠缺することおよび乙の主張する物権変動と反対または相容れない事実を主張・証明しなければならないとする説（末弘・物権法上巻154頁は，この説か）

D　再抗弁説──物権変動の主張者のほうで意思表示があったことの主張・証

III　要件事実(論)

明責任を果たせばよいが，これに対して第三者の側で，物権変動の主張者の物権取得に対する反対事実である自己の物権取得を主張・証明したときは，さらに物権変動の主張者は，登記を備えていることを主張・証明することを要するとする説（林良平・物権法〔昭和26年11月，有斐閣〕69頁，杉之原舜一・不動産登記法〔昭和32年12月，一粒社〕74頁，勝本・物権法〔改訂版〕92頁，鈴木〔禄〕・物権法講義〔4訂版〕〔1994年4月，創文社〕114頁，舟橋・物権法〔法律学全集〕148頁，岩松＝兼子編・法律実務講座民事訴訟編〔旧版〕4巻〔昭和36年3月，有斐閣〕135頁，霜島甲一「登記の有無についての主張責任」判タ177号〔1965年8月(三)〕53頁，舟橋＝徳本鎮編・新版注民(6)〔平成9年9月，有斐閣〕184頁〈好美〉など）

　民法177条の「対抗することができない」の意義については，周知のように，〔Ⅰ〕不完全物権変動説，〔Ⅱ〕債権的効果説，〔Ⅲ〕相対的無効説，〔Ⅳ〕第三者主張説などがあるが，舟橋・物権法（法律学全集）148頁によれば，これらの説の論理的帰結として，登記の有無についての証明責任は，〔Ⅱ〕説および〔Ⅲ〕説ではA説になるであろうし，〔Ⅳ〕説のうちの否認説を採る者はB説と解するのが当然であり，〔Ⅰ〕説は，物権変動が完全には効力を生じないという，いわば一部無効の側面からみるとA説になり，他方，物権変動が不完全ながら有効に行なわれているという側面からみるとB説になりうる。また，〔Ⅳ〕説のうちの反対事実主張説の立場からいえばD説と解することとなるもののごとくである。

　ところで，司研・要件事実1巻248～9頁は，次のようにいう（同，司研編・紛争類型別の要件事実　民事訴訟における攻撃防御の構造53～4頁。動産について115～7頁〔改訂版では，56～7頁。動産について117～9頁〕）。まず，

「甲所有の土地を乙が買い受け，右土地を占有する丙に対し，所有権に基づき明渡請求をする場合，乙は，請求原因として，

　1　甲が右土地をもと所有していたこと

　2　甲と乙とが右土地につき売買契約を締結したこと

　3　丙が右土地を占有していること

を主張立証すれば足りる（丙が，乙の右土地所有を認めるときは，権利自白が成立するので，このことを主張すれば足り，右1及び2を主張する必要はない。この場合には，乙が対抗要件を具備しているか否かは問題とならないので，ここでは，この権利自白はないものとして考える。また，丙は右1については認めているものとして考えることにする。）。……

　この場合に，乙は，右2の売買契約の義務の履行としての所有権移転登記を得たことを請求原因として主張立証する必要はない。その理由は，登記は物権変動の対抗要件であって成立要件ではなく，右1及び2の事実のみによって乙に所有

権移転の効果が生じており，また，対抗要件は正当な利益を有する第三者に対してのみその具備が要求されるいわゆる制限説が通説判例であるところ，右3の事実だけでは丙は右にいう第三者とはいえないからである」

しかし，この請求の内容となる権利は，土地所有権に基づくその土地の明渡請求権であって，所有権の取得原因事実に基づく明渡請求権ではない。丙が乙の土地所有を争うときは，乙は，所有権の取得の原因となる社会事象を主張し証明することになるが，それはあくまでも所有権の存在を主張するためのいうなればやむをえない手段的な手法となる主張・証明にすぎない。また，司法研修所が，登記を伴わない不動産物権変動がどのような効力を有するのか，その解釈いかんによって主張責任の分配ないし証明責任の分配が異なることになるのかならないのかを論じないまま，主張責任の分配ないし証明責任の分配を決めつけているのが問題なのである。

すなわち，司研・要件事実1巻249頁は，次いで，以下のようにいうだけである。

「(二)　これに対し，丙が乙の所有権取得は自己に対抗し得ないとの対抗要件についての抗弁を主張する場合，例えば，丙も甲との間で売買契約を締結しているとすれば，丙は，

1　甲と丙とが右土地につき売買契約を締結したこと
を主張立証するほか，

2　乙が対抗要件を具備するまでは乙の右土地の所有権を認めない
との主張をしなければならない。

右1は，丙がいわゆる正当な利益を有する第三者であることを基礎づける事実であり，右2は，対抗要件の有無を問題として指摘し，これを争う旨の一種の権利主張である。右1が，対抗要件の有無を問題とする趣旨で主張されているときには，常に右2の主張があると考えられるから，丙が右2のような表現でこれを主張しなければならないわけではない。右1と2の主張によって提出する抗弁は，全体として権利抗弁の性質を有する。」

2を権利抗弁であるとするが，登記の欠缺の主張は，実体法上の形成権でも抗弁権（これに類似する留置権の抗弁）でもないから，権利抗弁ではありえない。自分勝手な要件事実を作って，その法的性質を意味も分からずに権利抗弁というのは理解しがたい意見であって論外であろう。

司研・紛争類型別の要件事実56頁は，

「対抗要件の欠缺を主張し得る正当な利益を有する第三者であることに加えて，対抗要件を具備していないことまで主張立証する必要があるとする見解（事実抗

Ⅲ　要件事実（論）

弁説）では，消極的事実の主張立証を要求することになり，登記以外の種類の対抗要件では妥当でないことが多い」

という。しかし，消極的事実は，主張責任の分配および証明責任の分配の規準になりえない。このことは前にくわしく述べた〔Ⅲ，1－1－1(6)の〔任意規定にかぎられるわけではないが，……〕を参照〕から，改めて述べることはしない。また，登記以外の種類の対抗要件の事案では妥当でないともいうが，民法178条に関する議論の実際的意義はいちじるしく小さいばかりでなく対抗要件の趣旨が同じであるとはかならずしもいえないから，取り上げるまでもないし，民法467条1項に関しては対抗要件の趣旨がまったく異なり，要件事実を同列に考えることができない。不当な批判というほかない。

司研・要件事実1巻253頁は，さらに，

「(三)　丙の右(二)の抗弁に対し，乙は，再抗弁として，請求原因2の売買契約の義務の履行としての所有権移転登記が経由されたことを主張立証することができる」

という。

しかし，この再抗弁と抗弁2の事実とが口頭弁論一体の原則により事実審の口頭弁論期日終結時点において併記することができる（両立しうる）事実といえるかは疑わしい。抗弁2の「乙が対抗要件を具備するまでは」は，事実審の口頭弁論期日終結時点においては，乙が対抗要件を具備していないことを踏まえて主張しているのであろうから，この時点で乙が対抗要件を具備しているといえるとすると，論理的にみて丙の抗弁2は，おかしな主張をしていることになるのではないだろうか。丙の抗弁2を正当な主張であるとするならば，再抗弁を認めるべきではないだろうし，再抗弁を認めるのであれば，抗弁2は，不要であるとすべきではないだろうか。

〔民法176条および177条の立法趣旨から不動産物権変動の対抗要件についての主張責任の分配ないし証明責任の分配を検討すると，どうなるか〕

民法176条が，物権の設定および移転はそれを目的とする債権行為があるとただちに生じる旨を定めたのは，

「物権ノ設定及ヒ移転ニ関シ新主義ヲ採用シタルコトヲ明カニスルモノ」

であって，

「羅馬法ノ如キ未タ充分ニ発達セサル法律ニ在リテハ甚タ形式ニ拘泥シ当事者ノ意思ヲシテ動モスレハ法律上ノ効力ヲ生スルコトヲ得サラシメ而モ其効力ヲ認ムル範囲内ニ於テハ是ヨリ生スル種種ノ弊害ヲ矯正スルコト能ハス為メニ一方ニ於テハ取引ノ進張ヲ妨ケ他ノ一方ニ於テハ奸黠（ずるがしこいこと）ノ徒唯リ利

シテ良民ハ却テ損スルコト多ク法律ノ保護頗ル不完全タルヲ免レサリシ」（梅・民法要義巻之二〔34 版〕〔大正 5 年 8 月, 私立法政大学ほか。初版は, 明治 29 年 9 月に発行されたようである〕5 頁）
ためであり, 同法 177 条が, 物権の変動は登記をしなければ第三者に対抗することができない旨を定めたのは,

「是等ノ事項ヲ登記簿ニ登記スルトキハ凡ソ第三者ニシテ同一ノ不動産ニ付キ新ニ物権ヲ取得セント欲スル者其他利害ノ関係ヲ有スル者ハ何時ニテモ登記簿ヲ一覧シ以テ其不動産ノ上ニスル一切ノ権利ノ実情ヲ詳ニスルコトヲ得ヘ」（同書 7 ～8 頁）

きであろうからである。

同条のこの立法趣旨からいえば, 物権変動を対抗できない第三者は,「凡ソ第三者ニシテ同一ノ不動産ニ付キ新ニ物権ヲ取得セント欲スル者其他利害ノ関係ヲ有スル者」ということになり, 第三者の範囲は, 無制限ではないことになる。大連判明治 41・12・15 民録 14 輯 1276 頁は, この趣旨を踏まえたのであろうか, 物権の変動を対抗することができない第三者の範囲を

「当事者若クハ其包括承継人ニ非スシテ不動産ニ関スル物権ノ得喪及ヒ変更ノ登記欠缺ヲ主張スル正当ノ利益ヲ有スル者」

に制限する判示をする。

第三者制限説によれば, 物権の変動を目的とする債権行為により物権を取得しまたは喪失した者は, それだけでつまりその旨の登記をしなくても物権の変動を当事者およびその包括承継人以外の者に対して主張することができる場合がある（たとえば, 不動産の不法占有者に対して）ことになり, 登記をすることはかならずしも不可欠の要件ではなくなったのである。そうなると, 物権の設定・移転は, 債権行為だけで効力を生ずる（民 176）ことで足り, 物権の変動の登記の欠缺を主張する正当な利益を有する者であるか否かの選別を物権の存在または不存在を主張する者にさせなければならない必然性もないことになるであろう。

そのうえ, 最(三)判昭和 33・10・14 民集 12 巻 14 号 3111 頁は, 不動産の物権の移転を受けても, その旨の登記手続きをしない間は完全に排他性のある権利変動は生じない旨判示し, いわゆる不完全物権変動説に与することを明らかにした。不完全物権変動説でもその理由づけについて考えが分かれるが, この判例は, 我妻博士の考えに従ったものと思われる。我妻博士は,

「いいかえれば, 第一七六条は, 意思表示のみによって所有権の移転を生ずると定めるけれども, 次条の第一七七条（及び第一七八条）によって制限され, 対抗要件（登記又は引渡）を備えることによって, はじめて排他的な効力を生ずる

Ⅲ　要件事実（論）

に至る」（我妻・物権法〔旧版の改訂版〕94頁）といわれるのである。

　このように，不動産の物権の変動があっても，その旨の登記の欠缺を主張する正当な利益を有する者に対しては，登記を備えなければ，排他性を欠く不完全なものであって，物権の変動を対抗することができないと解すると，民法177条は，単に対抗要件を規定したにとどまらず，効力要件をも規定したものと解することになる。換言すると，同法176条は，物権の変動を債権行為によって生ずる原則を規定しているが，不動産に関する物権の変動については同法177条の規定によって制限される場合があるとする例外的な規定をしていることになろう。すなわち，同法176条の定める意思表示の原則は，同法177条の規定によって不動産に関しては登記の欠缺を主張する正当な利益を有する者に対するかぎり登記を伴ってはじめて排他性を備えた完全なものとなり，物権の変動を対抗することができるとの制限を受けるということになる。

　そこで，前掲の大審院連合部判決および最高裁第三小法廷昭和33年10月14日判決に従い，第三者制限説および不完全物権変動説によりながら，不動産の物権変動の法律要件（ただし，一般の効力要件を除く）を考えると，その素因である法律事実は，次のようになるであろう。

　　①　不動産に関する物権を変動する社会事象があること
　　②　その物権の変動を第三者に主張するものであること
　　③　その物権の変動の登記の欠缺を主張する正当な利益を有する第三者に対する関係では，その不動産についてその旨の登記を経由したこと

そして，第三者制限説および不完全物権変動説の下における不動産の物権の変動では，登記の欠缺を主張する正当な利益を有する者に対する関係でも，登記をしたことは積極的に存在する必要はなく，消極的に不存在でなければよい法律事実となったというべきであるから，この解釈を踏まえて主張責任の分配ないし証明責任の分配をすると，変動した不動産の物権の存在または不存在を主張する者が主張責任ないし証明責任を負担すべきこととなる権利根拠事由は，①および②のみとなり（もっとも，②は，具体的な訴訟においては，訴訟自体の態様や他の主張等で明らかになるから，ことさらに主張・証明することはないであろう），③についてはうち登記の経由については反対事実である③物権を変動した旨の登記の欠缺を，登記の欠缺を主張する正当の利益を有する第三者であることとともに——ということは，物権を変動した旨の登記が欠缺するところ，それを主張する正当な利益を有する第三者であるということであるが——，その第三者が主張責任ないし証明責任を負担すべき物権の効力の発生障害事由またはその消滅障害事由となると解することになろう。ただ，登記の欠缺を主張する正当な利益は，不特定概念で

ある。そして，それを基礎づける自然的・社会的事実の類型は，その不動産について物権等の変動を目的とする債権行為があったことである。こうして，結論的にいうならば，抗弁説(2)を支持すべきことになる。

これに対し，この不特定概念の存在の効果を排斥する自然的・社会的事実の類型としては，「実体上物権変動があった事実を知る者において右物権変動についての登記の欠缺を主張することが信義に反するものと認められる事情がある場合」（最(二)判昭和43・8・2民集22巻8号1571頁）すなわち背信的悪意者や，通行地役権の承役地の譲受時に，その承役地が要役地の所有者によって継続的に通路として使用されていることがその位置，形状，構造等の物理的状況から客観的に明らかであるうえ，そのことを認識していたかまたは認識することが可能であった譲受人（最(一)判平成10・2・13民集52巻1号65頁）であることなどが考えられる。しかし，登記の欠缺と登記の具備とは両立しえない事実であるから，変動した物権の存在または不存在を主張する者がその旨の登記を経由したことは，具体的な訴訟における登記の欠缺の主張に対する理由づけ否認にすぎないことになる。

ところで，大判明治39・10・10民録12輯1219頁は，
民法177条の「規定ハ暗ニ第三者カ対抗スル権利ヲ放棄スルトキハ物権ノ得喪変更ハ其第三者ニ対シテ効力アルコトヲ示スモノニシテ第三者ハ其意思表示ノミニテ対抗ノ権利ヲ放棄スルモ亦特ニ物権ノ得喪及ヒ変更ニ付キ利害関係ヲ有スル者ト契約ヲ為シテ之ヲ承認スルモ妨ケナキモノトス」
と判示する。この判例は，第三者制限説以前のものであるが，判旨は，第三者制限説の下においても，基本的には通用すると思われる。この「登記の欠缺を主張する正当の利益を有する第三者が，変動した物権の存在または不存在を主張する者にその旨の登記が経由されていないにもかかわらず，その物権の変動を承認したこと」については，変動した物権の存在または不存在を主張する者が主張責任および証明責任を負担すべきこととなる登記の欠缺による権利発生障害または権利消滅障害の効果をそれぞれ滅却する事由となるというべきである。

(2)　その例2 —— 時効取得
〔民法186条1項が暫定真実を定めているとする見解には，妥当性がないというべきではないか〕

時効取得については異論もなくはないが原始取得といってよいであろう。時効取得には不動産所有権の取得（民162）と所有権以外の財産権の取得（民163）とがあるが，ここでは不動産所有権の取得についてのみ取り上げることとしたい。

III　要件事実(論)

　民法 162 条 2 項の定める短期の取得の法律要件をみると，(イ) 10 年間，(ロ)所有の意思をもって，(ハ)平穏に，かつ，公然に，(ニ)他人の物を，(ホ)占有の開始の時に，善意であり，かつ，過失がなく(ヘ)占有したことの法律事実によって組成されているが，(ニ)については，判例・通説が要件でないとする。そして，この(イ)〜(ハ)，(ホ)および(ヘ)について主張責任の分配ないし証明責任の分配をして裁判規範の要件事実を見出すと，これには大きな見解の相違がある。なお，(ト)訴訟において取得者が時効を援用したこと（民 145）も，時効の法的性質を実体法説で解するときは，時効取得の法律要件を構成する法律事実である。

　（司研）民事教官室「民事訴訟における要件事実について　第一部民法総則」司研所報 26
号 198〜9 頁は，これらの要件のうち，
　「(ロ)所有の意思をもって」および「(ハ)平穏かつ公然に」「については民法一八六条一項に推定規定がある。〔2 か所の改行〕…先の(ロ)(ハ)の要件については所有権を主張するものに主張責任は存在し，その限りにおいて立証責任と分離するとの考え方もあろう。〔改行〕しかし右民法一八六条一項の推定規定はむしろ『暫定的真実』の性格を有すると解する説（兼子・民事法研究一巻三一二頁）に従えば(ロ)(ハ)はいずれも要件ではなく，むしろこれらがないことすなわち所有の意思のないことあるいは強暴隠秘であることが所有権を争う側の主張立証責任に属することとなる」といい，さらに，民法 162 条 2 項の定める要件のうち，占有のはじめ「(イ)善意の点は民法一八六条一項により推定されているから，むしろ相手方に取得者の悪意についての主張立証責任があると解される（大判大元・一〇・三〇〔民〕録〔18 輯〕九三一頁，立証責任につき同旨，我妻・前掲〔＝民法総則？〕三六六頁，柚木・前掲〔＝判例民法総論下〕四二一頁）。〔改行〕無過失については右のような推定の規定がなく，むしろ所有権の取得を主張するものに立証責任があると解するのが通説であろう（大判大八・一〇・一三録一八六九頁，大判大一〇・一二・九録二一五四頁判民一八五中川〔善之助〕，我妻・前掲三六六頁，柚木・判例物権法総論三四七頁）」
という。

　確かに無過失の主張責任および証明責任が所有権の取得を主張する者にあるとするのが通説であるが，民法の起草委員および起草委員補助のなかには，無過失が推定されるのは当然であると考えていた者もおり（富井・民法原論 2 巻・物権〔訂正 5 版？合冊〕〔大正 3 年 5 月，有斐閣。2 巻上冊の発行日は，明治 39 年 9 月のようである〕644 頁，松波ほか・民法正解 3 巻・物権〔日本立法資料全集別巻 97。平成 9 年 11 月，信山社出版〕249〜250 頁），また，それと同旨の結論を採る学者もいるの

である（舟橋・物権法〔法律学全集〕298頁）。しかし，そうなると，短期の取得時効により所有権を取得したと主張する者に課せられる要件事実は，10年間物を占有したことだけになり，長期の取得時効による要件事実よりも期間が有利であるにもかかわらずその他では同じことになって，短期の取得時効が保護されすぎ，取得時効の制度的バランスを崩すように思われる。そもそも，この無過失は，取得時効や占有の態様等に関する推定の規定が全体としてフランス民法に範を置く旧民法を修正したものの中で，ドイツ民法草案を参考にして旧民法証拠編140条の定める「正権原」に代えて設けられたものである（法典調査会民法議事速記録一515～7頁）。しかし，ドイツ民法は，不動産の占有による取得時効を認めないなどわが民法における取得時効の制度と大きく異なるのである。しかも，無過失は，法的判断を要素とする不特定概念であるから，いわゆる推定ということはありえないのではないだろうか。

こうして，無過失の主張責任および証明責任が短期の時効による所有権の取得を主張する者にあるとすると，過失ある占有と無過失の占有とは善意占有についての区別であり，無過失の占有とは注意をしても本権がない事実を知り得なかったであろうと認められる善意占有である。したがって，具体的な・短期の時効によって取得した所有権の存在を請求の内容とする訴訟において，原告が請求の原因の一部として，占有のはじめの無過失を充足する主要事実を主張し，被告がこれを認めるかまたは争ってもそれを基礎づける類型を充足する具体的な事実が主張・証明される場合には，原告が占有のはじめ注意をしても所有権がない事実を知り得なかったであろうと認められたわけであるから，被告が，原告に所有の意思がなかったとか，占有のはじめ原告が所有権を有していないことを知りまたはその有無について疑いを抱きながら占有した，つまり悪意占有であったことを主張し証明することはできないはずである。

大判明治41・9・1民録14輯876頁や田中和夫・立証責任判例の研究（昭和27年10月？巖松堂書店）157頁などは，民法186条1項の定める推定を法律上の推定とするようであるが，前提事実がないのであるから，法律上の推定でないことは明らかであろう。

同条項の制定の経緯などを検討すると，
同条項「が挙証責任の分配を定めた規定というよりはむしろ，経験法則化したものとみるのが穏当である……。〔改行〕……したがって，この問題に関する限りは，所有権の取得時効の要件事実を一六二条の条文どおりに解し，一八六条一項のあることを忘れてしまったかにみえる実務の大勢の方が素直であり，また，立法者意思にも忠実であると結論するよりほかはないのである」（藤原・「所有権の

Ⅲ　要件事実（論）

取得時効の要件事実──民法一八六条一項の性格をめぐって──」司研論集 1977── Ⅰ
14〜5 頁，同・時効と占有 122〜3 頁）
ということになろう。

　ところが，民法の学者の中にも，（司研）民事教官室・前掲論文が引用するよ
うに，民法 186 条 1 項の規定を暫定真実の結論と同じに解する人がいる。それは
なぜなのだろうか。梅・民法要義・巻之二・物権編〔増訂？34 版〕43〜4 頁が

「実際ニ於テハ占有カ果シテ如何ナル性質ヲ有スルカハ之ヲ証明シ難キコト多
シ是ニ於テカ本条（＝民 186）ニハ法律ヲ以テ一応ノ推定ヲ設ケ反対ノ証明ナキ
限ハ（第一）所有ノ意思ヲ以テスルモノトシ（第二）善意ナルモノトシ（第三）
平穏ナルモノトシ（第四）公然ナルモノトシ（第五）継続セルモノトセリ」
という「反対ノ証明」に依拠するのであろうか。それとも同論文が引用する「兼
子・民事法研究一巻三一二頁」を祖述するのであろうか。あるいは，時効を法定
証拠説で理解すると，そうなるのであろうか。

　しかし，梅博士は，同書 44 頁で

「本条（＝民 186 条）ノ規定ハ単に一応の推定（præsumptio, présumption,
uermuthung）ニ止マリ……故ニ反対ノ証拠ヲ以テ此推定ヲ撃破スルコトヲ得ヘシ
……推定ト云ヘルトキハ常ニ反証ヲ以テ撃破スルコトヲ得ルモノトス」
といわれるのである。また，開始時における無過失の証明責任を短期の時効によ
り取得した所有権の存在を主張する側にあるとすると，相手方が所有の意思がな
いことや占有開始時における悪意を主張し証明することができないことや，民法
186 条 1 項の立法の経緯からいえば，同条項は，事実上の推定を定めたにすぎな
いと解すべきである。したがって，相手方は，反証をもってこの推定を覆すこと
ができるのである。

〔不動産所有権の時効による取得の分配効果および要件事実は，どのように解
　すべきか〕

　不動産所有権の時効取得という法律効果の原因である法律要件は，短期と長期
とで異なるが，それぞれの法律要件について主張責任の分配をすると，時効によ
り取得した所有権の存在を主張する者の要件事実は，長期の場合においては「①
20 年間物を占有し，その占有が所有の意思をもって平穏かつ公然にするもの
であったこと，②　訴訟において，取得者が時効を援用すること」（民 162 Ⅰ，
145）であり，短期の場合においては「①　10 年間物を占有し，その占有が所有
の意思をもって平穏かつ公然にするものであり，その占有の開始の時に，善意で
あり，かつ，過失がなかったこと，②　訴訟において取得者が時効を援用するこ
と」（民 162 Ⅱ，145）である。しかし，具体的な訴訟において，所有権の存在を

主張する者のその要件事実に該当する社会事象の主張を相手方が争ったときは，20年間の占有あるいは10年間の占有については裁判規範と解される民法186条2項の定める法律上の推定における前提事実「前後の両時点において占有をしたこと」を主張し，相手方がそれをも争うときは，この事実を証明すればよいと解すべきであろう。そうはいっても，民法186条1項の定める事実上の推定（推定なる文言が民法に規定されている場合には，解釈規定などを別とすれば，その推定は法律上の推定であって，証明責任の転換が行なわれると解するむきもあるが，わが民法の起草においては証明責任の分配に対する配慮をしなかったようであるから，かならずそのように解さなければならないわけではないというべきである）および同条2項の定める法律上の推定（長期の20年間の占有および短期の10年間の占有については，この法律上の推定があるから，当初の占有と現在の占有が主張，証明されると，20年間あるいは10年間は，瑕疵のない正当な占有が継続したことになる）が働くので，相手方から有力な反証が提出されないかぎり，長期の場合においては「①　20年前および現在において物の占有を取得する原因となる事実があるところ，その占有は，所有の意思をもって，平穏に，かつ，公然としたものであること，②　訴訟において，取得者が時効を援用すること」を，短期の場合においては「①　10年前および現在において物の占有を取得する原因となる事実があるところ，その占有は，所有の意思をもって，平穏に，かつ，公然としたものであり，しかも，その占有の開始の時に，善意であり，かつ，無過失であったこと（相手方がこの主張を争ったときは，過失がなかったことを基礎づける事実があること），②　訴訟において，取得者が時効を援用すること」（前著では，①のうち「その占有は，……善意であり，」の部分を記述しなかったが，それは，当初の占有と現在の占有を主張すれば，瑕疵のない正当な占有を主張していることになると考えたからであるが，誤りであるように思うので，訂正する）を主張し，相手方が所有権の存在を主張する者の括弧内の事実を含む①の主張をも争っても，所有の意思をもって，善意で，平穏に，かつ，公然と占有したことについては，民法186条1項の定める事実上の推定があるばかりでなく，同条2項により，当初の占有と現在の占有が証明されさえすれば，20年間または10年間の占有が瑕疵のない正当なものであることになる。

⑶　その例3――消費貸借に基づく目的物返還請求権発生の要件事実（付・準消費貸借における旧債務の存在）

1)　消費貸借に基づく目的物返還請求権の発生時期とその要件事実

〔要物契約としての消費貸借に基づく目的物返還請求権の発生の時期はいつと考えるべきか〕

III 要件事実(論)

　要物契約としての(63)消費貸借（契約）は，当事者の一方が相手方から金銭その他のある特定の種類，品質および数量の物を受け取りそれと同じ種類，品質および数量の物をもって返還することを約して，相手方からそれを受け取ることによって成立する契約である（民587参照）。そうすると，消費貸借に基づく目的物返還請求権発生の法律効果の原因である法律要件は，①借主の貸主に対する・貸主から受け取った金銭その他の物と同じ種類，品質および数量の物を返還時期を定めてまたは返還時期を定めないで返還する旨の意思表示と貸主のそれに対応する意思表示の合致と，②貸主が借主に対して金銭その他の物を交付し，借主がそれを受領することである。とすれば，消費貸借の当事者双方の効果意思が，契約の有効な成立と同時に返還請求権を発生させることを欲するものであること以外には考えられない。すなわち，消費貸借に基づく返還請求権は，消費貸借に伴って生ずるところの当事者双方および裁判所を法的に拘束する消費貸借契約規範により，有効に成立すると，ただちに発生すると解さざるをえない。

　ところが，司研民事教官室は，かつては消費貸借に基づく返還請求権発生時期について次のように考えていた（「民事訴訟における要件事実について(三)　消費貸借」司法研修所報32号〔1964年10月〕220〜1頁）。

　「判例は，借主の返還義務は消費貸借の成立と同時に発生し，ただ期限が到来しまたは催告があるまでその履行を猶予されているものと考えて，期限の未到来または催告のないことを借主が抗弁として主張立証すべきものとする（大判大二・二・一九〔民〕録〔20輯〕八七頁，大〔判大正〕三・三・一八〔民〕録〔20輯〕一九一頁，大〔判大正〕七・二・二八〔民〕録〔24輯〕三〇〇頁，〔大判〕昭五・六・四集五九五頁等）。これに反対する学説によれば，消費貸借は一定の価値を借主の使用に委ねることを本質とする継続的契約関係であるから，貸主は期限が満了しまたは告知によって契約の終了させたときにはじめて目的物の返還を請求できるものであり，したがって，期限の到来または相当の期間を定めた催告の事実を貸

---

(63)　改正法は，587条の2に，要物契約としての消費貸借に加えて，書面による消費貸借（要式の諸成契約）を新設している（条文はかなり大部なので，1項を除き省略する）。
　　改正法587条の2第1項は，「前条の規定にかかわらず，書面でする消費貸借は，当事者の一方が金銭その他の物を引き渡すことを約し，相手方がその受け取った物と種類，品質及び数量の同じ物をもって返還することを約することによって，その効力を生ずる。」と規定するから，書面でする消費貸借契約上の権利（借主の貸主に対する金銭その他の物の引渡請求権）発生の法律要件について主張責任の分配および証明責任の分配をして裁判規範の要件である権利根拠事由を見出すと，借主に「①　当事者の一方（貸主になるべき者）が金銭その他の物を引き渡すことを約し，相手方（借主になるべき者）がその受け取った物と種類，品質および数量の同じ物をもって返還することを約する合意をすること，②その合意を書面でしたこと」であろう。

３　分配効果および要件事実の分別

主が主張立証すべきことになる（我妻・前掲〔＝債権各論中巻一〕三七三頁，鳩山・日本債権法各論四二四頁，戒能通孝・判民昭和五年度五九事件評釈）。〔改行〕後説を正当と解する。すなわち，消費貸借終了によって発生する借主の目的物返還義務の履行を求める貸主は，契約終了の要件として，期限の定めのない場合には，相当の期間を定めて催告したことを主張立証すべきである。ただし，この場合，返還の時期を定めなかったことは貸主において主張立証する必要はなく，貸主が右のような催告の事実を主張し返還を請求するのに対し，借主において抗弁として期限の定めのあることを主張立証するべきである（履行期の約定の有無の立証がつかない場合には，その定めがないものとしてあつかうほかないからである）。〔改行〕貸主がこの抗弁事実を認めるときは，あらためて，別個の終了事由としてその期限が到来したことを主張することになろう」
といって，反対の学説に同調するのである。

　司研民事教官室が指摘するように，判例は，貸主の返還請求権は消費貸借の成立と同時に発生するとする。消費貸借においては，返済期の約定があるときは，貸主は，借主に対し，返済期が到来するまで返還請求権を行使できないだけであって，金銭その他の代替物を貸し続けなければならない「債務」を負っているわけではない。したがって，消費貸借は，借主だけが返還債務を負う片務契約なのである（我妻・債権各論中巻一 350 頁）。貸主は期限が満了しまたは告知によって契約を終了させたときにはじめて目的物の返還を請求できるとすると，貸主が借主に金銭その他の物を交付してから返還期間が満了しまたは告知によって契約が終了するまでは，貸主と借主との間にはなんらの債権債務の関係もないことになってしまう。また，消費貸借は民法上無償契約として規定されているが，実社会では利息付き消費貸借も少なくない。金銭消費貸借についていえば，利息は，消費貸借とは別の利息契約から生ずるが，消費貸借に基づく貸金返還請求権を元本債権とするところの元本の利用の対価であり，正確には，その元本債権の収益として，元本額と存続期間とに比例して一定の利率により支払われる金銭その他の代替物である。この元本債権が消費貸借の有効な成立と同時に発生する目的物返還請求権にほかならないのである。貸主は期限が満了しまたは告知によって契約が終了したときにはじめて目的物の返還請求権が発生するとするならば，利息は，どのようにして生ずるのであろうか。さらに，司研民事教官室が掲げる学説や来栖・契約法 249 頁が，消費貸借を継続契約であるというのは，おそらくギールケの見解を祖述するものであろうが，消費貸借はかならずしも継続契約であるとはいえない（たとえば，Ａが友人Ｂと連れ立って買い物に行き，ある店で 2,000 円の物を買おうとして 1 万円札を出したところ，釣銭がないといわれ，Ｂに対して 2,000

285

Ⅲ　要件事実（論）

円貸してくれ，次の店で買い物をして釣銭をもらったら返すからといって，2,000円を借り，代金を払って物を買い，隣の店で1万円札を出して1,000円の物を買い，その釣銭の中からBに対して2,000円を返すような場合である）。

〔消費貸借に基づく目的物返還請求権発生とその請求権行使の要件事実は，どのように考えるべきか〕

　行為規範である契約（成立）規範としての法律効果および法律要件について主張責任の分配ないし証明責任の分配をして裁判規範の効果および要件を見出すと，そのうちの効力要件の主張責任ないし証明責任が契約上の権利の存在の主張を争う者に分配されるので，契約の成立の主張責任は，常に，権利根拠効果および権利根拠事由として契約上の権利の存在を主張する者に分配される。

　すなわち，消費貸借に基づく目的物返還請求権発生の法律効果の原因である法律要件は，前述したとおり，①借主の貸主に対する・貸主から受け取った金銭その他の物と同じ種類，品質および数量の物を返還時期を定めてまたは返還時期を定めないで返還する旨の意思表示と貸主のそれに対応する意思表示の合致と，②貸主が借主に対して金銭その他の物を交付し，借主がそれを受領することと，③①が有効であることであるが，①〜③について主張責任の分配ないし証明責任の分配をすると，①および②が返還請求権の存在を主張する者に，③がその主張を争う者に分配される。さらに，前述したように，潜勢的な状態において力を有しているにすぎない返還請求権をそれが目的とする利益享受を実現して現実のものにするためには，返還請求権を行使しなければならない。したがって，貸主が借主に対して返還請求をするには，④発生して存在している返還請求権を行使する必要がある。

　そうすると，訴えを提起して返還請求をする原告が主張すべき請求を理由づける請求の原因は，返還請求権の根拠効果および根拠事由として①および②を充足する具体的な事実（法律関係を含む）を，返還請求権の行使効果および行使事由として④の貸主が返還時期を定めている場合には，その返還時期が到来し，返還時期を定めていない場合には，借主に対し，相当の期間を定めて返還の催告をしたうえ（民591Ⅰ[64]）その期間が経過した後であることを充足する具体的な事実

---

(64)　改正法では，現行591条2項の「借主は，」の次に「返還の時期の有無にかかわらず，」を加え，3項に「当事者が返還の時期を定めた場合において，貸主は，借主がその時期の前に返還をしたことによって損害を受けたときは，借主に対し，その賠償を請求することができる。」を新設した。貸主の取得すべき損害賠償請求権の根拠事由は，①　貸主と借主との間に成立した消費貸借契約には，借主が借り受けた物と種類，品質および数量の同じ物を返還する時期を定めていたこと，②　ところが，借主は，その時期の前にその物を返還したこと，③　貸主は，その返還によって損害を受け，その額がいかほどで

286

となる。もっとも，①のうち，期限の定めのないことは，④のうち相当期間を定めた催告の主張があれば，黙示に主張されているとみるべきである。さらに，相当の期間を定めた返還の催告は，訴状の送達によってもすることができるし（大判大正8・5・17民録25輯870頁），貸主がする返還の催告において一定の時期または期間を明示しなくても，その催告の時から借主が返還の準備をするのに相当な期間を経過した後においては，借主は，もはや返還を拒否することができない（大判昭和5・1・29民集9巻97頁）。また，④のうち返還の請求は，消費貸借に基づく目的物返還請求の訴えを提起することが行使であるから，ことさらに主張し証明する必要はない。

しかし，消費貸借に基づく目的物返還請求権発生の法律要件ないし要件事実については，異説がないわけではない。一つは，返還の合意のみを貸主の借主に対する代替物返還請求権の存在を主張する者が主張ないし証明を負担し，目的物の不交付を代替物返還請求権の存在を争う者が主張ないし証明するとする説である（三井「要件事実の再構成（一）」法曹時報27巻10号1886頁。結果同旨，大判大正8・11・25民録25輯2109頁）。他の一つは，返還請求権の存在を主張する者が返還の合意，目的物の交付および返還時期の約定がない場合において貸主が相当の期間を定めて返還の催告（ただし，催告期間を経過したことについては説明がない）について主張・証明責任を負担し，期限については返還請求権の存在の主張を争う者に主張・証明責任があるとする説である（石田（穣）・民法と民事訴訟法の交錯76頁，村上・証明責任の研究〔新版〕178頁，247頁，248頁）。

前説は，いわゆる返還約束説によるものである。しかし，目的物返還請求権は，決して生の目的物返還の合意から発生するものではなく，当事者が契約の有効な成立によって作出した消費貸借契約規範中の目的物返還の合意から発生するのである。それとともに，契約は，その類型ごとに分別することができるのであって，返還の合意だけで貸借型の契約を一括りにしてしまうことはできないというべきである。次に後説であるが，この説は，意思表示と一体となる返還時期の約定を分離するもので賛成することはできない。

2) 準消費貸借における旧債務の存在

〔準消費貸借における旧債務の存在の分配効果および要件事実については諸説があるが，債権者説が妥当ではないか〕

準消費貸借（民588[65]参照）において論じなければならないことは，旧債務の存在についての主張責任ないし証明責任の所在にすぎない。

あったことであろう。

(65) 改正法では，前述したとおり，現行588条の「消費貸借によらないで」を削っている。

Ⅲ　要件事実(論)

準消費貸借における旧債務の存在については，かつては，その理由づけをめ
ぐって擬制説，占有改定説，債務免除説などの諸説があったようであるが，現在
では，法典調査会民法整理会における富井起草委員の586条（＝現行588）の起
草趣旨の説明中の「此規定ハ消費貸借ヲ以テ要物契約トスル以上ハドウモナクテ
ハイカナイノデアラウト兼テカラ考ヘデ居リマシタ」（法典調査会民法整理会議事
速記録295頁）を忖度したのであろうか，同条は消費貸借の要物性に対する例外
を定めたものである（吾妻光俊・債権法〔昭和29年4月，弘文堂〕180頁）とか民
法そのものが消費貸借の要物性を緩和している場合である（松坂・民法提要債権
各論〔5版〕〔平成5年7月〕123頁，我妻・債権各論中巻一365頁，平田春二「準消
費貸借」契約法大系Ⅲ〔昭和37年12月，有斐閣〕375頁）とか解されている。

準消費貸借に基づく目的物返還請求権発生の原因である法律要件は，①旧債務
の存在と②当事者間の旧債務の目的物をもって消費貸借上の債務の目的物とする
ことを互いに約すること（合意の存在）である。そこで，①の主張責任がどちら
の当事者に分配されるかであるが，周知のように，債権者説，債務者説などの対
立がある。

債務者説がその理由づけはさまざまではあるが，判例（前掲大判大正8・11・25，
最(二)判昭和43・2・16民集22巻2号217頁，最(二)判昭和52・1・31裁判集民事
120号31頁など），多数説（司研民事教官室・前掲「民事訴訟における要件事実につ
いて(三)　消費貸借」217頁，賀集「準消費貸借における旧債務成否の主張立証責任」
判タ180号〔1965年11月〕65頁〔この論文は，民事実務ノート1巻113頁以下に収録
されている〕，同「準消費貸借における旧債務の存否に関する立証責任」判タ223号
〔1968年9月〕74頁など）である。これに対し，債権者説（倉田「準消費貸借にお
ける旧債務の存否に関する立証責任」民商59巻2号〔執筆時期は，昭和43年11月の
ようである〕306頁〔この判例批評は，同・民事実務と証明論207頁以下に収録されて
いる〕，大江・要件事実民法(中)339頁）のほか，旧債務の準消費貸借契約時におけ
る不存在「の主張は，その不存在事実の分析により，それが権利成立阻止事由，
権利消滅事由または権利行使阻止事由として構成される場合は，抗弁として可能
であり，これらの事由の要件事実だけが債務者側の証明責任に属するが，旧債務
の成立に争いのある場合には，債権者側が旧債務の成立について証明責任を負
う」と解する説（村上・証明責任の研究〔新版〕252頁）や，旧債務を消滅させず
同一性を維持しつつその内容を変更するにとどまるものを債務変更契約と呼び，
新債務の成立によって旧債務を消滅させるものを更改型準消費貸借と呼んだうえ，
債務変更型の準消費貸借では，旧債務の成立要件は権利根拠事由であって，その
証明責任は債権者に属し，更改型の準消費貸借では旧債務を消滅させ新債務を

まったく新たな基礎の上に置こうとすることについての合意の証明責任は，更改型準消費貸借を援用する当事者にあるとする説（倉田監修・要件事実の証明責任（契約法）上巻443頁，477頁〈松本〉，松本・証明責任の分配〔新版〕362頁，390頁）も有力である。

　ある契約規範が準消費貸借の法的性質を有していたとすると，準消費貸借に基づく目的物返還請求権発生の原因である法律要件を組成する法律事実の一つは，金銭その他の物を給付する債務を負っていること，つまりは旧債務の存在ということになる。この旧債務の存在を主張することは不可能でもいちじるしく困難でもない。また，この主張が争われた場合には，旧債務を生じた契約の成立を主張すればよい。たとえば，旧債務が以前のいつに負ったなになにの売買の代金100万円を支払う債務であるとすると，そのことを主張することにさほどの困難もありえないであろう。そして，この主張が争われた場合には，その債務を負うにいたった売買契約の成立を主張すればよいのである。そのうえ，準消費貸借が消費貸借の要物性を緩和しているという理由で，旧債務の存在が消極的に存在すればよいと解することはできそうにない。そうだとすれば，旧債務の存在は，準消費貸借に基づく目的物返還請求権の存在を主張する者が主張を負担すべきである。要するに，債権者説をもって正当と解すべきである。

⑷　その例4──一般の不法行為に基づく損害賠償請求における過失相殺
〔民法722条2項は，一種の権利発生障害事由を定める裁判規範と解すべきではないか〕

　民法722条2項[66]は，「被害者に過失があったときは，裁判所は，これを考慮して，損害賠償の額を定めることができる」と規定する。同条項は裁判規範と解されるが，権利発生障害事由としてはやや特異な「被害者に過失があった」ことが不法行為に基づく損害賠償請求権の発生（の一部または全部）障害事由であると思われる。しかしそれにしても，一般の不法行為に基づく損害賠償請求における過失相殺をめぐっては，いささか奇異と思われる見解が唱えられている。

〔判例・通説の理解する一般の不法行為に基づく損害賠償請求における過失相殺の法的性質は，どのようなものか〕

　判例（最（三）判昭和41・6・21民集20巻5号1078頁。この判例は，民法旧44条1項〔法人の不法行為〕に関する事案について「不法行為による損害賠償の額を定めるにあたり，被害者に過失のあるときは，裁判所がこれをしんしゃくすることができること

---

(66)　改正法では，民法722条2項については変更がないが，同条1項については「第417条」の次に新設の中間利息の控除を定めた「第417条の2」が加えられた。

Ⅲ　要件事実(論)

は民法七二二条の規定するところである。この規定によると，被害者の過失は賠償額の範囲に影響を及ぼすべき事実であるから，裁判所は訴訟にあらわれた資料にもとづき被害者に過失があると認めるべき場合には，賠償額を判定するについて職権をもってこれをしんしゃくすることがでると解すべきであって，賠償義務者から過失相殺の主張あることを要しないものである」と判示したものである(67))・通説は，裁判所は，加害者側である被告の主張がなくても職権で損害賠償責任の存否およびその範囲を定めることができるとし，ただ，被害者の過失についての証明責任は，被告にあるとする。だが，その理由は，まちまちである。損害賠償制度を支配する公平や信義則に求めたり，過失相殺は裁判所が徳治の立場で賠償額を決定するについて考慮すべき事情に属する一資料であるからといったり，被害者の過失は妥当な額を決定すべき一資料であり，その意味で間接事実であるからといったりである。

　判例・通説は，大判昭和3・8・1民集7巻648頁が，踏切を渡ろうとして，進行してきた電車に接触して死亡した男児の父母が鉄道会社に対して慰謝料を請求した事案について，「民法第七百二十二条第二項……ノ規定ニ依レハ被害者ノ過失ハ賠償額ノ範囲ニ影響ヲ及ホスヘキ事実ナルト同時ニ法律ハ之ヲ以テ賠償義務者ノ抗弁権ト為シタルモノニ非サルカ故ニ裁判所ハ訴訟ニ現ハレタル資料ニ基キ被害者ニ過失アリト認ムヘキ場合ニハ賠償額ヲ判定スルニ付職権ヲ以テ之ヲ斟酌シ得ヘク賠償義務者ヨリ此ノ旨ノ主張アルコトヲ必要トスルモノニ非ス（唯此ノ場合ノ立証責任ハ被害者ニ過失アリト主張スル者ニ存スルコト勿論ナリ）……」
と判示したことを受けて形成されたものである。

　ところが，この判旨の理解については，当時から，学者の間に意見の対立があった。江川英文教授は，この判旨を，賠償義務者が被害者に過失ある事実を主張した場合においては，賠償額を定めるについてこれを斟酌すべきことを主張しなくても，裁判所はこれを斟酌することができるとしたものであると理解する（判民昭和3年度62事件評釈）。これに対し，末川博士は，この判旨を，被害者の過失は単なる抗弁権を賠償義務者に与えるものではなくて，裁判所が独自の立場において賠償額を決定するについて考慮すべき事情に属する一資料とみられるとした，と理解するのである（破毀判例民法研究〔昭和4年9月，弘文堂書房〕1巻344頁）。そして，その後の判例・学説は，大方両説のいずれかを承継し，それぞれの理由づけを補強し，論旨を発展してきた（江川説を承継するものとして，真船孝充・最高裁判所判例解説昭和34年度85事件解説，薦田茂正「不法行為と過失相殺

（67）　なお，この判例は，本文掲記の大判昭和3・8・1を参照判例として掲げるが，この大審院判決の判示には，問題がある。このことについては，拙著・要件事概説Ⅱ（2010年3月）369〜71頁を見られたい。

との関係」判タ 212 号 178 頁，篠田省二「過失相殺の本質」判タ 268 号 171 頁など。末
川説を承継するものとして，東京地判昭和 44・9・26 判タ 240 号 184 頁，籔重夫・過
失相殺〔総合判例研究叢書民法(12)〔昭和 34 年 6 月，有斐閣〕256 頁，村松（俊）「過失相
殺についての一考察」法時 38 巻 8 号〔1966 年 7 月〕944 頁，好美「交通事故訴訟にお
ける過失相殺の諸問題」鈴木忠一 = 三ヶ月監修・実務民事訴訟(3)〔昭和 44 年 5 月，日
本評論社〕249 頁など）。その間，岩村弘雄判事によって，被害者に過失があった
という事実については弁論主義の適用があるとの意見が提示されたこともあった
が（「司法研修所における損害賠償事件研究の素描」判タ 200 号 44 頁。なお，所付室
編「交通事故における損害賠償の諸問題（一）」司研 1967-Ⅰ 188 頁〈岩村発言〉），岩
村判事の意見も，同旨の見解として江川教授の判例評釈を引用していたためであ
ろうか，一般には江川説と同じに考えられてきてしまった（好美・前掲論文 250 頁，
上田徹一郎「職権による過失相殺と過失の立証責任」ジュリ 456 号〔1970 年 7 月〕110
頁など）。

〔判例・通説の理解する一般の不法行為に基づく損害賠償請求における過失相殺の法的性質は，妥当といえるか〕

このような問題状況の中で，倉田博士は，昭和 47 年に，江川，末川説がとも
に大審院判決の判旨を誤解したものであることを明らかにされた（交通事故賠償
の諸相〔昭和 51 年 2 月，日本評論社〕223 頁）。倉田博士は，この大審院判決の判
旨は，原・被告どちらからか主張されれば足りるということであって，どちらか
らも主張のない場合にも職権で拾い上げるということではないといわれるのであ
る。この大審院判決の判旨は難解だが，

「本訴ニ於テ被上告人等ハ其ノ長男勝通（五歳）カ新野辺美つト同行シテ上告
会社経営ノ阪神電気軌道八田踏切ニ到リ軌道内ニ立入リタル際上告会社及其ノ被
用者ノ過失ニ因リ恰モ進行シ来レル電車ニ触レ死亡シタル為被上告人等自身ノ受
ケタル精神上ノ苦痛ニ対スル慰藉料ヲ請求スルモノニシテ勝通カ右上告人（ママ）主張ノ如キ事実ニ因リ死亡シタルコトハ原判決ノ確定セル所ナリサレハ若被
上告人等カ幼者勝通ヲ軌道附近ニ引出セシムルニ当リテ自ラ之ヲ同伴セス又何人
ニモ之カ保護監督ヲ委託セサリシモノトセハ父母トシテ当然為スヘキ注意ヲ怠リ
タル過失アルモノニシテ此ノ過失ハ本件損害賠償ノ額ヲ定ムルニ付裁判所ハ職権
ヲ以テ斟酌シ得ヘキモノトス」

と判示しており，この判示は，被上告人等が自らそれを相殺すべき旨主張しなく
ても，賠償額の算定に当たって斟酌すべきであると読むべきであろうから（吉岡
進ほか編・判例民事交通訴訟法〔増補版〕〔昭和 49 年 7 月，一粒社。元版は，昭和 47
年 3 月〕445 頁〈三宅弘人〉は，前掲大判昭和 3・8・1 の事案では，過失相殺に供され

291

III　要件事実（論）

た被害者側の過失の内容となる事実は当事者が具体的に主張・立証しているとみる），
倉田博士のように解するのが素直である。ただ，大判昭和 6・8・1 民集 10 巻
642 頁は，相手方の援用せざる自己に不利益な事実の陳述を認めない。そして，
この大審院判決の出る前は，相手方の援用せざる自己に不利益な事実の陳述を採
り，もって判決の基礎となしうるか，またいかなる方法でなすべきかの点に関し
て，ドイツでは学者の見解も分かれ，判例もまた帰一せずと称せられていたにも
かかわらず，わが国では問題にされていなかったという状況であったとのことで
（兼子「相手方の援用せざる当事者の自己に不利なる陳述」民事法研究 1 巻 208 頁），
そうだとすれば，倉田博士の前掲大判昭和 3・8・1 の判旨の理解は成り立ちえな
いことになる。しかし，同判決は，倉田博士がいわれるように，「当時のドイツ
の通説の忠実な模写」であろうし，そのほかに Oertmann, Kommenntar. 3/4 Aufl.
1910 などを下敷きにしたと考えられる（鳩山・増訂改版日本債権法〔総論〕初版序
2 頁）同・増訂日本債権法各論（下巻）（大正 13 年 4 月，岩波書店）945 頁，増訂改
版日本債権法（総論）98 頁をも参考にしたものと思われ，この増訂改版日本債権
法（総論）98〜9 頁は，「以上ニ述ベタル斟酌ハ裁判所ガ職権上之ヲ為スモノナリ。
過失相殺ハ損害賠償ノ範囲ニ付テ特則ヲ設ケタルモノナルト雖モ単ニ抗弁権ヲ認
メタルニハ非ザルヲ以テ賠償義務者ノ抗弁ヲ俟チテ始メテ斟酌ヲ為スモノニ非ズ。
但シ債権者（被害者）ニ過失アリヤ否ヤノ事実ニ付テ争アルトキハ債務者（加害
者）ニ於テ挙証ノ責任ヲ有ス。之レ過失相殺ハ損害賠償ノ範囲ニ関スル特則ナレ
バナリ」とするから，結局，倉田博士のように解するのが正当であろう）。もっ
とも，前掲最(三)判昭和 41・6・21 は，前掲大判昭和 3・8・1 を参照判例として
掲載しながら，

　「過失相殺にもいわゆる弁論主義の適用のあることを主張する論旨は，失当と
して排斥を免れない」
と判示する。

　なお，民法 418 条[68]による過失相殺と弁論主義の適用の有無について判示し
た最(三)判昭和 43・12・24 民集 22 巻 13 号 3454 頁も，末川説を採ったとされて
いる（豊水道祐・最高裁判所判例解説民事篇昭和 43 年度 110 事件解説）。しかし，そ
の判文は，「民法四一八条による過失相殺は，債務者の主張がなくても，裁判所
が職権ですることができるが，債権者に過失があった事実は，債務者において立
証責任を負うものと解すべきである」（傍点・引用者）というのであって，加えて，
上告人が 1 審から過失相殺の適用を主張していた事案であるから，この最高裁判

---

　(68)　改正法では，現行 418 条の「債務の不履行」の次に「又はこれによる損害の発生若
　　　　しくは拡大」が加えられた。

決が末川説を採ったと断定することはできないというべきである。

〔一般の不法行為に基づく損害賠償請求における過失相殺の法的性質は，どのように理解すべきか〕

そのうえ，末川説には，実質的な理由もないように思われる。末川説は被害者の過失を事情に属する一資料とする。この事情（に属する一資料）とは間接事実のことであろう。しかし，被害者の過失またはそれを基礎づける事実は，それのないことが損害賠償請求権の部分的な発生の原因となる事実であるから，主要事実である（過失について同旨，薦田・前掲論文179頁，福永政彦・民事交通事件のゆう処理に関する研究419頁，過失を基礎づける事実について同旨，判例民事交通訴訟法445頁〈三宅(弘)〉，新堂・民事　訴訟法286頁，演習民事訴訟法(上)359頁〈竹下〉。もっとも，これらの見解が被害者の過失をどのような意味で把握しているかはかならずしも明らかでない）。当事者がこれを主張として提出しない以上，たとい裁判所が証拠調べの結果から心証を得たとしても，裁判の基礎に採ることができない道理である。もっとも，田尾教授は，被害者の過失を主要事実とされながら，主要事実＝主張責任＝主張＝裁判所の審判しうる範囲という図式も疑問を持っておられるところから，過失相殺について弁論主義を適用することには消極の態度を示されるが（「主要事実と間接事実にかんする二，三の疑問」兼子還暦(中)285頁，290頁），田尾教授のこの論旨は，前掲大判昭和3・8・1，最(三)判昭和41・6・21，最(三)判昭和43・12・24を末川説に依拠して理解されたことによるのであるから，論旨の前提に疑問があって，従うことができないといわざるをえない。

倉田博士によれば，前掲大判昭和3・8・1は，上述したように当時のドイツの通説の忠実な模写であるが，BGB254条の解釈上，共同過失の主張が抗弁権すなわち狭義の抗弁（Einrede）でなく広義の抗弁（Einwendung）であり，したがって，訴訟上職権で（von Amts wegen）斟酌しうる，すなわち，抗弁権のような援用権者による主張を要しないのである，ということである。そして，被害者の過失という法条の要件事実自体主張しなくていいとまで言い切れるのか疑問であって，実際の訴訟では，不意打ち防止という弁論主義的側面を無視しえず，少なくとも過失は主張させているのがふつうである，ということである。

司研・要件事実1巻16頁は，民法722条2項の定める過失相殺に限定して紹介すると，

「被害者側の過失は，その者に……不法行為による損害賠償請求権が発生したことを前提として，これを数額的に少なくするための要件であるから，裁判所の裁量が介入する余地はあるとしても，右過失を根拠づける事実について主張責任を肯定すべきである」

Ⅲ　要件事実（論）

と正当な記述をする。

　被害者の過失について証明責任があるということは，その法的三段論法の大前提となる被害者の過失という要件事実であることを意味する。そして，証明責任はあるが，主張責任はないとすることは法論理としては矛盾しているといわざるをえない。

　被害者の過失の意義については，過失相殺の理論的性質との関連等から種々の見解があるが，判例に従って公平の見地から損害発生についての被害者の不注意（最大判昭和 39・6・24 民集 18 巻 5 号 854 頁）であるとすれば，その趣旨での被害者の過失またはそれを基礎づけるその類型（自動車事故については，周知のとおり事故の類型に応じた過失割合の認定基準が示されているが，やや細かすぎるように思われる）が要件事実となる。具体的な訴訟において被害者の過失が争われたか争われることを予期するかすればこそ，それを基礎づけるその類型を充足する具体的な被害者の動作，行動についての事実上の主張をし，それが争われたからこそ，加害者側が証明責任を負うその事実を立証しなければならないのであって，過失相殺について主張責任を差し置いて証明責任だけが取り上げられるのでは片手落ちの議論ではないだろうか。

　なお，主張共通の原則および証拠共通の原則を見直して，弁論主義を自己責任として理解するときは，被害者の過失は，加害者側が自ら主張し，証明しなければならない。主張責任および証明責任を行為責任と解する立場からも同様である。そうなると，被害者の過失の抗弁を事実抗弁としようが抗弁権としようが結局加害者側が主張しなければならないことでは同じなのではないだろうか。ただ，事実抗弁であれば，加害者側が被害者の過失を賠償額の算定に当たって斟酌すべきであることまで主張する必要がないが，抗弁権であれば，損害賠償の請求を全部または一部拒むべく，その主張までしなければならないことになろう。

　過失相殺について主張責任の分配ないし証明責任の分配をすると，被害者が不法行為に基づく損害賠償請求権を行使していることを前提として，その一部または全部の減額発生の原因として

「被害者（側）に過失があることまたはそれを基礎づける類型的な自然的・社会的事実があること」

について権利発生障害事由として損害賠償請求権の存在の主張を争う者に主張責任ないし証明責任が分配される。

　被害者の過失が主張され証明されても，それを賠償額の算定に当たって斟酌するか否かは裁判所の裁量に属する（判例〔大判明治 39・12・3 刑録 12 輯 1315 頁，大判大正 9・11・26 民録 26 輯 1911 頁，最（一）判昭和 34・11・26 民集 13 巻 12 号 1562

頁〕・通説〔末弘・債権各論〔大正 7 年 6 月，有斐閣〕1111 頁，鳩山・増訂改版日本債
権法（総論）98 頁，籔・前掲判例研究 252 頁など〕である）。したがって，被害者の
過失を斟酌しない判決も違法ではなく（反対，谷口（知）＝植林・損害賠償法概説 91
頁），上告理由にならないし，また，斟酌すべき過失の程度についてもその理由
を判決において説示する必要はない（最（二）判昭和 39・9・25 民集 18 巻 7 号 1528 頁，
吉岡ほか編・判例民事交通訴訟法〔増補版〕444 頁〈三宅（弘）〉）。もっとも，前掲大
判昭和 3・8・1 は，

　「訴訟ニ現ハレタル資料ニ依レハ被害者ニ過失アリト認ムヘキ事情ノ存スルコ
　ト判文上明ナル場合ニ於テ此ノ点ニ付何等明言スル所ナク又判文ノ全般ニ徴スル
　モ賠償額ニ別段ノ影響ヲ及ホサスト認メタル趣旨ノ観ルヘキモノノナキトキハ仮令
　賠償義務者ヨリ此ノ点ニ付何等ノ主張ナシトスルモ該判決ハ審理不尽ノ違法アル
　モノト謂ハサルヘカラス」

と判示する（この判旨を支持するものとして，加藤（一）・不法行為〔増補版〕253 頁，
好美・前掲論文 235 頁，福永・民事交通事件の処理に関する研究 381 頁。なお，吾妻・
債権法 307 頁参照）。

〔交通事故と医療事故とが順次競合し運転行為と医療行為とが共同不法行為に当たる場合における被害者の過失相殺の方法は，どのようにすべきか〕

　ところで，交通事故と医療事故とが順次競合し運転行為と医療行為とが共同不
法行為に当たる場合の各不法行為と被害者の過失相殺の方法について，最（三）判
平成 13・3・13 民集 55 巻 2 号 328 頁は，

　「過失相殺は各不法行為の加害者と被害者との間の過失の割合に応じてすべき
　ものであり，他の不法行為者と被害者との間における過失の割合をしんしゃくし
　て過失相殺をすることは許されない」

とする。この場合における過失相殺の方法には，絶対的過失相殺説（渾然一体と
なった一つの損害の発生，増大に複数加害者の過失と被害者の過失が係わっている場合，
被害者の過失は全損害の発生との関係で各別に扱うことはできず，各加害者の賠償責任
を負う範囲は共通であり，不法行為者の一部に対して過失相殺をするとする考え方のよ
うである）と相対的過失相殺説（共同不法行為であっても過失相殺については加害者
ごとに個別に行なうことができ，各加害者の不法行為と因果関係のある全損害について，
各加害者ごとに過失相殺を行い，その結果，各自の負担する賠償額に差が生じたときは，
重畳する限度での一部連帯債務となるという考え方のようである）があり，前掲最
（三）判平成 13・3・13 は，相対的過失相殺説を採用したとのことである（三村晶
子・最高裁判所判例開設民事篇平成 13 年度 8 事件解説）。

Ⅲ　要件事実(論)

3-4　権利行使効果および権利行使事由

〔請求権および形成権における権利行使効果および権利行使事由は，どのようなものか〕

　前に述べたように〔Ⅰ, 1-4-4 の〔履行期未到来の…〕を参照〕，履行期未到来の（給付）請求権と履行期が到来して行使された請求権とは異なるが，前者の履行期の約定の有無を含む請求権（私のいうポテンシャルとしての請求権）も後者の請求権（私のいうアクチュアルとしての請求権）も単にその実行の有無の違いにすぎないのではなく，履行期が到来して請求権を行使することによってその求めるところの利益を享受することができるのかどうかの違いになるのである。そして，確認の訴えにおいてはそれを基礎づける請求としては履行期の約定の有無を含む請求権の存在の主張でよいが，給付の訴えにおいてはそれを基礎づける請求として請求権の存在に加えて権利行使可能性の存在と請求権の行使も主張しなければならない。この違いに着目すれば，権利行使効果および権利行使事由を権利発生効果および権利発生事由ならびに権利根拠効果および権利根拠事由とは別個の分配効果および要件事実としなければならないのではないだろうか。

　また，権利行使効果および権利行使事由を権利の存在を主張する者に分配すると述べたことについて釈明しておきたい。解除するとか相殺するとかの権利主張の面からみると，それは解除権の行使，相殺権の行使の結果であるから，権利消滅効果か権利滅失効果かの結果の主張であることになる。そうすると，権利行使効果および権利行使事由は，権利の存在の主張を争う者にも主張責任の分配ないし証明責任の分配があるといわれても弁解することができないことになる。しかし，これらの権利主張では権利行使効果および権利行使事由は表面には出てこないのである。そして，この権利主張が争われると，この効果および事由が解除権や相殺権などの存在とともに現れることになり，しかも，解除権や相殺権などの存在が争われると，これらの権利発生効果および権利発生事由か権利根拠効果および権利根拠事由が表面に出てくることになる。つまり，最終の時点では，権利行使効果および権利根拠事由が権利発生または権利根拠の効果および事由とともに分配されることになるわけである。そうだとすれば，これらをひっくるめて権利行使効果および権利行使事由を権利の存在を主張する者に分配される分配効果および要件事実であるといってもよいのではないだろうか，ということである。

　私権はいろいろな基準で分類することができるが，要件事実論においてもっとも重要な分類は，私権の作用を基準とするものであって，それによると，支配権，請求権，形成権および抗弁権に分類される。このうち請求権や形成権は，前述し

296

たようにそれが存在するというだけでは，利益享受（不利益回避）または意思支配を法律的に正当づけることができるだけであって，その目的とする利益享受（不利益回避）または意思支配を実現することができない。この目的を達するためには行使をする必要があるが，請求権のうち給付請求権ではさらに履行期があり，あるいは不履行の合意（不執行の合意を含む）があるため行使可能性（履行可能性）のあることが要求される。その場合でも請求権が独立して存在しうるのに対して，形成権の場合には行使可能性があることは要求されず行使可能性の不存在が問題になりうるだけであるし，裁判外の形成権と裁判上の形成権ではその行使の態様が異なるほか，形成権が独立して存在することがないので，請求権の行使を含む行使事由および行使効果と形成権の行使事由および行使効果とは分けて述べることとする。

　また，権利行使事由は，法律行為のみに問題となる事由ではなく，法定権利においても問題となることがある。

　A　請求権について

　まず請求権であるが，その行使可能性および行使を権利行使効果および権利行使事由として，権利根拠効果および権利根拠事由である請求権の存在とは別の分配効果および要件事実とするのは，訴えの類型として確認の訴えがあり，給付請求権の存否も確認の利益があるときにかぎられるとはいえ，確認の訴えにおける請求の内容となることができ，また，具体的な訴訟においては，請求権の存在またはその発生原因事実を認めながらそれとは別に請求権の行使可能性を争うことができるからである。給付の訴えは，まさに請求権の目的とする現在または将来における利益享受または意思支配を実現することを請求の内容とするものであるから，請求の趣旨および請求を理由づける請求の原因において請求権の存在（および請求の範囲。以下，本項においてはこれを省略する）またはその発生原因事実に該当する具体的な事実のほか，行使可能性の存在に該当する具体的な事実およびその行使を主張し，ないしは証明しなければならない。

　こうして，現在の給付の訴えにおける請求では，請求の趣旨において現在（口頭弁論終結時まで）における行使可能性の存在に該当する具体的な事実および行使として，たとえば，すでに行使可能であるときは「被告は，原告に対し，△△円の支払いをせよ。」と記載し，さらに，請求の原因において「原告は，平成△年△月△日，被告に対し，返済期を同年□月□日として△△円を貸し渡した。」とすでに到来している弁済期を記載しなければならない（期限が年月日での確定期限であるときは，それが到来したことは，公知の事実であるから，黙示に主張しているといってよいであろう）。

Ⅲ　要件事実（論）

　また，将来の給付の訴えにおける請求では，将来の給付の利益がある（民訴135）ことを前提とすると，請求の趣旨において将来における行使可能性の存在に該当する具体的な事実およびその行使として，たとえば，「被告は，原告に対し，令和○年○月○日が到来したときは○○円の支払いをせよ。」と将来到来する弁済期およびその到来時に弁済を請求する旨を記載し，さらに，請求の原因において「原告は，平成×年×月×日，被告に対し，返済期を同○年○月○日として○○円を貸し渡した。（将来の給付の利益の記載は省略）」と記載する。以上この行使可能性の存在は，履行期の到来である。停止条件付き契約の場合には，停止条件成就後における履行について期限が付いていないときは，停止条件が成就したことで履行が可能となり，停止条件成就後における履行について期限が付いているときは，その期限の到来が履行可能性の存在である（このことについては，アクティブとしての請求権を参照されたい）。

　なお，最(一)判平成5・11・11民集47巻9号5255頁は，

　「給付訴訟の訴訟物は，直接的には，給付請求権の存在及びその範囲であるから，右請求権につき強制執行をしない旨の合意（以下「不執行の合意」という。）があって強制執行をすることができないものであるかどうかの点は，その審判の対象にならないというべきであり，債務者は，強制執行の段階において不執行の合意を主張して強制執行の可否を争うことができると解される。しかし，給付訴訟において，その給付請求権について不執行の合意があって強制執行をすることができないものであることが主張された場合には，この点も訴訟物に準ずるものとして審判の対象になるというべきであり，裁判所が右主張を認めて右請求権に基づく強制執行ができないと判断したときは，執行段階における当事者間の紛争を未然に防止するため，右請求権については強制執行をすることができないことを判決主文において明らかにするのが相当であると解される（最高裁昭和四六年(オ)第四一一号同四九年四月二六日第二小法廷判決・民集二八巻三号五〇三頁参照）」

と判示する。訴訟物でないから審判の対象にならないものが訴訟物に準ずるものとして審判の対象となり，判決主文において明らかにしなければならないというのは，苦しいロジックであるが，つまりは，給付請求権の行使可能性の存在の主張も請求の一部として審判の対象となることを認めざるをえないと判示しているのであろう（審判の対象を訴訟物ではなく，請求と理解すべきこと，訴訟物の用語に疑問があることは，前述したとおりである）。

　B　形成権について

　次に形成権についてである。裁判外の形成権は，それが発生してもただちに行使することができない場合もあるが（民864など参照），一般的には発生するやた

だちに行使することができ，しかもその行使と同時に消滅するから，その行使可能性の存在は，終了時期を別とすると考えることができない。したがって，裁判外の形成権についての権利行使効果および権利行使事由は，権利の存在を主張する者の相手方（ただし，民123）に対する裁判外の形成権を行使する趣旨の意思表示とその到達（隔地者に対するときは，民97Ⅰ[69]）である。

　形成の訴えの請求の内容については前述したように形成原因などとする学説があり，この学説ではその行使を観念しづらいのであるが，請求の内容を裁判上の形成権の存在とするときはその行使を観念することができる。しかし，それは形成の訴えの提起そのものであるから，これをもって権利行使事由とすることは生産的ではないであろう。

　C　抗弁権について

　抗弁権は，請求権，形成権などとともに作用により分類した私権の一つであるが，請求権や形成権と異なり，訴えにおける請求の内容となる権利の存在ではなく，相手方の請求権の行使に対しその作用を阻止して請求を拒絶する権利であるから，これは，権利行使阻止事由および権利行使阻止効果として考察すべきであろう。

　抗弁（広義）のうち権利抗弁には，主張共通の原則を肯定する立場に立ったとしても，事実抗弁と同様に，権利の発生原因事実と権利の行使の事実が口頭弁論に顕出されていさえすれば判決の基礎にすることができるものと，権利の行使なかんずく権利者による権利の行使が訴訟上でされなければならないものとがある。後者における権利は抗弁権といわれるが，抗弁権者による抗弁権の行使が訴訟上でされなければならないとすると，その点についても主張責任の分配ないし証明責任の分配があることになるので，これについても触れる必要があろう。

【その例——履行期の到来と請求権の行使】

〔期限の主張責任の分配および証明責任の分配における否認説とは，どのよう

---

(69)　改正法では，現行97条1項の「隔地者に対する」が削られ，同条の見出しからも「隔地者に対する」が削られたうえ，「意思表示」の次に「の効力発生時期等」が加えられており，2項が新設され，現行97条の2項が3項になって，同様に「隔地者に対する」が削られたほか，「死亡し，」の次に「意思能力を喪失し，」が加えられ，「行為能力」の次の「を喪失した」が「の制限を受けた」に改められた。

　改正法97条2項の規定は，「相手方が正当な理由なく意思表示の通知が到達することを妨げたときは，その通知は，通常到達すべきであった時に到達したものとみなす。」である。この主張責任および証明責任は，意思表示の通知が到達したことの効果をえたい者に分配され，その権利行使事由は，①「相手方が正当な理由なく意思表示の通知が到達することを妨げたこと」と，②「その意思表示の通知が通常であれば到達すべきあった時は何時であるか」ではないだろうか。

III 要件事実(論)

なものか〕

　履行期の意義等については先に詳しく述べた（I，4-1-5を参照）が，この項でも，権利行使効果および権利行使事由としての行使可能性すなわち行使が可能な履行期の到来の前提である履行期についてさらに付言しておきたい。法律行為上の期限は条件・負担とともに附款といわれる。そして，「附款は制限される法律行為自体の意思表示の一部を構成するものであって，別個の意思表示ではない」（山本（進）「法律行為の附款」民事法学辞典下巻〔増補版〕1863頁）。この考えが通説である。そうすると，履行期は，給付請求権を生じる契約の一部を構成するものであるから，履行期の到来（それは，権利行使効果および権利行使事由である）の主張責任の分配および証明責任の分配は，給付請求権の存在と同一であり，その存在を主張する者にあることになる（期限が確定期限であるときは，それが到来したことは公知の事実であって，不要証事実である。公知の事実について主張を要するかについては説が分かれている）。しかも，給付請求権は，その行使によってその目的とする利益享受（不利益回避）または意思支配を実現することができるのであるから，給付請求権の行使は，それに付随するものとして，やはり給付請求権の存在と同一の主張責任の分配および証明責任の分配に属する（現在の給付の訴えにおける法律上の主張である請求では，給付請求権の行使は，「被告は，原告に対し，〇〇円の支払をせよ」「被告は，原告に対し，別紙物件目録記載の建物の明渡しをせよ」などと請求の趣旨において示される）。このような学説を否認説という。

　否認説に対しては，給付の訴えで請求権の存在が認められながら，既に到来したとする履行期または将来到来するとする履行期の約定の有無または内容が真偽不明になったときは，請求が棄却されることになって不当であるとの批判がある。

　BGBには，履行期について定めがなくかつ事情によってもこれを推断することができないときは，債権者は即時に履行を請求することができ，履行期の定めがある場合において疑わしいときは，債権者はこの時期以前に履行を請求することができない旨の規定（271）や，契約当事者の一方によって給付を確定すべき場合において，疑わしいときは，公平な裁量によって確定し，確定が公平に適さないときは，判決をもって確定する旨の規定（315）がある。

　旧民法財産編403条3項には，前述した「債務者ノ為シ得ヘキ時又ハ欲スル時ニ弁済ス可シトノ語字アルトキ」についてであるが，原則として「裁判所ハ債権者ノ請求ニ因リ事情ニ従ヒ及ヒ当事者ノ意思ヲ推測シテ其履行ノ期間ヲ定ム」と規定し，履行期の確定について裁判所の関与を認めていた。ところが，民法には，自然債務を含めてどのような形の履行期にしろ，その確定について裁判所が関与しうる規定がない。その理由を，民法136条（＝現行135）の起草担当者と

思われる（福島編・穂積陳重文書の研究第一部53頁，星野（通）・明治民法編纂史研究177頁）穂積起草委員が法典調査会における同条の起草原案趣旨の説明で次のように述べている。

「『債務者ノ為シ得ヘキ時又ハ欲スル時ニ弁済ス可シ』云々斯ウ云フヤウナ辞ヲ備ヘテ法律行為ヲ為シタ場合ニハ裁判所ニ請求シテ其期限ヲ定メルコトガ出来ルト致シマスルノハ矢張リ人民ノ自治ニ属スベキ部分ヲ国家ノ司法機関ノ補助ヲ藉リテ之ヲ充サウ是ハ格別必要ノナイコトデゴザイマシテ人民各自ノ取引ノ粗漏ヲ裁判所ニ依テ補ハセルト云フコトハ少シモ其必要ヲ見ナイコトデゴザイマスカラ夫故ニ此四百三条ノ第三項ハ省イタノデアリマス」（法典調査会民法議事速記録一330頁）

と。しかし，履行期の約定の有無や内容が訴訟において争点になることはありうることである。そして，その場合に履行期の約定の有無や内容が真偽不明になることもないとはいえないであろう。だが，そのときは，債権者は，事実たる慣習（民92）または信義則（民1Ⅱ）により債務の性質上もっとも適切な時期を履行期とすべきことを主張し証明することができるであろうから，請求が棄却されることにはならないであろう。

〔期限の主張責任の分配および証明責任の分配における抗弁説とは，どのようなものか〕

司研・要件事実1巻49頁は，停止期限（始期）について

「対象となった法律行為が請求原因の要件事実である場合，附款の成立は請求原因で認められた法律効果の発生障害の抗弁の要件事実または消滅の抗弁の要件事実の一部となる」

と考える。この附款には期限も含まれるが，この学説が抗弁説である。その理由は，次のようなものである。

「抗弁説は，附款をその対象となった法律行為の成立要件とは区別された可分なものと理解し，当該法律行為によって発生すべき法律効果についての特別な約定すなわち特約の一類型とみるものであり…，民法…一三五条の文言からもこれが根拠づけられると考える」（要件事実1巻49頁）。

「法律行為の効果として発生する債権（請求権）は，発生すれば直ちにこれを行使することができる。すなわち，履行の請求をすることができるのが原則である。法律行為に始期が付されると，期限が到来するまで履行の請求ができなくなる。この意味で，始期が付されていることは，その法律行為に基づく債権行使に対する阻止事由であり，履行の請求を拒む当事者に主張立証責任がある。これに対し，期限の到来は，債権行使を阻止していた始期の法律要件としての効果を消

III　要件事実(論)

滅させ，行使を可能にする事実であるから，右阻止事由の消滅事由であり，履行の請求をする当事者に主張立証責任がある。

　ところで，始期が確定期限である場合には，当該訴訟における弁論終結までには到来することのない期限を主張しなければ意味がない。なぜなら，抗弁として確定期限の合意が主張され，かつ，右期限が既到来の場合，右期限の到来は，履行の請求をする当事者が右抗弁に対する再抗弁として主張立証すべき事実であるが，右事実は，常に黙示に主張されているものと解され，かつ，公知の事実であり，したがって，右抗弁は，常に排斥される関係にあるからである。これに対し，始期が不確定期限である場合には，抗弁としてある不確定期限が付されていることが主張立証されれば，再抗弁として右期限の到来を主張立証する必要がある」
(要件事実 1 巻 119 頁)。

〔抗弁説に対しては，どのような疑問があるか〕

　しかし，この理由には，次に述べるような疑問がある。

　ⓐ　「附款をその対象となった法律行為の成立要件とは区別された可分なものと理解」すると，売買契約で売る買うの意思表示は合致しているが，代金支払いの期限の約定で期限について決定的に乖離していて一致のし様がない場合にはどうなるのだろうか（変更を加えた承諾を新たな申込みとみなさないで申込者がこれを無視してなんらの応対もしない場合を含む。なお，民法 528 条の適用についての疑問点は，後述する）。売買代金支払請求訴訟において，代金支払いの期限の約定（意思表示）が売る買うの意思表示とは区別された可分なものであるとすると，請求の原因である売る意思表示と買う意思表示は合致していて売買契約の成立が認められ，抗弁である期限の約定は不一致で認められないときは，承諾者が期限について変更を加えた場合であっても，承諾者はただちに売買代金を支払わなければならないことになるのではないだろうか。この訴訟で，被告である・変更を加えた承諾者は売買契約の成立を否認することができるのだとすると，期限の約定の有無が請求の原因になることになるが，それでは附款をその対象となった法律行為の成立要件とは区別された可分なものと理解した趣旨を没却することになるばかりでなく，抗弁説そのものが崩壊するのではないか。

　司研・要件事実 1 巻 51 頁は，附款をその対象となった法律行為の成立要件とは区別された可分なものであるとする理由として，

　「条件及び期限が，対象とする法律行為の効力についての時間的な特別の定めであるとすれば，他方に，例えば家屋の売買契約において特定の従物を売買の目的物から除外する合意のように，ある法律行為の効力の一部を制限する合意がされることがある…。このような合意は，それが存在しなければ通常発生すること

が認められる法律効果を特に制限する約定という意味で，一般に特約と呼ばれている。

　右特約は，それが付された法律行為の成立要件ではないから，当該特約によって発生する法律効果を享受することが利益となる者に，その合意の成立についての主張立証責任があると解すべきである。この意味で，かかる特約と本体である法律行為とは可分である」
という。この附款＝特約→特約と法律行為の可分＝附款と法律行為の可分という論法は，その前提とする特約の内容に疑問がある。従物は，主物とは別個の独立した所有権の客体であって，ただ継続して主物の経済的効用をはたすためにそれが空間的に結合されている関係で，主物の処分に従う（民87）のである。そして，同条は任意規定と解され（家屋の差押えでその効力が畳，ふすま，障子などの従物に及ぶのは，差押えの効力にすぎない），しかも従物はもともと主物とは別個の独立した所有権の客体であるから，家屋の売買契約締結前に売主が特定の従物を除外する意思を表示するのは，その従物について所有権を主張したこと（所有権を留保したこと）にほかならない。したがって，買主と合意する必要はないし（買主が売主のその主張を了承しても，売主と買主の従物を除外する合意があったとみなければならないものではない），また，家屋の売買契約締結において売主が特定の従物を主物の処分にまかせたときは，その従物について黙示に所有権を放棄したことになると解され，後にその従物を取り戻そうとするときは，売渡債務を更改または債務変更契約をしたことになろう。そうとすれば，これを従物除外の特約であるとし，この例をもって，条件および期限と法律行為が可分であるとすることはできないのではないだろうか。

　前述したように（Ⅰ，4-2-1の〔民法513条2項は，……〕を参照），ローマ法の古典期における期限の付加または撤廃は，単純な更改（novatio　simmplex）となった（クリンゲンベルク〔瀧澤訳〕・ローマ債権法講義121頁）ことや，わが民法513条2項の起草において期限の付加・廃止は変更を更改とするか否かについて検討が加えられたようである（法典調査会における梅起草委員の同条の起草趣旨の説明〔法典調査会民法議事速記録三602～3頁〕）ことも思い起こすべきであろう。
抗弁説の論者は，「附款」という言葉にふりまわされているように思われる。富井博士は，
　「『附款』ナル語ハ甚当ラス唯未タ簡便ナル名称ヲ発見セサルカ故ニ姑ク之ヲ用ヰタルノミ」（民法原論1巻485頁）
といっておられる。
　ⓑ　司研・要件事実1巻49頁では

III　要件事実(論)

　「附款の成立は請求原因で認められた法律効果の発生障害の抗弁の要件事実または消滅の抗弁の要件事実の一部」
と言いながら，同書119頁では
　「始期が付されていることは，その法律行為に基づく債権行使に対する阻止事由」である（これらの傍点は，引用者）
というのはどういうことか。

　また，前者で「請求原因で認められた法律効果の発生障害」といいながら，その直後で「附款をその対象となった法律行為の成立要件とは区別された可分なもの」というが，それはおかしくないか。司研は，「条件及び期限は，一般に法律行為の附款と呼ばれる。附款は，対象となった法律行為と同時に成立する場合とその後に成立する場合とがあるが，いずれの場合でもその意思表示が附款の性質を持つことに変わりがない」（同書48頁）というから，期限も意思表示であることを認めるのであるが，「附款をその対象となった法律行為の成立要件とは区別される可分なもの」というからには，法律行為の成立要件とは別個の意思表示であるといっているのであろう。法律行為の成立要件の一部の反対事象が相手方の主張責任および証明責任に分配されると発生障害事由になるのであって，別個の意思表示である期限が発生障害事由となることはないのではないか。

　ⓒ　司研・要件事実1巻119頁は，
　「法律行為の効果として発生する債権（請求権）は，発生すれば直ちにこれを行使することができる。すなわち，履行の請求をすることができるのが原則である」
というが，その法的根拠は何なのだろう。

　旧民法財産編402条は，「義務ノ成立カ初ヨリ正確ニシテ且即時ニ要求スルコトヲ得ヘキトキハ其義務ハ単純ナリ」と定め，403条1項は，「債権者カ或ル時期又ハ時期ハ確定セサルモ必ス到来ス可キ或ル事件ノ到来前ハ履行ヲ求ムルコトヲ得サルトキハ其義務ハ有期ナリ」と定めており，義務の履行については即時に要求することができる場合と一定の時期が到来するまで要求することができない場合があることを明示していた。加えて，梅・民法要義・巻之三41～3頁は，「本条（＝民412）ハ債務履行ノ時期ヲ定メ併セテ債務者カ其時期ヲ怠ルトキハ遅滞ノ責ニ任スヘキコトヲ定メタリ蓋シ債務履行ノ時期ハ当事者ノ意思又ハ法律ノ規定ニ依リテ定マルヘキモノナリト雖モ之ヲ大別スレハ三ツノ場合ヲ生スヘシ」と述べたうえ，この三つとして期限付き債務と単純債務と条件付き債務を挙げ，期限付き債務について期限には確定期限と不確定期限の二つがあるとし，
　単純債務について「単純債務トハ期限，条件等ノ如キ体様ヲ存セサル債務ヲ謂

フ…此場合ニ於テハ元来債務ノ発生ト同時ニ其債務ハ弁済期ニ在ルモノナルカ故ニ…」
とし，
（停止）条件付き債務について「…一旦条件成就スルトキハ其債務単純ト為リ…」というのである。

　私は，法律行為の債務の履行の時期については同条が定めたとはいえず，民法135条1項が定め，ただ民法が旧民法財産編402条のような規定を設けなかったのは，民法135条1項の規定の反対解釈により導き出せると思ったからではないかと憶測している（奥田編・注民(10) 213頁〈奥田〉は，民法412条1項の確定期限は，民法総則の期限にかぎらず，ひろく債務の履行期が日・時をもって定められている場合を含めて解すべきであるという）。したがって，梅博士の上述の見解のうち民法412条が一般的な債務の履行の時期を定めたとの点には反対であるが，債務の履行について期限の定めがないと，「債務ノ発生ト同時ニ其債務ハ弁済期ニ在ル」とすることは，そのとおりであると思料する。そうすると，司研説のいう「法律行為の効果として発生する債権（請求権）は，発生すれば直ちにこれを行使することができる」とまではいえない。せいぜい行使することができることがあるというべきところであろう。司研説が「履行の請求をすることができるのが原則である」ということは，ローゼンベルクに倣って，主張責任の分配ないし証明責任の分配を原則・例外で律しようとしたものかあるいは文構造で律しようとしたものかで，到底首肯することができない。

　ⓓ　前述したとおり附款も法律行為の成立要件の一部であるが，それはひとまず措くとし，司研・要件事実1巻119頁は，
　「始期が確定期限である場合には，当該訴訟における弁論終結までには到来することのない期限を主張しなければ意味がない。なぜなら，抗弁として確定期限の合意が主張され，」
および
　「始期が不確定期限である場合には，抗弁としてある不確定期限が付されていることが主張立証されれば，」
といって，抗弁となるべき履行期限として確定期限と不確定期限の二つだけを示すが，前述したように，債務の履行について期限の定めのないものも履行期である。それにもかかわらず，それが確定期限や不確定期限と同じ主張責任の分配ないし証明責任の分配に服さないのはなぜなのか。

　司研民事教官室は，「消費貸借終了によって発生する借主の目的物返還義務の履行を求める貸主は，契約終了の要件として，期限の定めのない場合には，相当

III　要件事実（論）

の期間を定めて催告したことを主張立証すべきである。ただし，この場合，返還の時期を定めなかったことは貸主において主張立証する必要はなく，貸主が右のような催告の事実を主張し返還を請求するのに対し，借主において抗弁として期限の定めのあることを主張立証するべきである（履行期の約定の有無の立証がつかない場合には，その定めがないものとしてあつかうほかないからである）」（「民事訴訟における要件事実について（三）」司法研修所報 32 号 220〜1 頁）といっていたが，貸主である原告が，貸金返還請求訴訟における請求の原因で「相当の期間を定めて催告したこと」を主張立証すべきであるということは，黙示に消費貸借契約において返還の時期を定めなかったことを主張立証したことになるのではないか。民法 591 条 1 項は，「当事者が返還の時期を定めなかったときは，貸主は，相当の期間を定めて返還の催告をすることができる」と規定し，返還時期を定めなかったことと相当期間を定めた返還の催告を一体としているからである。返還時期の定めを抗弁事由とするために請求の原因では返還時期を定めなかったことを主張立証する必要がないというのはいささか無理な論理を弄しているのではないか。

　また，司研は，法規説に則ってか「法律行為の効果として発生する債権（請求権）は，発生すれば直ちにこれを行使することができる」のが原則だから期限の定めのないことを主張しなくてもよいというのであろうが，請求の趣旨では履行期の到来した請求権を主張した以上，請求を特定するのに必要な請求の原因としては，それに平仄を合わせて期限の定めがあるがそれが到来したことか期限を定めなかったので相当の期間を定めて返還の催告をしたことかを主張し証明しなければならないのではないだろうか。

　司研は，「始期が確定期限である場合には，当該訴訟における弁論終結までには到来することのない期限を主張しなければ意味がない」といいながら，その理由として「抗弁として確定期限の合意が主張され，かつ，右期限が既到来の場合，右期限の到来は，履行の請求をする当事者が右抗弁に対する再抗弁として主張立証すべき事実であるが，右事実は，常に黙示に主張されているものと解され，かつ，公知の事実であり，したがって，右抗弁は，常に排斥される関係にあるからである」という。そうすると，既到来の確定期限でそれが口頭弁論終結時点までのものの場合には，抗弁事由ではないといっていることにならないか。また，原告の請求の趣旨での履行期の到来済み（たとえば，売買代金請求の訴えにおける請求の趣旨として，いくらいくらの支払いをせよというのは，履行期が到来していることを前提としている表現ではないだろうか）の根拠は，「法律行為の効果として発生する債権（請求権）は，発生すれば直ちにこれを行使することができる」ことによることになるのだろうか。しかし，給付請求権は，その行使によってその目的

とする利益享受（不利益回避）または意思支配を実現することができるのであるから，請求の趣旨でそれを表明したからには，請求を特定するのに必要な請求の原因——それは同時に請求を理由づける請求の原因になる——でその事由と時期を明らかにすべきではないだろうか。

　履行期の一つである債務の履行に期限の定めがない場合には，債務が発生すればただちに履行をすることができるということは，司研説のいう「法律行為の効果として発生する債権（請求権）は，発生すれば直ちにこれを行使することができる」ということと同じことではないだろうか。そうだとすれば，司研説は，「法律行為の効果として発生する債権（請求権）は，その履行に期限の定めがなければ，発生すれば直ちにこれを行使することができる」といわなければならないのではないか。そうすると，契約の効果として生ずる請求権が発生すればただちにこれを行使することができるというためには，この請求権の発生原因事実としては，契約の成立だけでは足りず，債務の履行に期限の定めのない契約の成立ということになり，単に契約の成立だけを主張したときは，この契約が債務の履行に期限の定めのないものであることを黙示に主張していると解することになるだろう。そうであれば，行使可能な「ただちに」と，司研説の「法律行為に始期が付されると，期限が到来するまで履行の請求ができなくなる」の請求（行使）不可能な「期限が到来するまで」とは両立しえない概念であるから，始期が付されていることは抗弁事由たりえないのではないだろうか。

　ちなみに，司研・要件事実1巻21～2頁は，民法415「条の前段と後段の規定を合わせ読めば，履行期（確定期限であるものとする。）の経過による履行遅滞に基づく損害賠償請求権の発生要件のうち履行遅滞の要件は，当該債務について，⑦履行が可能なこと，⑦履行期の定めがあること，⑦履行期が経過したこと，⑦履行期に履行がないこと，⑦履行しないことが債務者の責めに帰すべき事由によること及びカ履行しないことが違法であることの六つであるようにみえる。しかし，同条の解釈として，……履行遅滞の発生要件は，⑦及び⑦の二つであると解される……」という。しかし，同条の解釈から履行期が確定期限に限定されるとは解されないばかりでなく（民412Ⅱ，Ⅲ参照），「法律行為の効果として発生する債権（請求権）は，発生すれば直ちにこれを行使することができる」とすると，この記述との間にそごがあるのではないだろうか。

　ⓔ　司研・要件事実1巻119頁は，

　「始期が付されていることは，その法律行為に基づく債権行使に対する阻止事由であり，…これに対し，期限の到来は，債権行使を阻止していた始期の法律要件としての効果を消滅させ，行使を可能にする事実であるから，右阻止事由の消

Ⅲ　要件事実（論）

滅事由であ」る

という。債権行使を阻止していた効果の「消滅」あるいは阻止事由の「消滅」事由であるということには過去に遡ってなのか将来に向かってなのか不明である。期限の到来は，権利の発生・消滅とは関係がないことであるから，ここは，請求権の行使を阻止していた効果が将来に向かって消滅して行使が可能になったといわなければならないところではないだろうか。しかし，その文面を素直に読むと，過去に遡って阻止の効果を消滅させるといっているのであろう。そうだとすると，始期の効果がないことになり，債権は，法律行為の有効な成立と同時に行使が可能であったことになって，なんのために始期があるのか，そのうえ前項の履行遅滞の㋺および㋥の要件は無意味になるのではないだろうか。

　　なお，抗弁説は，上述したように権利行使阻止事由を認めるのであるが，権利行使事由を認めない。権利行使事由も，それに対する阻止事由と同じく，一つの事柄の原因となっている社会事象ではないだろうか。そうだとすれば，権利行使事由を認めてしかるべきであろう。

　　ⓕ　原告が請求原因で始期の付されていることの主張立証を不必要であるというのは，将来の給付の訴え（民訴135）のときもそれでよいということであろうか。将来の給付の訴えのときは，原告は，請求の趣旨および原因において将来に履行期の到来したときを主張し，請求の原因が争われたときは証明しなければならないのではないだろうか。そうだとすると，司研説では現在の給付の訴えのときと将来の給付の訴えのときの整合性を失することにならないか。もっとも，要件事実の確定において，民訴法の論理を持ち出すのは不当であるが，司研説が要件事実を同法の方から確定しようとするから，その立場からいっても，確定期限または不確定期限の付いていることの主張立証責任が債務者側にあるというのでは現在の給付の訴えの場合と将来の給付の訴えの場合とでそごすることになることを指摘しておきたい。

　　ⓖ　司研・要件事実1巻51頁は，

　「抗弁説の考え方は，附款の攻撃防御方法としての機能に着目したものであるから，民法五二八条の適用についても同様に考えるべきであり，抗弁説といえども，契約締結の申込を受けた者に，一方的に当該申込の内容から附款の部分を取り除いて承諾し得る権能を肯定するものではなく，また，一定内容の申込に対して一方的に附款を設けて承諾をし得る機能を容認するものでもない」

という。

　　抗弁説の考え方は，附款の攻撃防御方法としての機能に着目したものであるから，民法528条の適用についても同様に考えるべきであるということは，同条

の適用についても附款の攻撃防御方法としての機能で考えるべきであるということになろうが，そうだとするとこの攻撃防御方法としての機能とは，

「附款によって発生する法律効果が，附款の対象となった法律行為によって発生する法律効果に対して発生障害，行使阻止あるは消滅として働くという攻撃防御方法としての機能に着目」（同書50頁）するのであるから，附款によって発生する法律効果というものは，請求の原因＝法律行為の成立──抗弁＝期限の約定──再抗弁＝期限の到来になるといっているにすぎないのではないだろうか。

それとも，申込みに期限について実質的な変更を加えて承諾し申込みを拒絶したとの抗弁に対しては，その承諾を新たな申込みとみなして承諾したとの再抗弁をすればよいとでもいうのだろうか。しかし，再抗弁で請求を理由づけることはできないし，契約が成立したとの請求の原因が誤っていることを認めることになるのではないか。

また，いまの抗弁が提出されたときは，原告は，別の請求の原因の追加として，申込受領者が申込みに期限について実質的な変更を加えた承諾をしたので，申込者がこれに対して承諾をした主張すればよいとでもいうのだろうか。しかし，それでは請求の原因で期限を主張することになるとともに先の請求の原因が誤っていたことになり，抗弁説が崩壊することになるのではないだろうか。

あるいは，変更を加えた承諾に対して新たな申込みをした場合には，原告は，請求の原因では，承諾の意思表示と新たな申込みの意思表示の合致のみを主張すればよいから，民法528条の規定を取りあげる必要がないというのであろうか。そうだとすると，被告が原告のこの主張を，当初の契約において申込みに期限について実質的な変更を加えた承諾したのに原告はこれに対して承諾をしなかったとして争ったときは，原告は，請求の原因において，申込みに期限について実質的な変更を加えた承諾を新たな申込みとみなして承諾したと主張することにならざるをえないであろうから，そこで，請求の原因で期限を主張することになるのではないだろうか。

大体において，期限が附款で法律行為とは可分であって，別個の意思表示であるとすれば，期限について申込みと承諾に実質的な食い違いがあったとしても，法律行為の成立には関係がないから，同条の適用が問題になるはずがない，というのが抗弁説の筋のある議論ではないだろうか。司研のいう附款の攻撃防御方法としての機能云々は，かえって，抗弁説では民法528条の適用を適切に説明することができないことを表してしまっているということではないだろうか。

　ⓗ　司研・要件事実1巻275〜6頁（なお，120頁）は，履行期の約定があることの主張責任の分配および証明責任の分配については売買型契約と貸借型契約と

Ⅲ　要件事実（論）

で異なるとして，次のようにいう。

「売買や交換のように財産権の移転を目的とする，いわゆる売買型の契約にあっては，契約成立と同時に債権債務が発生し，かつ，直ちに履行を請求することができるのが原則であり，債務の履行についての期限の合意は，契約の要素ではなく，法律行為の附款である。したがって，右期限の合意についての主張立証責任は，それによって利益を受ける当事者が負担すべきである。」

「しかし，貸借型の契約は，一定の価値ある期間借主に利用させることに特色があり，契約の目的物を受け取るや否や直ちに返還すべき貸借は，およそ無意味であるから，貸借型の契約にあっては，返還時期の合意は，単なる法律行為の附款ではなく，その契約に不可欠の要素であると解すべきである（いわゆる貸借型理論）。したがって，返還時期の合意についての主張立証責任は，契約の成立を主張する者が負担すべきである。」

売買型の契約にあっては，契約成立と同時に債権債務が発生し，かつ，直ちに履行を請求することができるのが原則であるというが，売買型の契約にあっても，ただちに履行を請求することが原則であるとはいえない。原則であるとする考えは，原則・例外関係または文構造を証明責任の分配の規準に取り入れる客観的証明責任論に由来するものであって（ローゼンベルクは，「当事者間におけるその他の約定で，種類決定的でも種類変更的でもないもの，つまり請求原因たる法律行為の本質的部分には属しないが，その法律行為の類型的特性を失わせないもの──いわゆる附帯的約定，附款──も，これを主張するほうの当事者によって証明せられるべく，それが原告であるか被告であるかで区別はない」〔証明責任論376頁〕という），契約自由の原則の下では，原則・例外関係は，主張責任の分配および証明責任の分配の規準にはなりえないし（契約自由の原則の下では，もともと期限の定めのない契約が原則で，期限の定めのある契約が例外であるとはいえないはずである），分配効果および要件事実は，実質的意義の民法を組織する個別的法規範を構成する行為規範の定める法律効果または部分効果および法律要件または法律事実について主張責任の分配ないし証明責任の分配をして見出されたものであって，民法典の各規定やその部位によるものではないのである。

次に，売買型の契約において債務の履行についての期限の合意が契約の要素ではなく，法律行為の附款であるとすると，契約の申込みに付された期限に対して大幅に異なる期限を加えた承諾をしても，申込みそのものに変更を加えた承諾（民528）にならないから，契約が成立することになるが，それは不当であろう。さらに，右期限の合意についての主張立証責任をそれによって利益を受ける当事者が負担すべきであるとする点であるが，期限の定めがないか請求があればいつ

でも債務を履行するといった期限を定めない約定も前述したように履行期である
が，この履行期の主張立証責任は確定期限や不確定期限の定めのある約定と同じ
であるとすると，売買型の契約では期限を定めのない約定は，無意味の約定とい
うことになるであろうし，期限の定めのない約定は確定期限や不確定期限と主張
立証責任の所在が異なるとすると，その理由はなんなのであろうか。また，期限
の合意についての主張立証責任は，それによって利益を受ける当事者が負担すべ
きであるというが，その意味は，期限の利益は債務者にあるから，期限の合意に
ついての主張立証責任は，債務者にあるといっているのであろう。そうだとする
と，この考えは，民法136条1項を念頭において立論されているのではないだろ
うか。しかし，同条項は，解釈規定であると解されている（富井・民法原論1巻
524頁など）から，期限の意味が不明確である場合に適用されるにすぎない。期
限の意味が期限付き契約の性質，期限の約定またはその性質，期限付き契約をし
た当時の具体的な事情によって明確であるときは，同条項の適用はないのである。
そうすると，当事者のどちらが利益を受けるかは，債務者であるときもあれば債
権者であるときもあることになり，主張立証責任の所在が画一に定まらないこと
になるのではないだろうか。そのうえ，期限の合意についての主張立証責任は，
債務者にあることになると，売買型の契約についての将来の給付の訴えでも，期
限の合意は抗弁になることになるのではないだろうか。加えて，期限の合意は抗
弁であるとすると，審判の対象にならないことになるが，現在の給付の訴えにお
いて期限が未到来であってあらかじめ将来の給付の請求をする必要がない（民訴
135）ときは，請求の棄却ではありえないことになるが，どのような判決をする
ことになるのだろうか。売買型の契約においても，「附款は制限される法律行為
自体の意思表示の一部を構成するものであって，別個の意思表示ではない」（山
本(進)「法律行為の附款」民事法学辞典下巻〔増補版〕1863頁）。

　他方，貸借型の契約にあっても，たとえば使用貸借においてすぐ返すから
ちょっと貸してということはままあることである。また，契約の目的物を受け取
るや否や直ちに返還すべき貸借は，およそ無意味である，というが，消費貸借に
基づく返還請求権は，契約の有効な成立と同時に発生すると考えなければならな
い。もし，この請求権が契約の有効な成立と同時に発生しないとすると，消費貸
借契約は要物・片務契約であるから，貸主が借主に対して目的物を引き渡してか
ら履行期（返還時期）の到来または告知までの間は，貸主と借主の間に債権債務
の関係がないことになってしまう。また，利息付き消費貸借契約（民590Ⅰ）で
は，利息債権は元本債権とは別個の債権ではあるが，それを前提とし，それに従
属する債権であるから，利息付き消費貸借の有効な成立と同時に返還請求権が発

Ⅲ　要件事実(論)

生しないとすると，利息債権も発生しないことになる。そればかりでなく，消費
貸借にあっては，一定の価値ある期間借主に利用させることに特色があり，契約
の目的物を受け取るや否やただちに返還すべき貸借は，およそ無意味であるとし
ても，それは履行期の約定等によって十分に回避することができるのであって，
だからこそ，履行期未到来で行使不可能な請求権をもっているということは，い
わば潜勢的な状態において力をもっているということにとどまるとされるのであ
る。

　売買型であろうと，貸借型であろうと，契約中の履行期の約定またはその約定
がないこと（消費貸借の場合には，さらに催告をしたことと相当期間が経過したこと
〔民591Ⅰ〕）の主張責任ないし証明責任は，契約に基づく請求権の存在を主張す
る者に分配されるのである。

　①　抗弁説によると，履行期が事実審の口頭弁論終結時点よりも後の時点で到
来する給付請求権の場合にも，公示送達事件では，請求が認容されることになり，
履行期到来前にその確定判決を債務名義とする強制執行をすることができること
になって，債務者に思いかけない損害を発生させる可能性がある。

　以上のように，抗弁説には多くの疑問点があり，支持に値する学説ではない。
否認説に従って，契約中の履行期についての約定等または契約中に履行期を定め
なかったことは，契約の成立に含まれて権利根拠効果および権利根拠事由として，
約定等による履行期の到来すなわち履行可能性の存在および給付請求権の行使は，
権利行使効果および権利行使事由としてともに権利の存在を主張する者に主張責
任および証明責任が分配されると解さなければならない。

3-5　権利消滅効果および権利消滅事由

〔権利消滅効果および権利消滅事由とは，なにか〕

　実質的意義の民法を組織する個別的法規範を構成する行為規範の定める法律効
果には，権利の消滅があるから，権利の消滅とその原因である法律要件について
主張責任の分配ないし証明責任の分配をすると，裁判規範の効果としての権利消
滅効果（分配効果）とその原因としての権利消滅事由（要件事実）が権利の存在
の主張を争う者にある場合がある。売買代金債権が売主を債務者，買主を第三債
務者とする転付命令によって差押債権者に移転してしまっていたような場合（通
常の債権譲渡〔民466〕やその他の権利の譲渡は，譲渡人としては権利滅却効果および
権利滅却事由である）などである。

　しかし，民法上で権利消滅効果および権利消滅事由と言い切れるものはほとん
どないのではないだろうか。物権についていうと，占有権における占有者の占有

の放棄（民 203）では錯誤（民 95 本）が，占有権における占有者の占有物の喪失（民 203 本）や留置権における留置権者の留置物の喪失（民 302）では占有回収の訴えの提起（民 203 ただし書）が，請求権についていうと，除斥期間の満了では満了前における訴えの提起が，弁済(70)では「弁済が債務の本旨に従ったものでないことまたはそれを基礎づける類型的な自然的・社会的事実のあること」がいずれも権利消滅障害効果および権利消滅障害事由になるから，占有権における占有者の占有の放棄，占有権における占有者の占有物の喪失や留置権における留置権者の留置物の喪失，除斥期間の満了，弁済は，いずれも権利滅却効果および権利滅却事由であることになる。

　ただ，抗弁権においてはその権利消滅効果および権利消滅事由がありうるが，それは，権利行使阻止上の権利消滅効果および権利行使阻止上の権利消滅事由でもあるから，そのほうで検討することとする。ローゼンベルクは，取消権を与える規定を排権規定（権利排斥的ないし抑制的規定）であるとする（証明責任論 118〜9 頁）。すなわち，

　「反対規定の中には，請求権を向けられた者に形成権を与えるものもある。この形成権を行使することによって彼は自分に向けられた請求権の主張を排斥しうるのである」

というのである。そして，

　「総じて言えば，排権規定は以下の点において障権規定と異なり，滅権規定と共通の特徴をもつ，すなわち，その要件の（形成権の行使による）充足が生ずるのは，拠権規定の全要件が一旦実現して，後のことなのである。もっとも排権規定の要件の一部が時間的に拠権規定の要件と符合することもあること，同時履行の抗弁（三二〇条）や意思欠缺による取消権におけるごとくではあるが」（同書119 頁）

という。

　しかし，要件事実論においては，行為規範の定める法律効果を前提として主張

---

(70)　改正法では，弁済について「債務者が債権者に対して債務の弁済をしたときは，その債権は，消滅する。」との 473 条が新設された。弁済の法的性質については諸説があるが，準法律行為と解すべきだとすると，弁済の成立のための要件は，債務者その他の者が債権者の有する一定の債権に見合う給付を実現させる行為をすることではないだろうか。そうだとすると，弁済の効果の発生を主張する者に分配される権利滅却事由は，「債務者その他の者が債権者の有する一定の債権に見合う給付を実現させる行為をすること」ではないだろうか。これに対し，弁済の効果の発生を争う者に分配される権利消滅障害事由は，「弁済が債務の本旨に従ったものでないことまたはそれを基礎づける類型的な自然的・社会的事実のあること」であろう。詳しくは，拙著・要件事実論概説 II 260 頁以下をご覧いただきたい。

313

Ⅲ　要件事実(論)

責任の分配ないし証明責任の分配の結果見出される裁判規範の分配効果の性質に
よって要件事実を決めればよいであろうから，排権事由ないしその根拠規定であ
る排権規定を取り上げる必要はないのではないだろうか。そうだとすると，第一
次的要件事実である契約の取消し（権利主張である）は，権利消滅事由と考えれ
ば足りると思われる（第二次的要件事実は，権利滅却事由である）。

　債務不履行による解除も同様に第一次的要件事実である。したがって，契約の
取消しや債務不履行による解除も，権利消滅効果および権利消滅事由であるが，
具体的な訴訟においてこのような権利主張がなされることはまずないといってよ
いので，権利消滅効果および権利消滅については，例示することを棚上げしても
よいであろう。

【その例──除斥期間の経過】
〔除斥期間の経過を便宜的に権利消滅効果・同事由で検討すると，除斥期間を
　権利の存続期間であると解して，その経過を権利の滅却効果・同事由とすべ
　きではなかろうか〕

　先ほど，請求権における除斥期間の満了は，満了前における訴えの提起が権利
消滅障害効果および権利消滅障害事由としてあるから，権利滅却効果および権利
滅却事由であることになるといったが，除斥期間の満了前に訴えの提起があった
ときには，被告が除斥期間満了の抗弁を提出することはないであろうから，除斥
期間の満了は，実質的には権利消滅効果および権利消滅事由といってよいのでは
ないだろうか。そこで，いわば便宜的にここで検討することとする。

　除斥期間（予定期間）については，これを権利の存続期間であるとする見解と
期間内における権利の不行使によって権利が無条件に消滅するその期間をいうと
する見解がある。起草委員は，除斥期間が時効と異なることを承知していたが，
梅・民法要義巻之三502頁によると，
民法564条「ニ於テハ右ノ権利ヲ行使スヘキ期間ヲ定メタリ」
といって，除斥期間を後説で理解していたようである。もっとも，期間制限規定
のうちどの規定の定める期間制限が除斥期間であるか否かについては，条文の文
言にかかわらず議論が分かれている。たとえば，民法564条[71]の定める買主が

───────
(71)　この564条は，改正法では「前二条の規定は，第415条の規定による損害賠償の請求
　　並びに第541条及び第542条の規定による解除権の行使を妨げない。」に変わり，現行
　　566条1～3項は，改正法では「売主が種類又は品質に関して契約の内容に適合しない目
　　的物を買主に引き渡した場合において，買主がその不適合を知った時から1年以内にその
　　旨を売主に通知しないときは，買主は，その不適合を理由として，履行の追完の請求，代
　　金の減額の請求，損害賠償の請求及び契約の解除をすることができない。ただし，売主が
　　引渡しの時にその不適合を知り，又は重大な過失によって知らなかったときは，この限り

314

代金減額請求権を行使することができる期間については、出訴期間とする説や時効期間とする説があるが、除斥期間とするのが起草者の見解（梅・同書502頁は、同条規定「ノ期間ハ所謂予定期間ニシテ敢テ時効ニ非ス故ニ之ニ時効ノ中断若クハ停止ノ規定ヲ適用スルコトヲ得ス」という）および判例（大判昭和10・11・9民集14巻1899頁など）である。）除斥期間の法的性質をどのように解するにせよ権利が社会に現存することを前提としている。

除斥期間を定めたと思われる民法の規定は、同条のほか、566条3項[72]、747条2項、808条1項などがある。これらの権利の行使は除斥期間内でなければならないが、この除斥期間内であることを履行可能性の存在および履行期の到来に相当する権利行使事由とみることができなくもない。しかし、除斥期間を権利の存続期間であると解するときは、その経過を権利の滅却事由とするほうが素直な考えであろう。ただ、権利の除斥期間の経過については、当事者の援用を要しないから、権利滅却効果および権利滅却事由として、権利の存在を争う者に主張責任ないし証明責任があるというまでのことはないかもしれない。

3-6　権利滅却効果および権利滅却事由ならびに権利消滅障害効果および権利消滅障害事由

〔権利滅却効果および権利滅却事由ならびに権利消滅障害効果および権利消滅障害事由とは、なにか〕

権利滅却効果および権利滅却事由ならびに権利消滅障害効果および権利消滅障害事由の生ずる理由あるいは趣旨は、権利根拠効果および権利根拠事由ならびに権利発生障害効果および権利発生障害事由の権利の根拠を権利の滅却に、権利の発生の障害を権利の消滅の障害に引き直して考えていただけばよいから、ここで詳しく述べるまでもないだろう。権利滅却効果および権利滅却事由は、しばしば権利消滅効果および権利消滅事由と同義に用いられるが、両者は、異なる分配効

でない。」に変わった。

改正法564条については、注Ⅲ21を見られたい。また、同法566条は、担保責任の期間の制限が売主の目的物についての担保責任に限定されたわけである。そのうえ、期間の制限が現行564条では「買主が善意であったときは事実を知った時から、悪意であったときは契約の時から、」、566条3項および570条では「買主が事実を知った時から」であったが、改正法566条では目的物の引渡しを受けた「買主が不適合を知った時から1年以内にその旨を売主を通知」しなければならない（通知しなければ追完請求権などが失権するが、ただし書の場合には失権を免れる）ことになった。したがって、現行法では期間の制限を除斥期間と解することができたが、改正法では、主張責任の分配ないし証明責任の分配により566条本文の定める法律要件が売主に追完請求権等の滅却事由に、同条ただし書の定める法律要件が買主に権利消滅障害事由になるのではないだろうか。

(72)　改正法では、この566条3項は、上述した566条の一部に変わった。

315

Ⅲ　要件事実（論）

果および要件事実である。権利滅却効果および権利滅却事由は，権利消滅効果および権利消滅事由から権利消滅障害効果および権利消滅障害事由を控除した分配効果および要件事実であり，権利根拠効果および権利根拠事由が権利発生効果および権利発生事由から権利発生障害効果および権利発生障害事由を控除した分配効果および要件事実であるのと同様の仕組みなのである。

　すなわち，行為規範の定める権利の消滅という法律効果の原因である法律要件が数個の法律事実により組成されている場合において，そのうちのある法律事実を充足すると想定される社会事象およびそれに対応する法的効果が存在する可能性がありさえすればよい場合において(73)，その法律事実を充足すると想定される社会事象およびそれに対応する法的効果が定型的に主張ないし証明が不能またはいちじるしく困難であり，しかも実体法上の解釈からその法律要件もしくは法律効果または他の法律事実もしくはそれに対応する部分効果との間に理論的な整合性を欠くことがなければ，そのある法律事実およびそれに対応する法的効果を反対の社会事象およびそれに対応する法的効果にしてそれらの主張責任の分配ないし証明責任の分配を権利の存在を主張する者にすることができるというべきである。そして，この反対の社会事象およびそれに対応する法的効果が権利消滅障害事由（要件事実）および権利消滅障害効果（分配効果）であり，このその他の法律事実およびそれに対応する法的効果について主張責任の分配ないし証明責任の分配をして見出された裁判規範の要件すなわち要件事実が権利滅却事由，その効果すなわち分配効果が権利滅却効果である。権利滅却効果および権利滅却事由の主張責任ないし証明責任が権利の存在の主張を争う者に分配されることはいうまでもない。

(1)　その例1──消滅時効
〔消滅時効の法律要件は，なにか〕

　消滅時効は，行為規範の定める権利の消滅という法律効果およびその原因である法律要件であるが，この法律要件は，「①　権利者が，権利を行使できるときから，その権利を継続的に一定の期間にわたって行使しなかったところ，②　援用権者が時効を援用したこと（民145）」である(74)。しかし，①のうち権利を一定

---

(73)　この法律事実t3を充足する社会事象は，その主張が争われたときは，他の法律事実を充足する社会事象とは反対に，その不存在が証明されなければならない。この法律事実t3は，解釈上などからその存在の可能性があればよいからである。

(74)　改正法166条1，2項については，前述したので，ここでは，現行同条2項を変更した改正法同条3項のみを掲げると，「前項」が「前2項」に，「中断する」が「更新する」に変更された。

3　分配効果および要件事実の分別

期間にわたって「継続的に行使しなかったこと」は，民法186条2項を見ても分かるように，定型的に主張ないし証明が不可能かいちじるしく困難であり，かつ，時効に中断があること(75)を考慮すると，この法律要件または①の法律事実の実体法上の解釈として積極的に存在していなければならないとまで解釈することができない。したがって，この法律要件について主張責任の分配ないし証明責任の分配をすると，①の法律事実は，[1]「権利者が，権利を行使することができるときから，一定の期間が経過したこと」となり，これと②が権利滅却事由（および権利滅却効果）として権利の消滅を主張する者の主張責任ないし証明責任になるであろう。

〔権利の継続的な不行使の反対事象が消滅時効の中断ではないか〕

そして，①のうちの権利の継続的な不行使は，その反対事象である時効の中断事由となる(76)。時効の中断とは，時効の基礎とされる事実状態と相容れない一定の事実が発生した場合に時効期間の進行を中断させることをいう。中断があると，すでに進行した時効期間はその効力を失い，その中断の事由が終了した時（裁判上の請求によって中断したときは，裁判が確定した時）から，新たにその進行を始める（民157）。時効の中断は，その時効の原因である事由が生じた当事者およびその承継人の間においてのみその効力を有する（民148）。時効の中断には自然中断と法定中断がある。自然中断は，取得時効について生じ，所有権の取得時効についての占有の喪失により生ずる場合と財産権の取得時効について占有者が任意にその占有を中止し，または他人からその占有を奪われたことによって生ずる場合とがある（民164）。法定中断は，民法147条の定める中断である。

時効の中断の本質ないしその効果が認められる根拠について，主として裁判上の請求をめぐってであるが，権利行使説と権利確定説との対立がある。権利確定説は，

「起訴の時にこの効果（＝時効中断の効果）を認める根拠は，本来その訴訟の判

　　なお，現行145条は，改正法では，前述したように「当事者」の次に括弧書で「消滅時効にあっては，保証人，物上保証人，第三取得者その他権利の消滅について正当な利益を有する者を含む。」が加えられた。

(75)　改正法では，消滅時効における障害の制度が大きく変わり，「中断」は，「更新」になった。次注をみられたい。

(76)　消滅時効の中断事由に代わる時効の更新事由（権利の存在について確証が得られたと評価できる事実が生じたときは，その終了した時〔権利の承認があったときについては，その時〕から新たに時効の進行を始めることとなる事由）については，煩雑になることを避けて該当条項のみを指摘すると，改正案147条2項，148条2項および152条に規定され，消滅時効の期間の特例については，167〜169条に規定さている。

　　なお，現行157条は，削除された。

317

III　要件事実（論）

決によって，訴訟物である権利関係の存否が確定されることによって，継続した事実状態が法的に否定される点に時効中断の基礎がある」（兼子・新修民事訴訟法体系〔増訂版〕178頁）

というものである。この説には次のような考えが根底にある。すなわち，私法の規範について裁判規範のみを肯定し行為規範を否定する（兼子・実体法と訴訟法58頁，59頁，132頁）。そして，「訴訟が法的現象であるとすれば，……実体法と訴訟法との具体的交渉の場として，訴訟の目的である紛争解決の結果を示す判決の既判力としての権利関係の実在性を形成する過程であることに求めるべきである」（同書132頁）。「民事訴訟において紛争解決規範としての実体法と訴訟法とにしたがって，判決により具体的な生活関係の規律として権利関係を確定するのである」（同書158頁）。「ただ私人間に意見の対立，利害の衝突なしに生活関係が円満順調にいっている限りは，公的な意味での権利関係の実在性を形成する必要なしに済んで行くのである。いわば，権利関係の仮象だけで事が足り」（同書160頁）る

という考えである。したがって，権利確定説では，裁判上の請求がもっとも断固たる権利主張になるばかりでなく，その他の時効中断事由は（確定判決と同一の効力があるものは格別として？）権利主張にならないということになるようである。

　しかし，今日では権利行使説が判例・通説であるといってよいであろう。権利行使説は，梅博士によって提唱され（民法要義・巻之一377頁），鳩山博士を経て（法律行為乃至時効620頁），我妻博士によって確立した説であるが，我妻博士は，

　「時効中断の本質は飽くまでも，広い意味における権利者の主張という実体法上の観念である」（民法研究II 263頁）

といわれる。判例では，大判大正11・4・14民集1巻187頁，大判昭和6・12・19民集10巻1237頁などを経て大判昭和14・3・22民集18巻238頁の大審院民事聯合部中間判決によって権利行使説を採ることが確立された。この中間判決は，

　「消滅時効ノ中断ハ法律カ権利ノ上ニ眠レル者ノ保護ヲ拒否シテ社会ノ永続セル状態ヲ安定ナラシムルコトヲ一事由トスル時効制度ニ対シ其ノ権利ノ上ニ眠レル者ニ非サル所以ヲ表明シテ該時効ノ効力フ遮断セントスルモノ」

であると判示する。最（三）判平成10・11・24民集52巻8号1737頁もこれを踏襲する。時効中断の本質については以上の両説のほかにも，近時，裁判上の請求について，時効中断の規準を真の権利者を保護するという側面を強調する考え（石田（穣）「裁判上の請求と時効中断」法協90巻10号（昭和48年）1301頁。なお，同・民法総則564頁）が唱えられている。しかし，この考えは，権利行使説と併存することができるものである。

こうして，時効の中断効の発生は，権利消滅障害効果および権利消滅障害事由として権利の消滅の主張を争う者の主張責任ないし証明責任になるのである。たとえば時効の中断効の発生効果および発生事由を債権の時効消滅による債務不存在確認請求を前提とする時効の利益をうける債務者の所有物に対する裁判上の請求（民147(1)，148，149）についてみてみると，「時効の利益を受ける者に対して訴えを提起して請求したこと」が時効による債権の消滅障害効果および消滅障害事由として債権の消滅の主張を争う者に主張責任および証明責任がある。

(2)　その例2——請求権の放棄
〔請求権の放棄については，民法典には規定がないが，民事実体法としてもこれを観念することができるから，その分配効果・要件事実は，権利滅却効果・同事由であるといってよいのではないか〕
　権利の放棄については，民法には抵当権の目的である地上権または永小作権の放棄（398）や相続の放棄（相続権の放棄）（938～940）は規定されているが，請求権に関しては直接的な規定はないようである。しかし，民訴法には請求の放棄の規定（266，32Ⅱ(2)，55Ⅱ(2)）があり，請求権の存在等の主張を含むと思われる請求の放棄は，民事訴訟の口頭弁論，弁論準備手続，和解または進行協議の期日において，原告が，自己の請求の全部または一部を自ら処分することができる場合に，無条件にそれが理由のないことを認めて訴訟を完結させる一方的な陳述つまりは相手方当事者および裁判所に対する一方的な意思表示であって，自らの意思で，審判の対象となっている権利の存否等を処分するとともに，裁判によらないで開始された訴訟を完結させるものであり，処分権主義の一つの現れである（請求の放棄の法的性質について，民事訴訟法学での通説はそれによって訴訟が完結することから訴訟行為であるとするが，それによって請求の内容である権利も変動するから，訴訟行為であるとともに，実体法上の行為でもあるとする両性説が妥当である）。
　したがって，請求の放棄から，民事実体法上では請求権の放棄を観念することができ，請求権の放棄は，民事訴訟において請求の放棄としてするほか，訴訟外でも一般的にすることができると解すべきであり，ただ，請求権の放棄は相手方のある単独行為であるから，意思表示が相手方に対してされなければならない。そうすると，行為規範の法律要件は，①当事者の一方が相手方に対して請求権を有していること，②その当事者の一方が相手方に対してその請求権の全部または一部を放棄する旨の意思表示をしたこと（隔地者に対しては民97Ⅰ）であろう。この法律要件について主張責任の分配ないし証明責任の分配をすると，裁判規範の効果は請求権の滅却であり，その要件は，この①および②と同じであって，そ

Ⅲ　要件事実(論)

の主張責任ないし証明責任が請求権の存在の主張を争う者に分配されるのである。

⑶　その例 3 —— 無断賃借権の譲渡・転貸に基づく賃貸借契約の解除における 背信行為と認めるに足りない特段の事情

〔賃借権の譲渡・転貸について賃貸人の承諾を必要としたのは，なぜか〕

賃借人が第三者に対して賃借権を譲渡しまたは賃借物を転貸するには，賃貸人の承諾がなければならない（民 612 Ⅰ）。賃借人が賃貸人の承諾を得ないで第三者に対して賃借権を譲渡したり賃借物を転貸したりして賃借物の使用または収益をさせたときは，賃貸人は，賃貸借契約を解除することができるが（同条Ⅱ），この解除は，将来に向かって効力を生ずる（民 620 前文）から，正確には解約（民 617，618 参照），講学上の告知である。民法 612 条が，このように賃借権の譲渡または賃借物の転貸について賃貸人の承諾を必要とすることとして，賃借人の賃借権をめぐる処分権に一定の制約を加え，賃借権の譲渡・転貸不自由を原則としたのは，わが国の民法立法当時の慣習によったからであり（法典調査会民法議事速記録四 386 頁の梅謙草委員の 615 条〔＝現行 612〕の起草原案趣旨の説明），実質的には賃貸借における人的信頼関係を重視したためである（同書 396 頁の田部芳委員の発言(77)）（もっとも，大正 10 年に制定された借地法は，建物買取請求の制度を〔同法 10〕，昭和 41 に改正された同法は裁判所に対する代諾許可請求の制度を〔同法 9 条ノ 2〜4〕それぞれ設け，平成 3 年に制定された借地借家法は，両制度をほぼそのまま引き継いで〔同法 14 条，19 条，20 条〕，賃借権の譲渡・転貸不自由の原則を緩和している）。

〔賃借権の譲渡および賃借物の転貸とは，どういうことか〕

賃借権は，狭義では賃借人が賃貸借の目的物を使用ないし収益する権利のことであるが，広義では賃借人の権利のみならず義務をも包含するいうなれば賃借人の地位のことである。賃借権の譲渡とは，広く原因のいかんにかかわらず広義ま

---

(77)　これに対し，石田喜久夫「借地権の譲渡・転貸」現代借地借家法講座 1 巻借地〔1985 年 11 月〕164 頁は，「債権一般は，原則として譲渡可能性を有するが，債権者の交替によりその性質を変ずる債権は，もちろん譲渡に親しまない（民四六六条一項）。賃借権をもって，このような性質上譲渡しえないもの，とみる余地はあるにしても，民法六一二条が無断譲渡・転貸を禁じているのは，他の理由にもよるとみたほうが，妥当のように思われる。すなわち，賃貸借契約から切り離された賃借権が観念的に構想することは可能であるが，むしろ，賃貸借契約上の賃借人たる地位の承継とみたほうが，現実的である。それゆえ，賃借人の一方的意思によって，賃借人たる地位の移転を認めるのは，妥当でないこととなる。ただし，転貸の場合は，いささか事情が異なり，人のちがいによる賃貸目的物の使用収益状況の変化に眼が向けられているとともに，直接に支配していない目的物の使用利益（価値）の処分は不可能であるとの考え方が，転貸禁止を導き出しているように思われる」という。

320

たは狭義の賃借権が移転することをいうが，通常は私法上の契約に基づいて広義の賃借権を移転させることあるいは広義の賃借権を移転させる諾成・不要式の契約をいう。賃借地上の建物が譲渡されると，土地は建物とは別個の独立した不動産であるが，原則として土地賃借権も建物の譲受人に移転すると解されている（建物の競落の事案につき，大判昭和2・4・25民集6巻182頁，我妻・債権各論中巻一456頁，鈴木（禄）・賃借権の無断譲渡と転貸〔総合判例研究叢書民法(11)〕〔昭和33年11月，有斐閣〕5頁，星野（英）・借地・借家法〔法律学全集〕〔昭和44年12月，有斐閣〕286頁など判例・通説）。賃借権の譲渡は，有償であると無償であるとを，また，賃借権の全部であると一部であるとを問わない。賃借権が二重に譲渡された場合には，賃貸人の承諾の有無にかかわりなく，権利変動の対抗要件の一般原則によって処理されるべきであるとされている（星野（英）「賃借権」民事法学辞典下巻〔増補版〕383頁）。

　転貸は，賃借人が賃貸借の目的物を第三者に使用ないし収益させることまたはその原因となる法律上の形式である契約のことである。転貸借であるためには，第三者が賃借人とは別個・独立に賃借物を使用・収益するのもでなければならない。契約としての転貸借は，原賃貸借とは別個・独立の契約である。有償であると無償であるとを問わない。賃貸借の目的物の全部である必要はなく，一部であってもよい。

〔賃借権の譲渡・転貸についての賃貸人の承諾とは，どういうことか〕

　賃貸人の承諾の法的性質については，通説（末弘・債権各論608頁，鳩山・増訂日本債権法各論下巻〔大正13年4月，岩波書店〕474頁，480頁，末川・契約法下〔各論〕〔昭和50年1月，岩波書店〕122頁，125頁など）は，賃借人に対して賃借権の譲渡・転貸の権利を付与する賃貸人の一方的意思表示（単独行為）とするが，判例のように賃貸人の承諾を賃借権の譲渡・転貸の賃貸人に対する対抗要件であるとすると，債権譲渡の対抗要件である債務者の承諾（民467[78]）と選ぶところがなく（末川・同書122頁）観念の通知類似のものになるといわれる（三淵乾太郎・最判解説民事昭和31年度75事件参照）。しかし，判例は，賃貸人の承諾を賃借権の譲渡・転貸を許可する単独行為と解しているのではないだろうか（最（二）判昭和30・5・13民集9巻6号698頁など参照）。

---

(78)　改正法では，現行467条1項の「指名債権の譲渡」は，前に解説したが，条文は「債権の譲渡（現に発生していない債権の譲渡を含む。）」である。括弧内の債権は，いわゆる将来債権であるが，将来債権の譲渡性については，最（三）判平成11・1・29民集53巻1号151頁が認めていた。それが改正法で条文化されている（466の6）。なお，将来債権の譲渡の対抗要件については，最（一）判平成13・11・22民集55巻6号1056頁（ただし，既発生債権との集合債権につき）などに既に判例がある。

Ⅲ　要件事実(論)

　賃貸人の承諾は，かつては賃借人に対してすることを要するとされた（鳩山・同書 474 頁，末川・同書 123 頁など）が，現在では賃借人に対してすると譲受人・転借人に対してするとを問わないとされている（我妻・同書 456 頁，星野（英）・借地・借家法 292 頁，幾代＝広中編・新版注民⒂〔平成元年 4 月，有斐閣〕271 頁〈広中〉，三和一博「賃借権の譲渡・転貸の法律関係」現代契約法大系 3 巻〔1983 年 11 月，有斐閣〕131 頁など。大判昭和 14・8・24 民集 18 巻 877 頁，最（二）判昭和 31・10・5 民集 10 巻 10 号 1239 頁参照）。賃貸人の承諾は，明示である必要はなく，黙示でもよい（岡松・註釈民法理由下次 217 頁，末弘・債権各論 609 頁，鳩山・増訂日本債権法各論下巻 474 頁，480 頁，新版注民⒂ 271 頁〈広中〉，三和「前掲論文」3 巻 131 頁）。この点で問題になるのは，賃貸借中の約定等で賃貸人の承諾が書面によることを要することになっている場合において，口頭で承諾がされたときである。学説では，承諾の方式は必要でないから，このような約定等の効力は疑わしいとする考え（岩垂肇「賃借権の譲渡と転貸」契約法体系Ⅲ 149 頁）もあるが，賃貸人が書面によらずに承諾を与えることによって前の約定等は――それによって利益を受けるものが自らそれを破ったのであるから――少なくとも当該の賃借権の譲渡・転貸については効力を失い，承諾は有効にされたとする考え（鈴木（禄）・前掲判例研究 61 頁，星野（英）・借地・借家法 292 頁など）が有力である。これに対し，判例は，このような約定等は「継続的な賃貸借契約関係において賃貸人の承諾の有無についての法律関係を明確にし将来の紛争を避けんとするにあり，したがって，このような合理的な目的をもってされた法律行為の方式の制限についての合意は，有効である」（最（二）判昭和 41・7・1 裁判集民事 84 号 7 頁。なお，最（一）判昭和 44・2・13 民集 23 巻 2 号 316 頁）と判示し，ただ，このような約定等の成立後にこれを変更し右書面による承諾を不要とする旨の合意が成立するか，または，前記書面による承諾を必要とした約定等の趣旨その他諸般の事情に照らし，右譲渡が賃貸人に対する背信的行為であると認めるに足りない特段の事情が存する事実について，賃借人から立証がされた場合には，賃貸人は前記約定等に基づき賃貸借を解除することは許されないと解するのが相当であるとする（前掲最（一）判昭和 44・2・13）。さらに，賃貸人の承諾の時期についても制限はなく，事後でもよい（岡松・前掲書次 217 頁，末川・契約法下 123 頁，我妻・債権各論中巻一 456 頁，三和「前掲論文」3 巻 131 頁など）。事後承諾の場合の法律構成であるが，反対の意思であることが明らかでないかぎり，遡及的に初めから承諾がある場合と同一の効力を生ずるとする見解（末弘・債権各論 609 頁，鳩山・増訂日本債権法各論下巻 474 頁）や，一律に遡及的に権限を与えた（判例の立場では許容した）と解する見解（星野（英）・借地・借家法 292 頁，同旨か，末川・契約法下 123 頁）がある。賃貸人

の承諾については，以上のほかにも問題があるが，多岐にわたるので，省略させてもらう。

〔無断賃借権の譲渡・転貸に基づく賃貸借契約の解除権発生の法律要件は，なにか〕

この賃借権の消滅という法律効果の原因となる法律要件は，条項上は①賃借人が第三者に対して賃借権を譲渡しまたは賃借物を転貸して，②第三者に賃借物を使用または収益させたが，③賃借権の譲渡または賃借物の転貸について賃貸人の承諾を得なかったので，④賃貸人が賃借人に対して賃貸借契約の解除の意思表示をしそれが賃借人に到達したことである。

この①ないし④のうち，取り上げて検討しなければならないのは，②および③である。まず②であるが，判例（大判昭和13・4・16判決全集5輯9号8頁）および学説（梅・民法要義巻之三655頁，鈴木（禄）・前掲総判民⑾69頁，我妻・前掲中巻一457頁，石田（穣）・民法Ⅴ233頁，三宅正男・契約法（各論）下巻〔現代法律学全集〕〔1988年10月，青林書院〕763頁，新版注民⒂274頁〈広中〉など）は，解除権が発生するためには，賃借人と譲受人が賃借権の譲渡契約を締結したにとどまらず，賃借人が譲受人に目的物を現実に使用・収益させることを要するとする。そして，賃借人が第三者に賃借物を使用・収益させた場合でも，賃借権を譲渡しまたは転貸をしていないときは，解除権は発生しないと解されている（岡松・前掲書次217頁）。したがって，賃借人が賃借地上の建物を賃貸し，借家人が賃借地を建物の使用・収益の範囲内で使用・収益しても，同条項の解除権は発生しない道理である（三宅（正）・契約法（各論）下巻763頁）。これに対し，賃借人が所有建物の譲渡に伴いまたは所有建物とともにその敷地の賃借権を譲渡した場合において，建物の引渡しをしないまま所有権の移転登記のみをしたときは，譲受人に敷地を使用・収益させたことになるか否かについては，学説上積極に解する見解（鈴木（禄）・前掲総判民⑾70頁，我妻・中巻一457頁）と消極に解する見解（三宅（正）・同書753頁）があるようである。判例も，賃借人が賃借地上に所有する建物を借金の担保にする目的で買戻し約款付きで売買して所有権移転登記をしたが，その後も引き続いて建物を使用していてその敷地である賃借地の使用状況に変化がない場合について，解除権の発生を認めるもの（買戻し後に解除した事案につき，大判昭和15・3・1民集19巻501頁）と，同条項所定の解除の原因たる賃借権の譲渡または転貸がされたものとは解されないとするもの（買戻し前に解除された事案につき，最（二）判昭和40・12・17民集19巻9号2159頁）がある。

次に，③であるが，民法612条1項の規定する賃借権の譲渡・転貸不自由の原則から積極的に不存在でなければよいと解される。したがって，①ないし④につ

III　要件事実(論)

いて主張責任の分配ないし証明責任の分配をすると，解除権の存在を主張する者
が①，②および④について権利根拠効果および権利根拠事由として主張責任ない
し証明責任を負担すべく，解除権の存在の主張を争う者が③の反対事実である③
賃借権の譲渡または賃借物の転貸について賃貸人の承諾を得たことについて権利
発生障害効果および権利発生障害事由として主張責任ないし証明責任を負担すべ
きである。

　〔無断賃借権の譲渡・転貸をしても賃貸借契約の解除権が発生しないとされる
　背信行為と認めるに足りない特段の事情とは，どういうものか〕

　ところが，賃借人が賃貸人の承諾を得ないで賃借権を譲渡しまたは賃借物を転
貸して譲受人または転借人に賃借物を使用ないし収益させても，それが背信行為
と認めるに足りない特段の事情(79)がある場合には，解除権が発生しないとする
のが確立した判例（借地の一部転貸の事案につき，最（二）判昭和28・9・25民集7巻
9号979頁，借家権の譲渡の事案につき，最（一）判昭和30・9・22民集9巻10号1294
頁など）となっており，学説（広中「賃借権の無断譲渡，無断転貸（前掲最（二）判昭
和28・9・25の解説）」ジュリ200号130頁（この判例解説は，同・借地借家判例の研
究〔昭和40年9月，一粒社〕3頁以下〔この著書は，補訂版が出た後，同・不動産賃
貸借法の研究〔広中俊雄著作集3〕84頁以下に収録されている〕），同・契約法の研究
〔増訂版〕〔昭和39年6月，有斐閣，初版は，昭和33年8月〕172頁，星野（英）「転貸
借」民事法学辞典下巻〔増補版〕1463頁など）も，判例がこうして民法612条2項
の解除権をその本質に由来する内在的制約として縮小して解釈することを支持す
る。

　このような判例・学説に応じ，それはちょうど同条項の要件である無断譲渡・
転貸を昇華させたものに当たり，無断譲渡・転貸を一つの事例として包摂しうる
ような高次の概念としての背信行為（賃貸人・賃借人間の信頼関係を破壊するよう
な賃借人の行為）を解除権の発生要件とする条文が不文の法規として存在すると
見る見解（倉田「賃貸人の承諾を得ない賃借権の譲渡又は転貸が賃貸人に対抗出来る
場合とその主張・立証責任」民商62巻〔1970年〕1号61頁，同「間接反証」小山昇ほ
か編・演習民事訴訟法（上）〔演習法律学大系〕〔昭和48年2月，青林書院新社〕457頁
〔前の判例批評は，同・民事実務と証明論223頁以下に，後の論文は，同書237頁にそ

---

　(79)　背信行為と認めるに足りない特段の事情を法律事実とすると，「認めるに足りない」
　　という措辞はいささか気になる表現である（倉田「賃貸人の承諾を得ない賃借権の譲渡又
　　は転借が賃貸人に対抗出来る場合とその主張・立証責任〔掲最（三）判昭和44・2・18の批
　　評〕」民商62巻1号61頁。この判例批評は，同・民事実務と証明論に収録されている）。
　　来栖・356頁は，「背信行為とならない特段の事情」という表現を使い，石田（穣）・民法
　　V 233頁は，「背信行為といえない特段の事情」という表現を使っている。

324

れぞれ収録されている〕，田尾「賃借権の譲渡，賃借物の転貸」西村宏一編・借地・借家〔不動産大系Ⅲ〕〔昭和45年2月，青林書院新社〕494頁）が提唱された。この見解によれば，無断譲渡・転貸〔および第三者の賃借物の使用・収益〕は間接事実であり，背信性の不存在の事項は間接反証〔事実〕である。しかし，この見解に対してはさまざまな批判が加えられている（三井「要件事実の再構成（二）」法曹時報27巻11号2145頁，松本・証明責任の分配〔新版〕54頁，高橋宏志・重点講義民事訴訟法〔1997年12月，有斐閣〕379頁など）。

　もっとも，何をもって背信行為と認めるかについては，学説上ポレミッシュな議論があった。今ここにそれを詳述する余裕がないが，一方では「特殊的に人的（マックス・ウェーバーのいうpersönlich）なものとして理解されてはならない。今日の不動産賃貸借における『信頼関係』，したがってまた……『背信』は，むしろ即物的（sachlich,unpersölich）なものとして法的サンクションさるべきものである」（広中・契約法の研究〔増訂版〕106頁）といい，他方では，人的要素をも考慮すべきであるという（石田（喜）・不動産賃貸借の研究16頁など）。今日では基本的には後者の立場によって，当該違反行為を中心に諸般の事情を考慮し，賃借権を存続させるべきか否かを決めるべきだとする総合事情判断説が多数説である（水本浩・契約法〔1995年3月，有斐閣〕257頁）。

　こうして，背信行為と認めるに足りない特段の事情が民法612条2項の定める解除権発生の法律要件を組成する法律事実に加わったのである。この背信行為と認めるに足りない特段の事情は，不特定概念である（山内一夫「一般条項ないし抽象的概念と要件事実」民事実務ノート2巻〔昭和43年12月，判例タイムズ社〕6頁，司研・要件事実1巻30頁など）が，不特定概念の要件事実性の有無については，ⓐ不特定概念自体を要件事実とする説（間接事実説），ⓑ不特定概念に該当する具体的事実を要件事実とする説（主要事実説），ⓒ不特定概念自体を第一次的要件事実とし，それを基礎づける（基礎づけることを阻害するものを含む）類型を第二次的要件事実とする説（私見），ⓓ不特定概念を要件事実とし，不特定概念における具体的事情を準主要事実とする考え（倉田・民事実務と証明論259頁，三ヶ月・民事訴訟法〔3版〕〔法律学講座双書〕〔法律学講座双書〕189頁）がある。

〔背信行為と認めるに足りない特段の事情の主張責任の分配ないし証明責任の分配は，どのように解すべきか〕

　賃借権の譲渡・転貸および賃借人が譲受人・転借人に対して賃借物を使用・収益させたことと賃貸人の解除権の行使の主張責任ないし証明責任が解除の効果を主張する者に分配されることについては前述したとおりである。問題は，背信行為と認めるに足りない特段の事情の主張責任の分配ないし証明責任の分配である

Ⅲ　要件事実(論)

が，背信行為を解除権の発生要件とする条文が不文の法規として存在していると
みる見解については省略することにして，以下では，無断賃借権の譲渡・転貸を
要件事実とする見解における議論をみることにする。

　この見解中にも，Ⓐ背信行為と認めるに足りない特段の事情の有無自体を要件
事実とするものと，Ⓑ背信行為と認めるに足りない特段の事情の存在の評価根拠
事実を要件事実とするものとがある。ⒶⒷそれぞれの主張責任の分配ないし証明
責任の分配は，次のようになる。

　Ⓐⓐ　背信行為と認められるだけの特段の事情の存在（＝背信行為と認めるに
足りない特段の事情の不存在）の主張・証明責任が賃貸人側にあるとする説（廣瀬
武文・借地借家法の諸問題〔昭和 34 年 8 月，日本評論新社〕199 頁，野村好弘・判民
昭和 41 年度 7 事件評釈）

　賃貸人の解除権が生ずるためには，背信性の存在を必要とすることなどを論拠
とする。もっとも，この説の主唱者である広瀬氏は，ⓑの（ⅰ）に改説している
（「建物と敷地利用権⑾」法律時報 33 巻 13 号 87 頁）。

　ⓑ　背信行為と認めるに足りない特段の事情の存在の主張・証明責任が賃借人
側にあるとする説（賃借地の一部転貸の事案につき，最（一）判昭和 41・1・27 民集 20
巻 1 号 136 頁，岩垂・「前掲論文」契約法体系Ⅲ 162 頁，星野（英）・借地・借家法 345 頁，
賀集「前掲論文」別冊ジュリ・続判例展望 215 頁，鈴木（禄）・借地法下巻〔現代法律学
全集〕〔1971 年 8 月，青林書院新社〕1253 頁，石田（穣）・民法と民事訴訟法の交錯 10
頁，村上・証明責任の研究〔新版〕264 頁，水本・前掲書 259 頁など判例・通説）

　この説には，(ⅰ)法律要件分類説的な立場に立つ者と，(ⅱ)要証事実分類説的な立
場に立つ者とがある。(ⅰ)説の論拠はかならずしも明らかでないが，継続的契約関
係における一種の信頼の原則に基づくものであると考える（村上・証明責任の研
究〔新版〕264 頁），あるいは違法性阻却事由と考える（賀集・前掲続判例展望 215
頁など）のであろうか。(ⅱ)説は，証拠との距離を論拠とする（石田（穣）・同書 10
頁）。

　Ⓑ　不特定概念（主張責任の分配および証明責任の分配との関係では，規範的要件
事実といわれることが多い）である背信行為と認めに足りない特段の事情の存在の
評価根拠事実を要件事実とする説においては，この要件事実の主張責任ないし証
明責任が賃借人側にある（司研・要件事実 2 巻 92 頁，大江・中 388 頁）。

　要件事実は第一次的には賃貸人が民法 612 条 2 項に基づく解除権を有すること
（と賃貸人のその行使）であり，第二次的には無断賃借権の譲渡・転貸と賃借人が
譲受人・転借人に対して賃借物を使用・収益させたこと（と賃貸人の解除権の行
使）であるとする私見では，規範的要件事実であるこの第一次的要件事実である

解除権の存在の主張責任もその主張が争われた場合における自然的・社会的要件事実であるこの第二次的要件事実である無断賃借権の譲渡・転貸に基づく解除の主張責任および証明責任も，ともに賃貸借契約の解除という法律効果の法律事実について主張責任の分配および証明責任の分配をしたものであるから，解除の効果を主張する賃貸人側に分配される。

　これに対し，背信行為と認めるに足りない特段の事情の不存在の主張責任を見てみると，次のようになる。所有権に基づく返還請求訴訟における被告が抗弁として第一次的要件事実を充足する具体的な賃借権の存在を権利主張した場合を基点とすると，原告がその賃借権の存在の抗弁を争うと，被告は，その第二次的要件事実を充足する賃貸借契約の成立を抗弁として主張することになる。この抗弁に対して，原告は，第一次的要件事実を充足する具体的な同契約の解除（解除権の存在とその行使）を再抗弁として主張する。被告がこの再抗弁を争うときは，原告は，被告の具体的な賃借権の無断譲渡または無断転貸による解除権の発生と被告に対するその行使を再抗弁として主張することになる。被告は，この再抗弁に対して，それを排斥する再々抗弁として第一次的要件事実を充足する具体的な「背信行為と認めるに足りない特段の事情の存在」を主張し，原告がこの再々抗弁を争うと，被告は，第二次的要件事実である「その特段の事情の存在を基礎づける自然的社会的事実の類型」を充足する具体的なたとえば賃借人が個人で事業を営む被告から被告が代表者となって同じ事業を営む法人になったことを再々抗弁として主張し，原告がこの再々抗弁を争うならば，立証して証明することになる。このように，背信行為と認めるに足りない特段の事情の存在は，賃借権消滅の障害効果および事由として賃借権の消滅の主張を争う者（賃借人側）に主張責任ないし証明責任があることになる。また，賃貸借契約の解除に基づく返還請求訴訟における原告の請求の原因としての同契約の解除権の存在とその行使を基点とすると，被告の抗弁事由となるところのいま述べた第一次的要件事実ないし第二次的要件事実を解除権発生の障害事由として解除権の存在の主張を争う者（賃借人側）にあることになる(80)。

　その理由を述べると，背信行為と認めるに足りない特段の事情の存在を，判例（法）が同条の賃借権の譲渡・転貸不自由の原則を例外的に緩和した法理であると理解し，あるいは同条2項の縮小解釈をしたと理解し(81)，しかも，背信行為と

---

(80)　このように，基点をなににとらえるかによって，権利消滅障害事由になったり権利発生障害事由になったりすることがあるのである。

(81)　この理解によれば，同条の実体法上の解釈として，同条2項の解除権発生の法律事実である背信行為を認めるに足りない特段の事情の不存在は，積極的に存在する必要がなく，消極的にそれが存在すればよいことになる。

Ⅲ　要件事実（論）

認めるに足りない特段の事情の存在を賃貸人が賃借権の譲渡・転貸の承諾をした
のと同様にみることができる（最（三）判昭和39・6・30民集18巻5号991頁など参
照）からである。

　もっとも，背信行為と認めるに足りない特段の事情は，権利などと同じ法的判
断を要する事項であるから，その発生障害，消滅などを観念することができなく
もない。そこで，特段の事情を基礎づける自然的・社会的事実の類型と両立し，
かつ，特段の事情の存在を基礎づける法的判断を妨害する自然的・社会的事実の
類型を観念することができないわけでもないから，その主張責任および証明責任
は，賃貸人側に分配されるというべきである。

　なお，学者，法律実務家らは，背信行為と認めるに足りない特段の事情（を基
礎づける事実）の類型化の作業を進めている。そして，学者のした類型化作業の
うちから新版注民⑮279頁〈広中〉を紹介すると，㋐元来の賃借人と賃貸人の
承諾なしに使用を始めたものとが同一の事業を行なうもので，ただ形式的に人格
の変更があったに過ぎない場合（判例としては，前掲最（一）判昭和30・9・22，最
（三）判昭和38・10・15民集17巻9号1202頁，最（一）判昭和39・11・19民集18巻9
号1900頁。なお，最（三）判昭和47・4・25裁判集民事105号829頁，判時669号64
頁），㋑いったんは無断賃借権の譲渡・転貸がされたがすでに原状に復し，現在
はそのような事実がない場合（判例としては，最（三）判昭和32・12・10民集11巻
13号2103頁），㋒借地上建物の譲渡とともに敷地の賃借権の譲渡または転貸がさ
れた場合（判例としては，最（一）判昭和29・10・7民集8巻10号1816頁，前掲最（三）
判昭和39・6・30，最（三）判昭和40・9・21民集19巻6号1550頁，最（一）判昭和
44・4・24民集23巻4号855頁），㋓賃借家屋の一部転貸として扱われるべき間貸
しが賃貸人の承諾なしにされた場合において，従前の使用方法に比して格別の差
異を生ずることもなく，かつ，賃貸人に対してなんら実質的損害を及ぼすにいた
る危険もないとき，㋔賃貸人が無断賃借権の譲渡・転貸の事実を知りながら一度
も制止すなわち違反行為の停止の催告をしないで解除の意思表示をした場合とす
る。

　学者，法律実務家らによって抽出される類型は，裁判例を蒐集，分析してそれ
を類似の事案ごとに分類し，類似の事案に共通するファクターをもって類型とし
ているもののごとくであり，類型化作業を進める趣旨は，価値的判断の要素の強
い背信行為と認めるに足りない特段の事情の裁判官による恣意的適用を防止する
ことであるように思われる。これに対し，第一次要件事実である不特定概念自体
を基礎づける（基礎づけることを阻害するものを含む）第二次的要件事実としての
類型は，行為規範としての民法612条2項に規定する解除権発生の法律要件を組

成する法律事実である背信行為と認めるに足りない特段の事情の不存在の下位規範であり，類型化の作業は，判例法または条理によって作出され定立されたこの下位規範を見つけ出す作業である。そして，この下位規範について主張責任の分配ないし証明責任の分配が適用されて裁判規範になるのであるが，この裁判規範の要件事実である類型が学者・法律実務家らによって抽出された類型とおおむね一致することになる。しかし，発想の基点が異なるのであるから，常に一致するわけではない。この作業による結果は機会があれば発表させてもらうが，今回は差し控えさせていただく。

〔無断賃借権の譲渡・転貸であっても，背信行為と認めるに足りない特段の事情がある場合には，その法律関係は，どうなるか〕

まず，賃借権の譲渡についてであるが，譲受人には，賃貸人の承諾があったと同様の法律関係が発生すると解されている（前掲（三）判昭和 39・6・30，最（三）判昭和 42・1・17 民集 21 巻 1 号 1 頁，最（二）判昭和 45・12・11 民集 24 巻 13 号 2015 頁，田尾「前掲論文」不動産法大系Ⅲ 494 頁，石田（穣）・民法Ⅴ 235 頁，新版注民⒂ 285 頁〈広中〉，三和「前掲論文」現代契約法大系 3 巻 141 頁など。同旨，星野（英）・借地・借家法 378 頁，285 頁）。したがって，譲受人は，賃借権の譲渡をもって賃貸人に対抗できるばかりでなく（前掲最（三）判昭和 39・6・30，最（三）判昭和 42・1・17，最（三）昭和 44・2・18 民集 23 巻 2 号 379 頁），譲受人のみが賃借人になり，譲渡人は，賃貸借から離脱し，特段の意思表示がないかぎり，賃貸人に対して賃貸借上の債務を負わないことになる（前掲最（二）判昭和 45・12・11）。しかし，この場合には賃貸人の利益がはなはだしく害されることを理由として，旧賃借人の併列的責任を付加して存続させるとする見解（椿寿夫・不法占拠（総合判例研究叢書民法（25））〔昭和 40 年 1 月，有斐閣〕88 頁）や，賃借人に譲受人の賃貸借上の債務について一種の保証人として第二次的責任を負わせるべきだとする見解（借地につき，鈴木（禄）・前掲借地法 1234 頁，1240 頁，ほぼ同旨，石田（穣）・民法Ⅴ 236 頁）がある。しかし，賃借人が離脱することによって賃貸人の利益がはなはだしく害されるような無断賃借権の譲渡の場合には背信行為と認めるに足りない特段の事情がないであろうから，これらの見解は，無用の配慮をしていることになりはしないだろうか。

次に，転貸についてであるが，転借人がその占有を賃貸人に対抗することができること（店舗用建物の一部転貸の事案につき，最（二）判昭和 36・4・28 民集 15 巻 4 号 1211 頁），したがって，転借人の目的物の占有を不法のものということができないことなど，賃貸人の承諾のあった場合と同様の法律関係が生ずると解されて

III　要件事実（論）

いる。そうだとすると，転借人は，賃貸人に対し，民法613条(82)の規定する直接の義務をも負うことになろう（幾代編・注民(15)219頁〈篠塚昭次〉，星野（英）・借地・借家法378頁，石田（穣）・民法Ｖ236頁，三和「前掲論文」現代借地借家法講座1巻142頁など）。また，賃貸人と賃借人が原賃貸借契約を合意解除しても，それが賃料不払いによる法定解除権の行使が許されるときにされたものである等の事情のないかぎり，賃貸人は，その合意解除の効果を転借人に対抗することができないことになる（最（三）判昭和62・3・24裁判集民事150号509頁）。

---

(82)　改正法では，現行民法613条1項の「対して直接に」を「と賃借人との間の賃貸借に基づく賃借人の債務の範囲を限度として，賃貸人に対して転貸借に基づく債務を直接履行する」に改め，3項として「賃借人が適法に賃借物を転貸した場合には，賃貸人は，賃借人との間の賃貸借を合意により解除したことをもって転借人に対抗することができない。ただし，その解除の当時，賃貸人が賃借人の債務不履行による解除権を有していたときは，この限りでない。」を新設した。

　そこで，まず，改正法613条1項の定める賃貸人の適法な転借人に対する賃料請求権発生の要件事実であるが，①賃貸人の賃借人に対する基本権としての賃料額および支分権としての賃料の支払期日の約定のある賃料債権の存在。支払期日の約定がないときは，民法614条所定の支払期日。転借人が賃貸人側の①の主張を争ったときは，賃貸人と賃借人の賃貸借の成立。支払期日の約定がないときは，民法614条所定の支払期日，②　その支払期日の到来，③　賃借人の転借人に対する基本権としての賃料額の約定のある賃料債権の存在，転借人が賃貸人のこの主張を争ったときは，賃借人と転借人との転貸借の成立，④　賃貸人が賃借人の転借人との転貸借を承諾した，あるいは，承諾がないとしても賃貸人が賃借人のした転貸借を知りながらそれを黙認していたなどのその転貸借が背信行為と認めるに足りない特段の事情があること，が，賃貸人の適法な転借人に対する賃料債権の存在を主張する者の権利根拠事由になる。転借人の賃借人に対するその賃料の支払いは，転借人のその賃料債権の消滅を主張する者の権利滅却事由になる。民法613条1項の定める賃料の前払いについては，学説上争いがあるが，転貸借上の約定としての賃料支払期日より前の支払いと解すべきである（大判昭和7・10・8民集11巻1901頁，梅・要義巻之三659頁，我妻・債権各論中巻一463頁など判例，通説）。したがって，転借人の賃借人に対する賃料の支払いが転貸借上の賃料支払期日または民法614条所定の支払期日より前の支払いは，転借人の賃料債権の消滅の主張を争う者の権利消滅障害事由になる。

　次に，改正法613条3項の定める賃貸人と賃借人に対する賃貸借契約の合意解除の転借人に対する効果についてであるが，①　賃貸人と賃借人が賃貸借を成立させたこと，②　賃借人と転借人が賃貸物件について転貸借を成立させたこと，③　賃貸人がその転貸借を承諾したか承諾がなくてもその転貸借に背信行為と認めるに足りない特段の事情があること，④　賃貸人と賃借人が①の賃貸借を合意解除したこと，⑤　④の合意解除の当時，賃貸人が賃借人の債務不履行による解除権を有していたこと，転借人がその主張を争うときは，賃借人に債務不履行による解除権の発生原因事実があること，が，賃貸人の転借人に対する転借物件の引渡請求権の存在を主張する者の権利根拠事由であろう。もっとも，賃貸人が所有権に基づく引渡請求をした場合において，転借人の占有正権限の抗弁としての賃貸借（および転貸借）に対して賃貸人との合意解除の再抗弁を提出するときは，上述の⑤も再抗弁の内容になるであろう。

3　分配効果および要件事実の分別

3‐7　権利行使阻止効果および権利行使阻止事由

〔権利行使阻止効果および権利行使阻止事由とは，なにか〕

　権利行使阻止事由としては，抗弁権がある。抗弁権には，延期的抗弁権と永久的抗弁権がある。延期的抗弁権は，一時的に請求権の行使を阻止することができるものであって，同時履行の抗弁権（民533[83]。もっとも，単なる同時履行の抗弁とする見解もある），保証人の催告の抗弁権（民452），検索の抗弁権（民453），期限の猶予の抗弁権などである。永久的抗弁権は，請求権の行使をいつまでも阻止することができるものであって，相続人の固有財産をもってする弁済の拒絶権や遺留分減殺請求権（民1031）がこれに属するとされる。

　抗弁権もそれが存在するというだけでは潜勢的な状態で力をもっているということにとどまり，それが目的とする利益享受を実現するためにはそれを行使しなければならないが，抗弁権の行使は，抗弁権者により訴訟上でされなければならないから，権利（抗弁権）を主張する者に主張責任の分配がされる（なお，権利行使効果および権利行使事由の項も，参照されたい）。

　なお，伊藤(滋)氏は，「阻止の要件，例えば未到来の期限があることは，障害の要件の変形と説明することができる」（前掲論文「要件事実と実体法」15頁）といわれる。しかし，未到来の期限は，阻止の要件ではない。また，阻止は，語義的にはさまたげるという趣旨では障害と同じであるかもしれないが，法律的な意味では，阻止は本来の請求権の行使（可能性の存在の）効果を損なわないのに対し，障害は発生なり消滅なりの法律効果を生ぜしめないのであって，したがって，阻止を障害の変形というのは承服しかねる議論である。

(1)　その例1──同時履行の抗弁権
〔同時履行が認められる趣旨は，なにか〕

　双務契約は，当事者の双方が互いに対価的な債務を負う契約であるから，契約の当事者の公平を図ろうとすれば，双方の債務の間に履行の牽連関係を認めることになる。すなわち，当事者の一方は，相手方がその債務の履行を提供するまでは，自己の債務の履行を拒むことができることになる（民533）。この当事者の一方が債務の履行を拒むことができることを債務者側の権利として捉えると，同時履行の抗弁権になる。同条または同時履行は，双方の債務が一つの法律要件から生じていることから同時に履行させることが妥当な場合に，法の準用によってあ

---

　(83)　改正法533条では，現行同条の「その債務の履行」の次に括弧書きで「債務の履行に代わる損害賠償の債務の履行を含む。」が加入された。

Ⅲ　要件事実(論)

るいは解釈によって認められることがある。たとえば，民法の準用するものとして，契約の解除（546），売主の担保責任（571[84]），請負人の担保責任（634Ⅱ[85]），終身定期金契約の解除（692）が，解釈によって認められるものとして，契約が取り消された場合における相互の不当利得返還債務（制限行為能力者の契約が取り消された場合には，契約は初めから無効であったとみなされるから〔民121本文[86]〕，契約に基づいて給付した物があるときは，それを不当利得として返還しなければならない道理である〔民703等〕が，制限能力者は，悪意であっても，その契約によって現に利益を受けている限度において，同時履行上の返還の義務を負えばよい〔民121ただし書[87]〕〔親権者母が親族会の同意を得ないでした家屋譲渡契約を取り消した場合につき，最(三)判昭和28・6・16民集7巻6号629頁〕），弁済と受取証書の交付，債務の支払いとその支払確保のために債権者に対して交付された小切手の返還などがある。

　同時履行の抗弁権発生の法律要件は，①一個の双務契約から生じた対立する債務が存在したうえ，②相手方の債務が履行期にあり，③相手方が自己の債務の履行またはその提供をしないで履行を請求するとの三つの法律事実によって組成される。同時履行の抗弁権は，①の一個の双務契約から生じた対立する債務が存在し，③のうちの相手方が（債権の）履行を請求する場合でなければならないとすると，相手方が双務契約上の債権を請求する事案において発生することになる。そうすると，相手方が双務契約の成立したことを主張することになるが，期限の主張責任の分配について否認説を採る以上は，相手方は，双務契約の成立の中で当事者の一方の債権の履行期を主張しているはずである。しかし，今述べた同時履行の抗弁権発生の法律要件からいえば，当事者の一方が先履行の債務の履行を遅滞していても，相手方の債務の履行期が到来したからには，同時履行の抗弁権の発生は認められることになろう。

　こうして，同時履行の抗弁権の発生およびその法律要件について主張責任の分配ないし証明責任の分配をすると，抗弁権者が主張責任および証明責任を負うべき要件事実は，②と，③のうちの相手方が自己の債務の履行をしないことと，④

---

(84)　現行法571条は，前述したとおり，改正法では削除されている。

(85)　現行法634条2項は，改正法では規定されていない。

(86)　現行法121条本文は，改正法では，121条になっている。

(87)　現行法121条ただし書は，改正法では，121条の2第3項の「第1項の規定にかかわらず，行為の時に意思能力を有しなかった者は，その行為によって現に利益を受けている限度において，返還の義務を負う。」に続いて「行為の時に制限行為能力者であった者についても，同様とする。」として規定されている。要件事実については，拙著・要件事実論概説　契約法299頁以下をみていただきたい。

3　分配効果および要件事実の分別

権利行使阻止事由および権利行使阻止効果として，相手方の債権の行使を阻止して相手方の債務の履行があるまで自己の債務の履行を拒絶するとの同時履行の抗弁権を行使することだけになる。そして，当事者の一方が②および④を主張したときは，③のうちの相手方が債務の履行をしないことは当然に主張したことになるから，このことをことさらに主張することはないであろう。

〔訴訟で同時履行の抗弁権の行使が認められる場合における判決の主文は，どのようになるか〕

具体的な訴訟において同時履行の抗弁権の行使が認められるときは，判決主文では，被告に対し，原告の給付と引換えに給付することを命ずべきであるとするのが判例（大判明治 44・12・11 民録 17 輯 772 頁）である。これは，ドイツ民法 322 条 1 項が定める「双務契約ニ基キ当事者ノ一方ガ其ノ受クベキ給付ニ付訴ヲ提起シタル場合ニ於テ，相手方ガ反対給付ノ実行アル迄給付ヲ拒絶スルノ権利ヲ主張スルトキハ，其ノ効果トシテ引換履行ノ債務者敗訴判決ヲ生ゼシムルニ止マル。」（訳文は，柚木＝補遺・上村・獨逸民法〔Ⅱ〕債務法〔復刻版〕175 頁による）に倣ったものであろう。この引換給付判決は，原告が訴えで主張した無条件の給付請求の一部である権利行使効果を原告の債務の履行があるまで一時的にもせよ阻止するから，原告の請求を一部棄却したことになる。したがって，判決主文では引換給付を命ずる項の次の項で原告のその余の請求を棄却する旨を宣言しておく必要があり，これを落とすと裁判の脱漏になるといわれている。

もっとも，この考えに対しては，三井・法律要件分類説の修正及び醇化に関する若干の具体的事例に就て（続　要件事実の再構成）〔昭和 54 年 8 月，法曹会〕9〜10 頁は，

「右の場合には，棄却された残部請求として，一体どのやうな請求が考へられているのであらうか。一部請求と残部請求との互換性を承認する以上……，残部請求のみでも請求認容の判決を得る可能性がなければならない筈である。しかし，右の場合にはそのやうな可能性は存しない。〔改行〕論理的に言へば，無条件の給付請求……と反対給付を条件とする給付請求……とは別個の請求である筈で，従って，後者は前者の予備的請求としてなされるべきものである。（引換給付を認容する場合には，判決主文中に『原告の首位的請求を棄却する。』と記載すべきで，『原告その余の請求を棄却する。』と記載すべきではない。）〔改行〕尤も，右のやうな説明がかなり硬直した思考に基く事は否めない。そこで，一般には，仮令原告が交換的給付を求める旨を明言しなくとも，被告に対する双務契約履行の請求中には，条件附請求も当然にこれに包含されると説かれる事が多い。……〔改行〕そして，若しさうなら，判決主文に表示された反対給付について被告のために既判力を生

333

じ得ないこと……及び反対給付の提供は執行文付与の要件ではなくて執行開始の要件に過ぎない事……から見て，判決主文中に於ける『原告から金一〇〇万円の支払を受けるのと引換に』なる記載は，単なる『執行法上の制限』にすぎないのではあるまいか。（従って『その余の請求を棄却する。』と記載すべきではない。）」という。

しかし，この見解は，請求を基礎づけるところの法的根拠となる裁判規範中の要件事実から権利行使事由および権利行使阻止事由を排除することから導き出されることではないだろうか。要件事実として権利行使事由および延期的抗弁権の行使という権利行使阻止事由を承認するときは，請求を基礎づける権利行使事由に該当する主要事実が認められることによって生じる権利行使効果に対応する具体的な権利行使効果が権利行使阻止事由に該当する主要事実が認められることによって生じる権利行使阻止効果に対応する具体的な権利行使阻止効果によって部分的に排斥される以上，原告の請求の一部に理由がなくなり，その一部が棄却されるのは当然のことではないだろうか。ただ，この具体的な権利行使阻止効果は，この具体的な権利行使効果を全面的に排斥するものではなく，一定の事実が生起するまで一時的に履行を拒絶することができるものにすぎないから，一部請求や既判力が問題となる余地はない。引換給付判決の場合には，請求のうちの請求権行使可能性の存在が部分的に理由がないことになるのであって，数個の具体的な権利の存否の主張や一個の具体的な権利の存否の一部の主張がないわけではないから，「原告その余の請求を棄却する。」とはややオーバーな表現であるといえなくもない。しかし，請求のうちの請求権行使可能性の存在の「主張」の一部が理由のないことをいっているのだとすれば，このような表現もあながち誤っているとはいえないのではないだろうか。このことは，現在の給付請求の訴えを提起したところ，口頭弁論終結時点までに弁済期が到来していなければ，請求が棄却されることと対比して検討してみるべきではないだろうか。

〔同時履行の抗弁権は，履行遅滞による損害賠償請求権の発生等でも問題となるのではないか〕

ところで，同時履行の抗弁権は，そのほかにも履行遅滞による損害賠償請求権の発生（民415）および解除権の発生において履行遅滞の要件である違法性の有無や相殺権の発生において要件となる債務の性質（民505 Ⅰただし書）の当否についてそれらの判断要素になる。問題は，これらにおいては，同時履行の抗弁権が存在しさえすればよいのか，それとも抗弁権者がこれを行使しなければならないのかである。抗弁権であることに拘泥すれば，抗弁権者が行使しなければならないことになるが，これらにおいては双方の債務が同時履行の関係にあれば違法

3　分配効果および要件事実の分別

性がなくなったり債務の性質が相殺を許さないことになったりするにすぎないと解するならば，双方の債務に同時履行の関係があればよいことになるのではないだろうか。つまり，これらにおいては，同時履行の抗弁権ではなく，同時履行の関係でよいのではないだろうか。この考えが判例（多くの大審院や最高裁判所の判例があるが，最高裁判所の判例を挙げると，最(三)判昭和 29・7・27 民集 8 巻 7 号 1455 頁，最(一)判昭和 35・10・27 民集 14 巻 12 号 2733 頁がある)・多数説である。

⑵　その例 2 ── 期限の猶予の合意
〔請求権の期限の猶予の合意は，相手方がその合意前の履行期の到来を理由に請求してきたときにかぎり，この合意が成立したことを抗弁権の行使として主張・証明することができるのではないか〕

　期限の猶予の合意は，相手方の請求権の存在を承認しながら，その請求権に付与されている履行期の存在という権利行使効果および権利行使事由を変更するものであり，一種の変更契約ではあるが，相手方のポテンシャルとしての請求権を変更するものではないから，相手方が期限の猶予の合意前の請求権をその履行期が到来したとして行使したときにかぎって用いることができるのであって，相手方が期限の猶予の合意後に猶予されたところの履行期の到来した請求権を行使したときは，この抗弁権を行使することができないのである。

　相手方が期限の猶予の合意前の請求権をその履行期が到来したとして行使してきたときは，権利の行使を争う抗弁権者は，

① 　契約当事者間で契約中の履行期限を〇〇まで猶予する旨の合意が成立したこと
② 　（請求権の存在を主張する者がする請求権の行使に対して）延長された時期まで履行を拒絶する

旨の意思の通知をし，その通知がその者に到達したこと
を抗弁権の行使として主張ないし証明することができる。

3 - 8　権利行使阻止上の権利の消滅効果および権利行使阻止上の権利の消滅事由

〔債権者から主たる債務の履行の請求を受けた保証人が催告の抗弁権を行使する前に債権者が主たる債務者に対して催告したことや，主たる債務者に破産手続開始決定またはその行方不明であったことは，権利行使阻止上の権利の消滅効果・同権利の消滅事由と考えるべきではないか〕

債権者から主たる債務の履行の請求を受けた保証人が催告の抗弁権を行使した

335

Ⅲ　要件事実(論)

ときは（催告は，裁判外でしてもよい〔大判大正5・11・4民録22輯2021頁〕），債権者の保証人に対する履行請求権は，消滅すると解されるから権利消滅事由および権利消滅効果と考えられがちであるが，催告の抗弁権の行使前に債権者が主たる債務者に対して催告したことや，主たる債務者に破産手続開始決定またはその行方不明があったときは（民452），この抗弁権の行使による阻止が拒まれる。それはすなわち抗弁権そのものが消滅すると考えられるからである（前著・要件事実論概説Ⅱ205頁では，主たる債務者が破産手続き開始の決定を受けたこと，および主たる債務者の行方が知れないことを権利行使阻止の抗弁権の発生障害事由と解したが，この抗弁権が単純保証の補充性から保証契約締結と同時またはその後の主たる債務の履行期の到来により発生するとすると，その後におけるこれらの事柄は，抗弁権発生後の事由になるので，消滅事由と解すべきであったろう）。これが権利行使阻止上の権利の消滅効果および権利行使阻止上の権利の消滅事由である。

3‑9　免責事由の主張責任の分配ないし証明責任の分配

〔免責事由の主張責任の分配ないし証明責任の分配は，どのように理解したらばよいか〕

免責は，債務者がはじめから債務を負わずに済みまたは通常であれば負うべき債務を免除されたり負った債務（の履行）を免除されたりすることをいうが，債権者の側からいうと，前者であれば権利が発生しないことであり，後者であれば権利の発生の障害か権利の滅却（消滅）かである。いわゆる免責約款の中には前者として定められているものがあるが，法律上または契約上の免責事由は一般には後者であるといってよいであろう。契約上の免責は，権利者が権利を放棄することができるものについては，免責をすることもできる。ただ，義務者が免責事由にかかる事実について悪意であるような場合には，免責の約定が公序良俗に違反して無効になることがある（民572[88]，640[89]参照）。民法では，437条，443条[90]，572条，640条などに規定があり，また，解釈上では免責的債務引受けな

---

(88)　現行法572条の「第560条から前条までの規定による」は，改正法572条の「第562条第1項本文又は第565条に規定する場合における」に改められている。

(89)　現行法640条は，改正法では削除された。

(90)　現行443条1項の「連帯債務者の一人が債権者から履行の請求を受けた」および「過失のある」ならびに同条2項の「連帯債務者の一人が」，「弁済をし，その他有償の行為をもって免責を得た」および「自己の弁済その他免責のためにした」は，改正法443条1項の「他の連帯債務者があることを知りながら，連帯債務者の一人が共同の免責を得る」および「その」ならびに同条2項の「連帯債務者が，他の連帯債務者があることを知りながらその免責を得た」，「弁済その他自己の財産をもって免責を得るための行為をした（ときは，）当該他の」および「その免責を得るための」にそれぞれ改められた。

336

3　分配効果および要件事実の分別

どがあるが，それぞれに固有の問題があり（たとえば，免責的債務引受けは，主張責任ないし証明責任の面だけみても，債権者の原債務者に対する請求権の消滅と引受人に対する請求権の発生ということになろう），これを免責事由と一括りにしてその主張責任の分配ないし証明責任の分配を論じることは適当とは思われない。

　また，多分に余談めくが，「あ」とか「はて」などの感動詞も，それが発せられた場面によって意味が異なったり意味不明な単なる感嘆であったりすることがあるから，感動事由として一括してその主張責任の分配ないし証明責任の分配をすることはできないのではないだろうか。

　改正法443条1項前段の規定する事前通知を怠りながら共同の免責を得た連帯債務者から求償権の行使を受けた連帯債務者の行使阻止効果および行使阻止事由（同条項前段の定める「免責を受けた連帯債務者に対抗することができる」の趣旨は，この効果および事由のことである。もっとも，次の②の事由が消滅時効の完成などである場合には，一種の永久抗弁権ということになろうか。そうすると，実質的には求償権の消滅ということになる）について要件事実を略述すると，「①　連帯債務者の一人（求償を求める原告）が他に連帯債務者がいることを知りながら，共同の免責を得ることを事前に他の連帯債務者に通知しないで債権者に対して弁済をし，その他自己の財産をもって債権者から共同の免責を得たこと，②　他の連帯債務者（求償を受けた被告）が債権者に対して対抗することができる事由を有していたこと，③　その連帯債務者が負担部分を有すること，④　その連帯債務者が，その負担部分について，免責を得た連帯債務者に対し，②の事由をもって，免責を与えた債権者が求償を受けた連帯債務者に対してその負担部分に相当する反対給付を提供するまで求償を拒む旨の意思表示をすること」であろう。

　同条項後段の規定する法律効果および法律要件について主張責任の分配ないし証明責任の分配をして見出した分配効果および要件事実は，「①　連帯債務者の一人が他に連帯債務者がいることを知りながら，共同の免責を得ることを事前に他の連帯債務者に通知しないで債権者に対して弁済をし，その他自己の財産をもって債権者から共同の免責を得たこと，②　他の連帯債務者が債権者に対して対抗することができる事由として相殺権を有していたこと，③　その連帯債務者が負担部分を有すること，④　免責を受けた連帯債務者は，債権者に対し，その相殺権の行使によって消滅すべきであった債務の履行を請求することができること」であろう。

　同条2項の規定の法律効果および法律要件にかかる分配効果および要件事実は，「①　連帯債務者の一人（債権者から免責を得たことから他の連帯債務者に対して求償する訴訟では，原告）が他に連帯債務者がいることを知りながら，債権者に対して弁済をし，その他自己の財産をもって債権者から共同の免責を得たが，他の連帯債務者に対してそのことを通知することを怠ったこと，②　そのため，他の連帯債務者（上述の訴訟では，被告）が善意で弁済その他自己の財産をもって免責を得るための行為をしたこと，③　その他の連帯債務者は，その免責を得るための行為を有効であったものものとみなす主張をすることができること」であると思われる。

337

IV　民事訴訟における主張責任と証明責任

1　主張責任と証明責任との関係

〔**主張責任と証明責任の関係については，主張責任の分配と主張責任の関係お
よび証明責任の分配と証明責任の関係もからんで，議論があるのではないか**〕

　主張責任と証明責任については，主張責任の分配と主張責任との関係および証
明責任の分配と証明責任との関係をもからんで，議論がある。

　客観的証明責任を認める見解によれば，客観的証明責任から証明責任の分配の
法理を引き出し，主張責任は証明責任の，主張責任の分配は証明責任の分配のそ
れぞれ弁論主義の投影にすぎないとするから，理論的には，主張責任と証明責任
との関係では，証明責任が本質的な存在で，主張責任は，その付属的な存在にな
り，証明責任の分配と証明責任との関係では，証明責任が本来的な存在で，証明
責任の分配は，その派生的な存在であって，主張責任と主張責任の分配との関係
も，同様な存在となる。また，証明責任，証明責任の分配，主張責任および主張
責任の分配の所属法域は，いずれも民法と民事訴訟法の両領域にまたがる法理と
いうことになろう（もっとも，兼子博士は，「挙証責任規定〔＝証明責任規範〕は，
実体法規が対立する当事者の紛争解決のための裁判規範として適用されることに伴う必
然のものである。これに属する規定，事件についてどんな内容の解決を与えるかに関し，
本案判決の内容の規準を成すのであって，直接適用される主たる法条と同様に実体法規
に属するのである」〔前掲論文「立証責任」572頁〕といわれる）。

　しかし，私は，民事上の訴えを基礎づけるために請求があり，請求を基礎づけ
るために主張があり，主張を基礎づけるために証明があり，それに対応して主張
責任があり証明責任があると考える[1]。そこで，これから主張責任と証明責任に
ついて説明をすることとする

　行為規範の定める要件および効果について主張責任の分配を行なって見出され
た裁判規範の要件および効果を適用して主張責任が生じ，証明責任の分配と証明

---

(1)　ちなみに，フランス新民事訴訟法6条は，「その申立（prétentions）の根拠として，当
　事者は，その基礎となる事実を主張する責任がある。」（訳文は，法務大臣官房司法法制調
　査部編・注釈フランス新民事訴訟法典〔昭和53年9月，法曹会〕24頁による）と定める。
　なお，申立てについては，同法4条1項および2項本文を参照されたい。証明責任につい
　ては，後に紹介する〔次節IV，3の〔行為責任としての証明責任は，…〕末尾を参照〕。

IV　民事訴訟における主張責任と証明責任

責任も同様であると考えるから，上述したように主張に関する法理が証明に関する法理に先行するうえ，主張責任の分配と主張責任との関係は，主張責任の分配があるからこそ後に述べる行為責任としての主張責任が論理必然的に生じ，行為責任としての主張責任があるからこそ当然のこととして結果責任としての主張責任が生じるのであって，証明責任の分配と証明責任との関係も，同様である。また，主張責任の分配および証明責任の分配の所属法域はともに民法であるが，主張責任および証明責任の所属法域はともに民事訴訟法であると考える。したがって，私にいわせれば，主張責任および証明責任は，要件事実論とくに主張責任の分配および証明責任の分配とは密接なつながりはあるものの理論的には要件事実論の埒外の問題になるわけである。

2　主張責任の意義

〔主張責任とは，なにか〕

　行為規範の定める法律要件を充足する社会事象が生起すると，その行為規範の定める法律効果のその社会事象に対応する具体的な権利の変動が生ずること，民事訴訟における審判の対象が請求であること，請求が具体的な権利の存否等の主張であること，地方裁判所以上の裁判所に原告が訴えを提起するにあたって提出する訴状には請求を特定して記載しなければならないこと，被告が請求を認諾しない場合には，原告が請求の正当であるとの証を立てるべく取効行為をしなければならないこと，主張は，取効行為の一つであることは前述した。そして，主張責任は，①自己に主張すべき負担を分配された裁判規範の要件である要件事実を充足する社会事象（以下「主要事実」という）および裁判規範の効果である分配効果のその主要事実に対応する具体的な権利を主張すべき負担（後に述べる行為責任としての主張責任），または，②その主張をすべきであるのにそれをしなかったことにより分配効果のその主要事実に対応する具体的な権利を受けることができない不利益（後に述べる結果責任としての主張責任）である（要件事実および分配効果については，前に詳述した）。したがって，主張をすべきであるということは，負担であって義務ではないが，主張をすべきであるのにこれをしなかったときは，その主張によって受けることができる分配効果の主要事実に対応する具体的な権利を受けることができない不利益を受けることになる。

〔行為責任としての主張責任とは，どのようなものか〕

　民事訴訟においては弁論主義が支配する結果，被告が原告の提示した請求を認諾しないかぎり，原告は，請求を基礎づけるために，主張責任の分配（主張責任

340

の分配については，前述した〔Ⅲ，1-1-1(1)を参照〕によって自己が主張を負担すべきことになっている要件事実を充足する主要事実および分配効果のその主要事実に対応する具体的な効果を主張することになる。被告は，この主張を認めるか，争っても原告がこの主張する主要事実の存在を証明するかすると，被告は，原告が主張・証明した分配効果の主要事実に対応する具体的な効果を排斥するために，主張責任の分配によって自己が主張を負担すべきことになっている要件事実を充足する主要事実および分配効果のその主要事実に対応する効果を主張しなければならない。裁判規範の要件である要件事実および効果である分配効果が見出されるのは，実質的意義の民法を組織する個別的法規範を構成する行為規範の定める法律要件またはそれを組成する法律事実および法律効果または法律事実の結果である効果について主張責任（主張の負担）の分配を行なうことによるからである(2)。とすると，主張責任の分配は，請求を基礎づけまたはそれを排斥するべく要件事実を充足する主要事実および分配効果のその主要事実に対応する具体的な効果についての主張の負担を権利の存在を主張する者とそれを争う者とに分ける，率直にいうとそれらの主張を両者に分担させることである。そうだとすると，主張責任の分配＝訴訟当事者のどちらかに主張を負担させる→主張責任の負担＝主張責任で，主張責任の分配によって見出された要件事実および分配効果には行為責任としての主張責任が内在しているというか要件事実および分配効果から論理必然的に行為責任としての主張責任が析出されることになるというかすることになるのではないだろうか。要するに，訴訟当事者が主張責任の分配によって自己に分配された要件事実を充足する社会事象およびそれから生ずる分配効果に内包されている具体的な効果を主張すべき負担があることになるのである。この主張すべき負担を行為責任としての主張責任という。

　行為責任としての主張責任は，このように負担であって，義務ではないが，具体的な訴訟においてこの主張責任を負った当事者が要件事実を充足する具体的な社会事象すなわち主要事実を主張することを怠るとき，換言すれば，主要事実を訴訟の進行状況に応じた適切な時期に（民訴156）口頭弁論に上程しないときは，その当事者は，要件事実の結果である分配効果に内包されている具体的な効果を享受することができない不利益を受ける。この不利益が結果責任としての主張責任である。

　以上は，行為規範の定める法律要件または法律事実が自然的・社会的事実のみ

---

　(2)　もっとも，分配効果は，要件事実に結果として付随するといってよいから，主張責任の分配においては要件事実のみを取り上げるだけでよいといえなくもない。そこで，本項では，以下，要件事実のみを摘示する。

Ⅳ　民事訴訟における主張責任と証明責任

で構成されていて，これが主張責任の分配により裁判規範の要件すなわち要件事実になっているのであれば，それに付け加えることはないのであるが，法律要件または法律事実には，民法548条の定める解除権などの権利，558条の定める売買契約などの法律関係，1条3項の定める権利の濫用などの一般条項，709条の定める過失などの不特定概念といった法的判断を要素とする事項があり（この法律要件または法律事実である法的判断を要素とする事項の存否が法律効果の有無をもたらすのである），これらについて主張責任の分配をすると，この種の法律要件または法律事実はこれをそのままでは分割することができないから，裁判規範の要件である要件事実もそのまま権利，法律関係，一般条項，不特定概念といった法的判断を要する事物になる。以下では，これについて述べることとするが，これが第1次的な要件事実である。

　そして，この要件事実についても権利主張および権利自白を認める以上（権利主張および権利自白が認められることは，前に詳述した〔Ⅲ，1-1-1(6)の〔主として法律事実の性質または内容を考慮しなければならない事項の一つとして……〕を参照〕）行為責任としての主張責任を考えることができる。たとえば，所有権に基づく返還請求権発生の要件事実は，①　請求者が物について所有権を有していることと，②　相手方がその物を占有していること，③相手方がその物を占有する権原を有していないことであるが，①を取り上げていうならば，この①の所有権の保持が法的判断を要する事項であるから，第1次的要件事実となる。具体的な所有物返還請求の訴えで，原告が請求の原因として①の要件事実を充足するところの「原告は請求の趣旨で述べた物を所有している」と主張したところ，被告がこれを争ったときは，この第1次的要件事実を基礎づける，原告がその物の所有権を取得した原因となる事実が第2次的要件事実になり，原告は，この第2次的要件事実である・その所有権の取得原因事実を充足するところの「その物を某が所有していたところ，原告は，○年○月，某から，その物を買受けた」と主張することになる。このことは，所有権確認訴訟で，被告が請求（その法的性質は，法律上の主張）を認諾しないときに，原告がその請求を基礎づけるために，請求の原因として，その所有権の取得原因事実を充足するところの「その物を某が所有していたところ，原告は，○年○月，某から，その物を買受けた」と主張することと同じ構造である。

　このように，要件事実が法的判断を要する事項そのものあるいはそれを含む場合には，権利主張ができるから，それが第1次的要件事実となる。具体的な訴訟において，この要件事実を充足する社会事象の存否すなわち主要事実の主張は，主張を法律上と事実上とに分けるときは，法律上の主張となる。しかし，請求も，

342

権利関係の存否等の主張であって，その法的性質は法律上の主張であるところ，前述したように，請求の内容となる権利の存否等は，原告（反訴原告を含む）の専権的に定立するものであって，これについては主張責任の分配を観念することができない。そこで，通常は，請求を除くそれを基礎づけまたは排斥する法的判断を要素とする事項を内包する要件事実を第1次的要件事実とし，それを充足する社会事象の主張を法律上の主張あるいは権利主張というのである。

権利主張を相手方が認めるときは，権利自白が成立する。そして，権利自白も民訴法179条の定める自白といってよいか，少なくとも私的自治の原則の訴訟法的表現である弁論主義の自白排除効から，同条の定める自白を類推することができるというべきであるから，権利自白した社会事象は，それを基礎づける自然的・社会的事実を主張したりそれを証明したりすることを要しない。権利自白には，後に述べる事実上の主張の予告を受けることを不要とする意思を表示する一面があるのである。権利主張を相手方が争うときは，法的判断を要する事項である社会事象はこれを証拠等によって証明することができないから，権利主張をした当事者は，法的判断を要する事項を内包する要件事実を基礎づけ，かつ，証明が可能な自然的・社会的事実の類型を要件事実としこれを充足する具体的な自然的・社会的事実を主張しなければならない。

この要件事実が第2次的な要件事実であるが，このほかに請求を直接に基礎づける自然的・社会的事実で構成された要件事実もある。第2次的要件事実または請求を直接に基礎づける自然的・社会的事実で構成された要件事実を充足する具体的な自然的・社会的事実つまり主要事実の主張は，事実上の主張であって，訴訟行為の法理から，相手方がこの主張を争うときは，この主要事実を証明すべく立証することを黙示的にとはいえ予告する機能もあるのである。そして，相手方がその主張を認めるときは，自白が成立し，証明することを要しない（民訴179）。事実上の主張に対する自白には，立証の予告を受けることを不要とする意思の表示がある一面があるのである。しかし，相手方がその主張を争うときは，その主張をした当事者は，不要証事実を除きその予告どおりにこの主張にかかる具体的な自然的・社会的事実を立証によって証明しなければならない。

〔結果責任としての主張責任とは，どのようなものか〕

行為責任としての主張責任を負うべき当事者が主要事実を訴訟の進行状況に応じて適切な時期までに（民訴156）主張して弁論に上程しないときは，裁判所は，その主要事実およびそれに対応して生ずる具体的な効果を裁判の基礎とすることができない。すなわち，裁判所は，その主要事実を法的三段論法の小前提とするところの大前提である裁判規範の要件事実が充足されないことになる以上，その

IV　民事訴訟における主張責任と証明責任

結果である分配効果の主要事実に応じた具体的な効果を生じないと判断することになる。このように，結果責任としての主張責任は，行為責任としての主張責任を負っていながら主要事実の主張を回避ないし懈怠して責任を尽くさないことによる当然の成り行きとして生じるものである。

この結果責任としての主張責任は，弁論主義の内容の一部（次段の弁論主義の付帯的内容中の①テーゼ）と一致する。そこで，次に弁論主義の意義等を瞥見しておくことにする。

〔弁論主義は，訴訟資料の収集の権能かつ責任が裁判所と当事者との間では当事者側にあるとともに，当事者の間ではそれについて利益を有する当事者側にあるとする原則ではないか〕

広義で弁論主義というときは，狭義の弁論主義のほか，処分権主義とか当事者対等主義とかを含む原則の意味で用いられるが，狭義で職権探知主義に対立して用いられるときは，裁判に必要な社会事象に関する資料の収集を当事者の権能かつ責任であるとする原則をいうのである。

弁論主義（狭義）の具体的内容は，時代とともに変遷しており，現在でもそれをめぐって見解の対立があるが，民訴法の規定（159Ⅰ，179），職権探知主義を定める（人訴20）人訴法上の規定[19]の反対解釈から窺い知ることができ，かつ，弁論主義の根拠を本質説で理解するならば，ということは自己責任の原理で理解するならばということであるが，弁論主義の付帯的内容は，次のとおりである。

①　主張責任を分配された当事者の主張しない社会事象をその当事者の利益に裁判の基礎とすることができないこと（主張責任。ただし，通説の認める主張共通の原則〔相手方の援用しない自己に不利益な陳述を排除する）

②　当事者間に争いのない社会事象（権利，不特定概念等を含む）は，そのまま裁判の基礎にしなければならないこと（自白の審判排除効）

③　当事者間で争いのある自然的・社会的事実の認定は，弁論の全趣旨を別として，その自然的・社会的事実について証明責任を分配された当事者が申し出た証拠によらなければならないこと（職権証拠調べの禁止。ただし，判例・通説の認める証拠共通の原則の排除）

このうち①と②が主張責任にかかわるテーゼである。①の主張責任は，一般に，主要事実を当事者のどちらもが弁論に顕出しないため，その主要事実を主張することによって利益を受けるはずの当事者がこれを判決に斟酌されないことによって受ける不利益であるなどといわれている。その結果，弁論主義は，訴訟資料の収集を当事者の権能であると同時に責任であるとする制度であり，訴訟資料の収集について裁判所と当事者と役割分担を定めるものであるといわれている。そし

て，そこから主張共通の原則や相手方の援用しない自己の不利益な陳述が導き出せるとされている。

　ところが，近時，手続き保障の第3の波の立場から，
「民事裁判においては，いかなる主張をしてどのような証拠をあげて争うかは，それぞれの当事者がみずから選択し，決めることである。各当事者が選択した争い方に対しては責任を負うが，自己決定が及ばない訴訟追行の結果や手続形成にはなんらの責任や負担を負わないのが原則である」
とし，
　「主張責任，立証責任を，当事者がそれぞれ何を主張すべきか，立証すべきかという，当事者間の訴訟追行上の行為責任分配のルールとしてとらえていけば……，当事者間の主張共通，証拠共通の法理そのものが問い直されることになろう」（井上治典ほか・これからの民事訴訟法〔1984年4月，日本評論社〕187頁，なお，197頁〈井上〉）
とする見解が唱えられている。おそらく，弁論主義には，訴訟資料の収集・責任について裁判所と当事者との役割分担にとどまらず，当事者相互間の役割分担も定められているとみるべきだということであろう（同書196頁参照）。

　基本的には，この考えを支持すべきであるが，しかし，民事訴訟において弁論主義が採用される理由（根拠）を，当事者への不意打ち防止を重視すべきであるとする手続き保障説に求めるべきではない。それは，民事訴訟の審判の対象である請求の内容となる権利関係の存否等が，私法上の権利・義務を含む法律関係は個人がその責任において自由にこれを決定し規律することができる（個人を拘束し，権利義務関係を成り立たせるものは，それぞれの意思であるともいわれる）とする私的自治の原則が支配する事項であり，弁論主義はこの原則の訴訟法的表現であるとみるべきであるから，民事訴訟制度にとって本質的なものである（本質説）と解すべきである。この根拠からいえば，弁論主義は，訴訟資料の収集について裁判所と当事者の役割分担にとどまらず，当事者相互間の役割分担も定めれれているとみなければならない。そうすると，弁論主義における主張責任は，主張責任を分配された当事者の主張しない主要事実である社会事象をその当事者の利益の基礎とすることができないことをいうと解すべきことになる。かつては，証明責任という用語よりも挙証責任あるいは立証責任という用語のほうが多用されたが，その意味合いは，挙証の責任あるいは立証の責任の趣旨があったのではないだろうか。そうだとすると，だれが挙証する負担を負うべきなのかだれが立証する負担を負うべきなのかであって，証明または無証明（証明不成功）は，その結果的事象にすぎないと考えられていたのではなかったか。そして，そのよう

IV　民事訴訟における主張責任と証明責任

なことが，証拠提出責任を証明責任まがいに考える説に結実したのではないだろうか。それが証明責任という用語になった途端に，だれが挙証する負担を負うべきか，だれが立証する負担を負うべきかではなく，その結果こそが重要なのだということになってしまうことでよいのだろうか。そのうえ，客観的証明責任がすべての基本であって，主張責任は，弁論主義による証明責任の投影にすぎないことになり，主張責任においてもだれが主張する負担を負うべきかの議論が飛んでしまったのではなかったか。

弁論主義の根拠については，当事者こそが一番よく事実を知っているはずであり，かつ，利害を有しているとして，当事者に事案解明を任せたほうが真実を発見しやすいとの政策的考慮に基づくとする手段説や当事者への不意打ちの防止を重視すべきであるという手続き保障説があり，さらに，近時は，これらの根拠を総合的に考慮すべしとする多元説も有力になってきている。しかし，真実発見を強調すると弁論主義の内容とはある意味で相反することになるのではないだろうか。また，不意打ちは裁判所の弁論主義違背が要因となっているのであるから，その防止は裁判所が弁論主義を遵守するか的確な釈明権の行使をするかであって，それをもって弁論主義の根拠とするのは見当がはずれているように思われる。

〔当事者間および共同訴訟人間における主張共通の原則を認めることは，できないのではないか〕

なお，主張共通の原則（および証拠共通の原則）は，2当事者間の問題であるばかりでなく，共同訴訟人間の問題でもある。必要的共同訴訟（民訴40）の場合を除き，通常共同訴訟の場合には，共同訴訟人の一人の訴訟行為，共同訴訟人の一人に対する訴訟行為および共同訴訟人の一人に生じた事項は，他の共同訴訟人に影響を及ぼさないという原則がある（同法39）。共同訴訟人独立の原則である。共同訴訟はもともと各個別々にすることができる訴訟を一つの手続きに併合して審判するのであるから，この原則は，当然といえば当然の原則である。それにもかかわらず，この原則は，共同訴訟の効用，当事者の公平という観点から，各自が他の者の制約を受けないで積極的な訴訟追行行為をすることができるというにとどまり，その権能を行使しなかった場合の訴訟上の取扱いは，もはやこの原則と直接の関係はないとして，この原則には限界があるとするのが，主張共通の原則については有力説であり，証拠共通の原則については判例（大判大正10・9・28民録27輯1646頁，最（二）判昭和45・1・23判時589号50頁）・通説である。

主張共通の原則についてであるが（証拠共通の原則については，後述する），これについては最（一）判昭和43・9・12民集22巻9号1896頁が，判旨は利害の共通する共同訴訟人間における補助参加の効力に関するものであるが，補助参加の

申出には参加の趣旨のほかその理由をも明らかにしなければならないところ（同法43 Ⅰ），「通常の共同訴訟においては，共同訴訟人の一人のする訴訟行為は他の共同訴訟人のため効力を生じないのであって，たとえ共同訴訟人間に共通の利害関係が存するときでも同様である。したがって，共同訴訟人が相互に補助しようとするときは，補助参加の申出をすることを要するものである。もしなんらかかる申出をしないのにかかわらず，共同訴訟人とその相手方との間の関係から見て，その共同訴訟人の訴訟行為が，他の共同訴訟人のため当然に補助参加がされたと同一の効果を認めるものとするときは，果たしていかなる関係があるときこのような効果を認めるかに関して明確な基準を欠き，徒らに訴訟を混乱せしめることなきを保しえない」と判示するから，主張共通の原則を全面的に否定するものと解してよいであろう。

〔司法研修所は，主張責任を客観的証明責任の弁論主義による投影として理解しているのではないか〕

司研・要件事実1巻11頁は，

「ある法律効果の発生要件に該当する事実が弁論に現れないために，裁判所がその要件事実の存在を認定することが許されない結果，当該法律効果の発生が認められないという訴訟上の一方の当事者が受ける不利益又は危険を一般に主張責任と呼んでいる」

といい，また，同書21頁において

「主張責任は立証責任が弁論主義というフィルターを通して主張の場に投影されたものと説明されることもある……」

という。この後文は，「説明されることもある」とあたかも第三者の言を紹介するような表現をとっているが，この言を否定していないところをみると，司研も同じ考えをもっているといってよい。

いずれにしても，司研は，結果責任としての主張責任を認めるのみで，行為責任としての主張責任やローゼンベルクのいう主観的主張責任を認めていないように思われるが，司研は，主張責任および証明責任について基本的にはローゼンベルクの証明責任論をなぞっているようなので，次にローゼンベルクの主張責任の考えをみてみたい。

ローゼンベルクは，証明責任論54頁において，主張責任を

「弁論主義訴訟においては，当事者は，裁判に必要な事実を証明するだけでは足りず，主張を通じてそれを訴訟に，持ち込み，判決の基礎にするという行為が必要である。ここに主張責任（Behauptungslast）の概念が成立する（これをまた事実提出責任（Anführungslast）と称する）」

といい，「証明するだけでは足りず」ということからも窺うことができるが，証明することが基本で主張することは弁論主義訴訟による副産物であるとするもののごとくである。そのうえ，同書61頁において

「主張責任の対象と範囲は何かという問題は，証明責任分配の問題と同じ方法で解かれるべきものであり，同じ困難を示している。主張責任と証明責任とは別々の二問題でなく，同一問題の二面なのであって，これが，判決基礎の確定を指向する当事者の活動が主張と立証という両者から成る二面性に対応するのである。〔改行〕各当事者は，自己に有利な法規の要件が引き出せるような事実関係を主張することを要し，争いあれば更に立証をも要する。このことから明らかになるのは，主張責任の対象の範囲が原則的には証明責任のそれと一致せねばならぬということである」

というのであるが，さらに，同書59頁において

「証明責任の場合と同様に，ここでも客観的主張責任・主観的主張責任の両概念を区別できるが，やはり客観的主張責任のほうが基本的である。けだし，主張責任ある側だけでなく，双方の主張が斟酌されるのである以上，どちらかから要件事実が主張されてさえいればよく，主張責任ある側からの主張かどうかは原則として問題にならない。しかし，どちらからも主張がないままだと，主張責任あるほうが敗訴するということになるのである」

というのである。

〔証明責任は，その枠組み，内容等を主張責任に拘束され，しかも，証明にしろ証明責任にしろ主張について当事者間に争いがなければ問題となることがないのではないか〕

繰り返していうことになるが，民事訴訟では，審判の対象となる請求は，私人がその責任において自由に決定し規律することができる私的自治の原則の支配する権利または法律関係の存否等の主張であり，その権利または法律関係の存否等の決め手となる主要事実の存在は，主張責任によって枠付けされ，訴訟当事者が自己の自由な意思ですることのできる主張を口頭弁論に顕出することを要するところ，当事者間にその主張について争いがなければ，証明責任にしろ証明にしろ問題となることがないのである。また，証明責任の分配は，前に述べたように〔Ⅲ，1-1-1(1)の〔訴訟において請求の内容である権利の存否等を証明の段階で可能にするためには……〕を参照〕，主張責任の分配とは起源を異にする。

これらのことを考えただけでも，証明責任や証明が主張責任や主張を規制したり，同一であるということができないことは明らかであろう。

また，行為責任としての主張責任あるいは主観的主張責任を無視して結果責任

としての主張責任あるいは客観的証明責任を考えることができないことは，くだくだしく述べるまでもないことであろう。

3　証明責任の意義

〔証明責任という用語は，どのように使われるのか〕

証明責任の用語について，倉田博士は，ローゼンベルク証明責任論3頁の例言の中において

「Beweislast の訳語としては，従来『立証責任』『挙証責任』が慣用されているが，これは Beweislast の Beweisführungslast（証明遂行責任）としての一面のみをきわ立たせて Beweis という原語の含蓄を失っており，『立証する責任』としてのみ理解されていた時代の訳語 （例えば大判明三六・九・二 一民録九輯九七〇頁参照） としては格別，正に原著の功績として右のような理解が克服され Feststellungslast（確定責任）（この術語は，本 書初版でローゼ ンベルクが提唱し たものである。……） こそ Beweislast の本質であるとの認識が確立した今日，この旧来の訳語に執着すべきではないと信じるので，敢えて異を立てて『証明責任』の語を用いた」

といわれ，松本博士は，その著書である証明責任の分配〔新版〕2頁において

「……私見によれば，証明責任が第一次的には，当事者の証拠提出活動ではなく，法適用の段階での，法規の法律要件要素の存否不明の取扱いの問題であることに共通の理解がありさえすれば(3)，どの用語を用いるかは単なる言葉の問題の域を出ない。むしろ，用語の問題としては，証明責任という表現が当事者との関係のみを連想させ，第一次には真偽不明のさいの法適用問題が問題となっているという事の本質を見誤らせる点にこそ難点があろう。ただ，証明責任の語は，今日一般に定着しており，また『責任』にかわる適切な用語も見当たらないので，本書においても，証明責任という用語を用いる」

といわれる。

しかし，私は，お二人のご意見に到底承服することができない。民事証拠法がドイツ民事法とわが民事法とで法制度として異なることは後述するとおりであり〔次節の〔わが国に客観的証明責任の理論が導入され，……〕などを参照〕，また，わが民事法における立証責任，挙証責任あるいは証明責任の用語は，ラテン語の

---

(3)　「証明責任が……法適用の段階での，法規の法律要件要素の存否不明の取扱いの問題」であるというのは，ドイツ証拠法における自由心証主義を前提とする議論であって，わが証拠法における自由心証主義の下においては前提にならないから，「共通の理解」にはなりえないといわなければならない。

Ⅳ　民事訴訟における主張責任と証明責任

Onus probandi あるいはフランス語の Charge de preuve，英語の Bueden of proof の訳語であって，後に詳述する明治 18 年ころから同 30 年ころまでの証明責任に関する立法の経緯および学説の推移から感得していただけると思うが，大正 15 年法律 61 号による改正前の民事訴訟法（明治 23 年法律 29 号）すなわち旧々民訴法の原草案にあたる訴訟規則および旧民法草案の条文に淵源を有し，同年ころから数年にわたって学者や実務家によってそれぞれの内容に即して徐々に形成され，岡松参太郎講述＝熊川元重偏輯・証拠法（東京法学院〔明治〕29 年度第三年度講義案〔明治 30 年？，東京法学院〕）においてほぼ完成の域に達したものであり[4]，客観的証明責任論によるそれらの用語は，それらを借用したものにすぎない。

　私は，証明責任を，分配上証明責任を負う当事者が係争の主要事実を証明すべき行為責任とし，かつ，無証明または証明失敗に対する反射的効果として，裁判官が係争の主要事実をあてはめの要件とする法規を適用しないことによりその当事者の負う不利益を結果責任として理解し，その意味で使用することになんらの躊躇も覚えない。というよりは，その方がわが民事訴訟における証明責任の本来の用法であると思っている。そして，ローゼンベルクのいう確定責任に相当する結果責任としての証明責任における不利益は，行為責任としての証明責任を負っていながら結果として要証の主要事実を証明することができなかったことの当然の結末なのである。

〔行為責任としての証明責任は，どのように理解されるべきか〕

　行為責任としての証明責任は，行為責任としての主張責任が主張責任の分配において請求を基礎づけまたは排斥するべく主張の負担（主張責任）を権利の存在を主張する者とその主張を争う者に定める法理である以上，それに伴って論理必然に観念されることと同様に，証明責任の分配が（事実上の）主張を基づけまたはそれを排斥するべく証明の負担（証明責任）を権利の存在を主張する者とその主張を争う者を定める法理である以上，それに伴って論理必然的に観念されることになる。

　具体的な訴訟において，行為責任としての主張責任を負う当事者が要件事実を充足する具体的な自然的・社会的事実を主要事実として主張するということは，これを機能的にみると，相手方がその主張を争えば立証して証明することを予告することである。したがって，相手方がその主張を争うときは，その主張責任を

（4）　岡松講述＝熊川編輯・証拠法 115 頁の「証明ノ責任トハ一ノ訴訟事件ニ於テ主張ノ根拠トスル事実ヲ完全ニ証明スルノ責任ナリ……証明ノ責任ハ常ニ事実ノ主張者ニ在リテ決シテ他ニ移転スルコトナシ」という説明からも分かるように，わが国伝来の証明責任は，行為責任である。

負う当事者と同一の者が行為責任としての証明責任を負って，主張した主要事実を立証によって証明しなければならないことになる。そして，その当事者が立証すらしないで証明することを懈怠したり立証したとしても証明することに失敗したりしたときは，次段で述べる結果責任としての証明責任を負うことになる。他方，相手方がその主張を認めるときは，自白が成立し，それを証明する必要はないことになる（民訴179）。

　ところが，ローゼンベルクは，

　「もちろん，証明責任ある当事者のこういう訴訟上の活動は証明責任の本質ではない，というのが正しいのである。けだし，今日では，判決は『弁論ノ全趣旨ヲ斟酌シテ』（〔ドイツ〕民訴法二八六条）なされるのであるから，当然のことながら証明責任のない当事者の主張・立証も顧慮されるのが常であり，裁判官の心証の基礎となるものを調達することは，もはや証明責任ある当事者だけの仕事ではない（〔ドイツ〕民訴法三五九条一号参照）からである。何が証明されたかが問題なのであって，誰が証明したかではない」（証明責任論30頁）
などという。

　しかし，弁論の全趣旨においては「証明責任のない当事者の……立証も顧慮される」という意味が証明責任のない当事者の提出した証拠資料も証明責任のある当事者の主張した要証事実の認定に顧慮されるということであれば，この記述には疑問がある。そうであれば，証明責任の分配は無意味な法理になる。証明責任の分配は，だれがなにを証明すべきかを定めるものなのである。そのうえ，この記述は，証明責任論を裁判官の要証事実の認定における真偽不明の心証を解決する法理である客観的証明責任を基本として構築しようとするところから発せられるものである。率直にいうならば，証明責任の概念から証明責任の分配の概念を引き出すという順逆を転倒した論理より発せられたものである。

　裁判官が弁論の全趣旨を斟酌して真実と認めるべきか否かを判断することが，証明責任のない当事者の立証も顧慮されることになり，それから直に裁判官の心証の基礎となるものを調達することが証明責任ある当事者だけの仕事ではないこととなるというのは論理の飛躍ではないだろうか。そもそも，（口頭）弁論の全趣旨（民訴247）は，審理に現れた，証拠資料以外の一切の資料・状況を意味するが，裁判官が判決をするに当たって要証の事実についての心証を形成する場合に用いられるものであって，当事者がこれを用いることはできないのである。当事者は，せいぜい，これを訴訟の審理での立証活動においてその一助になるものとして想定することができるだけである。裁判官にしても，弁論の全趣旨を単独で心証の形成に用いるのは，一部の要証の補助事実（たとえば，医師が作成した診断書など

の成立の真正に争いがある場合にその真正）についてであって，権利の存否をめぐる要証の主要事実となる社会事象の心証の形成に用いるときは，証拠資料をサポートする趣旨で用いるのである。そのように，弁論の全趣旨が用いられるのは，裁判官の心証の形成が多分に複雑であるとともに証明度の問題などで多少なりともあいまいであることのつっかえ棒としてである。

　訴訟の主体として裁判官とともに訴訟当事者をも捉えるときは，証明責任の分配を観念する以上，訴訟当事者の立証活動の方向性を定めるとともにその結果として到来する事態を定めるところの証明責任を否定することはできないというべきである。言い換えると，訴訟の審理において要証事実を証明するべく行為をしなければならない者をあらかじめ決めておくことは，必要にして不可欠のことである。フランス民訴法9条は，「その申立の認容のために必要な事実を法律の定めるところにしたがって証明することは，各当事者の負担とする」と規定するのである（訳文は，法務大臣官房司法法制調査部編・注釈フランス民事訴訟法典31頁による）。

〔行為責任としての証明責任と当事者の立証活動とは，異なるのではないか〕

　前述したように，行為責任としての証明責任は，具体的な訴訟において，行為責任としての主張責任を負う当事者が自然的・社会的事実で構成されている要件事実を充足する具体的な自然的・社会的事実の存在すなわち主要事実を主張したところ，相手方がその主張の全部または一部を争ったときに，この行為責任としての主張責任を負う当事者と同一の者で行為責任としての証明責任を負う当事者がその主要事実の全部または一部を証明すべき負担である。したがって，主要事実を証拠資料によって証明すべきときは，行為責任としての証明責任を負う当事者は，それを証明すべく証拠（本証）を提出しなければならない。相手方は，本証が提出されないときは，拱手傍観していればよいが，有力な本証が提出されたときは，敗訴を免れたいと思うならば，裁判所のその本証による心証を動揺させるに足りる証拠（反証）を提出する必要がある。行為責任としての証明責任を負う当事者は，なんらの反証も提出されないときは，それ以上の証拠を提出する必要はないが，反証が提出されたときは，裁判所のその反証による心証を排斥するかその反証にもかかわらず証明をするに足りる強力な証拠を提出する必要がある。

　このように，具体的な訴訟においては，当事者の双方に立証の必要が生じることがあり，この立証の必要は，その程度に応じて当事者の間を転々と移動することになる。一方の当事者が他方の当事者の立証活動のいかんによって立証の必要が生じ，それに応じて証拠を提出しなければならない負担を負うことを証拠提出責任といい，かつてはわが国の民事訴訟における証明責任を証拠提出責任として

理解しているのではなか思われる見解もあった。中島弘道・日本民事訴訟法第一編〔昭和9年2月，松華堂書店〕547頁は，「立証責任トハ当事者カ自己ニ有利ナル裁判ヲ受クルカ為ニ必要ナル事実ヲ証スル証拠ヲ申出ツヘキ責任ヲ謂フ」とするのである[5]。しかし，立証の必要から証拠を提出しなければならない負担は事実上のものであって法律上のものではないから，それは，行為責任としての証明責任とは直接的には関係のないものである。

〔結果責任としての証明責任は，どのように理解されるべきか〕

後に紹介する〔本節の〔わが国に客観的証明責任の理論が導入され，……〕を参照〕岡村玄治氏の述べる証明責任の観念，すなわち，

「挙証責任（立証責任 Beweislast）トハ一定ノ法律関係ノ存否ノ判断ニ直接必要ナル事実又ハ其事実ヲ直接又ハ間接ニ証明スヘキ事実ヲ主張スル者カ之ヲ証明セサルトキハ其事実アリト認定セラレス又ハ却テ反対ノ事実アリト認定セラルヘキ地位ヲ謂フ……」（「挙証責任」法学志林21巻9号3〜4頁。この論文は，同・挙証責任論其他五題〔大正13年6月，巌松堂書店〕1頁以下に収録されている）

からも分かるように，行為としてすべき証明がないときまたは不成功であるときに結果責任としての証明責任が生ずるであり，このことは，岡村氏にかぎらず，たとえば，深野・訂正増補民事訴訟法講義414頁の

「凡ソ自己ノ主張ヲ証明セサル当事者ハ所謂口頭無証ノ陳述ヲ為ス者ニシテ相手方カ之ヲ自白スルニ非サルヨリハ其主張ハ裁判上ニ於テ採用セラレサルモノトス」

の記述あるいは岡松講述・証拠法129頁の「証明ノ責任ヲ尽クサヽルノ効果」の見出しの下で

「証明ノ責任ヲ尽クサヽル者ハ敗訴スルコト（旧民法証拠編）第二条ノ規定スル所ナリ蓋シ此責任ヲ尽クス能ハサル者ハ現在ノ有様ヲ変更スル能ハサルモノナルカ故ニ現在ノ有様ニ依テ判決ヲ下サレ自己ノ不利益ニ帰ス可キハ当然ナレハナリ而シテ若シ証明ノ責任ヲ尽クサスシテ其主張ノ全部ヲ証スルコト能ハサリシトキハ全部ニ付テ敗訴シ若シ其一部ヲ証スルコト能ハサリシトキハ其証シ得サル部分ニ付テ敗訴スルモノトス」

との記述や，大判明治37・8・15民録10輯1084頁の

---

(5) 中島(弘)・挙証責任の研究〔昭和24年10月，有斐閣〕55頁も参照。もっとも，同・日本民事訴訟法第一編548頁では，「立証責任ハ立証ヲ要スルニ足ル証拠ナキコトニ因リ不利益ヲ受クヘキ法律上ノ地位ナリ」ともいい，また，同・挙証責任の研究57頁では，「基本的挙証責任は，或る一つの訴訟事件に於て主張・立証責任分配の原則に従い一定の事実を主張すべき責任の分配を受けた当事者が，其の主張にかかる事実を本証を以て証明すべき責任である」ともいう。

Ⅳ　民事訴訟における主張責任と証明責任

「由是之ヲ観レハ約束手形ノ振出人タル被上告人カ本訴手形ノ裏書ヲ争フ場合ニ於テ上告人ハ其裏書ノ真正ナルコト即チ自ラ正当ノ所持人ナル事実ヲ立証スルニ非レハ被上告人ニ対シテ手形金ノ請求ヲ為スヲ得サルコトハ自ラ明ナリ」との判示（もっとも，この判示の内容については問題がある）等々からも明らかであろう。そして，この行為としてすべき証明を負担すなわち責任と解するならば，行為責任としての証明責任を尽くさないときは，結果責任としての証明責任が生ずるといっていると理解してもあながち不当であることにはならないのではないだろうか。

　要件事実が自然的・社会的事実によって構成されている場合についてはこれ以上述べることもないので，次に要件事実が権利などの法的判断を要する事項によって構成されている場合について述べ，それをもって結果責任としての証明責任を説明すると，その要件事実は，抽象的観念的な社会事象であるから，これを直接に証拠によって証明することはできず，したがって，これについて結果責任としての証明責任を考えることができない。そこで，主張責任において詳しく述べたように，その要件事実を基礎づけ，かつ，自然的・社会的事実の類型に引き直した要件事実を充足する具体的な自然的・社会的事実について主張責任を負った当事者がそれを主張したところ，相手方がその主張を争い，それが要証事実であったときは，その主張をした当事者は，要証事実について行為責任としての証明責任を負うことになるが，その当事者が事実審の口頭弁論の終結時点までに証拠を提出しなかった（無証明）か，または，証拠を提出したが同時点で裁判官の確信を抱かすことができなかった（証明失敗，証明不成功）かした場合において，裁判官が（証拠の提出があり）弁論の全趣旨を考慮してもなおその要証事実を認めるに足りないと判断したときは，裁判所は，その主要事実を小前提として大前提である裁判規範の要件すなわち要件事実にあてはめることができないため，その結果である裁判規範の効果すなわち分配効果に応じる具体的な効果が生じたと判断することができない。

　こうして，行為責任としての証明責任を負う当事者は，一般的にいうと，事実審の口頭弁論終結時点において，要証の主要事実を証明することができないことにより，分配効果の主要事実に対応する具体的な効果の発生を享受することができないという不利益を受ける。この不利益が結果責任としての証明責任である。

　前に紹介したように，旧民法証拠編2条は，「自己ノ主張ノ全部又ハ一分ヲ法律ニ従ヒテ証セス又ハ判事カ証拠ヲ査定スル権ノ自由ナル場合ニ於テ判事ニ此主張ノ心証ヲ起サシメサリシ原告若クハ被告ハ其証セサリシ点ニ付キ請求又ハ抗弁ニ於テ敗訴ス」と規定していた。旧民法の起草者であったボアソナードは，同条

354

に相当する修正民法草案1815条の規定の趣旨を同編1条に相当する同草案1814条の「制裁ニシテ自己ノ主張ヲ証明セサル当事者ハ一ハ其請求ニ於テ他ハ抗弁ニ於テ敗訴ス」（修正民法草案注釈第五編16頁）ることだと説明している。

結果責任としての証明責任は，結論においてローゼンベルクがいうところの法規不適用原則を招来する証明責任と一致する。

〔司法研修所は，客観的証明責任を出発点として要件事実ないし要件事実論を論じているが，それにはさまざまな疑問があるのではないか〕

司法研修所が民法の各規定を裁判規範として理解しているのではないかということは，先に述べたとおりである〔Ⅰ，1-3-4 を参照〕。しかし，穂積博士が先に紹介した〔Ⅰ，1-3-5 を参照〕『法典論』において

「古代に於ては，法律を以て治民の要具となせしを以て，其文章用語は独り執法者のみ之を了解すれば，固より足れりと雖ども，近世に於ては，法律を以て権義の利器となすを以て，苟くも人民たる者は，尽く之を知らざる可らず，立法者たる者も，亦た之を人民に知らしむるを以て其務となさべる可らず」（下線は，引用者。183〜4頁）

と述べるように，民法典を裁判規範として制定するのは古い考えであって(6)，行為規範として制定するのが西欧近世以後における立法者の一般的な考えとなっていたのである（ただし，ドイツ民法第一草案は，法曹法である）。したがって，わが民法の各規定の大部分は，行為規範であると理解しなければならないのではないだろうか。

ところが，司法研修所は，客観的証明責任を出発点として，要件事実論を論じる。すなわち，「訴訟上，ある要件事実（＝主要事実）の存在が真偽不明に終わったために当該法律効果の発生が認められないという不利益又は危険を立証責任と呼ぶ（客観的立証責任と同義。証明責任ともいう。）」（要件事実1巻5頁）とする。この記述の前半は，証明責任を主要事実の真偽不明の枠内で理解する，つまり当該法律効果の発生が認められないのは，要証の主要事実の心証が真偽不明に終わったためであると証明責任の生じる範囲を限定しているのである（そして，司

---

(6)　一例を挙げると，徳川時代を前期と後期に分ける要因をなすものといわれ，寛保2年（1742年）に制定された江戸幕府の法規集である公事方御定書下巻，いわゆる御定書百ヶ条には，たとえば31条以下に20か条にわたって民事関係の規定があるが，内容は「秘密に属せしめられ，公表を厳禁されて」（奥野・定本御定書の研究5頁）法規は執法者のみが知りえた裁判規範であった。高田郁・美空晴れ（みおつくし料理帖）（ハルキ文庫）265頁には，刑事判決についてであるが，「どんな罪を犯せばどれほどの罰を浮けるかは，一応『御定書百箇条』に定められていると聞くが，この規は公表されておらず，庶民は知りようがない。中身は不明なまま，例えば『十両盗めば首が飛ぶ』云々と伝聞で広がっていくのだという。」と本来の裁判規範の法的性質が的確に描写されている。

355

研のいう証明責任は，客観的立証責任と同義，証明責任ともいう，とする。この客観的立証責任は，後項で詳細に紹介するローゼンベルクの証明責任をいっているのであろう）が，同書全般の記述では，松本博士が前に紹介したように「証明責任が第一次的には，……法適用の段階での，法規の法律要件要素の存否不明の取扱いの問題であることに共通の理解がありさえすれば」（傍点は，引用者）といわれるのと裏腹に，証明責任を主要事実の不真実の心証を含める法理としており，この証明責任の定義と大きく食い違っているのである。また，この記述の後半は，法律効果の発生が認められないといい，同書2頁は，

「当該権利の存否の判断は，その権利の発生が肯定されるか，その後，その権利が消滅したか，さらに，その消滅の効果が妨げられたかといった具合に，積極・消極のいくつかの法律効果の組合せによって導き出す以外に方法はない。〔改行〕実体法の多くはこのような法律効果の発生要件を規定したものであ」るというから，法律効果は，実体法の規定すなわち裁判規範上の効果と解されることになる。事実，この記述の少し後で

「ある要件事実を証明することができないで終わったために当該法律効果の発生が訴訟上認められないという不利益又は危険を立証責任と定義する以上」（同書5頁）

といっているから，要証事実の真偽不明のみならず不真実の心証の場合を含めて，法規不適用を証明責任としている。ということは，先の定義は，一つの文のなかで，前後矛盾することをいっているのである。

このように，要件事実論の出発点ですでに矛盾することをいっているのであるから，後にさまざまな疑問のある記述が出てくることは推して知るべきではないだろうか。

〔客観的証明責任とは，なにか〕

客観的証明責任の提唱者は，ドイツの民法および民事訴訟法の学者であるレオ・ローゼンベルクだけではないが，わが民事訴訟法における現時の通説であり，司法研修所の要件事実論で採るところの客観的証明責任は，ローゼンベルクの理論の系譜に属するものであるといってよい。そして，本書においては客観的証明責任を検討するときは，もっぱらローゼンベルクの法理についてすることにする。

ローゼンベルクは，客観的証明責任を

「構成要件の存否不明の場合にどのように裁判するかを裁判官に指示することによって，そういう不明あるにもかかわらず請求認容なり請求棄却なりの判決をなすに至るよう裁判官を助けるもの，それが証明責任の諸原則である。事実主張の真偽が確定しにくい場合に，裁判官に対し，為されれるべき判決の内容を指示

　　　　　　　　　　　　　　　　　　　　　　　　3　証明責任の意義

すること，この点に証明責任規範の本質と価値が存するのである」（証明責任論 9
頁）

とする。したがって，このローゼンベルクのいう客観的証明責任は，司法研修所
のいう「訴訟上，ある要件事実（＝主要事実）の存在が真偽不明に終わった」と
同じことになる。

　ローゼンベルクの客観的証明責任の法理がどのような経緯で考え出されるように
なったのかを説明すると次のとおりである。

　1877 年（明治 10 年）1 月 30 日に制定，同年 2 月 19 日に公布され，1879 年 10
月 1 日から施行された ZPO は，自由心証の妥当領域を裁判所が要証の主要事実
が真実であると判断するときと不真実（真実でない）と判断するときに限定し[7]，
真偽不明のときは，当事者の一方に裁判宣誓を命ずる条件付き判決をし，宣誓を
命じられた当事者が宣誓をすると，その宣誓が事実の完全な証拠となり，宣誓を
拒むと，宣誓すべき事実の反対を完全に証明するものとみなされる旨を定めてい
た（259，437，439，424，425，429。なお，1933〔昭和 8 年〕に改正される前の条文
を ZPO 旧 × 条という）。裁判官が要証事実の証拠調べの結果および弁論の全趣旨
により抱く心証に真実および不真実のほかに真偽不明という状態があるのは，証
拠裁判主義を採用する訴訟においては必然的に生じることであるが，ドイツ民訴
法では要証事実についてこの三つの心証を明確に分けて抱かなければならなかっ
たのである。そして，ZPO 旧第 2 編第 1 章第 10 節の・係争の事実の真偽不明を
解決するための裁判宣誓の制度の下では，当事者の宣誓[8]が証拠に代わって事
実の存否を証明する方法であった。すなわち，同節の見出しは「宣誓ニ依ル証
拠」となっており，旧 428 条 1 項は，要求宣誓について「宣誓ハ宣誓シタル事実
ノ完全ナル証拠ト為ル」と規定し，旧 439 条 1 項は，裁判宣誓に旧 428 条（1

（7）　ちなみに，ZPO 旧 259 条 1 項は，「裁判所ハ弁論ノ全旨及ヒ証拠調ヲナシタルトキハ
　　其結果ヲ参酌シ其自由ナル心証ヲ以テ事実上ノ主張ヲ真実又ハ不真実ナリト認ムヘキヤ否
　　ヤヲ判断ス判決ニハ判事ノ心証ノ標準トナリタル理由ヲ開示セサル可ラス」と規定してい
　　た（訳文は，高木（豊）・日独民事訴訟法対比による）。この前文のうちの「事実上ノ主張
　　ヲ真実又ハ不真実ナリト認ムヘキヤ否ヤ」の原文は，「ob eine tatsächliche Behauptung für
　　wahr oder für nicht wahr zu erachten sei」である。そして，2 項において「裁判所ハ此法律
　　ニ記載シタル場合ニ限リ法律上ノ証拠規則ニ拘束セラル」と定め，437 条および 439 条と
　　同条の準用する 428 条および 429 条がこの 2 項の「証拠規則」の一部であった。437 条は
　　「弁論ノ結果及ヒ証拠調ヲ為シタルトキハ其結果カ証明スヘキ事実ノ真否ニ付キ裁判所ノ
　　心証ヲ生スルニ十分ナラサルトキハ裁判所ハ係争事実ニ付キ当事者ノ一方ニ宣誓ヲ負担セ
　　シムルコトヲ得」と定めていた（439 条，428 条および 429 条は，本文で紹介した以上の
　　ことは省略する）。
（8）　当事者本人は，裁判宣誓の主体になりうるだけで，証拠方法となることができなかっ
　　た。

357

IV　民事訴訟における主張責任と証明責任

項）を準用していた（訳文は，石渡敏一ほか訳述・ロタール・ゾ井フェルト原著，獨逸帝国民事訴訟法同施行条例註釈第4冊〔明治33年11月，法書会〕320頁による）。なお，註釈によると，同条項「ハ強制的証拠規則ヲ掲ク宣誓アリタルトキハ裁判所ハ証拠心証権ヲ行フコトナク宣誓セラレタル事実ヲ完全ニ立証セラレタルモノト認定セサル可ラサルナリ」（同書321頁）ということである。そして，旧429条2項は，要求宣誓の拒絶について「宣誓ノ拒絶ハ宣誓ス可キ事実ノ反対カ完全ニ立証セラレタリト見做スノ結果ヲ生ス」（同書323頁）と規定し，旧439条1項は，裁判宣誓の拒絶に旧429条（2項）を準用していた。

　このように，裁判宣誓の制度の下でも，本来は事実の真偽不明という事態が事実の存否の規定において一人歩きをすることはなかった。訴訟における事実の存否は，結局その事実の証明の有無であって，事実の存否の確定において事実の真偽不明という事態が介入する余地がなかったのである。

　ドイツ普通法 gemeines Recht[9]では[10]，裁判所は，証明義務を負う者に（補充）宣誓を命ずるか，その相手方に（雪冤）宣誓を命ずるかは，係争事実の存否の蓋然性が大きいか少ないかによって決めることになっていたが，証明の程度が係争事実の真偽不明の心証の中間にある場合にはどちらの当事者に宣誓を命じるべきかについて争いがあった（川嶋四郎「1877年のドイツ民事訴訟法における当事者宣誓制度（3・完）」法政研究67巻1号〔平成12年8月，九州大学法政学会〕344頁。なお，田中〔和〕事証拠法の沿革（三）」法政研究13巻3号〔昭和19年1月，同学会〕69頁参照）。しかし，ZPO が自由心証を採用した結果，どちらの当事者に宣誓を命ずるかは，裁判官の自由な裁量に委ねられるべきであるとされた（ゾ井フェルト原著・前掲書374頁〈前田孝階訳〉。なお，川嶋・前掲論文344頁，田中〔和〕・前掲論文70頁参照）。とはいえ，ZPO 下においても，裁判所は，その者の宣誓を通じて裁判官に係争事実の真偽について心証を得ることができるような当事者に対して，裁判宣誓を課さなければならなかったようであるし（川嶋・前掲論文343頁参照），また，

　「裁判宣誓も判決でなされるから，その要件としての真偽不明と一方当事者に宣誓が課された理由とを確信することが必要ということになる。するとその要件に疑問の生じた場合にどうなるか，裁判宣誓を課さないでもよいのではないか，が問題となる」（竜嵜喜助・証明責任論──訴訟理論と市民〔昭和62年2月，有斐閣

---

(9)　15〜6世紀にローマ法を継受して以降ドイツ民法典 BGB 施行までの間ドイツ全土で共通に適用された法で，その中にはカノン法（教会法）も取り込まれていた。

(10)　細野〔長〕・民事訴訟法要義3巻490頁によると，ドイツ民事訴訟法の裁判（上の）宣誓の制度は，ローマ法，ドイツ古法，教会（寺院）法に由来するもののごとくである。

358

3 証明責任の意義

出版サービス〕21頁）。

　このことを敷衍して述べると、裁判所が条件付き判決をするのは、口頭弁論終結時点において要証事実について真偽不明であったときであるが、問題は、裁判所がどちらの当事者に宣誓を命ずるかということである。裁判所は、証拠資料ないし弁論の全趣旨による心証上原告のほうがもっともらしいときは原告に、被告のほうがもっともらしいときは被告にそれぞれ宣誓を命ずるべきだと解されていたようである。そうなると、心証上要証事実について原告のほうがもっともらしいのか被告のほうがもっともらいいしのかが判然としなかった場合には、裁判所は、どのような判決をしたならばよいか分からないという状態になる。このような問題を解決するための法理としてローゼンベルクらによって客観的証明責任の考えが提唱されたのである。しかし、このことは、事実の認定に客観的証明責任という法解釈が介在することになったことを意味するであろう。

　ローゼンベルクの客観的証明責任の観念が法定証拠規則である裁判宣誓の制度（さらにそれによって制限されることになる、いうなれば限定的な自由心証主義）を母胎として生まれたことは今述べたとおりであるが、ZPO は、1933年（昭和8年）に大改正され、裁判宣誓を含む当事者宣誓の制度が廃止され、それとともに当事者本人が証拠方法となった。ところが、自由心証の規定には手がつけられなかった。すなわち、ZPO286条1項前文は、「裁判所は、弁論の全趣旨（der gesamte Inhalt der Verhandlungen）と、なされた証拠調べの結果を斟酌して、自由な心証によって、事実の主張を真実と評価すべきか真実ではないと評価すべきかを判断しなければならない」（訳文は、法務大臣官房司法法制調査部編・ドイツ民事訴訟法典──1991年11月10日現在──〔平成5年2月、法曹会〕88頁による）と定められたままであり、現在でも自由心証の妥当領域は、真実か不真実かの場合だけで、裁判所が要証事実を真偽不明であると評価したときは、自由心証の埒外なのである。そして、裁判宣誓から脱落した真偽不明を解決する法理であった客観的証明責任が、真偽不明全般を解決する法理に拡大されることになったのである。すなわち、ZPO は、依然として要証事実についてこの三つの心証を明確に分けて抱かなければならなかった。ただ、真偽不明の場合の解決の方法が裁判宣誓から証明責任規範・客観的証明責任に変わったのである（証明責任規範については、次々段において説明する）。それは、客観的証明責任の観念が ZPO 旧437条の解釈論として裁判宣誓から脱落した真偽不明のみを対象としたとはいえ、改正以前においてすでに真偽不明の場合には客観的証明責任による解決策があるという学説の定着があった（竜嵜・証明責任論103〜4頁など参照）からのようである。そして、なによりも改正後の ZPO448条の職権尋問に、裁判宣誓の残滓として要証の事実の真

359

Ⅳ　民事訴訟における主張責任と証明責任

偽不明という要件が置かれたのである。おそらくこうして，ドイツにおいては，客観的証明責任の観念は，裁判宣誓の制度が廃止された後も，法的な存続の根拠を有していたのである。

〔ZPO の 1933 年の大改正後，ローゼンベルクがなお客観的証明責任の所見を維持したのは，どのような理由からであったか〕

　もっとも，ローゼンベルク没後の 1965 年（昭和 40 年）に出版された証明責任論 5 版のシュヴァーブ Schwab, Karl Heinz の序文によると，ローゼンベルクの証明責任論は，1900 年（明治 33 年）にドクター論文として書かれたものであり，2 版はギーセン大学正教授だった 1923 年（大正 12 年）に出版されたものである。そして，1953 年（昭和 28 年）に刊行された 3 版のローゼンベルクの序文によれば，「第二版で採用された証明責任分配についての根本思想はそのままであるが，細部の手直しはたくさんある」（証明責任論第三版序文）とのことである。このことからみても，ローゼンベルクの証明責任論は，ZPO の 1933 年の改正後に合わせて改訂されてはいるが，基本的には改正前の ZPO を踏まえて構築されたものであることが分かるであろう。

　ローゼンベルクがこうして客観的証明責任を維持する理由は，次のようなものである。

　「われわれの認識手段は不完全なものであり，認識能力には限界があるため，どんな訴訟においても，事実の実際の経過に関する当事者の説明が裁判官を納得させるだけの確実さに至らないという場合が起こりうる。……争訟の基礎をなす事件の経過が細部すべてにわたっては解明されず，裁判する上に必要な事実が一体起こったのか起こらないのか，調べ切れないという場合があるのである。〔改行〕そんな場合に裁判官はどのような裁判をすべきであろうか。〔改行〕事実問題が確定し難いからといって，法律問題を判断不能とする，そういうやり方をする余地はない。裁判官は，いやしくも本案判決のための訴訟要件が存在する以上常に，訴求された法律効果を発生したものと肯定して請求を認容するか，それとも発生しなかったと否定して請求を棄却するか，どちらかの判決をせねばならぬ。判決の内容として，右の両者以外のものはありえないのである。〔改行〕……〔改頁〕……ある事実上の主張の真実性について疑いが存する場合，その不利益を被るのは，原告なのか被告なのか。〔改行〕この疑問に答えるのが，証明責任に関する諸原則である」（同書 8〜9 頁）。

　「われわれの認識手段は……裁判する上に必要な事実が一体起こったのか起こらないのか，調べ切れないという場合があるのである。」というのは，そのとおりである。しかし，「そんな場合に裁判官はどのような裁判をすべきであろうか。

〔改行〕事実問題が確定し難いからといって，法律問題を判断不能とする，そういうやり方をする余地はない。」

しかし，このようなことは ZPO の定める自由心証の下で起こることであって，わが民訴法の定める自由心証の下では起こりえないのである。

〔ローゼンベルクのいう証明責任規範（規定）とは，どのようなものか〕

ドイツで裁判官が要証事実の認定において真偽不明の心証になった場合には，1933 年の ZPO の大改正までは裁判宣誓で処理することになっていたところ，この大改正によって裁判宣誓に関する規定が削除されたにもかかわらず，自由心証の規定は改正されず，そのままの形で存続したことは前述したとおりである〔前々項を参照〕。そうなると，真偽不明に適用すべき法規がないことになる。そこで，裁判宣誓の時代にすでに裁判宣誓を命ずべき当事者が確定できない場合を解決する法理として提唱されていた客観的証明責任の理論が裁判官の真偽不明の心証全体に拡大するとともに，法規として証明責任規範を設けてそれで処理することになった。この裁判官に対し，為されるべき判決の内容を指示する規範が証明責任規範（規定）であるが，

「証明責任が問題になるのは訴訟の終結段階 —— 普通，事実関係中争いない部分と争いある部分とが明らかにされ，後者について証拠調の終わって後 —— である……。さればとて個々の訴訟の結果として証明責任規定が生じるのではない。それはすべての個々の訴訟とは無関係に，適用法条の抽象的な命題から得られるのでなければならないのである……。〔改行〕……右の説明から言えることであるが，証明責任規定とは，およそ訴訟の裁判に使われる可能性あるあらゆる法規・法条の補充として欠くことのできぬものである」（同書 10 頁）。

こうして，この規定は，「およそ訴訟の裁判に使われる可能性あるあらゆる法規・法条の補充と」なるものではあり，この規定は，つまりは，心証が真偽不明の主要事実を原因とする効果を肯定するか否定するかを定めているというのであるが，真偽不明の事実に対して当該民事実体法規を適用するかしないか振り分ける規定を民事実体法規といえるか疑問である。わが民訴法 185 条（現行民訴法 248 条と同旨の規定）を無視してか誤解してかローゼンベルクの証明責任論をわが国の民事訴訟法学に導入した兼子博士も，真偽不明の場合には，立証責任規定（証明責任規範）で決着をつけることを認めておられた。だが，その後いつのまにか —— 理由は判然としない —— わが国の民訴学界は，この証明責任規範を無視するようになった。司研・要件事実 1 巻も同様である。

〔ローゼンベルクは，客観的証明責任を要証の主要事実の真偽不明の心証に不真実の心証を加えて真実の心証以外のすべての心証に対する法規不適用に拡

IV　民事訴訟における主張責任と証明責任

大するのではないか〕

　ところが，ローゼンベルクは，前述したように，客観的証明責任を真偽不明の枠内で理解しながら，その後で，

　「裁判官がある法規を適用——すなわち法律効果の発生を確定——しうるのは，当該法規の前提要件の存在を推論しうべき事実関係について——つまり，要件の存在について——積極的心証をいだいたときに限るのだから，逆に不存在の心証をいだいたときばかりでなく，要件が存在するかどうか疑いが残ったときにも，法規の適用は行われない，ということになる」（同書21頁）

として，客観的証明責任が係争の主要事実の真偽不明の場合にどのように裁判するかを裁判官に指示するはずであったのに，真偽不明全般の心証にさらに不真実の心証を加えて，真実以外のすべての心証に対して実体法規不適用とすることにしてしまうのである。真偽不明の心証とは，真実か不真実かはっきりとは分からないこと，言い換えれば，真実かもしれないし不真実かもしれないがどちらであるかはっきりとは分からないことである。だからこそ，証明責任規範を適用して真実と認定したことにするか不真実と認定したことにするかを決することにしたのである。それにもかかわらず，自由心証による真実および不真実と証明責任規範・証明責任による真偽不明の三つの心証を自由心証による？不真実＋真偽不明の二つの心証の法の不適用の次元の問題にしてしまったのである。これが論理のすり替えであることは明らかであろう。そして，このような論理のすり替えがドイツにおいてローゼンベルクの証明責任論が否定的に扱われるようになった理由の一つである。

　ところが，司研・要件事実1巻は，ある要件事実（＝主要事実）の存在が真偽不明に終わったために当該法律効果の発生が認められない不利益または危険を立証責任とし，「右の意味での立証責任が，訴訟上，いずれの当事者に帰属するかは」といいながら（同書5頁），「その要件事実の存在が認められたならば発生するであろう法律効果との関係で論理的，客観的に定まるとするのが通説である」と理由にもならない理由をつけたつもりであろうかぬけぬけと，「ある要件事実を証明することができないで終わったために当該法律効果の発生が訴訟上で認められないという不利益または危険を立証責任と定義する以上，立証責任は当該法律効果の発生によって利益を受ける側の訴訟当事者に帰属することになる（傍点は，引用者。同書5頁）といって，真偽不明に不真実の心証を加えて真実以外のすべての心証に対して実体法規の不適用を宣言してしまうのである。司法研修所は，要するに，このようにローゼンベルクの証明責任論をほぼ模倣しているといっていいのではないか。

とにかく，わが民訴法247条は，自由心証の適用範囲を「事実についての主張を真実と認めるべきか否かを判断する」と定め，裁判官が要証事実の認定をするかどうかは，それについて真実である（ということは証明度に達しているということであるが）との心証を抱いたかその心証を抱けなかったかを判断すると規定しているのである。それにもかかわらず，真偽不明の心証を取り上げて云々するのは，ZPOの規定が念頭にあり，ローゼンベルクの証明責任論に関する記述に気を奪われたからではないだろうか。

〔わが国に客観的証明責任の理論が導入され，ほとんど定説といってもよいほどになったのは，なぜか〕

明治政府がわが国における民事訴訟法案の起草をさせるべく内閣御雇顧問として招いたのがプロイセンの参事官をしていたテッヒョーである。テッヒョーは，1885年（明治18年）2月に最初の草案を脱稿したが，テッヒョー訴訟規則修正原按ができたのは，同年7月である。このテッヒョー訴訟規則修正原按を邦訳したものと思われる民事訴訟規則の第4編第1章第4節4条1項は，「裁判所ハ民法ノ原則又ハ此法律ノ規則ニ抵触セサル限リハ対審ノ全般ノ顛末及ヒ立証方法ノ成績ヲ斟酌シ任意ニ事実申立ノ真否ヲ判定ス可シ」となっていた（法務大臣官房司法法制調査部監修・委員修正民事訴訟規則〔日本近代立法資料叢書24〕〔昭和61年4月，商事法務研究会〕113頁）。この訴訟規則修正原按は，確定案を得るため民事訴訟法取調委員会に付議され，同委員会で審議がかさねられ，明治19年6月ごろ成案を得て委員修正民事訴訟規則になったといわれている。同規則は各本条が通し番号になって，この4条が283条になり，字句に多少の修正があった（同書113頁）。この委員修正民事訴訟規則が，テッヒョーが1886年（明治19年）6月に司法大臣山田顕義に提出したテッヒョー訴訟法草案（司法省蔵版・テッヒョー訴訟法草案〔覆刻〕〔昭和62年7月，宗文堂書店〕）になったとされているが，同規則283条が同法草案では260条「裁判所ハ民法若クハ此法律ニ抵触セサル限リハ審理ノ顛末及ヒ立証ノ結果ヲ斟酌シテ事実ニ関スル主張ノ真否ヲ定ム可キモノトス」となっていた（この「事実ニ関スル主張ノ真否ヲ定ム可キモノトス」の原文は，「ob eine thatsächliche Behauptung für wahr oder für nicht wahr zu erachten sei」であって〔Entwurf einer Civilprozessordnung für Japan, Tokio 1886, S.95〕，ZPO旧259条1項前文のこの部分と同じであるといってよい）。

ところが，同法案を法律取調委員会で審議し直すため報告委員が下相談をした結果修正を加えたとされる民事訴訟法議案では，同条は，「若クハ此法律ニ抵触セサル」が「又ハ此法律ノ規定ニ反セサル」と，「審理ノ顛末及ヒ立証ノ結果ヲ斟酌シテ」が「弁論ノ全旨趣及ヒ或ル採証ノ結果ヲ斟酌シ」と，「事実ニ関スル

真否ヲ定ム可キモノトス」が「事実上ノ主張ヲ真実ナリト認ムヘキヤ否ヤヲ自由ナル心証ヲ以テ裁判ス」とそれぞれ修正された（法務大臣官房司法法制調査部監修・民事訴訟法議案〔日本近代立法資料叢書24〕〔昭和61年4月，商事法務研究会〕41頁）。この最後の字句がどういう経緯で修正されたかは不明であるが，この修正の趣旨は，きわめて重要である。「真否ヲ定ム」は，「真実か不真実かを判断する」の意であると解されるが，「真実ナリト認ムヘキヤ否ヤヲ……裁判ス」は，「真実と認めるべきか真実と認めるべきでないかを判断（して裁判）する」の意であると解され，意味がまったく変わってくるからである。

ローゼンベルクは，ベールのZPO286条の解釈に対して次のとおり反論する。

「民訴法二八六条は，事実上の主張を真実と見るか，真実でないと見るかを自由心証によって決することを裁判所の任務と規定している……。もっともベールは，『真実でない』とは否定的意味すなわち裁判所が証明されるべき事実の真であることにつき心証を得なかったことであると考え，『偽である』という積極的内容として理解しようとしなかったのであるが，この議論は当を得ていない。そういう意味なら，二八六条の文言は『真実と見るか真実でないと見るか』でなく，『真実と見るか真実と見ないか』とならなければならない筈で，かように言葉遣いを考えただけでも右の解釈はなりたたないのである」（証明責任論24〜5頁）。

ローゼンベルクは，このようにいいながら，前に紹介したように

「裁判官がある法規を適用――すなわち法律効果の発生の確定――しうるのは，当該法規の前提要件の存在を推論しうべき事実関係について――つまり，要件の存在について――積極的心証をいだいたときに限るのだから，逆に不存在の心証をいだいたときばかりでなく，要件が存在するかどうか疑いが残ったときにも，法規の適用は行なわれない，ということになる」（同書21頁）

との理由で，真偽不明の心証についても法規を不適用とするとして，いうなれば論理のすり替えまでして，ベールの解釈と同じ――それは同時にわが民訴法の自由心証の対象と同じ――結論に達するのである。

前述した民事訴訟法議案を原案として明治20年12月16日から翌21年10月11日までの会議において民事訴訟法調査案が成立し，この調査案では修正された260条は，214条になり，字句の修正もあったが，この配置の変更および修正は，法律取調委員会で実質的に審議された結果ではなく，報告委員から提出された会議議案がそのまま承認されたものである（法務大臣官房司法法制調査部監修・修正民事訴訟法草案〔日本近代立法資料叢書24〕〔昭和61年4月，商事法務研究会〕26頁，同部監修・民事訴訟法草案〔同叢書23〕〔昭和61年2月，商事法務研究会〕43頁）。

この調査案は，さらに第二読会を経て再調査案が確定したとされるが，再調査案では，同条は，217 条になり，条文にも若干の修正がある（同部監修・民事訴訟再調査案〔同叢書 23〕〔昭和 61 年 2 月，商事法務研究会〕29 頁）。もっとも，この再調査案 217 条も，旧々民訴法（明治 23 年法律 29 号）の制定の段階でさらに若干の字句の修正があった。次にその修正された全文を掲げておく。

　「第二一七条　裁判所ハ民法又ハ此法律ノ規定ニ反セサル限リハ弁論の全旨趣及ヒ或ル証拠調ノ結果ヲ斟酌シ事実上ノ主張ヲ真実ナリト認ム可キヤ否ヤヲ自由ナル心証ヲ以テ判断ス可シ」。

　旧々民訴法は，当時の ZPO をほとんど翻訳的に継受したものであるといわれており（兼子「日本民事訴訟法に対する仏蘭西法の影響」民事法研究 2 巻〔昭和 25 年 12 月，酒井書店〕19 頁），前述したことからお分かりいただけたと思うが，起草者であったテッヒョーは，自由心証についても，最初は ZPO の裁判宣誓を含む当事者宣誓の制度を採用しようとした。しかし，再考の結果？このような形式的証拠を避け，むしろ当時すでに慣例として行なわれていた英法による当事者を証人として尋問することとしたとのことである（兼子「民事訴訟法の制定――テッヒョー草案を中心として――」東京帝国大学学術大観法学部経済学部〔昭和 17 年〕231 頁。この論文は，同・民事法研究 2 巻 1 頁以下に収録されている）。岡松講義＝田中文蔵編輯・証拠法（東京法学 28 年度第 3 年級講義録）（明治 29 年。東京法学院）は，「証拠法ノ最モ発達セルモノハ英法ニ外ナラ」ず（1 頁）。「英国ニ於テハ証拠法ハ他国（引用者注・その前後の文脈からみると，ドイツおよびフランスを指すもののようである）ニ比シテ非常ニ発達セリ」（5 頁）という。

　いずれにしても，裁判宣誓の制度は，わが国になじむものではなかった。山本七平氏の「聖書の常識」（講談社文庫）（1989 年 1 月）に次のような文章がある。

　「われわれは何の抵抗もなく旧約聖書，新約聖書という。その『約』とはいったい何だろうか。『約』は契約の『約』で（ある。）……〔改行〕『契約』という概念が日本人にあるかないかはよく問題になる。だが，この議論にはしばしば概念の混同があるように思われる。というのは，契約には四種類あり，通常これを，〔改行〕（一）上下契約〔改行〕（二）相互（対等）契約〔改行〕（三）履行契約〔改行〕（四）保護契約〔改行〕とするが，日本人にないのはおそらく『上下契約』で，他の契約概念は，定義が明確でなく漠然としていても，日本人にもあると思われるからである」（104～5 頁），「われわれには，ヨーロッパ人の神と人との契約が，非常に奇妙に感じられる。したがって，上下契約下の『宣誓』という概念は，宗教学者と称する人にもわからないらしい。『宣誓』は，上に絶対的なものがない限りあり得ない。……これが，ヨーロッパ人の契約概念のいちばん元になってい

IV 民事訴訟における主張責任と証明責任

る」（109頁）と。

　このように日本人とヨーロッパ人とでは契約概念の認識が相違しているのだから，裁判宣誓の制度を継受する基盤がなかったわけである。ちなみに，旧民法の起草者ボアソナードは，テッヒョーがわが民訴法の起草に裁判宣誓を取り入れようとしていることに反対することを念頭に置いていたのであろうが，フランス民法1357条の定める2種類の当事者が裁判官の前で行なう裁判上の宣誓（当事者の一方から相手方の宣誓の履行をもってその主張の証拠として取り扱われ，それに基づいて判決が直ちに可能とされる決訟的宣誓〔1358条以下〕と裁判官が職権で訴訟当事者の一方または他方に要求する補充的宣誓〔1366条以下〕）(11)をもって裁判上の宣誓の弊害を述べ，いわんやそのような習慣のないわが国においてそれの継受を放棄しなければならないことを強調したうえ，

　「若シ裁判官カ請求又ハ抗弁ノ理アルヤ否ヤヲ十分ニ審明スルコトヲ得サルトキハ裁判官ハ第千九百十五条（引用者注・千八百十五条〔旧民法証拠編2条の草案〕の誤記であろう）カ之ヲ命スルカ如ク其請求又ハ抗弁ヲ却下シテ止マンノミ」（ボアソナード修正民法草案注釈第五編147頁）

といわれ，わが国に裁判上の宣誓の制度を取り入れることを立法で禁止しようとされたのである（旧民法修正草案1872 I，II。なお，ボアソナード修正民法草案注釈第五編144頁参照）。

　わが国において証明責任を明確に要証事実の真偽不明を解決する法理として提唱されたのは，雉本博士であるが，旧々民訴法の起草委員であった松岡(義)博士の証明責任の考えについて検討しておく必要もあるようである。というのは，石田(穣)・証拠法の再構成（1980年6月，東京大学出版会）34〜6頁が，松岡(義)博士が大正14年4月に上梓された民事証拠法論（巌松堂書店）をもって規範説の出発点とするようであり，他方，客観的証明責任を承認していないとするからである。

　雉本博士は，大正6年（1917年）10月「挙証責任ノ分配」土方教授在職二十五年記念・私法論集（有斐閣書房）474頁（この論文は，雉本・民事訴訟法論文集〔学術選書〕〔昭和30年6月，有斐閣〕187頁以下にも収載されている）において，

　「……裁判所カ当事者弁論ノ全旨趣並ニ原被告両方ノ提出シタル証拠方法ニ付キ為シタル証拠調ノ結果ヲ斟酌スルモ，仍ホ裁判ヲ為スニ付キ重要ナル事実ニ付キ，真実ナルコトノ心証モ将タ又，虚偽ナルコトノ心証ヲモ得ル能ハサル場合即真偽不明（non liquet）ナル場合ナシトセス。斯ル場合ニハ挙証責任分配ノ法則ニ

---

　(11)　裁判上の宣誓の説明には，山口俊夫編・フランス法辞典（2002年3月，東京大学出版会）547〜8頁を引用的に参照した。

366

3　証明責任の意義

依リ，当該要件事実ニ関シ，挙証責任ヲ負担スル当事者ニ，真偽ノ確定セサルニ
因リテ生スヘキ不利益ヲ負ハシムルノ外ナシ」
と述べて客観的証明責任を提唱され，証明責任の分配についてドイツの学説を詳
細に紹介されたうえ，自身は特別要件説を採ることを述べられるが，当時はまっ
たくといってよいほど顧みられなかったようである。

　かえって，その後間もない大正8年9月に，証明責任の分配の法則について
雉本博士のこの論文やローゼンベルクの証明責任論初版を仔細に検討してやや独
自の法則を発表された岡村氏は，証明責任の観念については，前にも紹介したが，
　「挙証責任（立証責任 Beweislast）トハ一定ノ法律関係ノ存否ノ判断ニ直接必要
ナル事実又ハ其事実ヲ直接又ハ間接ニ証明スヘキ事実ヲ主張スル者カ之ヲ証明セ
サルトキハ其事実アリト認定セラレス又ハ却テ反対ノ事実アリト認定セラルヘキ
地位ヲ謂フ……」（「挙証責任」法学志林21巻9号3〜4頁）
と説明されてどちらかというと旧民法証拠編2条の法理に近い立場を採られた。

　また，昭和2年になると，末川博士が客観的証明責任を厳しく批判されて，
　「その所謂不明の結果としての不利益が何れの当事者の負担に帰すべきかを定
める規範は，各種の法律上の効果を生ずるに必要な法律要件を定めている実体法
規を離れて――よしそれが実体法規の反面であるとしても――それ自体独自の名
を以って呼ばれるだけの価値を主張し得るものであろうか。私は，先ずこの点に
ついて疑をいだく」（「一応の推定と自由なる心証――不法行為における故意過失の挙
証責任を中心として――」法学論叢17巻1号〔大正16年＝昭和2年1月1日発行〕30
頁。この論文は，同・不法行為並に権利濫用の研究25頁以下，同・権利侵害と権利濫
用609頁以下に収録されている）
といわれ（末川博士のこの証明責任規範に対する批判がローゼンベルクの証明責任論
2版をも念頭にあったであろうことは，同書が論文末尾の参考文献の中に掲げられてい
ることから推測するに難くない），また，
　「……一定の事実の真偽が不明だといふのは，その事実の真実性を認めること
ができぬといふ意味において，その事実が虚偽だといふのと同一に帰するもので
あるから，事実が虚偽だと認められる場合のほかに，特に事実が不明だといふ場
合を想定して，その場合における不明の結果が何れの当事者の不利益に帰するか
といふやうなことを論議する必要はないであらう。然るに従来の挙証責任に関す
る理論――少なくとも Leonhard や雉本博士の理論――は，事実の真偽が不明なる
場合を想定することによって築き上げられて居るのである。即ち真偽が確定した
事実については挙証責任の適用を生ずることはなく，挙証責任なる観念は事実の
真偽が不明なることを前提とするものだと説かれ，更に之を起点として挙証責任

367

Ⅳ　民事訴訟における主張責任と証明責任

と挙証作用との区別に関する概念的の理論展開が試みられて居るのである」（同
論文32頁）
といわれ，
　「……その前提とする所謂不明（non liquet）といふ基本概念に対して，一度疑
問の矢を向けるならば，その上に築かれた宏壮なる殿堂も空中に描かれた楼閣に
すぎぬのではないかと怪しまれるであろう」（同論文32頁）
とまでいわれるのである。「一定の事実の真偽が不明だといふのは，その事実の
真実性を認めることができぬといふ意味において，その事実が虚偽だといふのと
同一に帰するものである」と云う部分については，いささか疑問がある。真偽不
明は，真実であるかもしれないし，不真実であるかもしれないということである
から，それを虚偽というのと同一だとはいえないのではないだろうか。ここは，
「真実であるといえない以上，分配効果が生じないといわなければならない」で
よいのではないだろうか。しかし，それ以外の部分については，私は，末川博士
のいわれることに同意することを躊躇しない。
　松岡（義）博士は，まず，民事証拠論59〜60頁において，
　「独逸民事訴訟法及日本民事訴訟法ハ独逸普通法ノ挙証責任ノ観念ヲ是認シタ
ルコト沿革上疑ヲ容レス」
といわれる。ドイツ民訴法がドイツ普通法の証明責任の観念を是認したことはそ
のとおりであるが，わが民訴法がドイツ普通法の証明責任の観念を是認したこと
はないのである。今まで述べてきたように〔もっとも詳しくは，Ⅲ，1-1-1⑷な
どを参照されたい〕証明責任の分配および証明責任については旧民法が規定し，
旧々民訴法はそれを承認していた。加えて，1933年に大改正される前のドイツ
民訴法では，当事者は証拠方法になり得ないばかりか，係争の主要事実が存否不
明のときは，当事者の一方に宣誓（裁判宣誓）を命ずる条件付き判決を言渡すこ
とになっていた。わが民訴法は，基本的にはドイツ民訴法を継受したものである
が，この存否不明を解決する法制度は継受しなかったし，当事者は英法の判例法
を導入して証拠方法とされたのである。
　さて，次に松岡（義）博士の前掲書が規範説の出発点をなすとする点についてで
あるが，同書80頁には
法律上の効力が法定事実より生じる「場合ニ在リテハ挙証責任ノ分担ハ斯ル法定
事実ノ構成ヲ審究シテ之ヲ知ルコトヲ得殊ニ法定事実カ私法ノ定ムル事実ナルト
キハ私法ノ規定ヲ審究シテ之ヲ知ルコトヲ得」
とあり，同書84頁には
　「法律上ノ効力ノ結合スル法律上ノ事実カ私法上ノ事実ナルトキハ私法ノ規定

368

ニ依リテ如何ナル事実ヲ当事者カ主張シ且証明スルコトヲ要スルヤヲ定ム……」
とある。これらの文意は，法律要件分類説の通常の考え以上のものではないのではないだろうか。同書には，証明責任の分配において法規の構造や措辞を重視するような箇所や権利根拠規定，権利障害規定，権利消滅規定あるいはそれに類する表現をする箇所は見当たらないのである。松岡(義)博士が規範説を採用しているといえないことは明らかであろう。

さらに，松岡(義)博士が客観的証明責任を承認していないとする点についてである。同書 54 頁では

「挙証ノ責任ハ当事者カ敗訴ノ結果ヲ避クルカ為特定ノ事実ヲ証明スルノ必要（Notwendigkeit）ニ他ナラス」
という（なお，同書 58 頁）から，定義においては行為責任を採っているようであるが，同書 57 頁では

「立証責任ノ法則ノ内容ハ当事者ノ適当ナル主張又ハ立証ヲ缺ク場合ニ於テ如何ナル裁判ヲ為スヘキヤヲ裁判官ニ指示シ以テ裁判ヲ為ササルノ結果ヲ避クルニ他ナラサレハ」，
同書 60 頁では

「民事訴訟ニ在リテハ裁判官ハ当事者ノ主張事実ニ付真実ナルヤ否ヤノ確信ヲ有セサルコトヲ理由トシテ実体裁判ヲ拒ムコトヲ得ス（民訴二一七）故ニ証明ヲ必要トスル当事者ノ各主張事実ハ其ノ当事者ニ於テ之ヲ証明スルコトヲ要スルモノトシ若シ証明ナキトキハ斯ル主張事実ハ真実ナラサルモノトシテ之ヲ取扱ヒ従テ斯ル当事者ノ不利益ニ帰スルモノトス斯ル当事者ノ証明ヲ為スヘキ必要ヲ挙証責任ト称ス」
といい（なお，同書 61〜2 頁），全体としてローゼンベルクの論調に近い表現をするかのようであるが，裁判官が係争の主張事実の「真実ナルヤ否ヤノ確信ヲ有セサルコトヲ理由トシテ実体裁判ヲ拒ムコトヲ得ス」とし，真偽不明を解決する法理であることを窺わせる文意はみられないので，松岡(義)博士は，石田(穣)教授のいわれるとおり客観的証明責任を承認してはおられないのではないだろうか。

〔昭和 10 年代からの客観的証明責任の学説継受は，慣習法となっていたわが国の主張責任の分配および証明責任の分配ないし主張責任および証明責任にどのような影響を与えたか〕

ところが，昭和 11 年になると，学説に先べんを付けるように客観的証明責任を採用する判例（大判昭和 11・5・22 民集 15 巻 889 頁）が出るようになった。

「夫レ不明ナル事実ハ之ヲ立証責任アル当事者ノ不利益ニ認定スルコト之ヲ立証責任ノ原則ト為ス蓋不明ノ場合ハ裁判ヲ為ササルヲ得ト云フ制度ナレハ格別爾

Ⅳ　民事訴訟における主張責任と証明責任

ラサル限リ不明ナル事実ハ姑（しばらく）之ヲ存否孰（いず）レカニ看做スニ非サレハ裁判ハ以テ手ヲ下スニ所無ケレハナリ」
と。この判決を評釈したのが兼子博士である（判民昭和11年度59事件）。博士は，後に述べるようにわが民事訴訟に客観的証明責任論を導入した先達であるが，その〔判旨〕において同判決の判示のうち「蓋」から「手ヲ下スニ所無ケレハナリ」までをわざわざ削除して紹介したうえ，〔評釈〕では「本判旨が上告論旨を一応承認し乍ら，立証責任を云為して結局上告を棄却し去った態度には不満を感ずる」とされ，証明責任については「立証責任は裁判所が判決の基礎として採用した事実に付て始めて問題となるもので，上告審が原審の及んで居ない部分に付て此の原則に依り事実を確定するは其の権限を踰越したものと評せざるを得ない」といわれるのであるから，この時はまだ客観的証明責任を採られるご決断はされておられなかったのではないだろうかと思われる。それとともに，この評釈によっても分かるように，この大審院判決は，客観的証明責任を判示するために，事案を無理に証明責任の問題にもっていったものである。

　だが，学説も，この大審院判決に引きずられるように，兼子博士が昭和12年9月に刊行された民事訴訟法概論（中冊）〔岩波書店〕289〜290頁で，

「第三款　挙証責任

一　判決基礎の不確定　既述の如く判決を為すには，其の法律的並に事実的基礎を確定せねばならぬが，当事者並に裁判官の知識・能力にも，訴訟に現はれる証拠にも自ら限りがあるから，如何に努力しても必要な事項に関し積極的消極的何れにも裁判所の確信を生じ得ぬ状態の生ずるのは免れ難い。併し若し之に藉口して事件に付き判決を為さずに放置するならば，当事者間の紛争は永久に解決されず，法律生活の安定は望み得ぬこととなる。故に此の場合に処する方法を講ずる必要がある。

　　(1)（省略）(2)（省略）

　　(3)　事実中徴憑の如き間接事実の不明は，之に依り主要（直接）事実を判断し得ぬ結果となるが，更に主要事実自体の存否が不明であれば，之を何れかに仮定せねば之に法規を適用し法律効果を判断することが不可能となる。かかる場合に処すべき途として挙証責任の分配が必要となる。

二　挙証責任の分配

　　(1)　概念　挙証責任（Beweislast）とは訴訟上具体的な法律効果の発生又は不発生を判断するに必要な事実が存否何れにも確定され得なかった場合に，その存否が自己に不利益に仮定され，随って不利な法律上の判断を蒙らねばならぬ当事者一方の不利益を云ひ，かかる場合何れの当事者に不利益に該事実の存

否を仮定すべきかの定めを挙証責任の分配と称する。

　挙証責任の分配は，法規が対等な当事者間の紛争に対し裁判規範として作用することに由来するもので，必ずしも弁論主義の帰結ではない。（以下，省略）」といわれる（傍点は，引用者）。

　兼子博士は，それまでは，先に紹介した判例評釈において

「立証責任は裁判所が判決の基礎として採用した事実に付て始めて問題となる」といわれたり，

　挙証責任を「結局主張事実に関して訴訟に現れたあらゆる証拠——何れの当事者の提出に係るを問わず——及び弁論の全趣旨を以ってしても，裁判所が其の主張の真実であるとの心証を得るに至らざる場合，其の事実が確定せられざる不利益を何れの当事者が負担するかに関する」（「相手方の援用せざる当事者の自己に不利益な陳述」法学協会五十周年記念論文集〔昭和7年〕。この論文は，兼子・民事法研究1巻〔昭和25年12月，酒井書店〕に収録されており，頁数は，同書のそれによる。13頁。なお，235頁）

といわれていたのである。それを変更されたわけである。

　さらに，昭和12年12月になると，前野判事も，民事訴訟法論第二編乃至第五編1196頁（なお，1192頁）で

「立証責任は或る主要事実の真偽不明の結果当事者の何れが不利益なる裁判を受くるかに存するもの」である

といわれるようになる。

　ローゼンベルクが証明責任論2版 Die Beweislast auf der Grundlage des Bürgerlichen Gesetzbuchs und der Zivilpeozeßordung, 2Aufl., Berlin 1923 を刊行してから十数年経って，兼子博士は，わが民訴法における証拠法取り分け自由心証主義の対象がドイツのそれと大きく異なるにもかかわらず，ローゼンベルクの証明責任論をわが証拠法の考え方を加味して自説を転換してまで継受されたのであるが，それがなにを契機としてされたのか不明である。1933年にZPOが大改正され，裁判宣誓を含む当事者宣誓の制度がなくなり，当事者が宣誓の主体から証拠方法になって，このかぎりではわが証拠法との違いがなくなったからであろうか。司法省調査課・一九三一年獨逸新民事訴訟法草案並に説明書(二)（司法資料178号）が出たのが1933年10月であるが，その冒頭に，司法大臣官房調査課名で，

「本草案の意義にかんしては曩に強制執行に関する部分を紹介するに当たって一言したる所の如く特に本号に於て紹介する部分は我が民事訴訟法とほぼ其の趣向を同じくするものなるが故に我が規定の解釈上運用上の指針たらしむるに足るべしまた其の説明書は各般の問題に関する提案を批判解剖して自己の立場を明らか

371

Ⅳ　民事訴訟における主張責任と証明責任

にし従来の学説上の争に対して其の見解を示す点に於て学問上にも貴重の資料た
るを失はず依って紹介の労を執り筆写に代へて捺印す」（ルビは，引用者）
と例言ともいうべきことが述べられているのであるが，それに感化されたもので
あろうか。

　そのうえ，これはまったくの推測にすぎないが，わが国が同年3月に国際連盟
を脱退し世界の孤児になりかけていたところ，1936年11月に日独防共協定が締
結されてわが国とドイツの関係が緊密化してきたことや，1935年2月に美濃部
達吉博士の天皇機関説が政治家などから攻撃されるようになり，学説といえども
政治の動きと無関係ではおれなくなってきたことなど時局の動向等が影響を与え
たのではないだろうか。

　客観的証明責任のこの概念(12)は，その後，田中（和），加藤正治，中田（淳），
三ヶ月，新堂，松本の各教授や滝川叡一，倉田，村上の各判事らによって発展的
に承継され，ほとんど定説といってよいような地位を獲得するにいたったが，そ
れは，おそらく，次のようなことからであろうか。すなわち，わが民事訴訟にお
いても裁判官が要証事実について真偽不明の心証を抱くことがあること，当時の
わが国の法学界がドイツ法学の圧倒的な影響の下にあったこと(13)，レオンハル
トやローゼンベルクの証明責任論が理論的に整備されているうえ，たとえばロー
ゼンベルクが（客観的）証明責任を必要とする根拠を人間の認識手段の不完全
性・認識能力の限界による訴訟における真偽不明状態発生の不可避性とその場合
における裁判官による裁判放棄の回避の必要性に求める（証明責任論8頁）など，
その証明責任論がドイツ民訴法旧437条の解釈論を超えて民事訴訟の一般理論と

---

(12)　客観的証明責任（立証責任）の語を用いながらやや異なった概念を示すかのごとき説
　　明をするものして，佐上義和・民事訴訟法〔2版〕（1998年3月〔初版は，1994年4月〕，
　　法律文化社）43頁は，「その1つは，主張されている要求を確信させる責任であって，こ
　　の責任は原則として要求者にある。これを提案立証責任と呼んでおこう。もう1つは議論
　　におけるさまざまの段階で，特定の論点に関する証拠を提出する責任である。これを説得
　　責任と呼んでおく」といわれ，提案立証責任のことを，客観的立証責任と呼んでいるとい
　　われる。
(13)　星野（英）教授は，民法に関してであるが，「日本民法の解釈論等のためにドイツの学
　　説をストレートに参考にし利用したり，ドイツ固有の原則や概念をその背景や比較法的相
　　対性を十分に考慮することなく受容する傾向である（もちろん，この傾向は民法学者が他
　　の国の法律や法学を研究するさいにも見られるが，ドイツについて特に著しい感がある。
　　これはわが民法典がドイツ民法典を継受したという『神話』のゆえであろうが，それとも，
　　ドイツ法，ドイツ法学にはわが民法学者に受けいれやすいなにものかがあるのだろうか。
　　意味ある問題たるを失わない）」（「意思自治の原則，私的自治の原則」民法講座1〔昭和
　　59年11月，有斐閣〕382～3頁。この論文は，同・民法論集7巻〔1989年4月，有斐閣〕
　　117頁以下に収録されている）といわれる。私は，民事訴訟法取り分け民事証拠法につい
　　て同じ感慨を禁じ得ない。

372

しての体裁をとっていること，ローゼンベルクが，要件事実が真偽不明の場合に
もそれについて不存在の確信を抱いた場合と同じく法規を適用しない（法規不適
用原則）としたため，ローゼンベルクの証明責任論がわが民訴法の下でも極端な
破綻を生じなかったことなどによるのであろう。さらに，この学説の傾向が顕著
になったのには。石渡ほか訳述，ゾ井フェルト・註釈第 3 冊 250 頁が，ZPO 旧
259 条 1 項をわが旧々民訴法 217 条の「事実上ノ主張ヲ真実ナリト認ム可キヤ否
ヤ」に平仄を合わせ「事実上ノ主張ノ真実ト認ム可キヤ否ヤ」と訳し，また，齋
藤常三郎＝中田(淳)・獨逸民事訴訟法 I（現代外国法典叢書）〔復刻版。昭和 30
年 11 月，有斐閣〕420 頁が，ZPO286 条 1 項前文をわが旧民訴法 185 条の「事実
上ノ主張ヲ真実ト認ムヘキカ否」に平仄を合わせて「事実上ノ主張ヲ真実ナリト
認ムベキヤ又ハ真実ト認ムベカラザルヤ」と訳したこともあってか，現在では支
配的といってよいほどの通説になっている。

　しかし，学説のこのような動向にもかかわらず，客観的証明責任論は，大審院
等の裁判実務にはほとんど影響を与えなかったといってよいようである。前掲大
判昭和 11・5・22 を別とすれば，たとえば大判昭和 11・6・12 新聞 4009 号 11 頁
および大判昭和 14・10・26 民集 18 巻 1157 頁はおのおの「事実ヲ立証スヘキ責
任」と，大判昭和 12・5・28 民集 16 巻 903 頁は「立証スル責任」と，大判昭和
12・12・24 新聞 4237 号 7 頁は「主張シ且立証スル責任」と，大判昭和 15・4・4
評論 29 巻民法 435 頁は「立証スルノ責」と，大判昭和 17・12・22 評論 32 巻民
訴 25 頁は「立証スル責」とそれぞれ判示し行為責任としての証明責任によって
いるからである。

　ところが，最高裁になると，最(一)判昭和 31・9・13 民集 10 巻 9 号 1135 頁は，
「認知請求の訴において原告は自己が被告の子であるとの事実につき立証責任
を負うものであること勿論であるが，いわゆる立証責任とは要証事実が証明され
なかった場合，その事実につき立証責任を負う者の不利益において裁判がなされ
るというに過ぎないのであって要証事実の証明ありたる場合には立証責任の問題
を生ずる余地は存しないのである」
と判示する。そして，松本・証明責任の分配 8 頁，15 頁は，この最高裁判決を
客観的証明責任についての判例であるとする。この最高裁判決中に，原審は「い
まだ上告人が被上告人の子であることを認定するに不十分であるとして，上告人
の本訴請求を棄却した」とか「原審が本訴当事者間の父子関係の存在につき証明
不十分であると判示した」とかの判示があることや，この最高裁判決の裁判長が
岩松最高裁判事であるところ，岩松・民事裁判の研究（昭和 36 年，弘文堂）43 頁
（ただし，次の記述が載っている箇所の「民事裁判における合議」は，昭和 24 年に発表

373

IV　民事訴訟における主張責任と証明責任

された法曹時報1巻2号に掲載されたものである）は，

　「立証責任の原則によって裁判がなされる場合は，必ず当事者の事実主張の真否につき不明確が存在するときに限る」

とし，客観的証明責任を採ることを鮮明にしているので，この最高裁判決には客観的証明責任のメルクマールである「係争の主要事実の存否不明という事態」であることの判示はないが，松本博士のいわれるように解するのが妥当であるように思われないでもない(14)。

〔客観的証明責任においては，証明責任規範（規定）が必要ではないか〕

　ローゼンベルクが，裁判官が要証事実について真偽不明の心証のときに裁判官に対して為されるべき判決の内容を指示する規範として証明責任規範（規定）を設けたことは，前述したところであり〔本節の〔ローゼンベルクのいう証明責任規範（規定）とは，……〕を参照〕，兼子博士も，この挙証責任規定（＝証明責任規範）の考えを導入される。客観的証明責任においては，法律効果の発生または不発生は，証明責任規範の適用によって判断されるものである。すなわち，この証明責任規範は，裁判官が事実の不確実の場合に，どういう風に法規を適用して，法律判断を下すかの規準を定めるものであり，それ自体また法律的規定である。そして，これは，各法条と結び付いた関係であり，いわばこれに付随してこれを補充する法規である。証明責任の分配は，理論上証明責任規範に従うわけであるとして，証明責任規範を必要とされる（前掲論文「立証責任」571頁，575頁）。

　しかし，わが国におけるその後の多くの客観的証明責任論者は，証明責任規範を顧慮しないか，少なくともそれに言及されない（三ヶ月・民事訴訟法〔3版〕〔法律学講座双書〕〔平成4年6月，弘文堂。初版は，昭和54年3月〕，新堂，要件事実1，2巻など）。

　だが，客観的証明責任の立論の出発点は，訴訟でどんなに審理してみても，裁判所が判決の基礎となる要証の事実をはっきり確定することができない場合があって，それを避けることができない。その場合には，裁判所は，訴訟物である権利関係の存否について判断をくだすことが不可能となる，ということであったはずである。したがって，客観的証明責任を唱える以上，裁判所が要証事実について真偽不明の心証を抱いた場合にも，訴訟物である権利関係の存否について判断を下すことを可能にするなんらかの理論を提示する義務があるのではないだろうか。多くの客観的証明責任論者が証明責任規範に言及しない理由は明らかでは

---

(14)　私は，かつてこの最高裁判決を行為責任としての証明責任を採ったものと解した（「民事訴訟における主張と証明の法理はどうあるべきか〔中〕」判タ971号〔1998年7月〕51頁）。

ないが，ほかならない客観的証明責任の提唱者であるローゼンベルク自身が前述したように「構成要件の存否不明の場合にどのように裁判するかを裁判官に指示することによって，そういう不明あるにもかかわらず請求認容なり請求棄却なりの判決をなすに至るよう裁判官を助けるもの，それが証明責任の諸原則である。事実主張の真偽が確定しにくい場合に，裁判官に対し，為されるべき判決の内容を指示すること，この点に証明責任規範の本質と価値が存する」（証明責任論 9 頁）としながら，「裁判官がある法規を適用──すなわち法律効果の発生を確定──しうるのは，当該法規の前提要件の存在を推論しうべき事実関係について──つまり，要件の存在について──積極的心証をいだいたときに限るのだから，逆に不存在の心証をいだいたときばかりでなく，要件が存在するかどうか疑いが残ったときにも，法規の適用が行なわれない，ということになる。その場合かかる不確かさから不利益を被るのは，勝訴するのにその法規の適用が必要だったほうの当事者である。そこで，証明責任の原則は次のように言える。すなわち，ある一定の法規の適用なしには勝訴しえない当事者は，その法規の要件事実が実際に生起したことにつき証明責任を負う，もっと簡単に言うなら，適用さるべき法規の要件につき証明責任を負う，のである」（同書 21～2 頁）としたことにあるように思われる。そして，その趣旨は，「……法規の不適用の結果として当事者に不利益が生ずるのであれば，右の証明責任規範は実体法の不適用の背後に隠れてしまい，それ自体独自性と有しなくなる」（松本・証明責任の分配〔新版〕19 頁）ということであると解されているようである。あるいは，権利の存否についての判断に国会の制定した法律（憲 41，59）以外の証明責任規範の理論によることができないとの意識が働いたためであるかもしれない。

　しかしながら，どんなに審理してみても判決の基礎となる事実をはっきり確定できない場合には，裁判所が訴訟物である権利関係の存否について判断を下すことが不可能になるというのは，その場合には，裁判所は，ただちに実体法規を適用することができないのだといっているからではないのか。ローゼンベルクは，「……証明責任規定とは，およそ訴訟の裁判に使われる可能性あるあらゆる法規・法条の補充として欠くことのできぬものである」（証明責任論 10 頁）という。その趣旨はかならずしも明らかではないが，この一文から証明責任規範（規定）が実体法規そのものでないといっていると読み取ることを独断とはいえまい。ローゼンベルクは，さらに「証明責任の問題の存するのは，裁判官の三段論法中の小前提のみであるが，小前提の全部が証明責任規範の適用領域なのではない。……ここで問題になるのは，そのうち，裁判対象たる事案の事実関係が真か否かを審査するほうだけである。けだし，裁判官がそのなすべき判決の内容に関す

IV　民事訴訟における主張責任と証明責任

る指図──これを与えるのが証明責任規範なのであるが──を受けねばならぬの
は，いわゆる事実問題に関し不確実の存する場合に限る……」（同書 17 頁）とい
い，「……当事者の主張に……争いはあるがその真否について裁判所が一定の心
証──証拠調の結果得られたにせよ，証拠調なしに弁論の全趣旨により得られた
にせよ──を得た場合には，証明責任の問題を生じる余地がない……」（同書 18
頁）ともいっている。

〔証明責任を真偽不明を解決する法理とする考えは，わが民事訴訟に妥当する か〕

　客観的証明責任の考えがわが国の民事訴訟における証明責任の考えにおいて現
在では圧倒的な通説になっているのであるが，その支持者は，かつての行為責任
としての証明責任（主観的証明責任といわれることがある）の考えから現在の客観
的証明責任の考えへの転化を次のように高く評価するのである。

　「挙証責任の概念が弁論主義を前提として主観的な行為責任としてとらえられ
るという当初の素朴な立場から，客観的なものに転化せしめられていった過程は，
表面的な現象の把握から本質的なものへの把握に進んでいく過程として，評価し
なければならない理論の深化ではあった」（三ヶ月・民事訴訟法〔3 版〕〔法律学講
座双書〕443 頁）
と。そのうえ，
客観的証明責任「があらゆる形態の訴訟手続において重要性を有するのに対し，」
主観的証明責任「は弁論主義の訴訟手続に特有な概念であり，この手続でのみ意
味をもつ」（松本・証明責任の分配 9 頁）
として客観的証明責任の有用性を誇示するのである。

　しかし，これらのことから，当然に真偽不明を解決する法理としての証明責任
をわが民事訴訟に導入する必要性ないし妥当性を承認すべきであるということに
はならない。わが民事訴訟においても要証事実について訴訟当事者のいずれかが
証明しなければならないが，その根拠と解決方法は，前に詳述したとおり現在の
証明責任論の説くところとはまったく異なる。わが民事訴訟法がドイツ民事訴訟
法旧 437 条の定める要証事実の真偽不明を解決するための裁判宣誓の制度を継受
しなかったことは，前に述べたとおりである〔Ⅱ，4-2 の〔わが国に客観的証明
責任の理論が導入され，……〕を参照〕。また，人間の認識手段が不完全であり
認識能力に限界があること，したがって，裁判官が弁論終結の時点で要証事実に
ついて真偽不明の心理状態に陥ることがあることはいうまでもないことであるが，
わが民訴法 247 条（大正 15 年法律 61 号による改正前の旧 217 条および改正後の旧
185 条も同じ）の定める自由心証主義の下では，裁判官は自由な心証により事実

376

上の主張を真実と認めるか，そうでないとするかの判断をすればよいのであって，1877 年のドイツ民訴法のように真実，不真実および真偽不明のいずれかの判断をしなければならない必要はないし，したがって，わが民事訴訟においては，裁判官が要証事実について真偽不明の心証を抱いたときにどのような裁判をすればよいか分からないという事態は起こらないのである。

これらのことをもう少し詳しく説明すると，裁判官(所)の要証事実についての証拠調べの結果（場合によると，弁論の全趣旨をも併せて）による心証は，①　真実と認めることができる，②　不真実(偽)と認めることができる，③　真偽どちらか不明であるの三つである。客観的証明責任では，その純理としては，このうちの①および②の場合には自由な心証により①の場合には真実と，②の場合には不真実と認められ，③の場合には，自由心証の埒外で，裁判官に対する判決の内容の指示を必要とし，それを民事実体法とは別の規範である証明責任規範により真否いずれの認定するかが決まることになる。それに対し，わが民訴法では，①～③のすべてを自由心証の対象とし，①と認めるべきか，否か（②および③か）を判断するのであって（247），③は，②と一括してというか同列してというか，いずれにしても③を殊更に特別な判断の対象とする余地がないのである。すなわち，ローゼンベルクのいう客観的証明責任によれば，裁判官は，要証事実について①の真実であるとの心証のときは法律効果の発生を認め，②の不真実であるとの心証のときは法律効果の発生を認めないが，③の真偽不明であるとの心証のときは証明責任論の前の箇所では証明責任規範を適用して①として（真実であると判断することとして）法律効果の発生を認めるか②として（不真実であると判断することとして）法律効果の発生を認めないかするとしていた。ところが，同書の後の箇所では②および③はともに真実であるとの心証ではないので実体法規を適用することができないと判断することになるとするのである。仮にこの後の箇所のとおりであるとしても，理論的にいえば，裁判官は，要証事実について①および②を自由心証により，③をなんらかの？心証により各別に捉えたうえ，①および②については法規のあてはめとして，③についてはローゼンベルクの理論をあてはめとして――1933 年の ZPO 大改正前における裁判宣誓においては，裁判宣誓をした場合でもそれを拒んだ場合でもそれが完全な証拠になると定めて，裁判宣誓を事実認定における証拠として扱うことになっていた（当事者本人を証拠方法として認めない法制のもとでは，当事者の裁判宣誓の実行または拒絶は，最高かつ最終の人証とみることもできるのではないか）のに，その大改正後では事実認定を理論で行なうことにしているのである――，①に対しては実体法規を適用すると，②および③に対しては実体法規を適用しないと判断することになるのではないか。

IV　民事訴訟における主張責任と証明責任

いや，①，②および③を心証上各別に捉える必要はなく，①以外の心証であれば②であるとか③であるとかの心証をとらないで実体法規を適用しないと判断すればよいのではないか。しかし，そうだとすれば，それは，一種のまやかしというかごまかしというかの議論ではないだろうか。これに対して，わが民訴法247条の規定のもとでは，その規定により，要証事実について心証上①の真実と認めるべきであるか，②および③の心証上各別に捉える必要はなく①以外の心証として真実と認めるべきでないとかを判断することになる。

　客観的証明責任は，自由心証の尽きたところから始まるといわれるが，裁判官が要証事実について真偽いずれの確信をも得られない場合には，わが民訴法247条の下では，その事実の存在が真実と認めることができないと判断されるだけであって，客観的証明責任を適用すべき余地がない。このことは，夙に末川博士が指摘されていることであって（前掲論文「一応の推定と自由なる心証」28頁），末川博士は，その結論として

　「一定の事実の真偽が不明だといふのは，その事実の真実性を認めることができぬといふ意味において，その事実は虚偽だといふのと同一に帰するものであるから，事実が虚偽だと認められる場合のほかに，特に事実が不明だといふ場合を想定して，その場合における不明の結果が何れの当事者の不利益に帰するかといふやうなことを論議する必要はないであらう」（同論文32頁）(15)
といわれるのである。

　こうして，わが民事訴訟において真偽不明を証明責任の核として取り込むことは，その必要もなければ，その余地もないというべきである。末川博士の言葉をもってすれば，「……所謂不明（non liquet）といふ基本概念に対して，一度疑問の矢を向けるならば，その上に築かれた宏壮なる殿堂も空中に描かれた楼閣にすぎぬのではないかと怪まれるであらう」（同論文32頁）ということになろう(16)。

---

(15)　もっとも，前述したように，末川博士が「その事実は虚偽だといふのと同一に帰する」といわれることには疑問がある（兼子・民事法研究1巻302〜3頁参照）。末川博士は，旧々民訴法185条の「真実ト認ムヘキカ否カヲ判断ス」（現行247条も同じ）を「『真実と認める』とか『真実でないと認める』とか，何れにか判断することを要する」（本文掲記の論文24頁）と解されるが，ここは，真実と認むべきか真実と認むべきでないかのいずれかに判断しなければならないと規定しているとみれば十分である。

(16)　松本博士は，竜嵜氏が「一般市民」は真偽不明などということはないと思っていると指摘され，客観的証明責任の事前作用を疑問とされたことに対し，「問題にすべきは，裁判所がつねに真実を解明すると思っている非法律家の観念のほう」だといわれる（証明責任の分配〔新版〕16頁）。「一般市民」が，裁判所がつねに真実を解明すると思っているとすれば，おっしゃるとおりである。しかし，「一般市民」は事実の存否に争いがある場合にそれを決着するには，しかるべき時期に証拠立てをすれば本当のことだと思い，しなければ本当のことだとは思わないと判断するが，真偽不明になることがあるなどというこ

このような学説や民事裁判実務の中で，私が司法研修所の民事裁判担当教官になった昭和50年ごろの民事裁判担当教官の証明責任についての考えは多種多様であったが，昭和52〜3年ごろから同担当教官の証明責任についての考えの趨勢が民法典の各規定の法的性質を裁判規範であるとしたうえ，ローゼンベルク流の客観的証明責任を踏まえたものに傾くようになり，昭和60年4月にこの民法典の各規定の法的性質および証明責任を前提とする要件事実論に統一された司研・要件事実1巻が公刊されにいたった。民事訴訟における民事実体法の法典の各規定の法的性質や主張責任の分配，証明責任の分配，主張責任および証明責任について，学者がどのような説を採ろうとそれは学者の良心と学識の問題にすぎないが，民事訴訟に従事する法曹がどのような考えでそれに関与するかは，市民の権利・義務に直接に影響するものであって，民事司法のレーゾン・デートルにかかわる重大な問題である。したがって，法曹養成・教育機関である司法研修所は，あだやおろそかに民法典の各規定の法的性質，主張責任論，証明責任論を論じ，それを前提とする要件事実論を構築するようなことをしてはならないのではないだろうか。

とは知らないのではないだろうか。

V 要件事実論についての司法研修所の
見解と私見の違いのまとめ

　要件事実論の概説を終わるにあたって，私見（枠囲み）と司法研修所の見解（司研・要件事実1，2巻や民事教官室などの名で司研論集などに掲載された論考について，同書や同論考が基本的にローゼンベルクや兼子博士の見解などを襲用していると思われ，あるいは，伊藤（滋）が同書などを補強しようとして見解を展開しておられると思われるので，これらの諸氏の見解をも参照して，司研の見解とした。〔なお，司研の見解に対する反論等の要点は，【　】内にポイントを小さくして記述する〕）の違いを大枠で示しておくことにする。

(1) 要件事実論の構造について

　法律関係を含む私権（以下では，単に「権利」という）の発生，変更および消滅（法律効果）の必要な条件（要件）は，民法の条項に基本的に書き込まれているが，同法の起草ないし制定の制約がありあるいはごく少ないとはいえ過誤がないわけではないから，それを基にして法の解釈により適正な要件（法律要件）を確定しなければならない。そして，社会事象が法律要件を満たすと，裁判を俟たずに法律効果から見出せる具体的な法律効果が生ずる。その権利をめぐって紛争が起こり，それが民事訴訟になると，その対象となるのは原告の権利の存否等の主張（請求）であるが，その権利の存否等は，一つの法律効果のまたは幾つかの法律効果の組み合わせの有無であり，被告が請求を認諾しないときは，観念的にいえば，原告は，自ら定立した請求が正当であることの証を立てなければならないが，請求の内容である権利の存否等が多少なりとも法律効果の組み合わさったものの有無であるときは，証明することはもとより主張することすら不可能であるかいちじるしく困難であるかとなる。そうすると，ほとんどの訴訟で，原告は，勝訴することができないことになる。それでは，国が訴権を認め，民事訴訟制度を設けた趣旨が失われることになる。そこで，そのような事態にならないようにするためには，あらかじめ法律効果および法律要件について主張責任の分配ないし証明責任の分配をして，権利の存在等を主張するものとその主張を争う者とに公平，適正に分け，裁判規範の効果と要件と見出しておけばよい。両者に公

381

V 要件事実論についての司法研修所の見解と私見の違いのまとめ

平，適正に分別する規準は，基本的には法律効果の態様に応じて，例外として，主張責任の分配ないし証明責任の分配をする前の権利の発生，変更または消滅の原因である法律要件またはそれを組成する素因である法律事実（本項では以下，「本来の法律要件または法律事実」という）が存在する可能性があればよく事象（不存在でなければよく）しかもその主張が不可能またはいちじるしく困難であるものであり，主張責任の分配ないし証明責任の分配してその反対の事象を相手方にしても他の規定または自らの法律効果や法律要件あるいは法律事実の法的効果や法律事実と不整合を生じないときは，本来の法律要件または法律事実について主張責任の分配ないし証明責任の分配をし，その反対の事象を相手方にして私見の裁判規範の効果および要件とするのである。この裁判規範の効果が分配効果で，要件が要件事実である。

しかし，このような考えは，慣習法を理論的に体系化して構築したものにすぎない。すなわち，現行民法典に修正される元となった旧民法の証拠編1条には，行為規範を裁判規範に変改する法理である主張責任の分配および証明責任の分配が規定されていた。だが，わが民事法では，旧民法廃止以後この法理を定めた規定が制定されることがなかった。そこで，旧民法証拠編1条を基礎とする慣習法が成立したのであるが，その理論は，かならずしも明らかでなかった。そのうえ，司法研修所の見解は，慣習法と大きく乖離していた。したがって，慣習法の理論を見付け，それを体系化することは，喫緊の課題となったのである。

私見は，つまりは，現行の民法典前3編は，第9回帝国議会において，個々の・市民または市民間の経済的な財産関係および取引関係のうち適用領域が限定されていない法規を集積した実定法として制定されたが，同法規の法的性質は，原則として，市民を名宛人とし，市民または対等な市民間の経済的な財産関係および取引関係にかかわる社会事象が同規範の定める要件を充足すると，具体的な権利または法律関係が発生，変更または消滅するつまり変動することになる，行為規範である（もっとも，起草者であった法典調査会は，一部とはいえ，法曹法であるドイツ民法第一草案をそのような法的性質があるという認識のないまま行為規範と考えて，同草案の条文を参照して起草し，第9回帝国議会もそれを鵜呑みにして制定したから，その法的性質の色彩のある条文があることは否定することはできないであろう）ことを明確にすることと，慣習法となっていた行為規範の定める法律効果および法律要件について，主張責任の分配ないし証明責任の分配をほどこすことを判然とすること（その結果として，裁判規範の効果（分配効果）および要件（要件事実）を見出したこ

と）である。

　司法研修所は，要件事実論の構造を明示していないようであるが，民法典の各規定の法的性質を裁判規範とし，したがって，権利または法律関係の変動を判決の確定によって定まるとするもののごとくである。

　そして，要件事実を権利の発生，障害，消滅の各法律効果が肯定されるかどうかは，その発生要件に該当する具体的事実の有無にかかることだとして，この事実が要件事実であり，主要事実と同義に帰着するという。そして，立証責任（＝証明責任）を，訴訟上ある要件事実の存在が真偽不明に終わったために当該法律効果の発生が認められないという不利益または危険であるとしながら，これをすり替えて，ある要件事実を証明することができないで終わったために当該法律効果の発生が認められないという不利益または危険であると定義し直し，そう定義する以上，立証責任は当該法律効果の発生によって利益を受ける側の訴訟当事者に帰着することになるが，法律効果の発生は，すべての客観的に実体法の各法条が規定するところであり，これら実体法の規定は，その法律効果が他の法律効果に対してどのように働くかという観点から，権利（法律関係）の発生要件を定めた権利根拠規定，その権利発生の障害要件を定めた権利障害規定，その権利行使を一時的に阻止する要件を定めた権利阻止規定およびその権利の消滅要件を定めた権利滅却規定の四つに分類されると考え，これらの法律効果の働き方によって論理的に定まる組合せに従い，訴訟の当事者は，それぞれ自己に有利な法律効果の発生要件事実について立証責任を負うとするとする。そのうえで，ある法律効果の発生要件に該当する事実が弁論に現れないために，裁判所がその要件事実の存在を認定することが許されない結果，当該法律効果の発生が認められないという訴訟上の一方の当事者の受ける不利益または危険を一般に主張責任と呼ぶとし，要件事実について立証責任を負うということと，要件事実について主張責任を負うということは，結局，これを要件事実とする法律効果の発生が認められないという不利益を受けることを意味するから，この立証責任と主張責任とは，同一当事者に帰属するはずのものであるという。また，規範的要件に該当するものと判断できるか否かは法律問題であり，法規を適用する裁判所の職権に属し，当事者が規範的評価の成立を主張する場合の，その主張の性質は法律上の意見の陳述であるともいう。

　【司法研修所の要件事実論は，ドイツの民事法の影響を強く受けておられる兼子博士とドイツの民法および民事訴訟法の学者であるローゼンベルクの考え（ローゼンベルクは，民事訴訟の訴訟物については新訴訟物論者である）を基本として構築されており，

383

V 要件事実論についての司法研修所の見解と私見の違いのまとめ

そのあおりとでもいうべきあろうか，わが民法および民事訴訟法を無視あるいは軽視する論述されているといってよいであろう。】

※ 本項について詳しくは，“はじめに”の〔要件事実（論）についての私見は，……〕のうちの【民法典前3編の各規定の……】ならびにⅠ，2，3-1 Cのうちの〔内田教授がわが民法典の各規定……〕，3-5および6，4-1-1，-2およびⅢ，1-3-2などを見られたい。

⑵　民事訴訟の結果（判決の主文）について

司法研修所の見解と私見とでは，訴訟の結果にもかなりの割合で違いが出るようである。以下ではその一例を挙げるにとどめる。

ⓐ　甲が原告となり，乙を被告として，贈与契約に基づいて著名な陶芸家の制作した高額な瀬戸茶碗の引渡しを求める民事訴訟を提起したとする。被告は，その契約には原告が被告の事業を引き継いでくれたならばという条件（停止条件）付き契約であったと請求の原因である無条件の贈与契約の成立の主張を否認した。

そこで，裁判所は，その点について証拠調べをしたが，贈与契約が無条件であったか被告の主張するような条件が付いていたか，どちらとも確信を抱くことができない心証（真偽不明の心証）であった。

その場合には，私見の否認説によれば，裁判所は，請求の原因（無条件の贈与契約の成立の主張）が認められないことを理由として，原告の請求を棄却する原告敗訴の判決をすることになる。

ⓑ　また，甲がⓐの訴えを提起し，被告が外国に移住して近隣者にその住所を尋ねても分からず送達すべき場所が不明であるとして訴状等の公示送達を求める申立てをし（民訴110 Ⅰ⑴），裁判所書記官が公示送達をしたとする。

証拠調べ（同法159 Ⅲただし）により，原告が請求の原因で主張している（無条件の）贈与契約にはⓐの停止条件が付いていることが証明された。そこで，裁判所が原告に対してその主張する贈与契約には停止条件の約定がある（停止条件付き贈与契約の成立）のであるから，その約定と停止条件の成就の主張をし，停止条件の成就の立証をするように釈明したが，原告は，それに応じなかった。

この場合には，否認説によると，裁判所は，原告の請求の原因を認めることができないことを理由にその請求を棄却して，原告を敗訴させる。

ⓒ　上述したⓐの事例についていうと，司法研修所の抗弁説によれば，証拠調べの結果，請求の原因である贈与契約の成立を認定することができるが，抗弁であるその契約に原告が被告の事業を引き継いでくれたならばという条件（停止条件）がついていたことについては被告の主張するような条件が付いていたかどうか，どちらとも確信を抱くことができない心証（真偽不明の心証）であったとする。

そうすると，請求の原因は認定することができ，抗弁は認定することができない以上（停止条件が付いていたかもしれないことは考慮外のことである），原告の請求を認め，被告に対し瀬戸茶碗引渡しを命じる原告勝訴の判決をすることになる。

ⓓ　上述のⓑの事例についてであるが，裁判所は，証拠調べで請求の原因の贈与契約の成立が認定できるからには，ただちに弁論を終結する。

そして，原告の請求を認容し，被告に対し瀬戸茶碗の引渡しを命じる原告勝訴の判決をすることになる。

なお，要件事実の問題ではないが，要件事実の考えの違いによっては，次のようなことも起こりうる。司法研修所の見解によれば，甲は，この勝訴判決を債務名義にして強制執行をし，そのうえ，瀬戸茶碗を第三者丙に売り渡してしまった。被告は，相当の期間にわたって世界旅行をしていたが，帰国後原告が勝訴判決を債務名義にして強制執行をしたことを知り，ただちに控訴の追完を申し立てた（大判昭和16・7・18民集20巻988頁，最二判昭和36・5・26民集15巻5号1425頁など参照）。そして，乙は，丙に対し，上述した控訴を申し立てたことを告げ，瀬戸茶碗の返還を求めたが，丙は，善意による取得であるとして乙の申出に耳を貸そうともしない。

※　本項について詳しくは，Ⅰ，4-2-1などを見られたい。

⑶　実質的意義の民法を認めるか否かおよび権利の根拠について
ア　実質的意義の民法を認めるか否かについて

民法典前3編の各規定中には，かならずしも法規として完全なものであるとはいえないものもあり，また，条項を整理しなければならないものも少なくない。

そこで，民法典や民事実体法典のうちの適用領域が制限されていない条項あるいは慣習法規などを手がかりにするなどして，法解釈によって一つ一つの法規範すなわち個別的法規範を解釈によって見出さなければならない。こ

の個別的法規範を組織的に集積して，実質的意義の民法を見付け出す必要がある。

司法研修所は，司研・要件事実 1 巻「第二部　民法の要件事実」（67〜246 頁）および同・2 巻「第二部　民法の要件事実」（1〜180 頁）は，民法典の条項を掲げて，条項ごとに要件事実を解説しており，そのうえ，兼子博士が実質的意義の民法を認めないようであるから，実質的意義の民法を認めないのではないか【もっとも，伊藤(滋)氏は，実質的意義の民法としての裁判規範を認められる。】

※　本項について，詳しくは，"はじめに"の〔要件事実(論)についての私見は，……〕のうちの【民法典前 3 編の各規定などを手がかりに…】，Ⅰ，2，4-2 および 4-3 などを見られたい。

イ　権利の根拠について

私権は，法定権利であるとその他の権利であるとを問わず，社会事象が実質的意義の民法中の財産法の個別的法規範（法律行為上の私権については法律行為規範）を構成する行為規範の定める法律要件を充足すれば，裁判を待つまでもなく，法律効果（私権の発生，変更または消滅）が生じるのが原則である。

しかし，停止条件付き法律行為上の私権（ただし，条件付き権利を除く）は停止条件の成就によって，停止期限付き法律行為上の私権は停止期限の到来によって法律効果が生ずる。現行民法典の起草者である穂積博士がいわれる「法律を以て権義の利器をなす」は，このことを端的に表しており，私権は，社会に現存するといわれる所以である。

兼子博士の考えを踏襲しているもののごとくであり，法規は裁判所が職権として適用する（当事者には，法規を適用する権限がない）から，権利は，訴訟物の態様に応じて終局判決の確定によって生ずる。社会に存在すると思われている権利は，仮象のものにすぎない。

法律行為に停止条件が付されると，本来成立とともに発生すべきであった法律行為の効力の発生が条件成就の時まで停止され，停止条件の成就は法律行為の効力発生を停止させていた停止条件の効果を消滅させ，法律行為の効力の発生を現実化する。したがって，停止条件付き契約の停止条件成就により生じた権利と無条件の契約の成立によって生じた権利とは同一であって，訴訟物を異にしない。

※　本項について，詳しくは，"はじめに"の〔要件事実(論)についての私見は，……〕のうちの【民法典前 3 編の各規定などを手がかりに……】，Ⅰ，2-1，4-1-1，4-2-1，4-3 などを見られたい。

⑷　契約の種類，意義等について

　ア　契約上の権利の淵源について

> 　民事契約上の権利は，成文の民事法上の個々の規定を超えた理念として，
> 民事法によって一般的抽象的に認められたものであり，その淵源は，契約当
> 事者の契約類型に分別された合致した合意であると思料する。したがって，
> 成文の民事法上に契約についての規定があってもそれによって民事契約上の
> 権利が発生したりするわけではない。たとえば，民法第3編第2章第2～14
> 節に13の典型契約についての規定があるが，それらの節の冒頭にある各契
> 約類型に関する規定は，定義規定である。

　民事契約上の権利は，裁判所が契約を成文の民事法上の規定に該当すると判断
する判決をし，それが確定すると変動するであって，たとえば，裁判所は，売買
代金請求権を，契約が民法555条の規定する要件に該当すると判断することに
よって発生の効果が生じたことを理由にして判決するのである。無名契約の根拠
規定は，同法91条である。

　イ　契約の種類および意義について

> 　契約には，条件についていえば，無条件の契約と条件付き契約とがあり，
> 期限についていえば，期限付き契約と自然債務の契約とがある。解除条件付
> き契約についていうと，有効に成立したときは，解除条件の成就によって債
> 権を得べき者は停止条件付き債権を得，解除条件の成就によって債務を負う
> べき者は停止条件付き債務を負うことになるから，解除条件付き契約と無条
> 件の契約とは別の契約である（このことは，民法131条，133条2項などの条文
> 上からも明らかなことではないだろうか）。また，契約において債務の履行に
> ついて期限を定めのないことも，一種の履行期である。
>
> 　大体において，契約の拘束力は，契約当事者の意思（効果意思）の合致に
> ある（意思説）のである。

　一般的には，単なる契約があるだけであって，無条件の契約という態様を認め
ないのではないか【「法律行為の効力は，法律行為が成立すれば直ちに発生するのが
原則である」とか，「原告がその条件成就を再抗弁として主張立証し，これによって」
売買契約に基づく売買代金の支払い請求「が認容されたとしても，訴訟物と異なる権利
を認容したことにはならない」とかいうのはこのことを表すのではないか。】

　解除条件の約定のある契約が有効に成立し，その契約に基づく債務の履行を求
める訴訟における請求の原因では，単純な契約の成立を主張すればよい。停止条

387

V 要件事実論についての司法研修所の見解と私見の違いのまとめ

件の約定のある契約も同じである。

契約において債務の履行について期限を定めのないことは，履行期ではない。

契約の拘束力は，その契約についての成文の法規に求める（法規説）。無名契約についての成文の法規は民法 91 条である。

※ 本項について，詳しくは，Ⅰ，4-1-3，-1-4，-2-1 および -2 などを見られたい。

⑸ 権利主張および権利自白ならびに規範的要件について
ア 権利主張および権利自白について

> 実質的意義の民法を組織する個別的法規範を構成する行為規範の定める法律要件またはそれを組成する素因である法律事実の中には権利，法律関係，一般条項，不特定概念といった法的判断を要する事項がある。そして，この事項を内容とする法律要件または法律事実について主張責任の分配をするときは，この事項は形態，内実としては分解することができないから，そのまま裁判規範の要件とすることになる。しかも，この事項は主張の対象ともなりうる。この主張が権利主張である。大体において，実質的意義の民法上の個別的法規範には前述したように市民を名宛人とする行為規範であるあるから，市民は権利の発生，変更および消滅させる権限をもっているうえ，請求（民訴 133 Ⅱ⑵），請求の放棄・認諾（同 266，267）および中間確認の訴え（同 145）が規定されているわが民訴法の下では，訴訟において訴訟当事者は権利主張をすることができるのは，当然のことではないだろうか。そして，訴訟当事者が権利主張をしうるとすれば，同法 179 条中に規定されているとみるか同条を準用すると解するかは別として，権利自白をすることもできるといわなければならない。

物上請求権の発生要件のうちには当該物件の所有権が請求者にあることがあり，訴訟において，いわゆる権利自白が成立するかぎり具体的事実の主張立証を省略できるが，これが争われる場合は，その所有権取得原因となる具体的事実を主張立証しなければならないから，この要件事実はこの所有権取得原因事実である。【しかし，次段で紹介するように法規を適用することが裁判所の職権に属し，当事者が規範的評価の成立の主張の性質は法律上の意見の陳述であるとし，立証責任を訴訟上ある要証事実の存在が真偽不明に終わったために当該法律効果の発生が認められない不利益または危険であり，客観的立証責任と同義であるとすると，司法研修所は，所有権については権利自白がある限度でとはいえ権利主張を認めることができないはずであり，その他の規範的要件については権利主張および権利自白を認めないのではないか。】

※　本項について，詳しくは，はじめに，〔要件事実（論）についての私見……〕のうちの【主張責任の分配ないし証明責任の分配をする規準】，Ⅱ，3-1 のうちの〔主張は，どのように分ける…〕，Ⅲ，1-1-4 ⑶ 3- などを見られたい。

イ　規範的要件について

地方裁判所以上の裁判所に民事の訴えや反訴を提起するには，原告がそれを基礎づけるべく請求を定立しなければならなくなった（民訴 133 Ⅰ，Ⅱ⑵，民訴規 53 Ⅰ）からには，また，中間確認の訴えが定められた（民訴 145）からには，当事者も，法を適用して規範的評価の成立を判断することができるといわなければならない。「汝は事実を述べよ，さらば，余は，権利を与えん。」は，死語（諺）となったのである。

規範的要件（事実）には，一般条項のみならず，法的判断を要する事項である権利，法律関係および不特定概念も含まれる。

司法研修所は，民法典の各規定の法的性質を裁判規範であるとするもののごとくであるうえ，具体的事実を規範的要件に該当するものと判断できるか否かは法律問題であり，法規を適用する裁判所の職権に属し，当事者が規範的評価の成立を主張する場合の，その主張の性質は法律上の意見の陳述である。

規範的要件は，一般条項とも呼ばれる。

※　本項について，詳しくは，Ⅰ，3-4 のうちの〔司研は，民法典の各規定を……〕，および 4-3-2 Ｂ のうちの〔司法研修所の権利形成についての……〕，Ⅱ，3-1 のうちの〔主張は，どのように……〕ならびにⅢ，1-1-4 ⑶ のうちの〔規範的要件（事実）は，…〕などを見られたい

⑹　民事訴訟における審判の対象について

原告となるべき者が地方裁判所以上の裁判所に民事の訴えを提起するにあたって提出する訴状には訴えという申立てとそれを基礎（理由）づける特定した法律上の主張である請求を記載する必要がある。この請求が審判の対象となる。特定した請求の内容となるのは，原告の保有する具体的な民事実体法上の権利（法律関係を含む趣旨）の存否等であるが，それは，実社会に現存する権利の存否等にほかならない。

地方裁判所以上の裁判所に民事上の訴えを提起するにあたって提出しなければならない訴状には訴えと特定した請求の内容となる訴訟物を記載する必要がある。この訴訟物が審判の対象となるが，訴訟物としての権利（またはその存否）は，真実の権利の存否が判決の確定によって決まる関係から，仮象の権利の存否かあ

V　要件事実論についての司法研修所の見解と私見の違いのまとめ

るいは勝訴の終局判決の確定において生ずると想定される真実の権利の存否ということになろう。

　なお，訴訟物として停止条件の成就により生じる権利や裁判上の形成権を認めることはできない。また，請求権の履行期の約定等およびその到来または未到来？や請求権の行使が訴訟物に入ることはない。

　※　本項について，詳しくは，Ⅰ，4-2-1 および -2 ならびにⅡ，1-3 などを見られたい。

⑺　主張責任の分配ないし証明責任の分配について
　ア　主張責任の分配ないし証明責任の分配が必要となる根拠について

> 　原告が提起した民事の訴えを基礎づけようとして定立した請求すなわち権利の存否等の主張を被告が認諾しない場合には，原告は，請求の主張をした以上，その証を立てなければならない。権利の存否等（以下，本項の私見では，記述を簡明にするため「等」を省略する）は，行為規範の定める権利の発生の原因となる法律要件を充足する具体的な社会事象がないかあるいはあるか，さらにそれと権利の変更または消滅を充足する具体的な社会事象が一つか幾つかの組み合わせたものかに他ならないから，具体的な権利の存否の証を立てるには，それと等価値であるこれらの社会事象を主張し証明しなければならないが，それらの社会事象の有無をすべて主張し証明することは不可能かいちじるしく困難かであることが大多数ではないか。そうなると，民事訴訟で原告が勝訴することはほとんどできないことになるが，権利は，訴訟手続きによって保障されているので，憲法が訴権を基本的人権とし（憲 32），国が民事訴訟の制度を設営することによって，この訴権を一定の法的権利としたというべきである。そして，これらの要請を実現するために必要な法理が行為規範の定める法律効果および法律要件または部分効果および法律事実についての主張責任の分配であり，証明責任の分配である。つまりは，こうして行為規範を裁判規範とするための法理として，主張責任の分配および証明責任の分配があるわけである。

　次の文章が主張責任・証明責任の分配の必要について述べたものといってよいか疑問がなくはないが，司法研修所は，次のようなことをいう。

　民事訴訟において，裁判所は，訴えが適法なものである限り，当該事実審の口頭弁論終結時を基準として，原告が訴訟物として主張する一定の権利（又は法律関係）の存否について判断しなければならないが，観念的な存在である権利の存

否を右基準時点において直接認識する手段は，いわゆる権利の推定が許される場合を別とすれば，ほかにない。したがって，当該権利の存否の判断は，その権利の発生が肯定されるか，その後，その権利が消滅したか，さらに，その消滅の効果の発生が妨げられたかといった具合に，積極・消極のいくつかの法律効果の組み合わせによって導き出す以外に方法はない。

実体法の多くはこのような法律効果の発生要件を規定したものであり，この発生要件を講学上，法律要件……又は構成要件……と呼んでいる。

※　本項について，詳しくは，Ⅱ，2，Ⅲ，1-1-2のうち〔具体的な民事訴訟において，原告は，……〕～〔権利には，…〕，Ⅳ，3のうちの〔司法研修所は，…〕などを見られたい。

イ　行為規範の定める法律効果を主張責任の分配ないし証明責任の分配の対象とするか否かについて

> 私見では，法律要件だけでなく法律効果についても主張責任の分配ないし証明責任の分配をし，こうして見出された裁判規範の要件を要件事実とするとともにその効果を分配効果とする。したがって，民事訴訟においては，訴訟当事者は，要件事実を充足する具体的な社会事象（主要事実）を主張・証明しなければならないばかりでなく，分配効果のうちその主要事実に対応する具体的な効果も主張・証明をしなければならないし，裁判官も，それについて判断しなければならないことになる（ただし，証明責任の分配および証明責任においては，それに先立つ〔事実上の〕主張責任の分配および主張責任の結果である分配効果を援用することができるにとどまる）。
>
> 通常は分配効果を主張するまでもないが，それは要件事実を充足する具体的な社会事象が主張されれば，分配効果に包摂される具体的な効果は，要件事実の主張から容易に分かるから，それをことさらに主張するまでもないからである。
>
> そのうえ，主張責任の分配ないし証明責任の分配によって見出される要件事実には，権利発生事由，権利根拠事由，権利発生障害事由，権利消滅事由，権利滅却事由，権利消滅障害事由，権利行使事由，権利行使阻止事由および権利行使阻止上の権利消滅事由の類型があるが，それは，分配効果の違いによるのである。

主張責任は要件事実（＝主要事実）について存在するものであり，法律効果自体について存在するものではない。したがって，法律効果自体については当事者の主張がなくとも，その要件事実が弁論に現れるときは，裁判所は当該法律効果

V 要件事実論についての司法研修所の見解と私見の違いのまとめ

の発生について判断することができる【後文は，一般的にはそのとおりであるが，分配効果〔司研のいう「法律効果」〕によって請求の範囲や請求認容・事実認定の程度・範囲が定まるような場合もあるから，前文のように言い切るのは問題である。】

※ 本項について，詳しくは，Ⅱ，1-2-3，2，ならびにⅢ，1-1-2 および 2-1，-2，3のうちの〔分配効果御および要件事実を…〕などを見られたい。

ウ 主張責任の分配ないし証明責任の分配の規準について

主張責任の分配ないし証明責任の分配は，実質的意義の民法上の行為規範の定める法律効果（それが請求権であるときは，その履行可能性の存在および請求権の行使を含み，裁判上の形成権および抗弁権であるときは，それぞれの権利の行使を含む）または法律事実の結果である法的効果およびその原因である法律要件または法律事実について裁判規範の効果（分配効果）および要件（要件事実）を見出す法理であり，社会事象が法律要件を充足すると，その結果である法律効果の包摂する具体的な権利の発生，変更または消滅するのであるから，それぞれの分配をするにあたっては法律効果および法律要件の形態をできるだけ維持するように行わなければならないだろう。

そうすると，主張責任の分配ないし証明責任の分配は，基本的には法律効果の態様ごとに法律要件の適用を受ける者に対して行われるが，例外として行為規範の定める法律効果が権利の発生および消滅のそれぞれの法律要件または法律要件を組成する複数の法律事実のうち一つの法律事実が規定上は積極的事象でありながら制定上または解釈上の理由から消極的に存在していればよい（積極的に不存在でなければよい）と解される場合であって，それらを充足すると想定される社会事象が観念的とはいえ定型的に主張ないし立証が不可能であるかまたはいちじるしく困難であるかして，しかも，その反対の社会事象として取り扱っても理論上，事実上なんらの障害もないときは，本来であれば積極的事象としての法律要件および法律効果または法律事実および部分効果について主張責任の分配されるべきであった者の相手方がその反対の法律要件または法律事実について主張責任の分配があることになる。これが権利発生障害効果および権利発生障害事由ならびに権利消滅障害効果および権利消滅障害事由であり，これらの効果および事由を除いた法律効果および法律要件または法律事実の結果である効果および法律事実が前者では権利根拠効果および権利根拠事由，後者では権利滅却効果および権利滅却事由である（主張責任の分配と証明責任の分配との関係については，後述する本項エおよび⑽を見られたい）。

こうして，権利の存在を主張する者とその主張を争う者に分配された分配
効果および要件事実を類別すると，基本的には，権利の存在を主張する者が
権利発生効果および同事由，権利根拠効果および同事由，権利消滅障害効果
および同事由ならびに権利行使効果および同事由を，権利の存在の主張を争
う者が権利発生障害効果および同事由，権利消滅効果および同事由，権利滅
却効果および同事由ならびに権利行使阻止効果および同事由をそれぞれ負う
ことになる。
　したがって，主張責任の分配および証明責任の分配の所属法域は，実質的
意義の民法を含む民事実体法である。

　「訴訟上，ある要件事実（＝主要事実）の存在が真偽不明に終わったために当該
法律効果の発生が認められないという不利益又は危険を立証責任と呼ぶ（客観的
立証責任と同義。証明責任ともいう）」といいながら，その直後に「ある要件事実
を証明することができないで終わったために当該法律効果の発生が訴訟上で認め
られないという不利益又は危険を立証責任と定義する」と立証責任の定義をすり
替えたうえ，このすり替えた定義とする以上，立証責任は当該法律効果の発生に
よって利益を受ける側の訴訟当事者に帰属することになるといい，そのうえで，
法律効果の発生要件は，すべて客観的に実体法の各法条が規定するところであり，
これら実体法の規定は，その法律効果が他の法律効果に対してどのように働くか
という観点から，権利（法律関係）の発生要件を定めた権利根拠規定（拠権規定），
その権利発生の障害要件を定めた権利障害規定（障害規定），その権利行使を一
時的に阻止する要件を定めた権利阻止規定（阻止規定）および権利の消滅要件を
定めた権利滅却規定（滅権規定）の四つに分類されると考え，これらの法律効果
の働き方によって論理的に定まる組合せに従い，訴訟の当事者は，それぞれ自己
に有利な法律効果の発生要件事実について立証責任を負うとする。

　実体法規の解釈に当たっては，各実体法法規の文言，形式を基礎として考える
と同時に，立証責任の負担の面での公平・妥当性の確保を常に考慮すべきである。
具体的には，法の目的，類似又は関連する法規との体系的整合性，当該要件の一
般性・特別性又は原則性・例外性及びその要件によって要証事実となるべきもの
の事実的態様とその立証の難易などが総合的に考慮されなければならないであろ
う（もっとも。顕著な事実が法律要件として問題となる場合には，当該事実について
立証するという問題はないのであるから，立証の難易以外の要素を考慮して実体法規の
解釈をすることになろう。）。

　【司研は，行為規範を否定するかのごときであるが，権利障害規定を肯定する。それ

393

V 要件事実論についての司法研修所の見解と私見の違いのまとめ

でいながら，権利発生事由と権利根拠事由の違いを認めずに権利根拠事由だけで済まし，また，権利消滅事由と権利滅却事由の違いを認めずに権利滅却事由だけで済ますようである。この証明責任の分配は，ローゼンベルクの証明責任論に従ったものと思われる。】

そして，司研は，証明責任の分配の所属法域を明示しないが，それは，民法のみならず民事訴訟法にも属するのであろう。

※ 本項について，詳しくは，Ⅰ，4-1-1 のうち〔権利の障害も，…〕，Ⅲ，1-2 の〔具体的な請求の内容である……〕～〔司研は，…〕，1-5 のうちの〔しかし，法律要件を…〕および〔不存在でなければよい…〕ならびに 3-3 および -6 などを見られたい。

エ 主張責任の分配と証明責任の分配との関係について

旧民法 1，2 条は，一見すると証明責任の分配のみを規定していると解されそうだが，子細に
検討すると，それに先立って事実上の主張の負担，主張責任の分配をも規定していると解することができる。そして，同法廃止後は，その主張責任の分配および証明責任の分配ならびに主張責任および証明責任の意義についての基本的な法理が慣習法理となり，大審院時代の判例・学説は，大局的にはこの法理に従って主張責任の分配ないし証明責任の分配をしていた。

したがって，わが主張責任の分配ないし証明責任の分配は，この慣習法理を理論的に体系化すればよいであろう。

処分権主義や弁論主義は，私法の大原則である私的自治の原則の訴訟法的表現である。したがって，訴訟において当事者が資料を提供する方策の前提として，まず主張責任の分配がある。

行為規範の定める法律効果および法律要件またはそれを組成する素因である法律事実の効果（部分効果）および法律事実中には，法的判断を要する事項があり，また，自然的・社会的事実があり，前者の主張を法律上の主張と，後者の主張を事実上の主張というところ法律上の主張の内容となる法的判断を要する事項はその性質から分割することができないから，そのままの形態で主張責任の分配が行われ，これが第一次的要件事実となるが，事実上の主張の内容となる自然的・社会的事実はその性質から分割ができるし，次に述べるように分割しなければならない場合があって，法律上の主張が争われた場合あるいは争われることを慮った場合には，その事項を基礎づけあるいはそれを排斥するために，自然的・社会的事実の類型について第二次的要件事実を求めて主張責任の分配が行われる。

そして，事実上の主張責任の分配によって主張責任を負った者がその事実

を主張するということは，訴訟行為の法理から，相手方がその主張を争うならば，その事実を証明することを予告するものであるといってよい。したがって，相手方がその主張を争った場合には，その主張事実を証明しなければならない。そうだとすれば，証明責任の分配は，事実上の主張責任の分配と同じになる。

　これらのことを民事訴訟の流れに沿っていうならば，私的自治を大原則とする民事法の手法的判断を要する事項に限定していうと，原告は，その事項を基礎づける自然的・社会的事実の類型を充足する具体的な社会事象を主張しなければならないが，被告がその社会事象を認めるときは，裁判官は，その社会事象を真実であると判断することになるが，争えば，その社会事象を立証によって証明しなければならない。こうして，被告が原告の主張を認めたり事実上の主張を争ってみたものの証明されたりした場合は，今度は，被告が原告の主張を排斥するに，主張責任の分配によって自己が主張責任を負うところの事柄を主張し事実上の主張について立証による証明をすることになる。

　このように，争い方に対応して，当事者の一方または相手方が請求を基礎づけまたは排斥する主張責任の分配によって自己に分配された分配効果の原因である要件事実を充足する社会事象を主張したり（請求の原因，抗弁，再抗弁等），立証したりするのである。

　ローゼンベルクは，主張責任の対象と範囲とは，証明責任の分配と同じ方法で解かれるべきものであり，主張責任と証明責任とは別々の二問題でなく，同一問題の二面なのであって，これが，判決基礎の確定を指向する当事者の活動が主張と立証という両者から成る二面性に対するといって，主張責任の分配を証明責任の分配のほうから規制するが，これは，客観的証明責任をもって証明責任論の基本であるとすることからいって当然のことである。

　司法研修所は，ローゼンベルクのいう客観的証明責任を肯認したうえ，ある法条の法律効果の発生によって利益を受ける当事者が一定している以上，この当事者にこの法律効果発生の要件事実（＝主要事実）についての立証責任はもちろん主張責任もまた帰属することになるのは，立証責任の分配の概念から導き出される当然の帰結である，という【このことを指して，主張責任の分配は立証責任の分配に従うとか，あるいは主張責任は立証責任が弁論主義というフィルターを通して主張の場に投影されたものであるというのであるが，司法研修所は，この言い方を疎んじるかのごとくである。しかしながら，立証責任の分配をかなり詳しく述べながら，主張責

395

V　要件事実論についての司法研修所の見解と私見の違いのまとめ

任の分配については独立して述べることがないところをみると，この言い方を結果として肯定しているといわざるをえないのではない。】

　※　本項について，詳しくは，Ⅱ，3-4 およびⅣ，3 のうちの〔司法研修所は，…〕，Ⅲ，1-5 の〔具体的な民事訴訟において〕および〔訴訟において…〕ならびにⅣ，2 のうちの〔司法研修所は，…〕などを見られたい。

(8)　弁論主義の根拠等について

> 　権利が裁判をまたずに社会に実在するとし，権利の処分等を私的自治の原則によって解する立場に立つから，弁論主義の根拠は，本質説で理解するのが筋である。そして，弁論主義の根拠を本質説で理解するとなると，その内容も自己責任の原則で理解することになるのが筋であり，弁論主義は，訴訟資料の収集・責任について裁判所と当事者との役割分担を決めているだけでなく，当事者相互間の役割分担をも決めているとみるべきである。そうすると，弁論主義の付帯的内容の第1テーゼは，主張責任を分配された当事者の主張しない主要事実をその当事者の利益に裁判の基礎とすることができないこととなり，主張共通の原則（相手方の援用しない自己に不利益な陳述を含む）を排除しており，第3テーゼは，当事者間で争いのある自然的・社会的事実の認定は，弁論の全趣旨を別として，その自然的・社会的事実について証明責任を分配された当事者が申し出た証拠によらなければならず，職権証拠調べの禁止は当然のことになり，証拠共通の原則を排除する。

　司研は，弁論主義の根拠等について明確なことを述べていないが，兼子博士の述べるところによると，権利を終局判決の確定によって生ずるとするから，弁論主義を本質説で理解することはできないのではないだろうか。そうすると，弁論主義は，訴訟資料の収集を当事者の権能であると同時に責任であるとする制度であり，訴訟資料の収集について裁判所と当事者との役割分担を定めるものであると理解するのではないだろうか。それとともに，主張についていうと，主要事実が当事者のどちらからも弁論に顕出されないため，その主要事実を主張することによって利益を受けるはずの当事者がこれを判決に斟酌されないことによって受ける不利益であると理解し，主張共通の原則（相手方の援用しない自己に不利益な陳述を含む）および証拠共通の原則を肯定するとともに，職権証拠調べを禁止するだけで，証拠共通の原則を肯定するのではないだろうか。

　※　本項について，詳しくは，Ⅳ，2 の〔弁論主義は，…〕を見られたい。

⑼　主張責任および証明責任について

　主張責任および証明責任は，民事実体法上の範囲内の議題である要件事実論のテーマではなく，民事手続法上の範囲に属するテーマであるが，主張責任の分配および証明責任の分配から生ずるテーマであるし，従来から要件事実の一部のテーマとして論じられているので，言及しておく。

　主張責任の分配によって見出された要件事実および分配効果には行為責任として主張責任が内在ているというか要件事実および分配効果から論理必然的に主張という訴訟行為をすべき負担が析出されることになるというかすることになる。そうなると，具体的な訴訟において，訴訟当事者が主張責任の分配によって自己に分配された要件事実を充足する社会事象およびそれから生ずる分配効果に内包されている具体的な効果を主張すべき負担があることになる。この主張すべき負担が行為責任としての主張責任である。

　行為責任としての主張責任を負うべき訴訟当事者が主要事実を訴訟の進行状況に応じた適切な時期までに主張して弁論に上程しないときは，裁判所は，その主要事実およびそれに対応して生ずる具体的な効果を裁判の基礎とすることができない。すなわち，裁判所は，その主要事実を法的三段論法の小前提とするところの大前提である裁判規範の要件事実が充足されないことになる以上，その結果である分配効果の主要事実に応じた具体的な効果を生じないと判断することになる。このように，行為責任としての主張責任を負っていながら主要事実の主張を回避ないし懈怠して責任を尽くさないことによる当然の成り行きとして生じるものが結果責任としての主張責任である。

　そして，証明責任にも，主張責任と同じ論理から，証明責任の分配上当事者が係争の主要事実を証明すべき負担を負う行為責任としての証明責任と，行為責任としての証明責任を負いながら立証もしない（無証明）かまたは立証しながら証明に失敗した（証明失敗）かしたことに対する反射的効果として，裁判官が係争の主要事実を要件事実にあてはめることができないため，法律要件の適用を受けることができないその当事者の負う不利益すなわち結果任としての証明責任がある。

　訴訟上，ある要件事実（＝主要事実）の存在が真偽不明に終わったために当該法律効果の発生が認められないという不利益または危険を立証責任と呼ぶ（客観的立証責任と同義。証明責任ともいう）としながら（司研・要件事実1巻5頁），その直後に，立証責任を，ある要件事実（＝主要事実）を証明することができないで終わったために当該法律効果の発生が訴訟上認められない主要事実という不利

V　要件事実論についての司法研修所の見解と私見の違いのまとめ

益または危険にすり替える（同書同頁）。ローゼンベルクの証明責任の見解をそのまま踏襲したものである（ドイツ民事訴訟法に定める自由心証の適用領域は，係争事実が真実であるか不真実であるかだけであり，真偽不明の場合には1933年までは裁判宣誓により解決し，宣誓を命じられた者が宣誓をしたときは宣誓すべきであった事実が完全に立証されたものと認定され，宣誓を拒んだときはその事実の反対の事実が完全に立証されたものとみなされた。この裁判宣誓の制度は，同年の同法の全面的な改正により廃止されたが，自由心証についての条項は，改正されずそのままであった。そこで，裁判宣誓に代わるものとして，ローゼンベルの提唱していた客観的証明責任【当初は係争事実に対する真偽不明の心証を解決するための法理であるとしながら，後に不真実の心証に真偽不明の心証を併せて法規を不適用とする原則であるとして論旨をすり替えている】および証明責任規範による解決【この規範が，裁判官の要証事実に対する心証が真偽不明である場合におけるその主要事実を原因として生ずる効果を肯定するか否定するかを定めていることから，裁判官が要証事実の心証の真偽不明の場合にこの規範を適用することによる解決】が学説や判例によって承認されたのである。そして，この考えが昭和12年以降に兼子博士によってわが国に導入されたのである。ところが，真偽不明の心証を解決するはずの客観的証明責任や証明責任規範についてはいつの間にか最高裁判例および学説上で無視されてしまった。そのようなことから，立証責任および主張責任は，当然に要件事実論の中核の問題となる。

　そして，結果責任としての立証責任および主張責任を認め，行為責任としての立証責任および主張責任を問題とすることはないようである。

　※　本項について，詳しくは，Ⅳ，1を見られたい。

⑽　主張責任の分配と主張責任との関係および証明責任の分配と証明責任との関係について

　主張責任の分配は，要件事実を充足する主要事実についての主張の負担すなわち主張責任を権利の存在を主張する者とその主張を争う者とに分属させることであるから，規範的のこととはいえ，主張責任を分配された者は，主張という訴訟行為をする負担を負うことになる。そうだすると，主張責任の分配には行為責任としての主張責任が内在しているというべきか，論理必然的に行為責任としての主張責任が析出されるというべきかがあることになる。

　行為責任としての主張責任は，負担であって義務ではないが，具体的な訴訟においてこの主張責任を負った当事者が要件事実を充足する具体的な社会

事象すなわち主要事実の主張を怠るとき，換言すれば，主要事実を訴訟の進行状況に応じた適切な時期に（民訴156）口頭弁論に上程しないときは，その当事者は，要件事実の結果である分配効果に内包されている効果から導き出せる具体的な効果を享受することができない不利益を受けることになる。これが弁論主義の第1テーゼである不利益で，私にいわせれば結果責任としての主張責任である。

　証明責任の分配と行為責任としての証明責任および結果責任としての証明責任の関係も，主張責任の分配と行為責任としての主張責任および結果責任としての主張責任と同様に考えればよい。そうすると，証明責任の分配から必定として行為責任としての証明責任があることになり，行為責任としての証明責任に従わないで証明がない（立証がない，あるいは立証を懈怠するという方がよいか）または証明を失敗すると結果責任としての証明責任が生ずることになる。

　こうして，行為責任としての主張責任および行為責任としての証明責任から，当事者の訴訟行為には，請求を基礎づける法律上の主張または事実上の主張があり，また，この法律上主張（請求を含む）を基礎づける事実上の主張を基礎づける立証があることになる。

　司研は，次のローゼンベルクの証明責任論を主観的証明責任および証明責任規範を除いて，そのまま踏襲している。

　法律効果の発生要件である裁判規範の要件に該当する主要事実の存在の真偽不明について客観的立証責任を観念する，すなわち，訴訟上，ある要件事実の存在が真偽不明に終わったために当該法律効果の発生の有無を決定するために証明責任規範があり，この証明責任規範の適用によって当該法律効果が発生するか発生しないか定まるはずのところ，立証責任（証明責任）の定義【といいながら，今述べた客観的立証責任の定義の直後であるにもかかわらず，その立証責任の定義を，ある要件事実を証明することができないで終わったために当該法律効果の発生が訴訟上で認められないという不利益または危険であるとすり替えるが，ドイツではこの論理のすり替え等が指摘されたことなどによってローゼンベルクの証明責任論が崩壊してしまった

Ⅴ　要件事実論についての司法研修所の見解と私見の違いのまとめ

のである。また，ドイツではローゼンベルクの証明責任の分配の見解は文構造説といわれているが，この説は，現在ではほとんど顧みられなくなっている】から論理必然的に当該法律効果の発生によって利益を受ける側の訴訟当事者に立証責任が帰属することになるという立証責任の分配を導き出す【したがって，請求は別とするのであろうが，法律上の主張を認めない。】

　主張責任の帰属者は，立証責任の帰属者と同一人であり，主張責任の分配は，立証責任の分配と同一であるとする。これを図示すると，次のようになる。

　客観的証明責任＝証明責任？→証明責任の分配
　　　　　　　　↓　　　　　　　　　↓
　　　　　　　主張責任　　　主張責任の分配

※　本項について，詳しくは，Ⅳ，1などを見られたい。

⑾　裁判官の心証と要証事実の認定について

　　判決事項が申立事項に拘束される（民訴246）のは，私的自治の原則の民事訴訟上の表現ともいうべき処分権主義の当然の結論であり，裁判（判決）は，裁判所の請求の当否についての判断でなければならない。そうすると，裁判所が要証の主要事実を認定するか否かは，当事者の主張の当否の判断であるべきあるから，要証事実の認定も絶対的な真実の発見ではなく相対的な真実の判断でよく，したがって，心証が証明度に達したか否かにより認定の有無を決することになる。そして，裁判官の心証と要証事実の認定との関係は，

裁判官の心証
{
要証事実を自由な心証により真実と認めるべきであると判断①
要証事実を自由な心証により真実と認めるべきでないと判断②
要証事実を自由な心証によっても真実と認めるべきであるか否かを決めかねる（いわゆる要証事実の真偽不明）③
}

であるとしても，裁判官は，わが民訴法247条の規定により，要証事実について心証上①の真実と認めるべきであるか，②および③を心証上各別に捉える必要はなく①以外の心証として真実と認めるべきでないかを判断することになる。つまり，①であるか（だけ）を判断すればよい。

裁判官の心証
{
要証事実を自由心証により真実と認められる―①

要証事実を自由心証により真実と認められない―①以外の心証
②＋③
}

裁判官は，要証事実について①の真実との心証のときは法律効果の発生を認め，②の不真実との心証のときおよび③の真偽不明のときは，法規不適用により法律効果の発生を認めることができないと判断するとする【しかし，理論的にいえば，裁判官は，要証事実について①および②を自由心証により，③をなんらかの？心証により各別に捉えたうえ，①およびに②については法規のあてはめとして，③についてはローゼンベルクの理論すなわち証明責任規範の適用として，①に対しては実体法規を適用し②に対しては実体法規の不適用とし，③に対しては客観的証明責任―証明責任規範の適用により実体法規を適用するか不適用とするか判断することになるのではないか〔しかし，そうなると，証明責任規範の作成は，司法研修所か裁判所かの民事実体法規の作成という大問題になりかねない〕。そうだとすると，②および③を一括して実体法規を適用しないと判断すればよいというのは，一種のまやかしというかごまかしというかの議論ではないだろうか。】

　そして，判決は，真実の権利の存否の発見であり，終局の裁判（終局判決）の確定によって真実の権利の存否となるのであるから，裁判所が要証の主要事実を認定するか否かは，事実においても九分九厘まで間違いないと認められてはじめて真実と認定することになるのではないか。

　※　本項について，詳しくは，Ⅱ，3-2のうちの〔裁判官の…〕および3-3のうち〔民事訴訟における要証事実の認定は，……〕ならびにⅣ，3のうちの〔証明責任を真偽不明を解決するとする…〕などを見られたい。

⑿　要件事実(論)について
ア　要件事実の意義について

　要件事実は，固有的には裁判規範の要件をいい，慣用的には裁判規範の要件である要件事実に同規範の効果である分配効果を含んでいる。すなわち，実質的意義の民法を組織する個別的法規範を構成する行為規範の定める法律要件および法律効果または法律要件を組成する法律事実およびその結果である部分効果について主張責任の分配を行なって見出された規範が裁判規範であり，この裁判規範の要件が要件事実，効果が分配効果である。したがって，私見における裁判規範とは，訴訟当事者および裁判官(所)を名宛人とし，民事訴訟において訴訟当事者および裁判官が権利の存否等についての訴訟行為取り分け請求にかかわる訴訟

行為をするにあたって準則となる法規範である。

　前に述べたように，要件事実には権利発生効果および権利発生事由と権利

V　要件事実論についての司法研修所の見解と私見の違いのまとめ

根拠効果および権利根拠事由があり，権利消滅効果および権利消滅事由と権利滅却効果および権利滅却事由があるところ，両前者であれば，権利発生事由（要件事実）を充足する主要事実が認められると，権利発生効果（分配効果）のうちのその主要事実に対応する具体的な効果が生じ，それにより行為規範の定める法律要件を充足する社会事象が確認されて，その法律効果のうちのその社会事象に対応する具体的な権利の発生が確認されることになるが，権利根拠事由（要件事実）を充足する主要事実が認められても，権利根拠効果（分配効果）のうちのその主要事実に対応する具体的な権利の蓋然性が生じるだけであって，権利が発生したと認定することができない。

　そのうえ，たとえば抗弁（権利発生事由を充足する主要事実が認められた場合における権利消滅または権利滅却事由を充足する主要事実か，権利根拠事由を充足する主要事実が認められた場合における権利発生障害，権利消滅または権利滅却事由を充足する主要事実か）が認められると，それは先に認められた具体的な請求原因事実を排斥するのではなく，その請求原因事実から生じた具体的な効果を排斥するのであり，再抗弁（いかなる主要事実であるかは，煩雑になるので省略）が認められると，それは先に認められた具体的な抗弁事実を排斥するのではなく，その抗弁事実から生じた具体的な効果を排斥するのである。このように，いったん認められた要件事実を充足するところの社会事象すなわち主要事実は消滅することはなく，その主要事実から生じた分配効果のうちのその主要事実に対応した具体的な効果が消滅するのである。こうして，要件事実については裁判規範の効果としての分配効果をも論じなければならないのである。

　しかし，権利発生障害事由を充足する社会事象が主張されないか，主張されても証明されなければ，権利発生効果を生じたことが確認されることになる。

　後者であれば，権利消滅事由（要件事実）を充足する主要事実が認められると，権利消滅効果（分配効果）のうちのその主要事実に対応する具体的な効果が生じ，それにより行為規範の定める法律要件を充足する社会事象が確認されて，その法律効果のうちのその社会事象に対応する具体的な権利が消滅することになるが，権利滅却事由（要件事実）を充足する主要事実の消滅が確認されることになるが，権利滅却事由（要件事実）を充足する主要事実が認められても，権利滅却効果（分配効果）のうちのその主要事実に対応する具体的な権利の消滅の蓋然性が生じるだけであって，権利が消滅したと認定することができない。

402

抗弁等については，権利根拠効果および権利根拠事由において述べたことに相当することが生じる。

　司法研修所民事教官室は，当初，要件事実を規範上の概念と解していたが，いつごろからか分からないが，「権利の発生，障害，消滅等の各法律効果が肯定されるかどうかは，その発生要件に該当する具体的事実の有無にかかることになる。そこで，この事実を一般に要件事実と呼んでいるが，……法律要件に対応させて法律事実と呼ぶ例もある……。

　要件事実の概念を右のとおりに理解すれば，それは主要事実・間接事実の区別にいう主要事実と同義に帰着し……，間接事実との関係が問題となる場合に，要件事実という言葉に代えて主要事実という言葉を用いる例が多いというにすぎない」（司研・要件事実1巻3頁）と事実上の概念にするようになった【しかし，裁判規範において法律効果とか法律要件とか法律事実とかの語を用いるのは誤用の類であるが，それは一先ず措くとして，要件事実が主要事実と同義であるとすると，民事訴訟における主要事実は，具体的な個々の私人のあるいは対等な私人間の生活関係や経済的な取引関係についての事実あるいは経験を示すものであって，千差万別な社会事象であるから，一つの主要事実の事例をもって裁判一般でのっとるべき規則などといった法理を導き出すことはできないといわなければならない。事実，司研・要件事実1巻，2巻では，総論的な部分を別とすると，民法典の条文をたててそれについて主張責任の分配なり証明責任の分配なりの説明をしているのである。】

　なお，司研は，要件事実と分配効果（司研のいう「法律効果」）を峻別し，要件事実論中に分配効果を認めない。

　※　本項について，詳しくは，Ⅲ，1-1-1(5)，1-1-2，1-2などを見られたい。

イ　要件事実論の範囲について

　要件事実論の範囲は，実質的意義の民法（しかし，実質的意義の民法といっても，親族，相続両編については，まだ確定的に考えているわけではないものの，人事訴訟法19条〔民訴法の規定の適用除外〕および20条〔職権探知〕の適用がある人事訴訟にかかることになる事項は，要件事実論の範囲外ということになるかもしれない），商法，会社法中の民事実体法規などを組織する個別的法規範を構成する行為規範の定める法律効果および法律要件について主張責任の分配ないし証明責任の分配により裁判規範の効果である分配効果および要件である要件事実を見出すまでではないか。なお，主張責任および証明責任は，民事訴訟法上の問題ではないか。

　客観的証明責任を証明責任論の基本であるとし，証明責任から証明責任の分配

が導き出され，主張責任は証明責任の，主張責任の分配は証明責任の分配の弁論主義による影であって，証明責任および主張責任は，当然に要件事実論の内容になる。要件事実は，訴訟における攻撃防御方法そのものである。

※　本項について，詳しくは，Ⅲ，1-1-1(5)などを見られたい。

ウ　要件事実論が他の訴訟に及ぶ範囲について

> 本項は，要件事実論固有の問題ではないことから，本文には記述しなかったが，それに関連する重要な問題でもあるので，付言として述べておくことにする。
>
> 要件事実論は，その手法を他の訴訟において参照することができるとしても，処分権主義および弁論主義の適用と対立する職権主義取り分け職権探知主義の適用のある訴訟にその主要な理論を及ぼすことはできないのではないだろうか。結局，要件事実論は，民事訴訟における三段論法の大前提になるべき法規範に限られる法理であろう。

ローゼンベルクは，その証明責任論の出発点となる客観的証明責任（確定責任）をユリウス・グラザーの刑事訴訟における実質的証明責任概念にヒントを得て考え出したようである（証明責任論28頁など）。このことからも分かることだが，ローゼンベルクの証明責任論の影響の下に作り出された司法研修所の要件事実論における証明責任の問題にとっては，手続の種類すなわち弁論主義か職権探知主義かはどちらでもよいから，司研の要件事実論は，人事訴訟，行政訴訟，刑事訴訟などにも広げることができる法理であろう【しかし，司研の要件事実論は，たとえば要証事実についての真偽不明の心証を解決するための法理である客観的証明責任を理論の出発点としながら，それを途中で不真実の心証と合わせて法規不適用原則にすり替えてしまったことまでローゼンベルクの証明責任論を踏襲している。

刑事法では罪刑法定主義がとられ，慣習法による罪刑は禁止されているのではないだろうか。そうだとすれば，私的自治の原則の支配する民事法上の要件事実論は，根本的に刑事法などの理論にはなりえないのではないだろうか。】

事 項 索 引

* 本索引の見出語およびそれに該当するページは，私見にとって重要と思われることが書かれている箇所またはその項目の最初に出てくる一つにかぎって掲示しました。なお，大まかな事項であれば，細目次から見付けることもできます。
　→は，その見出語の該当するページも参照されたいとの指示を，⇒は，その見出語を見られたいとの指示を示すものです。

あ 行

相手方の援用しない自己に不利益な陳述 292
アクチュアルとしての（履行期が到来している）請求権……………………………81
　　→ポテンシャルとしての（履行期が到来していない）請求権
アクティオ…………………… 14,15,109,114
　　── を実体法的側面と訴訟法的側面に分離 ………………… 15,110,126
悪魔の証明………………………… 228
委員修正民事訴訟規則………………… 158
意思自治の原則………………………… 67,74
意思主義（表示行為から推測される効果意思と内心の効果意思とが一致しない場合における意思表示の効力について）68,70
　　→折衷主義／→表示主義
意思主義（的法律行為論）………………74
　　→表示主義（的法律行為論）
意思(無)能力………………… 35,176,210,270
意思表示……………………………… 45,61,74
イタリア民法…………………………… 26
一般条項…………………… 10,39,56,134,217
　　→不特定概念
違法性（含む，違法性阻却事由）………… 51
訴え……………………… 1,9,41,74,116
　　→ ── の類型
　　── の提起 …………………… 122
訴えの類型………………………… 122
　　→確認の訴え／→給付の訴え／→形成の訴え
売主の物の瑕疵に対する担保責任（瑕疵担保責任）…………………… 70,186〜197

　　→買主の売主に対する物の瑕疵による修補請求／→買主の売主に対する物の瑕疵による損害賠償請求／→買主の売主に対する物の瑕疵による代物請求／→買主の売主に対する物の瑕疵による売買契約の解除

か 行

解釈規定……………………… 59,178,179
解除権…………………………… 296
解除条件付き契約…………… 86,100〜103
解除条件付き契約の成立と解除条件の成就 ……………………………… 100
買主の売主に対する物の瑕疵による修補請求…………………………… 189
買主の売主に対する物の瑕疵による損害賠償請求………………… 188,189,190
買主の売主に対する物の瑕疵による代物請求…………………………… 189
買主の売主に対する物の瑕疵による売買契約の解除………………………… 192
解約手付け……………………… 181
確信…………………… 135,171,354
　　→心証
隔地者間の申込みと承諾による契約の成立 …………………………… 204
　　→対話者間の申込みと承諾による契約の成立
確定期限…………… 80,297,302,305
確定責任…………………………… 349
確定判決（判決の確定を含む）………… 113
確認の訴え……………………… 131
　　→中間確認の訴え

405

事 項 索 引

確認訴訟原型説‥‥‥‥‥‥‥‥‥‥‥‥‥‥‥ 123
確認の利益‥‥‥‥‥‥‥‥‥‥‥‥‥‥‥‥‥‥ 81
貸金返還請求‥‥‥‥‥‥‥‥‥‥‥‥‥‥‥‥ 152
　　　　→消費貸借
過失‥‥‥‥‥‥‥‥‥‥‥‥‥‥‥‥ 17,39,58
過失相殺‥‥‥‥‥‥‥‥‥‥‥‥ 61,289〜295
株主総会決議取消し‥‥‥‥‥‥‥‥‥‥‥ 119
慣習法（わが国の主張責任の分配および証
　　明責任の分配について）‥‥‥‥164〜169
間主観‥‥‥‥‥‥‥‥‥‥‥‥‥‥‥‥‥‥ 136
間接事実‥‥‥‥‥‥‥‥‥‥‥‥‥‥‥‥‥ 135
　　　　→主要事実
帰結命題‥‥‥‥‥‥‥‥‥‥‥‥‥‥‥‥‥‥55
　　　　→条件命題
期限‥‥‥‥‥‥‥‥‥‥‥‥‥‥‥‥‥‥‥‥79
　　── の到来‥‥‥‥‥‥‥‥‥‥ 284,299
　　→ ── の定めのない／→ ── の猶予
　　　／→始期／→停止期限／→附款／→
　　　履行期／→履行期の到来および請求
　　　権の行使
期限の定めのない‥‥‥‥‥‥‥‥‥ 285,307
期限の猶予（履行期の延長）‥‥‥‥‥‥ 335
既成民法‥‥‥‥‥‥‥‥‥‥‥‥‥‥‥‥‥‥26
　　　　⇒旧民法
起草者（起草委員を含む）‥‥‥‥‥‥ 7,46
期待権‥‥‥‥‥‥‥‥‥‥‥‥‥‥‥‥‥‥‥86
規範説（文構造説）‥‥‥‥‥‥‥‥‥‥‥‥‥4
規範的要件（事実）‥‥‥‥‥‥‥‥‥39〜41
　　　　→法的判断を要する事項
既判力‥‥‥‥‥‥‥‥‥‥‥‥‥‥‥‥‥‥ 131
客観的証明責任（論）‥‥‥ 346,356,361,366,376
　　── と裁判宣誓‥‥‥‥‥‥‥‥ 146,357
　　── と自由心証‥‥‥‥‥‥‥‥‥‥ 112
　　　　→ドイツ民事訴訟法
　　── と法規不適用原則‥‥‥‥‥‥ 361
　　── における確定責任‥‥‥‥‥‥ 349
　　── における客観的主張責任‥‥‥ 248
　　── における主観的主張責任‥‥‥ 248
　　── における主観的証明責任‥‥‥ 376
　　── における証明責任規範（挙証責任規
　　　定）‥‥‥‥‥‥‥‥‥‥‥‥‥‥ 111
　　── における証明責任の分配‥‥‥ 133

　　　　⇒証明責任の分配
旧訴訟物（理）論‥‥‥‥‥‥‥‥‥‥‥‥ 125
旧々民（事）訴（訟）法（明治 23 年法律第 29
　　号）‥‥‥‥‥‥‥‥‥‥‥‥‥‥‥‥ 350
旧民（事）訴（訟）法（大正 14 年改正後の旧々
　　民事訴訟法）‥‥‥‥‥‥‥‥‥‥‥ 165
旧民法（明治 23 年法律 28 号）6,23,26,29,47
　　── の修正として制定された現行民法 26
給付の訴え（給付訴訟および給付の請求
　　を含む）‥‥‥‥‥‥‥‥‥‥‥‥‥ 131
　　　　→請求権／→将来給付の訴え
教会法‥‥‥‥‥‥‥‥‥‥‥‥‥‥‥‥‥‥‥15
強行規定（規範，法規）‥‥‥‥‥‥‥‥‥‥76
共同不法行為‥‥‥‥‥‥‥‥‥‥‥‥‥‥ 295
強迫による契約の取消し‥‥‥‥‥‥‥‥‥‥60
虚偽表示‥‥‥‥‥‥‥‥‥‥‥‥‥‥ 67,209
挙証‥‥‥‥‥‥‥‥‥‥‥‥‥‥‥‥‥‥‥ 134
　　　　→立証／→証明
挙証責任（挙証ノ責）（ ── の分配および
　　── 規定を含む）‥‥‥‥‥‥‥‥‥ 135
経験法則化‥‥‥‥‥‥‥‥‥‥‥‥‥‥‥ 281
　　　　→事実上の推定
形式的意義の民法（民法典）（わが国の）‥‥17
　　　　→民法／→実質的意義の民法
形成権‥‥‥‥‥‥‥‥‥‥‥‥‥‥‥‥‥‥‥1
　　　　→裁判上の ──
形成原因説‥‥‥‥‥‥‥‥‥‥‥‥‥‥‥ 117
形成の訴え（形成訴訟を含む）‥‥‥‥‥ 132
形成判決‥‥‥‥‥‥‥‥‥‥‥‥‥‥‥‥ 119
形成力‥‥‥‥‥‥‥‥‥‥‥‥‥‥‥‥‥ 118
契約‥‥‥‥‥‥‥‥‥‥‥‥‥‥‥‥‥‥‥ 198
　　　　→典型契約／→無名契約
　　── の拘束力‥‥‥‥‥‥‥‥‥‥‥‥61
　　── の効力‥‥‥‥‥‥‥‥‥‥‥‥‥93
　　→ ── の成立／→ ── の成立要件／
　　　→申込みと承諾による ── の成立
契約規範‥‥‥‥‥‥‥‥‥‥‥‥‥‥‥‥‥68
契約規範作出自由の原則‥‥‥‥‥‥‥‥‥‥71
　　　　→契約自由の原則
契約自由の原則‥‥‥‥‥‥‥‥‥‥‥‥‥‥69
　　　　→契約規範作出自由の原則
契約上の権利関係（の発生および消滅）‥‥66

406

事項索引

契約の成立‥‥‥‥‥‥‥‥‥‥‥‥‥ 198
契約の成立要件‥‥‥‥‥‥‥‥‥‥‥ 202
契約の無効（事由）‥‥‥‥‥142,197,209
契約の有効‥‥‥‥‥‥‥‥‥72,86,198
　　→ーーの無効（事由）
契約類型‥‥‥‥‥‥‥‥‥‥‥‥‥ 177
契約を構成する意思表示の意思と表示との
　不一致‥‥‥‥‥‥‥‥‥‥‥‥‥‥67
　　⇒虚偽表示／⇒錯誤
結果責任としての主張責任‥‥‥‥‥‥ 343
　　→行為責任としての主張責任／→主張
　　　責任
結果責任としての証明責任‥‥‥‥‥‥ 353
　　→行為責任としての証明責任／→証明
　　　責任
原状回復請求‥‥‥‥‥‥‥‥‥‥‥‥ 210
顕著な事実‥‥‥‥‥‥‥‥‥‥‥‥‥ 265
権利（含む，法律関係）‥‥ 1,7,9,18,56
　　ーー が裁判によって形成されるとする
　　　考え‥‥‥‥‥‥‥‥‥‥‥‥ 114
　　ーー が裁判を待たずに実際の社会に現存
　　　するとする考え‥‥‥‥‥‥‥ 108
　　ーー の存否(等)‥‥‥‥‥‥‥‥ 122
　　ーー の変動（ーー の発生，変更および
　　　（または）消滅）‥‥‥‥‥ 18,68
　　ーー は訴訟手続により保障されている‥9
権利行使事由（含む，権利行使効果）
　　‥‥‥‥‥‥‥‥‥‥‥ 259,296～312
権利(行)使阻止規定‥‥‥‥‥‥‥‥‥ 154
権利行使阻止事由（含む，権利行使阻止
　効果）‥‥‥‥‥‥‥‥‥ 260,331～335
権利行使阻止上の権利の消滅事由（含む，
　権利行使阻止上の権利の消滅効果）260,335
権利抗弁‥‥‥‥‥‥‥‥‥‥‥‥‥‥ 275
権利根拠規定（拠権規定）‥‥‥‥‥‥ 154
権利根拠事由（含む，権利根拠効果）
　　‥‥‥‥‥‥‥‥‥‥‥ 259,267～295
権利自白‥‥‥‥‥‥‥‥‥‥‥‥‥‥ 210
権利主張‥‥‥‥‥‥‥‥‥‥‥‥‥‥ 210
　　→法律上の主張／→請求
権利障害規定（障害規定）‥‥‥‥‥‥ 154
権利障害事実（事由）‥‥‥‥‥‥‥‥‥98

権利消滅事由（含む，権利消滅効果）
　　‥‥‥‥‥‥‥‥‥‥‥ 260,312～5
権利消滅障害事由（含む，権利消滅障害
　効果）‥‥‥‥‥‥‥‥‥ 259,315～330
権利阻止規定（阻止規定）‥‥‥‥‥‥ 154
権利の仮象‥‥‥‥‥‥‥‥‥‥‥‥‥ 114
権利の存在を主張する者‥‥‥‥‥‥‥‥10
権利の存在の主張を争う者‥‥‥‥‥‥‥10
権利の変更‥‥‥‥‥‥‥‥‥‥‥‥‥ 260
権利の濫用‥‥‥‥‥‥‥‥‥‥ 217,249
権利発生事由（権利発生効果を含む）
　　‥‥‥‥‥‥‥‥‥‥‥ 259,263～7
権利発生障害事由（権利発生障害効果を
　含む）‥‥‥‥‥‥‥‥‥ 259,267～295
権利滅却規定（滅却規定）‥‥‥‥‥‥ 154
権利滅却事由（権利滅却効果を含む）
　　‥‥‥‥‥‥‥‥‥‥‥ 260,315～330
合意‥‥‥‥‥‥‥‥‥‥‥‥‥‥‥‥66
　　⇒契約
行為規範‥‥‥‥‥‥‥‥‥‥‥‥ 7,18
　　ーー および裁判規範の重層的構造 ‥‥ 141
　　ーー の構造‥‥‥‥‥‥‥‥‥‥‥55
　　民法(典)の各規定を原則として ーー と
　　　する考え‥‥‥‥‥‥‥‥‥‥‥52
　　→個別的法規範／→裁判規範
行為責任としての主張責任‥‥‥‥‥‥ 340
　　→結果責任としての主張責任／→主
　　　要責任
行為責任としての証明責任‥‥‥‥‥‥ 350
　　→結果責任としての証明責任／→証
　　　明責任／→行為責任としての主張
　　　責任
行為能力‥‥‥‥‥‥‥‥‥‥‥‥‥‥36
更改‥‥‥‥‥‥‥‥‥‥‥‥‥‥‥‥87
効果意思‥‥‥‥‥‥‥‥‥‥‥‥‥‥67
　　→意思表示
公示送達事件‥‥‥‥‥‥‥‥‥‥‥‥ 312
公序良俗‥‥‥‥‥‥‥‥‥ 101,217,249
公知の事実‥‥‥‥‥‥‥‥‥‥ 297,300
口頭弁論‥‥‥‥‥‥‥‥‥‥‥‥‥‥‥2
　　ーー の終結‥‥‥‥‥‥ 8,40,94,123
公文式（明治 19 年勅令 1 号）‥‥‥‥‥50

407

事 項 索 引

抗弁権……………………………… 260,293

抗弁説（附款等の主張責任の分配ないし
証明責任の分配についての）…… 42,91〜8

　　　　→否認説

効力要件…………………………… 3,143

個別的法規範……………………… 1,312

　　　　→行為規範／→裁判規範

さ 行

債権………………………………… 82

　　　　→請求権

債権者……………………………… 34

債権譲渡…………………………… 226,260

催告期間内に延滞賃料を支払わない場合
における賃貸借契約の解除………… 103

財産法……………………………… 7

　　　　→民法／→民法（典）前3編

裁判外紛争解決（処理）………… 121

裁判規範…………………………… 19

　　　　→個別的法規範／→行為規範／→要件
　　　　事実／→分配効果

　　── の効果　　　　　　　　 238

　　　　→分配効果

　　── の要件　　　　　　　　 147

　　　　→要件事実

裁判上の形成権………………… 116,118

　　── の行使　　　　　　　　 8,119

債務………………………………… 82

債務者……………………………… 83

　　── の責めに帰すべき事由　 106

債務不履行………………………… 106

債務変更契約……………………… 95,288

詐欺による契約の取消し………… 60,119

錯誤（要素の錯誤）……………… 60,142

　　　　→契約を構成する意思表示の意思と
　　　　表示との不一致

作用により分類した私権の類型の性質由
来説………………………………… 124

暫定（的）真実…………………… 279〜281

始期………………………………… 79

　　　　→停止期限／→履行期

私権………………………………… 1,56

　　　　→権利

時効……………………………… 110,279,316

　　── の中断（更新）………… 317

事実……………………………… 55〜6

　　⇒社会事象／⇒自然的・社会的事実／
　　⇒法的判断を要する事項

事実上の主張……………………… 134

　　　　→主張／→法律上の主張

事実上の推定……………………… 282

　　　　→法律上の推定／→経験法則化

自然債務…………………………… 83

自然的・社会的事実（人間の五感の作用
によって認識可能な）…………… 56,134

　　　　→法的判断を要（素と）する事項
　　　　（規範的要件）

実質的意義の民法………………… 16

　　　　→形式的意義の民法，民法

実体的利益（ローマ法における）… 15

執行力……………………………… 131

実定法……………………………… 7

悉無率……………………………… 136

私的（私法的）自治の原則……… 19

私的(法)紛争……………………… 18

　　　　⇒民事紛争

支配権……………………………… 124

自白の審判排除効………………… 344

　　　　→権利自白

支分権としての賃料請求権……… 262

私法………………………………… 13

　　── 上の権利（私権）または法律関係
　　　　　　　　　　　　　　　　 1,56

司法研修所（司研）……………… 3

　　── の考え（民法の各規定の法的性質，
　　　　権利の発生などの）……… 39

司法書士…………………………… 40

社会事象…………………………… 1

　　　　⇒事実

釈明権……………………………… 172

修正民法草案……………………… 146

従物………………………………… 302

自由心証（主義）（わが国における）… 312

　　── と証明責任　　　　　　 170

事項索引

取効（的訴訟）行為……………………… 134
　　→申立て／→主張／→立証／→訴訟
　　　行為／→与効（的訴訟）行為
主張（請求を除いた取効行為としての） 134
　　→事実上の主張／→法律上の主張／
　　　→主張共通の原則
主張共通の原則…………………………… 294
主張責任…………………………………… 339
　　── の意義 ………………………… 340
　　→結果責任としての ── ／→行為責
　　　任としての ──
主張責任の分配……144,149,150～3,157,229～
　　── の意義 ………………………… 166
　　→証明責任の分配
取得時効…………………………… 110,279
主要事実（直接事実）………………………56
　　→間接事実／→要証事実
準主要事実………………………………… 237
準消費貸借………………………………… 287
　　→消費貸借
純粋随意条件……………………………… 100
準備書面…………………………………… 2
法律行為……………………… 66,68,72,79
消極的事実………………………………… 224
承継取得…………………………………… 262
条件付き契約（法律行為）…………………86
条件付き権利………………………………86
　　→期待権
条件付き債務………………………………88
条件付き判決……………………………… 357
条件命題………………………………………55
　　→帰結命題
証拠………………………………………… 135
　　── 資料 …………………………… 138
　　── の優越 ………………………… 137
　　── 方法 ……………………137,359,377
証拠規則（ZPOにおける「法律上の」） 357
証拠共通の原則…………………………… 294
証拠裁判主義……………………………… 237
証拠調べの結果…………………………… 129
証拠提出責任……………………… 135,352
承諾………………………………………63,71

⇒申込み
　　→申込みと承諾による契約の成立
承諾期間の定め…………………………… 207
承諾適格…………………………………… 207
　　→申込みと承諾による契約の成立
消費者契約法……………………………… 197
消費貸借…………………………………… 283
　　→貸金返還請求／→準消費貸借
証明………………………………………… 354
　　── の意義 ………………………… 135
　　→事実の認定／→疎明／→心証／
　　　→証明失敗／→無証明
証明失敗（証明不成功）………………… 354
　　→証明／→無証明
証明責任…………………………………… 349
　　── の意義 ………………… 348,353
　　→結果責任としての ── ／→行為責
　　　任としての ──
証明責任規範（規定）………339,361,374
　　→客観的証明責任
証明責任の分配……… 149,150～3,156,229～
　　── の意義 ………………… 166,236
　　→主張責任の分配
証明度……………………………………… 136
　　→証明／→証明失敗
消滅時効…………………………………… 316
将来（の）給付の訴え…………………… 298
職権証拠調べ……………………………… 344
職権探知（主義）………………………… 344
除斥期間…………………………… 313,314
処分権主義………………………… 11,224
所有権確認の訴え………………………… 212
所有権に基づく返還（引渡，明渡）請求　212
信義誠実…………………………… 217,249
真偽不明………… 349,355,357,372,376
　　→存否不明
心証………………………………129,136,162
　　→証明／→証明失敗／→証明度
新訴訟物（理）論………………………… 125
　　→旧訴訟物（理論）
審判（〔民事訴訟における〕審理および
　裁判）……………………………………… 8

409

事項索引

—— の対象 ……………… 130

請求 …………………………… 130

　—— の意義 ………………… 1

　—— の原因 ……………… 1,2

　—— の趣旨 ………………… 1

　—— を特定するのに必要な事実（請求
　　の原因）………………… 1

　—— を理由づける事実（請求の原因）… 2

　→請求を特定するのに必要な事実およ
　び請求を理由づける事実／→訴訟物

請求権（給付請求権を含む）………… 80,82

　—— の存在（とその行使可能性と行使）
　　………………………… 127,131

　—— の放棄 ……………… 319

　→給付の訴え／→債権

請求（の）認諾 ………………… 121

請求（の）放棄 ………………… 121

制限行為能力者のした契約の取消し …… 332

制定者 ………………………… 46

制定法 ………………………… 65

　⇒成文法

正当の事由（借地4，借地借家28）…… 223

成文法 ………………… 16,46,157

責任能力 ………………… 56,270

折衷主義（表示行為から推測される効果意
　思と内心の効果意思とが一致しない場合
　における意思表示の効力について）…… 67

　→意思主義／→表示主義

前三編議会提出理由説明草稿 …………… 31

相殺 …………………………… 84

争点 …………………………… 91

双務契約 ……………………… 80

　→片務契約／→同時履行の抗弁権

贈与 …………………………… 35

訴状 …………………………… 1

訴訟行為 ………………… 1,19,134

　→取効的 —— ／→与効的 ——

訴訟資料 ………………… 129,344

訴訟法草案 …………………… 158

訴訟要件 ……………………… 129

訴訟手続きにより保障されている権利 9,126

訴訟物 ………………… 40,126

疎明 ………………………… 137

　→証明

損害額の認定 ………………… 138

存否不明 ……………… 111,148,349

　→真偽不明

た　行

第一次的要件事実 ………… 102,215

　→第二次的要件事実／→要件事実

対抗要件 ……………………… 273

　⇒不動産物権変動の ——

第二次的要件事実 ………… 70,215

対話者間の申込みと承諾による契約の成
　立 ………………………… 35,61

　　→隔地者間の申込みと承諾による契
　　　約の成立

民ヲシテ由ラシムベシ知ラシムベカラズ
　の主義 ………………… 32,43,48

民ヲシテ由ラシムベシ知ラシムベシの主
　義 ………………… 32,43,48

単純債務 ……………………… 304

単独行為 ……………………… 193

中間確認の訴え ………… 203,211

仲裁合意 ……………………… 121

賃借権の譲渡・転貸不自由の原則 …… 320

賃借人の賃料支払債務 ………… 262

賃貸人の承諾のない賃借権の譲渡・転貸
　による賃貸借契約解除権発生の有無 323

賃貸人の承諾のない賃借権の譲渡・転貸
　が背信的行為と認めるに足りない場合
　における賃貸人の譲受人・転借人に対
　する賃料請求 ………………… 330

定期行為の履行遅滞等による契約の解除 … 79

定義的説明的規定 ……… 29,33,34,59,70,177

停止期限 ……………………… 104

停止条件付き契約の（有効な）成立と停
　止条件の成就 ………………… 85

停止条件付き契約の（有効な）成立と停
　止条件の不成就の確定 ………… 85

　→無条件の契約

抵当権に基づく抵当物件の占有者に対す
　る妨害排除請求 ………………… 61

410

事 項 索 引

手付けの交付と契約の成立……………… 180
手付け倍返し…………………………… 181
手続き保障の第3の波……………… 345
テッヒョー訴訟規則修正原按………… 158
テッヒョー訴訟法（草）案………… 158
典型契約………………………………70
　　→契約／→無名契約／→有名契約
ドイツ普通法…………………………15
ドイツ民事訴訟法（ZPO）（ドイツ民事証
　拠法を含む）…………………………16
　　── における自由心証主義（1933 年改
　　正前を含む）……………………… 159
ドイツ民法（BGB）……………… 24,26
　　── 第一草案………………………6
　　── 第二草案………………… 209
ドイツ法…………………………………23
動産の無主物先占………………… 266
同時履行の抗弁(権)……………… 331
特約……………………………… 302
取消権…………………………… 119

な 行

汝は余に事実を語れ，しからば余は汝に
　権利を語るべし…………………………23
　　→請求
2 当事者対立の構造………………………9
任意法規（規定）………………… 73,178
　　→解釈規定／→補充規定

は 行

背信行為と認めるに足りない特段の事情 324
売買一方の予約…………………………98
判決事項…………………………… 129
反証………………… 135,171,250,352
判断不能（ノンリケット）………… 360
判例法……………………………………75
引換給付判決……………………… 333
非訟事件…………………………… 111
非典型契約………………………………75
　　⇒無名契約
否認説（附款等の主張責任の分配ないし証
　明責任の分配についての）……… 42,90

→抗弁説
表示行為…………………………………67
表示主義（的法律行為論）…………73
不意打ち防止……………………… 345
不確定期限………………………………80
附款……………………… 42,91,92,300
　　→期限／→条件
不完全履行………………………… 189
物権(の)変動……………………… 277
不動産物権変動の対抗要件………… 273
不当利得返還請求………………… 227
不特定概念……… 10,39,56,134,217,219
部分効果…………………………… 233
不法行為による損害賠償………………56
フランス民事訴訟法……………… 15,352
フランス民法……………… 15,26,29
不履行の合意……………………… 297
文構造説…………………………………77
　　→規範説
紛争解決規範……………………… 114,318
　　⇒裁判規範
紛争類型対応説…………………… 124
分配(的)効果……………………… 244,245
　　→要件事実
返還約束（説）…………………… 66,287
弁済（その提供を含む）………… 313
弁済期……………………………………79
　　⇒履行期
片務契約……………… 80,99,285,311
　　→双務契約
弁論主義…………………………… 344
弁論の全趣旨（「弁論の全旨趣」を含む）351
法学提要（ガイウスの）………………14
法学提要（ローマ法大全を構成する）……14
法規説…………………………… 72,75
法規範…………………………………13
　　→個別的法規範法規
法源……………………………… 69,168
法曹法……………………………………6
法的三段論法（判決三段論法を含む）
　……………………… 219,248〜250
法的判断を要（素と）する事項…………10

411

事 項 索 引

→規範的要件／→自然的・社会的事実
法典調査会（法典調査会総会を含む）……31
法典調査会規則………………………31,48,49
法典調査規程…………………………33,48
法典調査規程案上申書（法典調査規程案
　を含む）………………………31,35,43,48
法典調査規程理由書……………32,35,43,48
法典調査ノ方針………………………34,48,49
法典論争…………………………………6,29,47
法律行為…………………………………59,68
　―― の拘束力……………………………72
法律効果………………………1,17,42,55
法律事実…………………………………5,44,62
　　→法律要件
法律上の意見………………………………39
法律上の推定（権利の推定）………281,283
法律上の主張…………130,134,139,211,222
　　→権利主張／→権利自白／→主張
法律取調委員会…………………………159
法律要件…………………………1,16,42,55
　　→法律事実／→法律効果
法律要件分類説………………154,208,239
　　→要証事実分類説
法律ヲ以テ人民権義ノ利器トナス…………32
法令の公布…………………………………50
補充規定……………………………………134
ポテンシャルとしての（履行期が到来し
　ていない）請求権…………………………81
　　→アクチュアルとしての（履行期が
　　　到来している）請求権
本契約………………………………………99
　　→予約
本証………………………………171,250,352

ま 行

「みなす」の意味 ……………………………85
民事訴訟の制度（的目的）……………… 153
民事訴訟規則（テッヒョー訴訟規則修正
　原按を邦訳したものと思われるもの）363
民事訴訟規則（平成 8 年最高裁規 5 号）…2
民事実体法…………………………………14
民事訴訟法改正委員会（民事訴訟 4 法改

正調査委員会？）…………………… 169
民事訴訟法改正案………………… 166,168
民事訴訟法議案…………………… 363,364
民事訴訟法修正案（法典調査会案？）… 165
民事訴訟法調査案……………………… 364
民事訴訟法調査会……………………… 165
民事訴訟法取調委員会………………… 363
民事手続法…………………………………14
民事法…………………………………………14
民法及商法施行延期法律……………… 164
民法上の規定（実質的意義の民法上の個
　別的法規範ないし民法典の各規定）の
　法的性質に関する争い…………………21
　―― に関する議論と要件事実の考え方
　　との関連性……………………………20
民法整理会………………………49,76,288
民法典起草者の考え（民法典の各規定の
　法的性質などについての）……………47
民法典制定者の考え（民法典の各規定の
　法的性質など 49, についての）……7,50
民法（典）前 3 編………………………6,17,27
　　→財産法
民法典の各規定をもっぱら裁判規範とす
　る考え……………………………………21
無権代理…………………………………269
無効（事由）………… 72,142,197,209
無条件の契約……………………………86
　　→条件付き契約／→停止条件付き契約
　　　の成立と停止条件の成就
無条件債務………………………………87
　　→条件付き債務
無証明……………………………………354
無名（非典型）契約……………………74
　　→契約／→典型契約
免責事由…………………………………336
申込み…………………………63,71,201
　　⇒承諾／⇒交叉申込み
　　→申込みと承諾による契約の成立
申込みと承諾による契約の成立………… 201
申込みに変更を加えた承諾……………… 101
申立て……………………………………134
申立事項…………………………………129

412

や　行

有効‥‥‥‥‥‥‥‥‥‥‥‥‥‥ 72,86
　　⇒契約の有効
有名契約‥‥‥‥‥‥‥‥‥‥‥‥‥‥73
　　⇒典型契約
　　→無名（非典型）契約
要件事実(論)(主要事実と同義であるもの
も含む)‥‥‥‥‥‥‥‥‥‥‥ 1,240
　客観的証明責任論と‥‥‥‥‥‥‥ 4
　　── についての諸見解 ‥‥‥‥ 240
　　── の意義 ‥‥‥‥‥‥‥ 245
　　── の機能 ‥‥‥‥‥‥‥ 254
　　── の現況 ‥‥‥‥‥‥‥‥ 3
　　── の前提となる事項 ‥‥‥‥ 13,18
要証事実‥‥‥‥‥‥‥‥‥‥‥‥ 135
　　→主要事実
要証事実分類説‥‥‥‥‥‥‥‥‥ 239
　　→法律要件分類説
与効（的訴訟）行為‥‥‥‥‥‥‥‥ 134

　　→取効（的訴訟）行為／→訴訟行為
予約‥‥‥‥‥‥‥‥‥‥‥‥‥‥‥98
　　→本契約

ら　行

履行（行使）可能性の存在‥‥‥‥‥ 81
履行（弁済）期‥‥‥‥‥‥‥‥‥‥79
　　── の延長（期限の猶予）‥‥‥ 335
履行期の到来および請求権の行使‥‥ 299
履行遅滞に基づく損害賠償請求‥‥‥ 106
立証‥‥‥‥‥‥‥‥‥‥‥‥‥ 134
　　→挙証／→証明
　　── の必要 ‥‥‥‥‥‥‥ 352
立証責任（立証責任の分配を含む）‥‥ 349
　　→挙証責任／証明責任
立法者‥‥‥‥‥‥‥‥‥‥‥‥‥46
　　→制定者
ローマ法‥‥‥‥‥‥‥‥‥‥‥‥14
　　── の系譜に属するわが民事法 ‥‥14
ローマ法大全‥‥‥‥‥‥‥‥‥‥14

人名索引

* 法学者またはそれに相当する者に限定しますが、それらの者でも、著書・論文集等の編者、監修者や外国文献の訳者は省略します。また、同じ人の名が頻出する場合には、本書の内容にとって主要と思われる箇所の頁にかぎって掲示することにしました。

【あ　行】

青山善充……………………………………242
赤松秀岳……………………………………27
浅井清信……………………………………273
吾妻光俊……………………………………288
有泉　亨……………………………………233
幾代　通………………56,64,68,104,179,341
池田寅二郎…………………………………173
石井良三……………………………………137
石川義夫……………………………………66
石坂音四郎……………………………………81,83
石田喜久夫…………………………………320
石田文次郎…………………………………232
石田　譲………172,202,221,228,287,
　　　　　　　318,323,324,326,366,369
石部雅亮……………………………………27
石渡敏一……………………………………358
磯部四郎………………………………26,160,166
磯村　哲……………………………………54
伊藤滋夫…………………40,41,43,63,106,
　　　　　　　186,261,331,381,386
伊藤　眞……………………………………117
井上治典……………………………………345
岩田　新…………………………………120,166
岩田一郎……………………………………26
岩垂　肇………………………………322,326
岩原紳作……………………………………119
岩松三郎………………………………222,373
岩村弘雄……………………………………291
ヴィントシャイト………………15,109,145
上田徹一郎…………………………………291
植林　弘………………………………138,295
上村明廣………………………………96,120,333
潮見佳男……………………………………69

【か　行】

内田　貴……………………………………24,29
梅謙次郎……………26,31,49,76,87,102,
　　　　　　　177,184,188,282,304
江川英文………………………………290,291
大江　忠………………4,203,208,288
大久保泰甫…………………………………16,162
岡久幸治……………………………………203
岡松参太郎………………………322,350,353,365
岡村玄治………………………………353,367
奥田昌道………………………………82,305
奥野彦六………………………………51,355
小沢文雄……………………………………221
於保不二雄………………………………87,95,233

ガイウス……………………………………14
戒能通孝……………………………………285
賀集　唱……………………………………288
柏木邦良………………………………22,116
勝本正晃……………………………………82
加藤一郎………………220,221,270,295
加藤新太郎……………………28,72,73,74,76
加藤新平……………………………………142
加藤雅信……………………………………228
加藤正治……………………………………372
金山正信………………………………86,104
兼子　一………4,21,39,113,114,123,126,137,
　　　　　　　171,132,240,313,339,370,386
加茂紀久男…………………………………203
河上正二……………………………………66
川嶋四郎……………………………………358
川島武宜………37,68,109,118,179,202,204,233
川名兼四郎…………………………………82
菊井維大………………………………120,172,250
岸本辰雄……………………………………166

人 名 索 引

雉本朗造‥‥‥‥‥‥‥‥‥‥‥101,220,366
北川善太郎‥‥‥‥‥‥‥‥‥‥‥54,242
ギールケ‥‥‥‥‥‥‥‥‥‥‥‥82,285
國井和郎‥‥‥‥‥‥‥‥‥‥‥189,194
クニューテル‥‥‥‥‥‥‥‥‥‥‥14
倉田卓次‥‥‥‥‥‥66,74,136,195,203,217,
　　　　　220,242,288,291,324,349
クリンゲンベルク‥‥‥‥‥‥‥89,303
来栖三郎‥‥‥‥‥‥‥‥‥‥‥82,285
小林直樹‥‥‥‥‥‥‥‥‥‥‥‥142
小林秀之‥‥‥‥‥‥‥‥‥‥‥‥242
小松濟治‥‥‥‥‥‥‥‥‥‥‥‥159
小室直人‥‥‥‥‥‥‥‥‥‥229,240
薦田茂正‥‥‥‥‥‥‥‥‥‥291,293
小柳春一郎‥‥‥‥‥‥‥‥‥‥‥27
近藤英吉‥‥‥‥‥‥‥‥‥‥‥‥90

【さ　行】

齋藤常三郎‥‥‥‥‥‥‥‥‥‥‥373
斎藤秀夫‥‥‥‥‥‥‥‥‥‥‥‥203
サヴィニー‥‥‥‥‥‥‥‥‥‥‥67
坂井芳雄‥‥‥‥‥‥‥‥‥‥‥‥263
佐上義和‥‥‥‥‥‥‥‥‥‥‥‥372
坂本慶一‥‥‥‥‥‥‥‥4,16,26,42,76,91
佐藤幸治‥‥‥‥‥‥‥‥‥‥‥‥153
澤井要一‥‥‥‥‥‥‥‥‥‥‥‥147
潮見佳男‥‥‥‥‥‥‥‥‥‥‥‥69
篠田省二‥‥‥‥‥‥‥‥‥‥‥‥291
篠塚昭次‥‥‥‥‥‥‥‥‥‥‥‥330
四宮和夫‥‥‥‥‥‥‥‥64,69,104,241
霜島甲一‥‥‥‥‥‥‥‥‥‥‥‥274
シュヴァーブ‥‥‥‥‥‥‥‥175,360
定塚孝司‥‥‥‥‥‥‥‥‥‥‥66,77
新堂幸司‥‥‥‥‥‥42,63,111,116,124,293,372
仁保亀松‥‥‥‥‥‥‥‥‥‥‥‥71
末川　博‥‥‥‥81,118,127,290,322,367,378
末弘嚴太郎‥‥‥‥‥‥‥‥232,273,321
末松謙澄‥‥‥‥‥‥‥‥‥‥‥26,50
菅原眷二‥‥‥‥‥‥‥‥‥‥‥‥144
杉之原舜一‥‥‥‥‥‥‥‥‥‥‥274
杉山直次郎‥‥‥‥‥‥‥‥‥‥‥167
鈴木正裕‥‥‥‥‥‥‥‥‥‥‥‥116

鈴木禄弥‥‥‥‥‥‥‥‥274,321,323,329
スタイン‥‥‥‥‥‥‥‥‥‥‥‥113
ゾ井フェルト‥‥‥‥‥‥‥‥358,373
曽田　厚‥‥‥‥‥‥‥‥‥‥‥68,201

【た　行】

田尾桃二‥‥‥‥‥‥214,243,251,293,325
高木多喜男‥‥‥‥‥‥‥‥‥‥‥82
高木豊三‥‥‥‥‥‥‥‥149,163,166,357
高橋宏志‥‥‥‥‥‥‥‥‥‥‥‥325
高橋良彰‥‥‥‥‥‥‥‥‥‥‥16,46
滝川叡一‥‥‥‥‥‥‥‥‥‥‥‥372
竹下守夫‥‥‥‥‥‥‥‥‥‥‥‥120
田島　順‥‥‥‥‥‥‥‥‥‥‥‥90
田中和夫‥‥‥‥‥‥‥‥‥‥‥‥281
田中成明‥‥‥‥‥‥‥‥38,109,141,142
田中周有‥‥‥‥‥‥‥‥‥‥‥‥199
田中文蔵‥‥‥‥‥‥‥‥‥‥‥‥365
谷口知平‥‥‥‥‥‥‥‥‥‥138,229
谷口安平‥‥‥‥‥‥‥‥‥‥‥‥120
ダバン‥‥‥‥‥‥‥‥‥‥19,122,153
田部　芳‥‥‥‥‥‥‥‥‥‥‥‥320
筒井健夫‥‥‥‥‥‥‥‥‥‥187,191
椿　寿夫‥‥‥‥‥‥‥‥‥‥‥‥329
テッヒョー‥‥‥‥‥‥16,158,160,363,365,366
遠田新一‥‥‥‥‥‥‥‥‥‥‥‥201
利谷信義‥‥‥‥‥‥‥‥‥‥‥‥16
ドノー‥‥‥‥‥‥‥‥‥‥15,109,114
ドマ‥‥‥‥‥‥‥‥‥‥‥‥‥‥15
富井政章‥‥‥‥‥‥31,49,76,92,178,280,311
豊水道祐‥‥‥‥‥‥‥‥‥‥‥‥292

【な　行】

中川善之助‥‥‥‥‥‥‥‥‥‥‥280
中島玉吉‥‥‥‥‥‥‥‥‥‥232,273
中島弘道‥‥‥‥‥‥‥‥‥‥‥‥353
中田　馨‥‥‥‥‥‥‥‥‥‥‥‥180
中田淳一‥‥‥‥‥‥207,208,251,372,373
中野貞一郎‥‥‥‥‥‥‥‥‥‥‥107
奈良次郎‥‥‥‥‥‥‥‥‥‥‥‥242
南部甕男‥‥‥‥‥‥‥‥‥‥‥‥159
仁井田益太郎‥‥‥‥‥‥49,71,120,166

415

人 名 索 引

西野喜一⋯⋯⋯⋯⋯⋯⋯⋯⋯⋯⋯⋯⋯ 195,203
能見善久⋯⋯⋯⋯⋯⋯⋯⋯⋯⋯⋯⋯⋯⋯⋯ 105
野村好弘⋯⋯⋯⋯⋯⋯⋯⋯⋯⋯⋯⋯⋯⋯⋯ 326

【は 行】

長谷部茂吉⋯⋯⋯⋯⋯⋯⋯⋯⋯⋯⋯⋯⋯ 202
鳩山秀夫⋯⋯⋯⋯90,93,101,178,292,318,321
林 修三⋯⋯⋯⋯⋯⋯⋯⋯⋯⋯⋯⋯⋯⋯⋯⋯ 85
林 良平⋯⋯⋯⋯⋯⋯⋯⋯⋯⋯⋯⋯⋯⋯⋯ 274
原 嘉道⋯⋯⋯⋯⋯⋯⋯⋯⋯⋯⋯⋯⋯⋯⋯ 169
原田慶吉⋯⋯⋯⋯⋯⋯⋯⋯⋯⋯⋯⋯⋯⋯⋯⋯ 10
原田 剛⋯⋯⋯⋯⋯⋯⋯⋯⋯⋯⋯⋯⋯⋯ 27,28
土方 寧⋯⋯⋯⋯⋯⋯⋯⋯⋯⋯⋯⋯⋯ 34,188
姫野学郎⋯⋯⋯⋯⋯⋯⋯⋯⋯⋯⋯⋯⋯⋯⋯ 160
平井一雄⋯⋯⋯⋯⋯⋯⋯⋯⋯⋯⋯⋯⋯⋯⋯ 201
平井宜雄⋯⋯⋯⋯⋯⋯⋯⋯⋯⋯⋯⋯⋯ 63,210
平田春二⋯⋯⋯⋯⋯⋯⋯⋯⋯⋯⋯⋯⋯⋯⋯ 288
廣(広)瀬武文⋯⋯⋯⋯⋯⋯⋯⋯⋯⋯⋯⋯ 326
広(廣)中俊雄⋯⋯⋯⋯ 32,164,323,324,328
深野 達⋯⋯⋯⋯⋯⋯⋯⋯⋯⋯⋯⋯⋯ 148,353
福島正夫⋯⋯⋯⋯⋯⋯⋯⋯⋯⋯⋯⋯⋯⋯⋯⋯ 24
福永政彦⋯⋯⋯⋯⋯⋯⋯⋯⋯⋯⋯⋯⋯ 293,295
藤本幸二⋯⋯⋯⋯⋯⋯⋯⋯⋯⋯⋯⋯⋯⋯⋯ 113
藤原弘道⋯⋯⋯⋯⋯⋯⋯⋯⋯⋯⋯ 5,75,282
船田享二⋯⋯⋯⋯⋯⋯⋯⋯⋯⋯⋯⋯⋯ 89,201
舟橋諄一⋯⋯⋯⋯⋯⋯⋯⋯⋯⋯⋯ 233,274,281
ベール⋯⋯⋯⋯⋯⋯⋯⋯⋯⋯⋯⋯⋯⋯⋯⋯ 364
ヘンケ⋯⋯⋯⋯⋯⋯⋯⋯⋯⋯⋯⋯⋯⋯ 219,220
ボアソナード⋯ 6,16,26,29,46,47,144,146,149,
　　　　　160,166,200,225,231,260,366
星野英一⋯⋯⋯⋯⋯ 27,66,71,79,213,321,
　　　　　　　322,324,326,329,372
星野 通⋯⋯⋯⋯⋯⋯⋯⋯ 34,48,50,64,167
細野 敦⋯⋯⋯⋯⋯⋯⋯⋯⋯⋯⋯⋯ 72,73,74
細野長良⋯⋯⋯⋯⋯⋯⋯⋯⋯⋯⋯ 120,173,358
穂積陳重⋯⋯⋯⋯⋯⋯ 13,31,32,35,42,47,49,
　　　　　　　53,76,165,231,355
本間義信⋯⋯⋯⋯⋯⋯⋯⋯⋯⋯⋯⋯⋯ 120,123

【ま 行】

前田達明⋯⋯⋯⋯⋯ 27,28,58,106,160,161
前野順一⋯⋯⋯⋯⋯⋯⋯⋯⋯⋯⋯ 120,239,371

槇 悌次⋯⋯⋯⋯⋯⋯⋯⋯⋯⋯⋯⋯⋯⋯⋯ 232
松岡康毅⋯⋯⋯⋯⋯⋯⋯⋯⋯⋯⋯⋯⋯⋯⋯ 159
松岡義正⋯⋯⋯ 108,169,173,203.366,368,369
松坂佐一⋯⋯⋯⋯⋯⋯⋯⋯⋯⋯⋯ 228,271,288
松波仁一郎⋯⋯⋯⋯⋯⋯⋯⋯⋯⋯ 71,77,280
松室 到⋯⋯⋯⋯⋯⋯⋯⋯⋯⋯⋯⋯⋯ 144,164
松本博之⋯⋯⋯⋯ 85,95,97,101,289,349,
　　　　　　356,372,373,375,376
真船孝充⋯⋯⋯⋯⋯⋯⋯⋯⋯⋯⋯⋯⋯⋯⋯ 290
三ヶ月章⋯⋯⋯⋯ 220,240,325,372,374,376
三島憲一⋯⋯⋯⋯⋯⋯⋯⋯⋯⋯⋯⋯⋯⋯⋯ 113
水波 朗⋯⋯⋯⋯⋯⋯⋯⋯⋯⋯⋯⋯⋯⋯⋯⋯ 19
水本 浩⋯⋯⋯⋯⋯⋯⋯⋯⋯⋯⋯⋯⋯⋯⋯ 325
三井哲夫⋯⋯⋯⋯ 66,228,251,287,325,333
箕作麟祥⋯⋯⋯⋯⋯⋯⋯⋯⋯⋯⋯⋯⋯⋯⋯⋯ 31
ミッタイス⋯⋯⋯⋯⋯⋯⋯⋯⋯⋯⋯⋯ 22,112
三淵乾太郎⋯⋯⋯⋯⋯⋯⋯⋯⋯⋯⋯⋯⋯⋯ 321
三村晶子⋯⋯⋯⋯⋯⋯⋯⋯⋯⋯⋯⋯⋯⋯⋯ 295
三村量一⋯⋯⋯⋯⋯⋯⋯⋯⋯⋯⋯⋯⋯ 195,203
宮城浩藏⋯⋯⋯⋯⋯⋯⋯⋯⋯⋯⋯⋯⋯⋯⋯ 148
三宅弘人⋯⋯⋯⋯⋯⋯⋯⋯⋯⋯⋯ 292,293,295
三宅正男⋯⋯⋯⋯⋯⋯⋯⋯⋯⋯⋯⋯⋯⋯⋯ 323
三好退蔵⋯⋯⋯⋯⋯⋯⋯⋯⋯⋯⋯⋯⋯⋯⋯ 159
三和一博⋯⋯⋯⋯⋯⋯⋯⋯⋯⋯⋯ 322,329,330
向井 健⋯⋯⋯⋯⋯⋯⋯⋯⋯⋯⋯⋯⋯⋯ 16,24
村上博巳⋯⋯⋯ 4,220,229,238,326,372
村松俊夫⋯⋯⋯⋯⋯⋯⋯⋯⋯⋯⋯ 221,249,291
村松秀樹⋯⋯⋯⋯⋯⋯⋯⋯⋯⋯⋯⋯⋯ 187,191

【や 行】

矢尾 渉⋯⋯⋯⋯⋯⋯⋯⋯⋯⋯⋯⋯⋯⋯⋯⋯ 76
籔 重夫⋯⋯⋯⋯⋯⋯⋯⋯⋯⋯⋯⋯⋯ 291,295
山内一夫⋯⋯⋯⋯⋯⋯⋯⋯⋯⋯⋯⋯⋯⋯⋯ 325
山内敏彦⋯⋯⋯⋯⋯⋯⋯⋯⋯⋯⋯⋯⋯⋯⋯ 221
山木戸克己⋯⋯⋯⋯⋯⋯⋯⋯⋯ 109,221,241
山口俊夫⋯⋯⋯⋯⋯⋯⋯⋯⋯⋯⋯⋯⋯⋯⋯ 366
山田 晟⋯⋯⋯⋯⋯⋯⋯⋯⋯⋯⋯⋯⋯⋯⋯⋯ 24
山中康雄⋯⋯⋯⋯⋯⋯⋯⋯⋯ 56,64,209,246
山本和敏⋯⋯⋯⋯⋯⋯⋯⋯⋯⋯⋯⋯⋯⋯⋯⋯ 64
山本進一⋯⋯⋯⋯⋯⋯⋯⋯ 90,271,300,311
柚木 馨⋯⋯⋯⋯⋯ 82,96,99,270,273,280,333
好美清光⋯⋯⋯⋯⋯ 214,232,252,274,291,295

人名索引

【ら　行】

ライネッケ	175
ライポルト	111,175
竜嵜喜助	358,375
レオンハルト	240
ロェスレル	24,25
ローゼンベルク	5,44,66,75,77,84,86,138,147,

154,170,173,179,181,185,215,224,257,
267,310,313,347,349,356,357,361,379

【わ　行】

我妻　榮……… 56,63,72,73,83,95,98,104,201,
207,213,240,241,263,273,
278,285,288,318,321,330

判 例 索 引

大判明治35・12・15民録8輯11巻79丁 …… 168
大判明治36・1・16民録9輯8頁 ………… 168
大判明治36・8・25民録9輯944頁 ……… 168
大判明治37・8・15民録10輯1084頁 …… 353
大判明治39・10・10民録12輯1219頁 …… 279
大判明治39・12・3刑録12輯1315頁 …… 294
大判明治41・9・1民録14輯876頁 ……… 281
大連判明治41・12・15民録14輯1276頁 … 277
大判明治44・12・11民録17輯772頁 …… 333
大判明治45・6・28民録18輯670頁 …… 273
大判大正4・12・21民録21輯2144頁 …… 194
大判大正5・11・4民録22輯2021頁 …… 336
大判大正5・12・25民録22輯2504頁 …… 273
大判大正7・8・9民録24輯1576頁 …… 183
大判大正7・12・23民録24輯2396 …… 183
大判大正8・5・17民録25輯870頁 …… 287
大判大正8・6・10民録25輯1007頁 ……98
大判大正8・11・25民録25輯2109頁 …… 287
大判大正9・11・26民録26輯1911頁 …… 295
大判大正10・9・28民録27輯1646頁 …… 346
大判大正11・4・14民集1巻187頁 …… 318
大判大正12・4・9民集2巻221頁 ……98
大判昭和2・4・25民集6巻182頁 …… 321
大判昭和3・8・1民集7巻648頁 …… 290,291,
                                  292,293,295
大判昭和5・1・29民集9巻97頁 …… 287
大判昭和5・4・16民集9巻376頁 …… 193
大判昭和6・8・1民集10巻642頁 …… 292
大判昭和6・12・19民集10巻1237頁 …… 318
大決昭和7・7・19新聞3452号16頁 …… 273
大判昭和7・9・28法学12巻4号56頁 …… 202
大判昭和7・10・8民集11巻1901頁 …… 330
大判昭和8・10・13民集12巻2520頁 …… 115
大判昭和10・11・9民集14巻1899頁 …… 315
大判昭和11・5・22民集15巻889頁 …… 369
大判昭和11・6・12新聞4009号11頁 …… 373
大判昭和12・5・28民集16巻903頁 …… 373
大判昭和12・12・24新聞4237号7頁
　…………………………………369,370,373

大判昭和13・4・16判決全集5輯9号8頁…… 323
大民裁聯合部中間判昭和14・3・22民集18巻
　238頁 ………………………………… 318
大判昭和14・8・24民集18巻877頁……… 322
大判昭和14・10・26民集18巻1157頁 …… 373
大判昭和15・3・1民集19巻501頁 …… 323
大判昭和15・4・4評論29巻民法435頁 …… 373
大判昭和16・7・18民集20巻988頁 …… 385
大判昭和17・12・22評論32巻民訴25頁 …… 373
最(三)判昭和28・6・16民集7巻6号629頁… 332
最(二)判昭和28・9・25民集7巻9号979頁… 324
最(三)判昭和29・7・27民集8巻7号1455頁
　………………………………………… 335
最(一)判昭和29・10・7民集8巻10号1816頁
　………………………………………… 328
最(二)判昭和29・11・26民集8巻11号2087頁
　…………………………………………26
最(二)判昭和30・5・13民集9巻6号698頁　321
最(一)判昭和30・9・22民集9巻10号1294頁
　……………………………………324,328
最(一)判昭和31・9・13民集10巻9号1135頁
　………………………………………… 373
最(一)判昭和31・10・4民集10巻10号1229頁
　………………………………………… 202
最(二)判昭和31・10・5民集10巻10号1239頁
　………………………………………… 322
最(三)判昭和32・12・10民集11巻13号2103頁
　………………………………………… 328
最(三)判昭和33・10・14民集12巻14号3111頁
　………………………………………… 277
最(三)判昭和34・9・22民集13巻11号1451頁
　………………………………………… 183
最(一)判昭和34・11・26民集13巻12号1562
　頁 …………………………………… 295
最(三)判昭和35・5・24民集14巻7号1154頁　99
最(大)決昭和35・7・6民集14巻9号1657頁　111
最(一)判昭和35・10・27民集14巻12号2733
　頁 …………………………………… 335
最(二)判昭和36・4・28民集15巻4号1211頁

判例索引

　　……………………………… 329
最(二)判昭和36・5・26民集15巻5号1425頁 385
最(二)判昭和36・7・21民集15巻7号1952頁
　　………………………………… 263
最(二)判昭和36・12・15民集15巻11号2852
　　頁 ………………………………… 193
最(二)判昭和37・5・4民集16巻5号1044頁
　　………………………………… 138
最(三)判昭和38・10・15民集17巻9号1202頁
　　………………………………… 328
最(二)判昭和39・5・29民集18巻4号716頁 196
最(三)判昭和39・6・24民集18巻5号874頁 138
最(大)判昭和39・6・24民集18巻5号854頁 294
最(三)判昭和39・6・30民集18巻5号991頁 328
最(二)判昭和39・9・25民集18巻7号1528頁
　　………………………………… 295
最(一)判昭和39・11・19民集18巻9号1900頁
　　………………………………… 328
最(大)決昭和40・6・30民集19巻4号1089頁 111
最(大)決昭和40・6・30民集19巻4号1114頁
　　………………………………… 111
最(三)判昭和40・9・21民集19巻6号1550頁
　　………………………………… 328
最(大)判昭和40・11・24民集19巻8号2019頁
　　………………………………… 179
最(二)判昭和40・12・17民集19巻9号2159頁
　　………………………………… 323
最(一)判昭和41・1・27民集20巻1号136頁 326
最(一)判昭和41・4・14民集20巻4号649頁 194
最(三)判昭和41・6・21民集20巻5号1078頁
　　……………………………289,292,293
最(二)判昭和41・7・1裁判集民事84号7頁 322
最(三)判昭和42・1・17民集21巻1号1頁 … 329
最(二)判昭和43・2・9民集22巻2号108頁… 196
最(二)判昭和43・2・16民集22巻2号217頁 288
最(二)判昭和43・8・2民集22巻8号1571頁 279
最(一)判昭和43・9・12民集22巻9号1896頁 346
最(一)判昭和43・9・26民集22巻9号2002頁 115
最(三)判昭和43・12・24民集22巻13号3454頁
　　………………………………… 292
最(一)判昭和44・2・13民集23巻2号316頁 322

最(三)昭和44・2・18民集23巻2号379頁 … 329
最(一)判昭和44・4・24民集23巻4号855頁 328
東京地判昭和44・9・26判タ240号184頁 … 291
最(二)判昭和45・1・23判時589号50頁 … 346
最(三)判昭和45・7・28民集24巻7号1203頁 216
最(二)判昭和45・12・11民集24巻13号2015
　　頁 ………………………………… 329
最(三)判昭和47・4・25裁判集民事105号
　　829頁，判時669号64頁 ………… 328
最(二)判昭和48・2・14民集27巻11号1586
　　頁 ………………………………… 115
最(二)判昭和50・10・24民集29巻9号1417
　　頁 ……………………………135,137,138
最(二)判昭和52・1・31裁判集民事120号31
　　頁 ………………………………… 288
最(一)判昭和52・3・17民集31巻2号308頁 226
最(大)判昭和56・12・16民集35巻10号1369
　　頁 ………………………………… 125
最(三)判昭和62・3・24裁判集民事150号
　　509頁 …………………………… 330
最(三)判平成2・6・5民集44巻4号599頁 … 115
最(二)判平成3・3・22民集45巻3号268頁 …62
最(一)判平成4・3・19民集46巻3号222頁 115
最(一)判平成5・11・11民集47巻9号5255
　　頁 ………………………………… 298
最(三)判平成6・5・31民集48巻4号1029頁 …92
最(一)判平成9・6・5民集51巻5号2053頁 226
最(一)判平成10・2・13民集52巻1号65頁 279
最(一)判平成10・6・11民集52巻4号1034頁
　　……………………………………… 36
最(二)判平成10・6・22民集52巻4号1195頁 115
最(三)判平成10・11・24民集52巻8号1737頁
　　………………………………… 318
最(三)判平成11・1・29民集53巻1号151頁 321
最(三)判平成13・3・13民集55巻2号328頁 295
最(一)判平成13・11・22民集55巻6号1056頁
　　………………………………… 321
最(三)判平成13・11・27民集55巻6号1311頁
　　………………………………… 194
最(一)判平成17・3・10民集59巻2号356頁 …62

419

条文索引

条 文 索 引

＊現行の日本法の条文および民法の一部を改正する法律〔平成 29 年法 44 号。本索引では，「改正法」といいます〕の条文）に限定します。また，条文索引は，本来であれば条ごとのほか項，号，本文，ただし書，前・後段ごとに分けて掲示すべきでしょうが，本索引では，現行法の条と改正法の条とを掲示していて，やや煩雑になりますので，条ごとに分けるだけにとどめました。そのうえ，紙幅の関係もあり，条を掲載した頁は，原則として最初に掲載した頁のみを取り上げるにとどめざるをえませんでした。

法名だけを掲載した場合には，横線の次に本文の掲載ページを示してあります。改正法以前に制定または改正された民法にかかわる法令等については，事項索引をご覧ください。

日本国憲法
　32 条 ………………………………… 1
　41 条 ………………………………… 375
　59 条 ………………………………… 375
裁判所法
　14 条 ………………………………… 3
弁護士法
　1 条 ………………………………… 41
　2 条 ………………………………… 41
司法書士法
　3 条 ………………………………… 40
民法（典）
　1 条 ………………………………… 25
　2 条 ………………………………… 25
　3 条 ………………………………… 25
　改正法 3 条の 2 ………………… 210
　5 条 ………………………………… 36
　9 条 ………………………………… 60
　13 条 ………………………………… 36
　改正法 13 条 …………………… 36
　17 条 ………………………………… 36
　20 条 ………………………………… 118
　21 条 ………………………………… 36
　87 条 ………………………………… 76
　90 条 ………………………………… 76
　改正法 90 条 …………………… 217
　91 条 ………………………………… 68
　92 条 ………………………………… 76
　93 条 ………………………………… 67
　改正法 93 条 …………………… 67

　94 条 ………………………………… 272
　95 条 ………………………………… 25
　改正法 95 条 …………………… 25
　96 条 ………………………………… 60
　97 条 ………………………………… 62
　改正法 97 条 …………………… 61
　100 条 ………………………………… 217
　102 条 ………………………………… 78
　改正法 102 条 ………………… 78
　109 条 ………………………………… 216
　改正法 109 条 ………………… 216
　110 条 ………………………………… 216
　改正法 110 条 ………………… 216
　112 条 ………………………………… 216
　改正法 112 条 ………………… 216
　115 条 ………………………………… 269
　120 条 ………………………………… 60
　改正法 120 条 ………………… 60
　121 条 ………………………………… 61
　改正法 121 条 ………………… 60
　同法 121 条の 2 ………………… 60
　123 条 ………………………………… 299
　127 条 ………………………………… 86
　128 条 ………………………………… 86
　128 条〜130 条 ………………… 92
　129 条 ………………………………… 86
　改正法 130 条 ………………… 92
　131 条 ………………………………… 86
　132 条 ………………………………… 100
　133 条 ………………………………… 86

条文索引

134 条	100	412 条	80
135 条	79	改正法 412 条	80
136 条	179	415 条	34
145 条	110	改正法 415 条	190
改正法 145 条	115	同法 416 条	190
147 条	317	417 条	57
改正法 147 条	317	改正法 417 条の 2	57
148 条	317	418 条	292
改正法 148 条	317	改正法 418 条	292
149 条	319	同法 419 条	191
改正法 152 条	317	420 条	179
157 条（改正法では，削除）	317	改正法 420 条	191
162 条	62	424 条	185
163 条	110	改正法 424 条	185
164 条	262	437 条	336
165 条	262	443 条	336
166 条	110	改正法 443 条	336
改正法 166 条	110	449 条	179
167 条	82	452 条	331
改正法 167 条	110	453 条	331
改正法 167 条〜169 条	317	466 条	225
同法 169 条	111	改正法 466 条	226
174 条の 2	111	同法 466 条の 2〜6	226
176 条	273	同法 466 条の 5	226
177 条	274	同法 466 条の 6	321
178 条	277	467 条	276
186 条	62	改正法 467 条	321
192 条	214	469 条〜473 条	226
197 条〜	214	改正法 473 条	313
203 条	313	475 条	61
239 条	60	483 条	189
272 条	185	改正法 483 条	189
295 条	65	505 条	334
301 条	66	508 条	84
302 条	66	改正法 510 条	80
303 条	65	513 条	87
370 条	185	改正法 513 条	87
改正法 370 条	185	改正法 520 条の 2〜20	226
388 条	65	521 条〜528 条 8	204
398 条	319	521 条	208
改正法 404 条	191	改正法 521 条	208
同法 405 条	191	522 条（改正法では，削除）	204

421

条 文 索 引

改正法 523 条 ································ 208
526 条（改正法では，Ⅰ は実質的に削除）
　　　　································ 198
527 条 ····································· 204
改正法 527 条 ···························· 198
528 条 ······································· 85
改正法 529 条 ···························· 198
同法 529 条の 2 ························ 198
同法 529 条の 3 ························ 198
529 条～532 条 ························· 198
530 条（改正法では，Ⅲ は削除）··· 179
改正法 530 条 ···························· 198
同法 531 条 ······························ 198
同法 532 条 ······························ 198
533 条 ····································· 331
改正法 533 条 ···························· 331
540 条 ····································· 191
541 条 ····································· 191
改正法 541 条···························· 191
542 条 ······································· 79
改正法 542 条 ···························· 79
543 条 ······································· 79
544 条 ····································· 117
545 条 ····································· 115
改正法 545 条 ···························· 182
546 条 ····································· 332
548 条 ····································· 342
改正法 548 条の 2～4 ··············· 197
549 条 ······································· 35
改正法 549 条 ···························· 35
550 条 ······································· 78
555 条 ······································· 35
556 条 ······································· 98
557 条 ····································· 179
改正法 557 条···························· 179
558 条 ····································· 342
559 条 ····································· 180
560 条～571 条 ························· 336
改正法 560 条～571 条 ·············· 336
同法 561 条···························· 192
同法 562 条 ···························· 70
同法 563 条 ···························· 70

564 条 ····································· 314
改正法 564 条 ···························· 314
565 条 ····································· 188
566 条 ····································· 188
568 条 ····································· 192
改正法 568 条 ···························· 192
569 条 ····································· 179
570 条 ······································· 70
改正法 570 条 ···························· 70
571 条（条改正法では，削除）····· 188
572 条 ····································· 138
改正法 572 条 ···························· 188
573 条 ····································· 179
587 条 ······································· 82
改正法 587 の 2 条 ··················· 284
588 条 ····································· 217
改正法 588 条 ···························· 217
590 条 ····································· 311
591 条 ····································· 286
改正法 591 条···························· 286
608 条 ····································· 223
609 条～611 条 ························· 264
改正法 609 条 ···························· 264
同法 611 条···························· 264
612 条 ····································· 320
613 条 ····································· 330
改正法 613 条···························· 330
614 条 ····································· 266
617 条 ····································· 320
618 条 ····································· 320
620 条 ····································· 320
634 条 ····································· 332
改正法 634 条 ···························· 332
640 条（改正法では，削除）········· 336
667 条 ····································· 177
692 条 ····································· 332
695 条 ····································· 121
696 条 ····································· 121
702 条 ······································· 65
703 条 ······································· 65
704 条 ······································· 65
709 条 ······································· 56

422

条 文 索 引

710 条	60	39 条	346
711 条	60	40 条	346
712 条	51	41 条	127
713 条	51	43 条	347
720 条	51	44 条	137
721 条	60	47 条	127
722 条	57	55 条	319
改正法 722 条	57	91 条	137
747 条	119	92 条	137
775 条	119	110 条	384
808 条	315	133 条	1
864 条	298	134 条	131
938 条～940 条	319	135 条	94
1031 条	331	137 条	41

不動産登記法

3 条	273	138 条	130

借地借家法

10 条	273	143 条	94
13 条	107	145 条	150
14 条	320	149 条	223
19 条	320	156 条	341
20 条	320	159 条	212
26 条	115	165 条	137
28 条	223	170 条	137

借地法

4 条	216	177 条	137
9 ノ 2 条～9 ノ 4 条	320	179 条	137
10 条	320	180 条	268

罹災都市借地借家臨時処理法 263

180 条～ 136

利息制限法 17

188 条 137

商法

1 条	76	246 条	23
43 条	223	247 条	112
525 条	79	248 条	138

会社法条 1

259 条 131

民事訴訟法

1 条	105	266 条	211
8 条	128	267 条	122
9 条	128	271 条	1

民事訴訟規則

32 条	319	10 条	137
35 条	137	40 条	130
38 条	127	52 条の 5	137
		53 条	2
		58 条	130
		79 条	193
		80 条	3

423

条 文 索 引

81条 ……………………………………… 256
99条 ……………………………………… 137

民事執行法
59条 ……………………………………… 68
81条 ……………………………………… 65
174条 ……………………………………… 105

法の適用に関する通則法
3条 ……………………………………… 76

裁判外紛争解決手続の利用の促進に関する
法律……………………………………… 121
非訟事件手続法……………………………… 14

人事訴訟法
19条 ……………………………………… 344
20条 ……………………………………… 344
仲裁法……………………………………… 131

〈著者紹介〉

並木　茂（なみき しげる）

東京都出身

1960年　中央大学法学部卒業

1961年　司法試験合格

1964年　任・判事補，1974年　任・判事

1975〜1979年　司法研修所教官（民事裁判担当）

1977，1978年　司法試験（第二次試験）考査委員（民法担当）

1981〜1986年　法務省に出向

1982〜1984年　司法試験（第二次試験）考査委員（憲法担当）

1986年　任・判事

1997年　依願退官

1997〜2002年　東洋大学法学部教授

2003〜2009年　中京大学法科大学院教授

〈主な著書・論文〉

[単著] 要件事実論概説 —— 契約法（信山社），要件事実論概説 II —— 時効・物権法・債権法総論 他（信山社），要件事実原論（悠々社）

[共著] 倉田卓次監修・要件事実の証明責任 —— 債権総論・契約法上・下巻（西神田編集室）

[論文]「民事訴訟における主張と証明の法理はどうあるべきか（上）（中）（下）」判例タイムズ969・971・974号，「わが民事訴訟法の定める自由心証主義は，ドイツ民事訴訟法の定めるそれをそのまま継受したものか」法曹時報50巻12号

学術選書
205
民訴法

❀ ❀ ❀

要件事実原理

2019（令和元）年12月25日　第1版第1刷発行

8235-1：P456　￥6800E-012-035-005

Ⓒ著者　並　木　　茂

発行者　今井貴　稲葉文子

発行所　株式会社　信山社

〒113-0033 東京都文京区本郷6-2-9-102

Tel 03-3818-1019　Fax 03-3813-1411

henshu@shinzansha.co.jp

笠間才木支店 〒309-1611 茨城県笠間市笠間515-3

笠間来栖支店 〒309-1625 茨城県笠間市来栖2345-1

Tel 0296-71-0215　Fax 0296-72-5410

出版契約 2019-8235-1-01010　Printed in Japan

組版・翼／印刷・亜細亜印刷／製本・渋谷文泉閣

ISBN978-4-7972-8235-1 C3332　分類327.200民訴法

JCOPY 〈㈳出版者著作権管理機構 委託出版物〉

本書の無断複写は著作権法上での例外を除き禁じられています。複写される場合は，そのつど事前に，㈳出版者著作権管理機構（電話03-5244-5088，FAX03-5244-5089，e-mail：info@jcopy.or.jp）の許諾を得てください。